Sammlung Guttentag

Lang - Weidmüller

Genossenschaftsgesetz
(Gesetz, betreffend die Erwerbs- und Wirtschaftsgenossenschaften)

Kommentar
Neunundzwanzigste Auflage

bearbeitet von

Dr. jur. Horst Baumann   Rechtsanwalt Egon Metz

Mit Anmerkungen über die Wohnungsbaugenossenschaften von
Rechtsanwalt Alice Riebandt-Korfmacher

1971
Walter de Gruyter · Berlin · New York

Copyright 1971 by
Walter de Gruyter & Co., vormals G. J. Göschen'sche Verlagshandlung, J. Guttentag,
Verlagsbuchhandlung Georg Reimer, Karl J. Trübner, Veit & Comp., Berlin 30. — Alle
Rechte, auch die des auszugsweisen Nachdrucks, der photomechanischen Wiedergabe,
der Herstellung von Mikrofilmen und der Übersetzung, vorbehalten. — Printed in Germany. —
Satz und Druck: Saladruck, Berlin 36.

ISBN 3 11 001601 X

Vorwort
zur neunundzwanzigsten Auflage

Die achtundzwanzigste Auflage war in relativ kurzer Zeit vergriffen. Im Zusammenhang mit der notwendig gewordenen Neuauflage wurde die vorliegende Rechtsprechung, und insbesondere das umfangreiche Erfahrungsmaterial verwertet, das sich aus der Arbeit der Verfasser ergibt. Eine Reihe einschneidender Gesetzesänderungen konnte für die neunundzwanzigste Auflage verwertet werden, insbesondere das neue Beurkundungsgesetz, das neue Aktiengesetz und das Gesetz zur Ergänzung der handelsrechtlichen Vorschriften über die Änderung der Unternehmensform (Umwandlungsgesetz). Darüber hinaus wurden auch die im Anhang abgedruckten Gesetze, Verordnungen, Steuervorschriften und Formblätter auf den neuesten Stand gebracht. Es handelt sich dabei um Vorschriften des Körperschaftsteuergesetzes, der Körperschaftsteuer-Durchführungsverordnung und der Körperschaftsteuer-Richtlinien, soweit diese für Genossenschaften von Bedeutung sind. Auch die Grundsätze über das Eigenkapital und die Liquidität der Kreditinstitute sowie die Formblätter für die Jahresbilanz der Kreditgenossenschaften werden entsprechend dem neuesten Stand wiedergegeben. Bei dem im Anhang ebenfalls abgedruckten Verzeichnis der genossenschaftlichen Prüfungsverbände haben sich insbesondere durch Fusionen Änderungen ergeben.

Im Kreis der Verfasser dieses Kommentars, der aus einer von Parisius und Crüger begründeten, von Crecelius und Citron fortgesetzten erläuterten Textausgabe entwickelt wurde, sind auch bei der neunundzwanzigsten Auflage Änderungen eingetreten. Herr Dr. Feuerherdt kann wegen Übernahme des Amtes des Verbandsdirektors im bisherigen Hessen-Mittelrheinischen Genossenschaftsverband, Frankfurt, an dem Kommentar nicht mehr mitwirken. Die Verfasser danken ihm für seine verdienstvolle Mitarbeit bei der achtundzwanzigsten Auflage. Dankbar sei hier auch die Mitarbeit von Herrn Wolfgang Griesel, Bonn, erwähnt, der insbesondere bei der Sichtung des Materials und Feststellung von geänderten Gesetzesvorschriften mitgeholfen hat.

Bonn, Juli 1970 *Die Verfasser*

Inhaltsverzeichnis

Vorwort	III
Abkürzungsverzeichnis	VII
Einleitung	XV

GESETZ BETREFFEND DIE ERWERBS- UND WIRTSCHAFTSGENOSSENSCHAFTEN

Erster Abschnitt. Errichtung der Genossenschaft (§§ 1—16) 73

Zweiter Abschnitt. Rechtsverhältnisse der Genossenschaft und der Mitglieder (§§ 17 bis 23) 149

Dritter Abschnitt. Vertretung und Geschäftsführung (§§ 24 bis 52) 166

Vierter Abschnitt. Prüfung und Prüfungsverbände (§§ 53 bis 64 c) 276

Fünfter Abschnitt. Ausscheiden einzelner Genossen (§§ 65 bis 77) 310

Sechster Abschnitt. Auflösung und Nichtigkeit der Genossenschaft (§§ 78 bis 97) 345

Siebenter Abschnitt. Konkursverfahren und Haftpflicht der Genossen (§§ 98 bis 118) 393

Achter Abschnitt. Besondere Bestimmungen (§§ 119 bis 145) 420

    I. Für Genossenschaften mit unbeschränkter Haftpflicht (§§ 119 bis 121) 420

    II. Für Genossenschaften mit beschränkter Haftpflicht (§§ 131 bis 142) 423

    III. Für die Umwandlung von Genossenschaften (§§ 143 bis 145) .. 438

Neunter Abschnitt. Strafbestimmungen (§§ 146 bis 154) 441

Zehnter Abschnitt. Schlußbestimmungen (§§ 155 bis 161) 450

Anhang 461

A. Verordnung über das Genossenschaftsregister vom 22. November 1923 461

B. Gesetz über die Auflösung und Löschung von Gesellschaften und Genossenschaften vom 9. Oktober 1934 482

C. § 111 der Vergleichsordnung vom 26. Februar 1935 483

D. Gesetz über die Rechtsverhältnisse der Erwerbs- und Wirtschaftsgenossenschaften mit Sitz in Berlin vom 9. Januar 1951 487

Inhaltsverzeichnis

E. Gesetz über eine Berufsordnung der Wirtschaftsprüfer vom 24. 7. 1961 — Auszüge 493
F. Rechtsberatungsgesetz vom 13. Dezember 1935 — Auszüge 494
G. Gesetz über das Kreditwesen vom 10. Juli 1961 — Auszüge 495
H. Grundsätze über das Eigenkapital und die Liquidität der Kreditinstitute 511
J. Formblätter 516
K. Gesetz über die Gemeinnützigkeit im Wohnungswesen (Wohnungsgemeinnützigkeitsgesetz WGG.) i. d. F. vom 29. Februar 1940 521
L. Verordnung zur Durchführung des Gesetzes über die Gemeinnützigkeit im Wohnungswesen (WGGDV) i. d. F. vom 25. April 1957 534
M. §§ 19, 23 des Körperschaftsteuergesetzes i. d. F. vom 13. 10. 1969; Körperschaftsteuer-Durchführungsverordnung (Auszug); Körperschaftsteuer-Richtlinien (Auszug) 548
N. Erlaß der Verwaltung für Finanzen an die Oberfinanzpräsidenten, Landesfinanzämter und Finanzämter vom 2. August 1949 574
O. Umwandlungsgesetz (Auszug) 576
P. Verzeichnis der genossenschaftlichen Prüfungsverbände 577
Sachverzeichnis 579

Abkürzungsverzeichnis

a. A.	anderer Ansicht
a. a. O.	am angeführten Ort
Abs.	Absatz
a. F.	alte Fassung
AG	Aktiengesellschaft bzw. Amtsgericht
AGB	Allgemeine Geschäftsbedingungen der Volksbanken
Akademie-Bericht	„Das Recht der deutschen Genossenschaften", Denkschrift des Ausschusses für Genossenschaftsrecht der Akademie f. deutsches Recht 1940.
AktG	Gesetz über Aktiengesellschaften und Kommanditgesellschaften auf Aktien (Aktiengesetz)
AnfG	Anfechtungsgesetz
Anh.	Anhang
Anm.	Anmerkung
AO	Abgabenordnung (Reichsabgabenordnung)
AR	Aufsichtsrat
ArbG	Arbeitsgericht
ArbGG	Arbeitsgerichtsgesetz
ArchfG	Archiv für Genossenschaftswesen
Art.	Artikel
ASpG	Altsparergesetz
AV	Ausführungsverordnung = Verordnung über das Genossenschaftsregister (abgedruckt im Anhang)
AVf.	allgemeine Verfügung
BAG	Bundesarbeitsgericht
BAK	Bundesaufsichtsamt für das Kreditwesen
BAnz.	Bundesanzeiger
Baumann-Bieling	Steuerfragen für Kreditgenossenschaften
BayObLG	Bayerisches Oberstes Landesgericht
BB	„Der Betriebsberater" (Zeitschrift)
BBG	Bundesbankgesetz
BdL	Bank Deutscher Länder (jetzt Deutsche Bundesbank)

Abkürzungsverzeichnis

Bek.	Bekanntmachung
BereinG	Handelsrechtliches Bereinigungsgesetz v. 18. 4. 50
Beschl.	Beschluß
Beschw.	Beschwerde
bestr.	Die Ansicht ist bestritten
BetrRG	Betriebsrätegesetz
BetrVG	Betriebsverfassungsgesetz
BFH	Bundesfinanzhof
BGB	Bürgerliches Gesetzbuch
BGBl.	Bundesgesetzblatt
BGH	Bundesgerichtshof
BGHZ	Entscheidungen des Bundesgerichtshofs in Zivilsachen (Band u. Seite)
BGHStr.	Entscheidungen des Bundesgerichtshofs in Strafsachen (Band u. Seite)
BlfG	Blätter für Genossenschaftswesen, Organ des Deutschen Genossenschaftsverbandes (Schulze-Delitzsch) e. V., Bonn
BSGE	amtliche Sammlung der Entscheidungen des Bundessozialgerichts
BStBl.	Bundessteuerblatt
BuMi.	Bundesminister
BVFG	Bundesvertriebenengesetz
BVerfG	Bundesverfassungsgericht
BVerwG	Bundesverwaltungsgericht
Consbruch-Möller	Gesetz über das Kreditwesen, 5. Auflage 63, Verlag C. H. Beck
DB	Der Betrieb
DepotG	Depotgesetz
DFG	Deutsche freiwillige Gerichtsbarkeit, Ergänzungsblatt zu „Deutsche Justiz"
DJ	Deutsche Justiz, früher Amtl. Blatt der Deutschen Rechtspflege
DJZ	Deutsche Juristenzeitung
D.landw.GenBl.	Deutsches landwirtschaftliches Genossenschaftsblatt, Berlin
DMBG	D-Markbilanzgesetz v. 21. 8. 49
DMBEG	D-Markbilanzergänzungsgesetze
DNotV	Zeitschrift des Deutschen Notarvereins, später „Deutsche Notarzeitschrift" (DNotZ)
DR	Deutsches Recht (Zeitschrift)

Abkürzungsverzeichnis

DRZ	Deutsche Richterzeitung
DRZtschr.	Deutsche Rechtszeitschrift
DStZ	Deutsche Steuerzeitung
DVO	Durchführungsverordnung
EG	Einführungsgesetz
eG	eingetragene Genossenschaft
eGmbH	eingetragene Genossenschaft mit beschränkter Haftpflicht
eGmuH	eingetragene Genossenschaft mit unbeschränkter Haftpflicht
Einl.	Einleitung
Eiser	Nichtigkeit und Anfechtbarkeit von Generalversammlungsbeschlüssen der eingetragenen Genossenschaft, Berlin 1930
Entsch.	Entscheidung
FGG	Gesetz über die Angelegenheit der freiwilligen Gerichtsbarkeit
Gadow, Heinichen	Großkommentar zum Aktiengesetz, 2. Auflage
GBO	Grundbuchordnung
G	Genossenschaft
GenG	Genossenschaftsgesetz
GenPr.	Schubert-Weiser „Genossenschaftspraxis", Loseblattsammlung der gerichtlichen Entscheidungen auf dem Gebiet des Genossenschaftswesens, 1958
GewGen.	„Die gewerbliche Genossenschaft", Fachzeitschrift für die gewerblichen Genossenschaften von Oktober 48 bis Dezember 50
GewO	Gewerbeordnung
GG	Bonner Grundgesetz v. 23. 5. 49
GKG	Gerichtskostengesetz
GleichberG	Gesetz über die Gleichberechtigung von Mann und Frau auf dem Gebiet des bürgerlichen Rechts v. 18. 6. 57
GmbH	Gesellschaft mit beschränkter Haftung
GmbHG	Gesetz betreffend die Gesellschaft mit beschränkter Haftung
Godin-Wilhelmi	Kommentar zum Aktiengesetz, 3. Auflage
GV	Generalversammlung
GVG	Gerichtsverfassungsgesetz
GWB	Gesetz gegen Wettbewerbsbeschränkungen (Kartellgesetz)

Abkürzungsverzeichnis

GWW	„Gemeinnütziges Wohnungswesen", Organ des Gesamtverbandes gemeinnütziger Wohnungsunternehmen e. V. Köln
h. A.	herrschende Ansicht
Henze-Schubert	Zülow-Henze-Schubert, Die Besteuerung der Genossenschaften 4. Auflage 1956
HGB	Handelsgesetzbuch
HRR	Höchstrichterliche Rechtsprechung
JB	Juristische Blätter
JFG	Jahrbuch für Entscheidungen in Angelegenheiten der freiwilligen Gerichtsbarkeit (Band u. Seite)
JMBl.	Justizministerialblatt, später „Deutsche Justiz"
JRdsch.	Juristische Rundschau
JW	Juristische Wochenschrift
JZ	Juristenzeitung
KartG	Gesetz gegen Wettbewerbsbeschränkungen vom 27. 7. 57
KG	Kammergericht
KGJ	Jahrbuch für Entscheidungen des Kammergerichts in Sachen der freiwilligen Gerichtsbarkeit (seit 1924: JFG) (Band u. Seite)
KO	Konkursordnung
Kostenordnung	Gesetz über die Kosten in Angelegenheiten der freiwill. Gerichtsbarkeit
Krakenberger	Handkommentar zum GenG, München 1932
KSchG	Kündigungsschutzgesetz
KStDV	Körperschaftsteuer-Durchführungsverordnung
KStG	Körperschaftsteuergesetz
KStR	Körperschaftsteuer-Richtlinien
KuT	Monatsschrift „Konkurs- und Treuhandwesen"
KWG—neues	Gesetz über das Kreditwesen vom 10. 7. 61
KWG—altes	Gesetz über das Kreditwesen vom 5. 12. 34
LAG	Gesetz über den Lastenausgleich
Letschert	Die genossenschaftliche Pflichtprüfung, Wiesbaden 1952
LG	Landgericht
LZ	Leipziger Zeitschrift für Deutsches Recht
Metz, Wehrhahn	Leitfaden zur Generalversammlung von Volksbanken
	Leitfaden zur Vertreterversammlung von Volksbanken

Abkürzungsverzeichnis

Meyer-Meulenbergh	Kurzkommentar zum GenG, 9. Auflage 1961
MDR	Monatsschrift für deutsches Recht
n. F.	neue Fassung
NJ	Neue Justiz (Zeitschrift)
NJW	Neue Juristische Wochenschrift
OGHZ	Oberster Gerichtshof für die britische Zone, Sammlung seiner Entscheidungen in Zivilsachen
oHG	offene Handelsgesellschaft
OLG	Oberlandesgericht; auch Rechtsprechung der Oberlandesgerichte (Band und Seite)
OLGRspr.	Rechtsprechung der Oberlandesgerichte (Band u. Seite)
Par. Cr.	Parisius u. Crüger, Kommentar zum GenG, 12. Aufl., 1932
Paulick	Das Recht der eingetragenen Genossenschaft, Ein Lehr- und Handbuch, 1956
Pr.	Preußisch
RabattG	Rabattgesetz
RAbgO	Reichsabgabenordnung (Abgabenordnung)
RAG	Reichsarbeitsgericht (auch Sammlung seiner Entscheidungen, Band u. S.)
RaiffR	Raiffeisen-Rundschau, Mitteilungsblatt des Deutschen Raiffeisenverbandes e. V., Bonn
RBerMG	Gesetz zur Verhütung von Mißbräuchen auf dem Gebiete der Rechtsberatung
Recht	Das Recht (Zeitschrift, Jahrgang und Nummer der Entscheidung)
Referate	Referate u. Materialien zur Reform des Genossenschaftsrechts, herausgegeben vom Bundesjustizministerium, Band I 1956, Band II 1958 und Band III 1959
RegGer.	Registergericht
RFH	Reichsfinanzhof, auch Sammlung seiner Entscheidungen
RG	Reichsgericht, auch Sammlung seiner Entscheidungen in Zivilsachen (Band u. S.)
RGBl.	Reichsgesetzblatt
RGStr.	Entscheidungen des Reichsgerichts in Strafsachen (Band u. S.)
RGZ	Entscheidungen des Reichsgerichts in Zivilsachen (Band u. S.)

Abkürzungsverzeichnis

RJA	Entscheidungen in Angelegenheiten der freiwilligen Gerichtsbarkeit, zusammengestellt im Reichsjustizamte (Band u. S.)
RNotO	Reichsnotarordnung (Notarordnung) v. 13. 2. 37
Rspr.	Rechtsprechung
RStBl.	Reichssteuerblatt
RVO	Reichsversicherungsordnung
S.	Seite, Satz
Schultz	Der Rechtsbegriff der Genossenschaft, Marburg 1958
SJZ	Süddeutsche Juristenzeitung
Sp.	Spalte
StGB	Strafgesetzbuch
StPO	Strafprozeßordnung
S. v. C.	Schnorr von Carolsfeld, Bemerkungen zum Genossenschaftsrecht, ZfG Bd. 9 (1959) 50 ff.
UrkStG	Urkundensteuergesetz
UG	Umstellungsgesetz v. 20. 6. 48
UWG	Gesetz gegen den unlauteren Wettbewerb
Verbraucher	„Der Verbraucher", Konsumgenossenschaftliche Rundschau, Zeitschrift des Zentralverbandes Deutscher Konsumgenossenschaften e. V. Hamburg
VerglO	Vergleichsordnung
VertrVers.	Vertreterversammlung
vgl.	vergleiche
VO	Verordnung
Vorst.	Vorstand
VV	Vertreterversammlung
WG	Währungsgesetz v. 20. 6. 48
WGG	Gesetz über die Gemeinnützigkeit im Wohnungswesen vom 29. 2. 40
WGGDV	Verordnung zur Durchführung des Gesetzes über die Gemeinnützigkeit im Wohnungswesen i. d. Fassung v. 25. 4. 57
WiGBl.	Gesetzblatt der Verwaltung des Vereinigten Wirtschaftsgebietes
WM	Wertpapiermitteilungen (Jahr u. Seite)
WoG	Wohnungswirtschaftliche Gesetzgebung (Beilage zu den Wohnungswirtschaftlichen Informationen)

Abkürzungsverzeichnis

	herausgegeben vom Gesamtverband gemeinnütziger Wohnungsunternehmen e. V. Köln
Würdinger	Würdinger in Reichsgerichtsräte-Kommentar zum HGB, 2. Auflage 1 Bd.
ZBH	Zentralblatt für Handelsrecht
ZfG	Zeitschrift für das gesamte Genossenschaftswesen, Organ der Genossenschaftsinstitute an den Universitäten Erlangen, Frankfurt, Marburg, Münster, Wien
ZfW	Zeitschrift für Wohnungswesen, früher Organ des Hauptverbandes deutscher Wohnungsunternehmen (Baugenossenschaften und -gesellschaften) e. V., später Organ des Reichsverbandes des deutschen gemeinnützigen Wohnungswesens e. V.
ZPO	Zivilprozeßordnung
ZtschfAG	Zeitschrift für das gesamte Aktienwesen (Zittau), später Zeitschrift für Aktiengesellschaften (Leipzig)
ZHR	Zeitschrift für das gesamte Handels- und Konkursrecht
z. Z.	zur Zeit

Die Überschriften der Paragraphen sind nicht amtlich

Einleitung

Das deutsche Genossenschaftswesen, dessen Entstehung auf die Bestrebungen von Schulze-Delitzsch und Raiffeisen zurückgeht, wurde durch das preußische Gesetz betreffend die privatrechtliche Stellung der Erwerbs- und Wirtschaftsgenossenschaften vom 27. März 1867 gesetzlich geregelt. Auf Antrag Schulze-Delitzschs wurde dieses Gesetz unter Vornahme einiger Änderungen und Ergänzungen am 4. Juli 1868 als Norddeutsches Bundesgesetz verkündet und schließlich 1871 bzw. 1873 durch Einführung in allen deutschen Ländern zu einem im ganzen Reich gültigen Gesetz erhoben. Das „Reichsgesetz betreffend die Erwerbs- und Wirtschaftsgenossenschaften" vom 1. Mai 1889, das noch durch die Schrift Schulze-Delitzschs „Material zur Revision des Genossenschaftsgesetzes" aus dem Jahre 1883 beeinflußt wurde, stellte eine der raschen Entwicklung des deutschen Genossenschaftswesens und den dadurch veränderten Bedürfnissen der genossenschaftlichen Praxis entsprechende Fortbildung des bestehenden Genossenschaftsrechts dar. Durch dieses Gesetz wurde vor allem die beschränkte Haftpflicht zugelassen, Erwerb und Verlust der Mitgliedschaft von der Eintragung in die gerichtliche Genossenliste abhängig gemacht, die gesetzliche Revision eingeführt, die Bildung von Zentralgenossenschaften ermöglicht und schließlich die Gewährung von Krediten durch Kreditgenossenschaften und die Warenabgabe durch Konsumvereine an Nichtmitglieder verboten. Nach Vornahme einiger Änderungen und Ergänzungen wurde der Text des Gesetzes am 20. Mai 1898 neu bekanntgemacht. In der Folgezeit wurde u. a. durch eine Novelle vom 1. Juli 1922 für größere Genossenschaften die Vertreterversammlung eingeführt und ein vereinfachtes Verfahren für die Verschmelzung von Genossenschaften geschaffen. Das Gesetz vom 18. Mai 1933 ermöglichte es, bei einem länger dauernden Konkurse die Nachschüsse der Genossen schon im Wege der Abschlagverteilung den Gläubigern zukommen zu lassen. Durch Gesetz vom 26. Mai 1933 wurde die Strafe für besonders schwere Fälle genossenschaftlicher Untreue wesentlich verschärft. Die Verordnung über die Bilanzierung von Genossenschaften vom 30. Mai 1933 regelte die Bilanzierung der eingetragenen Genossenschaften erschöpfend und trug dem Bedürfnis nach einer erhöhten Publizität Rechnung. Das Gesetz vom 20. Dezember bezweckte namentlich einen verstärkten Rechtsschutz der Mitglieder. Es ließ nur noch zwei genossenschaftliche Haftarten zu, nämlich die beschränkte und die unbeschränkte Haftpflicht. Durch die Beseitigung des Einzelangriffs der Gläubiger gegen die Mitglieder wurden zwar die Genossenschaften mit beschränkter und unbeschränkter Haftpflicht der Sache nach zu Genossenschaften mit beschränkter und unbeschränkter Nachschußpflicht, jedoch wurde ihre bisherige Haftartbezeichnung beibehalten. Das Gesetz führte ferner den Zwangsvergleich im Konkurse der Genossenschaft ein und gestattete den Abschluß von Vergleichen zwischen dem Konkursverwalter und den einzelnen Mitgliedern. Durch das Gesetz vom 30. Oktober 1934 erfuhren die Vorschriften über das genossenschaftliche Prüfungswesen eine grundlegende Umgestaltung. Die Prüfungsfrist wurde für Genossenschaften von einer bestimmten Bilanzsumme ab auf ein Jahr verkürzt und allen Genossenschaften bei Vermeidung der Auflösung die Pflicht zum Anschluß an einen Prüfungsverband auferlegt. Die Anschlußpflicht wurde eingeführt, weil sich in den wirtschaftlichen Krisenjahren gezeigt hat, daß verbandsangehörige Genossenschaften infolge der Betreuung und Prüfung durch den Verband wesentlich besser die aufgetretenen Schwierigkeiten überwinden konnten als die verbandsfreien Genossenschaften. Als alleiniger Träger der Prüfung wurde nunmehr der Prüfungsverband bestimmt. Die zivil- und strafrechtliche Verantwortlichkeit des Prüfungsverbandes und der Prüfer wurde eingehend geregelt und durch Schaffung des öffentlich bestellten genossenschaftlichen Wirtschaftsprüfers die Frage der persönlichen und sachlichen Qualifikation der Prüfer geklärt. Entsprechend seiner erhöhten Verantwortung gab die Novelle dem Prüfungsverband die Möglichkeit, die Beachtung der Prüfungsergebnisse und die Beseitigung der festgestellten Mängel durchzusetzen. Durch die Verordnung über die Prüfung der Jahresabschlüsse von Kreditinstituten vom 7. Juli 1937 wurde (zunächst nur in begrenztem Umfange) auch für Kreditinstitute in der Rechtsform der eingetragenen Genossenschaft die Prüfung des Jahresabschlusses vorgeschrieben und durch die Novelle vom 13. April 1943 in Anlehnung an die Regelung im Aktiengesetz vom 30. Januar 1937 ein neues Verschmelzungsrecht geschaffen, um die Verschmelzung von Genossenschaften zu vereinfachen und zu erleichtern, ohne die Belange der Beteiligten zu beeinträchtigen.

Inzwischen war bei der Akademie für Deutsches Recht 1936 ein Ausschuß für Genossenschaftsrecht gebildet worden, dem die Überprüfung des Deutschen Genossenschaftsrechts auf seine Reformbedürftigkeit hin übertragen wurde. Das Ergebnis seiner Untersuchungen wurde 1940 in einer Denkschrift „Das Recht der deutschen Genossenschaften" veröffentlicht, doch hatte der Krieg die Zurückstellung der Reformpläne zur Folge.

Als nach dem Zusammenbruch im Zuge der staatlichen Neugestaltung die Gesetzgebungsbefugnis 1950 auf den Deutschen Bundestag übergegangen war, galt es zunächst, auch das Genossenschaftsrecht vor allem durch das handelsrechtliche Bereinigungsgesetz vom 18. 4. 1950 von den kriegsbedingten Rechtsvorschriften zu befreien. Da die Verordnung über öffentlich bestellte Wirtschaftsprüfer im Genossenschaftswesen vom 7. 7. 1936 nach dem Kriege nicht mehr anwendbar war, weil die durch sie geschaffenen Einrichtungen weggefallen waren, erfolgte die erforderliche Neuordnung der Rechtsgrundlagen für die Stellung der Wirtschaftsprüfer im Genossenschaftswesen durch das Gesetz über Wirtschaftsprüfer im Genossenschaftswesen vom 17. 7. 1952.

Änderungen des Genossenschaftsgesetzes sind seit Kriegsende in folgender Hinsicht erfolgt:

1. Durch § 1 des Gesetzes zur Änderung von Vorschriften des Gesetzes betreffend die Erwerbs- und Wirtschaftsgenossenschaften und des Rabattgesetzes vom 21. 7. 1954 wurde § 8 Abs. 4, der den Konsumvereinen den Verkauf von Waren an Nichtmitglieder verbot, aufgehoben, nachdem seine Anwendung schon seit Kriegsende ausgesetzt worden war. Zugleich mit § 8 Abs. 4 mußten folgerichtig auch die im Zusammenhang damit stehenden Vorschriften der §§ 31, 152 und 153 aufgehoben werden.

2. Durch das Gesetz zur Änderung und Ergänzung kostenrechtlicher Vorschriften vom 26. 7. 1957 wurde zwecks Vereinfachung des Kostenrechts eine Reihe kostenrechtlicher Vorschriften geändert und ergänzt. Aus systematischen Gründen ist bei dieser Gelegenheit durch Artikel XI § 4 Abs. 1 Nr. 2 der § 159 des Genossenschaftsgesetzes mit Wirkung vom 1. 10. 1957 aufgehoben und inhaltlich übereinstimmend als § 83 in die Kostenordnung vom 1. 10. 1957 übernommen worden.

3. Im Zusammenhang mit der Neuregelung des Beurkundungsrechtes (Beurkundungsgesetz vom 28. 8. 1969, BGBl. I S. 1513) wurden auch wichtige Bestimmungen des Genossenschaftsgesetzes geändert. Da Beurkundungen und Beglaubigungen aus Gründen der Vereinheitlichung des Beurkundungswesens grundsätzlich nur noch durch den Notar erfolgen sollen, mußten auch alle Vor-

schriften des Genossenschaftsgesetzes geändert werden, die z. B. eine unmittelbare Anmeldung zu Protokoll des Gerichtes zuließen. Es handelt sich um die Vorschrift des § 11 Abs. 3, 28 Abs. 2, 84 Abs. 3 und 157 Abs. 1 GenG. Allerdings kann gemäß § 63 BeurkG durch Landesgesetz die Zuständigkeit für die *öffentliche Beglaubigung* anderer Personen oder Stellen übertragen werden. Von dieser Ausnahmemöglichkeit wurde schon in mehreren Fällen durch die Länder Gebrauch gemacht.

Schon bei der Erörterung des Problems der Beseitigung des § 8 Abs. 4 hatten mit den Genossenschaften in Wettbewerb stehende Wirtschaftskreise die Frage nach der Stellung der Genossenschaften im heutigen Wirtschaftsleben und insbesondere ihrer wettbewerblichen Stellung gegenüber dem Handel aufgeworfen. Nachdem auch in einer Bundestagsdebatte vom 10. 12. 1953 über die Aufhebung des Verbots des Nichtmitgliedergeschäfts der Konsumvereine diese grundsätzlichen Fragen zur Sprache gekommen waren, ersuchten Bundestag und Bundesrat die Bundesregierung im Sommer 1954, das geltende Genossenschaftsrecht zu überprüfen und die Vorarbeiten für eine Reform unverzüglich in Angriff zu nehmen.

Im Einvernehmen mit dem Bundeswirtschaftsminister und den anderen beteiligten Bundesministerien wurde daraufhin beim Bundesjustizministerium ein Sachverständigenausschuß aus Kreisen der Rechtswissenschaft, der Wirtschaftswissenschaft, der Genossenschaften, des Handels und des Handwerks gebildet, um die grundsätzlichen Fragen zu klären, bevor Entscheidungen über eine Änderung des Genossenschaftsgesetzes getroffen werden. Die Beratungen wurden im Juli 1958 abgeschlossen. Die Arbeiten des Sachverständigenausschusses wurden vom Bundesjustizministerium in 3 Bänden mit dem Titel: Zur Reform des Genossenschaftsrechts, Referate und Materialien, veröffentlicht. Im Vorwort zum 1. Band stellt der damalige Bundesjustizminister Neumayer fest, daß sich das geltende Genossenschaftsgesetz als Rechtsgrundlage für die Genossenschaften voll bewährt hat.

Mit Datum vom 23. 2. 1962 hat das Bundesjustizministerium den Referentenentwurf eines Genossenschaftsgesetzes der Öffentlichkeit vorgelegt und die Spitzenverbände der Wirtschaft, insbesondere die genossenschaftlichen Spitzenverbände, gebeten zu dem Entwurf Stellung zu nehmen. Die genossenschaftlichen Spitzenverbände haben den Referentenentwurf eingehend geprüft; in einer gemeinsamen Stellungnahme vom 29. 3. 1963 lehnten sie ihn ab.

Einleitung

In weiten Kreisen der betroffenen Wirtschaft bestand Einigkeit dahin, daß der damalige Referentenentwurf als Grundlage für ein künftiges Genossenschaftsgesetz nicht geeignet war.
Inzwischen haben sich durch die Entwicklung der Wirtschaft und der Wettbewerbsverhältnisse neue Gesichtspunkte ergeben, die eine schwerpunktmäßige Modernisierung des Genossenschaftsrechts geboten erscheinen lassen. Die Genossenschaftsverbände stehen in engem Kontakt mit den Genossenschaftsinstituten der Universitäten, mit dem Bundesjustizministerium, dem Bundeswirtschaftsministerium und dem Bundesfinanzministerium, um das Genossenschaftsrecht im Sinne einer Modernisierung an die geänderten Verhältnisse anzupassen. Es handelt sich dabei insbesondere um folgende Schwerpunkte:
Zulassung der Genossenschaft ohne Nachschußpflicht, Betonung der Eigenverantwortung des Vorstandes für die Geschäftsführung, Zulassung der Prokura, Neuregelung des Stimmrechts in der Generalversammlung und Verzicht auf das Verbot des § 8 Abs. 2 GenG. Fragen einer Intensivierung der Beteiligung der Mitglieder an der Genossenschaft werden noch untersucht. Es wird angestrebt, die Novellierung des Genossenschaftsrechts noch in dieser Legislaturperiode abzuschliessen, um den Genossenschaften eine rechtliche Grundlage zu geben, die den Anforderungen einer modernen Wettbewerbswirtschaft entspricht.

Gesetz, betreffend die Erwerbs- und Wirtschaftsgenossenschaften

Vom 20. 5. 98 (RGBl. S. 810) in der gegenwärtigen Fassung

Wortlaut des Gesetzes

Erster Abschnitt
Errichtung der Genossenschaft

§ 1

Begriff und Arten der eingetragenen Genossenschaft

(1) Gesellschaften von nicht geschlossener Mitgliederzahl, welche die Förderung des Erwerbes oder der Wirtschaft ihrer Mitglieder mittels gemeinschaftlichen Geschäftsbetriebes bezwecken (Genossenschaften), namentlich:
1. Vorschuß- und Kreditvereine,
2. Rohstoffvereine,
3. Vereine zum gemeinschaftlichen Verkaufe landwirtschaftlicher oder gewerblicher Erzeugnisse (Absatzgenossenschaften, Magazinvereine),
4. Vereine zur Herstellung von Gegenständen und zum Verkaufe derselben auf gemeinschaftliche Rechnung (Produktivgenossenschaften),
5. Vereine zum gemeinschaftlichen Einkaufe von Lebens- oder Wirtschaftsbedürfnissen im großen und Ablaß im kleinen (Konsumvereine),
6. Vereine zur Beschaffung von Gegenständen des landwirtschaftlichen oder gewerblichen Betriebes und zur Benutzung derselben auf gemeinschaftliche Rechnung,
7. Vereine zur Herstellung von Wohnungen,

erwerben die Rechte einer „eingetragenen Genossenschaft" nach Maßgabe dieses Gesetzes.

(2) Eine Beteiligung an Gesellschaften und sonstigen Personenvereinigungen einschließlich der Körperschaften des öffentlichen Rechts ist zulässig, wenn sie

1 Lang-Weidmüller, Genossenschaftsgesetz, 29. Aufl.

Gesetz, betr. die Erwerbs- und Wirtschaftsgenossenschaften

1. der Förderung des Erwerbes oder der Wirtschaft der Mitglieder der Genossenschaft oder,
2. ohne den alleinigen oder überwiegenden Zweck der Genossenschaft zu bilden, gemeinnützigen Bestrebungen der Genossenschaft

zu dienen bestimmt ist.

§ 2
Haftarten

Eine Genossenschaft kann errichtet werden:
1. als eingetragene Genossenschaft mit unbeschränkter Haftpflicht; bei ihr haften die einzelnen Mitglieder (Genossen) für die Verbindlichkeiten der Genossenschaft dieser ohne Beschränkung auf eine bestimmte Summe;
2. als eingetragene Genossenschaft mit beschränkter Haftpflicht; bei ihr ist die Haftpflicht der Genossen für die Verbindlichkeiten der Genossenschaft dieser gegenüber im voraus auf eine bestimmte Summe beschränkt.

§ 3
Firma

(1) Die Firma der Genossenschaft muß vom Gegenstande des Unternehmens entlehnt sein und entsprechend der im § 2 vorgesehenen Art der Genossenschaft die daselbst bestimmte zusätzliche Bezeichnung enthalten.

(2) Der Name von Genossen oder anderen Personen darf in die Firma nicht aufgenommen werden. Jede neue Firma muß sich von allen an demselben Orte oder in derselben Gemeinde bereits bestehenden Firmen eingetragener Genossenschaften deutlich unterscheiden.

§ 4
Mindestzahl der Genossen

Die Zahl der Genossen muß mindestens sieben betragen.

§ 5
Form des Statuts

Das Statut der Genossenschaft bedarf der schriftlichen Form.

§ 6
Notwendiger Inhalt des Statuts

Das Statut muß enthalten:
1. die Firma und den Sitz der Genossenschaft;

2. den Gegenstand des Unternehmens;
3. Bestimmungen über die Form für die Berufung der Generalversammlung der Genossen, sowie für die Beurkundung ihrer Beschlüsse und über den Vorsitz in der Versammlung;

    die Berufung der Generalversammlung muß durch unmittelbare Benachrichtigung sämtlicher Genossen oder durch Bekanntmachung in einem öffentlichen Blatt erfolgen; das Gericht kann hiervon Ausnahmen zulassen. Die Bekanntmachung im *Reichsanzeiger* genügt nicht.
4. Bestimmungen über die Form, in welcher die von der Genossenschaft ausgehenden Bekanntmachungen erfolgen, sowie über die öffentlichen Blätter, in welche dieselben aufzunehmen sind.

§ 7
Notwendiger Inhalt des Statuts

Das Statut muß ferner bestimmen:
1. ob die Genossen der unbeschränkten Haftpflicht oder nur der beschränkten Haftpflicht unterliegen;
2. den Betrag, bis zu welchem sich die einzelnen Genossen mit Einlagen beteiligen können (Geschäftsanteil),

    sowie die Einzahlungen auf den Geschäftsanteil, zu welchen jeder Genosse verpflichtet ist; dieselben müssen bis zu einem Gesamtbetrage von mindestens einem Zehnteile des Geschäftsanteils nach Betrag und Zeit bestimmt sein;
3. die Grundsätze für die *Aufstellung und die* Prüfung der Bilanz;
4. die Bildung eines Reservefonds, welcher zur Deckung eines aus der Bilanz sich ergebenden Verlustes zu dienen hat, sowie die Art dieser Bildung, insbesondere den Teil des jährlichen Reingewinns, welcher in den Reservefonds einzustellen ist, und den Mindestbetrag des letzteren, bis zu dessen Erreichung die Einstellung zu erfolgen hat.

§ 8
Kannbestimmungen des Statuts

(1) Der Aufnahme in das Statut bedürfen Bestimmungen, nach welchen:
1. die Genossenschaft auf eine bestimmte Zeit beschränkt wird;
2. Erwerb und Fortdauer der Mitgliedschaft an den Wohnsitz innerhalb eines bestimmten Bezirks geknüpft wird;
3. das Geschäftsjahr, insbesondere das erste, auf ein mit dem Kalenderjahre nicht zusammenfallendes Jahr oder auf eine kürzere Dauer, als auf ein Jahr, bemessen wird;

4. über gewisse Gegenstände die Generalversammlung nicht schon durch einfache Stimmenmehrheit, sondern nur durch eine größere Stimmenmehrheit oder nach anderen Erfordernissen Beschluß fassen kann;
5. die Ausdehnung des Geschäftsbetriebes auf Personen, welche nicht Mitglieder der Genossenschaft sind, zugelassen wird.

(2) Genossenschaften, bei welchen die Gewährung von Darlehen Zweck des Unternehmens ist, dürfen ihren Geschäftsbetrieb, soweit er in einer diesen Zweck verfolgenden Darlehnsgewährung besteht, nicht auf andere Personen außer den Mitgliedern ausdehnen. Darlehnsgewährungen, welche nur die Anlegung von Geldbeständen bezwecken, fallen nicht unter dieses Verbot.

(3) Als Ausdehnung des Geschäftsbetriebes gilt nicht der Abschluß von Geschäften mit Personen, welche bereits die Erklärung des Beitritts zur Genossenschaft unterzeichnet haben und von derselben zugelassen sind.

(4) *Konsumvereine (§ 1 Nr. 5) dürfen im regelmäßigen Geschäftsverkehr Waren nur an ihre Mitglieder oder deren Vertreter verkaufen. Diese Beschränkung findet auf landwirtschaftliche Konsumvereine, welche ohne Haltung eines offenen Ladens die Vermittlung des Bezugs von ihrer Natur nach ausschließlich für den landwirtschaftlichen Betrieb bestimmten Waren besorgen, hinsichtlich dieser Waren keine Anwendung.*

§ 9
Vorstand und Aufsichtsrat

(1) Die Genossenschaft muß einen Vorstand und einen Aufsichtsrat haben.

(2) Die Mitglieder des Vorstandes und des Aufsichtsrats müssen Genossen sein. Gehören der Genossenschaft einzelne eingetragene Genossenschaften als Mitglieder an, oder besteht die Genossenschaft ausschließlich aus solchen, so können Mitglieder der letzteren in den Vorstand und den Aufsichtsrat berufen werden.

§ 10
Eintragung des Statuts und Vorstandes in das GenReg.

(1) Das Statut sowie die Mitglieder des Vorstandes sind in das Genossenschaftsregister bei dem Gerichte einzutragen, in dessen Bezirke die Genossenschaft ihren Sitz hat.

(2) Das Genossenschaftsregister wird bei dem zur Führung des Handelsregisters zuständigen Gerichte geführt.

Wortlaut des Gesetzes

§ 11
Anmeldung zur Eintragung

(1) Die Anmeldung behufs der Eintragung liegt dem Vorstande ob.

(2) Der Anmeldung sind beizufügen:
1. das Statut, welches von den Genossen unterzeichnet sein muß, und eine Abschrift desselben;
2. eine Liste der Genossen;
3. eine Abschrift der Urkunden über die Bestellung des Vorstandes und des Aufsichtsrats;
4. die Bescheinigung eines Prüfungsverbandes, daß die Genossenschaft zum Beitritt zugelassen ist.

(3) Die Mitglieder des Vorstandes haben zugleich die Zeichnung ihrer Unterschrift in öffentlich beglaubigter Form einzureichen.

(4) Die Abschrift des Statuts wird von dem Gerichte beglaubigt und, mit der Bescheinigung der erfolgten Eintragung versehen, zurückgegeben. Die übrigen Schriftstücke werden bei dem Gerichte aufbewahrt.

§ 12
Veröffentlichung des Statuts

(1) Das eingetragene Statut ist von dem Gericht im Auszug zu veröffentlichen.

(2) Die Veröffentlichung muß enthalten:
1. das Datum des Statuts,
2. die Firma und den Sitz der Genossenschaft,
3. den Gegenstand des Unternehmens,
4. die Zeitdauer der Genossenschaft, falls diese auf eine bestimmte Zeit beschränkt ist.

§ 13
Bedeutung der Eintragung

Vor der Eintragung in das Genossenschaftsregister ihres Sitzes hat die Genossenschaft die Rechte einer eingetragenen Genossenschaft nicht.

§ 14
Anmeldung einer Zweigniederlassung

(1) Jede Zweigniederlassung muß bei dem Gerichte, in dessen Bezirk sie sich befindet, behufs Eintragung in das Genossenschaftsregister angemeldet werden.

(2) Die Anmeldung hat die im § 12 vorgeschriebenen Angaben zu enthalten. Derselben sind zwei beglaubigte Abschriften des Statuts

und eine durch das Gericht der Hauptniederlassung beglaubigte Abschrift der Liste der Genossen beizufügen. Die Bestimmung im § 11 Absatz 3 findet Anwendung.

(3) Das Gericht hat die eine Abschrift des Statuts, mit der Bescheinigung der erfolgten Eintragung versehen, zurückzugeben und von der Eintragung zu dem Genossenschaftsregister bei dem Gerichte der Hauptniederlassung Mitteilung zu machen.

§ 15
Beitrittserklärung

(1) Nach der Anmeldung des Statuts zum Genossenschaftsregister bedarf es zum Erwerbe der Mitgliedschaft einer von dem Beitretenden zu unterzeichnenden, unbedingten Erklärung des Beitritts.

(2) Der Vorstand hat die Erklärung im Falle der Zulassung des Beitretenden behufs Eintragung desselben in die Liste der Genossen dem Gerichte (§ 10) einzureichen. Die Eintragung ist unverzüglich vorzunehmen.

(3) Durch die Eintragung, welche auf Grund der Erklärung und deren Einreichung stattfindet, entsteht die Mitgliedschaft des Beitretenden.

(4) Von der Eintragung hat das Gericht den Genossen und den Vorstand zu benachrichtigen; der Genosse kann auf die Benachrichtigung nicht verzichten. Die Beitrittserklärung wird in Urschrift bei dem Gerichte aufbewahrt. Wird die Eintragung versagt, so hat das Gericht hiervon den Antragsteller unter Rückgabe der Beitrittserklärung und den Vorstand in Kenntnis zu setzen.

§ 16
Abänderung des Statuts

(1) Eine Abänderung des Statuts oder die Fortsetzung einer auf bestimmte Zeit beschränkten Genossenschaft kann nur durch die Generalversammlung beschlossen werden.

(2) Zu einer Abänderung des Gegenstandes des Unternehmens sowie zur Erhöhung des Geschäftsanteils bedarf es einer Mehrheit von drei Vierteilen der erschienenen Genossen. Das Statut kann noch andere Erfordernisse aufstellen. Zu sonstigen Änderungen des Statuts bedarf es einer Mehrheit von drei Vierteilen der erschienenen Genossen, sofern nicht das Statut andere Erfordernisse aufstellt.

(3) Auf die Anmeldung und Eintragung des Beschlusses finden die Vorschriften des § 11 mit der Maßgabe entsprechende Anwendung, daß der Anmeldung zwei Abschriften des Beschlusses beizufügen sind.

Die Veröffentlichung des Beschlusses findet nur insoweit statt, als derselbe eine der im § 12 Absatz 2 bezeichneten Bestimmungen zum Gegenstande hat.

(4) Der Beschluß hat keine rechtliche Wirkung, bevor er in das Genossenschaftsregister des Sitzes der Genossenschaft eingetragen ist.

Zweiter Abschnitt
Rechtsverhältnisse der Genossenschaft und der Mitglieder

§ 17
Rechtsstellung der eG

(1) Die eingetragene Genossenschaft als solche hat selbständig ihre Rechte und Pflichten; sie kann Eigentum und andere dingliche Rechte an Grundstücken erwerben, vor Gericht klagen und verklagt werden.

(2) Genossenschaften gelten als Kaufleute im Sinne des Handelsgesetzbuches, soweit dieses Gesetz keine abweichenden Vorschriften enthält.

§ 18
Verhältnis zwischen Statut und Gesetz

Das Rechtsverhältnis der Genossenschaft und der Genossen richtet sich zunächst nach dem Statut. Letzteres darf von den Bestimmungen dieses Gesetzes nur insoweit abweichen, als dies ausdrücklich für zulässig erklärt ist.

§ 19
Gewinn- und Verlustverteilung

(1) Der bei Genehmigung der Bilanz für die Genossen sich ergebende Gewinn oder Verlust des Geschäftsjahres ist auf diese zu verteilen. Die Verteilung geschieht für das erste Geschäftsjahr nach dem Verhältnis ihrer auf den Geschäftsanteil geleisteten Einzahlungen, für jedes folgende nach dem Verhältnis ihrer durch die Zuschreibung von Gewinn oder die Abschreibung von Verlust zum Schlusse des vorhergegangenen Geschäftsjahres ermittelten Geschäftsguthaben. Die Zuschreibung des Gewinns erfolgt so lange, als nicht der Geschäftsanteil erreicht ist.

(2) Das Statut kann einen anderen Maßstab für die Verteilung von Gewinn und Verlust aufstellen sowie Bestimmung darüber treffen, inwieweit der Gewinn vor Erreichung des Geschäftsanteils an die Genossen auszuzahlen ist. Bis zur Wiederergänzung eines durch Verlust verminderten Guthabens findet eine Auszahlung des Gewinns nicht statt.

§ 20
Ausschluß der Gewinnverteilung

Durch das Statut kann festgesetzt werden, daß der Gewinn nicht verteilt, sondern dem Reservefonds zugeschrieben wird.

§ 21
Unverzinslichkeit der Geschäftsguthaben

(1) Für das Geschäftsguthaben werden Zinsen von bestimmter Höhe nicht vergütet, auch wenn der Genosse Einzahlungen in höheren als den geschuldeten Beträgen geleistet hat.

(2) Auch können Genossen, welche mehr als die geschuldeten Einzahlungen geleistet haben, im Falle eines Verlustes andere Genossen nicht aus dem Grunde in Anspruch nehmen, daß von letzteren nur diese Einzahlungen geleistet sind.

§ 22
Herabsetzung des Geschäftsanteils
Verbot der Auszahlung des Geschäftsguthabens

(1) Werden der Geschäftsanteil oder die auf ihn zu leistenden Einzahlungen herabgesetzt oder die für die Einzahlungen festgesetzten Fristen verlängert, so ist der wesentliche Inhalt des Beschlusses der Generalversammlung durch das Gericht bei der Bekanntmachung der Eintragung in das Genossenschaftsregister anzugeben.

(2) Den Gläubigern der Genossenschaft ist, wenn sie sich binnen sechs Monaten nach der Bekanntmachung bei der Genossenschaft zu diesem Zweck melden, Sicherheit zu leisten, soweit sie nicht Befriedigung verlangen können. In der Bekanntmachung ist darauf hinzuweisen.

(3) Genossen, die zur Zeit der Eintragung des Beschlusses der Genossenschaft angehörten, können sich auf die Änderung erst berufen, wenn die Bekanntmachung erfolgt ist und die Gläubiger, die sich rechtzeitig gemeldet haben, wegen der erhobenen Ansprüche befriedigt oder sichergestellt sind.

(4) Das Geschäftsguthaben eines Genossen darf, solange er nicht ausgeschieden ist, von der Genossenschaft nicht ausgezahlt oder im geschäftlichen Betriebe zum Pfande genommen, eine geschuldete Einzahlung darf nicht erlassen werden.

(5) Gegen die letztere kann der Genosse eine Aufrechnung nicht geltend machen.

Wortlaut des Gesetzes

§ 23
Haftung der Genossen für die Verbindlichkeiten der eG
(1) Für die Verbindlichkeiten der Genossenschaft haften die Genossen nach Maßgabe dieses Gesetzes.
(2) Wer in die Genossenschaft eintritt, haftet auch für die vor seinem Eintritt eingegangenen Verbindlichkeiten.
(3) Ein den vorstehenden Bestimmungen zuwiderlaufender Vertrag ist ohne rechtliche Wirkung.

Dritter Abschnitt
Vertretung und Geschäftsführung

§ 24
Vorstand

(1) Die Genossenschaft wird durch den Vorstand gerichtlich und außergerichtlich vertreten.
(2) Der Vorstand besteht aus zwei Mitgliedern und wird von der Generalversammlung gewählt. Durch das Statut kann eine höhere Mitgliederzahl sowie eine andere Art der Bestellung festgesetzt werden.
(3) Die Mitglieder des Vorstandes können besoldet oder unbesoldet sein. Ihre Bestellung ist zu jeder Zeit widerruflich, unbeschadet der Entschädigungsansprüche aus bestehenden Verträgen.

§ 25
Willenserklärungen und Zeichnung des Vorstandes

(1) Der Vorstand hat in der durch das Statut bestimmten Form seine Willenserklärungen kundzugeben und für die Genossenschaft zu zeichnen. Ist nichts darüber bestimmt, so muß die Erklärung und Zeichnung durch sämtliche Mitglieder des Vorstandes erfolgen. Weniger als zwei Mitglieder dürfen hierfür nicht bestimmt werden.
(2) Die Zeichnung geschieht in der Weise, daß die Zeichnenden zu der Firma der Genossenschaft oder zu der Benennung des Vorstandes ihre Namensunterschrift beifügen.

§ 26
Berechtigung und Verpflichtung der eG durch den Vorstand

(1) Die Genossenschaft wird durch die von dem Vorstande in ihrem Namen geschlossenen Rechtsgeschäfte berechtigt und verpflichtet; es ist gleichgültig, ob das Geschäft ausdrücklich im Namen der

Genossenschaft geschlossen worden ist oder ob die Umstände ergeben, daß es nach dem Willen der Vertragschließenden für die Genossenschaft geschlossen werden sollte.

(2) Zur Legitimation des Vorstandes Behörden gegenüber genügt eine Bescheinigung des Gerichts (§ 10), daß die darin zu bezeichnenden Personen als Mitglieder des Vorstandes in das Genossenschaftsregister eingetragen sind.

§ 27
Beschränkung der Vertretungsbefugnis des Vorstandes

(1) Der Vorstand ist der Genossenschaft gegenüber verpflichtet, die Beschränkungen einzuhalten, welche für den Umfang seiner Befugnis, die Genossenschaft zu vertreten, durch das Statut oder durch Beschlüsse der Generalversammlung festgesetzt sind.

(2) Gegen dritte Personen hat eine Beschränkung der Befugnis des Vorstandes, die Genossenschaft zu vertreten, keine rechtliche Wirkung. Dies gilt insbesondere für den Fall, daß die Vertretung sich nur auf gewisse Geschäfte oder Arten von Geschäften erstrecken oder nur unter gewissen Umständen oder für eine gewisse Zeit oder an einzelnen Orten stattfinden soll oder daß die Zustimmung der Generalversammlung, des Aufsichtsrats oder eines anderen Organs der Genossenschaft für einzelne Geschäfte erforderlich ist.

§ 28
Anmeldung von Änderungen des Vorstandes

(1) Jede Änderung des Vorstandes sowie die Beendigung der Vertretungsbefugnis eines Vorstandsmitgliedes ist durch den Vorstand zur Eintragung in das Genossenschaftsregister anzumelden. Eine Abschrift der Urkunden über die Bestellung oder über die Beendigung der Vertretungsbefugnis eines Vorstandsmitgliedes ist der Anmeldung beizufügen und wird bei dem Gericht aufbewahrt.

(2) Die Vorstandsmitglieder haben die Zeichnung ihrer Unterschrift in öffentlich beglaubigter Form einzureichen.

§ 29
Öffentlicher Glaube des Genossenschaftsregisters

(1) Eine Änderung des Vorstandes, eine Beendigung der Vertretungsbefugnis eines Vorstandsmitgliedes, sowie eine Änderung des Statuts rücksichtlich der Form für Willenserklärungen des Vorstandes kann, solange sie nicht in das Genossenschaftsregister eingetragen ist, von der Genossenschaft einem Dritten nicht entgegengesetzt werden, es sei denn, daß dieser von der Änderung oder Beendigung Kenntnis hatte.

(2) Nach der Eintragung muß der Dritte die Änderung oder Beendigung gegen sich gelten lassen, es sei denn, daß er sie weder kannte noch kennen mußte.
(3) Für den Geschäftsverkehr mit einer in das Genossenschaftsregister eingetragenen Zweigniederlassung ist im Sinne dieser Vorschriften die Eintragung durch das Gericht der Zweigniederlassung entscheidend.

§ 30
Verzeichnis der Genossen

Der Vorstand hat ein Verzeichnis der Genossen zu führen und dasselbe mit der Liste in Übereinstimmung zu halten.

§ 31
Anweisungen bei Konsumvereinen

(1) *Für Konsumvereine, welche einen offenen Laden haben, hat der Vorstand, um die Beobachtung der Bestimmung des § 8 Absatz 4 zu sichern, Anweisung darüber zu erlassen, auf welche Weise sich die Vereinsmitglieder oder deren Vertreter den Warenverkäufern gegenüber zu legitimieren haben. Abschrift der Anweisung hat er der höheren Verwaltungsbehörde, in deren Bezirk die Genossenschaft ihren Sitz hat, unverzüglich einzureichen.*
(2) *Die höhere Verwaltungsbehörde ist befugt, die Mitglieder des Vorstandes zur Einreichung und nötigenfalls zur Abänderung oder Ergänzung der Anweisung durch Geldstrafen bis zum Betrage von je eintausend Reichsmark anzuhalten.*
(3) *Gegen die Anordnungen und Straffestsetzungen der höheren Verwaltungsbehörde findet binnen zwei Wochen die Beschwerde an die Landeszentralbehörde statt.*

§ 32
Verbot der Ausgabe von Marken als Zahlungsmittel

Von Konsumvereinen oder von Gewerbetreibenden, welche mit solchen wegen Warenabgabe an die Mitglieder in Verbindung stehen, dürfen Marken oder sonstige nicht auf den Namen lautende Anweisungen oder Wertzeichen, welche anstatt baren Geldes die Mitglieder zum Warenbezug berechtigen sollen, nicht ausgegeben werden.

§ 33
Buchführung. Jahresabschluß. Veröffentlichung

(1) Der Vorstand ist verpflichtet, Sorge zu tragen, daß die erforderlichen Bücher der Genossenschaft geführt werden.

(2) Er hat nach Ablauf eines jeden Geschäftsjahres für dieses eine Bilanz und eine Gewinn- und Verlustrechnung (Jahresabschluß) sowie einen Geschäftsbericht dem Aufsichtsrat und mit dessen Bemerkungen der Generalversammlung vorzulegen.

(3) Er muß binnen sechs Monaten nach Ablauf eines jeden Geschäftsjahres den Jahresabschluß für dieses, die Zahl der im Laufe des Geschäftsjahres eingetretenen oder ausgeschiedenen sowie die Zahl der am Schlusse des Geschäftsjahres der Genossenschaft angehörigen Genossen veröffentlichen. Die Bekanntmachung sowie der Geschäftsbericht nebst den Bemerkungen des Aufsichtsrats sind zu dem Genossenschaftsregister einzureichen. Bei kleineren Genossenschaften findet eine Veröffentlichung nicht statt. Im übrigen kann das Gericht, falls nicht nach den besonderen Umständen des Falles die Veröffentlichung geboten erscheint, den Vorstand auf seinen Antrag von der Verpflichtung zur Veröffentlichung befreien, sofern glaubhaft gemacht wird, daß die Kosten der Veröffentlichung in offenbarem Mißverhältnisse zu der Vermögenslage der Genossenschaft stehen würden. Findet eine Veröffentlichung gemäß Satz 3, 4 nicht statt, so sind an die Stelle der Bekanntmachung eine Abschrift des Jahresabschlusses sowie eine Erklärung über die Zahl der Genossen nach Maßgabe des Satzes 1 zu dem Genossenschaftsregister einzureichen.

§ 33 a
Inhalt des Geschäftsberichts

In dem Geschäftsbericht sind der Vermögensstand und die Verhältnisse der Genossenschaft zu entwickeln und der Jahresabschluß zu erläutern. Bei der Erläuterung des Jahresabschlusses sind auch wesentliche Abweichungen von dem früheren Jahresabschluß zu erörtern.

§ 33 b
Bilanzierungsgrundsätze

(1) Für die Aufstellung des Jahresabschlusses kommen, soweit nicht in den §§ 33 c bis h ein anderes bestimmt ist, die Vorschriften des Vierten Abschnitts des Ersten Buches des Handelsgesetzbuchs und im übrigen die Grundsätze ordnungsmäßiger Buchführung und Bilanzierung zur Anwendung.

(2) Der Jahresabschluß ist so klar und übersichtlich aufzustellen, daß er den Beteiligten einen möglichst sicheren Einblick in die Lage der Genossenschaft gewährt.

Wortlaut des Gesetzes

§ 33 c
Bewertungsvorschriften

Für den Ansatz der einzelnen Posten der Jahresbilanz gelten folgende Vorschriften:

1. Anlagen und andere Vermögensgegenstände einschließlich Wertpapiere, die dauernd zum Geschäftsbetriebe der Genossenschaft bestimmt sind, dürfen höchstens zu den Anschaffungs- oder Herstellungskosten angesetzt werden. Bei der Berechnung der Herstellungskosten dürfen in angemessenem Umfang Abschreibungen berücksichtigt und angemessene Anteile an den Betriebs- und Verwaltungskosten eingerechnet werden, die auf den Zeitraum der Herstellung entfallen. Vertriebskosten gelten hierbei nicht als Bestandteile der Betriebs- und Verwaltungskosten.

Anlagen und andere Vermögensgegenstände, die dauernd zum Geschäftsbetriebe der Genossenschaft bestimmt sind, dürfen ohne Rücksicht auf einen geringeren Wert zu den Anschaffungs- oder Herstellungskosten angesetzt werden, wenn der Anteil an dem etwaigen Wertverlust der sich bei seiner Verteilung auf die mutmaßliche Gesamtdauer der Verwendung oder Nutzung für den einzelnen Bilanzabschnitt ergibt, in Abzug oder in der Form von Wertberichtigungsposten in Ansatz gebracht wird. Bei der Berechnung der Herstellungskosten findet die Vorschrift des Abs. 1 Satz 2 Anwendung.

Wertpapiere, die dauernd zum Geschäftsbetriebe der Genossenschaft bestimmt sind, dürfen ohne Rücksicht auf einen geringeren Wert zu den Anschaffungskosten angesetzt werden, soweit nicht die Grundsätze ordnungsmäßiger Buchführung Abschreibungen auf die Anschaffungskosten erforderlich machen.

2. Wertpapiere und andere Vermögensgegenstände, die nicht dauernd zum Geschäftsbetriebe der Genossenschaft bestimmt sind, sowie Waren dürfen höchstens zu den Anschaffungs- oder Herstellungskosten angesetzt werden. Bei der Berechnung der Herstellungskosten findet die Vorschrift der Nr. 1 Abs. 1 Satz 2 Anwendung.

Sind die Anschaffungs- oder Herstellungskosten höher als der Börsen- oder Marktpreis am Bilanzstichtage, so ist höchstens dieser Börsen- oder Marktpreis anzusetzen.

Übersteigen die Anschaffungs- oder Herstellungskosten, falls ein Börsen- oder Marktpreis nicht festzustellen ist, den Wert, der den Gegenständen am Bilanzstichtage beizulegen ist, so ist höchstens dieser Wert anzusetzen.

Gesetz, betr. die Erwerbs- und Wirtschaftsgenossenschaften

3. Die Kosten der Gründung dürfen nicht als Aktiven eingesetzt werden.
4. Für den Geschäfts- oder Firmenwert darf ein Posten unter die Aktiven nicht eingesetzt werden. Übersteigt jedoch die für die Übernahme eines Unternehmens bewirkte Gegenleistung die Werte der einzelnen Vermögensgegenstände des Unternehmens im Zeitpunkt der Übernahme, so darf der Unterschied gesondert unter den Aktiven aufgenommen werden. Der eingesetzte Aktivposten ist durch angemessene jährliche Abschreibungen zu tilgen.
5. Anleihen der Genossenschaft sind mit ihrem Rückzahlungsbetrag unter die Passiven aufzunehmen. Ist der Rückzahlungsbetrag höher als der Ausgabepreis, so darf der Unterschied gesondert unter die Aktiven aufgenommen werden. Der eingesetzte Aktivposten ist durch jährliche Abschreibungen zu tilgen, die auf die gesamte Laufzeit der Anleihe verteilt werden dürfen.
6. Der Betrag der Geschäftsguthaben der Genossen ist unter die Passiven einzusetzen.

§ 33 d
Bilanzgliederung

(1) In der Jahresbilanz sind, soweit nicht der Geschäftszweig der Genossenschaft eine abweichende Gliederung bedingt, unbeschadet einer weiteren Gliederung folgende Posten besonders auszuweisen:
  A. Auf der Seite der Aktiven:
   I. Anlagevermögen.
      1. Unbebaute Grundstücke;
      2. Bebaute Grundstücke:
         a) dem Geschäftsbetriebe der Genossenschaft dienende Grundstücke;
         b) sonstige Grundstücke;
      3. Maschinen und maschinelle Anlagen;
      4. Werkzeuge, Betriebs- und Geschäftsinventar;
      5. Konzessionen, Patente, Lizenzen, Marken- und ähnliche Rechte.
   II. Beteiligungen einschließlich der zur Beteiligung bestimmten Wertpapiere.
   III. Umlaufvermögen.
      1. Roh-, Hilfs- und Betriebsstoffe;
      2. halbfertige Erzeugnisse;
      3. fertige Erzeugnisse, Waren;
      4. Wertpapiere, soweit sie nicht unter II oder III Nr. 10 oder 11 aufzuführen sind;

5. der Genossenschaft zustehende Hypotheken, Grundschulden und Rentenschulden;
6. Forderungen aus der Kreditgewährung an Genossen;
7. von der Genossenschaft geleistete Anzahlungen;
8. Forderungen auf Grund von Warenlieferungen und Leistungen;
9. Forderungen an abhängige Unternehmungen und Konzernunternehmungen;
10. Wechsel;
11. Schecks;
12. Kassenbestand einschließlich Guthaben bei Notenbanken und Postscheckguthaben;
13. andere Bankguthaben.

IV. Posten, die der Rechnungsabgrenzung dienen.

B. Auf der Seite der Passiven:

I. Der Betrag der Geschäftsguthaben der Genossen; der Betrag der Geschäftsguthaben der ausgeschiedenen Genossen ist gesondert anzugeben.

II. Reservefonds:
  1. Der nach § 7 Nr. 4 zu bildende Reservefonds;
  2. andere Reservefonds.

III. Rückstellungen.

IV. Wertberichtigungsposten.

V. Verbindlichkeiten.
  1. Anleihen der Genossenschaft unter Anführung ihrer etwaigen hypothekarischen Sicherung;
  2. auf Grundstücken der Genossenschaft lastende Hypotheken, soweit sie nicht Sicherungshypotheken sind oder zur Sicherung von Anleihen dienen, Grundschulden und Rentenschulden;
  3. Einlagen:
     a) Einlagen in laufender Rechnung;
     b) Spareinlagen;
  4. der Genossenschaft von Arbeitern und Angestellten gegebene Pfandgelder;
  5. Anzahlungen von Kunden;
  6. Verbindlichkeiten auf Grund von Warenlieferungen und Leistungen;

7. Verbindlichkeiten gegenüber abhängigen Unternehmungen und Konzernunternehmungen;
8. Verbindlichkeiten aus der Annahme von gezogenen Wechseln und der Ausstellung eigener Wechsel;
9. Verbindlichkeiten gegenüber Banken.
VI. Posten, die der Rechnungsabgrenzung dienen.

(2) Der Reingewinn oder Reinverlust des Jahres ist am Schlusse der Bilanz ungeteilt und vom vorjährigen Gewinn- oder Verlustvortrage gesondert auszuweisen.

(3) Beim Anlagevermögen und bei den Beteiligungen sind die auf die einzelnen Posten entfallenden Zu- und Abgänge gesondert aufzuführen. Die Verrechnung von Forderungen mit Verbindlichkeiten ist unzulässig; Entsprechendes gilt für Grundstücksrechte und -belastungen, denen eine persönliche Forderung nicht zugrunde liegt. Die Beträge der Reservefonds, der Rückstellungen und der Wertberichtigungsposten dürfen nicht unter den Verbindlichkeiten der Genossenschaft aufgeführt werden. Fallen Forderungen oder Verbindlichkeiten unter mehrere Posten, so ist bei dem Posten, unter dem sie ausgewiesen werden, die Mitzugehörigkeit zu den anderen Posten zu vermerken, soweit dies zur klaren und übersichtlichen Bilanzierung erforderlich ist.

(4) In Jahresbilanzen, die mit einem Gesamtbetrage von mehr als einhunderttausend Deutsche Mark abschließen, sind auf der Seite der Aktiven unter Umlaufsvermögen gesondert auszuweisen die Forderungen an Mitglieder des Vorstandes, des Aufsichtsrats, an Personen, denen der Betrieb von Geschäften der Genossenschaft sowie die Vertretung der Genossenschaft in bezug auf die Geschäftsführung zugewiesen ist (§ 42), sowie ferner die Forderungen an einen Dritten, der für Rechnung einer dieser Personen handelt. Die Beträge der Forderungen können in einer Summe zusammengefaßt werden.

§ 33 e
Ausweis rückständiger Einzahlungen in der Bilanz

(1) Rückständige Einzahlungen auf den Geschäftsanteil sind entweder in die Bilanz zu dem Nennwert mit dem gleichen Betrage auf der Seite der Aktiven und der Passiven je gesondert einzusetzen oder in einem Vermerk zu der Bilanz auszuweisen.

(2) Giroverbindlichkeiten, Verbindlichkeiten aus Bürgschaften, Wechsel- und Scheckbürgschaften sowie aus Garantieverträgen sind, auch soweit ihnen gleichwertige Rückgriffsforderungen gegenüberstehen, in voller Höhe in der Bilanz zu vermerken.

Wortlaut des Gesetzes

§ 33 f
Gliederung der Gewinn- und Verlustrechnung

(1) In der Gewinn- und Verlustrechnung sind, soweit nicht der Geschäftszweig der Genossenschaft eine abweichende Gliederung bedingt, unbeschadet einer weiteren Gliederung folgende Posten gesondert auszuweisen:

I. Auf der Seite der Aufwendungen:
1. Löhne und Gehälter;
2. soziale Abgaben;
3. Abschreibungen auf Anlagen;
4. andere Abschreibungen;
5. Zinsen;
6. Besitzsteuern der Genossenschaft;
7. alle übrigen Aufwendungen mit Ausnahme der Aufwendungen für Roh-, Hilfs- und Betriebsstoffe, bei Handelsbetrieben mit Ausnahme der Aufwendungen für die bezogenen Waren.

II. Auf der Seite der Erträge:
1. der Betrag, der sich nach Abzug der Aufwendungen für Roh-, Hilfs- und Betriebsstoffe, bei Handelsbetrieben nach Abzug der Aufwendungen für die bezogenen Waren sowie nach Abzug der unter 2 bis 5 gesondert auszuweisenden Erträge ergibt;
2. Erträge aus Beteiligungen;
3. Zinsen und sonstige Kapitalerträge;
4. außerordentliche Erträge;
5. außerordentliche Zuwendungen.

(2) Der Reingewinn oder Reinverlust des Jahres ist am Schlusse der Gewinn- und Verlustrechnung ungeteilt und vom vorjährigen Gewinn- oder Verlustvortrage gesondert auszuweisen.

§ 33 g
Formblätter für den Jahresabschluß

Der *Reichsminister der Justiz* wird ermächtigt, für die Aufstellung des Jahresabschlusses Formblätter mit der Maßgabe vorzuschreiben, daß die Bilanz und die Gewinn- und Verlustrechnung statt nach den Vorschriften der §§ 33 d bis 33 f nach diesen Formblättern zu gliedern sind.

§ 33 h
Beschränkung der Bilanzanfechtung

Auf eine Verletzung der Vorschriften der §§ 33 d bis f sowie auf eine Nichtbeachtung von Formblättern kann, wenn hierdurch die Klarheit des Jahresabschlusses nur unwesentlich beeinträchtigt wird, eine Anfechtung nicht gegründet werden.

§ 34
Haftung des Vorstandes

(1) Die Mitglieder des Vorstandes haben die Sorgfalt eines ordentlichen Geschäftsmannes anzuwenden.

(2) Mitglieder, welche ihre Obliegenheiten verletzen, haften der Genossenschaft persönlich und solidarisch für den dadurch entstandenen Schaden.

(3) Insbesondere sind sie zum Ersatze der Zahlung verpflichtet, wenn entgegen den Vorschriften in §§ 19, 22 der Gewinn oder das Geschäftsguthaben ausgezahlt wird.

(4) Die Ansprüche auf Grund der vorstehenden Bestimmungen verjähren in fünf Jahren.

§ 35
Stellvertreter von Vorstandsmitgliedern

Die für die Mitglieder des Vorstandes gegebenen Vorschriften gelten auch für Stellvertreter von Mitgliedern.

§ 36
Aufsichtsrat. Wahl und Abberufung

(1) Der Aufsichtsrat besteht, sofern nicht das Statut eine höhere Zahl festsetzt, aus drei von der Generalversammlung zu wählenden Mitgliedern. Die zu einer Beschlußfassung erforderliche Zahl ist durch das Statut zu bestimmen.

(2) Die Mitglieder dürfen keine nach dem Geschäftsergebnis bemessene Vergütung (Tantieme) beziehen.

(3) Die Bestellung zum Mitgliede des Aufsichtsrats kann auch vor Ablauf des Zeitraums, für welchen dasselbe gewählt ist, durch die Generalversammlung widerrufen werden. Der Beschluß bedarf einer Mehrheit von drei Vierteilen der erschienenen Genossen.

§ 37
Unvereinbarkeit von Vorstands- und Aufsichtsratsamt

(1) Die Mitglieder des Aufsichtsrats dürfen nicht zugleich Mitglieder des Vorstandes oder dauernd Stellvertreter derselben sein,

auch nicht als Beamte die Geschäfte der Genossenschaft führen. Nur für einen im voraus begrenzten Zeitraum kann der Aufsichtsrat einzelne seiner Mitglieder zu Stellvertretern von behinderten Mitgliedern des Vorstandes bestellen; während dieses Zeitraums und bis zur erteilten Entlastung des Vertreters darf der letztere eine Tätigkeit als Mitglied des Aufsichtsrats nicht ausüben.

(2) Scheiden aus dem Vorstande Mitglieder aus, so dürfen dieselben nicht vor erteilter Entlastung in den Aufsichtsrat gewählt werden.

§ 38
Pflichten des Aufsichtsrats

(1) Der Aufsichtsrat hat den Vorstand bei seiner Geschäftsführung in allen Zweigen der Verwaltung zu überwachen und zu dem Zweck sich von dem Gange der Angelegenheiten der Genossenschaft zu unterrichten. Er kann jederzeit über dieselben Berichterstattung von dem Vorstande verlangen und selbst oder durch einzelne von ihm zu bestimmende Mitglieder die Bücher und Schriften der Genossenschaft einsehen sowie den Bestand der Genossenschaftskasse und die Bestände an Effekten, Handelspapieren und Waren untersuchen. Er hat die Jahresrechnung, die Bilanzen und die Vorschläge zur Verteilung von Gewinn und Verlust zu prüfen und darüber der Generalversammlung vor Genehmigung der Bilanz Bericht zu erstatten.

(2) Er hat eine Generalversammlung zu berufen, wenn dies im Interesse der Genossenschaft erforderlich ist.

(3) Weitere Obliegenheiten des Aufsichtsrats werden durch das Statut bestimmt.

(4) Die Mitglieder des Aufsichtsrats können die Ausübung ihrer Obliegenheiten nicht anderen Personen übertragen.

§ 39
Vertretungsmacht und Genehmigungsrecht des AR

(1) Der Aufsichtsrat ist ermächtigt, die Genossenschaft bei Abschließung von Verträgen mit dem Vorstande zu vertreten und gegen die Mitglieder desselben die Prozesse zu führen, welche die Generalversammlung beschließt.

(2) Der Genehmigung des Aufsichtsrats bedarf jede Gewährung von Kredit an ein Mitglied des Vorstandes, soweit letztere nicht durch das Statut an noch andere Erfordernisse geknüpft oder ausgeschlossen ist. Das gleiche gilt von der Annahme eines Vorstandsmitgliedes als Bürgen für eine Kreditgewährung.

(3) In Prozessen gegen die Mitglieder des Aufsichtsrats wird die Genossenschaft durch Bevollmächtigte vertreten, welche in der Generalversammlung gewählt werden.

§ 40
Amtsenthebung des Vorstandes durch den AR

Der Aufsichtsrat ist befugt, nach seinem Ermessen Mitglieder des Vorstandes vorläufig, bis zur Entscheidung der ohne Verzug zu berufenden Generalversammlung, von ihren Geschäften zu entheben und wegen einstweiliger Fortführung derselben das Erforderliche zu veranlassen.

§ 41
Haftung des Aufsichtsrats

(1) Die Mitglieder des Aufsichtsrats haben die Sorgfalt eines ordentlichen Geschäftsmannes anzuwenden.

(2) Mitglieder, welche ihre Obliegenheiten verletzen, haften der Genossenschaft persönlich und solidarisch für den dadurch entstandenen Schaden.

(3) Insbesondere sind sie in den Fällen des § 34 Absatz 3 zum Ersatze der Zahlung verpflichtet, wenn diese mit ihrem Wissen und ohne ihr Einschreiten erfolgt ist.

(4) Die Ansprüche auf Grund der vorstehenden Bestimmungen verjähren in fünf Jahren.

§ 42
Bevollmächtigte bei Genossenschaften

(1) Der Betrieb von Geschäften der Genossenschaft sowie die Vertretung der letzteren in bezug auf diese Geschäftsführung kann auch sonstigen Bevollmächtigten oder Beamten der Genossenschaft zugewiesen werden. In diesem Falle bestimmt sich die Befugnis derselben nach der ihnen erteilten Vollmacht; sie erstreckt sich im Zweifel auf alle Rechtshandlungen, welche die Ausführung derartiger Geschäfte gewöhnlich mit sich bringt.

(2) Die Bestellung von Prokuristen oder von Handlungsbevollmächtigten zum gesamten Geschäftsbetriebe findet nicht statt.

§ 43
Generalversammlung, Stimmrecht der Genossen

(1) Die Rechte, welche den Genossen in den Angelegenheiten der Genossenschaft, insbesondere in bezug auf die Führung der Geschäfte,

die Prüfung der Bilanz und die Verteilung von Gewinn und Verlust zustehen, werden in der Generalversammlung durch Beschlußfassung der erschienenen Genossen ausgeübt.

(2) Jeder Genosse hat eine Stimme.

(3) Ein Genosse, welcher durch die Beschlußfassung entlastet oder von einer Verpflichtung befreit werden soll, hat hierbei kein Stimmrecht. Dasselbe gilt von einer Beschlußfassung, welche den Abschluß eines Rechtsgeschäfts mit einem Genossen betrifft.

(4) Die Genossen können das Stimmrecht nicht durch Bevollmächtigte ausüben. Diese Bestimmung findet auf handlungsunfähige Personen, Korporationen, Handelsgesellschaften, Genossenschaften oder andere Personenvereine und, wenn das Statut die Teilnahme von Frauen an der Generalversammlung ausschließt, auf Frauen keine Anwendung. Ein Bevollmächtigter kann nicht mehr als einen Genossen vertreten.

§ 43 a
Vertreterversammlung

(1) Bei Genossenschaften mit mehr als dreitausend Mitgliedern besteht die Generalversammlung aus Vertretern der Genossen (Vertreterversammlung). Für den Fall, daß die Mitgliederzahl mehr als eintausendfünfhundert beträgt, kann das Statut bestimmen, daß die Generalversammlung aus Vertretern der Genossen bestehen soll. Die Vertreter müssen Genossen sein.

(2) Das Statut trifft die näheren Bestimmungen über die Zahl der Vertreter, die Voraussetzungen der Wählbarkeit, die Durchführung der Wahl sowie den Nachweis und die Dauer der Vertretungsbefugnis.

§ 44
Berufung der Generalversammlung

(1) Die Generalversammlung wird durch den Vorstand berufen, soweit nicht nach dem Statut oder diesem Gesetze auch andere Personen dazu befugt sind.

(2) Eine Generalversammlung ist außer den im Statut oder in diesem Gesetze ausdrücklich bestimmten Fällen zu berufen, wenn dies im Interesse der Genossenschaft erforderlich erscheint.

§ 45
Berufungsrecht der Genossen

(1) Die Generalversammlung muß ohne Verzug berufen werden, wenn der zehnte Teil oder der im Statut hierfür bezeichnete geringere Teil der Genossen in einer von ihnen unterschriebenen Eingabe unter Anführung des Zwecks und der Gründe die Berufung verlangt.

(2) In gleicher Weise sind die Genossen berechtigt, zu verlangen, daß Gegenstände zur Beschlußfassung einer Generalversammlung angekündigt werden.

(3) Wird dem Verlangen nicht entsprochen, so kann das Gericht (§ 10) die Genossen, welche das Verlangen gestellt haben, zur Berufung der Generalversammlung oder zur Ankündigung des Gegenstandes ermächtigen. Mit der Berufung oder Ankündigung ist die gerichtliche Ermächtigung bekanntzumachen.

§ 46
Form und Frist der Berufung

(1) Die Berufung der Generalversammlung muß in der durch das Statut bestimmten Weise mit einer Frist von mindestens einer Woche erfolgen.

(2) Der Zweck der Generalversammlung soll jederzeit bei der Berufung bekanntgemacht werden. Über Gegenstände, deren Verhandlung nicht in der durch das Statut oder durch § 45 Absatz 3 vorgesehenen Weise mindestens drei Tage vor der Generalversammlung angekündigt ist, können Beschlüsse nicht gefaßt werden; hiervon sind jedoch Beschlüsse über die Leitung der Versammlung sowie über Anträge auf Berufung einer außerordentlichen Generalversammlung ausgenommen.

(3) Zur Stellung von Anträgen und zu Verhandlungen ohne Beschlußfassung bedarf es der Ankündigung nicht.

§ 47
Protokollbuch

Die Beschlüsse der Generalversammlung sind in ein Protokollbuch einzutragen, dessen Einsicht jedem Genossen und der Staatsbehörde gestattet werden muß.

§ 48
Bilanzgenehmigung. Gewinn- und Verlustverteilung. Entlastung

(1) Die Generalversammlung beschließt über den Jahresabschluß und den auf die Genossen fallenden Betrag des Gewinns oder des Verlustes sowie über die Entlastung des Vorstandes und des Aufsichtsrats.

(2) Der Jahresabschluß sowie der Geschäftsbericht nebst den Bemerkungen des Aufsichtsrats sollen mindestens eine Woche vor der Versammlung in dem Geschäftsraume der Genossenschaft oder an einer anderen durch den Vorstand bekanntzumachenden geeigneten Stelle zur Einsicht der Genossen ausgelegt oder ihnen sonst zur Kennt-

nis gebracht werden. Jeder Genosse ist berechtigt, auf seine Kosten eine Abschrift des Jahresabschlusses, des Geschäftsberichts und der Bemerkungen des Aufsichtsrats zu verlangen.

§ 49
Höchstgrenzen für Anleihen und Kredite
Die Generalversammlung hat festzusetzen:
1. den Gesamtbetrag, welchen Anleihen der Genossenschaft und Spareinlagen bei derselben nicht überschreiten sollen;
2. die Grenzen, welche bei Kreditgewährungen an Genossen eingehalten werden sollen.

§ 50
Festsetzung von Einzahlungen auf den Geschäftsanteil
Soweit das Statut die Genossen zu Einzahlungen auf den Geschäftsanteil verpflichtet, ohne dieselben nach Betrag und Zeit festzusetzen, unterliegt ihre Festsetzung der Beschlußfassung durch die Generalversammlung.

§ 51
Anfechtung von Generalversammlungsbeschlüssen
(1) Ein Beschluß der Generalversammlung kann wegen Verletzung des Gesetzes oder des Statuts im Wege der Klage angefochten werden. Die Klage muß binnen einem Monat erhoben werden.

(2) Zur Anfechtung befugt ist jeder in der Generalversammlung erschienene Genosse, sofern er gegen den Beschluß Widerspruch zum Protokoll erklärt hat, und jeder nicht erschienene Genosse, sofern er zu der Generalversammlung unberechtigterweise nicht zugelassen worden ist oder sofern er die Anfechtung darauf gründet, daß die Berufung der Versammlung oder die Ankündigung des Gegenstandes der Beschlußfassung nicht gehörig erfolgt sei. Außerdem ist der Vorstand und, wenn der Beschluß eine Maßregel zum Gegenstande hat, durch deren Ausführung sich die Mitglieder des Vorstandes und des Aufsichtsrats strafbar oder den Gläubigern der Genossenschaft haftbar machen würden, jedes Mitglied des Vorstandes und des Aufsichtsrats zur Anfechtung befugt.

(3) Die Klage ist gegen die Genossenschaft zu richten. Die Genossenschaft wird durch den Vorstand, sofern dieser nicht selbst klagt, und durch den Aufsichtsrat vertreten. Zuständig für die Klage ist ausschließlich das Landgericht, in dessen Bezirke die Genossenschaft ihren Sitz hat. Die mündliche Verhandlung erfolgt nicht vor Ablauf der im ersten Absatz bezeichneten Frist. Mehrere Anfechtungsprozesse sind zur gleichzeitigen Verhandlung und Entscheidung zu verbinden.

(4) Die Erhebung der Klage sowie der Termin zur mündlichen Verhandlung sind ohne Verzug von dem Vorstande in den für die Bekanntmachungen der Genossenschaft bestimmten Blättern zu veröffentlichen.

(5) Soweit durch ein Urteil rechtskräftig der Beschluß für nichtig erklärt ist, wirkt es auch gegenüber den Genossen, welche nicht Partei sind. War der Beschluß in das Genossenschaftsregister eingetragen, so hat der Vorstand dem Gerichte (§ 10) das Urteil behufs der Eintragung einzureichen. Die öffentliche Bekanntmachung der letzteren erfolgt, soweit der eingetragene Beschluß veröffentlicht war.

§ 52
Schadenersatzpflicht des Anfechtungsklägers

Für einen durch unbegründete Anfechtung des Beschlusses der Genossenschaft entstandenen Schaden haften ihr solidarisch die Kläger, welchen bei Erhebung der Klage eine bösliche Handlungsweise zur Last fällt.

Vierter Abschnitt
Prüfung und Prüfungsverbände

§ 53
Pflichtprüfung, Prüfungsfrist

(1) Zwecks Feststellung der wirtschaftlichen Verhältnisse und der Ordnungsmäßigkeit der Geschäftsführung sind die Einrichtungen, die Vermögenslage sowie die Geschäftsführung der Genossenschaft mindestens in jedem zweiten Jahre zu prüfen. Bei Genossenschaften, deren Bilanzsumme einschließlich der Verbindlichkeiten aus der Begebung von Wechseln und Schecks, aus Bürgschaften, Wechsel- und Scheckbürgschaften sowie aus Garantieverträgen den Betrag von 350 000 DM erreicht oder übersteigt, muß die Prüfung mindestens einmal jährlich stattfinden.

(2) Der *Reichsminister der Justiz* kann bestimmen, daß der Jahresabschluß zu prüfen ist, bevor er der Generalversammlung zur Beschlußfassung vorgelegt wird. Er kann die Vorschriften erlassen, die zur Durchführung dieser Prüfung und im Zusammenhang mit ihr erforderlich sind.

§ 54
Anschlußpflicht

(1) Die Genossenschaft muß einem Verband angehören, dem das Prüfungsrecht verliehen ist (Prüfungsverband).

(2) Der *Reichswirtschaftsminister* und der *Reichsminister für Ernährung und Landwirtschaft* können unter Benachrichtigung des Gerichts (§ 10) gemeinsam anordnen, daß eine Genossenschaft binnen einer bestimmten Frist die Mitgliedschaft bei einem von ihnen benannten Verband zu erwerben hat. Weist die Genossenschaft nicht innerhalb der gesetzten Frist dem Gericht nach, daß sie die Mitgliedschaft erworben hat, so hat das Gericht von Amts wegen nach Anhörung des Vorstandes die Auflösung der Genossenschaft auszusprechen. § 80 Abs. 2 findet Anwendung.

§ 54 a
Ausscheiden aus einem Prüfungsverbande

(1) Scheidet eine Genossenschaft aus dem Verband aus, so hat der Verband das Gericht (§ 10) unverzüglich zu benachrichtigen. Das Gericht hat eine Frist zu bestimmen, innerhalb deren die Genossenschaft die Mitgliedschaft bei einem Verbande, der dem bisherigen Spitzenverband der Genossenschaft angehört, zu erwerben hat. Der *Reichswirtschaftsminister* und der *Reichsminister für Ernährung und Landwirtschaft* können gemeinsam gestatten, daß sie die Mitgliedschaft bei einem Verband erwirbt, der einem anderen Spitzenverband angehört.

(2) Weist die Genossenschaft nicht innerhalb der gesetzten Frist dem Gericht nach, daß sie die Mitgliedschaft erworben hat, so hat das Gericht von Amts wegen nach Anhörung des Vorstandes die Auflösung der Genossenschaft auszusprechen. § 80 Abs. 2 findet Anwendung.

§ 55
Verband als Träger der Prüfung

(1) Die Genossenschaft wird durch den Verband geprüft, dem sie angehört. Der Verband bedient sich zum Prüfen der von ihm angestellten Prüfer. Diese sollen im genossenschaftlichen Prüfungswesen ausreichend vorgebildet und erfahren sein.

(2) *Der Verband kann sich, wenn nach seinem Ermessen ein wichtiger Grund vorliegt, zum Prüfen eines nicht von ihm angestellten öffentlich bestellten genossenschaftlichen Wirtschaftsprüfers oder einer Prüfungsgesellschaft bedienen, von deren Inhabern, Vorstandsmitgliedern oder Geschäftsführern mindestens einer als genossenschaftlicher Wirtschaftsprüfer öffentlich bestellt ist.*

Gesetz, betr. die Erwerbs- und Wirtschaftsgenossenschaften

§ 56
Verbot der Prüfung durch den Verband

(1) Mitglieder und Angestellte der zu prüfenden Genossenschaft dürfen die Prüfung nicht vornehmen.

(2) Ist ein Vorstandsmitglied oder ein Liquidator der Genossenschaft zugleich Vorstandsmitglied des zuständigen Verbandes oder besteht die Genossenschaft ganz oder überwiegend aus eingetragenen Genossenschaften, so darf die Genossenschaft nicht durch einen von dem Verband angestellten Prüfer geprüft werden. *Der Verband hat in diesem Fall die Genossenschaft nach der Entscheidung des Spitzenverbandes durch einen öffentlich bestellten genossenschaftlichen Wirtschaftsprüfer oder durch eine Prüfungsgesellschaft prüfen zu lassen, von deren Inhabern, Vorstandsmitgliedern oder Geschäftsführern mindestens einer als genossenschaftlicher Wirtschaftsprüfer öffentlich bestellt ist.*

§ 57
Verfahren bei der Prüfung

(1) Der Vorstand der Genossenschaft hat dem Prüfer die Einsicht der Bücher und Schriften der Genossenschaft sowie die Untersuchung des Kassenbestandes und der Bestände an Wertpapieren und Waren zu gestatten; er hat ihm alle Aufklärungen und Nachweise zu geben, die der Prüfer für eine sorgfältige Prüfung benötigt. Das gilt auch, wenn es sich um die Vornahme einer vom Verband angeordneten außerordentlichen Prüfung handelt.

(2) Der Verband hat dem Vorsitzenden des Aufsichtsrats der Genossenschaft den Beginn der Prüfung rechtzeitig anzuzeigen. Der Vorsitzende des Aufsichtsrats hat die übrigen Mitglieder des Aufsichtsrats von dem Beginn der Prüfung unverzüglich zu unterrichten und sie auf ihr Verlangen oder auf Verlangen des Prüfers zu der Prüfung zuzuziehen.

(3) Von wichtigen Feststellungen, nach denen dem Prüfer sofortige Maßnahmen des Aufsichtsrats erforderlich erscheinen, soll der Prüfer unverzüglich den Vorsitzenden des Aufsichtsrats in Kenntnis setzen.

(4) In unmittelbarem Zusammenhang mit der Prüfung soll der Prüfer in einer gemeinsamen Sitzung des Vorstandes und des Aufsichtsrats der Genossenschaft über das voraussichtliche Ergebnis der Prüfung mündlich berichten. Er kann zu diesem Zwecke verlangen, daß der Vorstand oder der Vorsitzende des Aufsichtsrats zu einer solchen Sitzung einladen; wird seinem Verlangen nicht entsprochen,

so kann er selbst Vorstand und Aufsichtsrat unter Mitteilung des Sachverhalts berufen.

§ 58
Prüfungsbericht

(1) Der Verband hat über das Ergebnis der Prüfung schriftlich zu berichten. Der Bericht ist vom Verbande zu unterzeichnen.

(2) Der Bericht ist dem Vorstand der Genossenschaft unter gleichzeitiger Benachrichtigung des Vorsitzenden des Aufsichtsrats vorzulegen. Jedes Mitglied des Aufsichtsrats ist berechtigt, den Bericht einzusehen.

(3) Über das Ergebnis der Prüfung haben Vorstand und Aufsichtsrat der Genossenschaft in gemeinsamer Sitzung unverzüglich nach Eingang des Berichts zu beraten. Verband und Prüfer sind berechtigt, an der Sitzung teilzunehmen; der Vorstand ist verpflichtet, den Verband von der Sitzung in Kenntnis zu setzen.

§ 59
Prüfungsbescheinigung. Behandlung des Prüfungsberichts in der GV

(1) Der Vorstand hat eine Bescheinigung des Verbandes, daß die Prüfung stattgefunden hat, zum Genossenschaftsregister einzureichen und den Prüfungsbericht bei der Berufung der nächsten Generalversammlung als Gegenstand der Beschlußfassung anzukündigen.

(2) In der Generalversammlung hat sich der Aufsichtsrat über wesentliche Feststellungen oder Beanstandungen der Prüfung zu erklären.

(3) Der Verband ist berechtigt, an der Generalversammlung beratend teilzunehmen; auf seinen Antrag oder auf Beschluß der Generalversammlung ist der Bericht ganz oder in bestimmten Teilen zu verlesen.

§ 60
Berufung der GV durch den Verband

(1) Gewinnt der Verband die Überzeugung, daß die Beschlußfassung über den Prüfungsbericht ungebührlich verzögert wird oder daß die Generalversammlung bei der Beschlußfassung unzulänglich über wesentliche Feststellungen oder Beanstandungen des Prüfungsberichts unterrichtet war, so ist er berechtigt, eine außerordentliche Generalversammlung der Genossenschaft auf deren Kosten zu berufen und zu bestimmen, über welche Gegenstände zwecks Beseitigung festgestellter Mängel verhandelt und beschlossen werden soll.

(2) In der von dem Verband einberufenen Generalversammlung führt eine vom Verband bestimmte Person den Vorsitz.

Gesetz, betr. die Erwerbs- und Wirtschaftsgenossenschaften

§ 61
Vergütung für die Tätigkeit des Verbandes
Der Verband hat gegen die Genossenschaft Anspruch auf Erstattung angemessener barer Auslagen und auf Vergütung für seine Leistung.

§ 62
Pflichten und Haftung der Prüfungsorgane
(1) Verbände, Prüfer und Prüfungsgesellschaften sind zur gewissenhaften und unparteiischen Prüfung und zur Verschwiegenheit verpflichtet. Sie dürfen Geschäfts- und Betriebsgeheimnisse, die sie bei der Wahrnehmung ihrer Obliegenheiten erfahren haben, nicht unbefugt verwerten. Wer seine Obliegenheiten vorsätzlich oder grob fahrlässig verletzt, haftet der Genossenschaft für den daraus entstehenden Schaden. Mehrere Personen haften als Gesamtschuldner.

(2) Bei grober Fahrlässigkeit beschränkt sich die Haftpflicht für eine Prüfung auf 25 000 DM, auch wenn an der Prüfung mehrere Personen beteiligt waren oder mehrere zum Ersatz verpflichtende Handlungen begangen worden sind; bei Vorsatz gilt dasselbe, wenn mehrere Personen haften, zugunsten der Personen, die selbst nicht vorsätzlich gehandelt haben.

(3) Von dem Inhalt der Prüfungsberichte kann der Verband den ihm angehörenden Genossenschaften und den zentralen Geschäftsanstalten des Genossenschaftswesens Kenntnis geben, wenn diese auf Grund einer bestehenden oder zu begründenden Geschäftsverbindung Interesse daran haben, über das Ergebnis der Prüfung unterrichtet zu werden. Der Verband kann dem Spitzenverband, dem er angehört, Abschriften der Prüfungsberichte mitteilen; der Spitzenverband darf sie so verwerten, wie es die Erfüllung der ihm obliegenden Pflichten erfordert.

(4) Die Verpflichtung zur Verschwiegenheit nach Abs. 1 Satz 1 besteht, wenn eine Prüfungsgesellschaft die Prüfung vornimmt, auch gegenüber dem Aufsichtsrat und den Mitgliedern des Aufsichtsrats der Prüfungsgesellschaft. Der Vorsitzende des Aufsichtsrats der Prüfungsgesellschaft und sein Stellvertreter dürfen jedoch die von der Prüfungsgesellschaft erstatteten Berichte einsehen, die hierbei erlangten Kenntnisse aber nur verwerten, soweit es die Erfüllung der Überwachungspflicht des Aufsichtsrats erfordert.

(5) Die Haftung nach diesen Vorschriften kann durch Vertrag weder ausgeschlossen noch beschränkt werden; das gleiche gilt von der Haftung des Verbandes für die Personen, deren er sich zur Vornahme der Prüfung bedient.

(6) Die Ansprüche aus diesen Vorschriften verjähren in drei Jahren. Die Verjährung beginnt mit dem Eingang des Prüfungsberichts bei der Genossenschaft.

§ 63
Verleihungsbehörde

Das Prüfungsrecht wird dem Verbande durch *die Reichsregierung* verliehen.

§ 63 a
Verleihung des Prüfungsrechtes

(1) Dem Antrag auf Verleihung des Prüfungsrechts darf nur stattgegeben werden, wenn der Verband die Gewähr für die Erfüllung der von ihm zu übernehmenden Aufgaben bietet.

(2) Der Antrag auf Verleihung des Prüfungsrechts kann insbesondere abgelehnt werden, wenn für die Prüfungstätigkeit des Verbandes kein Bedürfnis besteht.

(3) Die *Reichsregierung* kann die Verleihung des Prüfungsrechts von der Erfüllung von Auflagen und insbesondere davon abhängig machen, daß der Verband sich gegen Schadenersatzansprüche aus der Prüfungstätigkeit in ausreichender Höhe versichert oder den Nachweis führt, daß eine andere ausreichende Sicherstellung erfolgt ist.

§ 63 b
Rechtsform und Zweck des Verbandes. Mitgliedschaft

(1) Der Verband soll die Rechtsform des eingetragenen Vereins haben.

(2) Mitglieder des Verbandes können nur eingetragene Genossenschaften und ohne Rücksicht auf ihre Rechtsform solche Unternehmungen sein, die sich ganz oder überwiegend in der Hand eingetragener Genossenschaften befinden oder dem Genossenschaftswesen dienen. Ob diese Voraussetzungen vorliegen, entscheidet im Zweifelsfall der *Reichsminister der Justiz* oder die von ihm bestimmte Stelle. Der *Reichsminister der Justiz* kann im Einvernehmen mit dem *Reichswirtschaftsminister* oder den sonst zuständigen *Reichsministern* Ausnahmen von der Vorschrift des Satzes 1 zulassen, wenn ein wichtiger Grund vorliegt. Unberührt bleiben die Vorschriften über die Verbandszugehörigkeit von gemeinnützigen Wohnungsunternehmungen, die nicht eingetragene Genossenschaften sind.

(3) Unternehmungen, die nicht eingetragene Genossenschaften sind und anderen gesetzlichen Prüfungsvorschriften unterliegen, bleiben

Gesetz, betr. die Erwerbs- und Wirtschaftsgenossenschaften

trotz ihrer Zugehörigkeit zum Verbande diesen anderen Prüfungsvorschriften unterworfen und unterliegen nicht der Prüfung nach diesem Gesetz.

(4) Der Verband muß unbeschadet der Vorschriften des Absatzes 3 die Prüfung seiner Mitglieder und kann auch sonst die gemeinsame Wahrnehmung ihrer Interessen, insbesondere die Unterhaltung gegenseitiger Geschäftsbeziehungen zum Zweck haben. Andere Zwecke darf er nicht verfolgen.

(5) *Zur Unterstützung des Verbandsvorstandes bei der Ausübung der Prüfungstätigkeit, insbesondere bei der Überwachung der Prüfer und der Überprüfung der Prüfungsberichte muß mindestens ein Prüfer angestellt werden, der als genossenschaftlicher Wirtschaftsprüfer öffentlich bestellt ist. Von der Anstellung kann abgesehen werden, wenn ein Mitglied des Verbandsvorstandes als genossenschaftlicher Wirtschaftsprüfer öffentlich bestellt ist.*

(6) Mitgliederversammlungen des Verbandes dürfen nur innerhalb des Verbandsbezirkes abgehalten werden.

§ 63 c
Satzung des Verbandes

(1) Die Satzung des Verbandes muß enthalten:
1. die Zwecke des Verbandes;
2. den Namen; er soll sich von dem Namen anderer bereits bestehender Verbände deutlich unterscheiden;
3. den Sitz;
4. den Bezirk.

(2) Die Satzung soll ferner Bestimmungen enthalten über Auswahl und Befähigungsnachweis der anzustellenden Prüfer, über Art und Umfang der Prüfungen sowie über Berufung, Sitz, Aufgaben und Befugnisse des Vorstandes und über die sonstigen Organe des Verbandes.

(3) Änderungen der Satzung des Verbandes, die den Zweck oder den Bezirk (Abs. 1 Nrn. 1 und 4) zum Gegenstand haben, bedürfen der Zustimmung der *Reichsregierung*; § 63 a Abs. 2, 3 findet entsprechende Anwendung.

§ 63 d
Einreichung der Satzung, der Verleihungsurkunde und des Mitgliederverzeichnisses

Der Verband hat den Gerichten (§ 10), in deren Bezirk die Genossenschaften ihren Sitz haben, sowie der höheren Verwaltungsbehörde, in deren Bezirk der Verband seinen Sitz hat, die Satzung mit einer beglaubigten Abschrift der Verleihungsurkunde sowie jährlich im Monat Januar ein Verzeichnis der dem Verbande angehörigen Genossenschaften einzureichen.

§ 63 e
Verschmelzung von Prüfungsverbänden

(1) Ein Verband in der Rechtsform eines eingetragenen Vereins (aufgelöster Verband) kann sich mit einem anderen Verbande gleicher Rechtsform (übernehmender Verband) auf Grund von Beschlüssen der Mitgliederversammlungen beider Verbände verschmelzen. Die Beschlüsse bedürfen unbeschadet weiterer Erschwerungen durch die Satzung einer Mehrheit von drei Vierteilen der erschienenen Mitglieder.

(2) Für den Verschmelzungsvertrag ist die schriftliche Form erforderlich; die Vorschriften der §§ 310, 311 und 313 des Bürgerlichen Gesetzbuchs finden auf ihn keine Anwendung.

§ 63 f

(1) Die Verschmelzung ist durch die Vorstände beider Verbände gemeinschaftlich ohne Verzug zur Eintragung in die Vereinsregister des Sitzes beider Verbände anzumelden. Der Anmeldung ist der zwischen den Verbänden abgeschlossene Vertrag in Urschrift oder in öffentlich beglaubigter Abschrift beizufügen. Die Verschmelzung darf nur eingetragen werden, wenn die Beobachtung der Vorschriften der Sätze 1, 2 und des § 63 e nachgewiesen ist.

(2) Mit der Eintragung der Verschmelzung in das Vereinsregister des Sitzes des aufgelösten Verbandes gilt dieser Verband als aufgelöst und sein Vermögen einschließlich der Schulden als auf den übernehmenden Verband übergegangen.

(3) Von der Eintragung haben die Vorstände beider Verbände gemeinschaftlich ohne Verzug den Stellen Mitteilung zu machen, die zuständig sind, den Verbänden das Recht zur Bestellung des Revisors zu verleihen.

§ 63 g

(1) Eine Liquidation des aufgelösten Verbandes findet nicht statt. Die Vorschriften des § 45 des Bürgerlichen Gesetzbuchs finden keine Anwendung.

(2) Die Mitglieder des Vorstandes beider Verbände sind als Gesamtschuldner zum Ersatz des Schadens verpflichtet, den die Gläubiger des aufgelösten und des übernehmenden Verbandes durch die Verschmelzung erleiden. Vorstandsmitglieder, die bei der Prüfung der Vermögenslage beider Verbände und bei dem Abschluß des Verschmelzungsvertrags die Sorgfalt eines ordentlichen Geschäftsmannes angewandt haben, sind von der Ersatzpflicht befreit.

§ 63 h

(1) Mit der Eintragung der Verschmelzung in das Vereinsregister des Sitzes des aufgelösten Verbandes gelten die Mitglieder dieses Verbandes als Mitglieder des übernehmenden Verbandes mit den aus dieser Mitgliedschaft sich ergebenden Rechten und Pflichten. Von der Eintragung hat der Vorstand unverzüglich die Mitglieder zu benachrichtigen.

(2) Die Mitglieder des aufgelösten Verbandes haben das Recht, durch Kündigung ihren Austritt aus dem übernehmenden Verbande zu erklären. Auf das Recht zur Kündigung kann verzichtet werden. Die Kündigung hat spätestens bis zum Ablauf von drei Monaten zu erfolgen; die Frist beginnt mit dem Tage, an dem die Nachricht von der Eintragung der Verschmelzung (Abs. 1 Satz 2) dem Mitgliede zugeht. Im Falle der Kündigung gilt die Mitgliedschaft bei dem übernehmenden Verband als nicht erworben.

§ 63 i

(1) Ein Verband, dessen Rechtsfähigkeit auf staatlicher Verleihung beruht, kann sich mit einem Verbande in der Rechtsform eines eingetragenen Vereins in der Weise verschmelzen, daß dieser Verband (übernehmender Verband) den anderen Verband (aufgelöster Verband) übernimmt.

(2) Die Verschmelzung ist durch die Vorstände beider Verbände gemeinschaftlich ohne Verzug zur Eintragung in das Vereinsregister des Sitzes des übernehmenden Verbandes anzumelden. Im übrigen finden die Vorschriften der §§ 63 e bis 63 h Anwendung, die Bestimmungen der §§ 63 f Abs. 2 und 63 h Abs. 1 Satz 1 mit der Maßgabe, daß an die Stelle der Eintragung der Verschmelzung in das Vereinsregister des Sitzes des aufgelösten Verbandes die Eintragung in das Vereinsregister des Sitzes des übernehmenden Verbandes tritt.

Wortlaut des Gesetzes

§ 64
Beaufsichtigung der Prüfungsverbände

Der zuständige *Reichsminister* ist berechtigt, die Prüfungsverbände darauf prüfen zu lassen, ob sie die ihnen obliegenden Aufgaben erfüllen; er kann sie durch Auflagen zur Erfüllung ihrer Aufgaben anhalten.

§ 64 a
Entziehung des Prüfungsrechts

Das Prüfungsrecht kann dem Verband entzogen werden, wenn der Verband nicht mehr die Gewähr für die Erfüllung der von ihm übernommenen Aufgaben bietet, wenn er die Auflagen des zuständigen *Reichsministers* nicht erfüllt oder wenn für seine Prüfungstätigkeit kein Bedürfnis mehr besteht. Die Entziehung wird nach Anhörung des Verbandsvorstandes durch die *Reichsregierung* ausgesprochen. Von der Entziehung ist den im § 63 d bezeichneten Gerichten Mitteilung zu machen.

§ 64 b
Prüfung und Überwachung verbandsfreier Genossenschaften

Gehört eine Genossenschaft keinem Prüfungsverband an, so kann das Gericht (§ 10) einen Prüfungsverband zur Wahrnehmung der im Gesetz den Prüfungsverbänden übertragenen Aufgaben bestellen. Dabei sollen die fachliche Eigenart und der Sitz der Genossenschaft berücksichtigt werden.

§ 64 c
Prüfung aufgelöster Genossenschaften

Auch aufgelöste Genossenschaften unterliegen den Vorschriften dieses Abschnitts.

Fünfter Abschnitt
Ausscheiden einzelner Genossen

§ 65
Kündigung der Mitgliedschaft

(1) Jeder Genosse hat das Recht, mittels Aufkündigung seinen Austritt aus der Genossenschaft zu erklären.

(2) Die Aufkündigung findet nur zum Schlusse eines Geschäftsjahres statt. Sie muß mindestens drei Monate vorher schriftlich er-

folgen. Durch das Statut kann eine längere, jedoch höchstens zweijährige Kündigungsfrist festgesetzt werden. Besteht die Genossenschaft ausschließlich oder überwiegend aus eingetragenen Genossenschaften, so kann das Statut die Kündigungsfrist bis zu fünf Jahren erstrecken.

(3) Wird die Genossenschaft vor dem Zeitpunkt, zu dem der Austritt nach Abs. 2 erfolgt wäre, aufgelöst, so scheidet der Genosse nicht aus. Die Auflösung der Genossenschaft steht dem Ausscheiden des Genossen nicht entgegen, wenn die Fortsetzung der Genossenschaft beschlossen wird. In diesem Falle wird der Zeitraum, währenddessen die Genossenschaft aufgelöst war, bei der Berechnung der Kündigungsfrist mitgerechnet; jedoch scheidet der Genosse frühestens zum Schlusse des Geschäftsjahres aus, in dem der Beschluß über die Fortsetzung der Genossenschaft in das Genossenschaftsregister eingetragen ist.

(4) Ein den vorstehenden Bestimmungen zuwiderlaufendes Abkommen ist ohne rechtliche Wirkung.

§ 66
Kündigung durch den Gläubiger eines Genossen

(1) Der Gläubiger eines Genossen, welcher, nachdem innerhalb der letzten sechs Monate eine Zwangsvollstreckung in das Vermögen des Genossen fruchtlos versucht ist, die Pfändung und Überweisung des demselben bei der Auseinandersetzung mit der Genossenschaft zukommenden Guthabens erwirkt hat, kann behufs seiner Befriedigung das Kündigungsrecht des Genossen an dessen Stelle ausüben, sofern der Schuldtitel nicht bloß vorläufig vollstreckbar ist.

(2) Der Aufkündigung muß eine beglaubigte Abschrift des Schuldtitels und der Urkunden über die fruchtlose Zwangsvollstreckung beigefügt sein.

§ 67
Ausscheiden bei Aufgabe des Wohnsitzes

(1) Ist durch das Statut die Mitgliedschaft an den Wohnsitz innerhalb eines bestimmten Bezirks geknüpft (§ 8 Nr. 2), so kann ein Genosse, welcher den Wohnsitz in dem Bezirke aufgibt, zum Schlusse des Geschäftsjahres seinen Austritt schriftlich erklären.

(2) Imgleichen kann die Genossenschaft dem Genossen schriftlich erklären, daß er zum Schlusse des Geschäftsjahres auszuscheiden habe.

(3) Über die Aufgabe des Wohnsitzes ist die Bescheinigung einer öffentlichen Behörde beizubringen.

Wortlaut des Gesetzes

§ 68*
Ausschließung eines Genossen
(1) Ein Genosse kann wegen der Mitgliedschaft in einer anderen Genossenschaft, welche an demselben Orte ein gleichartiges Geschäft betreibt, zum Schlusse des Geschäftsjahres aus der Genossenschaft ausgeschlossen werden. Aus Vorschuß- und Kreditvereinen kann die Ausschließung wegen der Mitgliedschaft in einer anderen solchen Genossenschaft auch dann erfolgen, wenn die letztere ihr Geschäft nicht an demselben Orte betreibt.
(2) Durch das Statut können sonstige Gründe der Ausschließung festgesetzt werden.
(3) Der Beschluß, durch welchen der Genosse ausgeschlossen wird, ist diesem von dem Vorstande ohne Verzug mittels eingeschriebenen Briefes mitzuteilen.
(4) Von dem Zeitpunkte der Absendung desselben kann der Genosse nicht mehr an der Generalversammlung teilnehmen, auch nicht Mitglied des Vorstandes oder des Aufsichtsrats sein.

§ 69
Einreichung der Kündigung
(1) Der Vorstand ist verpflichtet, die Aufkündigung des Genossen oder des Gläubigers mindestens sechs Wochen vor dem Ende des Geschäftsjahres, zu dessen Schlusse sie stattgefunden hat, dem Gerichte (§ 10) zur Liste der Genossen einzureichen. Er hat zugleich die schriftliche Versicherung abzugeben, daß die Aufkündigung rechtzeitig erfolgt ist. Der Aufkündigung des Gläubigers sind die im § 66 Absatz 2 bezeichneten Urkunden sowie eine beglaubigte Abschrift des Pfändungs- und Überweisungsbeschlusses beizufügen.
(2) Imgleichen hat der Vorstand im Falle des § 67 mit der Bescheinigung die Erklärung des Genossen oder Abschrift der Erklärung der Genossenschaft sowie im Falle der Ausschließung Abschrift des Beschlusses dem Gerichte einzureichen. Die Einreichung ist bis zu dem im ersten Absatz bezeichneten Zeitpunkte und, wenn die Erklärung oder der Beschluß später erfolgt, ohne Verzug zu bewirken.

§ 70
Eintragung des Ausscheidens
(1) In die Liste ist die das Ausscheiden des Genossen begründende Tatsache und der aus den Urkunden hervorgehende Jahresschluß unverzüglich einzutragen.

---
* § 68 Abs. 1 Satz 1 geändert durch Gesetz vom 25. Juni 1969.

(2) Infolge der Eintragung scheidet der Genosse mit dem in der Liste vermerkten Jahresschlusse, wenn jedoch die Eintragung erst im Laufe eines späteren Geschäftsjahres bewirkt wird, mit dem Schlusse des letzteren aus der Genossenschaft aus.

§ 71
Vormerkung des Ausscheidens

(1) Auf Antrag des Genossen, im Falle des § 66 auf Antrag des Gläubigers, hat das Gericht die Tatsache, auf Grund deren das Ausscheiden, und den Jahresschluß, zu welchem dasselbe beansprucht wird, ohne Verzug in der Liste vorzumerken.

(2) Erkennt der Vorstand den Anspruch in beglaubigter Form an oder wird er zur Anerkennung rechtskräftig verurteilt, so ist dies bei Einreichung des Anerkenntnisses oder Urteils der Vormerkung hinzuzufügen. Infolgedessen gilt der Austritt oder die Ausschließung als am Tage der Vormerkung eingetragen.

§ 72
Benachrichtigung

(1) Von der Eintragung sowie der Vormerkung oder von deren Versagung hat das Gericht den Vorstand und den Genossen, im Falle des § 66 auch den Gläubiger, zu benachrichtigen; der Genosse kann auf die Benachrichtigung nicht verzichten.

(2) Die behufs der Eintragung oder der Vormerkung eingereichten Urkunden bleiben in der Verwahrung des Gerichts.

§ 73
Auseinandersetzung mit dem ausgeschiedenen Mitglied

(1) Die Auseinandersetzung des Ausgeschiedenen mit der Genossenschaft bestimmt sich nach der Vermögenslage derselben und dem Bestande der Mitglieder zur Zeit seines Ausscheidens.

(2) Die Auseinandersetzung erfolgt auf Grund der Bilanz. Das Geschäftsguthaben des Genossen ist binnen sechs Monaten nach dem Ausscheiden auszuzahlen; an den Reservefonds und das sonstige Vermögen der Genossenschaft hat er keinen Anspruch. Reicht das Vermögen einschließlich der Reservefonds und aller Geschäftsguthaben zur Deckung der Schulden nicht aus, so hat der Ausgeschiedene von dem Fehlbetrage den ihn treffenden Anteil an die Genossenschaft zu zahlen; der Anteil wird in Ermangelung einer anderen Bestimmung des Statuts nach der Kopfzahl der Mitglieder berechnet.

Wortlaut des Gesetzes

§ 74
Verjährung

Die Klage des ausgeschiedenen Genossen auf Auszahlung des Geschäftsguthabens verjährt in zwei Jahren.

§ 75
Rückwirkung der Auflösung auf das Ausscheiden

Wird die Genossenschaft binnen sechs Monaten nach dem Ausscheiden des Genossen aufgelöst, so gilt dasselbe als nicht erfolgt. Wird die Fortsetzung der Genossenschaft beschlossen, so gilt das Ausscheiden als zum Schlusse des Geschäftsjahres erfolgt, in dem der Beschluß über die Fortsetzung der Genossenschaft in das Genossenschaftsregister eingetragen ist.

§ 76
Übertragung des Geschäftsguthabens

(1) Ein Genosse kann zu jeder Zeit, auch im Laufe des Geschäftsjahres, sein Geschäftsguthaben mittels schriftlicher Übereinkunft einem anderen übertragen und hierdurch aus der Genossenschaft ohne Auseinandersetzung mit ihr austreten, sofern der Erwerber an seiner Stelle Genosse wird oder sofern derselbe schon Genosse ist und dessen bisheriges Guthaben mit dem ihm zuzuschreibenden Betrage den Geschäftsanteil nicht übersteigt. Das Statut kann eine solche Übertragung ausschließen oder an weitere Voraussetzungen knüpfen.

(2) Der Vorstand hat die Übereinkunft dem Gerichte (§ 10) ohne Verzug einzureichen und, falls der Erwerber schon Genosse ist, zugleich die schriftliche Versicherung abzugeben, daß dessen bisheriges Guthaben mit dem zuzuschreibenden Betrage den Geschäftsanteil nicht übersteigt.

(3) Die Übertragung ist in die Liste bei dem veräußernden Genossen unverzüglich einzutragen. Als Zeitpunkt des Ausscheidens gilt der Tag der Eintragung. Dieselbe darf, falls der Erwerber noch nicht Genosse ist, nur zugleich mit der Eintragung des letzteren erfolgen. Die Vorschriften der §§ 15, 71 und 72 finden entsprechende Anwendung.

(4) Wird die Genossenschaft binnen sechs Monaten nach dem Ausscheiden des Genossen aufgelöst, so hat dieser im Falle der Eröffnung des Konkursverfahrens die Nachschüsse, zu deren Zahlung er verpflichtet gewesen sein würde, insoweit zu leisten, als zu derselben der Erwerber unvermögend ist.

§ 77
Ausscheiden durch Tod

(1) Im Falle des Todes eines Genossen gilt dieser mit dem Schlusse des Geschäftsjahres, in welchem der Tod erfolgt ist, als ausgeschieden. Bis zu diesem Zeitpunkt wird die Mitgliedschaft des Verstorbenen durch den Erben desselben fortgesetzt. Für mehrere Erben kann das Stimmrecht durch einen Bevollmächtigten ausgeübt werden.

(2) Der Vorstand hat eine Anzeige von dem Tode des Genossen ohne Verzug dem Gerichte (§ 10) zur Liste der Genossen einzureichen.

(3) Die Vorschriften in § 70 Absatz 1, §§ 71 bis 75 finden entsprechende Anwendung.

Sechster Abschnitt
Auflösung und Nichtigkeit der Genossenschaft

§ 78
Auflösung durch Beschluß der Generalversammlung

(1) Die Genossenschaft kann durch Beschluß der Generalversammlung jederzeit aufgelöst werden; der Beschluß bedarf einer Mehrheit von drei Vierteilen der erschienenen Genossen. Das Statut kann außer dieser Mehrheit noch andere Erfordernisse aufstellen.

(2) Die Auflösung ist durch den Vorstand ohne Verzug zur Eintragung in das Genossenschaftsregister anzumelden.

§ 78 a
Auflösung einer Kreditgenossenschaft

(1) Über die Auflösung eines als eingetragene Genossenschaft bestehenden Vorschuß- und Kreditvereins kann nur von einer ausschließlich zu diesem Zwecke berufenen Generalversammlung beschlossen werden.

(2) Vor der Beschlußfassung ist der Revisionsverband, dem die Genossenschaft angeschlossen ist, darüber zu hören, ob die Auflösung mit dem Interesse des Mittelstandes vereinbar ist.

(3) Das Gutachten des Revisionsverbandes ist in jeder über die Auflösung beratenden Generalversammlung zu verlesen. Dem Revisionsverband ist Gelegenheit zu geben, das Gutachten in der Generalversammlung zu vertreten.

Wortlaut des Gesetzes

§ 78 b
Widerspruch des Revisionsverbandes

Widerspricht die Auflösung der Genossenschaft nach dem Gutachten des Revisionsverbandes dem Interesse des Mittelstandes, so bedarf der Beschluß, die Genossenschaft aufzulösen, unbeschadet weiterer Erschwerungen durch das Statut einer Mehrheit von drei Vierteilen der Genossen in zwei mit einem Abstand von mindestens einem Monat aufeinanderfolgenden Generalversammlungen.

§ 79
Auflösung durch Zeitablauf

(1) In dem Falle, daß durch das Statut die Zeitdauer der Genossenschaft beschränkt ist, tritt die Auflösung derselben durch Ablauf der bestimmten Zeit ein.

(2) Die Vorschrift im § 78 Absatz 2 findet Anwendung.

§ 79 a
Fortsetzung der freiwillig aufgelösten Genossenschaft

(1) Ist eine Genossenschaft durch Beschluß der Generalversammlung oder durch Zeitablauf aufgelöst worden, so kann die Generalversammlung, solange noch nicht mit der Verteilung des nach Berichtigung der Schulden verbleibenden Vermögens der Genossenschaft unter die Genossen begonnen ist, die Fortsetzung der Genossenschaft beschließen; der Beschluß bedarf einer Mehrheit von drei Vierteilen der erschienenen Genossen. Das Statut kann außer dieser Mehrheit noch andere Erfordernisse aufstellen.

(2) Vor der Beschlußfassung ist der Revisionsverband, dem die Genossenschaft angeschlossen ist, darüber zu hören, ob die Fortsetzung der Genossenschaft mit den Interessen der Genossen vereinbar ist.

(3) Das Gutachten des Revisionsverbandes ist in jeder über die Fortsetzung der Genossenschaft beratenden Generalversammlung zu verlesen. Dem Revisionsverbande ist Gelegenheit zu geben, das Gutachten in der Generalversammlung zu vertreten.

(4) Ist die Fortsetzung der Genossenschaft nach dem Gutachten des Revisionsverbandes mit den Interessen der Genossen nicht vereinbar, so bedarf der Beschluß unbeschadet weiterer Erschwerungen durch das Statut einer Mehrheit von drei Vierteilen der Genossen in zwei mit einem Abstand von mindestens einem Monat aufeinanderfolgenden Generalversammlungen.

(5) Die Fortsetzung der Genossenschaft ist durch den Vorstand ohne Verzug zur Eintragung in das Genossenschaftsregister anzumelden. Der Vorstand hat bei der Anmeldung die Versicherung abzugeben, daß der Beschluß der Generalversammlung zu einer Zeit gefaßt ist, als noch nicht mit der Verteilung des nach der Berichtigung der Schulden verbleibenden Vermögens der Genossenschaft unter die Genossen begonnen war.

§ 80
Auflösung bei Fehlen der Mindestzahl

(1) Beträgt die Zahl der Genossen weniger als sieben, so hat das Gericht (§ 10) auf Antrag des Vorstandes und, wenn der Antrag nicht binnen sechs Monaten erfolgt, von Amts wegen nach Anhörung des Vorstandes die Auflösung der Genossenschaft auszusprechen.

(2) Der Beschluß ist der Genossenschaft zuzustellen. Gegen denselben steht ihr die sofortige Beschwerde nach Maßgabe der Zivilprozeßordnung zu. Die Auflösung tritt mit der Rechtskraft des Beschlusses in Wirksamkeit.

§ 81
Auflösung wegen gesetzwidriger Handlungen

(1) Wenn eine Genossenschaft sich gesetzwidriger Handlungen oder Unterlassungen schuldig macht, durch welche das Gemeinwohl gefährdet wird, oder wenn sie andere als die in diesem Gesetze (§ 1) bezeichneten geschäftlichen Zwecke verfolgt, so kann sie aufgelöst werden, ohne daß deshalb ein Anspruch auf Entschädigung stattfindet.

(2) Das Verfahren und die Zuständigkeit der Behörden richtet sich nach den für streitige Verwaltungssachen *landesgesetzlich* geltenden Vorschriften*.

(3) Von der Auflösung hat die in erster Instanz entscheidende Behörde dem Gerichte (§ 10) Mitteilung zu machen.

§ 82
Eintragung und Bekanntmachung der Auflösung

(1) Die Auflösung der Genossenschaft ist von dem Gerichte ohne Verzug in das Genossenschaftsregister einzutragen.

(2) Sie muß von den Liquidatoren durch die für die Bekanntmachungen der Genossenschaft bestimmten Blätter bekanntgemacht

---

* § 81 Abs. 2 Satz 2 gegenstandslos durch Gesetz vom 21. Januar 1960 (BGBl. I 17).

werden. Durch die Bekanntmachung sind zugleich die Gläubiger aufzufordern, sich bei der Genossenschaft zu melden.

§ 83
Liquidation; Bestellung und Abberufung der Liquidatoren

(1) Die Liquidation erfolgt durch den Vorstand, wenn nicht dieselbe durch das Statut oder durch Beschluß der Generalversammlung anderen Personen übertragen wird.

(2) Es sind wenigstens zwei Liquidatoren zu bestellen.

(3) Auf Antrag des Aufsichtsrats oder mindestens des zehnten Teils der Genossen kann die Ernennung von Liquidatoren durch das Gericht (§ 10) erfolgen.

(4) Die Abberufung der Liquidatoren kann durch das Gericht unter denselben Voraussetzungen wie die Bestellung erfolgen. Liquidatoren, welche nicht vom Gerichte ernannt sind, können auch durch die Generalversammlung vor Ablauf des Zeitraums, für welchen sie bestellt sind, abberufen werden.

§ 84
Anmeldung und Eintragung der Liquidatoren

(1) Die ersten Liquidatoren sind durch den Vorstand, jede Änderung in den Personen der Liquidatoren sowie eine Beendigung ihrer Vertretungsbefugnis ist durch die Liquidatoren zur Eintragung in das Genossenschaftsregister anzumelden. Eine Abschrift der Urkunden über die Bestellung der Liquidatoren oder über die Änderung in den Personen derselben ist der Anmeldung beizufügen und wird bei dem Gericht aufbewahrt.

(2) Die Eintragung der gerichtlichen Ernennung oder Abberufung von Liquidatoren geschieht von Amts wegen.

(3) Die Liquidatoren haben die Zeichnung ihrer Unterschrift in öffentlich beglaubigter Form einzureichen.

§ 85
Willenserklärungen und Zeichnung der Liquidatoren

(1) Die Liquidatoren haben in der bei ihrer Bestellung bestimmten Form ihre Willenserklärungen kundzugeben und für die Genossenschaft zu zeichnen. Ist nichts darüber bestimmt, so muß die Erklärung und Zeichnung durch sämtliche Liquidatoren erfolgen. Weniger als zwei dürfen hierfür nicht bestimmt werden.

(2) Die Bestimmung ist mit der Bestellung der Liquidatoren zur Eintragung in das Genossenschaftsregister anzumelden.

(3) Die Zeichnungen geschehen derartig, daß die Liquidatoren der bisherigen, nunmehr als Liquidationsfirma zu bezeichnenden Firma ihre Namensunterschrift beifügen.

§ 86
Öffentlicher Glaube des Genossenschaftsregisters

Die Vorschriften im § 29 über das Verhältnis zu dritten Personen finden bezüglich der Liquidatoren Anwendung.

§ 87
Die Genossenschaft im Liquidationsstadium

(1) Bis zur Beendigung der Liquidation kommen ungeachtet der Auflösung der Genossenschaft in bezug auf die Rechtsverhältnisse derselben und der Genossen die Vorschriften des zweiten und dritten Abschnitts dieses Gesetzes zur Anwendung, soweit sich aus den Bestimmungen des gegenwärtigen Abschnitts und aus dem Wesen der Liquidation nicht ein anderes ergibt.

(2) Der Gerichtsstand, welchen die Genossenschaft zur Zeit ihrer Auflösung hatte, bleibt bis zur vollzogenen Verteilung des Vermögens bestehen.

§ 87 a
Geschäftsanteilserhöhung im Liquidationsstadium

(1) Ungeachtet der Auflösung kann eine Erhöhung des Geschäftsanteils beschlossen werden, wenn sie bezweckt, die Durchführung der Liquidation unter Abwendung des Konkurses zu sichern.

(2) Vor der Beschlußfassung ist der Revisionsverband, dem die Genossenschaft angeschlossen ist, darüber zu hören, ob die Erhöhung des Geschäftsanteils erforderlich ist, die Durchführung der Liquidation unter Abwendung des Konkurses zu sichern.

(3) Das Gutachten des Revisionsverbandes ist in jeder über die Erhöhung des Geschäftsanteils beratenden Generalversammlung zu verlesen. Dem Revisionsverbande ist Gelegenheit zu geben, das Gutachten in der Generalversammlung zu vertreten.

(4) Ist die Erhöhung des Geschäftsanteils nach dem Gutachten des Revisionsverbandes nicht erforderlich, die Durchführung der Liquidation unter Abwendung des Konkurses zu sichern, so bedarf der Beschluß unbeschadet weiterer Erschwerungen durch das Statut einer Mehrheit von drei Vierteilen der Genossen in zwei mit einem Abstand von mindestens einem Monat aufeinanderfolgenden Generalversammlungen.

Wortlaut des Gesetzes

§ 88
Aufgaben und Vertretungsbefugnis der Liquidatoren

Die Liquidatoren haben die laufenden Geschäfte zu beendigen, die Verpflichtungen der aufgelösten Genossenschaft zu erfüllen, die Forderungen derselben einzuziehen und das Vermögen der Genossenschaft in Geld umzusetzen; sie haben die Genossenschaft gerichtlich und außergerichtlich zu vertreten. Zur Beendigung schwebender Geschäfte können die Liquidatoren auch neue Geschäfte eingehen.

§ 88 a
Abtretbarkeit der Einzahlungsansprüche

(1) Die Liquidatoren können den Anspruch der Genossenschaft auf rückständige Einzahlungen auf den Geschäftsanteil (§ 7 Nr. 2) und den Anspruch auf anteilige Fehlbeträge (§ 73 Abs. 2) mit Zustimmung des Prüfungsverbandes abtreten.

(2) Der Prüfungsverband soll nur zustimmen, wenn der Anspruch an eine genossenschaftliche Zentralkasse oder an eine der fortlaufenden Überwachung durch einen Prüfungsverband unterstehende Stelle abgetreten wird und schutzwürdige Belange der Genossen nicht entgegenstehen.

§ 89
Rechte und Pflichten der Liquidatoren

Die Liquidatoren haben die aus den §§ 26, 27, § 33 Absatz 1, § 34, §§ 44 bis 47, § 48 Absatz 2, § 51, §§ 57 bis 59 sich ergebenden Rechte und Pflichten des Vorstandes und unterliegen gleich diesem der Überwachung des Aufsichtsrats. Sie haben sofort bei Beginn der Liquidation und demnächst in jedem Jahre eine Bilanz aufzustellen. Die erste Bilanz ist zu veröffentlichen; die Bekanntmachung ist zu dem Genossenschaftsregister einzureichen.

§ 90
Voraussetzungen der Vermögensverteilung

(1) Eine Verteilung des Vermögens unter die Genossen darf nicht vor Tilgung oder Deckung der Schulden und nicht vor Ablauf eines Jahres seit dem Tage vollzogen werden, an welchem die Aufforderung der Gläubiger in den hierzu bestimmten Blättern (§ 82 Absatz 2) erfolgt ist.

(2) Meldet sich ein bekannter Gläubiger nicht, so ist der geschuldete Betrag, wenn die Berechtigung zur Hinterlegung vorhanden ist,

Gesetz, betr. die Erwerbs- und Wirtschaftsgenossenschaften

für den Gläubiger zu hinterlegen. Ist die Berichtigung einer Verbindlichkeit zur Zeit nicht ausführbar oder ist eine Verbindlichkeit streitig, so darf die Verteilung des Vermögens nur erfolgen, wenn dem Gläubiger Sicherheit geleistet ist.

(3) Liquidatoren, welche diesen Vorschriften zuwiderhandeln, sind außer der Genossenschaft den Gläubigern zum Ersatze des ihnen daraus erwachsenen Schadens persönlich und solidarisch verpflichtet. Die gleiche Verpflichtung trifft die Mitglieder des Aufsichtsrats, wenn die Zuwiderhandlung mit ihrem Wissen und ohne ihr Einschreiten geschieht. Die Verpflichtung wird den Gläubigern gegenüber dadurch nicht aufgehoben, daß die Zuwiderhandlung auf einem Beschlusse der Generalversammlung beruht.

§ 91
Durchführung der Vermögensverteilung

(1) Die Verteilung des Vermögens unter die einzelnen Genossen erfolgt bis zum Gesamtbetrage ihrer auf Grund der ersten Liquidationsbilanz (§ 89) ermittelten Geschäftsguthaben nach dem Verhältnis der letzteren. Bei Ermittlung der einzelnen Geschäftsguthaben bleiben für die Verteilung des Gewinnes oder Verlustes, welcher sich für den Zeitraum zwischen der letzten Jahresbilanz (§ 33) und der ersten Liquidationsbilanz ergeben hat, die seit der letzten Jahresbilanz geleisteten Einzahlungen außer Betracht. Der Gewinn aus diesem Zeitraum ist dem Guthaben auch insoweit zuzuschreiben, als dadurch der Geschäftsanteil überschritten wird.

(2) Überschüsse, welche sich über den Gesamtbetrag dieser Guthaben hinaus ergeben, sind nach Köpfen zu verteilen.

(3) Durch das Staut kann die Verteilung des Vermögens ausgeschlossen oder ein anderes Verhältnis für die Verteilung bestimmt werden.

§ 92
Verwendung unverteilbaren Vermögens

Ein bei der Auflösung der Genossenschaft verbleibendes unverteilbares Reinvermögen (§ 91 Absatz 3) fällt, sofern dasselbe nicht durch das Staut einer physischen oder juristischen Person zu einem bestimmten Verwendungszweck überwiesen ist, an diejenige Gemeinde, in der die Genossenschaft ihren Sitz hatte. Die Zinsen dieses Fonds sind zu gemeinnützigen Zwecken zu verwenden.

Wortlaut des Gesetzes

§ 93
Beendigung der Liquidation

Nach Beendigung der Liquidation sind die Bücher und Schriften der aufgelösten Genossenschaft für die Dauer von zehn Jahren einem der gewesenen Genossen oder einem Dritten in Verwahrung zu geben. Der Genosse oder der Dritte wird in Ermangelung einer Bestimmung des Statuts oder eines Beschlusses der Generalversammlung durch das Gericht (§ 10) bestimmt. Dasselbe kann die Genossen und deren Rechtsnachfolger sowie die Gläubiger der Genossenschaft zur Einsicht der Bücher und Schriften ermächtigen.

§ 93 a
Wesen der Verschmelzung

(1) Genossenschaften gleicher Haftart können unter Ausschluß der Liquidation in der Weise vereinigt (verschmolzen) werden, daß das Vermögen der einen Genossenschaft (übertragende Genossenschaft) als Ganzes auf eine andere Genossenschaft (übernehmende Genossenschaft) übertragen wird.

(2) Die Verschmelzung ist auch zulässig, wenn die übertragende Genossenschaft aufgelöst ist, die Verteilung des Vermögens unter die Genossen aber noch nicht begonnen hat.

§ 93 b
Beschlüsse der Generalversammlungen

(1) Die Verschmelzung muß von der Generalversammlung jeder Genossenschaft beschlossen werden. Der Beschluß bedarf einer Mehrheit, die mindestens drei Viertel der abgegebenen Stimmen umfaßt.

(2) Vor der Beschlußfassung der Generalversammlung ist der Prüfungsverband darüber zu hören, ob die Verschmelzung mit den Belangen der Genossen und der Gläubiger der Genossenschaft vereinbar ist. Das Gutachten des Prüfungsverbandes ist in jeder Generalversammlung zu verlesen, in der über die Verschmelzung verhandelt wird. Der Prüfungsverband ist berechtigt, an der Generalversammlung beratend teilzunehmen.

§ 93 c
Verschmelzungsvertrag

Für den Verschmelzungsvertrag ist die schriftliche Form erforderlich und ausreichend.

§ 93 d
Anmeldung der Verschmelzung

(1) Der Vorstand jeder Genossenschaft hat die Verschmelzung zur Eintragung in das Genossenschaftsregister des Sitzes seiner Genossenschaft anzumelden.

(2) Der Anmeldung sind der Verschmelzungsvertrag, das Gutachten des Prüfungsverbandes, die Verschmelzungsbeschlüsse in Urschrift oder öffentlich beglaubigter Abschrift sowie, wenn die Verschmelzung der staatlichen Genehmigung bedarf, die Genehmigungsurkunde beizufügen.

(3) Der Anmeldung zum Genossenschaftsregister des Sitzes der übertragenden Genossenschaft ist ferner eine Bilanz der übertragenden Genossenschaft beizufügen, die für einen höchstens sechs Monate vor der Anmeldung liegenden Zeitpunkt aufgestellt worden ist (Schlußbilanz). Für diese Bilanz gelten die Vorschriften über die Jahresbilanz sinngemäß; sie braucht nicht bekanntgemacht zu werden.

§ 93 e
Wirkungen der Eintragung

(1) Mit der Eintragung der Verschmelzung in das Genossenschaftsregister des Sitzes der übertragenden Genossenschaft geht das Vermögen dieser Genossenschaft einschließlich der Schulden auf die übernehmende Genossenschaft über. Soweit durch die Verschmelzung Grundbücher oder andere öffentliche Register unrichtig werden, sind sie auf Antrag des Vorstandes der übernehmenden Genossenschaft zu berichtigen. Zum Nachweis des Vermögensübergangs genügt eine vom Gericht des Sitzes der übertragenden Genossenschaft ausgestellte Bestätigung über die Verschmelzung.

(2) Mit der Eintragung der Verschmelzung in das Genossenschaftsregister des Sitzes der übertragenden Genossenschaft erlischt diese. Einer besonderen Löschung bedarf es nicht.

(3) Ist beim Abschluß des Verschmelzungsvertrages die schriftliche Form nicht gewahrt oder der Prüfungsverband nicht angehört worden, so werden diese Mängel durch die Eintragung geheilt.

(4) Das Gericht des Sitzes der übertragenden Genossenschaft hat von Amts wegen die bei ihm aufbewahrten Urkunden und sonstigen Schriftstücke nach der Eintragung der Verschmelzung dem Gericht des Sitzes der übernehmenden Genossenschaft zur Aufbewahrung zu übersenden.

§ 93 f
Gläubigerschutz

Den Gläubigern der übertragenden Genossenschaft ist, wenn sie sich binnen sechs Monaten nach der Bekanntmachung der Eintragung der Verschmelzung in das Genossenschaftsregister des Sitzes der übertragenden Genossenschaft bei der übernehmenden Genossenschaft zu diesem Zweck melden, Sicherheit zu leisten, soweit sie nicht Befriedigung verlangen können. In der Bekanntmachung ist darauf hinzuweisen.

§ 93 g
Wertansätze der übernehmenden G.

Die in der Schlußbilanz der übertragenden Genossenschaft angesetzten Werte gelten für die Jahresbilanzen der übernehmenden Genossenschaft als Anschaffungskosten im Sinne des § 33 c Nr. 1 und 2.

§ 93 h
Erwerb der Mitgliedschaft bei der übernehmenden G.

(1) Mit der Eintragung der Verschmelzung in das Genossenschaftsregister des Sitzes der übertragenden Genossenschaft erwerben die Genossen dieser Genossenschaft die Mitgliedschaft bei der übernehmenden Genossenschaft mit allen Rechten und Pflichten.

(2) Die Genossen der übertragenden Genossenschaft sind bei der übernehmenden Genossenschaft mit mindestens einem Geschäftsanteil beteiligt. Läßt das Statut der übernehmenden Genossenschaft die Beteiligung mit mehreren Geschäftsanteilen zu oder verpflichtet es die Genossen zur Übernahme mehrerer Geschäftsanteile, so ist jeder Genosse der übertragenden Genossenschaft mit so vielen Geschäftsanteilen bei der übernehmenden Genossenschaft beteiligt, wie durch Anrechnung seines Geschäftsguthabens bei der übertragenden Genossenschaft als voll eingezahlt anzusehen sind; eine Verpflichtung zur Übernahme weiterer Geschäftsanteile bleibt unberührt.

(3) Übersteigt das Geschäftsguthaben, das der Genosse bei der übertragenden Genossenschaft hatte, den Gesamtbetrag der Geschäftsanteile, mit denen er bei der übernehmenden Genossenschaft beteiligt ist, so ist der übersteigende Betrag nach Ablauf von sechs Monaten seit der Bekanntmachung auszuzahlen; die Auszahlung darf jedoch nicht erfolgen, bevor die Gläubiger, die sich nach § 93 f gemeldet haben, befriedigt oder sichergestellt sind.

(4) Für die Feststellung des Geschäftsguthabens, das der Genosse bei der übertragenden Genossenschaft gehabt hat, ist die Schlußbilanz maßgebend.

Gesetz, betr. die Erwerbs- und Wirtschaftsgenossenschaften

§ 93 i
Eintragung der Genossen und Benachrichtigung

(1) Der Vorstand der übernehmenden Genossenschaft hat die Genossen der übertragenden Genossenschaft nach der Eintragung der Verschmelzung in das Genossenschaftsregister des Sitzes der übertragenden Genossenschaft unverzüglich zur Eintragung in die Liste der Genossen der übernehmenden Genossenschaft anzumelden.

(2) Das Gericht hat den Vorstand und die Genossen unverzüglich von der Eintragung zu benachrichtigen. Die Genossen können auf die Benachrichtigung nicht verzichten.

(3) Der Vorstand der übernehmenden Genossenschaft hat jedem Genossen der übertragenden Genossenschaft unverzüglich, spätestens binnen drei Monaten seit der Benachrichtigung durch das Gericht, schriftlich mitzuteilen:
1. den Betrag des Geschäftsguthabens bei der übernehmenden Genossenschaft;
2. den Betrag des Geschäftsanteils bei der übernehmenden Genossenschaft und die Zahl der Geschäftsanteile, mit denen der Genosse nach § 93 h Abs. 2 an der übernehmenden Genossenschaft beteiligt ist;
3. den Betrag der von dem Genossen nach Anrechnung seines Geschäftsguthabens noch zu leistenden Einzahlung oder den Betrag, der nach § 93 h Abs. 3 an den Genossen auszuzahlen ist;
4. bei Genossenschaften mit beschränkter Haftpflicht den Betrag der Haftsumme der übernehmenden Genossenschaft.

Die Genossen können auf die Mitteilung nicht verzichten.

§ 93 k
Kündigungsrecht der Genossen der übertragenden G.

(1) Die durch die Verschmelzung erworbene Mitgliedschaft kann kündigen:
1. jeder in der Generalversammlung erschienene Genosse, wenn er gegen den Verschmelzungsbeschluß Widerspruch zu Protokoll erklärt hat;
2. jeder in der Generalversammlung nicht erschienene Genosse, wenn er zu der Generalversammlung zu Unrecht nicht zugelassen worden ist oder die Versammlung nicht gehörig berufen oder der Gegenstand der Beschlußfassung nicht gehörig angekündigt worden ist.

Wortlaut des Gesetzes

Die Kündigung hat durch schriftliche Erklärung gegenüber der übernehmenden Genossenschaft zu geschehen.

(2) Hat eine Vertreterversammlung die Verschmelzung beschlossen, so kann jeder Genosse kündigen. Für die Vertreter gilt Abs. 1.

(3) Die Kündigung kann nur innerhalb eines Monats seit Zugang der Mitteilung des Vorstands (§ 93 i Abs. 3), längstens aber binnen sechs Monaten seit Absendung der Benachrichtigung durch das Gericht (§ 93 i Abs. 2) erklärt werden.

§ 93 l
Anmeldung und Eintragung der Kündigung

(1) Der Vorstand hat die Kündigung des Genossen dem Gericht zur Eintragung in die Liste der Genossen unverzüglich anzumelden. Der Anmeldung sind das Kündigungsschreiben und die schriftliche Versicherung des Vorstands, daß die Kündigung rechtzeitig erfolgt ist, beizufügen.

(2) Wird die Kündigung eingetragen, so gilt die Mitgliedschaft des Genossen der übertragenden Genossenschaft bei der übernehmenden Genossenschaft als nicht erworben. Dies ist bei der Eintragung in der Liste der Genossen zu vermerken. § 71 gilt sinngemäß.

§ 93 m
Auseinandersetzung

(1) Mit dem kündigenden Genossen hat die übernehmende Genossenschaft sich auseinanderzusetzen. Maßgebend ist die Schlußbilanz der übertragenden Genossenschaft. Der kündigende Genosse kann die Auszahlung seines Geschäftsguthabens verlangen; an den Rücklagen und dem sonstigen Vermögen der übertragenden Genossenschaft hat er keinen Anteil, auch wenn sie bei der Verschmelzung den Geschäftsguthaben der Genossen der übertragenden Genossenschaft zugerechnet werden. Das Geschäftsguthaben ist binnen sechs Monaten seit der Kündigung auszuzahlen; die Auszahlung darf jedoch nicht erfolgen, bevor die Gläubiger, die sich nach § 93 f gemeldet haben, befriedigt oder sichergestellt sind, und nicht vor Ablauf von sechs Monaten seit der Bekanntmachung.

(2) Reichen die Geschäftsguthaben und die in der Schlußbilanz ausgewiesenen Rücklagen zur Deckung eines in dieser Bilanz ausgewiesenen Verlustes nicht aus, so hat der kündigende Genosse den anteiligen Fehlbetrag an die übernehmende Genossenschaft zu zahlen, bei der Genossenschaft mit beschränkter Haftpflicht jedoch höchstens bis zur Höhe der Haftsumme. Der anteilige Fehlbetrag wird, falls das

Statut der übertragenden Genossenschaft nichts anderes bestimmt, nach der Kopfzahl der Genossen der übertragenden Genossenschaft errechnet.

(3) Die Ansprüche verjähren binnen drei Jahren. Die Verjährung beginnt mit dem Schluß des Kalenderjahres, in dem die Ansprüche fällig geworden sind.

§ 93 n
Schadenersatzpflicht der Verwaltungsträger der übertragenden G

(1) Die Mitglieder des Vorstandes und des Aufsichtsrats der übertragenden Genossenschaft sind den Genossen und den Gläubigern dieser Genossenschaft als Gesamtschuldner zum Ersatz des Schadens verpflichtet, den sie durch die Verschmelzung erleiden. Mitglieder, die bei der Prüfung der Vermögenslage der Genossenschaften und beim Abschluß des Verschmelzungsvertrages ihre Sorgfaltspflicht beobachtet haben, sind von der Ersatzpflicht befreit.

(2) Zuständig für die Geltendmachung der Ersatzansprüche ist das Gericht, in dessen Bezirk die übertragende Genossenschaft ihren Sitz hatte.

(3) Die Ersatzansprüche verjähren in fünf Jahren seit Eintragung der Verschmelzung in das Genossenschaftsregister des Sitzes der übertragenden Genossenschaft.

§ 93 o
Schadenersatzpflicht der Verwaltungsträger der übernehmenden G

Schadenersatzansprüche, die sich nach §§ 34, 41 gegen die Mitglieder des Vorstandes und des Aufsichtsrats der übernehmenden Genossenschaft auf Grund der Verschmelzung ergeben, verjähren in fünf Jahren seit der Eintragung der Verschmelzung in das Genossenschaftsregister des Sitzes der übertragenden Genossenschaft.

§ 93 p
Anfechtung des Verschmelzungsvertrages

(1) Für die Anfechtung des Verschmelzungsvertrages nach den Vorschriften des bürgerlichen Rechts und die Geltendmachung der auf Grund der Anfechtung sich ergebenden Ansprüche gilt die übertragende Genossenschaft als fortbestehend.

(2) Die übertragende Genossenschaft kann den Verschmelzungsvertrag nur anfechten, wenn die Generalversammlung dies mit einer Mehrheit beschließt, die mindestens drei Viertel der abgegebenen Stimmen umfaßt.

§ 93 q
Anfechtung des Verschmelzungsbeschlusses

Nach Eintragung der Verschmelzung in das Genossenschaftsregister des Sitzes der übertragenden Genossenschaft ist eine Anfechtung des Verschmelzungsbeschlusses dieser Genossenschaft gegen die übernehmende Genossenschaft zu richten.

§ 93 r
Konkurs der übernehmenden G

(1) Ist die Haftsumme bei der übernehmenden Genossenschaft geringer, als sie bei der übertragenden Genossenschaft war, und können die Gläubiger, die sich nach § 93 f gemeldet haben, wegen ihrer Forderung Befriedigung oder Sicherstellung auch nicht aus den von den Genossen eingezogenen Nachschüssen erlangen, so haben zur Befriedigung dieser Gläubiger die Genossen, die Mitglieder der übertragenden Genossenschaft waren, weitere Nachschüsse bis zur Höhe der Haftsumme bei der übertragenden Genossenschaft zu leisten. Für die Einziehung dieser Nachschüsse gelten die §§ 105 bis 115 a.

(2) Abs. 1 ist nur anzuwenden, wenn das Konkursverfahren binnen achtzehn Monaten seit der Eintragung der Verschmelzung in das Genossenschaftsregister des Sitzes der übertragenden Genossenschaft eröffnet wird.

§ 94
Nichtigkeit der Genossenschaft

Enthält das Statut nicht die für dasselbe wesentlichen Bestimmungen oder ist eine dieser Bestimmungen nichtig, so kann jeder Genosse und jedes Mitglied des Vorstandes und des Aufsichtsrats im Wege der Klage beantragen, daß die Genossenschaft für nichtig erklärt werde.

§ 95
Wesentliche Mängel; Heilung derselben

(1) Als wesentlich im Sinne des § 94 gelten die in den §§ 6, 7 und 131 bezeichneten Bestimmungen des Statuts mit Ausnahme derjenigen über die Beurkundung der Beschlüsse der Generalversammlung und den Vorsitz in dieser sowie über die Grundsätze für die Aufstellung und Prüfung der Bilanz.

(2) Ein Mangel, der eine hiernach wesentliche Bestimmung des Statuts betrifft, kann durch einen den Vorschriften dieses Gesetzes über Änderungen des Statuts entsprechenden Beschluß der Generalversammlung geheilt werden.

(3) Die Berufung der Generalversammlung erfolgt, wenn sich der Mangel auf die Bestimmungen über die Form der Berufung bezieht, durch Einrückung in diejenigen öffentlichen Blätter, welche für die Bekanntmachung der Eintragungen in das Genossenschaftsregister des Sitzes der Genossenschaft bestimmt sind.

(4) Betrifft bei einer Genossenschaft mit beschränkter Haftpflicht der Mangel die Bestimmungen über die Haftsumme, so darf durch die zur Heilung des Mangels beschlossenen Bestimmungen der Gesamtbetrag der von den einzelnen Genossen übernommenen Haftung nicht vermindert werden.

§ 96
Nichtigkeitsklage

Das Verfahren über die Klage auf Nichtigkeitserklärung und die Wirkungen des Urteils bestimmen sich nach den Vorschriften des § 51 Absatz 3 bis 5 und des § 52.

§ 97
Abwicklung der Verhältnisse nichtiger Genossenschaften

(1) Ist die Nichtigkeit einer Genossenschaft in das Genossenschaftsregister eingetragen, so finden zum Zwecke der Abwicklung ihrer Verhältnisse die für den Fall der Auflösung geltenden Vorschriften entsprechende Anwendung.

(2) Die Wirksamkeit der im Namen der Genossenschaft mit Dritten vorgenommenen Rechtsgeschäfte wird durch die Nichtigkeit nicht berührt.

(3) Soweit die Genossen eine Haftung für die Verbindlichkeiten der Genossenschaft übernommen haben, sind sie verpflichtet, die zur Befriedigung der Gläubiger erforderlichen Beträge nach Maßgabe der Vorschriften des folgenden Abschnitts zu leisten.

Siebenter Abschnitt
Konkursverfahren und Haftpflicht der Genossen

§ 98
Voraussetzungen des Konkurses

(1) Das Konkursverfahren findet im Falle der Zahlungsunfähigkeit, nach Auflösung der Genossenschaft auch im Falle der Überschuldung statt.

(2) Nach Auflösung der Genossenschaft ist die Eröffnung des Verfahrens so lange zulässig, als die Verteilung des Vermögens nicht vollzogen ist.

Wortlaut des Gesetzes

§ 99
Pflichten des Vorstandes bei Zahlungsunfähigkeit

(1) Wird die Genossenschaft zahlungsunfähig, so hat der Vorstand ohne schuldhaftes Zögern, spätestens aber drei Wochen nach Eintritt der Zahlungsunfähigkeit, die Eröffnung des Konkursverfahrens oder die Eröffnung des gerichtlichen Vergleichsverfahrens zu beantragen. Eine schuldhafte Verzögerung des Antrags liegt nicht vor, wenn der Vorstand die Eröffnung des gerichtlichen Vergleichsverfahrens mit der Sorgfalt eines ordentlichen Geschäftsmanns betreibt.

(2) Die Mitglieder des Vorstandes sind der Genossenschaft nach Maßgabe des § 34 zum Ersatze von Zahlungen verpflichtet, die nach Eintritt der Zahlungsunfähigkeit der Genossenschaft geleistet werden. Dies gilt nicht von Zahlungen, die auch nach diesem Zeitpunkt mit der Sorgfalt eines ordentlichen Geschäftsmanns vereinbar sind.

(3) Die Ansprüche auf Grund der vorstehenden Bestimmungen verjähren in fünf Jahren.

§ 100
Antragsrecht der Vorstandsmitglieder

(1) Zu dem Antrage auf Eröffnung des Verfahrens ist außer den Konkursgläubigern jedes Mitglied des Vorstandes berechtigt.

(2) Wird der Antrag nicht von allen Mitgliedern gestellt, so ist derselbe zuzulassen, wenn die ihn begründenden Tatsachen (§ 98) glaubhaft gemacht werden. Das Gericht hat die übrigen Mitglieder nach Maßgabe der Konkursordnung § 105 Absatz 2, 3 zu hören.

(3) Der Eröffnungsantrag kann nicht aus dem Grunde abgewiesen werden, daß eine den Kosten des Verfahrens entsprechende Konkursmasse nicht vorhanden sei.

§ 101
Auflösung durch Konkurseröffnung

Durch die Eröffnung des Konkursverfahrens wird die Genossenschaft aufgelöst.

§ 102
Eintragung der Konkurseröffnung

Die Eröffnung des Konkursverfahrens ist unverzüglich in das Genossenschaftsregister einzutragen. Die Eintragung wird nicht bekanntgemacht.

§ 103
Gläubigerausschuß

Bei der Eröffnung des Verfahrens ist von dem Gerichte ein Gläubigerausschuß zu bestellen. Die Gläubigerversammlung hat über die Beibehaltung der bestellten oder die Wahl anderer Mitglieder zu beschließen. Im übrigen kommen die Vorschriften im § 87 der Konkursordnung zur Anwendung.

§ 104
Berufung der Generalversammlung

Die Generalversammlung ist ohne Verzug zur Beschlußfassung darüber zu berufen (§§ 44 bis 46), ob die bisherigen Mitglieder des Vorstandes und des Aufsichtsrats beizubehalten oder andere zu bestellen sind.

§ 105
Nachschußpflicht der Genossen

(1) Soweit die Konkursgläubiger wegen ihrer bei der Schlußverteilung (Konkursordnung § 161) berücksichtigten Forderungen aus dem zur Zeit der Eröffnung des Konkursverfahrens vorhandenen Vermögen der Genossenschaft nicht befriedigt werden, sind die Genossen verpflichtet, Nachschüsse zur Konkursmasse zu leisten.

(2) Die Nachschüsse sind von den Genossen, wenn nicht das Statut ein anderes Beitragsverhältnis festsetzt, nach Köpfen zu leisten.

(3) Beiträge, zu deren Leistung einzelne Genossen unvermögend sind, werden auf die übrigen verteilt.

(4) Zahlungen, welche Genossen über die von ihnen nach den vorstehenden Bestimmungen geschuldeten Beiträge hinaus leisten, sind ihnen, nachdem die Befriedigung der Gläubiger erfolgt ist, aus den Nachschüssen zu erstatten.

(5) Gegen die Nachschüsse kann der Genosse eine Forderung an die Genossenschaft aufrechnen, sofern die Voraussetzungen vorliegen, unter welchen er als Konkursgläubiger Befriedigung wegen der Forderung aus den Nachschüssen zu beanspruchen hat.

§ 106
Vorschußberechnung

(1) Der Konkursverwalter hat sofort, nachdem die Bilanz auf der Geschäftsstelle niedergelegt ist (Konkursordnung § 124), zu berechnen, wieviel zur Deckung des in der Bilanz bezeichneten Fehlbetrages die Genossen vorschußweise beizutragen haben.

(2) In der Berechnung (Vorschußberechnung) sind die sämtlichen Genossen namentlich zu bezeichnen und auf sie die Beiträge zu verteilen. Die Höhe der Beiträge ist jedoch derart zu bemessen, daß durch ein vorauszusehendes Unvermögen einzelner Genossen zur Leistung von Beiträgen ein Ausfall an dem zu deckenden Gesamtbetrage nicht entsteht.

(3) Die Berechnung ist dem Konkursgerichte mit dem Antrage einzureichen, dieselbe für vollstreckbar zu erklären. Wird das Genossenschaftsregister nicht bei dem Konkursgerichte geführt, so ist dem Antrage eine beglaubigte Abschrift des Statuts und der Liste der Genossen beizufügen.

§ 107
Terminbestimmung zur Erklärung über die Vorschußberechnung

(1) Zur Erklärung über die Berechnung bestimmt das Gericht einen Termin, welcher nicht über zwei Wochen hinaus anberaumt werden darf. Derselbe ist öffentlich bekanntzumachen; die in der Berechnung aufgeführten Genossen sind besonders zu laden.

(2) Die Berechnung ist spätestens drei Tage vor dem Termine auf der Geschäftsstelle zur Einsicht der Beteiligten niederzulegen. Hierauf ist in der Bekanntmachung und in den Ladungen hinzuweisen.

§ 108
Erklärungstermin

(1) In dem Termine sind Vorstand und Aufsichtsrat der Genossenschaft, sowie der Konkursverwalter und der Gläubigerausschuß und, soweit Einwendungen erhoben werden, die sonst Beteiligten zu hören.

(2) Das Gericht entscheidet über die erhobenen Einwendungen, berichtigt, soweit erforderlich, die Berechnung oder ordnet die Berichtigung an und erklärt die Berechnung für vollstreckbar. Die Entscheidung ist in dem Termine oder in einem sofort anzuberaumenden Termine, welcher nicht über eine Woche hinaus angesetzt werden soll, zu verkünden. Die Berechnung mit der sie für vollstreckbar erklärenden Entscheidung ist zur Einsicht der Beteiligten auf der Geschäftsstelle niederzulegen.

(3) Gegen die Entscheidung findet ein Rechtsmittel nicht statt.

§ 108 a
Abtretbarkeit der Einzahlungs- und Nachschußansprüche

(1) Der Konkursverwalter kann die Ansprüche der Genossenschaft auf rückständige Einzahlungen auf den Geschäftsanteil (§ 7 Nr. 2),

Gesetz, betr. die Erwerbs- und Wirtschaftsgenossenschaften

auf anteilige Fehlbeträge (§ 73 Abs. 2) und auf Nachschüsse (§§ 106, 108) mit Genehmigung des Konkursgerichts abtreten.

(2) Die Genehmigung soll nur nach Anhörung des Prüfungsverbandes und nur dann erteilt werden, wenn der Anspruch an eine genossenschaftliche Zentralkasse oder an eine der fortlaufenden Überwachung durch einen Prüfungsverband unterstehende Stelle abgetreten wird.

§ 109
Einziehung der Nachschüsse

(1) Nachdem die Berechnung für vollstreckbar erklärt ist, hat der Konkursverwalter ohne Verzug die Beiträge von den Genossen einzuziehen.

(2) Die Zwangsvollstreckung gegen einen Genossen findet in Gemäßheit der Zivilprozeßordnung auf Grund einer vollstreckbaren Ausfertigung der Entscheidung und eines Auszuges aus der Berechnung statt.

(3) Für die in den Fällen der §§ 731, 767, 768 der Zivilprozeßordnung zu erhebenden Klagen ist das Amtsgericht, bei welchem das Konkursverfahren anhängig ist, und, wenn der Streitgegenstand zur Zuständigkeit der Amtsgerichte nicht gehört, das Landgericht ausschließlich zuständig, zu dessen Bezirke der Bezirk des Konkursgerichts gehört.

§ 110
Hinterlegung oder Anlegung der Nachschüsse

Die eingezogenen Beträge sind bei der von der Gläubigerversammlung bestimmten Stelle (Konkursordnung § 132) zu hinterlegen oder anzulegen.

§ 111
Anfechtungsklage

(1) Jeder Genosse ist befugt, die für vollstreckbar erklärte Berechnung im Wege der Klage anzufechten. Die Klage ist gegen den Konkursverwalter zu richten. Sie findet nur binnen der Notfrist eines Monats seit Verkündung der Entscheidung und nur insoweit statt, als der Kläger den Anfechtungsgrund in dem Termine (§ 107) geltend gemacht hat oder ohne sein Verschulden geltend zu machen außerstande war.

(2) Das rechtskräftige Urteil wirkt für und gegen alle beitragspflichtigen Genossen.

Wortlaut des Gesetzes

§ 112
Zuständigkeit

(1) Die Klage ist ausschließlich bei dem Amtsgerichte zu erheben, welches die Berechnung für vollstreckbar erklärt hat. Die mündliche Verhandlung erfolgt nicht vor Ablauf der bezeichneten Notfrist. Mehrere Anfechtungsprozesse sind zur gleichzeitigen Verhandlung und Entscheidung zu verbinden.

(2) Übersteigt der Streitgegenstand eines Prozesses die sonst für die sachliche Zuständigkeit der Amtsgerichte geltende Summe, so hat das Gericht, sofern eine Partei in einem solchen Prozesse vor der Verhandlung zur Hauptsache darauf anträgt, durch Beschluß die sämtlichen Streitsachen an das Landgericht, in dessen Bezirke es seinen Sitz hat, zu verweisen. Gegen diesen Beschluß findet die sofortige Beschwerde statt. Die Notfrist beginnt mit der Verkündung des Beschlusses.

(3) Ist der Beschluß rechtskräftig, so gelten die Streitsachen als bei dem Landgerichte anhängig. Die im Verfahren vor dem Amtsgerichte erwachsenen Kosten werden als Teil der bei dem Landgerichte erwachsenen Kosten behandelt und gelten als Kosten einer Instanz.

(4) Die Vorschriften der Zivilprozeßordnung §§ 769, 770 über die Einstellung der Zwangsvollstreckung und die Aufhebung der Vollstreckungsmaßregeln finden entsprechende Anwendung.

§ 112 a
Vergleich über Nachschüsse

(1) Der Konkursverwalter kann mit Zustimmung des Gläubigerausschusses über den von dem Genossen zu leistenden Nachschuß einen Vergleich abschließen. Der Vergleich bedarf zu seiner Wirksamkeit der Bestätigung durch das Konkursgericht.

(2) Der Vergleich wird hinfällig, wenn der Genosse mit seiner Erfüllung in Verzug gerät.

§ 113
Zusatzberechnung

(1) Soweit infolge des Unvermögens einzelner Genossen zur Leistung von Beiträgen der zu deckende Gesamtbetrag nicht erreicht wird, oder in Gemäßheit des auf eine Anfechtungsklage ergehenden Urteils oder aus anderen Gründen die Berechnung abzuändern ist, hat der Konkursverwalter eine Zusatzberechnung aufzustellen. Die Vorschriften der §§ 106 bis 112 a gelten auch für die Zusatzberechnung.

(2) Die Aufstellung einer Zusatzberechnung ist erforderlichenfalls zu wiederholen.

§ 114
Nachschußberechnung

(1) Sobald mit dem Vollzuge der Schlußverteilung (§ 161 der Konkursordnung) begonnen wird, hat der Konkursverwalter schriftlich festzustellen, ob und in welcher Höhe nach der Verteilung des Erlöses ein Fehlbetrag verbleibt und inwieweit er durch die bereits geleisteten Nachschüsse gedeckt ist. Die Feststellung ist auf der Geschäftsstelle des Gerichts niederzulegen.

(2) Verbleibt ein ungedeckter Fehlbetrag und können die Genossen zu weiteren Nachschüssen herangezogen werden, so hat der Konkursverwalter in Ergänzung oder Berichtigung der Vorschußberechnung und der zu ihr etwa ergangenen Zusätze zu berechnen, wieviel die Genossen nach § 105 an Nachschüssen zu leisten haben (Nachschußberechnung.)

(3) Die Nachschußberechnung unterliegt den Vorschriften der §§ 106 bis 109, 111—113, der Vorschrift des § 106 Abs. 2 mit der Maßgabe, daß auf Genossen, deren Unvermögen zur Leistung von Beiträgen sich herausgestellt hat, Beiträge nicht verteilt werden.

§ 115
Verteilung der Nachschußmasse

(1) Der Verwalter hat, nachdem die Nachschußberechnung für vollstreckbar erklärt ist, unverzüglich den gemäß § 110 vorhandenen Bestand und, so oft von den noch einzuziehenden Beiträgen hinreichender Bestand eingegangen ist, diesen im Wege der Nachtragsverteilung (Konkursordnung § 166) unter die Gläubiger zu verteilen. Soweit es keiner Nachschußberechnung bedarf, hat der Verwalter die Verteilung unverzüglich vorzunehmen, nachdem die Feststellung nach § 114 Abs. 1 auf der Geschäftsstelle des Gerichts niedergelegt ist.

(2) Außer den Anteilen auf die im § 168 der Konkursordnung bezeichneten Forderungen sind zurückzubehalten die Anteile auf Forderungen, welche im Prüfungstermine von dem Vorstande ausdrücklich bestritten worden sind. Dem Gläubiger bleibt überlassen, den Widerspruch des Vorstandes durch Klage zu beseitigen. Soweit der Widerspruch rechtskräftig für begründet erklärt wird, werden die Anteile zur Verteilung unter die übrigen Gläubiger frei.

(3) Die zur Befriedigung der Gläubiger nicht erforderlichen Überschüsse hat der Konkursverwalter an die Genossen zurückzuzahlen.

Wortlaut des Gesetzes

§ 115 a
Abschlagsverteilung

(1) Bei einem Konkurse, dessen Abwicklung voraussichtlich längere Zeit in Anspruch nehmen wird, kann der Konkursverwalter mit Genehmigung des Konkursgerichts sowie des etwa bestellten Gläubigerausschusses die eingezogenen Beträge (§ 110) schon vor dem im § 115 Abs. 1 bezeichneten Zeitpunkt im Wege der Abschlagsverteilung nach den Vorschriften der §§ 149 bis 160 der Konkursordnung an die Gläubiger verteilen, aber nur insoweit, als nach dem Verhältnis der Schulden zu dem Vermögen anzunehmen ist, daß eine Erstattung eingezogener Beträge an Genossen (§ 105 Abs. 4, § 115 Abs. 3) nicht in Frage kommt.

(2) Sollte sich dennoch nach Befriedigung der Gläubiger ein Überschuß aus der Konkursmasse ergeben, so sind die zuviel gezahlten Beträge den Genossen aus dem Überschuß zu erstatten.

§ 115 b
Nachschußpflicht ausgeschiedener Genossen

Sobald mit Sicherheit anzunehmen ist, daß die im § 105 Abs. 1 bezeichneten Konkursgläubiger auch nicht durch Einziehung der Nachschüsse von den Genossen Befriedigung oder Sicherstellung erlangen, sind die hierzu erforderlichen Beiträge von den innerhalb der letzten achtzehn Monate vor der Eröffnung des Konkursverfahrens ausgeschiedenen Genossen, welche nicht schon nach § 75 oder § 76 Abs. 4 der Nachschußpflicht unterliegen, nach Maßgabe des § 105 zur Konkursmasse zu leisten.

§ 115 c
Berechnung über die Nachschußpflicht der Ausgeschiedenen

(1) Der Konkursverwalter hat ohne Verzug eine Berechnung über die Beitragspflicht der Ausgeschiedenen aufzustellen.

(2) In der Berechnung sind dieselben namentlich zu bezeichnen und auf sie die Beiträge zu verteilen, soweit nicht das Unvermögen einzelner zur Leistung von Beiträgen vorauszusehen ist.

(3) Im übrigen finden die Vorschriften in § 106 Absatz 3, §§ 107 bis 109, 111 bis 113 und 115 entsprechende Anwendung.

§ 115 d
Rückerstattung an die Ausgeschiedenen

(1) Durch die Bestimmungen der §§ 115 b, 115 c wird die Einziehung der Nachschüsse von den in der Genossenschaft verbliebenen Genossen nicht berührt.

Gesetz, betr. die Erwerbs- und Wirtschaftsgenossenschaften

(2) Aus den Nachschüssen der letzteren sind den Ausgeschiedenen die von diesen geleisteten Beiträge zu erstatten, sobald die Befriedigung oder Sicherstellung der sämtlichen im § 105 Absatz 1 bezeichneten Konkursgläubiger bewirkt ist.

§ 115 e
Zwangsvergleich

(1) Der Abschluß eines Zwangsvergleichs (§ 173 der Konkursordnung) ist zulässig, sobald der allgemeine Prüfungstermin abgehalten und solange nicht das Nachschußverfahren beendet ist.

(2) Die Vorschriften der Konkursordnung über den Zwangsvergleich finden mit folgenden Abweichungen Anwendung:
1. Vor Abschluß des Zwangsvergleichs muß der Revisionsverband, dem die Genossenschaft angeschlossen ist, darüber gehört werden, ob der Zwangsvergleich mit den Interessen der Genossen vereinbar ist;
2. zum Abschluß des Zwangsvergleichs ist erforderlich, daß die Gläubiger, die Mitglieder der Genossenschaft sind, und die Gläubiger, die es nicht sind, gesondert mit den im § 182 der Konkursordnung festgesetzten Mehrheiten zustimmen;
3. der Zwangsvergleich kann wegen unredlichen oder leichtsinnigen Verhaltens des Vorstandes (§ 187 der Konkursordnung) nur verworfen werden, wenn ein erheblicher Teil der Genossen das Verhalten des Vorstandes gekannt hat;
4. der Zwangsvergleich wird vom Konkursverwalter durchgeführt; die §§ 105 bis 115 a, 141 finden Anwendung;
5. eine Zwangsvollstreckung aus dem rechtskräftig bestätigten Zwangsvergleich gegen einen Dritten, der neben der Genossenschaft ohne Vorbehalt der Einrede der Vorausklage Verpflichtungen übernommen hat (§ 194 der Konkursordnung), findet nur statt, wenn der Dritte die Verpflichtungserklärung in öffentlich beglaubigter Form gegenüber dem Gericht oder mündlich in dem Vergleichstermin abgegeben hat;
6. der Zwangsvergleich wird hinfällig, wenn der Konkursverwalter dem Gericht anzeigt, daß der Vergleich nicht fristgemäß erfüllt ist; bezieht sich die Anzeige auf Abschlags- oder Ratenzahlungen, so entscheidet das Gericht nach freiem Ermessen, ob der Zwangsvergleich hinfällig wird. Die Anzeige kann erst zwei Wochen nach Ablauf des im Vergleich bestimmten Zahlungs-

tages erfolgen. Wird der Zwangsvergleich hinfällig, so wird das Konkursverfahren ohne Rücksicht auf den Zwangsvergleich fortgesetzt;
7. das Konkursverfahren wird erst aufgehoben, wenn der Konkursverwalter dem Gericht anzeigt, daß der Zwangsvergleich erfüllt ist.

§ 116
Einstellung des Verfahrens

Das Konkursverfahren ist auf Antrag des Vorstandes einzustellen, wenn er nach dem Ablauf der Anmeldefrist die Zustimmung aller Konkursgläubiger, die Forderungen angemeldet haben, beibringt und nachweist, daß andere Gläubiger nicht bekannt sind. Inwieweit es der Zustimmung oder der Sicherung von Gläubigern bedarf, deren Forderungen angemeldet, aber nicht festgestellt sind, entscheidet das Konkursgericht nach freiem Ermessen.

§ 117
Pflicht des Vorstandes zur Unterstützung des Konkursverwalters

Der Vorstand ist verpflichtet, den Konkursverwalter bei den diesem in § 106 Absatz 1, § 109 Absatz 1, §§ 113, 114 zugewiesenen Obliegenheiten zu unterstützen.

§ 118
Konkurs der aufgelösten Genossenschaft

(1) Ergibt sich die Zahlungsunfähigkeit der aufgelösten Genossenschaft, so haben die Liquidatoren ohne schuldhaftes Zögern, spätestens aber drei Wochen nach Eintritt der Zahlungsunfähigkeit, die Eröffnung des Konkursverfahrens oder des gerichtlichen Vergleichsverfahrens zu beantragen; dasselbe gilt, wenn aus der Jahresbilanz oder aus einer im Laufe des Jahres aufgestellten Bilanz sich eine Überschuldung der aufgelösten Genossenschaft ergibt. Eine schuldhafte Verzögerung des Antrags liegt nicht vor, wenn die Liquidatoren die Eröffnung des gerichtlichen Vergleichsverfahrens mit der Sorgfalt eines ordentlichen Geschäftsmannes betreiben.

(2) Die Liquidatoren sind der Genossenschaft nach Maßgabe des § 34 zum Ersatze von Zahlungen verpflichtet, die nach Eintritt der Zahlungsunfähigkeit der aufgelösten Genossenschaft oder nach Feststellung ihrer Überschuldung geleistet werden. Dies gilt nicht von Zahlungen, die auch nach diesem Zeitpunkt mit der Sorgfalt eines ordentlichen Geschäftsmannes vereinbar sind.

(3) Soweit sich nicht aus den Abs. 1, 2 ein anderes ergibt, gelten die in diesem Abschnitt hinsichtlich des Vorstandes getroffenen Bestimmungen auch hinsichtlich der Liquidatoren.

Achter Abschnitt
Besondere Bestimmungen

I. Für Genossenschaften mit unbeschränkter Haftpflicht

§ 119
Beschränkung auf einen Geschäftsanteil

Bei Genossenschaften mit unbeschränkter Haftpflicht darf ein Genosse nicht auf mehr als einen Geschäftsanteil beteiligt sein.

§ 120
Inhalt der Beitrittserklärung zur eGmuH.

Die Beitrittserklärungen (§ 15) müssen die ausdrückliche Bemerkung enthalten, daß die einzelnen Genossen verpflichtet sind, die in dem Statut der Genossenschaft bestimmten Einzahlungen auf den Geschäftsanteil zu machen und der Genossenschaft die zur Befriedigung ihrer Gläubiger erforderlichen Nachschüsse ohne Beschränkung auf eine bestimmte Summe nach Maßgabe des Gesetzes zu leisten.

§ 121
Berufung der Generalversammlung bei Überschuldung

(1) Sobald sich bei der Geschäftsführung ergibt, daß das Vermögen der Genossenschaft einschließlich des Reservefonds und der sonstigen zur Deckung von Verlusten bestimmten Reserven sowie der Geschäftsguthaben zur Deckung der Schulden nicht ausreicht, hat der Vorstand die Generalversammlung zur Beschlußfassung, ob die Genossenschaft aufgelöst werden soll, zu berufen.

(2) Für den Fall, daß die Auflösung beschlossen wird, ist zugleich die im § 104 vorgesehene Beschlußfassung herbeizuführen.

II. Für Genossenschaften mit beschränkter Haftpflicht

§ 131
Höhe der Haftsumme

(1) Bei Genossenschaften mit beschränkter Haftpflicht darf die Haftsumme der einzelnen Genossen (§ 2), soweit sich nicht aus § 139 a ein anderes ergibt, nicht niedriger als der Geschäftsanteil sein.

(2) Die Haftsumme muß bei Errichtung der Genossenschaft durch das Statut bestimmt werden.

Wortlaut des Gesetzes

§ 131 a
Inhalt der Beitrittserklärung zur eGmbH.

Die Beitrittserklärungen (§ 15) müssen die ausdrückliche Bemerkung enthalten, daß die einzelnen Genossen verpflichtet sind, die in dem Statut der Genossenschaft bestimmten Einzahlungen auf den Geschäftsanteil zu machen und der Genossenschaft die zur Befriedigung ihrer Gläubiger erforderlichen Nachschüsse bis zu der im Statut festgesetzten Haftsumme nach Maßgabe des Gesetzes zu leisten.

§ 132
Erhöhung der Haftsumme

Zu einer Erhöhung der Haftsumme bedarf es einer Mehrheit von drei Vierteilen der in der Generalversammlung erschienenen Genossen. Das Statut kann noch andere Erfordernisse aufstellen.

§ 133
Herbsetzung der Haftsumme

Für die Herabsetzung der Haftsumme gilt § 22 Abs. 1 bis 3 sinngemäß.

§ 133 a
Zerlegung von Geschäftsanteil und Haftsumme

(1) Die Zerlegung des Geschäftsanteils und der Haftsumme in gleiche Teile gilt nicht als Herabsetzung des Geschäftsanteils oder der Haftsumme im Sinne des § 22 Abs. 1 und des § 133.

(2) Der Beschluß über eine solche Zerlegung bedarf einer Mehrheit von drei Vierteilen der in der Generalversammlung erschienenen Genossen. Das Statut kann noch andere Erfordernisse aufstellen.

(3) Vor der Beschlußfassung ist der Revisionsverband, dem die Genossenschaft angeschlossen ist, darüber zu hören, ob die Zerlegung des Geschäftsanteils und der Haftsumme mit den Interessen der Genossen vereinbar ist.

(4) Das Gutachten des Revisionsverbandes ist in jeder über die Zerlegung des Geschäftsanteils und der Haftsumme beratenden Generalversammlung zu verlesen. Dem Revisionsverbande ist Gelegenheit zu geben, das Gutachten in der Generalversammlung zu vertreten.

(5) Ist die Zerlegung des Geschäftsanteils und der Haftsumme nach dem Gutachten des Revisionsverbandes mit den Interessen der Genossen nicht vereinbar, so bedarf der Beschluß, unbeschadet weiterer Erschwerungen durch das Statut, einer Mehrheit von drei Vierteilen der Genossen in zwei mit einem Abstand von mindestens einem Monat aufeinanderfolgenden Generalversammlungen.

Gesetz, betr. die Erwerbs- und Wirtschaftsgenossenschaften

(6) Sobald der Beschluß über die Zerlegung des Geschäftsanteils in das Genossenschaftsregister eingetragen ist, sind die Genossen mit der sich aus der Zerlegung ergebenden Zahl von Geschäftsanteilen beteiligt; die §§ 136, 137 finden keine Anwendung.

§ 134
Zulassung der Beteiligung mit mehreren Geschäftsanteilen

Durch das Statut kann die Beteiligung des Genossen auf mehrere Geschäftsanteile, unter Festsetzung der höchsten Zahl derselben, gestattet werden.

§ 135
Erhöhung der Haftung bei mehreren Geschäftsanteilen

Die Haftung eines Genossen, welcher auf mehr als einen Geschäftsanteil beteiligt ist, erhöht sich auf das der Zahl der Geschäftsanteile entsprechende Vielfache der Haftsumme.

§ 136
Zulassung zu weiteren Geschäftsanteilen

Bevor der erste Geschäftsanteil erreicht ist, darf die Beteiligung des Genossen auf einen zweiten Geschäftsanteil seitens der Genossenschaft nicht zugelassen werden. Das gleiche gilt von der Zulassung zu jedem weiteren Geschäftsanteile.

§ 137
Übernahme weiterer Geschäftsanteile

(1) Ein Genosse, welcher auf einen weiteren Geschäftsanteil beteiligt sein will, hat darüber eine von ihm zu unterzeichnende, unbedingte Erklärung abzugeben.

(2) Die Erklärung ist von dem Vorstande nach der Zulassung des Genossen zu dem weiteren Geschäftsanteile behufs Eintragung des letzteren in die Liste der Genossen dem Gerichte (§ 10) einzureichen. Zugleich hat der Vorstand schriftlich zu versichern, daß die übrigen Geschäftsanteile des Genossen erreicht seien.

(3) Die Beteiligung auf den weiteren Geschäftsanteil tritt mit der in Gemäßheit der vorstehenden Absätze erfolgten Eintragung in Kraft.

(4) Im übrigen kommen die Vorschriften des § 15 zur entsprechenden Anwendung.

Wortlaut des Gesetzes

§ 138
Übertragung des Geschäftsguthabens

Eine Übertragung des Geschäftsguthabens findet in dem Falle des § 134 an einen anderen Genossen nur statt, sofern dessen bisheriges Guthaben mit dem ihm zuzuschreibenden Betrage die der höchsten Zahl der Geschäftsanteile entsprechende Gesamtsumme nicht übersteigt. Hierauf ist die im § 76 vorgesehene Versicherung des Vorstandes zu richten. Im übrigen verbleibt es bei den Bestimmungen im § 137.

§ 139
Veröffentlichung der Haftsummen

Mit der Bilanz eines jeden Geschäftsjahres ist außer den im § 33 vorgesehenen Angaben über die Zahl der Genossen der Gesamtbetrag, um welchen in diesem Jahre die Geschäftsguthaben, sowie die Haftsummen der Genossen sich vermehrt oder vermindert haben, und der Betrag der Haftsummen zu veröffentlichen, für welche am Jahresschluß alle Genossen zusammen aufzukommen haben. Diese Vorschrift findet auf kleinere Genossenschaften sowie dann keine Anwendung, wenn der Vorstand von der Verpflichtung zur Veröffentlichung gemäß § 33 Abs. 2 Satz 4 befreit wird. In diesen Fällen ist an Stelle der Bekanntmachung mit der Bilanz eine Erklärung über die Geschäftsguthaben sowie die Haftsummen nach Maßgabe des Satzes 1 zu dem Genossenschaftsregister einzureichen.

§ 139 a
Erhöhung des Geschäftsanteils, keine Erhöhung der Haftsumme nach Auflösung

Nach der Auflösung der Genossenschaft kann die Haftsumme nicht, der Geschäftsanteil nur höchstens um den Betrag der Haftsumme erhöht werden.

§ 140
Überschuldung als Konkurs- bzw. Vergleichsgrund

Das Konkursverfahren findet bei bestehender Genossenschaft außer dem Falle der Zahlungsunfähigkeit in dem Falle der Überschuldung statt, sofern diese ein Viertel des Betrages der Haftsummen aller Genossen übersteigt. Der Vorstand hat, wenn eine solche Überschuldung sich aus der Jahresbilanz oder aus einer im Laufe des Jahres aufgestellten Bilanz ergibt, ohne schuldhaftes Zögern, spätestens aber drei Wochen nach diesem Zeitpunkt, die Eröffnung des Konkursverfahrens

Gesetz, betr. die Erwerbs- und Wirtschaftsgenossenschaften

oder die Eröffnung des gerichtlichen Vergleichsverfahrens zu beantragen. Eine schuldhafte Verzögerung des Antrags liegt nicht vor, wenn der Vorstand die Eröffnung des gerichtlichen Vergleichsverfahrens mit der Sorgfalt eines ordentlichen Geschäftsmannes betreibt. Die Vorschriften der § 99 Abs. 2 und 3, § 100 finden entsprechende Anwendung.

§ 141
Beschränkte Inanspruchnahme der Genossen
Die einzelnen Genossen können über ihre Haftsumme hinaus auf Leistung von Nachschüssen nicht in Anspruch genommen werden.

§ 142
Ersatzanspruch der Gläubiger gegen Vorstand und Aufsichtsrat
(1) Außer dem Falle des § 90 kann in dem Falle, daß entgegen den Vorschriften in §§ 19, 22 der Gewinn oder das Geschäftsguthaben ausgezahlt wird, der Ersatzanspruch gegen die Mitglieder des Vorstandes oder des Aufsichtsrats oder gegen die Liquidatoren von den Gläubigern der Genossenschaft, soweit sie von dieser ihre Befriedigung nicht erlangen können, selbständig geltend gemacht werden. In der gleichen Weise können die Gläubiger von den Mitgliedern des Vorstandes oder den Liquidatoren Ersatz beanspruchen, wenn diese entgegen den Vorschriften im § 99 Abs. 2, § 118 Abs. 2, § 140 Satz 4 Zahlungen geleistet haben, nachdem die Zahlungsunfähigkeit der Genossenschaft eingetreten ist oder ihre Überschuldung sich ergeben hat.
(2) Die Ersatzpflicht wird den Gläubigern gegenüber dadurch nicht aufgehoben, daß die Handlung auf einem Beschlusse der Generalversammlung beruht.

III. Für die Umwandlung von Genossenschaften

§ 143
Umwandlung in eine mildere Haftform
(1) Eine Genossenschaft mit unbeschränkter Haftpflicht kann sich in eine Genossenschaft mit beschränkter Haftpflicht umwandeln.
(2) § 22 Abs. 1 bis 3 gilt sinngemäß.

§ 144
Umwandlung in eine strengere Haftform
Zu dem Beschluß auf Umwandlung einer Genossenschaft mit beschränkter Haftpflicht in eine solche mit unbeschränkter Haftpflicht

bedarf es einer Mehrheit von drei Vierteilen der in der Generalversammlung erschienenen Genossen. Das Statut kann noch andere Erfordernisse aufstellen.

§ 145
Wirkung der Umwandlung auf ausgeschiedene Genossen

Die Umwandlung (§§ 143, 144) ist auch gegenüber den vor der Eintragung des Beschlusses in das Genossenschaftsregister aus der Genossenschaft Ausgeschiedenen wirksam. Im Falle der Umwandlung einer Genossenschaft mit beschränkter Haftpflicht bleibt die Haftpflicht der ausgeschiedenen Genossen auf ihre bisherige Haftsumme beschränkt.

Neunter Abschnitt
Strafbestimmungen

§ 146*

§ 147
Wissentlich falsche Angaben und unwahre Darstellungen

Mitglieder des Vorstandes und des Aufsichtsrats und Liquidatoren werden mit Freiheitsstrafe bis zu einem Jahr und mit Geldstrafe oder mit einer dieser Strafen bestraft, wenn sie in den von ihnen dem Gericht (§ 10) zu machenden Anmeldungen, Anzeigen und Versicherungen wissentlich falsche Angaben machen, oder in ihren Darstellungen, ihren Übersichten über den Vermögensstand der Genossenschaft, über die Mitglieder und die Haftsummen oder in ihren den Prüfern gegebenen Auskünften oder den in der Generalversammlung gehaltenen Vorträgen den Stand der Verhältnisse der Genossenschaft wissentlich unwahr darstellen.

§ 148
Strafbare Unterlassungen

(1) Mit Geldstrafe oder mit Freiheitsstrafe bis zu drei Monaten oder mit beiden Strafen zugleich werden bestraft:
1. die Mitglieder des Vorstandes und des Aufsichtsrats und die Liquidatoren, wenn länger als drei Monate die Genossenschaft ohne Aufsichtsrat geblieben ist, oder in dem letzteren die zur Beschlußfähigkeit erforderliche Zahl von Mitgliedern gefehlt hat;

---

* § 146 *aufgehoben mit Wirkung v. 1. 4. 1970 durch „Erstes Gesetz zur Reform des Strafrechts" vom 25. 6. 1969.*

2. die Mitglieder des Vorstandes oder die Liquidatoren, wenn entgegen den Vorschriften in den §§ 99, 118, 140 der Antrag auf Eröffnung des Konkursverfahrens oder des gerichtlichen Vergleichsverfahrens unterlassen ist.

(2) Die Strafe tritt nicht gegen denjenigen ein, welcher nachweist, daß die Unterlassung ohne sein Verschulden geschehen ist.

§ 149
Verfolgung gesetzwidriger Zwecke

Mitglieder des Vorstandes werden mit Geldstrafe bestraft, wenn ihre Handlungen auf andere als die im § 1 erwähnten geschäftlichen Zwecke gerichtet sind *oder wenn sie in der Generalversammlung die Erörterung von Anträgen gestatten oder nicht hindern, welche auf öffentliche Angelegenheiten gerichtet sind, deren Erörterung unter die Gesetze über das Versammlungs- und Vereinsrecht fällt.*

§ 150
Strafvorschriften für Prüfer

Mit Freiheitsstrafe bis zu 5 Jahren oder mit Geldstrafe wird bestraft:

1. wer als Prüfer oder als Gehilfe eines Prüfers über das Ergebnis der Prüfung falsch berichtet oder erhebliche Umstände im Berichte verschweigt;
2. wer entgegen den Vorschriften des Vierten Abschnitts seine Pflicht zur Verschwiegenheit verletzt oder Geschäfts- und Betriebsgeheimnisse, die er bei Wahrnehmung seiner Obliegenheiten erfahren hat, unbefugt verwertet;
3. wer als Aufsichtsratsvorsitzender einer Prüfungsgesellschaft oder als sein Stellvertreter entgegen der Vorschrift des § 62 Abs. 4 Satz 2 die durch Einsicht eines Berichts erlangten Kenntnisse verwertet, ohne daß es die Erfüllung der Überwachungspflicht des Aufsichtsrats fordert.

§ 151
Verbot des Stimmenkaufs

Wer sich besondere Vorteile dafür hat gewähren oder versprechen lassen, daß er bei einer Abstimmung in der Generalversammlung in einem gewissen Sinne stimme, wird mit Geldstrafe oder mit Freiheitsstrafe bis zu einem Jahr bestraft.

Wortlaut des Gesetzes

§§ 152 u. 153
seit 1954 aufgehoben

§ 154
Übertretung des Verbots in § 32
Zuwiderhandlungen gegen die Vorschrift des § 32 werden mit Geldstrafe bis zu fünfhundert Deutsche Mark bestraft.

**Zehnter Abschnitt
Schlußbestimmungen**

§ 155
*§ 155 ist durch die Neufassung des § 8 Abs. 2 EGGVG
gegenstandslos geworden*

§ 156
Genossenschaftsregister

(1) Die Vorschriften des § 9 des Handelsgesetzbuchs finden auf das Genossenschaftsregister Anwendung. Eine gerichtliche Bekanntmachung von Eintragungen findet nur gemäß §§ 12, 16 Abs. 3, § 51 Abs. 5 sowie in den Fällen des § 22 Abs. 1, des § 82 Abs. 1, der §§ 97, 133 und der Verschmelzung und Umwandlung von Genossenschaften und nur durch den Bundesanzeiger statt. Auf Antrag des Vorstandes kann das Gericht neben dem Bundesanzeiger noch andere Blätter für die Bekanntmachung bestimmen; in diesem Falle hat das Gericht jährlich im Dezember die Blätter zu *bezeichnen,* in denen während des nächsten Jahres die Veröffentlichungen erfolgen sollen. Wird das Genossenschaftsregister bei einem Gerichte von mehreren Richtern geführt und einigen sich diese über die Bezeichnung der Blätter nicht, so wird die Bestimmung von dem im Rechtszug vorgeordneten Landgerichte getroffen; ist bei diesem Landgericht eine Kammer für Handelssachen gebildet, so tritt diese an die Stelle der Zivilkammer.

(2) Eintragungen, die im Genossenschaftsregister sowohl der Hauptniederlassung als auch der Zweigniederlassung erfolgen, sind durch das Gericht der Hauptniederlassung bekanntzumachen. Eine Bekanntmachung durch das Gericht der Zweigniederlassung findet nur auf Antrag des Vorstandes statt.

(3) Soweit nicht ein anderes bestimmt ist, werden die Eintragungen ihrem ganzen Inhalt nach veröffentlicht.

(4) Die Bekanntmachung gilt mit dem Ablauf des Tages als erfolgt, an dem der Bundesanzeiger oder im Falle des Abs. 1 Satz 3 das letzte der die Bekanntmachung enthaltenden Blätter erschienen ist.

§ 157
Form der Anmeldungen und Einreichungen

(1) Die Anmeldungen zum Genossenschaftsregister sind durch sämtliche Mitglieder des Vorstandes oder sämtliche Liquidatoren in öffentlich beglaubigter Form einzureichen.

(2) Die in §§ 16, 28, § 33 Abs. 2, § 51 Abs. 5, § 59 Abs. 1, § 84, § 85 Abs. 2 vorgeschriebenen Anmeldungen und Einreichungen müssen auch zu dem Genossenschaftsregister einer jeden Zweigniederlassung erfolgen.

§ 158
Mitteilungen an die Gerichte der Zweigniederlassungen

(1) Von der Eintragung eines beitretenden Genossen, der Eintragung oder Vormerkung des Austritts, der Ausschließung oder des Todes von Genossen, sowie von der Eintragung weiterer Geschäftsanteile in die Liste der Genossen hat das Gericht (§ 10) dem Gerichte einer jeden Zweigniederlassung zur Berichtigung der dort geführten Liste Mitteilung zu machen.

(2) Imgleichen ist die Eintragung der Auflösung einer Genossenschaft, der Verschmelzung von Genossenschaften, sowie der Eröffnung des Konkursverfahrens zu dem Genossenschaftsregister einer jeden Zweigniederlassung mitzuteilen.

§ 159
aufgehoben durch Gesetz vom 26. 7. 1957

§ 160
Ordnungsstrafen

(1) Die Mitglieder des Vorstandes sind von dem Gerichte (§ 10) zur Befolgung der im § 8 Abs. 2, § 14, §§ 28, 30, § 57 Abs. 1, § 59 Abs. 1, § 78 Abs. 2, § 79 Abs. 2 enthaltenen Vorschriften durch Ordnungsstrafen anzuhalten; die einzelne Strafe darf den Betrag von dreihundert Mark nicht übersteigen. In gleicher Weise sind die Mitglieder des Vorstandes und die Liquidatoren zur Befolgung der im § 33 Abs. 2, 3, § 47, § 48 Abs. 2, § 51 Abs. 4 und 5, § 84, § 85 Abs. 2, § 89, § 157 Abs. 2 enthaltenen Vorschriften anzuhalten.

(2) Rücksichtlich des Verfahrens sind die Vorschriften maßgebend, welche zur Erzwingung der im Handelsgesetzbuch angeordneten Anmeldungen zum Handelsregister gelten.

§ 161
Ausführungsbestimmungen

(1) Die zur Ausführung der Vorschriften über das Genossenschaftsregister und die Anmeldungen zu demselben erforderlichen Bestimmungen werden von dem Bundesrat erlassen.

(2) Welche Behörden in jedem Bundesstaate unter der Bezeichnung Staatsbehörde (§ 47) und höhere Verwaltungsbehörde (§§ 63 d, 81) zu verstehen sind, wird von der Zentralbehörde des Bundesstaates bekanntgemacht.

Gesetz, betreffend die Erwerbs- und Wirtschaftsgenossenschaften

Vom 20. 5. 1898 (RGBl. S. 810) in der gegenwärtigen Fassung

Kommentar

Erster Abschnitt
Errichtung der Genossenschaft

§ 1

Begriff und Arten der eingetragenen Genossenschaft

(1) Gesellschaften[1] von nicht geschlossener Mitgliederzahl[2], welche die Förderung des Erwerbes oder der Wirtschaft ihrer Mitglieder mittels gemeinschaftlichen Geschäftsbetriebes bezwecken[3] (Genossenschaften), namentlich[4]:
1. Vorschuß- und Kreditvereine[5],
2. Rohstoffvereine[6],
3. Vereine zum gemeinschaftlichen Verkaufe landwirtschaftlicher oder gewerblicher Erzeugnisse (Absatzgenossenschaften, Magazinvereine)[7],
4. Vereine zur Herstellung von Gegenständen und zum Verkaufe derselben auf gemeinschaftliche Rechnung (Produktivgenossenschaften)[8],
5. Vereine zum gemeinschaftlichen Einkaufe von Lebens- oder Wirtschaftsbedürfnissen im Großen und Ablaß im Kleinen (Konsumvereine)[9],
6. Vereine zur Beschaffung von Gegenständen des landwirtschaftlichen oder gewerblichen Betriebes und zur Benutzung derselben auf gemeinschaftliche Rechnung[10],
7. Vereine zur Herstellung von Wohnungen[11],

erwerben die Rechte einer „eingetragenen Genossenschaft"[12] nach Maßgabe dieses Gesetzes[13, 14, 15].

(2) Eine Beteiligung an Gesellschaften und sonstigen Personenvereinigungen einschließlich der Körperschaften des öffentlichen Rechts ist zulässig, wenn sie

§ 1   Gesetz, betr. die Erwerbs- und Wirtschaftsgenossenschaften

1. der Förderung des Erwerbes oder der Wirtschaft der Mitglieder der Genossenschaft oder,
2. ohne den alleinigen oder überwiegenden Zweck der Genossenschaft zu bilden, gemeinnützigen Bestrebungen der Genossenschaft

zu dienen bestimmt ist[16].

1. Die Genossenschaft ist eine Gesellschaftsform, deren Struktur demokratischen Grundsätzen entspricht. Dies kommt einmal darin zum Ausdruck, daß in der Generalversammlung als dem Willensorgan der G jedes Mitglied ohne Rücksicht auf den Umfang seiner finanziellen Beteiligung eine und nur eine Stimme hat (§ 43) und zum anderen darin, daß die Mitglieder durch Mehrheitsbeschluß in der Generalversammlung das Schicksal der G überhaupt bestimmen (z. B. Beschlußfassung über den Jahresabschluß und die Verteilung von Gewinn oder Verlust, Satzungsänderungen, Wahl und Amtsenthebung von Vorstand und Aufsichtsrat, soweit für die Wahl des Vorstandes die Satzung nicht etwas anderes bestimmt § 24, Auflösung der G usw.). Hierdurch unterscheidet sich die G grundlegend von der Aktiengesellschaft.

Ihrem rechtlichen Wesen nach ist die Genossenschaft nicht wie die AktGes. oder die GmbH eine Kapitalgesellschaft, sondern **eine reine Personenvereinigung mit wirtschaftlichen Zwecken,** in der dem Kapital keine herrschende, sondern eine dienende Rolle zugewiesen ist. Ihre wesentliche Grundlage bildet nämlich die persönliche Beteiligung der Genossen (RG **87** 409, **122** 257, **143** 300, **147** 270). Ein festes Grund- oder Stammkapital gibt es bei eG nicht (RG **135** 58). Die vermögensrechtliche Beteiligung (mit Geschäftsanteilen) ist nicht Voraussetzung, sondern Ausfluß der Mitgliedschaft (RG **87** 409, **135** 58). Der Zweck der eG ist nicht auf Kapitalvermehrung, sondern auf Förderung des Erwerbs oder der Wirtschaft der Mitglieder durch gemeinschaftlichen Geschäftsbetrieb gerichtet (RG **124** 186). Die Genossen sind deshalb nicht nur Träger, sondern zugleich auch Kunden des Unternehmens (RFH RStBl. 30 S. 277).

2. Das Erfordernis der nicht geschlossenen Mitgliederzahl bedeutet, daß nach der Satzung ein Wechsel im Mitgliederbestand möglich sein muß. Dieser Wechsel erfolgt durch persönlichen Ein- und Austritt; die Satzung kann aber die Mitgliederzahl nach oben und unten beschränken und die Aufnahme von Mitgliedern von Bedingungen abhängig machen (RG **62** 307), sofern dadurch der Beitritt neuer

Mitglieder nicht völlig ausgeschlossen wird. Grundsätzlich hat keine G die Verpflichtung zur Aufnahme von Mitgliedern, wenn sie sich nicht selbst durch die Satzung eine solche Verpflichtung auferlegt (vgl. hierzu den vom RG 47 76 entschiedenen Fall) oder ein Aufnahmezwang durch öffentlich-rechtliche Vorschriften oder durch übergeordnete Gesichtspunkte des allgemeines Interesses begründet wird (Besonderheiten ergeben sich für gemeinn. WohnungsbauG aus § 5 Abs. 2 WGG — vgl. Anm. 11).

3. Zweck der eG muß die Förderung des Erwerbs oder der Wirtschaft ihrer Mitglieder sein; mittelbare Förderung kann ausreichen. Der Registerrichter hat aber nicht zu prüfen, ob der Zweck tatsächlich im Einzelfall erreicht wird (OLG 19 339; KG BlfG 31 S. 809). „Zweck" ist nicht gleichbedeutend mit „Gegenstand des Unternehmens" i. S. von 6 Ziff. 2. Der Zweck ist für alle eG in gleicher Weise bestimmt; wie dieser Zweck erreicht werden soll, ergibt sich aus dem Gegenstand des Unternehmens.

Der Erwerb wird gefördert durch Vermehrung der Einnahmen bzw. Verminderung der sachlichen Ausgaben im Gewerbe oder Beruf der Mitglieder durch die vorteilhafte Beschaffung von Produktionsmitteln oder Beschaffung von Arbeits- oder Verkaufsgelegenheit und durch die Produktion selbst bzw. die Verkaufsvermittlung oder die Absatzorganisation sowie durch Betreuungsleistungen — z. B. Betriebsberatung, Werbeberatung, Betriebsvergleiche, Beratung in Buchführungs- und Steuerfragen.

Die Wirtschaft erfährt eine Förderung durch die vorteilhafte Beschaffung von Verbrauchsgütern für die Mitglieder ohne Beschränkung auf die natürlichen Güter. Ein die Wirtschaft fördernder Zweck kann deshalb auch in der Verringerung der mit einer kulturellen oder sportlichen Betätigung verbundenen finanziellen Aufwendungen liegen; das RG (**133** 170) hat deshalb die Bildung einer eG zum Bau und Betrieb einer Kegelsporthalle und das ObGericht Danzig (BlfG 1927 S. 724) die Verwendung der Form der eG zum Betrieb eines Hallenbades zugelassen.

Verfolgt eine eG andere als die in diesem Gesetz (§ 1) bezeichneten Zwecke, so kann sie aufgelöst werden (81); der Vorstand wird bestraft, wenn er andere als die in § 1 bezeichneten Zwecke verfolgt (149). Läuft ein Geschäft einer eG ihrem Zwecke zuwider, so ist es trotzdem nicht rechtsungültig (vgl. 8 Anm. 7).

Der Geschäftsbetrieb muß auf **Förderung der Mitglieder** gerichtet sein. Die Ausdehnung des Geschäftsbetriebes auf Nichtmitglieder ist

§ 1 Gesetz, betr. die Erwerbs- und Wirtschaftsgenossenschaften

aber grundsätzlich zulässig (8 Abs. 1 Ziff. 5). Wegen Ausnahmen vgl. 8 Abs. 2. Als gemeinnützige Wohnungsunternehmen anerkannte Wohnungsbaugenossenschaften — s. Anm. 11 — dürfen die Überlassung ihrer Wohnungen auf ihre Mitglieder nur beschränken, wenn gewährleistet ist, daß neue Mitglieder unbeschränkt eintreten können. Ausnahmen ergeben sich aus § 5 WGG, § 5 WGGDV. Jedoch hat § 5 Abs. 2 WGGDV keine Einwirkung auf das GenRecht, sondern nur Bedeutung für das Verhältnis der G zur Anerkennungsbehörde.

Die Förderung der Mitglieder muß durch einen gemeinschaftlichen Geschäftsbetrieb bezweckt werden. Unter einem solchen ist der Betrieb eines auf die Dauer berechneten Unternehmens zu verstehen mit dem Ziele, den Genossen durch Benutzung der genossenschaftlichen Einrichtungen *unmittelbar* wirtschaftliche Vorteile zu verschaffen (KG BlfG 31 S. 553). Dabei ist aber nicht erforderlich, daß alle Mitglieder an den Einrichtungen der eG teilnehmen. Es muß sich um einen *wirtschaftlichen* Geschäftsbetrieb handeln; Vereinigungen, die ausschließlich ideale, z. B. Bildungs- oder Wohlfahrtszwecke verfolgen, können deshalb nicht als G eingetragen werden. Derartige Zwecke können aber von einer eG neben den geschäftlichen gefördert werden (KGJ 14 43). *Gemeinschaftlich* muß der Geschäftsbetrieb in dem Sinne sein, daß die eG ein eigenes Unternehmen betreibt, dessen Träger die Genossen in ihrer Verkörperung durch die eG sein müssen; es genügt nicht, daß der Betrieb auf gemeinsame Kosten geht. Das ist allgemein anerkannt; zu weitgehend jedoch Bay. Oberlandesgericht (JFG 7, 218), da hier der Genossenschaftsbegriff in einer vom Gesetzgeber ersichtlich nicht gewollten Weise eingeengt wird (so auch Paulick, a. a. O., S. 59, 60).

Der Geschäftsbetrieb der eG hat grundsätzlich den Charakter eines Gewerbebetriebes, jedoch braucht der Geschäftsbetrieb nicht notwendig die Erzielung von Gewinn zu bezwecken (vgl. KGJ 21 78, 46 403). Die eG ist aber auch Unternehmen (vgl. RaiffR 58 S. 273, Verbraucher 59 S. 593 und 595). Mit der Anerkennung einer Wohnungsbaugenossenschaft als gemeinnütziges Wohnungsunternehmen — s. Anm. 11 — gilt sie jedoch als ein Unternehmen, das ausschließlich und unmittelbar gemeinnützigen Zwecken dient und dessen wirtschaftlicher Geschäftsbetrieb über den Rahmen einer Vermögensverwaltung nicht hinausgeht (§ 1 Abs. 2 WGG — s. a. § 6 Anm. 3 a. E.).

4. Abs. I führt in den Ziffern 1—7 verschiedene Genossenschaftsarten auf, doch ergibt sich aus dem Wort „namentlich", daß die Aufzählung derselben nicht erschöpfend sein sollte. Dieser Katalog ist

Kommentar § 1

seinerzeit unter den damaligen wirtschaftlichen Verhältnissen aufgestellt worden und enthält deshalb verschiedentlich Bezeichnungen der Genossenschaftsarten und Umschreibungen des Gegenstandes des Unternehmens, die der zwischenzeitlichen Entwicklung und dem heutigen Stand des Genossenschaftswesens nicht in allen Teilen Rechnung tragen. Die Aufzählung der Genossenschaftsarten bedarf deshalb der Überarbeitung und eventuellen Ergänzung durch die künftige Gesetzgebung. Im Katalog sind z. B. nicht berücksichtigt die sog. *Lieferungsgenossenschaften,* die der Arbeitsbeschaffung für Handwerk und Gewerbe durch Vermittlung von Aufträgen, besonders der öffentlichen Hand, und der Auftragsverteilung dienen, ferner die sog. *Verkehrsgenossenschaften* (Binnenschiffahrts- und Straßenverkehrsgenossenschaften), die insbesondere die Vermittlung von Transportaufträgen für ihre Mitglieder bezwecken und schließlich die genossenschaftlichen *Teilzahlungsbanken,* deren Aufgabe die Gewährung von Teilzahlungskredit an Kunden ihrer Mitglieder (insbes. mittelständischer Einzelhandelsunternehmen und Handwerksbetriebe) zwecks Erhöhung des Umsatzes derselben ist (vgl. bezüglich der letzteren Puller BlfG 57 S. 582, s. auch 8 Anm. 7). Über industrielle Gen. s. Deumer BlfG 40 S. 37.

Die eG kann zur Erreichung ihres Zweckes **grundsätzlich jede Art wirtschaftlicher Erwerbstätigkeit ausüben, soweit nicht ein gesetzliches Verbot entgegensteht. Verboten ist** durch Ges. vom 5. 2. 63 (BGBl. I, 81) lediglich der Betrieb einer Hypothekenbank (einzige Ausnahme die Bayerische Landwirtschaftsbank eGmbH München) und durch Ges. vom 12. 5. 01 i. d. Fassung des Ges. vom 6. 6. 31 (RGBl. I 315) der Betrieb eines Versicherungsunternehmens. Die genossenschaftlich ausgerichtete Deutsche Genossenschafts-Hypothekenbank besteht aus diesem Grund in der Form der AG. In der Bildung einer besonderen Rücklage zur Gewährung von Sterbegeldern an die Hinterbliebenen von Genossen liegt aber noch kein Versicherungsunternehmen (OLG **32** 130, RJA **14** 156). Der Betrieb einer Bausparkasse ist für eG nicht mehr zulässig (§ 114 des Ges. vom 6. 6. 31, RGBl. I 311); wegen Sonderbestimmungen für eG, die das Bauspargeschäft schon vor dem 1. 10. 31 begonnen haben, vgl. § 133 des Ges. vom 6. 6. 31; über deren Bilanzierung s. Art. 2 der VO vom 7. 9. 33 (RGBl. I 622).

Ausdrücklich zugelassen ist dagegen die Bildung von Reedereien. (§ 20 Flaggenrechtsgesetz vom 8. 2. 51), der Betrieb eines Binnenschiffahrtsunternehmens (§ 123 II BinnenschiffGes. vom 20. 5. 98) und eines Auswanderungsunternehmens (§ 3 Ges. vom 9. 6. 97). Lie-

§ 1   Gesetz, betr. die Erwerbs- und Wirtschaftsgenossenschaften

gen die Voraussetzungen von § 1 vor, so ist auch auf dem Gebiete des Wasserrechts die Bildung einer eG möglich (RG Recht 15, 2354 KGJ 46 166). Für Rabattsparvereine ist die Rechtsform der eG neben der des rechtsfähigen Vereins wahlweise vorgeschrieben (§ 4 Abs. 2 d. Ges. vom 25. 11. 33, RGBl. I 1011 u. § 2 Abs. 1 der VO vom 21. 2. 34, RGBl. I 121). Eine Kreditgenossenschaft kann satzungsgemäß z. B. eine Abteilung zum Forderungsinkasso im Mitgliederinteresse unterhalten. Dies verstößt nicht gegen das Rechtsberatungsgesetz, weil diese Förderungsleistung gemäß der Satzung im Rahmen des Aufgabenbereichs der Genossenschaft liegt. Behördliche Erlaubnis nicht erforderlich. (§ 3 Ziff. 7 RBerG; BGH vom 8. 10. 69 in WM 69, 1277 und BlfG 69 S. 457).

5. Die Bezeichnung „Vorschuß- und Kreditvereine" ist veraltet; üblich ist heute die Bezeichnung „Kreditgenossenschaften". Diese firmieren fast ausschließlich — soweit es sich um gewerbliche Kreditgenossenschaften (Schulze-Delitzsch) handelt — als Volksbanken, ferner als Gewerbebanken, Banken für Handel, Handwerk und Gewerbe, Vereinsbanken, Beamtenbanken. Soweit es sich um ländliche Kredtgenossenschaften (Raiffeisen) handelt, firmieren diese z. B. als Raiffeisenbanken, Raiffeisenkassen, Spar- und Darlehenskassen usw.

Die Kreditgenossenschaften sind Universalbanken. Gegenstand ihres Unternehmens ist — nach näherer Bestimmung durch die Satzung — die Ausführung aller banküblichen Geschäfte, insbesondere

die Gewährung von Krediten aller Art an Mitglieder (§ 8 Abs. 2) einschließlich des Ankaufs von Wechseln sowie der Übernahme von Bürgschaften, Garantien und sonstigen Gewährleistungen für andere,

die Pflege des Spargedankens, vor allem durch Annahme von Spareinlagen und die Annahme sonstiger Einlagen von Mitgliedern und Nichtmitgliedern, den An- und Verkauf sowie die Verwahrung und Verwaltung von Wertpapieren für Mitglieder und Nichtmitglieder,

die Durchführung des bargeldlosen Zahlungsverkehrs und des Abrechnungsverkehrs für Mitglieder und Nichtmitglieder,

den An- und Verkauf von Devisen und fremden Geldsorten für Mitglieder und Nichtmitglieder,

das Außenhandelsgeschäft für Mitglieder und Nichtmitglieder,

die Vermittlung von Versicherungen und Bausparverträgen für Mitglieder und Nichtmitglieder.

Über die Anlegung von Krankenkassengeldern bei Kreditgenossenschaften s. BlfG 34 S. 60, von Mündelgeld BlfG 35 S. 178, von

Konkurs- und Zwangsverwaltergeldern BlfG 36 S. 45, von Gemeindegeldern vgl. Baumann GewGen. 50 S. 148 u. BlfG 51 S. 46.

Unter den Begriff „Kreditgenossenschaft" fallen auch die Bürgschafts-, Haftungs- und Garantiegenossenschaften (bei denen Gegenstand des Unternehmens die Gewährung von Krediten durch Übernahme von Bürgschaften, Haftungen oder Garantien zugunsten der Mitglieder ist), dagegen nicht auch Bausparkassen in der Rechtsform der eG; auf sie finden deshalb weder 8 Abs. 2 noch 78 a u. b Anwendung (JFG 10 178). Auch die genossenschaftlichen Teilzahlungsbanken sind keine Kreditgen. (vgl. Anm. 4 u. § 8 Anm. 7).

Auf eG finden die Vorschriften des Gesetzes über das Kreditwesen (KWG) vom 10. 7. 61 (BGBl. I S. 881) in der Fassung des Art. III Abs. 2 Nr. 2 des Gesetzes vom 14. 1. 63 (BGBl. I S. 9) — „neues KWG" — und des § 18 Nr. 3 des Dritten Umstellungsergänzungsgesetzes vom 22. 1. 64 (BGBl. I S. 33) Anwendung, wenn sie als Kreditinstitute anzusehen sind. Gemäß § 1 Abs. 1 KWG sind Kreditinstitute Unternehmen, die Bankgeschäfte betreiben, wenn der Umfang dieser Geschäfte einen in kaufmännischer Weise eingerichteten Geschäftsbetrieb erfordert. Im Gegensatz zu dem früheren Gesetz definiert das neue KWG den Begriff der Bankgeschäfte genau und zunächst abschließend. Danach sind Bankgeschäfte (§ 1 Abs. 1 Nr. 1 bis 9 KWG)

1. die Annahme fremder Gelder als Einlagen ohne Rücksicht darauf, ob Zinsen vergütet werden (Einlagengeschäft);
2. die Gewährung von Gelddarlehen und Akzeptkrediten (Kreditgeschäft);
3. der Ankauf von Wechseln und Schecks (Diskontgeschäft);
4. die Anschaffung und die Veräußerung von Wertpapieren für andere (Effektengeschäft);
5. die Verwahrung und die Verwaltung von Wertpapieren für andere (Depotgeschäft);
6. die in § 1 des Gesetzes über Kapitalanlagegesellschaften vom 16. April 57 (BGBl. I S. 378) bezeichneten Geschäfte (Investmentgeschäft);
7. die Eingehung der Verpflichtung, Darlehensforderungen vor Fälligkeit zu erwerben;
8. die Übernahme von Bürgschaften, Garantien und sonstigen Gewährleistungen für andere (Garantiegeschäft);
9. die Durchführung des bargeldlosen Zahlungsverkehrs und des Abrechnungsverkehrs (Girogeschäft).

§ 1 Gesetz, betr. die Erwerbs- und Wirtschaftsgenossenschaften

Durch Rechtsverordnung des Bundesministers für Wirtschaft können weitere Geschäfte als Bankgeschäfte bezeichnet werden (§ 1 Abs. 1 letzter Satz KWG).

Für die Anwendbarkeit des KWG genügt es, daß eine eG eine einzige Art dieser Bankgeschäfte betreibt. Gleichgültig ist dabei, ob die eG daneben noch andere Geschäfte, die nicht Bankgeschäfte sind, zum Gegenstand ihres Geschäftsbetriebes macht. Das KWG findet aber auch Anwendung auf Warengenossenschaften, die Bankgeschäfte betreiben. Die Anwendbarkeit des KWG ist grundsätzlich aber nur dann gegeben, wenn es sich nicht um eine einmalige oder gelegentliche Ausführung von Bankgeschäften handelt, sondern der Umfang der Bankgeschäfte schon für sich allein einen in kaufmännischer Weise eingerichteten Geschäftsbetrieb erfordert. Dabei kommt es nicht darauf an, ob die bankgeschäftliche Tätigkeit gegenüber dem Warengeschäft überwiegt (vgl. auch Bescheid des Reichskommissars für das Kreditwesen vom 16. 6. 36). Als Bankgeschäft kommt bei Warengenossenschaften in erster Linie die Annahme von Einlagen in Betracht. Die Aufnahme von Darlehen fällt nicht unter den Begriff der Annahme fremder Gelder als Einlagen. Auch Guthaben der Kundschaft, deren Unterhaltung die Genossenschaft zur Sicherung von Warenbezügen verlangt oder die auf dem laufenden Warenkonto entstehen, sind nicht Einlagen im Sinne von § 1 Abs. 1 Nr. 1 KWG.

Warengenossenschaften, die das Delkredere für Warenbezüge ihrer Mitglieder den Lieferanten gegenüber übernehmen, fallen nach Auffassung des Bundesaufsichtsamtes für das Kreditwesen wegen dieser Geschäftstätigkeit unter die Vorschriften des KWG, sobald der Umfang des Delkrederegeschäfts einen in kaufmännischer Weise eingerichteten Geschäftsbetrieb erfordert; die Übernahme des Delkredere gehört zu den Bankgeschäften im Sinne des § 1 Abs. 1 Nr. 8 KWG (Garantiegeschäfte). Auf Warengenossenschaften, die neben ihren sonstigen Geschäften als einziges Bankgeschäft das Delkrederegeschäft betreiben, findet jedoch § 2 Abs. 1 Nr. 4 der „Ersten Befreiungsverordnung vom 19. 1. 63 (BGBl. I S. 61) Anwendung. Danach brauchen derartige eG keine Monatsausweise im Sinne des § 25 Abs. 1 KWG der Deutschen Bundesbank einzureichen.

EG, welche Geschäfte von Kreditinstituten im Inland betreiben wollen, bedürfen nach § 32 Abs. 1 KWG dazu der Erlaubnis.

Gegenüber dem früheren Rechtszustand ist nach Inkrafttreten des neuen KWG am 1. 1. 62 für den Betrieb von Zweigstellen aller Art keine besondere Erlaubnis mehr erforderlich; die Eröffnung oder Schließung einer Zweigstelle ist jedoch dem Bundesaufsichtsamt für das Kreditwesen anzuzeigen. Ebenso muß die Änderung der Rechtsform eines Kreditinstituts angezeigt werden. Das gilt auch für Fälle der Änderung der Haftart bei einer eG durch Umwandlung der unbeschränkten Haftpflicht in die beschränkte Haftpflicht oder umgekehrt.

Die Erlaubnis zum Betrieb von Geschäften von Kreditinstituten darf nur versagt werden, wenn einer der in § 33 KWG aufgezählten Versagungsgründe vorliegt; ein fehlendes Bedürfnis für die Erteilung einer weiteren Betriebserlaubnis ist nach dem neuen KWG kein Versagungsgrund mehr.

Die bei Inkrafttreten des KWG (1. 1. 62) bestehenden Kreditinstitute bedürfen nach § 61 neues KWG keiner Erlaubnis, soweit sie ihr Geschäft noch betreiben; eG, die am 1. 1. 62 Bankgeschäfte betrieben haben, brauchen daher nicht um die Erlaubnis zur Weiterführung ihrer Bankgeschäfte nachzusuchen.

Die Erlaubnis wird jetzt von dem Bundesaufsichtsamt für das Kreditwesen als Bankaufsichtsbehörde erteilt. Bis zum Inkrafttreten des neuen KWG am 1. 1. 62 wurden die nach dem alten KWG erforderlichen Erlaubnisse von den Bankaufsichtsbehörden der Länder erteilt, die an die Stelle des Reichsaufsichtsamtes für das Kreditwesen und des Reichsbankdirektoriums getreten waren. Die Erlaubnis des Bundesaufsichtsamtes für das Kreditwesen kann unter Auflagen und auf Zeit erteilt werden (vgl. § 2 Abs. 2 KWG).

Die Erlaubnis erlischt, wenn von ihr nicht innerhalb eines Jahres seit ihrer Erteilung Gebrauch gemacht wird, der Geschäftsbetrieb also nicht innerhalb eines Jahres seit Erteilung der Erlaubnis eröffnet wird (§ 35 Abs. 1 KWG). Das Bundesaufsichtsamt für das Kreditwesen kann die Erlaubnis zurücknehmen, wenn der Geschäftsbetrieb ein Jahr lang nicht mehr ausgeübt worden ist, einer der in § 35 KWG genannten Versagungsgründe eingetreten ist oder Gefahr für die Sicherheit der einem Kreditinstitut anvertrauten Vermögenswerte besteht und die Gefahr nicht durch andere der im KWG vorgesehenen Maßnahmen abgewendet werden kann (§ 35 Abs. 2 KWG).

Nach § 54 KWG wird mit Gefängnis bis zu einem Jahr und mit Geldstrafe oder einer dieser Strafen bestraft, wer Bankgeschäfte ohne die nach § 32 KWG erforderliche Erlaubnis betreibt, die nach § 3 KWG überhaupt verboten sind. Die Strafverfolgung wird von Amts wegen eingeleitet, während nach dem bis zum 31. 12. 61 geltenden KWG derartige Delikte nur auf Antrag der Bankaufsichtsbehörden verfolgt wurden; insoweit ist eine Verschärfung der Strafvorschrift eingetreten.

§ 1 Gesetz, betr. die Erwerbs- und Wirtschaftsgenossenschaften

Für Wohnungsbaugenossenschaften, die aufgrund des Wohnungsgemeinnützigkeitsgesetzes vom 29. 2. 40 (RGBl. I, S. 437) als gemeinnützige Wohnungsunternehmen anerkannt sind, gelten die Vorschriften des KWG nur insoweit, als diese Bankgeschäfte betreiben, die nicht den ihnen eigentümlichen Geschäften angehören (§ 2 Abs. 1 Nr. 7 und Abs. 3 KWG). Gemeinnützige Wohnungsbaugenossenschaften, die eine eigene Spareinrichtung unterhalten, unterliegen hiermit also der Bankenaufsicht. Die Tätigkeit gemeinnütziger Wohnungsbaugenossenschaften unterliegt nicht der Bankenaufsicht, soweit sie Bankgeschäfte umfaßt, die in unmittelbarem Zusammenhang mit dem Erwerb oder der Veräußerung von bebauten oder unbebauten Grundstücken oder Erbbaurechten oder von Wohnungseigentum, mit der Errichtung, Überlassung oder Bewirtschaftung eigener oder fremder Wohnungen oder mit der Betreuung von Bauherren üblicherweise betrieben werden. Das gilt auch, soweit diese die Annahme von Geldern zu Zwecken des Zahlungsverkehrs oder zur Erfüllung zweckgebundener Kapitalansammlungsverträge zum Gegenstand haben. Anzeige- und Erlaubnispflichten richten sich im wesentlichen nach den allgemeinen Vorschriften des KWG. Bei der Prüfung, ob das haftende Eigenkapital und die Zahlungsbereitschaft jeweils ausreichen, sind jedoch die Besonderheiten, die sich aus der Struktur als gemeinnütziges Wohnungsunternehmen ergeben, zu berücksichtigen. Wohnungsbaugenossenschaften, deren Spareinrichtung lediglich zur Abwicklung der Altsparerguthaben dient, können aufgrund einer Einzelanordnung gemäß § 2 Abs. 4 KWG von der Einhaltung der dort genannten Bestimmungen freigestellt werden.

6. „Rohstoffvereine" (Einkaufsgenossenschaften).

Die im Gesetz gebrauchte Bezeichnung „Rohstoffvereine" ist veraltet; sie trägt der Förderungsaufgabe der unter diesem Begriff zusammengefaßten Genossenschaften nicht Rechnung. Im § 1 Abs. 1 Ziff. 2 sind außer den landwirtschaftlichen Ein- und Verkaufsgenossenschaften insbesondere die Einkaufsgenossenschaften des Einzelhandels und Handwerks sowie sonstiger gewerblicher Unternehmen in den verschiedenen Wirtschaftsstufen und Wirtschaftsgruppen angesprochen. Der Gegenstand des Unternehmens dieser Genossenschaften ist in erster Linie der Ein- und Verkauf der im gewerblichen Betrieb der Mitglieder benötigten Waren, Produktionsmittel und sonstiger Bedarfsgegenstände sowie die Beratung und Betreuung der Mitglieder in den verschiedensten Formen zur Förderung ihrer Wettbewerbsfähigkeit. Die Einkaufsgen. sind Großhandelsunternehmen. Ihre

Mitglieder treten der Genossenschaft im Geschäftsverkehr als Marktpartner gegenüber; sie sind nicht verpflichtet, bei der Genossenschaft zu kaufen, sondern entscheiden nach freiem Ermessen und nach Maßgabe ihrer eigenen Interessen, ob, in welchem Umfange und zu welchen Bedingungen sie die Genossenschaft in Anspruch nehmen. Infolgedessen bedingen die gegenwärtigen Marktverhältnisse sowie das Verhalten der Mitglieder als Marktpartner eine marktkonforme Tätigkeit dieser Genossenschaften im Rahmen der Wettbewerbswirtschaft.

Im Rahmen ihrer satzungsmäßigen Aufgaben führen die Einkaufsgen. auch Strecken- und Vermittlungsgeschäfte für ihre Mitglieder durch. Das Streckengeschäft ist ein Teil des Eigengeschäfts, bei dem lediglich der Warenweg unmittelbar vom Lieferanten zum Mitglied geht. Im Vermittlungsgeschäft, das in verschiedenem Umfang neben dem Eigengeschäft betrieben wird, tritt die G lediglich als Agent auf, wobei der Förderungsauftrag der G durch Übernahme zusätzlicher Leistungen dem Mitglied und dem Lieferanten gegenüber z. B. in der Form der Übernahme des Delkredere (Bürgschaft) oder des Inkassos bzw. der Zentralregulierung in Erscheinung tritt. Bei reinem Delkredere-Geschäft übernimmt die G dem Lieferanten gegenüber lediglich die selbstschuldnerische oder Ausfallbürgschaft für das Mitglied. Mit der Übernahme des Inkassos gegenüber dem Lieferanten verbindet sich in der Regel die Zentralregulierung der Forderungen des Vertragslieferanten gegen das Mitglied durch die G.

7. Absatzgenossenschaften, Magazinvereine.

Absatzgenossenschaften verkaufen — zum Teil nach Verarbeitung (Verwertungsgenossenschaften) — landwirtschaftliche Erzeugnisse ihrer Mitglieder an den Zwischenhandel oder die Verbraucher (z. B. Molkereigen., Winzergen., Viehverwertungs- und Eierverwertungsgen. und Ein- und Verkaufsvereine als gemischtwirtschaftliche Unternehmen).

Unter Magazinvereinen wurden seinerzeit Genossenschaften verstanden, die gewerbliche Erzeugnisse ihrer Mitglieder in Lagerhallen und Verkaufsstätten zum Verkauf brachten. Die Bezeichnung „Magazinvereine" ist aber nicht mehr zeitgemäß; richtiger wäre die Bezeichnung „Vertriebsgenossenschaften", um ihre aktive Tätigkeit in der Marktwirtschaft zu charakterisieren. Heute ist diese Genossenschaftsart kaum noch vorzufinden.

8. Produktivgenossenschaften.
Gegenstand des Unternehmens ist die gemeinschaftliche Herstellung und der Verkauf von Gegenständen (z. B. Produktivgen. der Handschuhmacher, Weber, Wirker, Stricker, des Tischler- und des metallverarbeitenden Handwerks) oder die gemeinsame Erstellung von Leistungen (z. B. Straßenbau, Installation usw.); vgl. Letschert „Die Produktivgenossenschaft", Wiesbaden 1950.
Die Produktivgenossenschaften sind nicht wesensgleich mit den sog. *Produktionsgenossenschaften.* Während die ersteren ihren Mitgliedern die Möglichkeit verschaffen, als Arbeitnehmer im genossenschaftlichen Betriebe oder durch Heimarbeit ihre Existenzgrundlage zu finden, schließen sich in den letzteren Unternehmer zusammen, um mittels des gemeinschaftlichen Geschäftsbetriebes für ihre eigenen Gewerbebetriebe Rohstoffe zu gewinnen oder verarbeiten zu lassen; die Mitglieder der Genossenschaft arbeiten in diesem Betrieb nicht selbst mit (Ziegeleien, Steinbruchbetriebe, Brauereien usw.).

9. Konsumvereine, auch **Konsum- oder Verbrauchergenossenschaften** genannt, betreiben den Einkauf von Lebensmitteln und sonstigen Wirtschaftsgütern im Großen und den Verkauf derselben im Kleinen an ihre Mitglieder als Letztverbraucher. Die Konsumvereine betätigen sich also auf der Wirtschaftsstufe des Einzelhandels. Wegen ihrer Entwicklung von 33 bis 45 vgl. die Anm. 9 Abs. 2 zu § 1 in der 26. Aufl.
Konsumvereine dürfen vom 1. 7. 54 ab ihren Mitgliedern Warenrückvergütungen zusammen mit Barzahlungsnachlässen nur in Höhe von 3 % des mit diesen getätigten Umsatzes gewähren. Nichtmitglieder dürfen Rabatte bis zu 3 %, jedoch keine Warenrückvergütungen erhalten (§ 5 des Rabattgesetzes in der Fassung des Gesetzes zur Änderung von Vorschriften des Gesetzes betr. die Erwerbs- und Wirtschaftsgenossenschaften und des Rabattgesetzes vom 21. 7. 54, BGBl. I S. 212).

10. Die sog. **Werk- oder Nutzungsgenossenschaften** bezwecken die Beschaffung von Gegenständen des landwirtschaftlichen oder gewerblichen Betriebes (z. B. Maschinen, Zuchttiere) zu gemeinschaftlicher Nutzung.

11. Wohnungsbaugenossenschaften.
I. Zweck einer Wohnungsbaugenossenschaft ist die Förderung ihrer Mitglieder durch Versorgung mit Wohnungen.

Kommentar §1

II. Gegenstand des Unternehmens kann sein:
A. Die Errichtung von Wohnungen in Ein- und/oder Mehrfamilienhäusern:
  a) für eigene Rechnung
    aa) zur Veräußerung an Mitglieder
    bb) zur nutzungsweisen Überlassung an Mitglieder
    cc) zur Deckung des Bedarfs von Personen, deren wohnliche Versorgung in den privaten oder öffentlichen Aufgabenbereich eines Mitglieds fällt, z. B.
      α) die Bereithaltung von Wohnungen zur Überlassung an Arbeitnehmer eines privaten oder öffentlichen Arbeitgebers oder
      β) zur Erfüllung besonderer Aufgaben gemeindlicher Wohnungsversorgung (Kreiswohnungsbaugenossenschaft).

Zur Frage der Vereinbarkeit mit dem gesetzlichen Verbot unmittelbarer Vermögensförderung der Mitglieder vgl. Paulick, „Das Recht der eingetragenen Genossenschaft", § 5 II 1 c, insbesondere S. 55; Westermann, „Neugestaltung des gesetzlichen Genossenschaftsbegriffs; Zulässigkeit des ergänzenden Nichtmitgliedergeschäfts" zu These III Ziff. 2 b, Referate und Materialien zur Reform des Genossenschaftsrechts, S. 88. In den Fällen zu α) erhält das Mitglied in der Regel nur ein befristetes Besetzungs- oder Benennungsrecht, während die Genossenschaft die Wohnung dem Benannten aufgrund eines Nutzungsvertrages unter der Voraussetzung überläßt, daß dieser die Mitgliedschaft erwirbt. Die vertragliche Überlassung von Wohnungen an ein Mitglied zur Weitervermietung an seine Arbeitnehmer bildet in der Praxis die Ausnahme.

In den Fällen zu β) überläßt die Genossenschaft, ggf. unter Berücksichtigung öffentlicher oder vertraglicher Vorbehalte hinsichtlich der Zuteilung, die Wohnung an solche Bewerber, die Mitglied werden;
  b) für fremde Rechnung.
B. Die Betreuung von Mitgliedern beim Bau von Wohngebäuden und Eigentumswohnungen auf genossenschaftsfremden Grundstücken.
C. Die Bewirtschaftung eigener oder fremder Wohnungen mittels gemeinschaftlichen Geschäftsbetriebes.
D. Die Errichtung von Wohngebäuden im Rahmen der Erwerbstätigkeit der Mitglieder (z. B. Bauhandwerker, Architekten). Diese Gruppen von Baugenossenschaften rechnen zu den gewerblichen Genossenschaften, wenn die Förderung der Mitglieder in ihrer Erwerbstätigkeit Gegenstand des gemeinschaftlichen Geschäftsbetriebes und

die Überlassung von Wohnungen/Geschäftsräumen an Nichtmitglieder zugelassen ist (8 Abs. 1 Ziff. 5).

E. Die wohnliche Versorgung Dritter in der Weise, daß den Mitgliedern lediglich die Gewinne zugewendet werden, ist mit dem gesetzlichen Förderungsbegriff des § 1 nicht vereinbar.

Je nach Ausgestaltung der Satzung erhalten die Mitglieder einen klagbaren genossenschaftl. Anspruch oder eine allgemeine unbestimmte **Anwartschaft** auf Erwerb eines Eigenheimes (RG **156** 216) im Sinne eines Rechtes, sich um ein Eigenheim zu bewerben. Nach der Rechtsprechung (BGH **15**, 177 = GW 55, 28; **20**, 144 = GW 56, 376; **31**, 37 = GW 60, 23 und RG **110**, 241; **126**, 218; **147**, 201; **156**, 213) entsteht ein gen. Auflassungsanspruch nur, wenn schon die Satzung eine allgemeine Verpflichtung der G zur Übertragung von Grundeigentum begründet (BGH GW 61, 295 mit eingehender Besprechung = ZfG 62, 59 mit Anm. von Westermann). Das gilt für Satzungsbestimmungen, die das Recht des Mitgliedes begründen, „die Nutzung einer Genossenschaftswohnung zu erlangen oder ein Eigenheim zu erwerben" (BGH GW 60, 23 = ZfG 60, 347 = NJW 59, 2211), aber auch für eine Satzung, nach der die Mitglieder berechtigt sind, „(sich um) ein Erbbaurecht oder die käufliche Überlassung eines Eigenheimes oder von Bauland... zu den von Vorstand und Aufsichtsrat aufgestellten Bedingungen zu erwerben" (BGH **15**, 177, 183; NJW 56, 710).

Das RG hat aufgrund von Satzungsbestimmungen, die die Genossen berechtigen, „bei Verkäufen von Hausgrundstücken nach Maßgabe der zu erlassenden Bedingungen... berücksichtigt zu werden", eine Verpflichtung der G zur Übertragung von Grundeigentum, die der Form des § 313 BGB nicht bedarf, unter der Voraussetzung bejaht, daß die zuständigen Organe über die Zuweisung eines bestimmten Grundstücks satzungsgemäß beschließen und dem Bewerber den Beschluß mitteilen (RG 156, 213; 110, 241).

Der durch satzungsmäßige Zuweisung erworbene Anspruch auf Übertragung des Eigentums an einem gen. Hausgrundstück ist vererblich (SchlH OLG GW 62, 27 = Schl.H-Anzeiger 61, 196).

Eine Satzung, die den Genossen lediglich das Recht gibt, „sich im Rahmen der Bedingungen des... Wohnungsamtes und in Gemeinschaft mit den anderen Genossen ein Reihenhaus erstellen zu lassen", begründet keinen gen. Anspruch auf Übereignung, sondern nur eine allgemeine Anwartschaft, die auch nicht dadurch ausreichend bestimmt wird, daß nach der Satzung „vorher die vom Vorstand und Aufsichtsrat festzusetzenden Rest-Baugelder zu zahlen sind" (RG 126, 218).

Ein gen. Anspruch auf Übereignung eines Grundstücks besteht im allgemeinen aber nicht schon aufgrund der Satzung, sondern erst mit der Eingehung einer gegenseitigen Bindung anderer Art. Sie tritt nicht bereits mit einer durch die Satzung „hinreichend bestimmten" Anwartschaft, sondern in der Regel erst dadurch ein, daß die nach der Satzung zuständigen Organe der Genossenschaft auf die Bewerbung des Mitglieds die Zuweisung eines bestimmten Grundstücks beschließen und ihm diesen Beschluß mitteilen (BGH GW 60, 24, mit Bespr.; ferner RG 110, 241, 245, 246; 147, 201, 207 mit Anm. Ruth, JW 35, 1767). Gegenseitige Bindung zum Erwerb und zur Übereignung des Eigenheimes ausnahmsweise durch Erfüllung anderer in der Satzung hierfür vorgeschriebener Voraussetzungen, wie die Leistung und Annahme des für ein bestimmtes Haus zu leistenden Restkaufgeldes (RG 126, 220), ohne daß es eines Veräußerungsvertrages in Form des § 313 BGB bedarf (BGH 15, 182; RG 147, 201; 110, 246; JW 30, 2596). Das gen. Anwartschaftsrecht kann Gegenstand einer Feststellungsklage sein (BGH GW 60, 24). Zum Feststellungsinteresse vgl. OLG Nürnberg, ZfG 61, 464 = GW 61, 408 unter Berücksichtigung einer besonderen Treuepflicht der G gegenüber den Mitgliedern.

Der Anspruch konkretisiert sich durch die Zuweisung oder Erfüllung einer dieser gleichzusetzenden Voraussetzung schon dann auf ein bestimmtes Haus, wenn sich die sonstigen Bedingungen der Veräußerung mittelbar oder unmittelbar aus der Satzung ergeben, z. B. die Grundsätze, nach denen der Preis für die Überlassung des Grundstücks zu ermitteln ist, selbst wenn die durch die Satzung bestimmten Organe die hierfür vorgesehenen Richtlinien noch nicht erlassen haben.

§ 12 Abs. 2 Buchst. a der MS für Wohnungsbaugenossenschaften, Ausgabe 1949/1961, gibt den Genossen das Recht, ein Siedlungshaus als Eigenheim zu erwerben (BGH GW 60, 24 mit Anm. und Bespr. Riebandt-Korfmacher, GW 61, 15 = NJW 59, 2211 = ZfG 60, 347 und Anm. Westermann ZfG 62, 59). Bei dem in der MS (§ 13 Abs. 4) vorgesehenen Abschluß eines Überlassungsvertrages handelt es sich trotz der Bezeichnungen „Vertrag über die Veräußerung von Eigenheimen" und „Kaufpreis" nicht um einen Kauf im Sinne der §§ 433 ff. BGB, sondern um die Erfüllung eines genossenschaftsrechtlichen Verhältnisses, in das ein Nichtmitglied nicht eintreten kann (BGH GW 60, 24). Haben Vorstand und Aufsichtsrat nach der Satzung Grundsätze für die Veräußerung von Eigenheimen aufzustellen, so können diese nur die Art und Weise regeln, in der das Anwartschaftsrecht zu einem Anspruch auf Übereignung werden kann (BGH a. a. O.).

§ 1 Gesetz, betr. die Erwerbs- und Wirtschaftsgenossenschaften

Kommen Vorstand und Aufsichtsrat dieser Aufgabe nicht nach, so hat die G aufgrund ihrer Treuepflicht für die Beeinträchtigung der Entwicklungsmöglichkeit der Anwartschaft gegenüber dem betroffenen Mitglied einzustehen. Der Beseitigungsanspruch kann dem Mitglied durch Satzungsänderung nicht entzogen werden und wird nicht durch seinen Tod berührt (BGH a. a. O.). Die satzungsmäßige Anwartschaft und das pflichtwidrige Verhalten der Organe berechtigen das Mitglied jedoch nicht ohne weiteres zum Erwerb des von ihm bewohnten Hauses (BGH a. a. O.).

Das Entsprechende gilt für den Anspruch auf Übertragung eines Erbbaurechtes, wenn die Satzung die Überlassung eines Eigenheimes aufgrund eines solchen vorsieht (BGH NJW 55, 178; NJW 56, 710).

Erklärt die Satzung die Mitglieder lediglich für berechtigt, „sich um die Nutzung einer Genossenschaftswohnung, um ein Erbbaurecht oder die käufliche Überlassung eines Hauses der G zu den vom Vorstand und Aufsichtsrat aufgestellten Bedingungen zu bewerben", so steht dem Genossen kein allgemeiner Übereignungsanspruch, der nur noch durch die Zuteilung eines Grundstücks konkretisiert zu werden braucht, zu (BGH GW 61, 295 mit Bespr. = ZfG 62, 59 mit Anm. Westermann; RG 147, 201, 206). Die G behält die Freiheit zu entscheiden, ob und welche Häuser sie zu Eigentum oder in Erbbaurecht oder zur Nutzung gibt und ob sie auf die Bewerbung des Mitglieds diesem ein Eigenheim zum Kauf anbietet oder nicht (RG 147, 201, 206). Verbrieft die Satzung weder eine Verpflichtung noch ein Recht auf Übertragung von Grundeigentum der G, so kann eine Überlassungsverpflichtung nur durch einen Vertrag nach § 313 BGB (neue Fassung), begründet werden (BGH GW 61, 295). Diese Grundsätze gelten auch, wenn die Satzung lediglich Bestimmungen trifft, nach denen der Gegenstand der G auf die Verschaffung von Kleinwohnungen (OLG Nürnberg, ZfG 61, 465 = GW 63, 408) oder von Eigentum, sei es durch Bau von Häusern zum Verkauf (RG 110, 241; 156, 213) oder durch Erwerb eines Erbbaurechtes (BGH 15, 177; 20, 145) gerichtet ist.

Die Satzung sollte in jedem Fall zum Ausdruck bringen, welches Organ die Entscheidung darüber trifft, ob und welche Grundstücke, Wohnungen oder Erbbaurechte veräußert werden sollen, ferner, ob den Mitgliedern ein für die Genossenschaft bindendes Ankaufsrecht eingeräumt wird, kraft dessen das einzelne Mitglied die Nennung des Erwerbspreises und die Veräußerung eines bestimmten Hauses, die Übertragung des Wohnungseigentums oder eines Erbbaurechtes verlangen kann bzw. welche sachlichen oder verfahrensmäßigen Voraussetzungen es erfüllen muß (RG 72, 385; JW 30, 3766; Staudinger, Kommentar z. BGB 11. Aufl. § 433 Anm. 83). Zur genossenschaftlichen Bindung des Eigentums s. Riebandt-Korfmacher GW 49 S. 241, 52 S. 73; dagegen Schürholz, BuBaubl. 53 S. 504; Paulick a. a. O. S. 103.

Zu A. a) / bb):
Das **Nutzungsverhältnis** bestimmt sich nach den sich aus der Satzung unmittelbar oder mittelbar ergebenden Bedingungen — insbesondere über seine Bindung an die Mitgliedschaft, die Ermittlung und Festsetzung der Nutzungsgebühr — und dem diese ergänzenden oder ausführenden Nutzungsvertrag. Die Satzung ist daher in Ergänzung des Nutzungsvertrages für die Ausgestaltung der Rechtsbeziehungen maßgebend, die hinsichtlich des Gebrauchs der Genossenschaftswohnungen zwischen der Genossenschaft und ihren Mitgliedern bestehen (BGH GW 60, 296 = ZfG 60, 351 = NJW 60, 2142).

Das Mitglied einer als gemeinnütziges Wohnungsunternehmen anerkannten Wohnungsbaugenossenschaft ist zum Abschluß des gemeinnützigkeitsrechtlich vorgeschriebenen Mustervertrages (WGGDV § 12 i. d. F. v. 25. 4. 57, BGBl. I, S. 406) verpflichtet, wenn es seine Leistungen in Anspruch nimmt. Der Abschluß des vorgeschriebenen Vertrages ist stillschweigend Voraussetzung für eine Reihe von satzungsmäßigen Rechten und Pflichten, die damit übernommen werden (LG Hagen GW 59, 123 = ZfG 60, 356 u. Bespr. Paulick, S. 63). Aus der zusammenfassenden Würdigung der Mustersatzung und des Muster-Nutzungsvertrages (Ausgabe 1934/50) folgt keine Verpflichtung der G, die Witwe eines Mitglieds aufzunehmen und ihren Eintritt in den Nutzungsvertrag zu gestatten. Die G hat die Interessen der einzelnen Mitglieder gegeneinander abzuwägen und die berechtigten Belange ihrer mit Wohnungen nicht versorgten Genossen wahrzunehmen (AG Charlottenburg GW 59, 291 = ZfG 60, 356; LG Göttingen GW 62, 21). Endet das Nutzungsverhältnis mit dem Tode des Mitglieds, so lebt es auch dann nicht auf und kann auch nicht ohne weiteres über das Ende des maßgebenden Geschäftsjahres fortgesetzt werden, wenn der Erbe selbst Mitglied ist oder wird (LG Göttingen a. a. O., siehe im übrigen § 77 Anm. 1). Das Nutzungsrecht an der Wohnung geht nicht im Erbwege auf die nach dem Dauernutzungs-Vertrag, Ausgabe 1954/59/63 begünstigten haushaltsangehörigen Kinder über (LG Bayreuth GW 64, 159 mit Anm.).

Zu den Voraussetzungen einer Erhöhung der Nutzungsgebühr, wenn Vorstand und Aufsichtsrat dies zur Sicherung ausreichender

§ 1   Gesetz, betr. die Erwerbs- und Wirtschaftsgenossenschaften

Wirtschaftlichkeit für erforderlich halten": BVerwG, GW 58, 57; HansOLG, GW 61, 67; BGH, GW 60, 296; LG Hamburg, GW 63, 339. Das Nutzungsverhältnis an der Genossenschaftswohnung hat die Überlassung und Inanspruchnahme eines genossenschaftlichen Vorteils zum Gegenstand. Es ist überwiegend körperschaftlicher Natur (LG Hamburg, GWW 50, S. 29; LG Bochum, GWW 50 S. 262; LG Stuttgart v. 19. 5. 50 = GWW 50 S. 282; LG Konstanz, GWW 52 S. 556 u. d. Anm. dazu; BayerObLG, GWW 53 S. 383; LG Göttingen, GWW 57 S. 392; OLG Hamburg, GWW 58 S. 58, AG Bergedorf, GWW 58 S. 93 u. d. Anm. zu beiden und zu der Entscheidung d. BVerwG (GWW 58 S. 57) GWW 58 S. 34; Riess in Gruch. Beitr. Bd. 61, 91; Kiefersauer bei Staudinger, Komm. z. BGB 11. Aufl. § 535 Anm. 56; Kiefersauer-Glaser-Brumby, „Die Grundstücksmiete" 8. Aufl. Vorbem. 33 Abs. 5; Aub, Zeitschr. f. gemeinn. Wohnungswesen in Bayern 1950 S. 39, 390; ders. in GWW 54 S. 309, 310, 390, 429; Riebandt-Korfmacher, GWW 50 S. 324, GWW 52 S. 74, GWW 53 S. 479, 480 insbes. S. 544 und GW 61, 58 ff.; Paulick a. a. O. S. 75; Siegel, Fragen aus dem Recht der Wohnungsbaugenossenschaften, Fürth, 13 ff.; ders. Das Wohnrecht der Baugenossenschafter, Blätter für Grundstücks-, Bau- und Wohnungsrecht, 1962, 65, 68, 85 ff.; für Mietvertrag besonderer Art: Birkenhauer, GWW 53 S. 10; Schürholz, Bundesbaubl. 53 S. 505; AG Fulda, GW 64, 296 sieht trotz der Bezeichnung „Nutzungsvertrag" das Vertragsverhältnis als Mietverhältnis an, mit der Besonderheit, daß die Mitglieder ein Anrecht auf Überlassung einer verfügbaren Genossenschaftswohnung zu den satzungsmäßigen Bedingungen haben. § 571 BGB ist daher anwendbar mit der Folge, daß die aus dem Nutzungsvertrag sich ergebende Rechtsstellung des Genossen/Mieters nicht dadurch verschlechtert werden darf, daß anstelle der gemeinnützigen Wohnungsbaugenossenschaft eine natürliche Person als Vermieter einrückt (AG Fulda a. a. O.). Die Anwendung des § 571 BGB auf genossenschaftliche Nutzungsverträge bejahen ferner LG Waldshut (NJW 59, 156 mit ablehnender Besprechung Bettermann = ZfG 59, 184 mit zust. Anm. Roquette;) LG Hagen unter Hervorhebung, daß nach dem Mustervertrag Geschäftsgrundlage die Mitgliedschaft, nicht das Eigentum der G oder ihre Eigenschaft als Vermieter ist (NJW 60, 1468 mit ablehnender Anm. Bettermann = ZfG 61, 461 mit zustimmender Anm. Roquette = GW 61, 23 und zustimmender Bespr. Riebandt-Korfmacher, GW 61, 59); LG Wiesbaden (GW 63, 89 = NJW 62, 2352 mit zust. Anm. Roquette;) dagegen unterstellen den Nutzungsvertrag den Regeln des Mietvertrages: LG Offenburg (GW 62, 317 mit abl. Bespr.); Bettermann Mieterschutzgesetz § 1 Anm. 21, § 34

Anm. 6 mit im wesentlichen formalrechtlicher Begründung; Groothold, MSchG § 34 Anm. 5; Roquette, Mietrecht 4. Aufl. S. 370 unter nicht schlüssigem Hinweis auf § 7 WGG u. § 7 WGGDV a. F., die sich jedoch zugleich auf die Vermietung von Wohnungen durch Wohnungsbaugesellschaften beziehen; ders. MSchG § 34 Anm. 5, dort wird zwar der körperschaftl. Gehalt des Nutzungsvertrages anerkannt, aber für nicht so bedeutsam gehalten, daß dadurch der Gesamtcharakter des Vertrages als Mietvertrag geändert werde. Die Rechtsnatur des Nutzungsverhältnisses läßt unter Bejahung der Anwendbarkeit mietpreisrechtlicher Vorschriften auf das Nutzungsentgelt dahingestellt BVerwG, GW 59, 27; LG Hamburg, GW 63, 339.

Der besonderen mitgliedschaftlich bestimmten Natur des Nutzungsvertrages tragen Rechnung: § 34 MSchG — danach sind §§ 1—31 MSchG im Falle des Ausscheidens eines Mitgliedes nicht anzuwenden, wenn eine Wohnungsbaugenossenschaft diese Räume aufgrund eines Nutzungsvertrages mit Rücksicht auf die Mitgliedschaft überlassen hat. Die Wohnungen einer Baugenossenschaft sind im Interesse der Mitglieder personen- und zweckgebunden. Die Zweckgebundenheit gilt auch gegenüber den Hinterbliebenen eines verstorbenen Mitgliedes. Eine Zweckentfremdung liegt u. a. vor, wenn das Mitglied die ihm überlassene Wohnung an ein Nichtmitglied untervermietet, selbst wenn es sich dabei um nahe Verwandte handelt. Die G hat in einem derartigen Fall einen wichtigen Grund (§ 29 MSchG), die Erlaubnis zur Untervermietung zu verweigern (OLG Stuttgart, GW 63, 268 mit zust. Anm.); § 18 Abs. 5 WoBewG betr. die Vermietung von Genossenschaftswohnungen; dazu BVerwG, GW 65, 327.

Zur Zweckbindung von Genossenschaftswohnungen sowie zur Anwendbarkeit der sog. Hausrats-VO vom 21. 10. 44 (RGBl. I, 256), geändert durch Gesetz v. 11. 8. 61 (BGBl. I, 1221) Sedlag, GW 62, 173 ff.

II. Eine Wohnungsbaugenossenschaft kann nur unter den Voraussetzungen des Gesetzes über die Gemeinnützigkeit im Wohnungswesen — Wohnungsgemeinnützigkeitsgesetz — WGG — vom 29. 2. 40 (RGBl. I S. 438) und der VO zur Durchführung des Gesetzes über die Gemeinnützigkeit im Wohnungswesen — WGGDV — vom 23. 7. 40 (RGBl. I S. 1012) in der Fassung der ÄnderungsVO vom 25. 4. 57 BGBl. I S. 16; s. hierzu Riebandt-Korfmacher GWW 57 S. 133), geändert durch VO vom 19. 12. 62 (BGBl. I S. 732) — im Saarland gilt gem. § 2 Nr. 26 Gesetz vom 30. 6. 59 (BGBl. I S. 313) WGGDV mit Ausnahme des durch § 58 WoBauG Saar vom 26. 9. 61 (ABl. S. 591) aufgehobenen § 12 i. d. F. vom 23. 7. 40 weiter — und dem danach vorgeschriebenen Verfahren (§§ 16—22 WGG, §§ 19

§ 1 Gesetz, betr. die Erwerbs- und Wirtschaftsgenossenschaften

bis 22 WGGDV) auf Antrag oder von Amts wegen **als gemeinnütziges Wohnungsunternehmen anerkannt werden.** Die Bestimmungen der §§ 15 WGG, 18 WGGDV, nach denen für die Anerkennung und für den Fortbestand eines gemeinnützigen Wohnungsunternehmen ein volks- oder wohnungswirtschaftliches Bedürfnis bestehen muß, dürften als mit Art. 123 Abs. 1, 19 Abs. 2 und 3, 12, 2 GG nicht vereinbar unwirksam sein (s. Anm. 1 a E. zu § 60). *Aus der Anerkennung als gemeinnütziges Wohnungsunternehmen ergeben sich wichtige Besonderheiten:*

A. **Bindungen** des Vermögens und der vermögensrechtlichen Behandlung der Mitglieder: §§ 9—11 WGG; §§ 15, 16 WGGDV; Gebot der Unabhängigkeit von Angehörigen des Baugewerbes: § 4 WGG; §§ 3 und 4 WGGDV; Beschränkungen des Geschäftskreises und der Geschäftsführung: a) objektiv §§ 6, 7, 12, 13 WGG, §§ 6 bis 14, 17, 18 WGGDV, insbes. das Verbot bauunternehmerischer Tätigkeit § 6 WGG, § 6 Abs. 3 WGGDV; b) subjektiv: betreuter Personenkreis § 5 WGG, § 5 WGGDV und ständige Baupflicht: § 6 Abs. 1 Satz 2 WGG, § 6 Abs. 4 WGGDV; Verschärfung der Prüfung und Aufsichtspflicht sowie des Verbandszwangs: §§ 14, 26 WGG, §§ 23, 22 Abs. 2 WGGDV. Auch nichtgemeinnützige Wohnungsbaugenossenschaften können jedoch in ihrer Satzung sich selbstverpflichtend bestimmen, daß sie bauen wollen, wie im WGG für gemeinnützige Wohnungsunternehmen vorgeschrieben (LG Bremen, GW 53 S. 99).

B. **Sonderregelungen — Steuern und Prämienrecht:** Als gemeinnützige Wohnungsunternehmen anerkannte Wohnungsbaugenossenschaften sind befreit von den Steuern vom Einkommen und vom Ertrag sowie vom Vermögen: § 4 Abs. 1 Ziff. 6 KStG; § 8 KStDV; § 3 Abs. 1 Ziff. 6 VStG; § 2 VStDV § 3 Ziff. 6 GewStG; § 12 GewStDV; von der Kapitalverkehrsteuer: § 7 Abs. 1 Ziff. 1 KVStG; § 10 KVStDV; bei Erwerb von Forderungsrechten gegen gemeinnützige Wohnungsunternehmen von der Wertpapiersteuer: § 13 Abs. 1 Ziff. 3 d KVStG; von der Grundsteuer im Rahmen der §§ 4 Ziff. 3 Buchst. b, 5, 6 GrStG; von der Grunderwerbsteuer: § 4 Abs. 1 Ziff. 1 und 2 GrEStG und ergänzende Bestimmungen der Länder über die Grunderwerbsteuerbefreiungen zur Förderung des sozialen Wohnungsbaues; von der Erbschaftsteuer (Schenkungssteuer): § 18 Abs. 1 Ziff. 19 Buchst. b ErbStG; außerdem sind Kapitalerträge i. S. von § 43 Abs. 1 und 2 EStG, die gemeinnützigen Wohnungsunternehmen zufließen, von der Kapitalertragsteuer befreit (§ 13 a KapStDV).

Kommentar § 1

Aufwendungen für den ersten Erwerb von Anteilen an Bau- und Wohnungsgenossenschaften sind nach dem Wohnungsbau-Prämiengesetz prämienbegünstigt (§§ 2 Abs. 1 Ziff. 2; 5 Abs. 3 WoPG; § 3 WoPDV; Abschn. 5, 18 WoPR BStBl. 61 I, 38).
Soweit Steuerbefreiungen von den subjektiven Voraussetzungen des § 1 Abs. 2 WGG abhängen, sind sie mit der Anerkennung der Genossenschaft als gemeinnütziges Wohnungsunternehmen als erfüllt anzusehen. Im übrigen siehe für die steuerliche Behandlung der gemeinnützigen Wohnungsbaugenossenschaften die im Einvernehmen mit dem BdF gleichlautend ergangenen Erlasse der Länder von März/Mai und September/Oktober 1958 sowie April 1964; s. z. B. RdErl. d. Finanzministers des Landes Nordrhein-Westfalen v. 21. 3. 58 — S. 2512 a — 1335/VA—2—(BStBl. II, 72 = WG 58, 619) v. 29. 9. 58— S. 2512 a — 5046/VA—2—(BStBl. II, 159 = WG 58, 918), ergänzt und teilweise geändert durch Erl. d. NRW Min. f. Landesplanung, Wohnungsbau und öffentl. Arbeiten v. 14. 1. 64 (MBl. 64, 91 = WoG 64, 166) und Fin. Min. Erl. v. 28. 4. 64 (BStBl. II, 72 = WoG 64, 573); für das Saarland s. Erl. Min. Fin. und Forsten v. 17. 9. 62 (ABl. 62, 705 = WoG 62, 1263); Erl. v. 25. 3. 64 (ABl. 64, 477 = WoG 64, 616).

C. Gebührenbegünstigungen: Die Freiheit von Gebühren und Kosten bestimmt sich nach den jeweils in Betracht kommenden Gesetzen des Bundes und der Länder, für die in der Kostenordnung bestimmten Gerichtsgebühren nach § 2 des Ges. über Gebührenbefreiung im Wohnungsbau v. 30. 5. 53 (BGBl. I S. 273); von den Notarkosten nach § 144 Abs. 3—4 der Kostenordnung v. 26. 7. 57 (BGBl. I S. 960, geändert durch Beurkundungsgesetz vom 28. 8. 69; vgl. auch Riebandt-Korfmacher: Änderung der kostenrechtlichen Vorschriften — GWW 57 S. 305, 306, 308).

D. Auswirkungen des Gesetzes über Wettbewerbsbeschränkungen: Riebandt-Korfmacher — GWW 57 S. 373 ff.; 58 S. 7 ff.; S. 39 ff.; S. 109 ff.; S. 166 ff.; S. 187 ff.; S. 218 ff.

Über die sonstigen für gemeinnützige Wohnungsbaugenossenschaften geltenden Besonderheiten siehe ferner:
§ 1 Anm. 2, 3, 5, 16; § 3 Anm. 1; § 4 Anm. 1; § 6 Anm. 3; § 7 Anm. 3, 4, 5; § 8 Anm. 3, 6, 7; § 9 Anm. 1; § 11 Anm. 7; § 13 Anm. 2 a; § 15 Anm. 2; § 16 Anm. 2 a, 3, 5; § 17 Anm. 1; § 18 Anm. 1, 2; § 19 Anm. 4; § 22 Anm. 1; § 24 Anm. 1, 3; § 27 Anm. 1, 2; § 28 Anm. 1; § 33 Anm. 1, 4, 9; § 33 a Anm. 1; § 33 b Anm. 1; § 33 d Anm. 1; § 33 g Anm. 2 a; § 34 Anm. 1; § 36 Anm. 3; § 38 Anm. 1; § 41 Anm. 1; § 46 Anm. 2; § 48 Anm. 3; § 49 Anm. 1;

§ 1   Gesetz, betr. die Erwerbs- und Wirtschaftsgenossenschaften

§ 50 Anm. 1; § 53 Anm. 1; § 54 Anm. 1; § 54 a Anm. 1, 2; § 55 Anm. 1; § 57 Anm. 3 a; § 58 Anm. 1; § 59 Anm. 1; § 60 Anm. 1; § 62 Anm. 5 a; § 63 Anm. 1 und 3; § 63 b Anm. 3 und 4; § 63 c Anm. 1; § 63 e Anm. 1; § 64 Anm. 1; § 64 a Anm. 1; § 73 Anm. 1, 4; § 77 Anm. 1; § 91 Anm. 2; § 93 a Anm. 1; § 137 Anm. 2; § 147 Anm. 4.

12. Eine nicht eingetragene G ist nicht gezwungen, die Rechte einer eingetragenen G zu erwerben, auch in das Handelsregister braucht sie sich nur dann eintragen zu lassen, wenn ein Gewerbebetrieb vorliegt (KGJ 21, 75; Bespr. vgl. SvC, Seite 63 ff.).

13. Kartellgesetz und Genossenschaften.
Nach § 1 Abs. 1 des am 1. 1. 58 in Kraft getretenen *Gesetzes gegen Wettbewerbsbeschränkungen* — GWB — (Kartellgesetz vom 27. 7. 57 (BGBl. I S. 1081) sind Verträge, die Unternehmen oder Vereinigungen von Unternehmen zu einem gemeinsamen Zweck schließen, und Beschlüsse von Vereinigungen von Unternehmen unwirksam, soweit sie geeignet sind, die Erzeugung oder die Marktverhältnisse für den Verkehr mit Waren oder gewerblichen Leistungen durch Beschränkung des Wettbewerbs zu beeinflussen.

Erwerbs- und Wirtschaftsgenossenschaften sind nicht wegen ihrer genossenschaftlichen Rechtsform Kartelle (vgl. Bieling „Das Verhältnis von Kartellen und Genossenschaften" 1953 S. 32 ff.).

Zu der gleichen Frage heißt es in dem schriftlichen Bericht des Ausschusses für Wirtschaftspolitik (21. Ausschuß) über den Entwurf eines Gesetzes gegen Wettbewerbsbeschränkungen — 2. Wahlperiode — zu Bundestagsdrucksache 3644, Seite 15, Abschn. 2 zu § 1 GWB unter anderem:

„Die Beurteilung, ob Verträge oder Beschlüsse den Tatbestand des § 1 erfüllen, ist unabhängig von der Rechtsform des Zusammenschlusses. Genossenschaftliche Zusammenschlüsse können den Tatbestand des § 1 ebenso erfüllen wie andere Organisationsformen; Verträge und Beschlüsse auf der Nachfrageseite können ebenso unter die grundsätzliche Regel des § 1 fallen wie Verträge und Beschlüsse auf der Angebotsseite.

Ein Zusammenschluß mehrerer selbständiger Unternehmen, der keine Kartellzwecke verfolgt, d. h. nach seinem Gründungsvertrag oder seiner Satzung nicht die Marktverhältnisse durch Beschränkung des Wettbewerbs zu beeinflussen geeignet ist, unterliegt, gleichgültig welche Rechtsform er gewählt hat, nicht dem Verbot des § 1. Werden aber durch Vertrag oder Beschluß Verpflichtungen zu einem bestimmten, den Wettbewerb beschränkenden Marktverhalten begründet, sind die Voraussetzungen des § 1 erfüllt. Angesichts dieser Rechtslage sah der Ausschuß keine Notwendigkeit für eine Sonderregelung zugunsten von Genossenschaften oder Einkaufsgemeinschaften."

Infolgedessen unterliegen Genossenschaften — wie auch alle Unternehmen anderer Rechtsform — grundsätzlich den Bestimmungen des GWB, wenn sie ein wettbewerbsbeschränkendes Verhalten an den Tag legen. *Andernfalls werden sie von den Bestimmungen des Kartellgesetzes ebensowenig erfaßt wie alle anderen Unternehmen anderer Rechtsform.* Das gilt uneingeschränkt für *Einkaufsgenossenschaften des Einzelhandels und Handwerks und für Konsum- und Wohnungsbaugenossenschaften.* Kreditgenossenschaften fallen unter die für das Kreditgewerbe getroffenen Sonderbestimmungen; bei landwirtschaftlichen Bezugs-, Nutzungs-, Verwertungs- und Absatzgenossenschaften sind die Ausnahmevorschriften des § 100 GWB zu beachten.

Das Kreditgewerbe und damit die *Kreditgenossenschaften* sind vom Kartellverbot der §§ 1 und 15 GWB freigestellt, und zwar mit Rücksicht darauf, daß die Kreditinstitute nach den Bestimmungen des Kreditwesengesetzes bereits einer weitgehenden Fachaufsicht unterstellt sind. Sie sind lediglich gemäß § 102 GWB einer sogenannten „Mißbrauchsaufsicht" unterworfen (vgl. im einzelnen Schreihage „Kreditgewerbe und Kartellgesetz", Blätter für Genossenschaftswesen 1957 S. 765 und 1958 S. 45).

Verträge und Beschlüsse zwischen Kreditinstituten, die geeignet sind, die Marktverhältnisse für den Verkehr mit gewerblichen Leistungen durch Beschränkung des Wettbewerbs zu beeinflussen (§ 1 GWB) sind der Bankaufsichtsbehörde zu melden (§ 102 Abs. 2 GWB) mit Ausnahme der Konsortialgeschäfte und der Absprachen nach § 16 GWB (das sind im wesentlichen Vertragsgestaltungen für die durchlaufenden Kredite). Zinsanordnungen der Bankaufsichtsbehörden, die auf Grund behördlicher Anordnung ergehen (§ 36 Satz 3 KWG), fallen als staatliche Hoheitsakte nicht unter die Meldepflicht. Solange die Meldungen gemäß § 102 GWB nicht bei der Bankaufsichtsbehörde eingegangen sind, sind die betreffenden Verträge und Beschlüsse zivilrechtlich unwirksam. Die Bankaufsichtsbehörde hat die Meldungen an die Kartellbehörde weiterzuleiten, deren Aufgabe es ist, im Einvernehmen mit der Bankaufsichtsbehörde gegen Mißbräuche der „durch Freistellung von §§ 1 und 15 erlangten Stellung am Markt" einzuschreiten. Sie kann solche Beschlüsse und Verträge für unwirksam erklären oder einzelne beabsichtigte Maßnahmen untersagen. Bei Verstößen gegen solche Anordnungen der Kartellbehörde kann eine Geldbuße bis zu DM 100 000,— verhängt werden.

§ 1 Gesetz, betr. die Erwerbs- und Wirtschaftsgenossenschaften

Zulässig sind nach § 100 Abs. 1 GWB Verträge und Beschlüsse von landwirtschaftlichen Erzeugerbetrieben oder Vereinigungen solcher Betriebe (also auch von *landwirtschaftlichen Bezugs-, Nutzungs-, Verwertungs- und Absatzgenossenschaften*), soweit sie die Erzeugung oder den Absatz landwirtschaftlicher Erzeugnisse oder die Benutzung landwirtschaftlicher Einrichtungen für die Lagerung, Be- oder Verarbeitung landwirtschaftlicher Erzeugnisse betreffen. Wenn diese Verträge und Beschlüsse allerdings Preisbindungen enthalten, so sind sie insoweit nach § 15 GWB nichtig. Zulässig sind also insbesondere die z. B. bei Molkereigenossenschaften und Winzergenossenschaften üblichen Andienungspflichten der Mitglieder. Die Satzung der Genossenschaft darf also unter kartellrechtlichen Gesichtspunkten den Mitgliedern z. B. die Benutzung einer gemeinschaftlichen Trocknungseinrichtung, Gefrieranlage, eines Lagerhauses, einer Dreschmaschine usw. zur Pflicht machen.

Die in § 100 Abs. 1 genannten Beschlüsse sind auch den Vereinigungen von Erzeugervereinigungen gestattet, d. h. auch den *landwirtschaftlichen Zentralgenossenschaften*. Zulässig ist also z. B. die Andienungspflicht der einer Molkereizentrale angeschlossenen Molkereigenossenschaften für die von ihnen gewonnenen, aber örtlich nicht absetzbaren Erzeugnisse. Verträge und Beschlüsse der landwirtschaftlichen Zentralgenossenschaften sind jedoch — zum Unterschied von den Beschlüssen der landwirtschaftlichen Genossenschaften — unverzüglich der Kartellbehörde zu melden. Sie dürfen den Wettbewerb nicht ausschließen.

Der Abschluß langfristiger Anbau-, Liefer- und Abnahmeverträge mit Ausschließlichkeitsvereinbarungen ist sowohl zwischen der Genossenschaft und den Mitgliedern als auch zwischen der Genossenschaft und ihren anderen Lieferanten oder Kunden gestattet (§ 100 Abs. 4 GWB).

Beim Verkauf landwirtschaftlicher Erzeugnisse ist es den Erzeugern und landwirtschaftlichen Genossenschaften gestattet, ihren Abnehmern Bindungen hinsichtlich der Sortierung, Kennzeichnung oder Verpackung aufzuerlegen (§ 100 Abs. 2 GWB).

Schließlich ist nach § 100 Abs. 3 beim Verkauf von Saatgut im Sinne des Saatgutgesetzes auch die Vereinbarung von Preisbindungen für Genossenschaften und Erzeugerbetriebe von Saatgut gestattet.

14. Bezüglich der Notwendigkeit der **Bildung von Betriebsräten** bei Genossenschaften mit mindestens 5 ständigen wahlberechtigten Arbeitnehmern auf Grund des Betriebsverfassungsgesetzes v. 11. 10. 52 (BGBl. I S. 681) vgl. die zusammenfassende Darstellung von Bau-

Kommentar **§ 1**

mann BlfG 62 S. 473 mit Berichtigung S. 520. Ins einzelne gehende Wahlvorschriften enthält die Erste Rechtsverordnung zur Durchführung des Betriebsverfassungsgesetzes vom 18. 3. 53 (BGBl. I S. 58). Zur Auswirkung des Betriebsverfassungsgesetzes auf die Genossenschaften s. Henzler/Schubert, Referate und Materialien zur Reform des Genossenschaftsrechts, 2. Band, Seite 149, 161.

15. Die Besteuerung der Genossenschaften.

I. Körperschaftsteuer:
Genossenschaften, die ihre Geschäftsleitung oder ihren Sitz im Inland haben, sind unbeschränkt körperschaftsteuerpflichtig (§ 1 Abs. 2 Ziff. 2 KStG), doch ist die Bundesregierung ermächtigt, durch Rechtsverordnung mit Zustimmung des Bundesrats
1. eine Befreiung von der KSt. oder die Anwendung eines ermäßigten Steuersatzes anzuordnen für land- und forstwirtschaftliche Nutzungs- und Verwertungsgenossenschaften, deren Geschäftsbetrieb sich auf den Kreis der Mitglieder beschränkt, sowie für Kreditgenossenschaften und Zentralkassen, die Kredite ausschließlich an ihre Mitglieder gewähren.
2. anzuordnen, unter welchen Voraussetzungen Genossenschaften Warenvergütungen bei der Ermittlung des Gewinns absetzen dürfen (§ 23 KStG).

Von dieser Ermächtigung ist Gebrauch gemacht in §§ 31 ff. KSt-DV (abgedruckt im Anhang unter H). Danach gilt folgendes:

Landwirtschaftliche Nutzungs- und Verwertungsgenossenschaften sind von der Körperschaftsteuer befreit, wenn sich ihr Geschäftsbetrieb beschränkt entweder auf die gemeinschaftliche Benutzung land- und forstwirtschaftlicher Betriebseinrichtungen oder Betriebsgegenstände (z. B. Dresch-, Pflug-, Zucht-Genossenschaften) oder auf die Bearbeitung oder die Verwertung der von den Mitgliedern selbst gewonnenen land- und forstwirtschaftlichen Erzeugnisse, wenn die Bearbeitung oder die Verwertung im Bereich der Land- und Forstwirtschaft liegt (z. B. Molkerei-, Winzer-, Brennerei-, Viehverwertungs-, Eierverwertungsgenossenschaften).

Für Kreditgenossenschaften und kreditgenossenschaftliche Zentralkassen, die Kredite ausschließlich an ihre Mitglieder gewähren, wird die Steuer auf einen Satz von 19 % ermäßigt; für Zentralkassen ist außerdem Voraussetzung, daß sie sich auf ihre eigentlichen genossenschaftlichen Aufgaben beschränken.

Einkaufs- und Verbrauchergenossenschaften, Absatz- und Produktionsgenossenschaften können Warenrückvergütungen an Nichtmit-

§ 1   Gesetz, betr. die Erwerbs- und Wirtschaftsgenossenschaften

glieder als Betriebsausgaben absetzen, Warenrückvergütungen an Mitglieder nur insoweit, als die dafür verwendeten Beträge im Mitgliedergeschäft erwirtschaftet sind. Bei Konsumgenossenschaften dürfen Rabatte und Rückvergütungen an Mitglieder zusammen 3 % des Umsatzes mit Mitgliedern nicht übersteigen (§ 5 des Gesetzes vom 21. 7. 54, BGBl. I S. 212).

II. Vermögensteuer
Land- und forstwirtschaftliche Genossenschaften sind vermögensteuerfrei, wenn sie die gleichen Voraussetzungen erfüllen, die in § 31 KSt-DV für die KSt-Freiheit gelten. Die übrigen Genossenschaften sind vermögensteuerpflichtig. Bei der Einheitsbewertung können jedoch folgende Genossenschaften die Geschäftsguthaben ihrer Mitglieder wie Schulden vom Rohvermögen abziehen (§ 52 a BewDV):
Kreditgen., die Kredite ausschließlich an ihre Mitglieder gewähren; gewerbliche Werkgen., deren Geschäftsbetrieb sich auf die gemeinschaftliche Benutzung von Betriebseinrichtungen und Betriebsgegenständen erstreckt, die der technischen Durchführung des Betriebes dienen; gewerbliche Lieferungsgen., deren Geschäftsbetrieb sich auf die Bearbeitung oder die Verwertung von gewerblichen Erzeugnissen erstreckt, die die Mitglieder entweder selbst hergestellt, bearbeitet oder verarbeitet haben; Warengen., deren Rohvermögen nicht mehr als DM 300 000 beträgt; Genossenschaften, die mehrere Zwecke verfolgen, unter bestimmten Voraussetzungen.

16. Abs. II: Die eG kann sich also an Gesellschaften, anderen Genossenschaften (insbesondere den Zentralgen.) und Körperschaften des öffentl. Rechts **beteiligen,** wenn die Beteiligung der Förderung des Erwerbs oder der Wirtschaft der Mitglieder der eG zu dienen bestimmt ist. Eine Beteiligung ist aber auch zulässig, wenn sie gemeinnützigen Bestrebungen der eG dient; in diesem Falle darf sie jedoch nicht den alleinigen oder überwiegenden Zweck der eG bilden. — Als gemeinnützige Wohnungsunternehmen anerkannte Wohnungsbaugenossenschaften haben die weiteren Beschränkungen aus § 9 Abs. 1 e und f WGGDV zu beachten. Von ihrer Einhaltung kann Ausnahmebewilligung gemäß § 10 WGGDV erteilt werden. — Es ist weder möglich noch erforderlich, zwischen einer unmittelbaren und mittelbaren Förderung zu unterscheiden; es genügt, daß die Tätigkeit der G irgendwie, sei es auch nur mittelbar, die Eigenwirtschaft der Genossen fördert (Westermann Referate I S. 89). Die Beteiligung muß nur nach Art und Ausmaß mit dem Zweck der Förderung des Erwerbs oder der Wirtschaft der Mitglieder der G vereinbar sein (Reinhardt, Referate I S. 276). Es kann deshalb z. B. einer Kreditgen. nicht versagt werden, eine gesunde Streuung des Anlage-Vermögens anzustreben, um auch in wirtschaftlich schwierigen Zeiten ihren satzungsmäßigen Zweck erfüllen zu können. Die G kann sich auch an einer bereits bestehenden stillen Gesellschaft (HGB 335 ff.) als stiller Gesellschafter beteiligen, wenn die Voraussetzungen des Abs. 2 gegeben sind; die Beteiligung ist aber auch zulässig, wenn durch sie die stille Gesellschaft erst entsteht. Dagegen ist die Zulassung von stillen Gesellschaftern, die in den ersten Zeiten des Genossenschaftswesens zur Stärkung des Betriebskapitals der G empfohlen wurde, heute nicht mehr möglich, da dies zur Umgehung der Haftpflicht führen würde (ebenso Par. Cr. 1[43] u. 17 Anm. 18 Ziff. IX; a. A. Dtsch. landw. Presse 1909 S. 458, wo aber das Bedürfnis für eine Zulassung stiller Gesellschafter zur G mit Recht verneint wird).

Kreditgenossenschaften, die den ermäßigten Körperschaftsteuersatz gemäß § 33 KStDV in Anspruch nehmen wollen, unterliegen aufgrund steuerrechtlicher Entscheidungen und Vorschriften gewissen Beschränkungen hinsichtlich der Beteiligungen. Nach einer Entscheidung des Reichsfinanzhofs vom 1. 7. 41 (I 145/41) kann eine Kreditgen. den ermäßigten Steuersatz für Kreditgen. (§ 33 KStDV) nicht in Anspruch nehmen, wenn sie an einem erwerbswirtschaftlichen Unternehmen beteiligt ist und diese Beteiligung im Rahmen des Gesamtgeschäftes nicht lediglich von untergeordneter Bedeutung ist (vgl. im einzelnen Baumann-Bieling, Steuerfragen für Kreditgenossenschaften 58 S. C 200). Die Grundsätze dieser Entscheidung sind berücksichtigt und fortentwickelt in bundeseinheitlichen Erlassen der Finanzministerien der Länder aus dem Jahre 61 — vgl. insbesondere den Erlaß des Finanzministers des Landes Schleswig-Holstein vom 11. 9. 61 (BStBl. II S. 149). — Danach ist zu unterscheiden, ob die Betätigung oder Beteiligung einer Kreditgenossenschaft bankfremd ist oder nicht. Eine Genossenschaft verliert — unter steuerrechtlichen Gesichtspunkten — ihren Charakter als Kreditgenossenschaft und damit die Möglichkeit, den ermäßigten Körperschaftsteuersatz gemäß § 33 KStDV in Anspruch zu nehmen, wenn sie sich bankfremd betätigt oder eine Beteiligung hält, die einer bankfremden Betätigung gleichkommt, sofern die Betätigung oder Beteiligung nicht von untergeordneter Bedeutung ist. Der Begriff „bankfremd" wird in den Erlassen nicht definiert; zu seiner Auslegung muß deshalb die Verkehrsanschauung des Kreditgewerbes herangezogen werden. Auch der Begriff „untergeordnete Bedeutung" (einer Betätigung oder Beteiligung) wird in den Erlassen nicht abgegrenzt. Wegen der großen

§ 2 Gesetz, betr. die Erwerbs- und Wirtschaftsgenossenschaften

Unterschiedlichkeit der einzelnen in der Praxis vorkommenden Fälle ist eine allgemeingültige Abgrenzung auch weder möglich noch tunlich. Gewisse Anhaltspunkte für die Auslegung dieses Begriffes ergeben sich jedoch aus einer Entscheidung des Bundesfinanzhofes vom 2. 10. 63 (I 15/62); danach ist eine bankfremde Betätigung — der nach den bundeseinheitlichen Erlassen eine bankfremde Beteiligung gleichzusetzen ist — dann steuerschädlich, „wenn sie erheblich ist". Die Steuerbefreiung landwirtschaftlicher Genossenschaften kann durch eine solche Beteiligung ebenfalls gefährdet sein (BFH v. 12. 1. 54 u. 2. 2. 54, BStBl. 54 III S. 101 u. 102); vgl. im einzelnen Henze-Schubert S. 77 u. 91. Die Steuerschädlichkeit einer Beteiligung ist jedoch auf die genossenschaftsrechtliche Zulässigkeit der Beteiligung ohne Einfluß.

Nach dem neuen KWG brauchen dem KWG unterliegende eG (vgl. Anm. 5) die Übernahme dauernder Beteiligungen an anderen dem KWG unterliegenden Unternehmen dem Bundesaufsichtsamt für das Kreditwesen lediglich anzuzeigen (§ 24 Abs. 1 Nr. 3 KWG), während nach der früheren gesetzlichen Regelung für die Übernahme derartiger Beteiligungen die Erlaubnis der Bankaufsichtsbehörde erforderlich war. Von der Anzeigepflicht wird auch die Übernahme von Geschäftsanteilen oder Aktien durch Kreditgenossenschaften bei Zentralkassen erfaßt.

17. Die Umwandlung einer Genossenschaft in die Form der Aktiengesellschaft ist durch das Umwandlungsgesetz vom 15. 8. 69 zugelassen (BGBl. I S. 1171). Wegen der Voraussetzungen im einzelnen vgl. § 385 m des Aktiengesetzes in der Fassung vom 28. 8. 69.

Wegen der steuerlichen Folgen der Umwandlung vgl. § 22 des Gesetzes über steuerliche Maßnahmen bei Änderung der Unternehmensform vom 14. 8. 69 (BGBl. I S. 1163).

§ 2
Haftarten

Eine Genossenschaft kann errichtet werden[1]:
1. als eingetragene Genossenschaft mit unbeschränkter Haftpflicht[2]; bei ihr haften die einzelnen Mitglieder (Genossen[3]) für die Verbindlichkeiten der Genossenschaft dieser ohne Beschränkung auf eine bestimmte Summe;
2. als eingetragene Genossenschaft mit beschränkter Haftpflicht[2]; bei ihr ist die Haftpflicht der Genossen für die Verbindlich-

keiten der Genossenschaft dieser gegenüber im voraus auf eine bestimmte Summe beschränkt.

1. Allgemeines zu § 2: Neufassung durch Gesetz vom 20. 12. 33 (RGBl. I 1089), das in Art. 2 entsprechende Übergangsbestimmungen enthielt. Die bis dahin bestehende dritte Haftart, die unbeschränkte Nachschußpflicht, ist seit 1. 1. 34 formell beseitigt; die bestehenden Genossenschaften m. unbeschr. Nachschußpfl. sind seitdem Gen. m. unbeschr. Haftpflicht. Die dadurch erforderliche Firmenänderung war von Amts wegen im Genossenschaftsregister gebührenfrei einzutragen (Art. 2 Abs. 3 d. Ges. vom 20. 12. 33) und brauchte nicht veröffentlicht zu werden (AVf. des RJM vom 7. 4. 34, JW 34, 966).

2. Nach herrschender Ansicht entsteht eine Forderung der eG aus der Haftpflicht gegenüber den *ausscheidenden* Genossen nach § 73 Abs. 2 Satz 2 schon dann, wenn bilanzmäßig feststeht, daß das Vermögen einschließlich des Reservefonds und aller Geschäftsguthaben zur Deckung der Schulden nicht ausreicht. Im übrigen erwächst der eG aus der Haftpflicht eine Forderung gegen die Genossen erst mit der Konkurseröffnung (vgl. RG 85 209, **123** 242). Über die Bedeutung der Haftsummenverpflichtungen der Genossen bei solchen eG, die dem Reichsgesetz über das Kreditwesen unterliegen (vgl. § 1 Anm. 5) siehe § 49 Anm. 3.

Eine direkte Haftung der Genossen gegenüber den Gläubigern der eG findet nicht mehr statt, da der frühere sog. Einzelangriff der Gläubiger infolge Aufhebung der §§ 122 bis 125 und 141 Satz 2 durch Ges. vom 20. 12. 33 beseitigt ist. Die jetzt geltenden beiden Haftarten entsprechen deshalb materiell der dem Namen nach nicht mehr bestehenden Nachschußpflicht (siehe jedoch die Übergangsbestimmung des Art. 2 Abs. 5 des Ges. vom 20. 12. 33). Wegen der Besonderheiten der beiden Haftarten vgl. §§ 119 bis 121 und §§ 131 bis 142.

3. Zulässig, auch in der Satzung statt von „Genossen" von „Mitgliedern" zu sprechen (OLG Neustadt, BlfG 61, 301).

§ 3
Firma

(1) **Die Firma der Genossenschaft muß vom Gegenstande des Unternehmens entlehnt sein**[1] **und entsprechend der im § 2 vorgesehenen Art der Genossenschaft die daselbst bestimmte zusätzliche Bezeichnung enthalten**[2].

§ 3　Gesetz, betr. die Erwerbs- und Wirtschaftsgenossenschaften

(2) Der Name von Genossen oder anderen Personen darf in die Firma nicht aufgenommen werden. Jede neue Firma muß sich von allen an demselben Orte oder in derselben Gemeinde bereits bestehenden Firmen eingetragener Genossenschaften deutlich unterscheiden[3].

1. HGB 17 gilt auch für G, da die G nach 17 Abs. 2 **Kaufmannseigenschaft** hat (RG in Recht 1915 Entsch. Nr. 2546). Die G kann nur *eine* Firma haben. *Es muß eine Sachfirma sein.* Charakterisierung des hauptsächlichsten Gegenstandes des Unternehmens genügt. Neben dem Gegenstande des Geschäftsbetriebes ist die Angabe der *Betriebsart* nicht erforderlich; es genügt danach die Firma „Maschinen-Genossenschaft eGmbH", obwohl diese nicht erkennen läßt, ob der *Handel* mit Maschinen oder deren *Benutzung* bezweckt wird (KGJ 30 145; OLG 44 221; JW 27 S. 130; KG JFG 13 251 = BlfG 36 S. 234). Die Firma „Ländliche Betriebsgenossenschaft eGmbH" für eine Genossenschaft, die für ihre Mitglieder Kartoffeln dämpft oder dämpfen läßt, ist nicht eintragungsfähig, da die Abstraktheit dieser Firmierung nicht erkennen läßt, welcher Genossenschaftsart das Unternehmen zugehört und was Gegenstand seines Betriebes ist (AG Flensburg, ZfG Bd. 5 S. 237 Nr. 4). Die Firmenbezeichnung „Kundenkredit" ist eine schutzunfähige Typenbezeichnung und kann deshalb von allen Teilzahlungskredit gewährenden Gesellschaften in Anspruch genommen werden (LG Frankenthal BlfG 51 S. 226). Es darf die Firma nicht geeignet sein, eine Täuschung über die Art oder den Umfang des Geschäfts herbeizuführen (HGB 18). Die Bezeichnung „Großhandel" in der Firma einer Einkaufsgenossenschaft (wie z. B. Drogen- und Foto-Großhandel eGmbH) ist grundsätzlich zulässig (KG JW 30 S. 1409 = Blf 29. S. 794 u. LG München I, BlfG 38 S. 290 sowie OLG Celle BlfG 55 S. 145). Zulässig und ausreichend z. B. die Firmenbezeichnung Edeka ... (Ort) eGmbH, Rewe ... (Ort) eGmbH, Bäko ... (Ort) eGmbH, da dies den Gegenstand des Unternehmens für die Allgemeinheit ausreichend erkennen läßt. So auch Arbeitskreis Handelsregister und Handwerk des Deutschen Industrie- und Handelstages in Sitzung am 14. 12. 65. Eine Verletzung des Grundsatzes der Firmenwahrheit liegt auch nicht vor, wenn eine Kreditgen. sich als „Bank" bezeichnet (OLGRspr. 14 339 u. 44 189), es muß nur der Geschäftsbetrieb ein bankmäßiger sein, d. h. er muß dem Bedürfnis des Verkehrs nach Umsatz von Geld oder geldähnlichen Werten dienen (JW 12 S. 960). Die Bezeichnung „Bank" allein ist aber nicht ausreichend, um den Gegenstand zu präzisieren, vgl. dagegen DJZ 09 S. 1203. Das Wort „Bank" muß deshalb einen Zusatz

erhalten, der aus dem allgemeinen Begriff eine individuelle Namensbezeichnung macht, z. B. Volksbank, Landwirtschaftsbank, Raiffeisenbank, Gewerbebank (KGJ 37 172).

Die Bezeichnung „Bank" oder Bezeichnung, in der das Wort „Bank" enthalten ist, dürfen gemäß § 39 Abs. 1 KWG nur Kreditinstitute führen, die eine Geschäftserlaubnis gemäß § 32 KWG besitzen. Die Bezeichnung „Volksbank" oder eine Bezeichnung, in der das Wort „Volksbank" enthalten ist, dürfen neu nur Kreditgenossenschaften führen, die einem Prüfungsverband angeschlossen sind (§ 39 Abs. 2 KWG). Bestand eine Kreditgenossenschaft bereits am 1. 1. 62 — dem Zeitpunkt des Inkrafttretens des neuen KWG vom 10. 7. 61 und besaß sie bereits eine Geschäftserlaubnis, so gilt gemäß § 61 KWG die Erlaubnis als auch nach dem neuen Gesetz erteilt. Eine solche Kreditgenossenschaft kann deshalb ohne weiteres die Bezeichnung „Bank" oder „Volksbank" weiterführen oder nach dem 1. 1. 62 neu aufnehmen.

Eintragungen in öffentliche Register — Genossenschaftsregister, Handelsregister — dürfen gemäß § 43 KWG für Unternehmungen, die erlaubnispflichtige Bankgeschäfte betreiben, von den Gerichten nur vorgenommen werden, wenn das Vorliegen der Erlaubnis nachgewiesen ist. Speziell für die Eintragung einer Firma, die die Bezeichnung „Bank" oder „Volksbank" enthält, muß darüber hinaus gemäß einem Runderlaß des Bundesministers der Justiz vom 6. 2. 63 (7200—2—34 130062) dem Registergericht der Nachweis geführt werden, daß die Voraussetzungen des § 39 Abs. 1 bzw. § 39 Abs. 2 KWG vorliegen.

Eine Wohnungsbaugenossenschaft, die nicht aufgrund des WGG als gemeinnützig anerkannt ist, darf sich öffentlich oder im Rechtsverkehr nicht als gemeinnützig bezeichnen, insbesondere darf die Firma nicht die Bezeichnung als gemeinnützig enthalten (§ 22 WGG).

Das Gesetz schreibt nicht vor, daß für den Fall der Abänderung des Gegenstandes des Unternehmens auch die Firma abgeändert werden muß; jedenfalls erfordert nicht jede Änderung oder Erweiterung des Gegenstandes des Unternehmens eine Änderung der Firma (KG JFG 13 251 = BlfG 36 S. 234). Die Änderung der Firma ist stets eine Satzungsänderung nach 16.

Über Löschung einer zu Unrecht eingetragenen Firma FGG 147, 142. Auch Klage nach 94 möglich. Gegen die Vorstandsmitglieder kann wegen Führung einer ihnen nicht zustehenden Firma vorgegangen werden (HGB 37, FGG 140 und HGB 18), wenn die Firma

§ 3 Gesetz, betr. die Erwerbs- und Wirtschaftsgenossenschaften

gegen die Grundsätze der Firmenwahrheit verstößt. Wegen der Firmierung einer Zweigniederlassung vgl. § 14 Anm. 1.

2. Die „zusätzliche Bezeichnung" ist ein Bestandteil der Firma und daher geeignet zur Unterscheidung der Firma von einer der Firmen einer anderen Gesellschaftsform (KGJ 26 215). Nach der früher einmütigen Rechtsprechung darf der Zusatz in der Eintragung der Firma nicht gekürzt werden (KG, Recht 23, Nr. 1037). Diese Auffassung ist abzulehnen. Die abgekürzte Bezeichnung eGmbH als Zusatz zur Firma einer Genossenschaft mit beschränkter Haftpflicht ist auch in der Satzung und in der Anmeldung zur Eintragung in das Genossenschaftsregister zulässig (OLG Celle vom 22. 9. 60, BB 60, Heft 30, S. 1146). Im täglichen Verkehr war die abgekürzte Form seit jeher üblich und zulässig (KGJ 36, 127 und OLG Hamburg LZ 10, Sp. 83). Erklärungen mit abgekürzter Firma verpflichten auf jeden Fall die eG, wenn kein Zweifel bestehen kann, daß sie für diese gelten sollen (26). Die zusätzliche Bezeichnung muß stets in deutscher Sprache abgefaßt sein; sie braucht nicht den Schluß der Firma zu bilden. Unterhält eine G einen offenen Laden, so ist sie in Anwendung des § 15 a der Gewerbeordnung i. d. Fassung des Gesetzes vom 29. 9. 53 (BGBl. I S. 1459) verpflichtet, an der Außenseite oder am Eingang des Ladens ihre volle Firma, also auch die die Haftart enthaltende zusätzliche Bezeichnung in deutlich lesbarer Schrift anzubringen (OLG Darmstadt, BlfG 35 S. 57 = HRR 34 Ziff. 1503).

3. HGB 30. Für den Fall der **Zusammenlegung zweier Gemeinden**, in denen Genossenschaften mit gleicher Firma bestehen, hat keine derselben ein Recht, daß die andere die Firma ändere. Während des Vergleichsverfahrens bedarf es nach der neuen VerglO vom 26. 2. 35 der Beifügung des bisherigen Firmenzusatzes „im Vergleichsverfahren" nicht mehr. Nach der Auflösung erhält die Firma der eG den in 85 Abs. 3 GenG vorgeschriebenen Zusatz „in Liquidation".

§ 4
Mindestzahl der Genossen

Die Zahl der Genossen muß mindestens sieben betragen[1].

1. Sinkt die Zahl der Genossen unter 7, so hat das Reg.Gericht auf Antrag des Vorstandes oder von Amts wegen die eG durch Beschluß aufzulösen (80).

Bei gemeinnützigen Wohnungsbaugenossenschaften bestimmt die Anerkennungsbehörde die Mindestzahl der Genossen, die nach Maßgabe der örtlichen Verhältnisse erforderlich erscheint, um eine ausreichende wirtschaftliche Unterlage für die Arbeit der Genossenschaft zu schaffen (§ 2 Abs. 2 S. 1 WGG, § 2 WGGDV).

§ 5
Form des Statuts

Das Statut der Genossenschaft bedarf der schriftlichen Form[1].

1. Unter schriftlicher Form ist die des BGB zu verstehen (vgl. § 126 BGB in der neuen Fassung nach Beurkundungsgesetz vom 28. 8. 69). Das Statut muß deshalb von sämtlichen an der Gründung beteiligten und den bis zur Einreichung des Statuts zum GenRegister beitretenden Genossen **unterzeichnet werden** (vgl. auch 11 Abs. 2 Ziff. 1). Entsprechendes gilt bezüglich der vor Eintragung erfolgenden Abänderungen des Statuts (KGJ 25 263). — Ist das Statut dem Gründungsprotokoll als Anlage beigefügt, so genügt die Unterzeichnung des Gründungsprotokolls (RG 125 156; vgl. BlfG 29 S. 24 und 533). Als Unterzeichnung des Statuts gilt auch, wenn die nach beschlossenem Statut in Beteiligungsabsicht abgegebenen Namenszeichnungen auf besonderen Zetteln gesammelt und mit dem Statut als dessen Unterschriften verbunden werden (OLG Dresden JW 34 S. 1737). Die Unterzeichnung des Statuts bzw. des Gründungsprotokolls kann auch durch einen Bevollmächtigten erfolgen. Die Vollmacht kann auch mündlich erteilt werden (RG JW 36 S. 2919 = BlfG 36 S. 878). Die Bezeichnung des Statuts als „Satzung" ist zulässig (KG JFG 18 358 = BlfG 39 S. 32).

Soweit nicht durch Natur und Wesen des Statuts der Auslegung Grenzen gezogen sind, ist das **Statut der Auslegung** nach §§ 133, 157 BGB ebenso **fähig**, wie eine andere beurkundete Vereinbarung (RG 101 246 f. GmbH). Über die Befugnis der GV zur Auslegung des Statuts siehe Aufsatz in BlfG 29, 298.

Die seit dem 1. 7. 36 bestehende **Urkundensteuerpflicht** der Satzung ist durch Aufhebung des UrkStGes. (VO v. 20. 8. 41, RGBl. I S. 510) ab 1. 9. 41 beseitigt worden.

§ 6
Notwendiger Inhalt des Statuts

Das Statut muß enthalten[1]:
1. die Firma und den Sitz[2] der Genossenschaft;
2. den Gegenstand des Unternehmens[3];

§ 6   Gesetz, betr. die Erwerbs- und Wirtschaftsgenossenschaften

3. Bestimmungen über die Form für die Berufung[4] der Generalversammlung der Genossen, sowie für die Beurkundung ihrer Beschlüsse und über den Vorsitz in der Versammlung[5];
die Berufung der Generalversammlung muß durch unmittelbare Benachrichtigung sämtlicher Genossen[6] oder durch Bekanntmachung in einem öffentlichen Blatt erfolgen[7]; das Gericht kann hiervon Ausnahmen zulassen. Die Bekanntmachung im *Reichsanzeiger* genügt nicht[8].

4. Bestimmungen über die Form, in welcher die von der Genossenschaft ausgehenden Bekanntmachungen erfolgen, sowie über die öffentlichen Blätter, in welche dieselben aufzunehmen sind[9].

1. **Allgemeines zu § 6: §§ 6 und 7 behandeln den notwendigen Inhalt des Statuts.** Vgl. ferner 36, 131. Keine Verpflichtung der eG zur Aufnahme des Namens ihres Prüfungsverbandes in das Statut (KG JFG 14 143 = JW 37 S. 47). Die Mitglieder können durch das Statut noch zu anderen Leistungen verpflichtet werden als zu den Einzahlungen auf Geschäftsanteil, z. B. zu Sachleistungen (JW 98 S. 205; OLGRspr. **19** 342; RG **38** 15; 47 146, 155). Die Mitglieder können ausschließlich zu folgenden Geldleistungen an die Genossenschaft verpflichtet werden:
Einzahlungen auf Geschäftsanteile,
Zahlung des Fehlbetrages beim Ausscheiden (§ 73 Abs. 2),
Nachschußpflicht (§ 105),
Eintrittsgeld (RGZ 62, 303),
Konventionalstrafen (RGZ 38, 15; 47, 151; RJA 14, 287, vgl. RGZ 68, 93; OLGRspr. 32, 132).

Nach RG (62, 303) kann ein Eintrittgeld als Bedingung des Beitritts festgelegt werden; die Verpflichtung zur Zahlung muß nicht schon im Augenblick des Beitritts bestehen, sondern kann auch an künftige, ungewisse Ereignisse geknüpft werden (z. B. Aufnahme der Milchlieferung durch das Mitglied an eine bestimmte Gemeinde).

Die Eintrittsgelder unterliegen als Mitgliederbeiträge im Rahmen des § 8 KStG grundsätzlich nicht der Körperschaftsteuer. Sie sind keine — auch keine pauschalierte — Gegenleistung für Leistungen der Genossenschaft, sondern gehören grundsätzlich der mitgliedschaftlichen Sphäre an (vgl. BFH BlfG 64, Heft 10, 153). Nach BFH sind jedoch die Teile der Eintrittsgelder wieder dem steuerpflichtigen Gewinn zuzurechnen, die auf die in Zusammenhang mit dem Beitritt entstehenden Kosten entfallen (BFH a. a. O.).

Kommentar § 6

Konventionalstrafen können gefordert werden, soweit diese eine Grundlage in der Satzung oder in von der Satzung vorgesehenen Geschäftsbedingungen haben.

Unzulässig ist z. B. die Einforderung einer unkündbaren Kapitaleinlage, auch wenn sie als Darlehen bezeichnet wird (KGJ 34, 175).

Die allgemeinen Betriebsunkosten (RGZ 62, 314) und entstehende Verluste dürfen nicht auf die Mitglieder verteilt werden (KG JFG 9, 146; OLGRspr. 6, 193; 16, 108; OLG Braunschweig JW 36, 1387).

Zahlungen als Gegenleistungen für die Inanspruchnahme der Genossenschaft sind zulässig, z. B. Zinsen für einen gewährten Kredit (RGZ 62, 313; KG JFG 9, 146 = JW 32, 1664). Sacheinlagen unzulässig (RG **65** 223).

Bei bestehender Genossenschaft nachträgliche Einführung von „Leistungen" (Sachleistungen) oder Erhöhung derselben nur mit Zustimmung aller Mitglieder (RG **90** 408; vgl. auch RG **47** 146, 154). Die Leistungen (auch Geldleistungen) können aber durch Sonderverträge mit den einzelnen Mitgliedern geregelt werden, insoweit nicht das Austrittsrecht (65) beschränkt wird. Klagbarer Anspruch der Mitglieder auf Benutzung der Einrichtungen nur bei Sonderrechten, sonst Verfolgung des Rechts im Rahmen der Organisation.

2. Zur Firma s. § 3. **Als Sitz gilt,** wenn die Satzung nichts anderes bestimmt, der Ort, an dem die Verwaltung geführt wird (BGB 24). Die Satzung kann aber auch einen „fiktiven" Sitz bestimmen; das heißt, der satzungsmäßige Sitz und der Ort der tatsächlichen Verwaltung und Durchführung der Geschäfte der eG müssen nicht identisch sein (vgl. Parisius-Crüger § 6 Anm. 7 sowie Literatur und Rechtsprechung zu § 24 BGB, die auf den Sitz der eG entsprechend angewendet werden können). Wenn eine eG die in § 6 Nr. 1 GenG vorgeschriebene Bestimmung über den Sitz der Genossenschaft nicht in ihre Satzung aufgenommen hat oder wenn diese Bestimmung aus irgendeinem Grunde nichtig ist, so kann die Genossenschaft zwar auf Klage durch Urteil nichtig erklärt werden (§ 94 GenG) oder nach § 147 EGG von Amts wegen als nichtig gelöscht werden. Solange dies nicht geschehen ist, ist sie aber rechtlich existent (BGH vom 6. 10. 60, Wertpapier-Mitteilungen 60, Teil IV B Nr. 47 S. 1272).

Bisher war es unbestritten, daß die eG nur **einen** Sitz haben kann (KGJ **20** 39, **39** 118). Im Hinblick auf **die** Aufteilung des Deutschen Reiches und insbesondere die Zonentrennung haben jedoch die Registergerichte inzwischen die **Zulässigkeit des Doppelsitzes** ausgesprochen; so u. a. die Registergerichte Bonn, Heidelberg, München, Hamburg, Wuppertal und in der Beschwerde-Instanz das Landgericht

§ 6 Gesetz, betr. die Erwerbs- und Wirtschaftsgenossenschaften

Köln (vgl. Betriebsberater 49 S. 726). Anderer Ansicht KG (Der Betrieb 51, S. 151; Meulenbergh § 7 Anm. 2). Auch die neuere Gesetzgebung kennt die Eintragung des mehrfachen Sitzes. In § 62 Wertpapierbereinigungsgesetz vom 19. 8. 49 (WiGBl. 49) geht der Gesetzgeber von der Möglichkeit des Bestehens eines mehrfachen Sitzes aus; er erklärt das Wertpapierbereinigungsgesetz aber nur für anwendbar, wenn der zuerst eingetragene Sitz sich im Bundesgebiet befindet. Ferner wird im § 2 Absatz 3 der 35. DVO/UG für Geldinstitute mit Sitz oder Niederlassung außerhalb des Währungsgebietes bestimmt, daß die in den Westzonen bestehende Niederlassung eines solchen Unternehmens, soweit es registerpflichtig ist, als Sitz von Amts wegen in das Register einzutragen ist. Trotz dieser Rechtsprechung und der neuesten Gesetzgebung dürfte es aber nach wie vor angeraten sein, bei der Eintragung von Doppelsitzen besondere Vorsicht walten zu lassen. Die Rechtsprechung selbst bezeichnet den Charakter der Doppelsitzeintragung als eine durch die Zeitumstände, insbesondere die Zonentrennung, bedingte Hilfskonstruktion. Bei Wegfall dieser besonderen Umstände dürfte schon im Interesse der deutschen Rechtseinheit keine Veranlassung mehr bestehen, sich für mehr als einen Sitz zu entscheiden, wofür auch das Genossenschaftsgesetz spricht, indem es von „dem Sitz" der Genossenschaft spricht. Hieraus ist zweifelsohne der Wille des Gesetzgebers zu entnehmen, daß er nur einen einzigen Sitz für die Genossenschaft anerkennen wollte.

Wird die Verwaltung nach einem anderen als dem im Statut angegebenen Ort verlegt, so bedeutet das noch keine Sitzverlegung. Sitz der G ist maßgebend für den Gerichtsstand (ZPO 17). Der allgemeine Gerichtsstand der G ist zuständig für alle Klagen gegen die Mitglieder als solche (ZPO 22), und zwar auch gegen ausgeschiedene Mitglieder (BlfG 33 S. 715), sowie für Klagen der Mitglieder in dieser Eigenschaft gegeneinander (ZPO 22); der Gerichtsstand des Sitzes der eG gilt aber nur für die Geltendmachung von Rechtsansprüchen, die auf dem Mitgliedschaftsverhältnis als solchem beruhen, z. B. für Klagen auf Einzahlung rückständiger Pflichteinzahlungen usw. und nicht auch z. B. für Klagen, die gegen Mitglieder des Vorstands oder AR aus unerlaubter Handlung geltend gemacht werden (LG Berlin Raiff. R 53 S. 150). Änderung des Sitzes erfolgt im Wege der Statutenänderung, über das Verfahren vgl. KGJ 21 265 und über Sitzverlegung nach Auflösung der eG BlfG 34 S. 712. Für die weitere Registerführung wird im Falle der Verlegung des Sitzes nach einem außerhalb des Bezirks des bisherigen Registergerichts befindlichen Ort das Registergericht dieses letzteren Ortes zuständig (OLG 41 211). Es bedarf aber nicht einer besonderen Anmeldung, sondern nur eines Antrags auf Übernahme der G in dieses Register. Das neue Registergericht hat sich die Unterlagen von dem bisher zuständigen Gericht zu beschaffen (KGJ 21 265). Wird der Sitz in das Ausland verlegt, so hat dieser Beschluß die Auflösung der inländischen G zur Folge (RG 7 68, 88 53, 107 94 f. AG), es sei denn, daß dort für die Erlangung der Rechtsfähigkeit der G im wesentlichen das gleiche Recht gilt oder daß die dortigen Voraussetzungen für die Erlangung der Rechtsfähigkeit erfüllt werden (KG JFG 4 184 f. AG). Soll der Sitz der eG innerhalb des Bezirks eines Registergerichts verlegt werden, so ist auch hierfür eine Satzungsänderung erforderlich, da der Begriff „Sitz" nicht auf den Gerichtsbezirk, sondern auf eine bestimmte politische Gemeinde abstellt.

3. Der „Gegenstand des Unternehmens" der eG ist nicht identisch mit dem „Zweck" der eG; letzterer ist für alle G durch § 1 in gleicher Weise bestimmt (Förderung des Erwerbs oder der Wirtschaft der Mitglieder) und bedarf deshalb nicht der Aufnahme in die Satzung (LG Schneidemühl BlfG 36 S. 633). Der Gegenstand des Unternehmens ist das Mittel, mit dem die eG im Einzelfall ihren Zweck, die Förderung der Mitglieder, zu erreichen versucht. Der Gegenstand des Unternehmens muß sachlich derart bezeichnet werden, daß die in Aussicht genommenen Geschäftszweige in gemeinverständlicher Weise charakterisiert sind (KGJ 14 47, 34 151, 162; vgl. auch RG 62 98). Der satzungsmäßige Gegenstand des Unternehmens muß stets mit dem gesetzlichen Zweck einer jeden Genossenschaft — Förderung des Erwerbs oder der Wirtschaft ihrer Mitglieder mittels gemeinschaftlichen Geschäftsbetriebes — in Einklang stehen (BFH vom 4. 11. 55 BStBl 55 III S. 386). Einkaufsgen. können in der Satzung als Gegenstand des Unternehmens grundsätzlich auch den Betrieb eines Großhandelsunternehmens aufführen (LG München I, BlfG 38 S. 290). Aus der Beschränkung des Geschäftsgegenstandes ergeben sich Dritten gegenüber keine Beschränkungen der Vertretungsmacht des Vorstandes. Änderung des Gegenstandes vgl. 16².

Bei gemeinnützigen Wohnungsbaugenossenschaften muß sich der Gegenstand des Unternehmens satzungsmäßig und tatsächlich auf den laufenden Bau von Kleinwohnungen (§ 11 WGGDV) im eigenen Namen richten. Daneben können der Bau von Kleinwohnungen betreut sowie eigene und fremde Wohnungen (§ 7 Abs. 2 WGGDV) verwaltet werden. Eine Betätigung als ausführender Bauunternehmer ist ausgeschlossen (§ 6 Abs. 1 u. 2 WGG, §§ 6, 7 WGGDV). Sie können die nach § 6 Abs. 3 WGG, §§ 8 u. 9 i. V. m. § 4 WGGDV

§ 6   Gesetz, betr. die Erwerbs- und Wirtschaftsgenossenschaften

allgemein zugelassenen Geschäfte betreiben. Sonstige Geschäfte bedürfen im Verhältnis zur Anerkennungsbehörde einer Ausnahmegenehmigung gemäß § 6 Abs. 4 WGG, § 10 WGGDV, ihre Wirksamkeit Dritten gegenüber wird dadurch nicht berührt (BGH GWW 55 S. 27, BVerwG GWW 58 S. 57; GW 59 S. 27). Gegen die fehlerhafte Versagung einer beantragten Ausnahmegenehmigung kann die G nach Maßgabe der §§ 68 ff. Vw. 60 v. 21. 1. 60 (BGBl. I S. 17, geändert durch Ges. v. 8. 9. 61, BGBl. I, S. 1665) Klage vor dem Verwaltungsgericht erheben.

Der Geschäftsbetrieb soll durch die Satzung auf einen bestimmten Bezirk beschränkt werden, der nur mit Zustimmung der Anerkennungsbehörde den Verwaltungsbereich einer Gemeinde überschreiten darf (§ 2 Abs. 2 WGG, § 1 Abs. 2 WGGDV). Wegen des Betreibens von Kreditgeschäften s. insbes. § 9 Abs. 1 Buchst. a, b, c, WGGDV und Anm. 5 zu § 1.

Die Satzung soll ferner sicherstellen, daß a) die Mitglieder nicht überwiegend aus Angehörigen des Baugewerbes bestehen, b) Angehörige des Baugewerbes keinen bestimmenden Einfluß auf die Führung der Geschäfte ausüben (§ 4 WGG, §§ 3 Abs. 1—3, 4 WGGDV).

4. Die Form der Berufung der GV kann nicht mehr beliebig in der Satzung bestimmt werden. Abs. 2 der Ziff. 3, eingefügt durch Ges. vom 20. 12. 33 (RGBl I 1089) schreibt nämlich vor, daß die Berufung durch unmittelbare Benachrichtigung sämtlicher Genossen oder durch Bekanntmachung in einem öffentlichen Blatt zu erfolgen hat; die Bekanntmachung im Bundesanzeiger, der durch Gesetz vom 17. 5. 50 an die Stelle des Reichsanzeigers getreten ist (vgl. Anm. 8), genügt aber nicht. Für G, deren Satzung nur die Bekanntmachung im Bundesanzeiger vorsieht oder für die Bekanntmachung ein z. Z. nicht erscheinendes Blatt bestimmt, enthält Art. 2 Abs. 6 des Ges. vom 20. 12. 33 folgende Regelung:

„Ist im Statut einer Genossenschaft bestimmt, daß die Berufung der Generalversammlung nur durch Bekanntmachung im Deutschen Reichsanzeiger zu erfolgen braucht, oder ist für die Bekanntmachung ein Blatt bestimmt, das zur Zeit nicht erscheint, so muß die Generalversammlung, in der in Abänderung des Statuts andere Blätter für die Berufung der Generalversammlung bestimmt werden sollen, durch Bekanntmachung in einem der Blätter berufen werden, in denen die Eintragungen in das Genossenschaftsregister veröffentlicht werden. Veröffentlicht das Registergericht seine Eintragungen in das Genossenschaftsregister nur im Deutschen Reichsanzeiger, so hat es auf Antrag des Vorstandes ein oder mehrere Blätter zu bezeichnen, in denen die Berufung der Generalversammlung bekanntzumachen ist."

Kommentar § 6

Die GV muß am Sitz der G abgehalten werden, wenn die Satzung nicht etwas anderes bestimmt (RG 44 9 f. AG). Ein Verstoß hiergegen berechtigt zur Anfechtung der Generalversammlungsbeschlüsse gemäß § 51, weil die Berufung der Generalversammlung nicht ordnungsgemäß erfolgt ist (Bay. ObLG, NJW 59, S. 485 und Raiff.R 59 S. 146).

5. Das Gesetz sieht in § 47 lediglich die Eintragung der GV-Beschlüsse (nicht auch der gestellten Anträge) in ein Protokollbuch vor und bestimmt in § 6 Ziff. 3, daß das Statut Vorschriften für die Beurkundung der Beschlüsse enthalten muß. Es ist als ausreichend anzusehen, wenn das Statut vorschreibt, von wem die ins Protokollbuch eingetragenen Beschlüsse zu unterzeichnen sind. Im Protokoll anzugeben sind Tag und Ort der Verhandlung, die Person des Vorsitzenden, Hergang und Ergebnis der Beschlußfassung. Dagegen sind Angaben über die Art der Beschlußfassung (Abstimmungsweise usw.) entbehrlich (KGJ 34 200). Die Feststellung der Zahl der erschienenen Mitglieder ist dann erforderlich, wenn die Beschlußfähigkeit der GV von dieser Zahl nach dem Statut abhängig ist. Die Aufstellung einer Anwesenheitsliste ist nicht erforderlich, doch kann das Statut die Aufstellung vorschreiben; ist dies nicht der Fall und wird trotzdem eine solche Liste geführt, so haben die Genossen kein Recht auf Einsicht, da die freiwillige Führung einer Anwesenheitsliste eine interne Angelegenheit der G ist, aus der die Mitglieder keine Rechte für sich ableiten können. Die Eintragung ins Protokollbuch und die Unterzeichnung brauchen nicht in der GV selbst zu erfolgen, falls das Statut dies nicht ausdrücklich bestimmt. Auch die Verlesung des Protokolls gehört nicht zum gesetzlichen Mindestmaß der Beurkundungsform; sie ist deshalb nur dann erforderlich, wenn das Statut sie vorschreibt. — Während § 47 nur Ordnungsvorschrift ist, deren Verletzung die Gültigkeit der Beschlüsse nicht berührt, ist die Einhaltung der im Statut getroffenen Bestimmungen über die Beurkundung der Beschlüsse Voraussetzung für deren Rechtswirksamkeit und Eintragungsfähigkeit und vom Registerrichter nachzuprüfen (KGJ 35 190 und KG BlfG 10 S. 416; a. A. OLG Breslau BlfG 33 S. 161). Wird der Beschluß trotz mangelhafter satzungsmäßiger Beurkundung ins Genossenschaftsregister eingetragen, so ist der Mangel dadurch geheilt und der Beschluß rechtsgültig; dem Prozeßrichter ist dadurch die Nachprüfung der ordnungsmäßigen Beurkundung des Beschlusses entzogen (BlfG 34 S. 40).

Ein Beschluß kommt durch Abstimmung und Verkündung des Beschlusses durch den Versammlungsleiter zustande. Fehlte tatsächlich die erforderliche Mehrheit, dann nur Anfechtbarkeit des verkündeten Beschlusses (RG 60 414, 75 243, 116 87).

Der **Vorsitz in der Generalversammlung** kann auch einem Nichtmitgliede übertragen werden (a. A. ohne Begründung Meyer-Meulenbergh § 7 Anm. 4, während die Richtigkeit der hier vertretenen Ansicht durch den neugeschaffenen § 60 Abs. 2 bestätigt wird). Der Vorsitzende hat nur die formelle Leitung (über deren Umfang vgl. KG BlfG 57 S. 714 = NJW 57 S. 1680), materielle Befugnisse stehen ihm nicht zu; so kann z. B. nicht bestimmt werden, daß bei Stimmengleichheit seine Stimme entscheidend sein soll.

6. Sieht ein Statut die **unmittelbare Benachrichtigung der Genossen** vor, so müssen auch solche Mitglieder eingeladen werden, deren gegenwärtige Anschrift der eG nicht bekannt ist. Einladung muß dann unter der alten bekannten Anschrift erfolgen (RG BlfG 34 S. 269).

7. Eine Satzungsbestimmung, daß die **Berufung der GV** wahlweise entweder **schriftlich** oder durch Bekanntmachung **in einem** (näher bezeichneten) öffentlichen **Blatt** erfolgt, unterliegt keinen rechtlichen Bedenken (KG JFG **18** 358 = BlfG **39** S. 32).

8. Die Bestimmung, daß die Bekanntmachung im Reichsanzeiger nicht genügt, war nach dem Kriege solange gegenstandslos, bis durch das „Gesetz über Bekanntmachungen vom 17. 5. 50" (BGBl. 50 S. 183) an die Stelle des Deutschen Reichsanzeigers der Bundesanzeiger trat.

9. Die öffentlichen Blätter (eine oder mehrere Zeitungen bzw. Zeitschriften) **sind im Statut namhaft zu machen.** Jede Änderung, also auch der Ersatz eines eingegangenen Blattes, ist eine Statutänderung, die nur von der Generalversammlung beschlossen werden kann (16). Die für die Mitglieder bestimmten Bekanntmachungen, z. B. Einladungen, brauchen nicht in deutscher Sprache zu erfolgen, wohl aber die allgemeinen Bekanntmachungen, z. B. die der Bilanz (KGJ **4** 22; **22** 288). Nach KG BlfG 1900 S. 24 müssen *alle* Bekanntmachungen in deutscher Sprache geschehen.

§ 7
Notwendiger Inhalt des Statuts

Das Statut muß ferner[1] bestimmen:
1. ob die Genossen der unbeschränkten Haftpflicht oder nur der beschränkten Haftpflicht unterliegen[2];

2. den Betrag, bis zu welchem sich die einzelnen Genossen mit Einlagen beteiligen können (Geschäftsanteil)[3],
sowie die Einzahlungen auf den Geschäftsanteil, zu welchen jeder Genosse verpflichtet ist; dieselben müssen bis zu einem Gesamtbetrage von mindestens einem Zehnteile des Geschäftsanteils nach Betrag und Zeit bestimmt sein[4];
3. die Grundsätze für die *Aufstellung und die* Prüfung der Bilanz[5];
4. die Bildung eines Reservefonds[6], welcher zur Deckung eines aus der Bilanz sich ergebenden Verlustes zu dienen hat, sowie die Art dieser Bildung, insbesondere den Teil des jährlichen Reingewinns, welcher in den Reservefonds einzustellen ist, und den Mindestbetrag[7] des letzteren, bis zu dessen Erreichung die Einstellung zu erfolgen hat.

1. Weitere Vorschriften über den Inhalt des Statuts befinden sich auch noch in 36 Abs. 1 Satz 2 und 131 Abs. 2.

2. Nur unter einer der beiden Haftformen darf sich die eingetragene G konstituieren (§ 2). Wird im Statut eine andere Haftpflicht festgesetzt, darf dies nicht eingetragen werden; ist sie trotzdem eingetragen, so kann die G für nichtig erklärt werden (94 ff.). Die Angabe der gewählten Haftform ist vorgeschrieben, obwohl sie sich schon aus der zusätzlichen Bezeichnung in der Firma (§ 3) ergibt.

3. Geschäftsanteil bedeutet den satzungsmäßigen Höchstbetrag der statthaften Mitgliedereinlagen, wogegen der jeweilige Betrag, welchen die Einlagen eines Genossen erreichen, mit „Geschäftsguthaben" bezeichnet wird; zum Geschäftsguthaben gehören zugeschriebene Gewinnanteile, andererseits sind abgeschriebene Verluste zu berücksichtigen. Das Geschäftsguthaben kann nicht größer sein als der Geschäftsanteil (vgl. Paulick S. 180). Soweit die Einlagen den Betrag der Anteile übersteigen, sind sie nicht als Guthaben, unter Umständen aber als Darlehn zu behandeln. Unkündbare Kapitaleinlagen sind jedoch unzulässig (KGJ 34 175). Über die Zulässigkeit der Verpflichtung der Genossen zu weiteren Geldleistungen vgl. § 6 Anm. 1.
— Das Geschäftsguthaben bildet eine bedingte und betagte Forderung an die Genossenschaft (vgl. Richters, BlfG 36 S. 565) und gehört im übrigen während der Mitgliedschaft zu deren Vermögen. Die Rechtsnatur ist nicht unbestritten. Das dem Genossen nach seinem Ausscheiden aus der eG zustehende Geschäftsguthaben (das sog. Auseinandersetzungsguthaben 73) ist auch bei bestehender Mitgliedschaft pfändbar (66), es kann verpfändet (vgl. § 22 Anm. 5) und abge-

treten werden (OLG 6 193), doch ist diese Abtretung nicht zu verwechseln mit dem Ausscheiden durch Übertragung des Geschäftsguthabens (76). Vereinbarung zwischen Mitglied und Genossenschaft, daß das Geschäftsguthaben nicht abgetreten werden darf, zulässig (BlfG 16 S. 576). Dadurch wird aber das Geschäftsguthaben nicht der Pfändung entzogen. Die Frage, ob ein satzungsmäßiges Abtretungsverbot als vertragliches i. S. von § 399 BGB anzusehen ist, wird vom LG Freiburg (BlfG 37 S. 476) bejaht. Der Geschäftsanteil muß im Statut ziffernmäßig bestimmt sein, ein Mindest- oder Höchstbetrag ist nicht vorgeschrieben. Vgl. aber für Baugen. (§ 1 Anm. 11) das Gesetz über die Gemeinnützigkeit im Wohnungswesen vom 29. 9. 40 (RGBl. I S. 438) § 3 Abs. 2, wo die Anerkennung der Gemeinnützigkeit einer Baugen. u. a. auch davon abhängig gemacht ist, daß der Geschäftsanteil mindestens 300 RM beträgt. Der Geschäftsanteil muß für alle Mitglieder gleich bemessen sein (JW 01 S. 83; RG 64 187, 84 131). — Erhöhung des Geschäftsanteils 16 Abs. 2, Erhöhung im Liquidationsstadium 87 a, 139 a, Herabsetzung 22 Abs. 1, Zerlegung in gleiche Teile 133 a, Zusammenlegung der Geschäftsanteile 134 Anm. 1 Abs. 6, Zuschreibung des Gewinns 19. — Über den Charakter des sog. Geschäftsguthabenbuches 73 Anm. 3.

4. **Statut hat zu bestimmen:** a) Höhe des Geschäftsanteils, b) Gesamtbetrag der Pflichteinzahlungen (z. B. 50 v. H. des Geschäftsanteils), c) Beträge und Fristen für ratenweise Einzahlungen, *mindestens* für 10 v. H. des Geschäftsanteils. Beispiel für eine entsprechende Satzungsbestimmung: „Der Geschäftsanteil beträgt 500 DM, die Genossen sind verpflichtet, bis zur Höhe von 250 DM bare Einzahlungen zu leisten, bis zur Höhe von 50 DM monatlich 1 DM." Die Festsetzung von Einzahlungen über 50 DM hinaus nach Betrag und Zeit bis zur Erreichung eines Geschäftsguthabens von 250 DM bleibt dann der Generalversammlung vorbehalten (50); im übrigen erfordert die Änderung des Geschäftsanteils oder der Einzahlungen eine Statutenänderung, bei Herabsetzung ist überdies 22 zu beachten. Der Anspruch der G auf Leistung der Pflichteinzahlungen (in dem erwähnten Beispiel also 250 DM) ist bereits durch die Aufstellung der Satzung existent geworden; die Frage der jeweiligen Fälligkeit dieser Pflichteinzahlungen hat mit der Frage des Zeitpunktes der Entstehung der Forderung der G nichts zu tun. Daß es sich bei den satzungsmäßigen Pflichteinzahlungen um eine Schuld der Mitglieder handelt, ergibt sich auch aus 21, weil dort in Abs. 1 von „den geschuldeten Beträgen" bzw. in Abs. 2 von „den geschuldeten Einzahlungen" die Rede ist. Die Frage, ob die Höhe der Pflichteinzahlungen auf den Geschäfts-

anteil in der Satzung für die einzelnen Mitglieder ungleich (z. B. nach dem Umfang der Inanspruchnahme der genossenschaftlichen Einrichtungen) bemessen werden darf, ist ebenso zu entscheiden wie die Frage der Zulässigkeit der gestaffelten Pflichtbeteiligung mit mehreren Geschäftsanteilen (vgl. 134 Anm. 1 Abs. 2 u. die dort zit. Rechtspr.): Die verschiedene Bemessung der Einzahlungen ist also in der Gründungssatzung als statthaft anzusehen, während die nachträgliche Einführung einer gestaffelten Einzahlungspflicht durch Satzungsänderung nur mit Zustimmung aller Genossen erfolgen kann (letzterer Ansicht auch das KG JFG 5 277 = JW 28 S. 1604). Wenn auch grundsätzlich die Einzahlungen auf den Geschäftsanteil durch Barzahlung zu erfolgen haben, so sehen es doch RG in JW 30 S. 2685, OLG Stettin in JW 32 S. 3189 und RG 148 225 als zulässig an, daß der Genosse im Kontokorrent belastet wird, sofern die zur Aufrechnung kommenden Gegenforderungen des Genossen vollwertig sind. Im Konkurse der Genossenschaft hört die Verpflichtung zur Leistung von laufenden Einzahlungen auf (RG 73 410). Das gleiche gilt für den Fall der Auflösung (LG Berlin JW 34 S. 3077); vgl. aber 87 a. Gerät das Mitglied in Konkurs, so sind die fälligen Einzahlungen auf Geschäftsanteil als Konkursforderungen anzumelden. Vgl. dazu BlfG 29 S. 387. Tritt nach Eröffnung des Konkurses über einen Genossen Erhöhung des Geschäftsanteils ein, so ist nach § 3 Abs. 1 KO die Forderung aus dieser Erhöhung nicht Konkursforderung. Der Anspruch auf die Einzahlungen auf den Geschäftsanteil ist während des Bestehens der G nicht abtretbar und nicht pfändbar (RG 135 55); dagegen ist die Abtretung im Liquidationsstadium und im Konkurse der G nunmehr durch 88 a und 108 a ausdrücklich zugelassen, während bisher die Rechtsprechung die Abtretbarkeit auch in diesen Fällen verneint hatte (vgl. LG Berlin JW 34 S. 3077 u. KG BlfG 38 S. 326). Verjährung des Einzahlungsanspruchs in 30 Jahren (KG BlfG 33 S. 36, LG Berlin BlfG 33 S. 330). Keine Verwirkung des Einzahlungsanspruchs (BlfG 33 S. 159; KG BlfG 33 S. 36; LG Halberstadt JW 33 S. 2929; LG Berlin JW 34 S. 502; OLG Köln JW 34 S. 2869; AG Berlin-Tempelhof BlfG 35 S. 399; LG Berlin BlfG 36 S. 445; LG München II BlfG 36 S. 696).

Bei gemeinnützigen Wohnungsbaugenossenschaften soll die Höhe des Geschäftsanteils so festgelegt werden, daß er zusammen mit der von der Anerkennungsbehörde über § 4 hinaus bestimmten Mindestzahl von Genossen (vgl. § 4 Anm. 1) nach Maßgabe der örtlichen Verhältnisse eine ausreichende wirtschaftliche Unterlage schafft, mindestens aber auf einen Betrag von 300 DM. Die Satzung soll bestimmen, daß der Geschäftsanteil innerhalb dreier Jahre nach der Ein-

§ 7 Gesetz, betr. die Erwerbs- und Wirtschaftsgenossenschaften

tragung des Mitgliedes in die Liste der Genossen einzuzahlen ist. Die Anerkennungsbehörde kann die Anerkennung jedoch mit der Auflage verbinden, daß der Geschäftsanteil auf einen anderen Betrag oder auf eine andere Einzahlungsfrist festgesetzt wird (§ 3 Abs. 2 S. 1—3, § 2 WGGDV), außerdem, in welcher Höhe der Geschäftsanteil bis zur Anerkennung eingezahlt sein muß (§ 3 Abs. 2 S. 4 WGG). Dieser Vorschrift kommt lediglich für neugegründete Genossenschaften und insoweit Bedeutung zu, als die Wirksamkeit der Anerkennung gemäß § 18 WGG auf einen Zeitpunkt festgesetzt wird, in dem die gemäß § 7 Ziff. 2 GenG zu leistenden Einzahlungen — der überwiegenden Zahl der Genossen — noch nicht voll oder nicht bis zu dem von der Anerkennungsbehörde bestimmten Anteil geleistet worden sind.

Über Bilanzierung rückständiger Einzahlungen s. 33 e. Für rückständige Einzahlungen auf den Geschäftsanteil sind Verzugszinsen zu zahlen (RG BlfG 11 S. 338). **Abschreibung des Geschäftsguthabens** ist nicht gleichbedeutend mit der Herabsetzung des Geschäftsanteils. Grundsätzlich ist nur das *vorhandene* Geschäftsguthaben zum Zweck der Verlustdeckung mittels Abschreibung heranzuziehen, vgl. aber § 19 Anm. 2. Reichen die Geschäftsguthaben nicht, so bleibt nur Verlustvortrag (s. aber Anm. 6) oder Kapitalbildung durch Erhöhung der Einzahlungen oder des Geschäftsanteils selbst (RG **72** 236, **106** 403). Ist das Geschäftsguthaben infolge Abschreibungen ganz oder zum Teil verloren, so beginnt nach herrschender Ansicht für die Mitglieder die Einzahlungspflicht nicht wieder, soweit das Geschäftsguthaben durch *Einzahlungen* gebildet worden ist (RG **47** 141, **68** 93, **106** 403; BGHZ **15** 69 = ZfG 55 S. 237 Nr. 7 = NJW 54 S. 1844). Diese Ansicht erschwert Sanierungen. Pflicht zur Wiederauffüllung abgeschriebener Geschäftsguthaben besteht jedoch, soweit die Geschäftsguthaben aus Gewinnzuschreibungen bestanden haben. Soweit zur Kapitalbeschaffung der Geschäftsanteil erhöht worden ist oder durch Satzungsänderung die Übernahme weiterer Geschäftsanteile vorgesehen wurde (gleichmäßige Pflichtbeteiligung), bleibt der abgeschriebene Geschäftsanteil nominell bestehen und hat noch Bedeutung hinsichtlich der Haftsumme.

Zur Behandlung ausstehender Mindesteinzahlungen auf Geschäftsanteile bei der Aufstellung der DMEB und ihre Umstellung s. GWW 50 S. 216.

5. Über die Aufstellung der Bilanz 33 ff., Prüfung der Bilanz 38, 43, 48. Nach Art. 2 der VO über die Bilanzierung von Genossenschaften vom 30. 5. 33 (RGBl. I 317) **bedarf es der Bestimmung von Grundsätzen für die Aufstellung der Bilanz durch das Statut nicht**

Kommentar § 7

mehr, da diese VO die Bilanzierung der eG durch Einfügung der §§ 33 a—h in das GenG ausreichend geregelt hat. § 7 Ziff. 3 ist also insoweit hinfällig geworden. Den neuen gesetzlichen Vorschriften zuwiderlaufende Statutenbestimmungen sind unanwendbar. Erforderlich ist dagegen auch weiterhin die statutarische **Aufstellung von Grundsätzen für die Prüfung der Bilanz,** doch genügt es nach KGJ 14 38, wenn das Statut lediglich die im Gesetz vorgesehenen Bestimmungen über die Bilanzprüfung enthält.

Gemeinnützige Wohnungsbaugen. haben ihr Rechnungswesen nach Richtlinien zu führen, die der Spitzenverband, das ist der Gesamtverband gemeinnütziger Wohnungsunternehmen, Köln, mit Zustimmung der zuständigen obersten Landesbehörde aufstellt (§ 23 Abs. 1 WGGDV). Diese Prüfungsrichtlinien sind auch für die als gemeinnützig anerkannten Genossenschaften verbindlich (§ 25 Abs. 3 S. 1 u. 2 WGG). Die vom Gesamtverband gemeinnütziger Wohnungsunternehmen herausgegebene Mustersatzung (§ 19 Abs. 1 WGGDV) sieht dementsprechende Bestimmungen vor (s. Anm. 2 zu § 18).

6. Die **Bildung des Reservefonds** (gesetzliche Rücklage) zur Deckung eines aus der Bilanz sich ergebenden Verlustes ist **zwingend vorgeschrieben.** Statut oder Generalversammlung haben bei Verlusten zu bestimmen, ob der Reservefonds allein zur Deckung zu verwenden oder ob ein Teil des Verlustes unter Schonung des Reservefonds durch Abschreibung von den Geschäftsguthaben der Genossen zu decken oder auf neue Rechnung vorzutragen ist. Es bleibt dem Statut oder einfachen Generalversammlungsbeschlüssen überlassen, daneben noch sog. **Spezialreservefonds** (Rücklagen zu besonderem Zweck) zu bilden. — Der Ausscheidende hat keinen Anteil am Reservefonds (73). — Über die Heranziehung von Spezialreserven zur Verlustdeckung, aber auch über jede andere Art der Verwendung, entscheidet die Generalversammlung, wenn nicht durch Satzung oder einfachen Generalversammlungsbeschluß die Entschließung darüber dem Vorstand und Aufsichtsrat besonders vorbehalten ist. Das Delkrederekonto kann ohne Generalversammlungsbeschluß ohne weiteres zur Verlustdeckung herangezogen werden. Über **stille Reserven** § 33 c Anm. 1.

7. **Der satzungsmäßige Mindestbetrag des gesetzlichen Reservefonds** kann auch in einem Hundertsatz oder einem Bruchteil einer anderen variablen Summe, z. B. der Gesamtverpflichtungen der eG, festgesetzt werden (KGJ **15** 50). Die Bestimmung des Mindestbetrages ist nicht erforderlich, wenn die Verteilung des Gewinns an

die Genossen nach 20 durch die Satzung ausgeschlossen ist (KGJ 17 16). Soweit der satzungsmäßige Mindestbetrag durch Zuschreibungen noch nicht erreicht ist, kann er durch satzungsändernden Beschluß herabgesetzt werden (RG 28 58).

§ 8
Kannbestimmungen des Statuts

(1) Der Aufnahme in das Statut bedürfen Bestimmungen[1], nach welchen:
1. die Genossenschaft auf eine bestimmte Zeit beschränkt wird[2];
2. Erwerb und Fortdauer der Mitgliedschaft an den Wohnsitz innerhalb eines bestimmten Bezirks geknüpft wird[3];
3. das Geschäftsjahr, insbesondere das erste, auf ein mit dem Kalenderjahre nicht zusammenfallendes Jahr oder auf eine kürzere Dauer, als auf ein Jahr, bemessen wird[4];
4. über gewisse Gegenstände die Generalversammlung nicht schon durch einfache Stimmenmehrheit, sondern nur durch eine größere Stimmenmehrheit oder nach anderen Erfordernissen Beschluß fassen kann[5];
5. die Ausdehnung des Geschäftsbetriebes auf Personen, welche nicht Mitglieder der Genossenschaft sind, zugelassen wird[6].

(2) Genossenschaften, bei welchen die Gewährung von Darlehen Zweck des Unternehmens ist, dürfen ihren Geschäftsbetrieb, soweit er in einer diesen Zweck verfolgenden Darlehnsgewährung besteht, nicht auf andere Personen außer den Mitgliedern ausdehnen[7]. Darlehnsgewährungen, welche nur die Anlegung von Geldbeständen bezwecken, fallen nicht unter dieses Verbot.

(3) Als Ausdehnung des Geschäftsbetriebes gilt nicht der Abschluß von Geschäften mit Personen, welche bereits die Erklärung des Beitritts zur Genossenschaft unterzeichnet haben und von derselben zugelassen sind[8].

(4) *Konsumvereine (§ 1 Nr. 5) dürfen im regelmäßigen Geschäftsverkehr Waren nur an ihre Mitglieder oder deren Vertreter verkaufen. Diese Beschränkung findet auf landwirtschaftliche Konsumvereine, welche ohne Haltung eines offenen Ladens die Vermittlung des Bezugs von ihrer Natur nach ausschließlich für den landwirtschaftlichen Betrieb bestimmten Waren besorgen, hinsichtlich dieser Waren keine Anwendung*[9].

1. Allgemeines zu § 8: Die in § 8 angeführten Bestimmungen müssen nur dann ins Statut aufgenommen werden, **wenn sie über-**

haupt getroffen werden. Diese Art Bestimmungen werden hier nicht restlos aufgeführt. Andere s. 36, 65, 68, 76. Selbstverständlich ist der Inhalt des Statuts durch die in §§ 6—8 vorgesehenen und sonst aus dem Gesetze zu entnehmenden Vorschriften nicht erschöpft. Gerade die darüber hinausgehenden Satzungsvorschriften pflegen den G ihre Eigenart zu geben.

2. An den **Ablauf der im Statut bestimmten Zeit** hat sich die Liquidation anzuschließen (79). Fortsetzung nach rechtzeitiger Statutänderung möglich, also Beschluß der Generalversammlung und Eintragung in das Register *vor* Ablauf der Zeit erforderlich (16 Abs. 1, Abs. 4). Über Fortsetzung der eG *nach* Zeitablauf 79 a. Bestimmung der Zeitdauer durch Angabe des Zwecks erscheint wegen zu großer Unbestimmtheit unzulässig.

3. Der Bezirk braucht nicht ein konkret bezeichnetes Territorium zu sein; es genügt eine klare Bestimmung, die Schwierigkeiten bei Anwendung des § 67 ausschließt. Wirksam und eintragungsfähig ist deshalb der Beschluß der Vertreterversammlung einer Konsumgen., wonach der Wohnsitz im Ausbreitungsgebiet der G, d. h. in Gemeinden, in denen diese Verteilungsstellen (Läden) unterhält, entscheidet (LG München I, ZfG 55 S. 238 Nr. 11). Eine **statutarische Bindung der Mitgliedschaft an einen bezirklichen Wohnsitz** hat nicht die Unwirksamkeit des Beitritts von außerhalb des Bezirks wohnenden Personen zur Folge. Sie bewirkt auch nicht den automatischen Verlust der Mitgliedschaft eines seinen Wohnsitz in dem Bezirk aufgebenden Genossen, s. jedoch 67.

Bei gemeinnützigen Wohnungsbaugen. muß die Satzung bestimmen, daß die Mitglieder nicht überwiegend aus Angehörigen des Baugewerbes bestehen dürfen (s. § 6 Anm. 3 a. E.). Die vorgeschriebene Beschränkung des Geschäftsbetriebs auf einen bestimmten Bezirk schließt nicht aus, daß Genossen außerhalb des Bezirks wohnen (§ 1 Abs. 2 S. 3 WGGDV).

4. **Längere Rechnungsperiode als ein Jahr** ist durch HGB 39 verboten (vgl. aber die 17. DVO/UG in Verbindung mit der 26. DVO/UG: Hiernach ist die Verlängerung von Geschäftsjahren im Zusammenhang mit der Währungsreform möglich, so daß in diesem Fall die Rechnungsperiode ein Jahr überschreitet). Kürzere Rechnungsperiode ist als „Geschäftsjahr" zulässig, aber in der Praxis kaum mehr üblich. Das erste Geschäftsjahr beginnt mit der Ein-

tragung der G oder einem etwa im Statut bestimmten früheren Tage. Verlegung, Verkürzung oder Verlängerung des Geschäftsjahres hat keine rückwirkende Kraft (JFG **2** 230; **23** 183; KG in DR 42, 735).

5. „Einfache Stimmenmehrheit" bedeutet eine Stimmenzahl, die die Hälfte der abgegebenen Stimmen übersteigt, ist also gleichbedeutend mit „absoluter Stimmenmehrheit". „Qualifizierte" Mehrheit ist eine solche, bei der über die einfache Mehrheit hinausgegangen wird; „relative" eine solche, die hinter der einfachen Mehrheit zurückbleibt.

Eine geringere als einfache Stimmenmehrheit darf, wie sich aus 8 Abs. 1 Ziff. 4 ergibt, für keinen Beschluß im Statut vorgesehen werden. Dieser Grundsatz stellt selbstverständliches Recht dar, denn ein Beschluß kann nicht mit weniger als der Hälfte der abgegebenen Stimmen gefaßt werden. Etwas anderes gilt für Wahlen — z. B. zum Aufsichtsrat (36) —; sind für eine Aufsichtsratsstelle mehrere Kandidaten vorgeschlagen, genügt relative Mehrheit. Gewählt ist der Kandidat mit den meisten Stimmen.

Dagegen kann Satzung qualifizierte Mehrheiten vorschreiben. Außerdem kann in Satzung festgelegt werden, daß in bestimmten Fällen für die erste Beschlußfassung eine qualifizierte Mehrheit erforderlich ist, aber — sofern diese Mehrheit nicht erreicht wird — in einer weiteren Generalversammlung über denselben Gegenstand mit geringerer Mehrheit — insbesondere mit einfacher Mehrheit — Beschluß gefaßt werden kann. In diesem Falle muß in der Einladung zu der weiteren Generalversammlung ausdrücklich darauf hingewiesen werden, daß für die Beschlußfassung nunmehr eine geringere Mehrheit genügt (BGH vom 14. 12. 61 in NJW 62, S. 394; ZfG 63, I, S. 79 ff.). Außerdem schreibt das Gesetz selbst in bestimmten Fällen größere als einfache Mehrheiten vor, und zwar von **drei Vierteln der erschienenen Genossen** in § 16 (Änderung des Statuts, des Gegenstands des Unternehmens und Erhöhung des Geschäftsanteils), § 36 (Widerruf der Bestellung zum Aufsichtsratsmitglied), § 78 (Auflösung der G), § 79 a (Fortsetzung der aufgelösten G), § 93 b (Verschmelzung), § 132 (Erhöhung der Haftsumme), § 133 a (Zerlegung von Geschäftsanteil und Haftsumme), § 144 (Umwandlung) und **drei Vierteln aller Genossen** in § 78 b (Auflösung einer Kreditgen.), § 87 a Abs. 4 (Geschäftsanteilserhöhung nach Auflösung).

Die Bestimmungen des Statuts über die **Abstimmung** müssen so getroffen werden, daß das für alle Mitglieder gleiche Stimmrecht (§ 43) nicht berührt wird. Bei Stimmengleichheit gilt deshalb ein Antrag als abgelehnt; es würde gegen § 43 verstoßen, dem Vorsitzenden die Möglichkeit des Stichentscheids zu geben.

6. Die **Ausdehnung des Geschäftsbetriebes auf Nichtmitglieder** ist grundsätzlich zulässig (Ausnahmen Abs. 2 u. 4), muß jedoch im Statut ausdrücklich festgelegt werden. Hier ist nur an den Geschäftsbetrieb gedacht, in dem der Zweck der Genossenschaft (Förderung der Mitglieder) sich betätigt. Die nachträgliche Aufnahme einer Bestimmung in das Statut, wonach die Ausdehnung des Geschäftsbetriebes auf Nichtmitglieder zugelassen wird, stellt keine Änderung des Gegenstandes des Unternehmens dar; für sie gelten deshalb nicht die für die Änderung des Gegenstandes des Unternehmens im Statut vorgesehenen erschwerenden Bestimmungen (ebenso Simmet BlfG 55 S. 246). Wird der Geschäftsbetrieb, ohne daß es im Statut zugelassen ist, auf Nichtmitglieder ausgedehnt, so ist das Rechtsgeschäft mit einem Nichtmitglied zwar gültig, doch machen sich die Mitglieder des Vorstandes und des Aufsichtsrates nach 34, 41 für entstehenden Schaden der Genossenschaft verantwortlich.

Gemeinnützige Wohnungsbaugenossenschaften dürfen im Falle der Ausdehnung des Geschäftsbetriebs auf Nichtmitglieder den satzungsmäßig zugelassenen Kreis grundsätzlich nicht auf bestimmte Personen sowie auf eine bestimmte Zahl oder Gruppe von Personen beschränken. Ausnahmen ergeben sich aus § 5 Abs. 1 S. 2 WGG, § 5 WGGDV. § 5 Abs. 2 WGGDV entbindet Vorstand und AR jedoch bei satzungswidriger Überlassung von Wohnungen an öffentlich-rechtliche Körperschaften, die die Mitgliedschaft nicht erworben haben, nicht von ihrer Verantwortlichkeit. Siehe im übrigen § 1 Anm. 3.

7. Das gesetzliche Verbot von Nichtmitgliederkrediten bei Kreditgenossenschaften erscheint zumindest de lege ferenda nicht mehr gerechtfertigt. Daß solche Nichtmitgliedergeschäfte nicht gegen das Wesen der Genossenschaft verstoßen, folgt bereits aus § 8 Abs. 1 Ziff. 5. Die Beschränkung bei Kreditgenossenschaften kann nur noch historisch verstanden werden und hatte ihre Rechtfertigung insbesondere in der ursprünglich bestehenden unbeschränkten Haftpflicht der Mitglieder.

Das Verbot hat eine Genossenschaft zur Voraussetzung, bei welcher die Gewährung von **Darlehen an die Mitglieder** Zweck des Unternehmens ist. Das ist zu entnehmen aus den Worten „nicht auf andere Personen außer den Mitgliedern, *ausdehnen*...". Genossenschaften, bei welchen die Gewährung von Darlehen an Mitglieder nicht Zweck des Unternehmens ist, können also nicht unter das Verbot von 8 Absatz 2 fallen. Aus 1 und 8 GenG geht nicht hervor, daß Genossenschaften nur Kredite an Mitglieder geben dürfen. Es kommt vielmehr lediglich auf die Zweckbestimmung der Genossenschaft an;

genossenschaftliche Teilzahlungsbanken z. B. sind keine „Vorschuß- und Kreditvereine" im Sinne von 1 Ziffer 1 und damit keine Kreditgenossenschaften, sondern Genossenschaften besonderer Art (vgl. 1 Anm. 4), deren Errichtung nach 1 ohne weiteres möglich ist. Über die Unzulässigkeit von Ausschließlichkeitsklauseln in den Satzungen von genossenschaftlichen Teilzahlungsbanken, vgl. BGHZ 13 33 = ZfG 55 S. 378 Nr. 1 = BlfG 54 S. 237.

Das Verbot des § 8 Abs. 2 bezieht sich nur auf Darlehnsgeschäfte, nicht auf sonstige Geschäftszweige; untersagt ist die Darlehnsgewährung nur insoweit, als sie den Zweck des Unternehmens bildet. Dagegen unbeschränkt zulässig Darlehnsgewährungen außerhalb des satzungsmäßigen Zweckgeschäfts z. B. im Rahmen der sogenannten Hilfsgeschäfte, die der Aufrechterhaltung des Geschäftsbetriebes im technischen Sinne dienen (Kauf und Verkauf von Inventar). Zulässig sind als Geschäfte mit Nichtmitgliedern ohne weiteres Annahme von Spareinlagen und Depositen, Ankauf von Wechseln, sofern die Diskontierung nicht bloß als Form erscheint, unter welcher eine Darlehnsgewährung verwirklicht werden soll, Ankauf und Verkauf von Wertpapieren oder Kaufgeldrestforderungen, Unterbringung von Geldern bei Banken oder bei anderen Genossenschaften, wenn es sich um Anlage müßiger Gelder handelt. — Das entgegen dem Verbot vorgenommene Geschäft ist gültig, RG JW 28, S. 218, verpflichtet aber die handelnden Vorstandsmitglieder zum Schadensersatz. — Ordnungsstrafe vgl. 160. Die Gewährung von Kredit an Nichtmitglieder hat auch steuerliche Folgen. Nach § 33 der Verordnung zur Durchführung des Körperschaftgesetzes vom 6. 6. 62 (vgl. Anhang) wird die Steuer auf ein Drittel ermäßigt bei Kreditgenossenschaften, die Kredite **ausschließlich** an ihre Mitglieder gewähren. Wenn ein Kredit an ein Nichtmitglied gewährt wird, ist die volle Körperschaftsteuer zu entrichten. Zum Inhalt der Begriffe „Kreditgenossenschaft" und „Kredit", zur Frage der zeitlichen Abgrenzung des steuerunschädlichen Kreditschuldverhältnisses, zur Regelung der Mitgliedschaft von Gesellschaften bei Kreditgenossenschaften und zu den Maßnahmen bei Umwandlung der Rechtsform des Kreditnehmers während des Bestehens eines Kreditschuldverhältnisses vgl. Baumann-Bieling „Steuerfragen für Kreditgenossenschaften" Wiesbaden 1958 und bundeseinheitliche Erlasse der Finanzminister der Länder, insbesondere Erlaß des Finanzministers des Landes Schleswig-Holstein vom 11. 9. 61 (BStBl. II S. 149).

Das neue KWG enthält in den §§ 13 bis 19 eine Reihe von Bestimmungen über das Kreditgeschäft der Kreditinstitute (vgl. Anm. 5). Es sind dem Bundesaufsichtsamt für das Kreditwesen anzuzeigen:

Gemäß § 13 KWG Großkredite, die mehr als 15% des haftenden Eigenkapitals ausmachen, gemäß § 14 KWG die Millionenkredite und gemäß § 16 KWG die Verwaltungs- und Angestelltenkredite. Diese Bestimmungen jetzt nur noch Meldevorschriften. §§ 10 und 11 KWG legen die Mindestanforderungen an die Eigenkapitalausstattung und Liquiditätshaltung der Kreditinstitute fest, näher bestimmt in den „Grundsätzen über das Eigenkapital und die Liquidität der Kreditinstitute" (Bekanntmachung Nr. 1/62 des Bundesaufsichtsamtes für das Kreditwesen vom 8. 3. 62 — BAnz. Nr. 53 — mit Berichtigung vom 17. 3. 62 BAnz. Nr. 57); vgl. auch Anhang F und G.

Bei gemeinnützigen Wohnungsbaugenossenschaften, die eine eigene Spareinrichtung unterhalten (§ 1 Anm. 5), gehört die Gewährung von Darlehen an die Mitglieder in aller Regel nicht zum Zweck des Unternehmens. Ihre Zulässigkeit richtet sich im übrigen nach § 9 Abs. 1 Buchst. a, c WGG, § 10 WGGDV.

8. Ausnahme wegen 15 Abs. 3.

9. § 8 Abs. 4 ist durch Gesetz v. 21. 7. 54 (BGBl. I S. 212) aufgehoben worden, nachdem seine Anwendung schon seit Kriegsende ausgesetzt worden war. Es gilt deshalb nunmehr auch für Konsumvereine § 8 Abs. 1 Ziff. 5, wonach die Ausdehnung des Geschäftsbetriebes auf Personen, die nicht Mitglieder der Genossenschaft sind, durch das Statut zugelassen werden kann. Das Nichtmitgliedergeschäft muß aber wie bei allen anderen Genossenschaftsarten auch bei Konsumvereinen unmittelbar der Förderung des Erwerbs oder der Wirtschaft der Mitglieder im Sinne von § 1 GenG dienen (typischer Fall bei Konsumvereinen ist der Werbeverkauf an Nichtmitglieder).

Durch die Aufhebung von § 8 Abs. 4 ist auch das bisherige Verbot für die landwirtschaftlichen Genossenschaften in wegfall gekommen, ihrer Natur nach nicht ausschließlich für den landwirtschaftlichen Betrieb bestimmte Waren an Nichtmitglieder zu verkaufen.

Zugleich mit § 8 Abs. 4 mußten folgerichtig auch die §§ 31, 152 und 153 aufgehoben werden.

§ 9
Vorstand und Aufsichtsrat

(1) **Die Genossenschaft muß einen Vorstand und einen Aufsichtsrat haben**[1].

(2) **Die Mitglieder des Vorstandes und des Aufsichtsrats müssen Genossen sein**[2]. Gehören der Genossenschaft einzelne eingetragene

Genossenschaften als Mitglieder an, oder besteht die Genossenschaft ausschließlich aus solchen, so können Mitglieder der letzteren in den Vorstand und den Aufsichtsrat berufen werden[3].

1. **Jede Genossenschaft muß drei Organe haben:** Einen Vorstand, dem die Geschäftsführung und Vertretung obliegt (24—35), einen Aufsichtsrat als überwachendes Organ (36—41) und die Generalversammlung als oberstes Willensorgan (43 ff.).

Neben diesen notwendigen Organen kann die Satzung, wie sich aus 27 Abs. 2 S. 2 ergibt, weitere Organe (etwa einen Beirat oder Genossenschaftsrat) vorsehen, denen aber keine Befugnisse übertragen werden dürfen, die den gesetzlich vorgeschriebenen Organen unentziehbar zustehen (RG 73 406; JW 10 S. 626). Ein Bedürfnis für solche weiteren Organe dürfte jedoch in der Regel nicht bestehen, da die G mit den gesetzlich vorgesehenen Organen voll funktionsfähig sind. Über die Beteiligung der Arbeitnehmer im Aufsichtsrat von Genossenschaften mit mehr als 500 Arbeitnehmern nach dem Betriebsverfassungsgesetz siehe § 36 Anm. 3 Abs. 7.

Für gemeinnützige Wohnungsunternehmen ist durch § 1 Abs. 1 WGGDV auch gemeinnützigkeitsrechtlich die Bildung eines Aufsichtsrats vorgeschrieben. Gemeinnützige Wohnungsbaugenossenschaften müssen bei der Bildung ihrer Organe die Vorschriften über die Unabhängigkeit von Angehörigen des Baugewerbes (§ 4 WGG, §§ 3, 4 WGGDV) beachten. Zu Mitgliedern des Vorstandes und AR dürfen nur Personen bestellt werden, bei denen keine Tatsachen vorliegen, die Zweifel an ihrer geschäftlichen Zuverlässigkeit rechtfertigen (§ 13 WGG).

2. **Vorstands- und Aufsichtsratsmitglieder müssen zwar während ihrer Amtsführung Genossen sein,** aber nicht schon zur Zeit ihrer Wahl (RG 144 384). Neu gewählte Vorstandsmitglieder, die noch nicht Genossen sind, dürfen ihre eigenen Beitrittserklärungen behufs ihrer Eintragung in die Genossenliste einreichen (KGJ 18 32). Schadenersatzpflicht bei Unterlassung des Beitritts BlfG 31 S. 437, 617. Liegt eine schriftliche Erklärung über Wahlannahme vor, so wird darin ein Beitrittsversprechen zu finden sein, dessen Erfüllung erzwungen werden kann (RG 40 46). Die G kann aber auch dem Gewählten eine angemessene Beitrittsfrist setzen und ihm nach fruchtlosem Ablauf der Frist die in der Wahl liegende Zulassung zur Mitgliedschaft wieder entziehen, ihn auch aus seiner Organstellung durch die Generalversammlung entlassen (vgl. BlfG 31 S. 331 und RG 144 384 = JW 34 S. 2132). Der Ansicht Lägels (BlfG 35 S. 698), daß

der Gewählte seinen Anspruch auf Mitgliedschaft und Organstellung nach Ablauf angemessener Frist *ohne* Fristsetzung verliere, kann nicht beigetreten werden. Diese Auffassung widerspricht auch den in RG 147 257 entwickelten Grundsätzen (vgl. auch 15 Anm. 5, 24 Anm. 2, 40 Anm. 1). Amtieren Nichtgenossen als Vorstands- oder Aufsichtsratsmitglieder, so haften sie wie ordnungsmäßig bestellte Organmitglieder (RG 144 394 und 152 273); ihnen kommt aber auch eine Entlastung und die 5jährige Verjährungsfrist der §§ 34 u. 41 zugute. Notvorstände brauchen nicht Mitglieder der eG zu sein. Wenn keine geeigneten Mitglieder zur Verfügung stehen, muß dennoch Vorsorge für die Vertretung und Geschäftsführung in analoger Anwendung des § 29 BGB getroffen werden; § 29 BGB ist nach herrschender Meinung auch auf Genossenschaften anwendbar (BGH 18, 337).

3. **Nur wenn die Genossenschaft** ausschließlich **aus Genossenschaften besteht** (Zentralgenossenschaft) oder einzelne Genossenschaften zu Mitgliedern hat, können Mitglieder der Mitgliedsgenossenschaften in den Vorstand oder AR berufen werden, ohne für ihre Person die Mitgliedschaft erwerben zu müssen. Diese Ausnahme gilt also nicht für Mitglieder einer anderen juristischen Person oder Handelsgesellschaft, die Mitglied der Genossenschaft ist (RJA 11 31 = BlfG 27 S. 706). Voraussetzung ist die Mitgliedschaft bei einer Mitgliedsgenossenschaft zum Zeitpunkt der Berufung in den Vorstand oder Aufsichtsrat. Nach Sinn und Wortlaut keine Bedenken, wenn Mandat für laufende Amtsperiode bestehen bleibt, obwohl Mitgliedschaft in der Mitgliedsgenossenschaft erloschen ist. Wenn aber z. B. Vorstandsmitglieder „bis auf weiteres" bestellt sind, können sie gemäß § 9 Abs. 2 nicht länger Mitglied des Vorstandes oder AR der Zentralgenossenschaft sein.

§ 9 Abs. 2 gilt nicht für Aufsichtsratsmitglieder, die nach Betriebsverfassungsgesetz von den Arbeitnehmern gewählt werden.

§ 10
Eintragung des Statuts und Vorstandes in das GenReg.

(1) Das Statut sowie die Mitglieder des Vorstandes sind in das Genossenschaftsregister bei dem Gerichte einzutragen, in dessen Bezirke die Genossenschaft ihren Sitz hat[1].

(2) Das Genossenschaftsregister wird bei dem zur Führung des Handelsregisters zuständigen Gerichte geführt[2].

§ 10   Gesetz, betr. die Erwerbs- und Wirtschaftsgenossenschaften

1. **Abs. I**: **Die Eintragung des Statuts erfolgt** aufgrund der Anmeldung des Vorstands (11) nach 15 Abs. 2—5 AV **auszugsweise, die der Vorstandsmitglieder nach 18 AV**. Zugleich sind die Unterzeichner des Statuts als erste Mitglieder einzutragen (29 Abs. 2 AV). Die Aufsichtsratsmitglieder werden nicht eingetragen (KGJ 18 36). Das eingetragene Statut ist vom Gericht im Auszug zu veröffentlichen (12). Mit der Eintragung erlangt die G die Rechtsstellung einer juristischen Person (17). Über die Heilbarkeit rechtlich mangelhafter Registeranmeldungen vgl. Richert NJW 58 S. 894.

2. **Abs. II**: **Das Genossenschaftsregister wird von dem Amtsgericht geführt, in dessen Bezirk die eG ihren Sitz hat** (125 FGG). Einheitliche Bestimmungen über die äußere Einrichtung und Führung des Registers und seiner Beilage, der Liste der Genossen, enthält die im Anhang abgedruckte VO über das Genossenschaftsregister vom 22. 11. 23 in der Fassung vom 19. 2. 34 (AV) und die dazu ergangenen Ausführungsbestimmungen der Länder. Darüber hinaus gelten nach 147 Abs. 1 FGG die §§ 127—131, 142, 143 FGG.

Vor Eintragung des Statuts hat das Registergericht nach 15 Abs. 1 AV zu prüfen, ob das Statut den Vorschriften des Gesetzes genügt, insbesondere, ob die in dem Statut bezeichneten Zwecke der Genossenschaft den Voraussetzungen des § 1 des Gesetzes entsprechen und ob das Staut die erforderlichen Bestimmungen der §§ 6, 7, 36 Abs. 1, 131 Abs. 2 enthält. Nach 29 Abs. 2 AV ist weiter zu prüfen, ob die Unterzeichner des Statuts in der vom Vorstand einzureichenden Liste der Genossen aufgeführt sind.

Die **Löschung unzulässiger Eintragungen** kann nicht im Beschwerdewege nach 19 FGG, sondern nur nach 142 FGG erfolgen.

Das Registergericht ist u. a. für folgende Tätigkeiten zuständig:

a) *Eintragungen* in das Genossenschaftsregister: 10 (Statut); 16 (Satzungsänderungen); 10, 28 (Vorstandsmitglieder); 14 (Zweigniederlassung); 78 ff. (Auflösung); 84, 85 (Liquidatoren); 93 a (Verschmelzung); 102 (Eröffnung des Konkursverfahrens); 143 (Umwandlung);

Eintragungen in die Liste der Genossen:
15 (Beitritt); 137 (Erwerb weiterer Geschäftsanteile); 70 ff. (Ausscheiden); 71 (Vormerkung des Ausscheidens).

b) Veröffentlichungen 156;

c) Erteilung von Abschriften 156, AV 26, HGB 9 Abs. 2;

d) Einsichtgewährung 156, HGB 9 Abs. 1;

e) Ordnungsstrafen 160.

§ 11
Anmeldung zur Eintragung

(1) Die Anmeldung behufs der Eintragung liegt dem Vorstande[1] ob.

(2) Der Anmeldung sind beizufügen[2]:
1. das Statut, welches von den Genossen unterzeichnet sein muß, und eine Abschrift desselben[3];
2. eine Liste der Genossen[4];
3. eine Abschrift der Urkunden über die Bestellung[5] des Vorstandes und des Aufsichtsrats[6];
4. die Bescheinigung eines Prüfungsverbandes, daß die Genossenschaft zum Beitritt zugelassen ist[7].

(3) Die Mitglieder des Vorstandes haben zugleich die Zeichnung ihrer Unterschrift in öffentlich beglaubigter Form einzureichen[8].

(4) Die Abschrift des Statuts wird von dem Gerichte beglaubigt und, mit der Bescheinigung der erfolgten Eintragung versehen, zurückgegeben. Die übrigen Schriftstücke werden bei dem Gerichte aufbewahrt.

1. **Allgemeines zu § 11:** Die Bestimmungen betreffen nur neu gegründete G, für Statutenänderungen ist 16 maßgebend. **Die Anmeldung geschieht** durch sämtliche Mitglieder des Vorstandes durch Einreichung in beglaubigter Form (157). Die Unterschrift vor dem Gericht ist seit dem 28. 8. 69 nicht mehr zulässig. Die Mitwirkung bei der Anmeldung kann durch die Genossenschaft im Wege der Klage erzwungen werden, wenn keine besonderen Gründe die Weigerung rechtfertigen. Auch kann eine Schadensersatzpflicht entstehen. Das Registergericht hat jedoch keine Möglichkeit, Vorstandsmitglieder zur Anmeldung zu zwingen. Ist die Beglaubigung durch einen Notar erfolgt, so ist dieser zur Anmeldung berechtigt (FGG 129, 147). Über Anmeldung zu dem Gericht der Zweigniederlassung 14, 157 Abs. 2 Rücknahme von Anmeldungen formlos.

2. Bedarf das Unternehmen einer eG **staatlicher Genehmigung,** so hat das RegGer. die Eintragung von der Vorlegung der Genehmigungsurkunde abhängig zu machen (KGJ 24 205; KG HRR 36 Ziff. 410 = BlfG 36 S. 285). So z. B. für Kreditgenossenschaften Nachweis der Erlaubnis gemäß § 32 neues KWG erforderlich (§ 43 neues KWG) — siehe auch Runderlaß des Bundesjustizministeriums vom 6. 2. 63 — Az.: 7200 — 2 — 34130/62.

§ 11   Gesetz, betr. die Erwerbs- und Wirtschaftsgenossenschaften

3. Über Unterzeichnung des Statuts 5 Anm. 1. Das Statut selbst braucht nicht handschriftlich hergestellt zu sein. Als Abschrift des Statuts genügt eine einfache (unbeglaubigte) Abschrift (AV 8 Abs. 2).

4. Die Liste der Genossen kann nur diejenigen aufführen, die das Statut unterzeichneten (AV 29 Abs. 2). Auch die Gründergenossen werden erst mit ihrer Eintragung in die gerichtliche Liste im Rechtssinne Genossen (RG JW 36 S. 2919). Die Liste wird vom Gericht selbst weitergeführt, ist öffentlich (AV 26). Einheitliches Formular enthält die AV (27).

5. Über die **Bestellung des ersten Vorstandes und Aufsichtsrats** enthält das Gesetz keine Bestimmung; es setzt aber die Anwendbarkeit der für die bereits eingetragene G geltenden gesetzlichen und satzungsmäßigen Vorschriften voraus. Da nach 36 der Aufsichtsrat von der Generalversammlung gewählt wird, sieht das Gesetz offenbar die Gründerversammlung der noch nicht eingetragenen G schon als Generalversammlung an, vgl. für die GmbH RJA 11 211; üblich ist es denn auch, die Wahlen nach den Bestimmungen des zur Eintragung kommenden Statuts durch die Gründerversammlung vornehmen zu lassen.

6. Unbeglaubigte **einfache Abschrift des Wahlprotokolls genügt.** Aus der Abschrift der Urkunde muß sich die ordnungsmäßige Bestellung ergeben. Die Einreichung unrichtiger Abschriften unterliegt der Strafvorschrift 147. Nur über die *erste* Bestellung des Aufsichtsrats ist Abschrift der Urkunde einzureichen. Eintragung der Aufsichtsratsmitglieder erfolgt nicht. Veränderungen im Personalbestande des Aufsichtsrats sind nicht anzumelden.

7. Ziffer 4 ist eingefügt durch Art. II des Ges. vom 30. 10. 34, da nunmehr jede eG einem Prüfungsverbande angehören muß (54). Nachdem die Prüfungsverbände seit der Neuregelung des Prüfungswesens in erster Linie Aufgaben im öffentlichen Interesse wahrnehmen, auch wenn sie daneben noch Interessenvertretungen sein können, sind sie verpflichtet, jeden Aufnahmeantrag einer in Gründung befindlichen G ordnungsgemäß zu prüfen und ihn nur abzulehnen, wenn eine Prüfung der G begründete Bedenken gegen ihre Aufnahme, und zwar insbesondere wegen ihres zukünftigen Bestehens im Wettbewerb, ergibt; eine Bedürfnisprüfung scheidet damit aus (so auch Bömcke ZfG 56 S. 233 unter b). Lehnt ein Prüfungsverband die Aufnahme ohne einen in der G begründeten triftigen Grund ab, so kann die Aufsichtsbehörde dem Prüfungsverband auf Grund von § 64 die Auflage erteilen, die G. aufzunehmen. Kommt der Prüfungsverband der Auflage nicht nach, so kann ihm die Aufsichtsbehörde die Entziehung des Prüfungsrechts nach § 64 a androhen. Sieht dagegen die Aufsichtsbehörde von einem Einschreiten gegen den Prüfungsverband ab, so kann die G gegen die Entscheidung der Aufsichtsbehörde nach geltendem Recht, das insoweit eine offensichtliche Lücke aufweist, nur den Rechtsweg vor den Verwaltungsgerichten beschreiten. BGH (ZfG Bd. 13 — 1963 — Seite 332 ff.) hat für Klage einer Genossenschaft auf Aufnahme in den Prüfungsverband Zivilrechtsweg zugelassen. BGH schließt damit nicht aus, daß im Verwaltungsverfahren Klage bei den Verwaltungsgerichten zulässig ist (vgl. auch 64 a Anm. 1).

Wohnungsbaugenossenschaften, die als gemeinnützige Wohnungsunternehmen anerkannt sind (vgl. § 1 Anm. 11), müssen einem nach § 14 WGG zugelassenen Prüfungsverband von Wohnungsunternehmen angehören. Das sind in der Bundesrepublik und Berlin die im Anhang unter KIV aufgeführten Verbände. Zur Frage der Aufnahmepflicht: Riebandt-Korfmacher, GWW 54 S. 121, 269; Bömcke, GWW 54 S. 265; von Caemmerer/Riebandt-Korfmacher „Pflichtmitgliedschaft bei Prüfungsverbänden; Rechtsbehelfe gegen die Verweigerung der Aufnahme in einen Prüfungsverband", Referate und Materialien zur Reform des Genossenschaftsrechts, 3. Bd. S. 7, 23.

8. Anmeldung und Zeichnung können durch *eine* Beglaubigung verbunden werden. Die Beglaubigung der Unterschriften genügt. Beglaubigung nach Beurkundungsgesetz vom 28. 8. 69 grundsätzlich nur noch durch Notar; Ausnahmen nur im Rahmen von § 63 Beurkundungsgesetz, soweit Landesrecht dies für öffentliche Beglaubigung von Abschriften oder Unterschriften vorsieht.

§ 12
Veröffentlichung des Statuts

(1) Das eingetragene Statut ist von dem Gericht im Auszug zu veröffentlichen[1].
(2) Die Veröffentlichung muß enthalten[2]:
1. das Datum des Statuts,
2. die Firma und den Sitz der Genossenschaft,
3. den Gegenstand des Unternehmens[3],
4. die Zeitdauer der Genossenschaft, falls diese auf eine bestimmte Zeit beschränkt ist.

§ 13 Gesetz, betr. die Erwerbs- und Wirtschaftsgenossenschaften

1. Die jetzige Fassung des § 12 beruht auf dem Ges. vom 12. 5. 23 (RGBl I 288). Sie bezweckt Ersparung von Kosten, vgl. Anm. 4.

Über die *Blätter*, in denen die Veröffentlichung erfolgt, 156, AV 5. Nur der Auszug ist zu veröffentlichen.

Gegen Erlegung der Kosten hat das Gericht Abschriften von Eintragungen in das Genossenschaftsregister (auch aus der Liste der Genossen) zu erteilen (156 Anm. 2). Die Liste der Genossen ist nicht ein Teil des Genossenschaftsregisters, sondern eine Beilage desselben (AV 27), es gelten aber hierfür dieselben Grundsätze (AV 26).

2. **Andere Bestimmungen hat der zu veröffentlichende Auszug nicht zu enthalten.** Über die Ersatzpflicht für die von dem Gericht zu Unrecht bewirkte Insertion KGJ 46 292; dieser Beschluß beruhte auf § 10 PrGKG, ebenso ein Beschluß vom 28. 1. 27, Dtsch. landwirtsch. Genossenschaftspresse S. 94. In fast allen Ländern sind Erlasse bekanntgegeben, durch die den Gerichten zur Pflicht gemacht wird, bei den Veröffentlichungen den Genossenschaften keine unnötigen Kosten zu verursachen.

3. **Zweck und Gegenstand des Unternehmens sind nicht identisch** (6 Anm. 3). Bezieht sich eine Satzungsbestimmung nur auf den Zweck der G, so hat deshalb eine Veröffentlichung nicht stattzufinden (LG Schneidemühl, BlfG 36 S. 633).

§ 13
Bedeutung der Eintragung

Vor der Eintragung in das Genossenschaftsregister ihres Sitzes hat die Genossenschaft die Rechte einer eingetragenen Genossenschaft nicht.

Erst mit der Eintragung in das Genossenschaftsregister erlangt die Genossenschaft die Rechtsstellung einer juristischen Person (17) und unterliegt in vollem Umfang den Vorschriften des GenG. Für den im GenG nicht geregelten und deshalb nach allgemeinen Rechtsvorschriften zu beurteilenden Rechtszustand vor der Eintragung gilt folgendes:

1. **Vor Errichtung des Statuts** fehlt es in der Regel an der körperschaftlichen Verfassung und Organisation und einem vom Mitgliederbestand unabhängigen Zusammenschluß. Deshalb bilden die Gründer der nichteingetragenen G bis zum Zeitpunkt der Aufstellung des Statuts eine Gesellschaft des bürgerlichen Rechts (705 ff. BGB). Da diese rechtlich selbständig ist, kann eine unmittelbare Berechtigung und Verpflichtung der späteren eG durch die Gründer in der Regel

nicht erfolgen. Diese haften den Gläubigern für Geschäfte, die sie für die G abschließen, persönlich und unbeschränkt. Im Fall eines Verlustvortrages unter Schonung der Rücklagen und der Geschäftsguthaben wird das Geschäftsguthaben der Ausgeschiedenen um den gleichen Betrag gemindert, als wenn die Abschreibung der Geschäftsguthaben unter Schonung der Rücklagen beschlossen worden wäre (BlfG 33 S. 195).

2. Mit der Errichtung des Status entsteht weder ein nichtrechtsfähiger Verein noch eine Gesellschaft des bürgerlichen Rechts, sondern eine nichtrechtsfähige Genossenschaft; für sie gelten alle Vorschriften des GenG mit Ausnahme derjenigen, die entweder durch spezielle Gründungsvorschriften ersetzt sind oder die Rechtsfähigkeit voraussetzen (BGHZ 20 281 = ZfG 56 S. 150 Nr. 102 u. S. 310 Nr. 1 mit Anm. Pohle, der für die nichtrechtsfähige G das Recht des nichtrechtsfähigen Vereins [54 Satz 2 BGB] ergänzend herangezogen wissen will).

Die Gründer einer G können nach 128 HGB für die Verbindlichkeiten derselben den Gläubigern als Gesamtschuldner persönlich zu haften haben; das ist aber nicht schon dann der Fall, wenn sie Geschäfte abschließen, die dem Geschäftsbetriebe der eG dienen, sondern nur dann, wenn sie die von ihnen geschaffene Rechtsform mißbrauchen. Die Haftung ist ausgeschlossen, wenn die Gründer beim Abschluß von Geschäften, die dem Geschäftsbetriebe der G dienen, vereinbaren, daß sie mit der Übernahme des Vertrages durch die eG aus ihrer Schuldverpflichtung entlassen werden, und wenn diese Übernahme erfolgt (BGH a. a. O.). Vor Eintragung der G darf die Haftsumme herabgesetzt werden, ohne daß dazu 133 GenG eingehalten zu werden braucht oder sonst irgendwelcher Gläubigerschutz besteht (BGH a. a. O.). Die Herabsetzung wirkt jedoch nicht gegenüber Gläubigern, die vor der Herabsetzung Verträge mit der Genossenschaft abgeschlossen haben.

Die Vertretungsmacht des Vorstandes ist im Gründungsstadium der G beschränkt auf Verpflichtungen, die der Herbeiführung der Eintragung und den für die erste Einrichtung geschäftlich gebotenen Rechtsakten dienen (9, 11, 33c Ziff. 3 GenG), während über die Belastung mit weiteren Schulden nur der Vorstand der eingetragenen G nach Maßgabe der 24 ff. GenG und mit der Verantwortung des 34 GenG zu befinden hat. Eine G haftet deshalb für vor ihrer Eintragung nach Errichtung des Statuts eingegangene Verbindlichkeiten im allgemeinen nur, wenn und soweit sie das Geschäft genehmigt (BGHZ 17 385 = ZfG 55 S. 391 Nr. 91 = NJW 55 S. 1229).

Bestimmt das Statut, daß Einzahlungen schon vor der Eintragung der G ins Genossenschaftsregister zu leisten sind, so wird der Genosse, der dieser Verpflichtung nachkommt, von seiner Einzahlungspflicht frei. Die Einzahlungspflicht lebt nicht dadurch wieder auf, daß die Einzahlungen im Einverständnis aller Gründer schon vor der Eintragung zur Aufnahme des Geschäftsbetriebes der G verwendet werden. Die Einzahlungen der Genossen dienen bei Genossenschaften im Gegensatz zu den Kapitalgesellschaften in erster Linie der Mittelausstattung, die Sicherung der Gläubiger ist Funktion der Haftsumme, aber nur Nebenzweck der Einzahlungen (BGHZ 15 66 = ZfG 55 S. 237 Nr. 7 = NJW 54 S. 1844).

Für Wohnungsbaugenossenschaften kann vor der Eintragung, aber nach der Gründungsversammlung, der Unterzeichnung der Satzung und der Bestellung der Organe, der Antrag auf Anerkennung als gemeinnütziges Wohnungsunternehmen durch den Prüfungsverband (§ 14 WGG) oder ein Organ der staatlichen Wohnungspolitik (§ 28 WGG) z. B. den Spitzenverband gestellt werden (§ 18 Abs. 1 u. Abs. 2 S. 3 WGG). Das hat den Vorteil, daß die Wirkung der Anerkennung mit den sich daraus vor allem in steuer- und gebührenrechtlicher Hinsicht ergebenden Folgen bereits auf den Zeitpunkt der Eintragung festgesetzt werden kann. — Die Herbeiführung der Anerkennung gegen den Willen der Genossenschaft wäre jedoch mit rechtsstaatlichen Grundsätzen nicht vereinbar. Das gilt auch für eine Anerkennung von Amts wegen (§ 17 Abs. 2 WGG).

§ 14
Anmeldung einer Zweigniederlassung

(1) Jede Zweigniederlassung[1] muß bei dem Gerichte[2], in dessen Bezirke sie sich befindet, behufs Eintragung in das Genossenschaftsregister angemeldet werden.

(2) Die Anmeldung hat die im § 12 vorgeschriebenen Angaben zu enthalten. Derselben sind zwei beglaubigte Abschriften des Statuts[3] und eine durch das Gericht der Hauptniederlassung beglaubigte Abschrift der Liste der Genossen beizufügen[4]. Die Bestimmung im § 11 Absatz 3 findet Anwendung.

(3) Das Gericht hat die eine Abschrift des Statuts, mit der Bescheinigung der erfolgten Eintragung versehen, zurückzugeben und von der Eintragung zu dem Genossenschaftsregister bei dem Gerichte der Hauptniederlassung Mitteilung zu machen.

Kommentar § 14

1. **Begriff und Wesen der Zweigniederlassung.** Eine Zweigniederlassung (im Gegensatz zur „Zahlstelle", „Annahmestelle" oder „Agentur", in der nur Ausführungs- oder Vermittlungsgeschäfte getätigt werden) setzt voraus, daß sie aufgrund ihrer Organisation auch bei Wegfall der Hauptniederlassung als eigene Niederlassung bestehen könnte. Ein intern gesondertes Vermögen kann entfallen, wenn dies aus organisatorischen Gründen — freie Dispositionsmöglichkeiten des Vorstandes — geboten erscheint (unter Aufgabe der früheren Meinung; vgl. Würdinger, § 13 Anm. 8; SvC. ZfG Bd. 10 Seite 69). Weiteres Merkmal kann sein, daß sie eine besondere Buchführung hat, ihr Leiter eine selbständige Tätigkeit entwickelt und in seinen geschäftlichen Entschließungen eine gewisse Unabhängigkeit von den Weisungen der Hauptniederlassung besitzt (so auch Krakenberger) 14[1] u. Meyer-Meulenbergh 14[1]). Einen weiteren, besonders für Kreditgen. maßgebenden Anhaltspunkt für die Feststellung des Vorliegens einer Zweigniederlassung bietet die Anordnung des Reichskommissars für das Kreditwesen vom 20. 5. 39 (siehe Consbruch-Möller, Gesetz über das Kreditwesen 54 S. 51), in der die Bezeichnung der Zweigstellen nach ihrer sachlichen Zuständigkeit behandelt wird. Danach bildet die Bezeichnung „Zweigstelle" den Oberbegriff für alle Nebenstellen von Kreditinstituten, d. h. sie umfaßt Zweigniederlassungen, Zahlstellen und Annahmestellen. Zweigstellen mit Ein- und Auszahlungsverkehr sowie selbständiger Kontenführung sind nach dieser Anordnung des Reichskommissars als „Zweigniederlassungen", Zweigstellen mit Ein- und Auszahlungsverkehr, aber ohne selbständige Kontenführung als „Zahlstellen" und Zweigstellen ohne Auszahlungsverkehr als „Annahmestellen" anzusehen. Zum Begriff der Zweigniederlassung vgl. LG Mainz, Beschluß vom 26. 7. 68 in BM 68, 1262 = ZfG 69, 265. Danach ist eigene Buchhaltung nicht unbedingte Voraussetzung für selbständige Zweigniederlassung. — Zweigniederlassung muß mit dem Hauptgeschäft gleichartig sein. Es braucht kein vom Sitz des Hauptgeschäfts verschiedener Ort zu sein (KG HRR 29 Nr. 1244. A. A. die früheren Auflagen und RG 2 386; KGJ 5 22, 39 117). Über Zweigniederlassungen, die sich in dem Gerichtsbezirke der Hauptniederlassung befinden, AV 19. Eine Genossenschaft als Zweigniederlassung einer Zentralgenossenschaft (BlfG 15 S. 527) ist rechtlich nicht möglich, da die Zweigniederlassung kein selbständiges Rechtssubjekt ist. Eine Zweigniederlassung einer AG kann aber die Mitgliedschaft bei einer G für die AG erwerben (s. aber § 15 Anm. 1 Abs. 3). Nach herrschender Meinung kann im Rahmen von § 15 Abs. 1 b der Grundbuchverfügung ein Recht im Grundbuch für die

Zweigniederlassung eingetragen werden. Auf Antrag genügt hierbei die Angabe der Firma und des Ortes der Zweigniederlassung (näheres Woite in NJW 70 S. 548). Die Firma der Zweigniederlassung durfte nach der früher herrschenden Auffassung nicht wesentlich verschieden von der der Haupniederlassung sein und nur Zusätze enthalten, die die Zweigniederlassung als solche kennzeichneten und von anderen am Orte bestehenden Firmen unterschieden (KGJ 31 216, 40 64, 44 331; Recht 28 Nr. 1858). Das KG (Recht 30 Nr. 1728) hat aber inzwischen die Zulässigkeit der Verschiedenheit der Firmen der Haupt- und Zweigniederlassung anerkannt und damit der neueren Entwicklung Rechnung getragen; die Firma der Zweigniederlassung muß aber dann zum Ausdruck bringen, daß es sich um eine Zweigniederlassung handelt und sie muß ferner die Firma der Hauptniederlassung klar erkennen lassen (z. B. „Volksbank X, Zweigniederlassung der Volksbank Y eGmbH") — siehe auch Baumbach-Duden HGB Anm. 3 zu § 30 HGB; Schlegelberger HGB Anm. 6 bis 8 zu § 13 HGB und Anm. 8 zu § 30 HGB; Reichsgerichtsräte-Kommentar HGB, Anm. 10 zu § 30 HGB; Paulick, § 11 II 1 a; Meyer-Meulenbergh Anm. 3 zu § 14; Hildebrandt in OFG 37, 56; Richert in MdR 57, S. 339; OLG München JW 37, S. 1268 —. Errichtung ist Akt der Geschäftsführung. Das Vermögen der G ist ein einheitliches; der Vorstand vertritt die gesamte G. Der Leiter der Zweigniederlassung muß aber nicht Vorstandsmitglied der G sein. Auflösung der Zweigniederlassung AV 19 Abs. 4; das Gesetz selbst bestimmt nichts hierüber. Der Auflösung steht gleich die spätere Feststellung, daß die Niederlassung gar keine Zweigniederlassung ist und daher nicht hätte eingetragen werden dürfen. Der Prüfer hat die Zweigniederlassung einer besonderen Prüfung zu unterziehen.

Für die Errichtung von Zweigniederlassungen, Depositenkassen, Agenturen, Annahme- und Zahlstellen jeder Art (Zweigstellen) bedürfen die dem KWG unterliegenden eG keiner besonderen Erlaubnis mehr; gemäß § 24 Abs. 1 Nr. 7 genügt unverzügliche Anzeige an Bundesaufsichtsamt für das Kreditwesen und Deutsche Bundesbank.

2. Über Prüfung seitens des Gerichts KGJ 27 210, 33 117; nur die Formalitäten der Anmeldung sind zu prüfen. Anmeldungen und Anzeigen bei dem Gericht der Zweigniederlassung 157, 158, Ordnungsstrafen 160. Mit Ausnahme des Eintritts und Austritts von Genossen, des Erwerbs weiterer Geschäftsanteile, der Auflösung und Verschmelzung der Genossenschaft sowie der Eröffnung des Konkursverfahrens sind die dem Vorstande obliegenden Anmeldungen zum Genossenschaftsregister auch dem Gericht der Zweigniederlassung zu erstatten. Über die Einzelheiten der Anmeldung AV 19.

3. Beglaubigung entsprechend Beurkundungsgesetz; vgl. AV § 8; § 43 Anm. 8.

4. Die **Liste der Genossen** wurde vom Gericht der Zweigniederlassung wietergeführt (158); durch Art. II der Zweiten VO über Maßnahmen auf dem Gebiet des Genossenschaftsrechts v. 19. 12. 42 (RGBl. I S. 729) wurde der Zwang zur Führung der Liste beim Gericht der Zweigniederlassung aufgehoben.

Artikel II dieser Verordnung ist jedoch inzwischen durch § 1 I i des handelsrechtlichen Bereinigungsgesetzes vom 18. 4. 50 (BGBl. S. 90) aufgehoben worden. § 6 Abs. 2 dieses Gesetzes bestimmt, daß die Vorschriften über die Führung einer Liste der Genossen bei dem Gericht, in dessen Register eine Zweigniederlassung eingetragen ist (§§ 14, 158 GenG, § 28 der VO über das Genossenschaftsregister) wieder anzuwenden sind. Der Vorstand hat binnen 6 Monaten nach Inkrafttreten dieses Gesetzes (das Gesetz ist am 26. 5. 50 in Kraft getreten) eine durch das Gericht der Hauptniederlassung beglaubigte Abschrift der Liste der Genossen jedem Gericht, in dessen Register eine Zweigniederlassung eingetragen ist, einzureichen; § 160 GenG über Ordnungsstrafen gilt bei Nichtbefolgung sinngemäß.

§ 15
Beitrittserklärung

(1) Nach der Anmeldung des Statuts zum Genossenschaftsregister bedarf es zum Erwerbe der Mitgliedschaft einer von dem Beitretenden zu unterzeichnenden, unbedingten Erklärung des Beitritts[1].

(2) Der Vorstand hat die Erklärung im Falle der Zulassung[2] des Beitretenden behufs Eintragung desselben in die Liste der Genossen dem Gerichte (§ 10) einzureichen[3]. Die Eintragung ist unverzüglich vorzunehmen[4].

(3) Durch die Eintragung, welche auf Grund der Erklärung und deren Einreichung stattfindet, entsteht die Mitgliedschaft des Beitretenden[5].

(4) Von der Eintragung hat das Gericht den Genossen und den Vorstand zu benachrichtigen[6]; der Genosse kann auf die Benachrichtigung nicht verzichten[7]. Die Beitrittserklärung wird in Urschrift bei dem Gerichte aufbewahrt[8]. Wird die Eintragung versagt, so

§ 15 Gesetz, betr. die Erwerbs- und Wirtschaftsgenossenschaften

hat das Gericht hiervon den Antragsteller unter Rückgabe der Beitrittserklärung und den Vorstand in Kenntnis zu setzen.

1. **Allgemeines zu § 15:** Nach dem GenG sind Entstehung und Endigung der Mitgliedschaft an die Eintragung in die Liste der Genossen (AV 26 ff.) geknüpft, abgesehen von dem Fall 77 (Tod). Die Liste der Genossen (wie das Genossenschaftsregister) beweist nicht die eingetragene Tatsache, sondern durch die Eintragung wird nur festgestellt, daß in bezug auf diese von den Anmeldenden in der gesetzlich vorgeschriebenen Form gewisse Erklärungen abgegeben sind. Die Eintragung einer Person in die Liste der Genossen begründet aber eine tatsächliche Vermutung für deren Mitgliedschaft und kann vom Registergericht auf deren Antrag nur gelöscht werden, wenn die Amtsermittlungen ihre sachliche Unrichtigkeit zweifelsfrei ergeben haben (Bay. ObLG, Beschluß vom 24. 1. 58, NJW 58, S. 672, GWW. 58 Nr. 10 S. 324). Verstöße gegen die vorgeschriebene Form können nicht geheilt werden. Ein Aufnahmevertrag zwischen dem Beitretenden und der G ist neben den drei gesetzlichen Erfordernissen nach 15 Abs. 3 (formgerechte Beitrittserklärung, Einreichung durch den Vorstand und Eintragung) für die Entstehung der Mitgliedschaft nicht erforderlich. Infolgedessen keine Anwendung der §§ 145 ff. BGB auf das innere Verhältnis zwischen dem Beitretenden und der G (RG 147 257 = JW 35 S. 2044; Ruth in JW 33 S. 2221; a. A. die früheren Auflagen, und Böttger, JW 34 S. 862 Anm.). Anfechtung der Beitrittserklärung wegen Irrtum, Täuschung oder Drohung ist grundsätzlich ausgeschlossen, soweit überhaupt nur die Beitrittserklärung dem Willen des Erklärenden entspricht. Dies verlangen der Schutz Außenstehender und das Vertrauen auf die Eintragung im Genossenschaftsregister. Zum Schutz des Beitretenden ist aber zugelassen der Einwand der mangelnden Geschäftsfähigkeit, des physischen Zwanges und des Irrtums über den Inhalt der Erklärung (RGZ 68, 350). Dem Genossen steht gegen die Genossenschaft wegen Verschuldens bei Vertragsabschluß kein Schadensersatzanspruch auf Rückzahlung des Genossenschaftsanteils zu (LG Hildesheim, GWW 54 S. 437 m. Anm.).

Die Mitgliedschaft ist nicht Ausfluß der vermögensrechtlichen Beteiligung an der eG, sondern ein persönliches, aber, da u. a. die Ausübung der Mitgliedschaftsrechte unter gewissen Voraussetzungen auch Bevollmächtigten übertragen werden kann (vgl. 43, 77), kein höchstpersönliches Recht.

Über den notwendigen Inhalt der Beitrittserklärung vgl. 120, 131 a; fehlen die dort vorgeschriebenen Bemerkungen, so ist der

Beitritt trotz Eintragung unwirksam (RG **97** 307, **137** 73, KG DJ 40 S. 1036). Die Erklärung muß in deutscher Sprache abgegeben sein (KGJ **39** 135); Vor- und Zuname sind auszuschreiben, Wohnort und Beruf anzugeben (AV 29 Abs. 1; a. A. bezüglich Wohnort und Beruf KG JW 35 S. 3642). Die Beitrittserklärung einer Ehefrau braucht ihren Geburtsnamen nicht zu enthalten (KGJ **41** 147). Datierung der Erklärung nicht notwendig (KGJ **18** 35 u. KG JW 35 S. 3642). Fehlt dagegen die Bezeichnung der eG, deren Mitgliedschaft der Beitretende erwerben will, so ist der Beitritt trotz Eintragung unwirksam (KG JW 35 S. 3642 = JFG **13** 101); a. A. Lägel (DJZ 36 Sp. 812), der auch eine Blanketterklärung für den Beitritt als rechtsgültig ansieht. Eine Beitrittserklärung, die unter einer Bedingung abgegeben wird, ist unwirksam; der Beitretende kann jedoch mit der G vereinbaren, daß die Beitrittserkl. nur unter bestimmten Voraussetzungen an das Reg.-Gericht eingereicht werden soll. Handelt der Vorstand dieser Bedingung zuwider und erfolgt die Eintragung, so kann in Konsequenz des oben Ausgeführten eine Berufung auf den Nichteintritt der Bedingung keinen Erfolg haben. Es muß nur der Vorstand für schuldhaftes Handeln einstehen (LG I Berlin BlfG 29 S. 775). Ehefrauen bedürfen zum Beitritt nicht der Genehmigung des Ehemannes. Die Schlüsselgewalt ermächtigt nicht zum Beitritt im Namen des Mannes (BlfG 23 S. 729, LG Berlin BlfG 36 S. 445); die Frau haftet gegebenenfalls nach § 179 BGB (vgl. hierzu auch Schoene BlfG 36 S. 445). Ausstellung durch Bevollmächtigte zulässig, mündlicher Auftrag genügt (KGJ 2474; KGJW 35 3642; RG JW 06, 39; RG JW 36, 2919 = BlfG 36, 878). Ist aus der Urkunde nicht ersichtlich, daß der Unterzeichner für einen anderen handelt, so erwirbt er die Mitgliedschaft (OLGRspr. 32, 123).

Die Beitrittserklärung ist ein einseitiges Rechtsgeschäft (RGZ 147, 257). Genehmigung ist ohne weiteres möglich in Fällen des § 180 Satz 2 BGB. Aber auch sonst wird — ohne Begründung — die Genehmigungsfähigkeit angenommen (RG a. a. O. S. 272; KG JW 35, 3642 — HRR 35, 1673) Beispiel: Die Beitrittserklärung wird im Namen einer noch nicht eingetragenen GmbH abgegeben. Die eingetragene GmbH kann genehmigen. Die Interessenlage gebietet hier nicht die Anwendung des § 180 Satz 1 BGB Geschäftsunfähigkeit (BGB 104) und Beschränkungen in der Geschäftsfähigkeit (BGB 106, 114, 1906) hindern den Erwerb der Mitgliedschaft nicht. Für die Geschäftsunfähigen hat der gesetzliche Vertreter den Beitritt zu erklären; bei beschränkt Geschäftsfähigen genügt auch die Zustimmung des gesetzlichen Vertreters zur Beitrittserklärung. Der Bei-

§ 15   Gesetz, betr. die Erwerbs- und Wirtschaftsgenossenschaften

tritt Minderjähriger zur Genossenschaft bedarf nicht der vormundschaftsgerichtlichen Genehmigung, da er nicht die Übernahme einer fremden Verbindlichkeit im Sinne des § 1822 Ziff. 10 BGB darstellt. Der Beitretende übernimmt nur eine eigene Verbindlichkeit gegenüber der Genossenschaft auf Zahlung des Geschäftsanteils und evtl. der Haftsumme (BGH BlfG 64, 87 = BB 64, 278 = GW 64, 257). Dies gilt auch für Beitritt Minderjähriger zur Genossenschaft mit unbeschränkter Haftpflicht (OLG Hamm NJW 66, 71). Die Entscheidung KGJ 30, 149 ist durch die Änderung des GenG im Jahre 34 mit Verzicht auf die unmittelbare Haftung der Mitglieder gegenüber den Genossenschaftsgläubigern überholt. Die Beitrittserklärung durch den gesetzlichen Vertreter oder dessen Genehmigung wird nicht entbehrlich, wenn der Betreffende nach § 112 BGB zum selbständigen Betrieb eines Erwerbsgeschäftes ermächtigt ist (OLG 11, 401). Ausländer können die Mitgliedschaft erwerben. Beitritt von Analphabeten mit notarieller oder gerichtlicher Beglaubigung des Handzeichens. Ein Einzelkaufmann darf nicht unter seiner Firma eingetragen werden (KGJ 13 51); geschieht dies doch, so wird derjenige Firmeninhaber Mitglied, der bei Abgabe der Beitrittserklärung Inhaber der Einzelfirma war (BlfG 28 S. 836 u. DNotV 30 S. 218). Juristische Personen (von den Handelsgesellschaften sind juristische Personen: die Aktiengesellschaft, Aktienkommanditgesellschaft, GmbH und die eG), offene Handelsgesellschaften (vgl. hierüber BlfG 35 S. 176) und Kommanditgesellschaften können Mitgliedschaft erwerben (RG 87 408). Rechtsfähige Vereine können Mitglieder werden, da sie verpflichtungsfähig sind. Die Frage, ob eine Zweigniederlassung einer Gesellschaft Mitglied einer G werden kann, wird in der Praxis der Registergerichte meist bejaht. Es handelt sich dabei um eine formale Erledigung, denn da die Zweigniederlassung nur ein Teil ihrer Gesellschaft oder G ist, wird in Wirklichkeit durch den Erwerb der Mitgliedschaft seitens der Zweigniederlassung die Gesellschaft oder G Mitglied der G.

Die Beteiligung von *Gemeinden* an Genossenschaften richtet sich nach den Gemeindeordnungen der deutschen Länder, in Nordrhein-Westfalen z. B. nach § 71 der Gemeindeordnung für Nordrhein-Westfalen vom 28. 10. 52 in der Fassung des Gesetzes vom 9. 6. 54. Danach darf sich die Gemeinde an wirtschaftlichen Unternehmen nur beteiligen, wenn die Voraussetzungen des § 69 vorliegen und wenn für die Beteiligung eine Form gewählt wird, die die Haftung der Gemeinde auf einen bestimmten Betrag begrenzt. Hiernach ist der Beitritt einer Gemeinde zu einer eGmuH grundsätzlich ausge-

Kommentar § 15

schlossen, zu einer eGmbH dagegen zulässig. Soweit Gemeinden z. B. einen Geschäftsanteil bei einer Volksbank übernehmen, um die Voraussetzungen einer Mitgliedschaft und der Kreditgewährung zu erfüllen, handelt es sich nicht um eine Beteiligung im Sinne der Gemeindeordnungen. In Gemeinden unter 5000 Einwohnern kann jedoch die Aufsichtsbehörde unter den Voraussetzungen des § 69 in begründeten Fällen Beteiligungen an einer landwirtschaftlichen eGmuH zulassen. Ähnliche Vorschriften enthalten auch die Gemeindeordnungen der anderen deutschen Länder (näheres bei Loschelder, Die Gemeindeordnungen in den westdeutschen Ländern, 56).

Handwerksinnungen können die Mitgliedschaft erwerben, weil sie nach § 48 der Handwerksordnung vom 17. 9. 53 (BGBl. I S. 1411) öffentlich-rechtliche Körperschaften, also juristische Personen sind, ohne daß aufgrund der Handwerksordnung Bedenken gegen die Mitgliedschaft bestünden, sofern nur einer oder nur wenige Geschäftsanteile erworben werden (Hartmann-Philipp, Kommentar zur Handwerksordnung § 49 Anm. 9; a. A. Eyermann-Fröhler, Kommentar zur Handwerksordnung § 49 Anm. IV Abs. 2, der ohne ausreichende Begründung die Beteiligung der Innung an G als auf eine Umgehung des Gesetzes hinauslaufend bezeichnet). Die Mitgliedschaft einer *Innungskrankenkasse* und die damit verbundene Übernahme von Geschäftsanteilen bei Kreditgenossenschaften zum Zwecke der Vermögensanlage ist als „Übernahme von Beteiligungen" wegen § 26 Reichsversicherungsordnung, dessen Änderung angestrebt wird, nicht zulässig. Um jedoch den Innungskrankenkassen schon jetzt die Abwicklung ihres Geldverkehrs auch über Kreditgenossenschaften und eine etwa notwendig werdende kurzfristige Kreditaufnahme zu ermöglichen, hat der niedersächsische Sozialminister in Erlassen vom 7. und 24. 7. 58 (Az. I — 15 01 01 — F) erklärt, er werde keine Bedenken dagegen erheben, wenn die Krankenkassen, die mit den Volksbanken im laufenden Geschäftsverkehr stehen und einen Teil ihrer Betriebsmittel bei diesen angelegt haben, zur Erleichterung des Geschäftsverkehrs einen Genossenschaftsanteil in satzungsmäßiger Höhe, höchstens aber im Betrage von 500 DM erwerben und diesen Betrag als Verwaltungskosten im Sinne von § 363 RVO verausgaben. Eine ähnliche Regelung ist für Berlin (West) durch ein Schreiben des Senators für Arbeit und Sozialwesen an den Landesverband der Innungskrankenkassen, Berlin-Charlottenburg vom 31. 3. 58 (Az. Arb II A) erfolgt. Das Landesaufsichtsamt für Sozialversicherung in Stuttgart hat durch Erlaß vom 6. 9. 63 — Nr. II 371 — für den Bereich des Landes Baden-Württemberg zugelassen, daß gesetzliche

§ 15 Gesetz, betr. die Erwerbs- und Wirtschaftsgenossenschaften

Krankenkassen Geschäftsanteile bei Volksbanken erwerben, nachdem die Deutsche Genossenschaftskasse in Frankfurt/M. gegenüber den Krankenkassen hierfür die globale Garantie übernommen hat. — Nicht beitreten kann ein nicht rechtsfähiger Verein und eine Gesellschaft des bürgerlichen Rechts KGJ 36 134, eine aufgelöste Handelsgesellschaft JFG 2 270, eine Erbengemeinschaft und Nachlaßpfleger (OLG 40 200; KGJ 52 101). Der Testamentsvollstrecker kann nach neuerer Auffassung Mitglied der Genossenschaft werden, und zwar aus seiner Amtsstellung. Er kann z. B. auch als Inhaber des der Erbengemeinschaft gehörenden Unternehmens in das Handelsregister eingetragen werden. Bei Krediten kann sich der Testamentsvollstrecker persönlich verpflichten; es ist dann seine Mitgliedschaft bei der Kreditgenossenschaft erforderlich und ausreichend (vgl. BGH NJW 54, 636; Baumann-Bieling, Steuerfragen für Kreditgenossenschaften F 310; zur Amtstheorie auch BGH 13, 203).

Änderungen in dem Namen der Mitglieder, z. B. bei Verheiratung, sind anzuzeigen; Nichtanzeige bleibt jedoch ohne Rechtsfolgen. Nach Auflösung der eG Mitgliedschaftserwerb nicht mehr möglich (RG 50 130); gleichwohl erfolgte Eintragung ist nichtig. Die seit dem 1. 7. 36 bestehende Urkundensteuerpflicht der Beitrittserklärungen ist durch die Aufhebung des UrkStGes. (VO v. 20. 8. 41, RGBl. I S. 510) ab 1. 9. 41 beseitigt worden.

2. Die Zulassung (die im Zweifel dem Vorstande obliegt) kann stillschweigend (durch Einreichung der Beitrittserklärung) erfolgen, RG 119 103, 147 268. Der Beitretende gilt für die Genossenschaft als Dritter, Beschränkungen des Vorstandes in der Vertretungsbefugnis gelten daher ihm gegenüber nicht (RG 60 409 und LG Halberstadt JW 34 S. 118). Erfordert das Statut für den Beitritt die Erfüllung gewisser Voraussetzungen, so hindert die Nichterfüllung derselben nicht, daß jemand durch Eintragung rechtswirksam Mitglied wird (RG 60 409, RG JW 36 S. 2919 = BlfG 36 S. 878). Eine Beschränkung in der Aufnahme hat nur dann nach außen Wirksamkeit, wenn die statutarische Bestimmung über die für die Zulassung der Mitglieder erforderlichen Eigenschaften der Mitglieder die Bedeutung hätte, daß die G andere Mitglieder nicht aufnehmen könnte, ohne selbst eine andere zu werden (RG 60 409). Eine Verpflichtung zur Aufnahme neuer Mitglieder besteht für die eG grundsätzlich nicht, da das GenG für den Beitritt eines Genossen eine Willenseinigung zwischen ihm und der eG voraussetzt, was sich aus der Fassung von 15 Abs. 2 „im Falle der Zulassung des Beitretenden" eindeutig ergibt. Die satzungsmäßige Festsetzung gewisser Bedingungen, die für die Aufnahme erfüllt sein müssen — das Gesetz gegen Wettbewerbsbeschränkungen vom 27. 7. 57 (vgl. § 1 Anm. 13) steht solchen Aufnahmebedingungen nicht entgegen —, hat in der Regel nur die Bedeutung einer Instruktion für die Organe der eG und will nicht denen, die diese Bedingungen erfüllen, ein Recht auf Aufnahme gewähren. Auch Rechtsprechung verneint Anspruch auf Aufnahme in die G: BGH in Der Betriebsberater 61, 10; LG Köln in ZfG 67, 327. Auch § 27 GWB kann keinen Anspruch auf Aufnahme in die G begründen, da G keine „Wirtschafts- oder Berufsvereinigung" im Sinne von § 27 GWB (LG Stuttgart vom 12. 9. 63, Az.: 6 O 24/63 — rechtskräftig, aber nicht veröffentlicht —). Ein Anspruch auf Aufnahme in die G besteht ausnahmsweise nur dann, wenn die Satzung demjenigen, der die satzungsmäßigen Aufnahmebedingungen erfüllt, ausdrücklich ein Recht auf Aufnahme einräumt, weil dann insoweit eine vertragliche Bindung der eG bezüglich der Zulassung besteht (RG 47 76). Versprechen, einer G beizutreten, jedenfalls gültig (RG 40 46), wenn die in der Schriftlichkeit bestehende Form von 15 Abs. 1 gewahrt ist. Klage auf Eintragung zulässig. Stirbt der Zugelassene vor Eintragung, so kann diese nicht mehr herbeigeführt werden. Die Genossenschaft kann sich verpflichten, den Erben verstorbener Mitglieder besondere Vergünstigungen bei der Aufnahme zu gewähren und sie von der Erfüllung der sonst neu eintretenden Mitgliedern obliegenden Pflichten zu befreien (LG Köln, GWW 55 S. 312 m. Anm.). Zur Rechtsstellung der Witwe aufgrund des bei gemeinnützigen Wohnungsbaugenossenschaften üblichen Muster-Nutzungsvertrages sowie zur Rechtsstellung der übrigen Erben, insbesondere haushaltsangehörige Abkömmlinge: LG Göttingen, GWW 57 S. 392; AG Charlottenburg, GW 59, S. 291 = ZfG 60, 356; LG Göttingen, GW 62, S. 21; LG Bayreuth GW 64, S. 159 und § 1 Anm. 11 zu A a/bb. Zur Aufnahme von Mitgliedern der G vgl. Steiner GWW 52 S. 255; zur Verwirklichung einer genossenschaftlichen Anwartschaft durch Aufnahme des Erben, BGH, GW 64 S. 257.

3. Über Einreichung AV 7. Stellung eines besonderen Antrags nicht erforderlich, RG 60 409. Nachweis der Zulassung ebenfalls nicht erforderlich. Eine Frist für die Einreichung ist nicht vorgeschrieben, doch ist sofortige Einreichung empfehlenswert (vgl. Weidmüller, BlfG 39 S. 49). Bei G mit Zweigniederlassungen sind die Beitrittserklärungen nicht zu dem Register der Zweigniederlassung, sondern nur zum Register der Hauptniederlassung einzureichen; 157 Abs. 2 ist nicht anwendbar. Kreditgen. dürfen Kredite nur an Mitglieder gewähren (8 Abs. 2). Wenn sie diese Voraussetzung erfüllen, gelten für sie steuerliche Sonderregelungen (vgl. 1 Anm. 15 und Anhang L). In Anlehnung an 8 Abs. 3 genügt es für die Erfüllung der steuerlichen Voraussetzungen, wenn spätestens bei der Kreditfhingabe die Beitrittserklärung vorliegt und diese unverzüglich dem Registergericht zur Eintragung eingereicht wird (Abschn. 60 Abs. 1 Satz 3 der Körperschaftsteuer-Richtlinien 63, abgedruckt im Anhang L). Im einzelnen vgl. Baumann-Bieling, Steuerfragen für Kreditgenossenschaften, Abschnitt E (Wiesbaden 58). — Die Einreichung kann persönlich oder schriftlich nach Maßgabe der auf die Form der Willenserklärungen des Vorstandes bezüglichen Bestimmungen des § 25 erfolgen (AV 7). Eine verbindlich abgegebene Beitrittserklärung, die vor der Eintragung als Genosse weder von dem Beitretenden widerrufen, noch von der Genossenschaft ausdrücklich abgelehnt worden ist, verliert ihre Wirksamkeit nicht dadurch, daß der Vorstand sie erst nach längerer Zeit dem Registergericht einreicht (OLG Köln, JW 35 S. 227 u. RG **147** 257 = JW 35 S. 2044 unter ausdrücklicher Ablehnung der gegenteiligen Ansicht des KG in JFG **5** 270, an der das KG noch in einem Beschlusse vom 28. 1. 32 [BlfG 32 S. 194] grundsätzlich festgehalten hatte). Pflicht des Registerrichters ist es aber, über die ihm durch die Registerverordnung (AV 29 Abs. 3) vorgeschriebene förmliche Prüfung hinaus darauf zu achten, ob eine Beitrittserklärung ihrem Inhalte nach und nach dem Zeitpunkt ihrer Abgabe noch als wirksame Rechtshandlung angesehen werden kann, erheblichen Bedenken nachzugehen und gegebenenfalls die Eintragung abzulehnen (RG **147** 257 = JW 35 S. 2044). Vgl. zur Frage der Unwirksamkeit der Beitrittserklärung infolge Zeitablaufs auch Schröder in DJZ 35 Sp. 948 ff.

4. Der Registerrichter hat nur die formale Prüfung (AV 29 Abs. 3), siehe aber Anm. 3. Im Falle des Beitritts einer Gesellschaft ist z. B. nicht zu prüfen die Legitimation der Vertreter (KGJ **28** 241). Gegen eine aus formalen Gründen verweigerte Eintragung findet Beschwerde statt (FGG 19). Über Berichtigung der Mitgliederliste BlfG 1900 S. 352, 1901 S. 142. Eintragung aufgrund falscher Namen ist einfach zu berichtigen (AV 36).

5. Mit der Eintragung entstehen die Rechte und die Pflichten aus der Mitgliedschaft. Zu den letzteren gehört auch die Verpflichtung, sich über den Umfang der gesetzlichen und statutarischen Rechte und Pflichten zu unterrichten, die Mitteilungen der G (Geschäftsberichte usw.) zur Kenntnis zu nehmen (RG HRR 31 Nr. 1543). Mitgliedschaft entsteht nicht, wenn die Beitrittserklärung formell ungültig, z. B. bedingt ist oder wenn sie materiell ungültig ist (z. B. weil eine auf eine Beitrittserklärung gerichtete Willenserklärung überhaupt nicht abgegeben worden ist [OberGer. Danzig, JW 34 S. 862]) oder wirksam angefochten ist, z. B. weil sie nicht mit Willen des Betreffenden in den Besitz des Vorstandes gekommen ist (OLG 32 124). Anfechtung mit der Berufung auf geheimen Vorbehalt, Scheinabgabe, Nichternstlichkeit, Wucher oder Sittenwidrigkeit, Veranlassung durch Irrtum, Betrug oder Drohung ist nach der Eintragung ausgeschlossen, wenn nur der Eingetragene überhaupt eine Beitrittserklärung abgeben wollte (RG 57 292, 68 352, 69 368, 123 102, 124 279, 147 257). In diesen Fällen kein Ersatzanspruch gegen die G (RG 58 348). Nur mangelnde Geschäftsfähigkeit, physischer Zwang bei Ausstellung oder Aushändigung der Erklärung, Irrtum über den Inhalt der Erklärung wären als materiell-rechtliche Anfechtungsgründe auch gegenüber der Genossenschaft und gegenüber Dritten zugelassen (RG 68 344, 147 257).

Beseitigung unrichtiger Eintragungen nach AV 9 Abs. 2, FGG 142, oder AV 36 oder durch Anfechtung im Wege der Klage (AV 29 Abs. 4).

6. Bezüglich der **Schreibgebührenpflicht** dieser Benachrichtigungen siehe 159 Anm. 1.

7. Die Bestimmung, daß der Genosse auf die Benachrichtigung **nicht verzichten kann,** ist durch Ges. vom 20. 12. 33 (RGBl. I 1089) eingefügt worden.

8. Die Beitrittserklärungen gehören zu den Anlagen des Genossenschaftsregisters, deren Vorlegung jeder fordern kann.

§ 16
Abänderung des Statuts

(1) Eine Abänderung des Statuts oder die Fortsetzung einer auf bestimmte Zeit beschränkten Genossenschaft kann nur durch die Generalversammlung beschlossen werden[1].

(2) Zu einer Abänderung des Gegenstandes des Unternehmens sowie zur Erhöhung des Geschäftsanteils[2] bedarf es einer Mehrheit von drei Vierteilen der erschienenen Genossen[2a]. Das Statut kann noch andere Erfordernisse aufstellen[3]. Zu sonstigen Änderungen des Statuts bedarf es einer Mehrheit von drei Vierteilen[4] der erschienenen Genossen, sofern nicht das Statut andere Erfordernisse aufstellt[5].

§ 16   Gesetz, betr. die Erwerbs- und Wirtschaftsgenossenschaften

(3) Auf die Anmeldung[6] und Eintragung[7] des Beschlusses finden die Vorschriften des § 11 mit der Maßgabe entsprechende Anwendung, daß der Anmeldung zwei Abschriften des Beschlusses beizufügen sind. Die Veröffentlichung des Beschlusses findet nur insoweit statt, als derselbe eine der im § 12 Absatz 2 bezeichneten Bestimmungen zum Gegenstande hat[8].

(4) Der Beschluß hat keine rechtliche Wirkung, bevor er in das Genossenschaftsregister des Sitzes der Genossenschaft eingetragen ist[9].

1. Abs. I: Auf den **Umfang der Statutenänderung** kommt es nicht an. Es bleibt eine Statutenänderung, auch wenn alle Paragraphen abgeändert sind; auch jede redaktionelle Änderung gehört hierher (KGJ 5 32). Geschäftsanweisungen oder Geschäftsordnungen (vgl. 18 Anm. 1), die in das Statut gehörige Bestimmungen enthalten, unterliegen insoweit dem § 16. Statutenänderungen sind nur insoweit zulässig, als sie nicht dem GenG widersprechen. Sonderrechte unterliegen nicht der Statutenänderung (RG 140 247). Infolge der sich aus dem Gesetz ergebenden genossenschaftlichen Duldungspflicht müssen sich die Mitglieder weitgehende Erhöhungen ihrer Leistungen (insbes. durch Erhöhung des Geschäftsanteils und der Haftsumme) durch Statutenänderungen gefallen lassen. Nach RG JW 10 S. 40, RG 119 341 darf aber die Erhöhung zu keiner untragbaren Belastung führen. Besondere Leistungspflichten, mit deren Begründung die Genossen nicht zu rechnen brauchten, können nur mit Zustimmung aller Genossen begründet oder erweitert werden (RG 124 188, 140 247, vgl. 134 Anm. 1 Abs. 2). Das gilt auch bei der im übrigen durch § 2 Kap. III der VO vom 21. 10. 32 (RGBl. I 503, 508) erleichterten Einführung der von einem genossenschaftlichen Prüfungsverband herausgegebenen Musterstatuten (vgl. auch Anm. 5).

Die **Übertragung einer etwaigen Statutenänderung an Vorstand und Aufsichtsrat ist unzulässig** (KGJ 15 19). Siehe aber Art. 2 Abs. 4 des Ges. vom 20. 12. 33 (RGBl. I 1089) bezüglich der Angleichung des Statuts an die Vorschriften über die Neugestaltung der eGmuH und eGmbH. Die Statutenänderung ist zu Protokoll zu nehmen, wie jeder andere Beschluß der Generalversammlung. Die Statutenänderung selbst kann als Anlage zum Protokoll genommen werden und ist dann ebenso wie dieses zu unterschreiben (RJA 13 25). Die Fortsetzung der Genossenschaft muß vor Ablauf der Zeit beschlossen und eingetragen sein (8 Anm. 2). Über Fortsetzung einer bereits aufgelösten G 79 A. Abänderungen können nicht erzwungen werden, es können nur FGG 147 Abs. 2 u. 3 zur Anwendung kommen. Das RG hat Satzungsänderungen auch im Liquidationsstadium für zulässig erklärt, soweit sie nicht dem Zweck und Wesen der Liquidation widersprechen (RG **121** 253, 254). Geschäftsanteilserhöhung nach Auflösung der eG: 87 a und 139 a. Erhöhung der Haftsumme während des Bestehens der eG: 132. Keine Erhöhung der Haftsumme nach Auflösung der eG: 139 a.

2. Selbst eine völlige Änderung des Charakters der G fällt unter die zulässige **Änderung des Gegenstandes des Unternehmens.** So KGJ 44 347; a. A. Eiser S. 69, 177. Die Firmenbezeichnung der eG hindert grundsätzlich nicht die Erweiterung des Gegenstandes des Unternehmens (KG JFG **13** 251 = JW 36 S. 1544 = BlfG 36 S. 234). Die Erhöhung der Einzahlungen auf den Geschäftsanteil oder Verkürzung der Einzahlungsfristen bedarf nicht wie die Erhöhung des Geschäftsanteils selbst einer Dreiviertelmehrheit (Begr. II 70).

Die dem KWG unterliegenden eG haben die durch die Erhöhung des Geschäftsanteils entstehenden Kapitalveränderungen der zuständigen Bankaufsichtsbehörde anzuzeigen (§ 24 Abs. 1 Nr. 5 neues KWG).

2 a. Der Begriff „erschienene Mitglieder" ist unklar. Die Mustersatzungen für Volksbanken und gewerbliche Warengenossenschaften enthalten eine notwendige und zulässige Klarstellung: „Bei der Feststellung des Stimmenverhältnisses werden nur die abgegebenen Stimmen gezählt; Stimmenthaltungen und ungültige Stimmen werden dabei nicht berücksichtigt."

Es sollte unterschieden werden: Erschienene Mitglieder — solche, die zu irgendeinem Zeitpunkt anwesend waren und in die übliche Anwesenheitsliste eingetragen sind; anwesende Mitglieder — solche, die bei der jeweiligen Beschlußfassung im Versammlungsraum anwesend sind; abgegebene Stimmen — abgegebene gültige Ja- oder Nein-Stimmen, wobei Stimmenthaltungen und ungültige Stimmen nicht mitgezählt werden. Vgl. hierzu Metz, Werhahn Ziff. 44.

3. **„Noch andere Erfordernisse"** bedeutet: strengere Erfordernisse. Die Satzung kann z. B. eine noch größere Mehrheit, mehrfache Beschlußfassung, Anwesenheit eines bestimmten Bruchteils oder Zustimmung sämtlicher Genossen vorschreiben.

Gemeinnützige Wohnungsbaugenossenschaften sind der Anerkennungsbehörde gegenüber verpflichtet, ihr jede Änderung der Satzung sofort mitzuteilen (§ 26 Abs. 7 WGG). Diese kann jedoch nicht Vorlage der vorgesehenen Änderung zur Genehmigung verlangen. Verstößt die Satzungsänderung gegen zwingende gemeinnützigkeitsrechtliche Vorschriften, deren Einhaltung Voraussetzung für die Anerkennung als gemeinnütziges Wohnungsunternehmen ist, so muß

§ 16 Gesetz, betr. die Erwerbs- und Wirtschaftsgenossenschaften

diese in dem Verfahren nach § 19 Abs. 2 WGG entzogen werden. Die Entscheidung der Anerkennungsbehörde unterliegt der gerichtl. Nachprüfung nach der VwGO. Um sicherzustellen, daß die Anerkennungsbehörde von jeder Änderung der Satzung Kenntnis erhält, besteht insoweit eine Mitteilungspflicht des Registergerichts gegenüber der Anerkennungsbehörde (§ 22 Abs. 1 S. 2 WGGDV). Wohnungsbaugenossenschaften mit eigener Spareinrichtung bedürfen unabhängig von §§ 9, Abs. 1; 10 WGGDV zur Aufnahme sowie zur Einstellung einer eigenen Spareinrichtung und etwaiger sonstiger erlaubnispflichtiger Bankgeschäfte der Erlaubnis nach § 32 KWG; die Verlegung der Niederlassung oder des Sitzes sowie die Einrichtung, die Verlegung und Schließung von Zweigstellen, bei denen Geschäfte, die der Bankaufsicht unterliegen, betrieben werden, sind nach § 24 KWG anzeigepflichtig; ebenso Änderungen der Höhe des Geschäftsanteiles, nicht dagegen Kapitalveränderungen, die durch den Beitritt oder das Ausscheiden von Genossen entstehen (Bek. Nr. 2/62 BAK v. 5. 12. 62, BuAnz. Nr. 243).

4. Drei Viertel der Stimmen der erschienenen Genossen verlangt das Gesetz außerdem noch bei 36, 78, 78 b, 79 a, 87, 132, 133 a, 144.

5. „Andere Erfordernisse" können erleichternd oder erschwerend sein. Die Wirksamkeit der Statutenänderung darf nicht von der Zustimmung eines anderen Organs oder eines Dritten, z. B. einer Behörde, abhängig gemacht werden (RJA **15** 205). — Die Wirksamkeit der die Änderung des Statuts erschwerenden Satzungsbestimmungen ist ausgeschlossen bei Annahme eines Musterstatuts im Fall der VO vom 21. 10. 32 Kap. III § 2 (RGBl. I 508). Danach kann nämlich die GV einer eG ein Musterstatut ihres Prüfungsverbandes mit Dreiviertelmehrheit der erschienenen Genossen annehmen, auch wenn das bisherige Statut der eG für Satzungsänderungen eine größere Mehrheit oder sonstige weitere Erschwerungen vorsieht; Voraussetzung ist aber, daß durch das Musterstatut besondere Leistungen der Genossen weder eingeführt noch erhöht werden (vgl. Anm. 1).

Bestimmungen der Satzung, die einen Beschluß der Mitgliederversammlung davon abhängig machen, daß bei der Beschlußfassung mindestens eine bestimmte Zahl oder ein bestimmter Teil der Genossen anwesend ist, finden nach § 25 WGGDV (i. V. m. § 32 WGG, Art. 123 Abs. 1, 129 Abs. 3 GG) unter den dort genannten Voraussetzungen keine Anwendung bei solchen Satzungsänderungen, von denen die Anerkennungsbehörde die Anerkennung der Gemeinnützigkeit abhängig gemacht hat. Die Vorschrift ist in Zusammenhang mit § 17 Abs. 2 WGG unter rechtsstaatlichen Gesichtspunkten bedenklich.

Kommentar §16

6. Die **Anmeldung der Statutenänderung** erfolgt durch den gesamten Vorstand (157; schriftlich in beglaubigter Form). Wird eine Neufassung des ganzen Statuts eingereicht, so braucht der Eintragungsantrag die Änderungen nicht einzeln zu bezeichnen (RJA 13 25 u. LG Kiel, BlfG 37 S. 515). Die zwei beizufügenden Abschriften des Beschlusses bedürfen keiner Beglaubigung. Die Vorlage des Protokollbuchs oder anderer Originalprotokolle kann in der Regel nicht verlangt werden (OLG Dresden BlfG 36 S. 188). Anmeldung zum Gericht der Zweigniederlassung 157 Abs. 2, 160 (vgl. KGJ 33 107, 121). **Vor der Eintragung** hat das RegGericht zu prüfen, ob die Anmeldung in der vorgeschriebenen Form erfolgt ist und ob der Beschluß mit dem Genossenschaftsgesetz und dem Statut vereinbar ist (vgl. RG 140 180, 181). Dagegen hat es nicht von sich aus zu prüfen, ob die Vorschriften über die Berufung und Beschlußfassung beobachtet sind (KGJ 14 43, 41 153), ob die erforderliche Mehrheit zustande gekommen ist (JFG 3 220 und LG Torgau BlfG 31 S. 580). Die Pflicht zur Prüfung der Beschlußfähigkeit der GV wird jedoch vom KG JW 35 S. 715 bejaht. Eine Verletzung der Ordnungsvorschriften zu rügen, ist Sache der Anfechtungsberechtigten. Der Registerrichter darf wegen eines Mangels, der einen im Register einzutragenden Beschluß nicht nichtig, sondern nur anfechtbar macht, die Eintragung nicht mehr ablehnen, wenn die Anfechtungsfrist verstrichen ist, ohne daß die Anfechtungsklage erhoben ist (KG BlfG 17 S. 8). Innerhalb der Anfechtungsfrist wird es von den Umständen des Falles abhängen, ob der Registerrichter dem Eintragungsantrage stattzugeben hat oder nicht. Das Anfechtungsrecht der Genossen nach 51 hat auf die Eintragung keine Wirkung, gibt insbesondere für die Anmeldung keinen Suspensiveffekt. Nicht im Widerspruch mit der hier vertretenden Auffassung steht, daß, falls das Statut Übereinstimmung aller Mitglieder für Änderungen verlangt, diese nachgewiesen werden muß (RG 76 170, OLGRspr. 32 129). Das Registergericht der Zweigniederlassung ist zu einer Nachprüfung satzungsändernder Beschlüsse nicht berechtigt, sondern hat die Eintragung ohne Prüfung vorzunehmen (KGJ 33 107, 121). Über das Antrags- und Beschwerderecht der Organe des Handelsstandes in Genossenschaftsregistersachen vgl. 17 Anm. 2.

7. **Erst mit der Eintragung** in das Genossenschaftsregister erlangt eine **Satzungsänderung rechtliche Wirkung** (§ 16 Abs. 4), vorausgesetzt, daß ein gültiger GV-Beschluß vorliegt; Mängel des Beschlusses werden nämlich durch die Eintragung nicht geheilt (RG JW 31 S. 2982 Nr. 20 und RG 140 178). Gleichwohl werden an solche Ein-

tragungen gewisse Wirkungen geknüpft: Haftung der Genossen nach Eintragung der Anteilserhöhung entsprechend dem 97 Abs. 3 ist denkbar (vgl. RG 85 314 120 370), jedoch nicht, wenn kein Beschluß vorliegt (RG 125 150, 153 = BlfG 29 S. 710); in diesem Fall Löschung schon nach § 142 FGG, (KG DJZ 29 S. 108 = BlfG 29 S. 25). — Sonst nach AV 23; nach § 147 Abs. 3 FGG nur, wenn der Inhalt des Beschlusses zwingende Normen verletzt und gerade seine Beseitigung durch das öffentliche Interesse gefordert wird. Für die Beseitigung sind die gleichen Grundsätze maßgebend, die für nichtige Eintragungen gelten (KG HoldhMschr. 14 S. 265). — Auch die Änderung einer Milchlieferungsordnung bedarf, wenn sie einen Bestandteil der Satzung bildet, der Eintragung in das Genossenschaftsregister (LG Essen ZfG 55 S. 239 Nr. 7). Ein Beschluß auf Änderung des Gegenstandes des Unternehmens dahingehend, daß die eG den Betrieb eines Kreditinstitutes aufnehmen will, ist erst dann eintragungsfähig, wenn die erforderliche Genehmigung der Bankaufsichtsbehörde des Landes nachgewiesen wurde (OLG München, JFG 17 53 = BlfG 38 S. 295). Verlängerung der Kündigungsfrist betrifft nicht mehr solche Mitglieder, die vor Eintragung des satzungsändernden Beschlusses in das Genossenschaftsregister gekündigt haben (so auch Paulick S. 184).

8. Die Ansicht, daß jede Satzungsänderung veröffentlicht werden müsse, da mindestens das Datum des ersten Statuts geändert werde, die im PrJMBl. 93 S. 111 für G und vom KG für GmbH (KGJ 46 297) verfochten wird, kann bei dem Wortlaut von Abs. 3 Satz 2 („nur") für G nicht als richtig anerkannt werden.

9. Im Beschluß kann für die Anmeldung desselben zum GenRegister auch ein späterer Termin bestimmt werden. Auch wird die Anmeldung des Beschlusses vom Eintritt einer Bedingung abhängig gemacht werden können. Eintragungsfähig ist eine bedingte Satzungsänderung ebensowenig, wie die Beitrittserklärung bedingt sein darf (§ 15). Vgl. BayObLG JW 33 S. 125 Nr. 8; LG Hamburg KuT 33 S. 12 und LG Frankenthal BlfG 34 S. 27. Eine Statutenänderung hat keine rückwirkende Kraft, da sie erst mit der Eintragung ins Register rechtswirksam wird; dies gilt auch für die Beziehungen zwischen der G und ihren Mitgliedern (BGHZ Bd. 20 S. 144). Auch die GV kann dem Beschluß keine rückwirkende Kraft verleihen, jedoch bestimmen, daß die Satzungsänderung erst von einem späteren Zeitpunkt an gelten soll. Infolgedessen hat auch ein die Haftsumme herabsetzender GV-Beschluß vor seiner Eintragung ins Genossenschaftsregister keine Rechtswirkung (OLG Düsseldorf, NJW 50 S. 826). Es können mit der Statutänderung gleichzeitig die Ausführungsbeschlüsse gefaßt werden. Wird der Wahlmodus für die Vorstandsmitglieder abgeändert, so bedarf es keiner Neuwahl für die im Amte befindlichen Vorstandsmitglieder, sondern es genügt die entsprechende Abänderung des Anstellungsvertrages. Die Anwendbarkeit des § 139 BGB auf satzungsändernde Generalversammlungsbeschlüsse ist zu bejahen (RG 140 177 und die dort angegebene weitere Rechtsprechung). Schuldhafte Verzögerung der Eintragung hat Schadenersatzansprüche zur Folge.

Zweiter Abschnitt
Rechtsverhältnisse der Genossenschaft und der Mitglieder

§ 17
Rechtsstellung der eG

(1) Die eingetragene Genossenschaft als solche hat selbständig ihre Rechte und Pflichten; sie kann Eigentum und andere dingliche Rechte an Grundstücken erwerben, vor Gericht klagen und verklagt werden[1].

(2) Genossenschaften gelten als Kaufleute im Sinne des Handelsgesetzbuchs, soweit dieses Gesetz keine abweichenden Vorschriften enthält[2].

1. **Abs. I.: Die eG ist juristische Person.** Sie kann alle die Rechte ausüben, die nicht physische Persönlichkeit voraussetzen. Die G kann Mitglied einer andern eG, Gesellschafter einer offenen Handelsgesellschaft, Komplementärin einer Kommanditgesellschaft sein; sie kann sich an einer AG, GmbH beteiligen (vgl. 1 Anm. 16). G ist nicht prozeßfähig, aber parteifähig. G sind börsentermingeschäftsfähig, aktiv und passiv wechselfähig, aktiv und im Rahmen des Art. 3 SchG passiv scheckfähig. Ob die G öffentlich-rechtliche Rechte und Pflichten haben, bestimmt sich nach den betreffenden Gesetzen. Genossenschaften sind erbfähig (BGB 2101 Abs. 2). Über Erwerbsbeschränkungen EG BGB Art. 86. Die eG ist als juristische Person strafrechtlich nicht deliktsfähig. Kriminal- und Ordnungsstrafen wegen Handlungen der G können deshalb in der Regel nur über die Vorstandsmitglieder persönlich verhängt werden. Ausnahmsweise sieht § 59 KWG eine Strafhaftung juristischer Personen vor; die Strafhaftung nach § 393 der Abgabenordnung ist praktisch bedeutungslos, weil im Steuerstrafrecht keine Bestrafung ohne Feststellung eines Verschuldens mehr möglich ist. Nach § 416 AO haftet jedoch die juristische Person für

§ 17 Gesetz, betr. die Erwerbs- und Wirtschaftsgenossenschaften

die Geldstrafen, die wegen Steuervergehen gegen Mitglieder ihrer Organe verhängt werden. Nach §§ 40, 41 und 42 GWB (vgl. Anm. 13 zu § 1) kann gegen ein Mitglied des zur gesetzlichen Vertretung berufenen Organs einer juristischen Person eine Geldbuße festgesetzt werden, wenn jemand in dem Unternehmen eine nach den §§ 38 und 39 dieses Gesetzes mit Geldbuße bedrohte Handlung begangen und das Mitglied des zur gesetzlichen Vertretung berufenen Organs in diesem Falle seine Aufsichtspflicht verletzt hat. — Die Genossenschaften unterstehen nach Maßgabe von 160 der Aufsicht des Gerichts. Vgl. über die Folgen von Rechtsgeschäften, die ein Delikt gegen Dritte in sich schließen RG 10 302 (unbefugter Gebrauch von Marken), 15 126 (Patentverletzung). Bei Übertretung gewerbepolizeilicher Vorschriften sind die Vorstandsmitglieder verantwortlich (RGStr. 29 27). Die eG ist aber zivilrechtlich deliktsfähig. Anwendung findet BGB 31: Die G ist verantwortlich für schuldhafte Handlungen oder Unterlassungen ihrer Vorstandsmitglieder, vorausgesetzt, daß diese innerhalb des dem Vertreter zugewiesenen Geschäftskreises liegen (BGH, NJW 59, 379; ZfG 60, 50 mit kritischer Anm. von Schnorr von Carolsfeld = GW 60, 236; BGH, GW 60, 23; OLG Köln, GW 64, 395 mit ablehnender Besprechung). Vgl. aber auch gegen eine Überspannung der Haftung aus § 31 BGB BlfG 28 S. 768, 884 und die BlfG 29 S. 500 ff. behandelte Entscheidung des KG sowie RG 134 376 = BlfG 32 S. 62, vgl. ferner 15 Anm. 5 und 69 Anm. 4. Duldet die G ein Verfahren, das sich im Widerspruch mit dem Statut befindet, so ist sie haftpflichtig. Die Haftpflicht für die Angestellten beschränkt sich nach Maßgabe von BGB 831.

2. Abs. II: Nur im Sinne des HGB gelten die G als Kaufleute. Insbesondere kommen zur Anwendung die Bestimmungen des HGB über Führung und Aufbewahrung der Bücher, ferner u. a. 362, 366, 367, 368 und 369 HGB. Abweichungen, betr. Firma (3), Bevollmächtigte (42), Genossenschaftsregister (159), ferner § 2 DMBG: hiernach sind Genossenschaften, die ihre Hauptniederlassung (Sitz) in Deutschland außerhalb des Währungsgebietes haben, verpflichtet:
a) über die von ihren Zweigniederlassungen oder sonstigen Betriebsstätten im Währungsgebiet betriebenen Geschäfte,
b) über das dem Geschäftsbetrieb des Unternehmens im Währungsgebiet dienende Vermögen,
c) über das sonstige im Währungsgebiet vorhandene Vermögen des Unternehmens gesondert Buch zu führen und Rechnung zu legen.

Kommentar §18

Die Bestimmung des § 17 Abs. 2 GenG gilt, auch wenn die G selbst kein „Handelsgewerbe" betreibt, keine Handelsgesellschaft im Sinne von HGB 6 Abs. 1 ist.

Da 147 Abs. 1 FGG zwar weitgehend die die Führung des Handelsregisters betreffenden Bestimmungen dieses Gesetzes auf die Eintragungen im Genossenschaftsregister für entsprechend anwendbar erklärt, aber 126 FGG nicht erwähnt, so muß angenommen werden, daß nach dem Willen des Gesetzgebers 126 FGG, der durch Art. 3 des Ges. vom 10. 8. 37 (RGBl. I 897) geändert worden ist, in Genossenschaftsregisterangelegenheiten nicht entsprechend anwendbar sein soll. *Die Industrie- und Handelskammern* (vgl. Gesetz zur vorläufigen Regelung des Rechts der Industrie- und Handelskammern v. 18. 12. 56, BGBl. I S. 920) *sind deshalb in Genossenschaftsregistersachen nicht antrags- und beschwerdeberechtigt* (ebenso KG JW 33, 2155 u. LG München I, BlfG 38 S. 290 sowie Meyer-Meulenbergh 10[8]). Wenn das BayObLG (JW 28, 2640) eine andere Auffassung vertritt, soweit die Handelskammern bei Eintragungen im Genossenschaftsregister auf die Anwendung der firmenrechtlichen Bestimmungen des HGB hinwirken wollen, so findet diese Ansicht im Gesetz keine Stütze (KG JW 33, 2155).

§ 18
Verhältnis zwischen Statut und Gesetz

Das Rechtsverhältnis der Genossenschaft und der Genossen richtet sich zunächst nach dem Statut[1]. Letzteres darf von den Bestimmungen dieses Gesetzes nur insoweit abweichen, als dies ausdrücklich für zulässig erklärt ist[2].

1. Trotz der Fassung des ersten Satzes des § 18 sind für das Rechtsverhältnis zwischen eG und den Genossen doch in erster Linie die Vorschriften des GenG entscheidend, da, wie sich aus Satz 2 ergibt, das Statut von ihnen nur insoweit abweichen darf, als sie nicht zwingender Natur sind.

In der Praxis ist die Verfassung der G häufig nur zum Teil in der Satzung selbst geregelt. Sog. Geschäfts- oder Dienstanweisungen für Vorstand oder Aufsichtsrat oder beide Organe enthalten z. B. vielfach weitere Vorschriften, insbesondere über das eigentliche Tätigwerden der Organe, also etwa über die Vertretungsbefugnisse des Vorstands (27), die Abgrenzung der Kompetenzen der einzelnen Organe gegeneinander und ihrer einzelnen Mitglieder unter sich oder über weitere im Gesetz nicht vorgesehene Obliegenheiten des Aufsichtsrats (38 Abs. 3; vgl. auch KGJ **15** 54) usw., während sog. Geschäftsordnungen verschiedentlich sich mit der näheren Regelung der geschäftlichen Tätigkeit der G, besonders der Einbeziehung neuer Geschäftszweige, der Regelung des Kassen- und Rechnungswesens u. ä. befassen. In früheren Auflagen wurde Meinung vertreten, Geschäftsanweisungen bedürfen stets der Beschlußfassung in GV. Hier sollte jedoch unterschieden werden: Soweit Geschäftsanweisung Obliegenheiten enthält, die über die im Gesetz oder in der Satzung enthaltenen Verpflichtungen hinausgehen, ist Beschlußfassung der GV erforderlich. Soweit die Geschäftsanweisungen jedoch lediglich die technische Durchführung der nach Gesetz und Satzung ohnehin bestehenden Aufgaben regeln, ohne zusätzliche Obliegenheiten zu begründen, ist Beschlußfassung der GV nicht notwendig. Solche Geschäftsanweisungen und Geschäftsordnungen dürfen nur Bestimmungen enthalten, die nicht in die Satzung selbst aufgenommen werden müssen (vgl. §§ 6, 7 und 8). Die Abgrenzung derartiger Anweisungen und Ordnungen gegenüber der Satzung (insbesondere auch für die Feststellung des Begriffs der Satzungsänderung) kann im einzelnen Fall nur nach ihrem Inhalt erfolgen. Sofern sie die Verfassung der G betreffen — d. h. besonders das, was sich auf die Zusammensetzung der G, ihren Personenbestand, insbesondere auf Ein- und Austritt von Mitgliedern, Verlust der Mitgliedschaft und überhaupt auf die Beziehungen der G zu ihren Mitgliedern bezieht (vgl. RGZ 73 193) —, bilden sie trotz der fehlenden Aufnahme in die Satzung materiell einen Teil derselben und dürfen deshalb nicht mit ihr in Widerspruch stehen. Gehen sie über den Rahmen von Ausführungsvorschriften hinaus, so enthalten sie eine Satzungsänderung und können deshalb nur mit der in 16 für Satzungsänderungen vorgesehenen qualifizierten Mehrheit der GV beschlossen werden. Das gleiche gilt für ihre spätere Änderung oder Ergänzung. Zur Änderung anderer Vorschriften einer Geschäftsanweisung oder Geschäftsordnung genügt ein einfacher Mehrheitsbeschluß der GV.

Die sog. **genossenschaftliche Duldungspflicht** beruht auf der Auswirkung des Mehrheitsprinzips insbes. auf die vermögensrechtliche Stellung der Mitglieder der eG. Nach dem Mehrheitsgrundsatz müssen alle, also auch die widersprechenden Genossen, eine Erweiterung ihrer ursprünglichen Verpflichtungen durch GV-Beschluß dulden, soweit es sich um Gegenstände handelt, die nach dem Gesetz von der GV geregelt werden können. Dabei handelt es sich insbes. um die Erhöhung des Geschäftsanteils und der Haftsumme, die Umwandlung oder Verschmelzung der eG, die Änderung des Gegenstandes des Unternehmens, die Aufstellung eines vom Gesetz abweichenden Maßstabs für die Gewinn- und Verlustverteilung oder die Ausschließung der Gewinnverteilung durch die Satzung, die satzungsmäßige Festsetzung einer längeren als der gesetzlichen Kündigungsfrist, den Ausschluß oder eine anderweitige Regelung der Vermögensverteilung nach Auflösung der eG und die Festsetzung eines anderen als des gesetzlichen Beitragsverhältnisses für Nachschüsse im Konkurse der eG. Im übrigen muß der Genosse darauf vertrauen dürfen, daß er von neuen Verpflichtungen verschont bleibt, mit denen er nicht rechnen konnte; deshalb können den Genossen Leistungspflichten, die weder im Gesetz noch in der Satzung verankert sind, nur mit Zustimmung aller Genossen auferlegt werden (RG 47 158; 90 403; 91 160; 124 188; 128 191). Zur Duldungspflicht des Mitglieds aufgrund von Ermessensentscheidungen, die die Organe im Rahmen ihrer gesetz- und satzungsmäßigen Zuständigkeit treffen, vgl. LG Hamburg GW 63, 339, 341.

Für das Rechtsverhältnis zwischen eG und ihren Mitgliedern gilt als im Gesetz nicht ausdrücklich festgelegter, aber von Rechtsprechung und Schrifttum anerkannter **Grundsatz, daß alle Genossen gleich behandelt werden müssen,** also kein Genosse mehr Rechte oder Pflichten haben darf als ein anderer. Dieser genossenschaftliche Gleichbehandlungsgrundsatz besagt, daß bei gleichen Voraussetzungen alle Mitglieder als solche gleich behandelt werden müssen. Allgemeine Sonderkonditionen gegenüber Organmitgliedern z. B. im Kreditgeschäft sind unzulässig. Sie können jedoch aus dem Kundenverhältnis *im Einzelfall* gerechtfertigt sein. Unterschiede in der Stellung der Mitglieder zur eG, die lediglich auf einer verschiedenen Inanspruchnahme der eG beruhen, verstoßen jedoch nicht gegen diesen Grundsatz, da sie nicht auf einer „Behandlung" durch die Genossenschaft beruhen. Im übrigen hindert aber auch der Grundsatz der gleichmäßigen Behandlung der Genossen nicht die Schaffung ungleicher Rechtsbeziehungen der einzelnen Mitglieder zur eG durch das *ursprüngliche* Statut, sofern nicht die grundlegenden Ausflüsse des Mitgliedschaftsrechts selbst, z. B. das Stimmrecht, die Höhe des Geschäftsanteils und der Haftsumme oder das Recht zum jederzeitigen Austritt in Frage stehen. Der genannte Grundsatz soll vielmehr nur verhindern, daß die einmal geschaffene Rechtslage der Mitglieder gegenüber der eG nachträglich gegen den Willen einzelner verändert wird (RG **38** 16; **62** 308; JFG **5** 277; JFG **10** 158; vgl. auch RG DJ 38 S. 727 = JW 38 S. 1329). Infolgedessen bedarf die im Wege der Satzungsänderung erfolgende nachträgliche Einführung ungleicher Rechte und Pflichten, soweit sie überhaupt zulässig ist, der Zustimmung *aller* Genossen.

Die Verletzung des Gleichheitsgrundsatzes kann als Auswirkung der Treuepflicht, die der G gegenüber ihren Mitgliedern obliegt, einen Anspruch der benachteiligten Mitglieder auf Gleichstellung begründen. Das Mitgliedsverhältnis kann für sich allein oder zusammen mit dem Nutzungsverhältnis erfordern, dem benachteiligten Mitglied denselben Vorteil zu gewähren, den die G den bevorzugten Mitgliedern zugewandt hat. U. U. muß die G die Ungleichbehandlung aus ihren eigenen Mitteln neutralisieren oder den den bevorzugten Mitgliedern gewährten Vorteil unter diesen und den benachteiligten Mitgliedern aufteilen (BGH, ZfG 60, 351 = NJW 60, S. 2142 = GW 60, 296).

Die Verletzung des Gebots der Gleichbehandlung hat bei Beschlüssen ihre Anfechtbarkeit zur Folge (BGH, GW 60, 296).

Der Grundsatz der Gleichbehandlung gilt nach BGH (a. a. O.) betr. die Überlassung von Genossenschaftswohnungen auch für die vertragliche Regelung der Rechtsbeziehungen aus dem Nutzungsverhältnis (Kritik: Riebandt-Korfmacher GW 60, 285, 337; GW 61, 56) sowie für die Zuteilung von Genossenschaftswohnungen (LG Göttingen GW 62, 21; OLG Stuttgart, GW 63, 268) und für die Behandlung der Erben von verstorbenen Mitgliedern, denen ein mitgliedschaftlicher Auflassungsanspruch zusteht (BGH GW 64, 257; bedenklich, soweit danach erforderlichenfalls die Voraussetzungen zur Gewährung eines mitgliedschaftlichen Auflassungsanspruchs durch Aufnahme zu schaffen sind).

Der Grundsatz der **genossenschaftlichen Treuepflicht** ist von der Rechtsprechung anerkannt. Danach haben die Mitglieder unter Umständen die eigenen Interessen gegenüber den Interessen der Genossenschaft zurückzustellen. So hat z. B. das KG (GWW 54 S. 589) in neuester Zeit den Grundsatz einer besonderen Treuepflicht im Verhältnis der Genossen zur Genossenschaft als unausgesprochene Hauptpflicht mit dem Hinweis auf den stark personenrechtlichen Charakter der eG ausdrücklich bejaht. Das LG Wuppertal (JW 34 S. 1870 = BlfG 34 S. 575) hat festgestellt, daß die Genossen unter Umständen verpflichtet sind, ihre Gläubigerrechte dem allgemeinen Wohl der G und der Genossen unterzuordnen. Das RG (RG 147 270 u. JW 36 S. 181) hat es als mit der genossenschaftl. Treuepflicht für unvereinbar erklärt, daß ein Genosse in Ausübung formaler Rechtsbefugnisse ohne Rücksicht auf das Wohl der G die Anfechtungsklage nach 51 erhebt, und schließlich hat das AG Bremen (BlfG 36 S. 613) die Erhebung des Verjährungseinwandes durch einen Genossen gegenüber den Forderungen der G aus Kreditgewährung oder Warenlieferung als Verstoß gegen die guten Sitten bezeichnet. Vgl. in diesem Zusammenhang auch noch die Entsch. des AG Gengenbach in BlfG 37 S. 207, das die Geltendmachung des Auseinandersetzungsanspruchs (§ 73) für sittenwidrig erklärte, weil der Ausgeschiedene der eG Schäden aus Kreditgewährung verursacht hatte, über die eine vergleichsweise Einigung erfolgt war. Aus der Treuepflicht folgt die Rechtspflicht der Mitglieder, z.B. bekanntgewordene Diebstähle von Angestellten der Genossenschaft zu melden (OLG Ffm., ZfG Bd. 13 [1963] 156). Nach KG (GWW 54 S. 589 m. Anm.) folgt aus der genossenschaftlichen Treuepflicht jedoch weder ein Verbot des organisierten Zusammenschlusses einzelner Genossenschafter zwecks Verfolgung bestimmter Ziele — Bildung einer Mieterschutzgemeinschaft innerhalb der Genossenschaft — noch ein Verbot der Kritik der Satzung, der Vertreter, der Vertreterversammlung und des Vorstandes. — Die Genossen einer Handwerkergen. sind unter Umständen auch zur persönl. Arbeitsleistung verpflichtet, ohne daß dies in der Satzung ausdrücklich festgelegt ist (OLG Naumburg BlfG 39 S. 494). — Umgekehrt obliegt aber auch der G ihren Mitgliedern gegenüber eine Treuepflicht, die um so größer ist, je länger die Mitgliedschaft dauert (BGH WM 58 IV B S. 818). Wegen der Treuepflicht der einzelnen Mitglieder der Genossenschaft untereinander vgl. S. v. C. S. 81; zum Inhalt der Treuepflicht Paulick S. 198 ff. — Die schuldhafte Verletzung der genossenschaftlichen Treuepflicht hat unter Umständen Schadensersatzansprüche zur Folge (so Paulick S. 200; OLG Ffm., ZfG Bd. 13 [1963] 156).

Die vorgenannten Grundsätze gelten im allgemeinen nur im Mitgliedschaftsverhältnis. Im Verhältnis G — Kunde, das die rein geschäftlichen Beziehungen zwischen Mitglied und Genossenschaft erfaßt, gelten die individualrechtlichen Vorschriften z. B. des Vertragsrechts und Handelsrechts (vgl. Paulick S. 189).

Der Anspruch der Mitglieder auf Benutzung der genossenschaftlichen Einrichtungen folgt aus dem gesetzlichen Förderungsauftrag der Genossenschaft und kann auch nicht durch die Satzung ausgeschlossen werden; die Satzung kann nur Art und Umfang dieser Mitgliedschaftsrechte regeln (vgl. Paulick S. 190; a. A. Meyer-Meulenbergh § 18 Anm. 5). Im geschäftlichen Verhältnis zwischen Mitglied und Genossenschaft können jedoch Regelungen vereinbart werden, die unter bestimmten Voraussetzungen z. B. dazu führen, daß ein Mitglied nicht mehr durch die Genossenschaft beliefert wird. Es gelten hier rein geschäftliche Gesichtspunkte.

2. Abweichungen sind für zulässig erklärt in 16 Abs. 2, 19 Abs. 2, 20, 24 Abs. 2, 25 Abs. 1, 27 Abs. 1, 36 Abs. 1, 38 Abs. 3, 39 Abs. 2, 43 Abs. 4, 43 a Abs. 1 Satz 2, 44 Abs. 1 u. 2, 45 Abs. 1 u. 2, 46 Abs. 1

§ 18 Gesetz, betr. die Erwerbs- und Wirtschaftsgenossenschaften

u. 2, 65 Abs. 2, 68 Abs. 2, 73 Abs. 2, 76 Abs. 1, 78 Abs. 1, 78 b, 83 Abs. 1, 85 Abs. 1, 91 Abs. 3, 92, 93, 93 b, 105 Abs. 2, 132, 134, 144. Vgl. auch Werneburg, Deutsches Gemein- u. Wirtschaftsrecht 36 S. 364.
Die Satzung gemeinnütziger Wohnungsbaugenossenschaften muß den gesetzlichen Vorschriften, insbes. der §§ 2 bis 15 WGG entsprechen (§ 19 Abs. 2 Buchst. a WGG):

§ 2 Abs. 2 WGG, § 1 Abs. 2 WGGDV:	Beschränkung des Geschäftsbetriebes auf einen bestimmten Bezirk = Anm. 3 zu § 6;
§ 3 Abs. 2 WGG:	Festsetzung des Geschäftsanteils auf 300 DM und der Einzahlungsfrist auf 3 Jahre = Anm. 4 zu § 7;
§ 4 Abs. 2 WGG, § 3 Abs. 3 WGGDV:	Unabhängigkeit von Angehörigen des Baugewerbes = Anm. 3 zu § 8;
§ 5 WGG, § 5 WGGDV:	Verbot, die Überlassung von Wohnungen auf einen begrenzten Personenkreis zu beschränken = § 1 Anm. 11 II A;
§ 6 Abs. 1 Satz 1 WGG:	Aufnahme des gemeinnützigen Hauptzwecks — Errichtung von Kleinwohnungen im eigenen Namen = Anm. 3 zu § 6;
§§ 7 WGG, 12—14 WGGDV:	Sicherungen, daß die Belange der Nutzer von Genossenschaftswohnungen ausreichend gewahrt werden = Anm. 11 II A zu § 1, Anm. 3 zu § 6, Anm. 1 zu § 27;
§ 9 WGG:	Bindungen in der vermögensrechtlichen Behandlung der Mitglieder = Anm. 11 II A zu § 1, Anm. 4 zu § 19, Anm. 4 zu § 73, Anm. 2 a. E. zu § 91;
§ 12 WGG:	Wirtschaftlichkeit des Geschäftsbetriebs durch Begrenzung der Kosten der Verwaltung und Geschäftsführung = Anm. 1 zu § 27.

Entspricht die Satzung einem vom Spitzenverband mit Zustimmung der zuständigen obersten Landesbehörde aufgestellten Muster, so gelten die gemeinnützigkeitsrechtlich vorgeschriebenen Anforderungen an den Satzungsinhalt als erfüllt (§ 19 Abs. 1 WGGDV). Die vom Gesamtverband gemeinnütziger Wohnungsunternehmen, Köln, herausgegebene Mustersatzung für gemeinnützige Wohnungsbaugenossenschaften — Ausgabe Dezember 1949/1961 — schließt an die vom Hauptverband Deutscher Baugenossenschaften und -gesellschaften e. V., Berlin, auf Grund der Preuß. Verordnung zur Gemeinnützigkeitsverordnung aufgestellte Mustersatzung an (s. im einzelnen die ausführliche Erläuterung: Riebandt-Korfmacher im Formular-Kommentar, Formulare für freiwillige Gerichtsbarkeit und Vertragsgestaltungen 20. Aufl. Karl Heymanns Verlag KG Berlin—Köln 58, I. Teil 6. Abschn. A 1. 601 und Koenen-Gertner, Komm. zur Mustersatzung für Baugenossenschaften und Baugesellschaften, Karl Heymanns Verlag 1932).

§ 19
Gewinn- und Verlustverteilung

(1) Der bei Genehmigung der Bilanz für die Genossen sich ergebende Gewinn oder Verlust des Geschäftsjahres ist auf diese zu verteilen[1]. Die Verteilung geschieht für das erste Geschäftsjahr nach dem Verhältnis ihrer auf den Geschäftsanteil geleisteten Einzahlungen, für jedes folgende nach dem Verhältnis ihrer durch die Zuschreibung von Gewinn oder die Abschreibung von Verlust zum Schlusse des vorhergegangenen Geschäftsjahres ermittelten Geschäftsguthaben[2]. Die Zuschreibung des Gewinns erfolgt so lange, als nicht der Geschäftsanteil erreicht ist[3].

(2) Das Statut kann einen anderen Maßstab für die Verteilung von Gewinn und Verlust aufstellen[4] sowie Bestimmung darüber treffen, inwieweit der Gewinn vor Erreichung des Geschäftsanteils an die Genossen auszuzahlen ist. Bis zur Wiederergänzung eines durch Verlust verminderten Guthabens findet eine Auszahlung des Gewinns nicht statt[5].

1. 19 gilt während des Bestehens der G; nach Auflösung ist 91 maßgebend.

Nach 48 Abs. 1 beschließt die GV, wieviel von dem in der Bilanz ausgewiesenen Gewinn oder Verlust auf die Genossen zu verteilen ist. Dies ist zwingendes Recht. Solange die Satzung im Rahmen des § 19 Abs. 2 keine Regelung über die Gewinnverteilung enthält, gilt Abs. 1. Die GV kann eine andere Verteilung also nur bei entsprechender Satzungsbestimmung vornehmen. Es genügt jedoch, wenn die Satzung einen allgemeinen Spielraum einräumt. **Die Art und Weise der Verteilung dieses Betrages regelt 19.** Bis zur Erreichung des satzungsmäßigen Mindestbetrages des gesetzlichen Reservefonds (7 Ziff. 4) ist jedoch zunächst der in der Satzung vorgesehene Teil des Gewinns diesem Reservefonds zuzuschreiben; ist nach der Satzung ein weiterer Teil des Gewinns einer freiwilligen Reserve zuzuführen, so ist die GV auch insoweit in der Gewinnverteilung beschränkt. Den restlichen Gewinn kann sie aber — soweit dies die Satzung zuläßt — nach ihrem Ermessen verwenden, ihn auf die Genossen verteilen, zu Sterbegeldern für die Erben der Genossen verwenden oder ebenfalls der gesetzlichen bzw. einer freiwilligen Reserve zuschreiben. Über die rechtliche Zulässigkeit der Rückerstattung abgeschriebener Geschäftsguthaben vgl. Weidmüller BlfG 37 S. 755. Die Satzung kann bestimmen, daß der Gewinn nicht verteilt, sondern dem Reservefonds zugeschrieben wird (20).

Der Anspruch auf Feststellung des Reingewinns und des zur Verteilung kommenden Betrages ist **kein klagbares Sonderrecht** (vgl. 43 Anm. 1) des einzelnen Genossen (JW 16 S. 409); ein Rechtsanspruch auf die Dividende entsteht vielmehr erst durch den Gewinnverteilungsbeschluß der GV (48 Anm. 3); auch bei diesem Anspruch handelt es sich, da er frei übertragbar ist, um kein Sonderrecht, sondern um ein von der Mitgliedschaft lösbares Gläubigerrecht (RG 87 387). Abschlagsdividenden sind unzulässig (KGJ 36 142; RG DJZ 36 Sp. 1309).

Ein aus der Bilanz sich ergebender **Verlust** kann mittels GV-Beschluß **durch Abschreibung des gesetzlichen Reservefonds oder freiwilliger Reserven oder der Geschäftsguthaben der Mitglieder beseitigt oder auf neue Rechnung vorgetragen werden.** Über die Wirkung des Verlustvortrages gegen die ausgeschiedenen Genossen s. BlfG 33 S. 195.

2. Die Vorschrift über die Maßgeblichkeit **der Höhe der Geschäftsguthaben am Schlusse des vorhergegangenen Geschäftsjahres** beruht auf der Erwägung, daß die im abgelaufenen Geschäftsjahr geleisteten Einzahlungen auf den Geschäftsanteil zur Erzielung des durch die Geschäftsführung des ganzen Jahres entstandenen Gewinnes in der Regel nicht beigetragen haben und bezweckt, zu verhüten, daß bei günstigem Geschäftsergebnis der einzelne Genosse noch unmittelbar vor dem Schlusse des Geschäftsjahres seine Einzahlungen nur zu dem Zwecke erhöht, um hierdurch seinen Anteil am Gewinn zu vermehren. Die im abgelaufenen Geschäftsjahr geleisteten Einzahlungen bleiben also bei der Gewinnverteilung unberücksichtigt; die in diesem Geschäftsjahr beigetretenen Genossen nehmen deshalb an der Gewinnverteilung nicht teil. Das gleiche gilt grundsätzlich auch für die Verlustverteilung. Reichen aber die Geschäftsguthaben zur Verlustdeckung nicht aus, so können auch noch die Geschäftsguthaben des letzten Geschäftsjahres herangezogen werden (KG BlfG 33 S. 792). Das bei der Verteilung des Verlustes nach Verhältnis der Geschäftsguthaben drohende Ergebnis, daß die mit den Einzahlungen säumi-

Kommentar § 19

gen Genossen nur mit ihren geringeren Geschäftsguthaben herangezogen werden können, ist wenigstens teilweise dadurch zu vermeiden, daß man die Rückstände zahlungsfähiger Genossen als eingezahlt behandelt und ebenfalls zur Verlustdeckung verwendet, während man die Genossen auf einem anderen Konto dafür belastet (OLG Jena BlfG 30 S. 64 und KG BlfG 30 S. 80 u. 272). Vgl. aber jetzt bzgl. der Bilanzierung rückständiger Einzahlungen 33 e Abs. 1.

3. Soweit die Dividende hiernach dem Geschäftsguthaben zugeschrieben werden muß, ist sie nur mit dem Geschäftsguthaben pfändbar. Eine Zuschreibung des Gewinns über den Betrag des Geschäftsanteils hinaus ist ausgeschlossen, weil der Geschäftsanteil den satzungsmäßigen Höchstbetrag der statthaften Mitgliedereinlagen darstellt (7 Anm. 3). Das Geschäftsguthaben kann nicht höher sein als die Summe der übernommenen Geschäftsanteile.

4. Nach dem in § 19 Abs. 1 vorgesehenen Maßstab, d. h. nach der Höhe der Geschäftsguthaben (Kapitaldividende) verteilen insbesondere die Kreditgenossenschaften ihren Gewinn, soweit er nicht den Rücklagen zugeführt wird. Es ist der Satzung überlassen, die Verteilung nach dem Verhältnis der zum Schlusse des vorhergegangenen oder des abgelaufenen Geschäftsjahres oder zu einem anderen Zeitpunkt ermittelten Geschäftsguthaben vorzusehen.

Der in § 19 Abs. 2 zugelassene statutarische andere Maßstab für die Gewinnverteilung kann der Umfang der Inanspruchnahme der Genossenschaft durch die Mitglieder sein (z. B. der Umfang des Einkaufs der Mitglieder bei der Einkaufsgen., des Verkaufs der Mitglieder an die Absatzgen., der Lohnzahlung der Produktivgen. an die Mitglieder); vgl. KGJ 36 142, RG 140 331, KG JFG 21 141. Jedes Mitglied erhält dann einen in Prozenten seines Umsatzes mit der G bemessenen Gewinnanteil. Diese Art der Gewinnverteilung, die in der Praxis selten ist, wird **Umsatz- oder Leistungsdividende** genannt.

Da es sich bei der Umsatz- oder Leistungsdividende ebenso wie bei der Kapitaldividende um einen Gewinnanteil handelt, beschließt die GV gemäß § 48 Abs. 1 auf Grund des Jahresergebnisses über dessen Höhe; ein Rechtsanspruch der Mitglieder auf diesen Gewinnanteil entsteht deshalb erst auf Grund des Gewinnverteilungsbeschlusses der GV.

Von der Gewinnverteilung durch Beschluß der GV nach §§ 19 und 48 GenG zu unterscheiden ist die sogenannte genossenschaftliche Rückvergütung. Sie ist eine dem Wesen der Genossenschaft eigentümliche Art der Verteilung des im Geschäftsverkehr mit den

Mitgliedern als Kunden der Genossenschaft erzielten Überschusses und steht in keiner Verbindung mit dem für eine Ware gezahlten Preis.

Die genossenschaftliche Rückvergütung ist weder in § 19 GenG geregelt noch wird sie von dieser Vorschrift erfaßt, noch ist sie sonst im GenG definiert; sie hat sich vielmehr schon sehr früh in der Praxis entwickelt und dürfte erstmalig in der Entscheidung des Preuß. Oberverwaltungsgerichts vom 14. 10. 97 (Entscheidungen in Staatssteuersachen Bd. 6 S. 385) behandelt worden sein.

Die genossenschaftliche Rückvergütung ist keine Preisrückgewähr und keine Gewinnverwendung; sie ist eine aus § 1 GenG folgende Förderungsleistung der Genossenschaft, auf die die Mitglieder einen Rechtsanspruch haben (BGH, BlfG 64 S. 21). Daraus folgt, daß die Rückvergütung weder einen Verstoß gegen § 1 Abs. 2 Rabattgesetz noch gegen eine Preisbindung enthalten kann.

Da die Rückvergütung nicht Gewinnbestandteil ist, kann die Satzung die Zuständigkeit von Vorstand und Aufsichtsrat für die Festsetzung der Höhe der Rückvergütung bestimmen, wie dies in der Praxis üblich ist. Literatur zur Rückvergütung: Band XII der Quellen und Studien des Instituts für Genossenschaftswesen an der Universität Münster „Die genossenschaftliche Rückvergütung 61".

Der Begriff „genossenschaftliche Rückvergütung" schließt eine solche Ausschüttung an Nichtmitglieder aus. Bei Vergütungen und Preisnachlässen an Nichtmitglieder kann es sich nur um Rückvergütungen im weiteren Sinn, nicht aber um genossenschaftliche Rückvergütungen handeln. Steuerlich ist das Problem unerheblich, da alle Rückvergütungen an Nichtmitglieder als Betriebsausgaben anerkannt sind (§ 35 Abs. 2 KStDV).

Die steuerliche Behandlung der genossenschaftlichen Rückvergütung folgt aus § 35 der Körperschaftsteuer-Durchführungsverordnung und Abschnitt 65 der Körperschaftsteuer-Richtlinien (s. Anhang). Die Rückvergütung ist Überschußverteilung und nicht Gewinnverwendung. Sie ist steuerlich als Betriebsausgabe anerkannt. Wegen der Abzugsfähigkeit als Schuldposten bei der Einheitsbewertung vgl. BfH in BlfG 64, 322. Sie muß vom Vorstand und Aufsichtsrat aufgrund satzungsmäßiger Befugnis vor dem Bewertungsstichtag festgesetzt und den Mitgliedern auch noch vor diesem Zeitpunkt bekanntgegeben werden.

Aus dem Gesetz ist zu folgern, daß der Maßstab für die **Verteilung des Verlustes** ein anderer sein kann als der für die Verteilung des Gewinns. Eine Verteilung des Verlustes nach den von den Mitgliedern mit der G getätigten Umsätzen kommt aber weder für Kredit- noch für Warengenossenschaften in Frage, weil sich sonst die Mitglieder der Tragung des Verlustes dadurch entziehen könnten, daß sie ihre Umsätze verringern oder ganz einstellen. Deshalb verteilen sowohl die Kredit- als auch die Warengenossenschaften einen Verlust stets nach dem Verhältnis der Geschäftsguthaben. Zur Frage der genossenschaftlichen Rückvergütung bei gemeinnützigen Wohnungsbaugenossenschaften Riebandt-Korfmacher, GW 61, S. 179; Weisser, GW 61, S. 329.

Mitglieder gemeinnütziger Wohnungsbaugenossenschaften dürfen satzungsgemäß und tatsächlich bei der Verteilung des Reingewinns höchstens 4 % oder einen anderen von der obersten Landesbehörde bestimmten Hundertsatz ihrer auf den Geschäftsanteil geleisteten Einzahlungen und keine sonstigen Vermögensvorteile erhalten, die nicht als angemessene Gegenleistung für eine besondere geldwerte Leistung anzusehen sind (§ 9 Buchst. a WGG, § 15 Abs. 1 WGGDV).

Konsumgenossenschaften, die ihre Überschüsse (Gewinne) auf ihre Mitglieder nach dem Verhältnis der von diesen mit ihnen getätigten Umsätze verteilen, dürfen nach § 5 des Rabattgesetzes in der Fassung vom 21. 7. 54 (BGBl. I S. 212) genossenschaftliche Rückvergütungen zusammen mit Barzahlungsnachlässen nur bis zu 3 % des im Geschäftsjahr mit dem Mitglied getätigten Umsatzes an dieses ausschütten, während Nichtmitgliedern genossenschaftliche Rückvergütungen überhaupt nicht gewährt werden dürfen.

5. Vgl. 34, 41, 142 Abs. 1 Satz 1. Ist die Abschreibung auf ein aus der Beteiligung mit mehreren Geschäftsanteilen (134) entstandenes Geschäftsguthaben erfolgt, so muß die Zuschreibung des Gewinns erfolgen, bis das gesamte Geschäftsguthaben wieder erreicht ist. Die Genossen sind aber auch zur **Wiederauffüllung eines abgeschriebenen Geschäftsguthabens** insoweit verpflichtet, als dasselbe durch Gewinnzuschreibung gebildet worden ist (RG 68 93; 106 403; vgl. 7 Anm. 4). Keine Bedenken, wenn die Satzung eine Wiederauffüllung abgeschriebener Geschäftsguthaben aus Rückvergütungen vorsieht; kein Verstoß gegen § 18.

§ 20
Ausschluß der Gewinnverteilung

Durch das Statut kann festgesetzt werden, daß der Gewinn nicht verteilt, sondern dem Reservefonds zugeschrieben wird.

1. Eine solche Bestimmung kann auch im Wege der Satzungsänderung eingeführt und wieder aufgehoben werden, wobei der

Grundsatz der Gleichheit aller Genossen (18 Anm. 1) zu beachten ist. Bei Ausschluß der Gewinnverteilung ist Festsetzung des Mindestbetrages des gesetzlichen Reservefonds (7 Ziff. 4) nicht notwendig (KGJ **17** 16). Aus § 20 ergibt sich auch, daß das Statut einen Höchstsatz für die Gewinnverteilung vorschreiben kann; auch ist die Zuweisung eines Teils des Reingewinns an einen Spezial- oder Verlustfonds durch § 20 nicht ausgeschlossen (KG OLG **32** 130).

§ 21
Unverzinslichkeit der Geschäftsguthaben

(1) Für das Geschäftsguthaben werden Zinsen von bestimmter Höhe nicht vergütet, auch wenn der Genosse Einzahlungen in höheren als den geschuldeten Beträgen geleistet hat[1].

(2) Auch können Genossen, welche mehr als die geschuldeten Einzahlungen geleistet haben, im Falle eines Verlustes andere Genossen nicht aus dem Grunde in Anspruch nehmen, daß von letzteren nur diese Einzahlungen geleistet sind[2].

1. **Abs. I:** Hiernach ist es unzulässig, daß ohne Rücksicht darauf, ob ein Gewinn erzielt wird, Zinsen auf das Geschäftsguthaben gewährt werden. Dagegen ist es natürlich statthaft, den Reingewinn als Kapitaldividende nach Verhältnis der Geschäftsguthaben (19) zu verteilen.

2. **Das Verbot des Abs. II ist zwingend.** Die Zulassung des Rückgriffs hätte zur Folge, daß die in Anspruch genommenen Mitglieder schon während bestehender G indirekt zu höheren als den statutengemäßen Leistungen an die G gezwungen würden.

§ 22
Herabsetzung des Geschäftsanteils
Verbot der Auszahlung des Geschäftsguthabens

(1) Werden der Geschäftsanteil oder die auf ihn zu leistenden Einzahlungen herabgesetzt oder die für die Einzahlungen festgesetzten Fristen verlängert, so ist der wesentliche Inhalt des Beschlusses der Generalversammlung durch das Gericht bei der Bekanntmachung der Eintragung in das Genossenschaftsregister anzugeben[1].

(2) Den Gläubigern der Genossenschaft ist, wenn sie sich binnen sechs Monaten nach der Bekanntmachung bei der Genossenschaft

Kommentar § 22

zu diesem Zweck melden, Sicherheit zu leisten[2], soweit sie nicht Befriedigung verlangen können. In der Bekanntmachung ist darauf hinzuweisen.

(3) Genossen, die zur Zeit der Eintragung des Beschlusses der Genossenschaft angehörten, können sich auf die Änderung erst berufen, wenn die Bekanntmachung erfolgt ist und die Gläubiger, die sich rechtzeitig gemeldet haben, wegen der erhobenen Ansprüche befriedigt oder sichergestellt sind.

(4) Das Geschäftsguthaben eines Genossen darf, solange er nicht ausgeschieden ist[3], von der Genossenschaft nicht ausgezahlt[4] oder im geschäftlichen Betriebe zum Pfande genommen[5], eine geschuldete Einzahlung darf nicht erlassen werden[6].

(5) Gegen die letztere kann der Genosse eine Aufrechnung nicht geltend machen[7].

1. **Allgemeines zu § 22:** Die vorliegende Fassung des § 22 beruht auf Art. I der auf Grund von § 6 des handelsrechtlichen Bereinigungsgesetzes v. 18. 4. 50 in Kraft gebliebenen Dritten Verordnung über Maßnahmen auf dem Gebiet des Genossenschaftsrechts vom 13. 4. 43 (RGBl. I S. 251), die u. a. auch eine Erleichterung und Vereinfachung der Herabsetzung des Geschäftsanteils (22) bezweckte.

Die Neufassung der Vorschrift des § 22 ist bemerkenswert durch den Wegfall des Sperrjahres, die Verpflichtung zur Befriedigung oder Sicherstellung nur der sich meldenden Gläubiger und schließlich durch die Tatsache, daß die Bekanntmachung der Beschlüsse und der damit verbundene Gläubigeraufruf nicht mehr durch die Genossenschaft, sondern ausschließlich durch das Registergericht zu erfolgen hat (vgl. die Neufassung des § 156 Abs. 1 Satz 2 in Verbindung mit den §§ 22, 133 und 143).

Genossen, die im Zeitpunkt der Eintragung des Beschlusses über die Herabsetzung des Geschäftsanteils der G angehörten, können sich auf die Änderung erst berufen, wenn der Gläubigeraufruf erfolgt ist, und die Gläubiger, die sich rechtzeitig gemeldet haben, wegen der erhobenen Ansprüche befriedigt oder sichergestellt sind. Durch diese Regelung wird den Belagen der Gläubiger, die im Hinblick auf die Änderung eine Beeinträchtigung ihrer Rechte besorgen, ausreichend Rechnung getragen (Amtl. Begr. in DJ 43 S. 248).

Bei der **Herabsetzung des Geschäftsanteils** oder der Einzahlungen oder der Verlängerung der für die letzteren in der Satzung festgesetzten Fristen ist 16 zu beachten, da diese Maßnahmen eine Satzungsänderung darstellen.

§ 22 Gesetz, betr. die Erwerbs- und Wirtschaftsgenossenschaften

Die dem KWG unterliegenden Genossenschaften (vgl. § 1 Anm. 5) haben die durch Herabsetzung des Geschäftsanteils entstehende Kapitalveränderung der zuständigen Bankaufsichtsbehörde anzuzeigen (§ 24 Abs. 1 Ziff. 5 KWG). Das gilt auch für gemeinnützige Wohnungsbaugenossenschaften mit Spareinrichtung. Die Anzeige erfolgt über den Prüfungsverband.

Die **Zerlegung des Geschäftsanteils** in gleiche Teile gemäß 133 a gilt nicht als Herabsetzung des Geschäftsanteils im Sinne von 22.

2. Wegen Sicherheitsleistung vgl. 93 f Anm. 1 Abs. 3.

2 a. Bis zur Bekanntmachung und Befriedigung bzw. Sicherstellung der Gläubiger kann die G die Einzahlung bis zur Höhe des bisherigen Betrages einfordern bzw. eine infolge der Herbsetzung notwendig gewordene Zurückzahlung des Geschäftsguthabens unterlassen. Bei vorzeitiger Rückzahlung haften die Mitglieder nach Bereicherungsgrundsätzen, die Vorstands- und Aufsichtsratsmitglieder nach §§ 34, Abs. 3 und 41 Abs. 3 (so auch Meyer-Meulenbergh § 22 Anm. 2 e).

3. Vgl. 73 Abs. 2.

4. § 22 Abs. 4 schließt eine Auszahlung des Guthabens nicht schlechthin aus. Da nach Herabsetzung des Geschäftsanteils unter den Voraussetzungen der Absätze 1—3 ein höherer Guthabenbetrag kein „Geschäftsguthaben" mehr ist, steht Abs. 4 der Auszahlung dieses überschießenden Betrages nicht entgegen. (Vgl. Krakenberger §§ 22 Anm. 2; Parisius-Crüger 22 Anm. e; BlfGenW 35, 623; RG **140**, 197). **Der Auszahlung steht die Aufrechnung mit dem Geschäftsguthaben gleich.** Auch die Aufrechnung darf deshalb erst nach dem Ausscheiden des Mitglieds und der gemäß 73 vorgenommenen Auseinandersetzung erfolgen (vgl. Weidmüller BlfG 30 S. 128). Für Zuwiderhandlungen gegen das Verbot der Auszahlung haften Vorstand und Aufsichtsrat nach 34 Abs. 3 bzw. 41 Abs. 3.

5. Die Bestimmung, daß das Geschäftsguthaben vor dem Ausscheiden des Genossen von der G nicht zum Pfande genommen werden darf, **ist gegen die sog. Guthabenbeleihungen gerichtet.** Verboten ist nur die vertragsmäßige Verpfändung an die G in ihrem geschäftlichen Betriebe; wegen der Bedeutung der Worte „in ihrem geschäftlichen Betriebe" s. Werneburg in Deutsches Gemein- und Wirtschaftsrecht 38 S. 43. Zulässig ist Verpfändung seitens des Genossen an einen Dritten und Pfändung seitens der G oder eines Dritten (66). Die verbotswidrige Verpfändung bzw. Sicherungsabtretung des Gutha-

bens an die G ist unwirksam (a. A. OLG Hamm JW 35 S. 1581; vgl. BlfG 35 S. 245).
Verpfändungsverbot gilt nur für Geschäftsguthaben, nicht für Auseinandersetzungsguthaben. Verpfändung also möglich nach Ausscheiden mit Schluß des Geschäftsjahres, nicht erst mit Genehmigung der Bilanz. Deshalb gehen AGB-Pfandrechte der Bank anderen Pfändungen grundsätzlich vor.

6. Erlaß BGB 397. Auch stillschweigender Erlaß kommt nicht in Frage (7 Anm. 4). Zulässig ist aber ein Nachlaß im Vergleichswege zur Abwendung eines drohenden Verlustes (RG 79 271 für GmbH) sowie die Zustimmung zu einem Zwangsvergleich im Konkurs oder Vergleichsverfahren eines Genossen. Ein Stundungsverbot enthält das GenG nicht (RG 135 55 und KG in BlfG 33 S. 36; vgl. auch JW 33 S. 2109). Der Anspruch der G auf Einzahlungen ist weder verpfändbar noch unterliegt er der Pfändung, er ist auch nicht abtretbar (7 Anm. 4). Verjährung des Einzahlungsanspruchs in 30 Jahren (7 Anm. 4). Keine Verwirkung des Einzahlungsanspruchs (7 Anm. 4).

7. Das Aufrechnungsverbot des Abs. V gilt auch im Liquidationsverfahren. Verboten ist aber immer nur die einseitige Aufrechnung durch das Mitglied, und zwar auch dann, wenn die Kündigungserklärung des Mitgliedes durch den Vorstand nicht rechtzeitig gemäß § 69 an das Registergericht eingereicht worden ist (LG Hagen, NJW 60, 1303). Einseitige Aufrechnung seitens der G ist dagegen grundsätzlich zulässig, ebenso wie die vertragsmäßige Aufrechnung, sofern die Forderung des Genossen fällig und vollwertig ist (RG JW 30 S. 2686, OLG Stettin JW 32 S. 3189 und RG 148 225 = JW 35 S. 2719).

§ 23
Haftung der Genossen für die Verbindlichkeiten der eG

(1) Für die Verbindlichkeiten der Genossenschaft haften die Genossen nach Maßgabe dieses Gesetzes[1].

(2) Wer in die Genossenschaft eintritt, haftet auch für die vor seinem Eintritt eingegangenen Verbindlichkeiten.

(3) Ein den vorstehenden Bestimmungen zuwiderlaufender Vertrag ist ohne rechtliche Wirkung[2].

1. Näheres über die Haftung der Genossen im 7. u. 8. Abschnitt (§§ 98 ff.).

§ 24 Gesetz, betr. die Erwerbs- und Wirtschaftsgenossenschaften

2. Über die Zulässigkeit des sogenannten „Haftsummenverzichts" im Vergleichsverfahren vgl. 105 Anm. 2.

Dritter Abschnitt
Vertretung und Geschäftsführung

§ 24
Vorstand

(1) Die Genossenschaft wird durch den Vorstand gerichtlich und außergerichtlich vertreten[1].

(2) Der Vorstand besteht aus zwei Mitgliedern[2] und wird von der Generalversammlung gewählt[3]. Durch das Statut kann eine höhere Mitgliederzahl[4] sowie eine andere Art der Bestellung[5] festgesetzt werden.

(3) Die Mitglieder des Vorstandes können besoldet oder unbesoldet sein[6]. Ihre Bestellung ist zu jeder Zeit widerruflich, unbeschadet der Entschädigungsansprüche aus bestehenden Verträgen[7].

1. Die Genossenschaft muß drei Organe haben: einen Vorstand, dem die Geschäftsführung und die Vertretung der eG obliegt, einen Aufsichtsrat als überwachendes Organ und die Generalversammlung als oberstes Willensorgan. Diese Abgrenzung der Rechte und Pflichten ist aber nur eine grundsätzliche. Auch der Vorstand ist Willensorgan, und dem Aufsichtsrat obliegt in bestimmten Fällen auch die Vertretung der eG (39, 51 Abs. 3). Ausnahmsweise vollzieht die Generalversammlung selbst ihren Willen (Bestellung und Abberufung von Vorstand und Aufsichtsrat). Der Vorstand ist dem Aufsichtsrat und der Generalversammlung nicht untergeordnet; das Gesetz sieht nur eine Aufteilung der Zuständigkeiten vor. Weder Generalversammlung noch Aufsichtsrat haben z. B. das Recht, in einzelne Akte der Geschäftsführung einzugreifen, soweit es sich nicht um ein Tätigwerden im Rahmen ihrer gesetzlichen Zuständigkeit handelt. In Fragen der Geschäftsführung unterliegt der Vorstand grundsätzlich im Einzelfall weder Weisungen des Aufsichtsrates noch der Generalversammlung (vgl. Paulick S. 220). Beschränkungen allgemeiner Art im Rahmen des § 27 Abs. 1 durch das Statut oder durch Beschlüsse der Generalversammlung sind zulässig. Die bei Kreditgenossenschaften übliche Einschaltung des Aufsichtsrates in die Kreditgewährung bedeutet keine Tätigkeit des Aufsichtsrates im Rahmen der Geschäftsführung. Hier wird vielmehr nur die Aufsicht vorgelegt, da eine Aufsicht *nach* der Kreditgewährung unwirksam sein kann.

Neben diesen notwendigen Organen kann die Satzung, wie sich aus § 27 Abs. 2 ergibt, weitere Organe vorsehen, denen aber keine Befugnisse übertragen werden dürfen, die den gesetzlich vorgeschriebenen Organen unentziehbar zustehen (RG 73 406; JW 10 S. 626), z. B. einen Beirat oder Genossenschaftsrat; ein Bedürfnis für solche weitere Organe dürfte jedoch in der Regel nicht bestehen, da die G mit den gesetzlich vorgesehenen Organen voll funktionsfähig ist.

Der Vorstand kann nur für die eG im ganzen, nicht für einzelne Zweigniederlassungen derselben bestellt werden; es gibt also keine sog. Filialkassenvorstände (RG 22 70).

Der Vorstand ist Geschäftsführungs- und Vertretungsorgan der Genossenschaft. Maßnahmen der Geschäftsführung können weder dem Aufsichtsrat übertragen werden noch ist die Mitgliederversammlung berechtigt, über diese Fragen zu entscheiden. Die Leitung der Genossenschaft steht unter eigener Verantwortung des Vorstandes, der weder Weisungen des Aufsichtsrates noch der Mitgliederversammlung unterworfen ist (so auch Paulick, S. 220).

Der Vorstand ist nicht Handlungsbevollmächtigter der eG, sondern ihr **gesetzlicher Vertreter**; seine Willenserklärungen sind solche der eG, berechtigen und verpflichten diese unmittelbar, vertraglich (278 BGB) und außervertraglich (31 BGB). Die Vertretungsbefugnis des Vorstandes ist Dritten gegenüber unbeschränkt und unbeschränkbar (27 Abs. 2). Die Vertretung geschieht in der in 25 vorgeschriebenen Form; sie kann für bestimmte einzelne Geschäfte oder einen abgegrenzten Zweig von Geschäften, nicht aber in vollem Umfange auch sonstigen Bevollmächtigten zugewiesen werden (39 Abs. 3; 42). Der Vorstand kann auch einem seiner Mitglieder Vollmacht erteilen, aber nicht zur gesamten Geschäftsführung (42), vgl. RG 80 180; JW 30 S. 2687; KGJ 21 106; OLG Kiel KuT 36 S. 168. Wegen nachträglicher Genehmigung der Geschäftsführung des einen Vorstandsmitglieds durch das andere vgl. 25 Anm. 1. Das Vertretungsrecht des Vorstands ist begrenzt durch das Verbot des Selbstkontrahierens nach § 181 BGB, wonach ein Vorstandsmitglied an der Vornahme von Rechtsgeschäften im Namen der eG mit sich selbst oder als Vertreter eines Dritten rechtlich behindert ist (KGJ 47 147). Diese Vorschrift gilt auch, wenn auf beiden Seiten ein und dieselbe Person mit anderen zusammen in Gesamtvertretung steht (vgl. RG 89 73), also z. B. wenn zwei Genossenschaften miteinander Verträge schließen und dem Vorstand beider die gleiche Person als Mitglied

§ 24 Gesetz, betr. die Erwerbs- und Wirtschaftsgenossenschaften

angehört. Das Verbot erstreckt sich aber nur auf Rechtsgeschäfte, die einem anderen gegenüber vorzunehmen sind; deshalb kann die gleiche Person als Vorstandsmitglied zweier Genossenschaften an der Unterzeichnung eines Wechsels für die eine eG als Aussteller und an der Unterzeichnung des Akzeptes namens der anderen mitwirken (Haffer BlfG 29 S. 822, RG 77 140). Das Verbot gilt nur dann nicht, wenn der Abschluß dem Vorstandsmitglied entweder durch die Satzung oder durch GV-Beschluß gestattet ist oder ein bloßes Erfüllungsgeschäft in Frage kommt. Gegen das Verbot abgeschlossene Rechtsgeschäfte können durch Genehmigung seitens der eG, die durch die GV zu erteilen ist (vgl. RG **89** 375) nachträglich wirksam gemacht werden (§ 177 BGB). Über Vorstandsstellvertreter vgl. 35 und 37 Abs. 1.

Wegen der Haftung der Genossenschaft für unerlaubte Handlungen des Vorstandes vgl. RGZ **68**, 348. Danach kann die Genossenschaft von den Mitgliedern z. B. nicht für eine durch Betrug veranlaßte Beitrittserklärung, ganz allgemein nicht für schuldhaftes Verhalten des Vorstandes bis zur Eintragung des Mitgliedes in Anspruch genommen werden. Entsprechendes gilt für den Fall, daß durch Verschulden des Vorstandes das Ausscheiden eines Mitgliedes nicht zum Genossenschaftsregister angemeldet wurde.

Die Vorst.-Mitglieder können in Prozessen der eG nicht Zeugen sein (RG **46** 318); anders erst nach Konkurseröffnung im Prozesse des Konkursverwalters (RG LZ 14 776). Recht auf Zeugnisverweigerung im Zivilprozeß (ZPO 383 Ziff. 5), insbesondere zur Wahrung des Bankgeheimnisses (BlfG 27 S. 387 und BlfG 55 Sonderbeilage Nr. 13; s. auch 59 Anm. 3). Parteieide und den Offenbarungseid haben die Vorst.-Mitglieder zu leisten (OLG **24** 157). Zustellungen, die in einem Prozesse an die eG zu bewirken sind, erfolgen an den Vorstand (171 ZPO), wobei die Zustellung an *ein* Vorst.-Mitglied genügt. Wegen Wechselprotest vgl. RG 24 86: Es genügt in der Regel Wechselprotest bei dem Beamten, der mit dem Kassenverkehr beauftragt ist (RG 53 227).

Infolge der Zonentrennung mußte für G, die ihre Hauptniederlassung (Sitz) in Deutschland außerhalb des Währungsgebietes haben, eine besondere Regelung über die Führung der Geschäfte der im Währungsgebiet befindlichen Zweigniederlassungen durch § 2 DMBG getroffen werden (wegen näherer Einzelheiten vgl. die 26. Auflage).

Die dem KWG unterliegenden Genossenschaften (vgl. § 1 Anm. 5) haben nach Maßgabe dieses Gesetzes dem Bundesaufsichtsamt bzw. der Deutschen Bundesbank folgende Anzeigen zu erstatten:

a) gemäß § 24 KWG (vgl. Anhang);
b) Großkredite — § 13 KWG;
c) Millionenkredite — § 14 KWG;
d) Organkredite — §§ 15, 16 KWG.

Die Anzeigepflichten nach den §§ 13, 14, 16 und 24 KWG gelten für gemeinnützige Wohnungsbaugenossenschaften mit eigener Spareinrichtung mit der Maßgabe, daß sie die Einrichtung, die Verlegung und Schließung nur solcher Zweigstellen anzuzeigen haben, bei denen Geschäfte betrieben werden, die der Bankenaufsicht unterliegen und daß als Einstellung des Geschäftsbetriebes die Einstellung der nach dem KWG erlaubnispflichtigen Bankgeschäfte gilt.

2. Die Vorschrift, daß der Vorstand aus mindestens zwei Mitgliedern bestehen muß, ist zwingendes Recht; Alleinvertretung ist also ausgeschlossen (RG JW 30 S. 2687). Der Vorstand, der gemeinsam mit dem Aufsichtsrat berät, kann nur bei Teilnahme von mindestens 2 Mitgliedern Beschluß fassen, sofern die Satzung keine strengeren Anforderungen an die Beschlußfähigkeit stellt (BGH, GW 60, 296 = ZfG 60, 351 = NJW 60, 2142). Bestimmt die Satzung nichts über die Beschlußfähigkeit des Vorstandes, so sind die Vorschriften über die Mitgliederversammlung maßgeblich; LG Hamburg, GW 63, 339, 340 unter Bezugnahme auf Paulick a. a. O., 220 und in Analogie zu §§ 28, 32 BGB. Deshalb ist auch, insbes. im Zusammenhang mit 42 Abs. 2 die Überlassung des gesamten Geschäftsbetriebes durch Generalvollmacht an ein einzelnes Vorst.-Mitglied unzulässig; dagegen ist es möglich, ein Vorst.-Mitglied für bestimmte Aufgaben als Bevollmächtigten der eG nach 42 Abs. 1 zu bestellen (RG 80 182).

Auch zwei Vorstandsmitglieder können einem von ihnen Vollmacht erteilen.

Der Streit zweier Vorstandsmitglieder z. B. über die Frage, ob die Willensbildung im Vorstand ordnungsgemäß war, ist Angelegenheit der inneren Ordnung der G; Feststellungsklage insoweit nicht möglich (für Verein BGH NJW 68, 1131).

Die Vorst.-Mitglieder müssen physische Personen und Genossen sein (9 Abs. 2 S. 1); nur wenn die eG ausschließlich aus eG besteht (Zentralgenossenschaft) oder einzelne eG zu Mitgliedern hat, können Genossen der Mitgliedsgen. in den Vorst. gewählt werden, ohne persönlich die Mitgliedschaft erwerben zu müssen (9 Abs. 2 S. 2). Diese Ausnahme gilt aber nicht für Mitglieder einer anderen juristischen Person oder Handelsgesellschaft, die Mitglied der eG ist (KG RJA 11 31). Die Vorst.-Mitglieder dürfen nicht zugleich Mitglied des Aufsichtsrats sein (37). Notare bedürfen zum Eintritt in den Vorstand oder Aufsichtsrat einer G der Genehmigung der Aufsichtsbehörde (§ 8 Abs. 2 Ziff. 2 BNotO). Gemäß § 16 Abs. 1 BNotO i. V. m. § 3 Abs. 1 Ziff. 4 Beurkundungsgesetz vom 28. 8. 69 ist der Notar als Vorstandsmitglied einer G von der Urkundstätigkeit ausgeschlossen, wenn die G an dem zu beurkundenden Vorgang beteiligt ist. Für Notare im Aufsichtsrat einer G wird dieses Verbot kaum zum Zuge kommen, da sie — von § 39 GenG abgesehen — weder gesetzliche Vertreter der G sind noch zu ihr in einem Dienstverhältnis oder ähnlichen ständigen Geschäftsverhältnis stehen. Auch Bundesbeamte bedürfen grundsätzlich für jede Nebentätigkeit, also auch für die als Vorstandsmitglied einer G der Genehmigung ihrer Dienstaufsichtsbehörde (65 Ziff. 3 des Bundesbeamtengesetzes v. 18. 9. 57, BGBl. I S. 1338), falls es sich nicht um eine unentgeltliche Tätigkeit handelt (66 Ziff. 5 a. a. O.). Ähnliche Vorschriften enthalten auch die Beamtengesetze der deutschen Länder. Über Blinde als Vorst. Mitglieder vgl. Schröder BlfG 38 S. 558. Vorstandsmitglieder einer G können nach geltendem Recht (109 GVG) nicht zu Handelsrichtern ernannt werden, weil in 109 GVG die Eintragung in das Handelsregister als Voraussetzung genannt ist; eine Änderung dieses Rechtszustandes wird angestrebt.

3. Das Gesetz geht von der **Wahl durch die Generalversammlung** aus; dabei genügt, wenn die Satzung nichts anderes bestimmt, einfache Stimmenmehrheit; der zu Wählende kann mitstimmen (RG JW 36 S. 2311 = BlfG 36 S. 526). Verwandtschaftliche Beziehungen unter Vorst.-Mitgliedern oder mit AR-Mitgliedern beeinträchtigen nicht die Wählbarkeit. Die Wahl gilt als auf unbestimmte Zeit erfolgt, wenn nicht Satzung oder GV etwas anderes bestimmen. Wiederwahl nach Ablauf der Amtsperiode ist zulässig, wenn sie nicht durch die Satzung ausgeschlossen ist; eine die Wiederwahl verhindernde Satzungsvorschrift würde jedoch den Belangen der G in der Regel widersprechen, weil dann die Beibehaltung erfahrener und bewährter Vorstandsmitglieder unmöglich wäre.

Bei gemeinnützigen Wohnungsbaugenossenschaften dürfen höchstens ein Drittel der Vorstandsmitglieder Angehörige des Baugewerbes sein (§ 4 Abs. 3 WGG § 3 Abs. 3 WGGDV). Mit Mitgliedern des Vorstandes, die Angehörige des Baugewerbes im Sinne dieser Bestimmgen sind, dürfen Rechtsgeschäfte, die sich auf die Errichtung, Verwaltung oder Instandhaltung von Wohnungsbauten beziehen, nur abgeschlossen werden, wenn der AR einstimmig zugestimmt hat, die Geschäfte nach Zeit und Betrag begrenzt sind und die Anerkennungsbehörde nach Anhörung des Prüfungsverbandes sie zugelassen hat (§ 4 Abs. 3 WGGDV).

4. Die Satzung kann die Zahl der Vorst.-Mitglieder auch durch Höchst- *und* Mindestzahlen (z. B. „2 bis 4") oder durch eine Höchstzahl (z. B. „höchstens 4") oder durch eine Mindestzahl (z. B. „mindestens 2") festsetzen (KGJ 34 175).

5. Eine „andere Art der Bestellung" ist z. B. Wahl durch den Aufsichtsrat oder Ernennung durch einen Dritten. In der genossenschaftlichen Praxis ist die Bestellung von Vorstandsmitgliedern durch den Aufsichtsrat üblich, da nur ein kleiner Kreis in der Lage ist, die Eignung einer Person für das Vorstandsamt zu erörtern und zu beurteilen; als von der GV zur Überwachung der Geschäftsführung des Vorstandes gewähltes Organ (36 Abs. 1 u. 38 Abs. 1) ist der AR überdies das Vertrauensgremium der GV und auch aus diesem Grunde zur Wahl des Vorstandes besonders geeignet. Die Satzung kann die Wählbarkeit an bestimmte Voraussetzungen knüpfen, die für alle Genossen gleich sein müssen, z. B. längere Mitgliedschaft, ein bestimmtes Lebensalter usw. Soweit die erforderlichen Vorst.-Mitglieder fehlen, können sie in dringenden Fällen vom Registergericht nach 29 BGB bestellt werden (KGJ 49 275; RG JW 36 S. 2311 = BlfG 36 S. 526; BGHZ 18 334 = ZfG 56 S. 153 Nr. 109). Die Rechtsprechung läßt die Frage offen, ob nach § 29 BGB bestellte Notvorstände Mitglieder der G sein müssen. Die Frage ist zu verneinen; § 9 Abs. 2 findet insoweit keine Anwendung. Auch die Liquidatoren, die eine mit Notvorständen vergleichbare Stellung einnehmen, brauchen nicht Mitglieder zu sein (vgl. 83 Anm. 2). Die Praxis der Registergerichte stimmt mit der hier vertretenen Auffassung bei der Bestellung von Notvorständen für „Spaltgenossenschaften" überein. Über Entsendung von AR-Mitgliedern in den Vorst. s. 37.

6 a. Der in den Vorstand Berufene tritt zu der eG in ein Dienst- oder Auftragsverhältnis, je nachdem, ob er besoldet oder unbesoldet ist (RG JW 36 S. 2313 = BlfG 36 S. 717). Die Regeln des Arbeitsrechts für Arbeitnehmer finden auf diese Verträge keine Anwendung. Das Dienstverhältnis von Vorstandsmitgliedern unterliegt jedoch dem § 537 Nr. 1 RVO, da für die Sozialversicherung nichtarbeitsrechtliche Überlegungen maßgebend sind (BSozG, ZfG Bd. 13 [1963], 84). Zum Abschluß des Anstellungsvertrages ist nach 39 Abs. 1 der Aufsichtsrat ermächtigt, doch können auch die übrigen Vorst.-Mitglieder hierbei die eG vertreten, sofern sie der Zahl nach zur Abgabe einer Willenserklärung (§ 25) ausreichen. Der Abschluß eines Anstellungsvertrages kann auch schon in der Wahl (Bestellung) und deren Annahme liegen, wobei eine Vergütung nach 612 BGB als stillschweigend vereinbart gilt, wenn die Dienstleistungen des Vorst.-Mitgliedes den Umständen nach nur gegen eine Vergütung zu erwarten sind.

Zu unterscheiden: *hauptamtliche* Vorstandsmitglieder — sie sind ausschließlich oder nahezu ausschließlich für die Genossenschaft gegen Entgelt tätig; dies kann in einem festen Gehalt und in einem Anteil am Jahresgewinn (Tantieme) bestehen. *Nebenamtliche* Vorstandsmitglieder — solche Vorstandsmitglieder üben einen anderen Hauptberuf aus und arbeiten nur zeitweise für die Genossenschaft, allerdings regelmäßig ebenfalls gegen Entgelt. *Ehrenamtliche* Vorstandsmitglieder — sie erhalten dagegen kein Entgelt, sondern bestenfalls eine Aufwandsentschädigung. Im Hinblick auf die Verantwortung und Haftung aller Vorstandsmitglieder (§ 34) erscheint die Bestellung von nebenamtlichen und insbesondere ehrenamtlichen Vorstandsmitgliedern zumal bei größeren Genossenschaften problematisch. Die Gewährung einer *Aufwandsentschädigung* an ein ehrenamtliches Vorstandsmitglied umfaßt im Zweifel nur den Ersatz der besonderen Ausgaben, die die Vorstandstätigkeit mit sich bringt, nicht aber die Entschädigung für geleistete Arbeit und entgangenen Arbeitsverdienst (RG BlfG 36 S. 682); eine ehrenamtliche Tätigkeit von Vorstandsmitgliedern ist nach dem Finanzgericht Karlsruhe (GWW 52 S. 439) anzunehmen, wenn dafür nur eine geringe Vergütung, die 50 DM nicht überschreitet, gewährt wird. Mit einem Vorstandsmitglied kann nicht vereinbart werden, daß ihm nach seiner fristlosen Entlassung sein volles Gehalt weitergezahlt werden soll; jedoch ist eine Vereinbarung zulässig, daß ein Versorgungsanspruch in gewissen Fällen fristloser Entlassung entstehen soll. Eine solche Vereinbarung darf aber nicht den Anreiz zu ungetreuem oder vorsätzlich schädigendem Verhalten bieten und kann daher nicht für den Fall der Kündigung aus derartigen Gründen getroffen werden. Auch unter dem Gesichtspunkt der Billigkeit kann einem fristlos entlassenen Vorstandsmitglied ein Versorgungsanspruch zugebilligt werden. Jedenfalls ist auch gegenüber Vorstandsmitgliedern der Verlust von Versorgungsrechten keine unabdingbare Folge der fristlosen Entlassung (BGHZ Bd. 8 S. 348 = NJW 53 S. 740).

6 b. Nach Auffassung der Bundesversicherungsanstalt für Angestellte sind Vorstandsmitglieder von Genossenschaften *angestelltenversicherungspflichtig*, wenn sie einer laufenden Beschäftigung im Betrieb nachgehen und hierfür eine Vergütung erhalten; so auch Bundessozialgericht in BSDE 16, 73 und 289 = BB 62, 923. Diese

Voraussetzung ist bei hauptamtlichen Vorstandsmitgliedern gegeben. Nebenamtliche Vorstandsmitglieder unterliegen der Angestelltenversicherungspflicht mit dem von der Genossenschaft bezogenen Gehalt. Ehrenamtliche Vorstandsmitglieder sind als solche nicht angestelltenversicherungspflichtig. Diese Auffassung erscheint nicht zwingend. Zweckmäßig wäre eine Regelung auf freiwilliger Basis, wie sie für Vorstandsmitglieder von Aktiengesellschaften anerkannt ist.

Krankenversicherungspflicht besteht bei hauptamtlichen Vorstandsmitgliedern, es sei denn, das Jahresgehalt läge über z. Z. 14 400 DM (§ 165, Abs. 1 Ziff. 2 RVO). Wegen der Krankenversicherungspflicht nebenamtlicher Vorstandsmitglieder vgl. im einzelnen § 168 RVO.

Vorstandsmitglieder von Genossenschaften sind *arbeitslosenversicherungspflichtig*, sofern sie „funktionsgerecht dienend am Arbeitsprozeß des Betriebes teilhaben und für ihre Tätigkeit eine Vergütung erhalten"; vgl. Runderlaß der Bundesanstalt für Arbeit 56/58 4. 6. vom 24. 1. 68.

Der Versicherungsschutz aus der *gesetzlichen Unfallversicherung* besteht nach Auffassung der Verwaltungs-Berufsgenossenschaft für Vorstandsmitglieder von Genossenschaften unabhängig davon, ob es sich um hauptamtliche, nebenamtliche oder ehrenamtlich tätige Vorstandsmitglieder handelt. Dieser Auffassung ist zuzustimmen.

Nach dem Gesetz zur Änderung des Zweiten Gesetzes zur Förderung der Vermögensbildung der Arbeitnehmer vom 3. 9. 69 (BGBl I 1563) haben Vorstandsmitglieder von Genossenschaften nicht die Möglichkeit, die Vergünstigungen des *Vermögensbildungsgesetzes* in Anspruch zu nehmen.

Das Kündigungsschutzgesetz vom 10. 8. 51 i. d. F. vom 25. 8. 69 (BGBl. I 1317) findet auf Vorstandsmitglieder von Genossenschaften keine Anwendung (§ 14 KSchG). Für ihre Ansprüche aus dem Dienstverhältnis sind nicht die Arbeitsgerichte, sondern die ordentlichen Gerichte zuständig (5 Abs. 1 S. 3 des Arbeitsgerichtsgesetzes vom 3. 9. 53, BGBl. I S. 1267), und zwar auch dann, wenn die Klage nach Beendigung des Vorstandsamtes erhoben wird (JW 28 S. 2163). Rückständige Gehaltsforderungen der Vorst.-Mitglieder sind im Konkurse der eG nicht nach 61 Nr. 1 KO bevorrechtigt (RAG **12** 245). Erst nach erteilter Entlastung ist eine Kaution herauszugeben (ROHG **24** 365).

Die Ernennung von Ehrenmitgliedern des Vorstandes ist problematisch. Es muß klargestellt werden, daß es sich lediglich um einen Titel handelt und nicht um eine Organstellung. Irgendeine Vertretungshandlung für die Genossenschaft — außer im Falle der Vollmacht — scheidet aus. Bei Vorstandssitzungen kein Stimmrecht; bestenfalls Anwesenheit als Gast. Diese Rechtslage sollte bei der Bestellung von Ehrenmitgliedern eindeutig klargestellt werden.

Es erscheint nicht unzulässig, daß ein Vorstandsmitglied neben seiner Anstellung als solches noch in einem besonderen Angestelltenverhältnis zur G steht, da ein Verbot in dieser Richtung nur für Aufsichtsratsmitglieder besteht (37 Abs. 1 S. 1); es wird aber davon auszugehen sein, daß grundsätzlich jede Tätigkeit, die ein Vorstandsmitglied für die G ausübt, unter das Vorstandsamt fällt, wenn nicht aus einer Vereinbarung oder aus besonderen Umständen sich etwas anderes ergibt.

7. **Bei Widerruf der Bestellung** zum Vorstandsmitglied sind zwei Fälle zu unterscheiden: Der Widerruf, der durch fristgemäße Kündigung im Rahmen des Dienstvertrages erfolgt, und die Amtsenthebung des Vorstands aus wichtigem Grund gemäß § 40 GenG. Die fristgemäße Kündigung kann nach der Satzung z. B. dem Aufsichtsrat übertragen werden (RArbG, JW 33, 2721). Dies ist im Zweifel anzunehmen, wenn die Satzung den Aufsichtsrat für den Abschluß von Verträgen mit dem Vorstand für zuständig erklärt. Die fristgemäße Kündigung des Dienstvertrages beendet sowohl das Dienstverhältnis als auch die Organstellung. Beides ist nicht zu trennen. (Vgl. § 40 Anm. 1 RG **115,** 351; 144, 384; BGH vom 19. 6. 61, zitiert in BB 61, 803). In den Fällen der fristlosen Amtsenthebung des Vorstandes gemäß § 40 GenG ist der Aufsichtsrat nur befugt, die Vorstandsmitglieder vorläufig, bis zur Entscheidung der ohne Verzug zu berufenden Generalversammlung, von ihren Geschäften zu entheben. In der Generalversammlung genügt, wenn die Satzung nichts anderes bestimmt, die einfache Mehrheit für die Abberufung (RG, Recht 05, Nr. 1793; LG Berlin GWW 56, 431). Die Regelung des § 40 ist für die Fälle des fristlosen Widerrufs zwingend; die Satzung kann nichts Abweichendes bestimmen. Ein Vorstandsmitglied hat unter keinem rechtlichen Gesichtspunkt einen Anspruch auf Wiedereinstellung als Vorstandsmitglied (BGHZ Bd. 8, 348 = NJW 53 S. 740). In der Annahme eines Mißtrauensvotums gegen den Vorstand in der GV kann bereits ein Widerruf der Bestellung liegen (OLG Köln BlfG 34 S. 243). Selbst wenn ein Vorstandsmitglied entgegen 9 Abs. 2 nicht Genosse geworden ist, kann der *fristlose* Widerruf der Bestellung jedoch nur durch die Generalversammlung erfolgen (RGZ **114** 384). Da der im Register eingetragene Vorstand weder seine Haftung der G gegenüber noch die strafrechtliche Verantwortlichkeit für seine Vorstandstätigkeit mit der Begründung ablehnen kann, daß der Be-

schluß über seine Bestellung mangelhaft sei, so muß ihm auch trotz seiner mangelhaften Bestellung das Recht der Geschäftsführung, besonders auch das Recht zur Berufung der GV, so lange zustehen, bis er ordnungsmäßig abberufen wird (RG JW 36 S. 3211 = BlfG 36 S. 526; RG DR 42 S. 1797 Nr. 33).

Für die Kündigung des Dienstverhältnisses gilt das Vorstehende entsprechend, da die Kündigung die Organstellung beendet (RG 144, 384; vgl. BB 61, 803).

Der Widerruf der Bestellung läßt den Gehaltsanspruch der Vorstandsmitglieder (der Ausdruck des Gesetzes „Entschädigungsansprüche" ist ungenau, denn es handelt sich um Ansprüche aus bestehenden Verträgen) **unberührt**, doch liegt in ihm regelmäßig zugleich die Kündigung des Dienstverhältnisses, die den Gehaltsanspruch sofort zum Erlöschen bringt, wenn der Anlaß zum Widerruf einen wichtigen Grund nach 626 BGB bildet. Schon die Untergrabung des Vertrauens der Gesellschaft zu ihrem Vorstand ist regelmäßig ein Grund zur fristlosen Kündigung (RG für AG BlfG 33 S. 194).

Außer dem Falle des Widerrufs der Bestellung zum Vorstandsmitglied endet das Vorstandsamt durch Ablauf der Amtsdauer, durch Tod, durch Ausscheiden aus der G (bez. der Wirkung des Ausschlusses s. 68 Abs. 4) und schließlich durch Kündigung seitens des Vorstandsmitgliedes. Liegt ein Auftragsverhältnis vor (vgl. Anm. 6 Abs. 1), so kann die Kündigung jederzeit erfolgen, begründet aber, wenn sie zur Unzeit ohne wichtigen Grund erfolgt, eine Schadensersatzpflicht gegenüber der G (671 BGB); beim Vorliegen eines Dienstverhältnisses (vgl. Anm. 6 Abs. 1) kann das Vorstandsmitglied ohne Einhaltung der vertraglichen oder gesetzlichen Kündigungsfrist nur beim Vorliegen eines wichtigen Grundes (626 BGB) kündigen, unter Einhaltung der vereinbarten oder gesetzlichen Frist dagegen nach 620 ff. BGB auch ohne wichtigen Grund. Bei Änderung der Bestimmungen des Statuts über die zeitliche Begrenzung der Amtsdauer gilt die Neuregelung von der Eintragung der Satzungsänderung ab. Das Vorstandsamt erlischt, wenn vorher keine ordnungsmäßige Beendigung auf andere Weise herbeigeführt wird, nach Ablauf der im Statut bestimmten Zeit von selbst (LG Berlin, GWW 56 S. 431).

Durch die Auflösung der G wird die Vorstandsbestellung nur beendet, wenn die Liquidation nach 83 durch die Satzung oder Beschluß der GV anderen Personen übertragen wird; andernfalls besteht die Organstellung der Vorstandsmitglieder fort, doch richtet sich ihre Vertretungs- und Geschäftsführungsbefugnis nach Liquidationsgrundsätzen. Auch im Konkurse der G endet das Vorstandsamt nur, wenn die GV nach 104 die Bestellung anderer Vorstandsmitglieder beschließt.

Wegen der Abberufung der Geschäftsleiter von Kreditgenossenschaften durch das Bundesaufsichtsamt für das Kreditwesen vgl. § 36 KWG. Diese Abberufung führt nicht zur Beendigung der Vorstandsstellung, sondern verpflichtet nur die G, die erforderlichen Schritte zum Widerruf der Bestellung zum Vorstand vorzunehmen.

§ 25
Willenserklärungen und Zeichnung des Vorstandes

(1) Der Vorstand hat in der durch das Statut bestimmten Form seine Willenserklärungen kundzugeben und für die Genossenschaft zu zeichnen. Ist nichts darüber bestimmt, so muß die Erklärung und Zeichnung durch sämtliche Mitglieder des Vorstandes erfolgen. Weniger als zwei Mitglieder dürfen hierfür nicht bestimmt werden.

(2) Die Zeichnung geschieht in der Weise, daß die Zeichnenden zu der Firma der Genossenschaft oder zu der Benennung des Vorstandes ihre Namensunterschrift beifügen.

1. Abs. I: Von der Zeichnung kann kein Vorstandsmitglied ausgeschlossen werden, da der Grundsatz der Gesamtvertretung gilt, und zwar auch für mündliche Willenserklärungen. Der Grundsatz gilt nur für den Fall, daß ein „Handeln" in Betracht kommt, nicht aber für die Kenntnis von Tatumständen; für letztere genügt die Kenntnis *eines* Vorstandsmitgliedes (RG 81 436, 129 49). Ebenso werden an die eG gerichtete Willenserklärungen Dritter bereits wirksam, wenn sie *einem* Vorstandsmitglied zugehen, und zwar auch dann, wenn dieses Vorstandsmitglied die Willenserklärung des Dritten (z. B. ein Bestätigungsschreiben) unterschlagen hat (BGHZ Bd. 20 S. 149 = BlfG 56 S. 240). Gleiches gilt für die Zustellungen an die eG (171 Abs. 3 ZPO). Die Vorschrift hat Willenserklärungen im Auge, die die Genossenschaft verpflichten. Die Vertretung muß für den gesamten Geschäftsbetrieb in der gleichen Weise geordnet sein. Das RG (85 139 u. JW 28 S. 2626) hält es für zulässig, daß statutarisch die Mitwirkung bestimmter Vorstandsmitglieder bei bestimmten Geschäften vorgesehen wird. Dem Grundsatz der Kollektivvertretung ist genügt, wenn die anderen Vorstandsmitglieder dem von einem einzelnen Vorstandsmitglied abgeschlossenen Rechtsgeschäft zustimmen, d. h. einwilligen oder genehmigen. Einwilligung und Genehmigung bedürfen nicht der schriftlichen Form und können ausdrücklich

oder stillschweigend erfolgen (182 ff. BGB). Genehmigung durch Erklärung gegenüber dem anderen Vertragspartner wird in der neueren Rechtsprechung nicht mehr für erforderlich gehalten (RG 81 325, 101 342, 112 221, RG BlfG 33 S. 404, RAG JW 36 S. 63 = BlfG 35 S. 956). Im Zeitpunkt der Genehmigung muß aber das Einverständnis desjenigen, dessen Handlung oder Erklärung genehmigt wird, fortdauern (RG 81 329). Eine Genehmigung liegt auch vor, wenn der Vertragspartner eine Willenserklärung der eG, die ihm gegenüber nur von *einem* Vorstandsmitglied abgegeben wurde, bestätigt und die eG es unterläßt, dieser Bestätigung zu widersprechen oder sie überhaupt zu beantworten, auch wenn nur *ein* Vorstandsmitglied die Bestätigung gelesen hat (Baumann GewGen 50 S. 167). Die eG kann zu ihrem Schutze die Notwendigkeit der Kollektivvertretung geltend machen, vorausgesetzt, daß sie nicht durch vorausgegangenes Handeln oder Dulden den Rechtsschein einer dauernden Alleinvertretung (durch *ein* Vorstandsmitglied) verursacht hat. Einen von dem Vertreter (also dem allein handelnden Vorstandsmitglied) selbst hervorgerufenen Rechtsschein braucht aber die eG nicht gegen sich gelten zu lassen (LG Hamburg, RaiffR 56 S. 39 u. ZfG 56 S. 151 Nr. 105). Über Bevollmächtigung der Vorstandsmitglieder im Rahmen des 42 siehe 42 Anm. 1. — Eine eG verstößt nicht gegen die guten Sitten, wenn sie sich auf den Grundsatz der Kollektivvertretung beruft, um die Rechtsgültigkeit eines ihr ungünstigen Geschäfts zu bestreiten (OLG Königsberg BlfG 35 S. 88). Für die Haftbarkeit der G aus Handlungen ihrer Vertreter 17 Anm. 1, insbesondere, wenn statutenwidriges Handeln geduldet wird; vgl. RG 87 306. Gegen eine Überspannung der Haftung der G aus § 31 BGB wendet sich mit Recht RG 134 377 = BlfG 32 S. 62.

2. Abs. II enthält eine Formvorschrift für die Zeichnung des Vorstands. Sie hat aber nur die Bedeutung einer Ordnungsvorschrift, die den Nachweis erleichtern soll, daß der Vorstand die Erklärung für die eG abgegeben hat; ihre Nichtbeachtung hat deshalb nicht die Ungültigkeit der Erklärung zur Folge (KGJ 21 105, 33 156). Es ist jede schriftliche Erklärung gültig, die den Willen, für die eG zu zeichnen, deutlich ergibt (RG in HRR 28 Nr. 338).

Eine mechanisch hergestellte oder faksimilierte Unterschrift der Vorstandsmitglieder ist zulässig (Palandt, Bürgerliches Gesetzbuch, 17. Aufl. 58 Anm. 1 zu § 127 BGB; RG 125 S. 73); die in den früheren Auflagen vertretene gegenteilige Auffassung wird aufgegeben. — Bei Wechseln und Schecks dagegen ist eigenhändige Unterschrift erforderlich; faksimilierte Unterschrift genügt nicht (Art. 1 Ziff. 8

§ 26 Gesetz, betr. die Erwerbs- und Wirtschaftsgenossenschaften

Wechselges. vom 21.6.33, RGBl. I S. 571; Art. 1 Ziff. 6 Scheckges. v. 14.8.33, RGBl. I S. 597; vgl. Baumbach-Hefermehl, Wechsel- und Scheckgesetz, 5. Aufl. 57, Anm. 9 zu Art. 1 Wechselges. und Anm. 7 zu Art. 1 Scheckges.).

§ 26
Berechtigung und Verpflichtung der eG durch den Vorstand

(1) Die Genossenschaft wird durch die von dem Vorstande in ihrem Namen geschlossenen Rechtsgeschäfte berechtigt und verpflichtet; es ist gleichgültig, ob das Geschäft ausdrücklich im Namen der Genossenschaft geschlossen worden ist oder ob die Umstände ergeben, daß es nach dem Willen der Vertragschließenden für die Genossenschaft geschlossen werden sollte.

(2) Zur Legitimation des Vorstandes Behörden gegenüber genügt eine Bescheinigung des Gerichts (§ 10), daß die darin zu bezeichnenden Personen als Mitglieder des Vorstandes in das Genossenschaftsregister eingetragen sind.

1. **Abs. I: Der Vorstand ist grundsätzlich der alleinige gesetzliche Vertreter.** Ausnahmen 39 Abs. 1 und 3, 42; s. auch HRR 32, 847. Die Generalversammlung kann auch nicht rechtsverbindlich Offerten annehmen. Schenkungen durch den Vorstand zulässig, soweit es das betriebliche Interesse erfordert und die Beträge in einem angemessenen Verhältnis zur Geschäftskapazität stehen. Wieweit der Vorstand befugt, Vergleiche einzugehen, Schulden zu erlassen, ist Tatfrage; so kann z. B. der Verzicht des Vorstandes auf Schadensersatzansprüche der G gegen einen Dritten sittenwidrig und damit rechtsunwirksam sein (BAG in BB 56 S. 1085). Gesetzliche Beschränkung betr. Kreditgewähr 39. Die Rechtsgültigkeit der Handlungen des Vorstandes wird nicht durch dessen Eintragung bedingt (RG 9 90). Andererseits kann die G Rechtshandlungen eingetragener Vorstandsmitglieder nicht aus dem Grunde anfechten, weil die Wahl nicht ordnungsmäßig erfolgt sei. Unbeschränkte Vertretung 27 Abs. 2. Die Vorstandsmitglieder werden persönlich berechtigt und verpflichtet, wenn ihr Wille, im Namen der eG zu handeln, nicht erkennbar hervortritt (BGB 164 Abs. 2).

2. **Abs. II: Die Bescheinigung braucht nicht neuesten Datums zu sein** (vgl. KG JW 38 S. 1834). Die Genossenschaft kann auch eine Bescheinigung darüber fordern, daß eine bestimmte Eintragung nicht erfolgt ist (HGB 9 Abs. 3).

§ 27
Beschränkung der Vertretungsbefugnis des Vorstandes

(1) Der Vorstand ist der Genossenschaft gegenüber verpflichtet, die Beschränkungen einzuhalten, welche für den Umfang seiner Befugnis, die Genossenschaft zu vertreten, durch das Statut oder durch Beschlüsse der Generalversammlung festgesetzt sind[1].

(2) Gegen dritte Personen hat eine Beschränkung der Befugnis des Vorstandes, die Genossenschaft zu vertreten, keine rechtliche Wirkung[2]. Dies gilt insbesondere für den Fall, daß die Vertretung sich nur auf gewisse Geschäfte oder Arten von Geschäften erstrecken oder nur unter gewissen Umständen oder für eine gewisse Zeit oder an einzelnen Orten stattfinden soll oder daß die Zustimmung der Generalversammlung, des Aufsichtsrats oder eines anderen Organs[3] der Genossenschaft für einzelne Geschäfte erfordert ist.

1. Abs. I: **Schadensersatzpflicht bei Außerachtlassung der Beschränkungen** 34. Der Vorstand ist aber an gesetz- oder statutenwidrige Beschlüsse der Generalversammlung oder des Aufsichtsrats nicht gebunden. Er ist unter Umständen zur Anfechtung verpflichtet (RG 46 60). Über die von überstimmten Vorstandsmitgliedern anzuwendende Sorgfalt Konsumgenoss. Rundschau 16 S. 778. Im Falle der direkten Haftung der Vorstands- und Aufsichtsratsmitglieder (90, 142) keine Berufung auf Generalversammlungsbeschluß zulässig. Führt der Vorstand die für ein Geschäft statutarisch erforderliche Genehmigung der Generalversammlung nicht herbei, so macht er sich haftbar, es sei denn, er führt den Nachweis, die Generalversammlung hätte Vornahme des Geschäfts beschlossen. So RG **35** 83. Zu weit geht RG in Holdheims Mschr. 03 S. 197, wenn es diesen Entlastungsbeweis versagt. Im übrigen vgl. 58 Anm. 4 und 44 Anm. 2. In besonderen Fällen kann der Vorstand auch ohne statutarische Vorschrift verpflichtet sein, die Generalversammlung zu befragen, bevor er ein Rechtsgeschäft eingeht (RG **35** 83 f. AG.). Die Beschränkungen der Vertretungsbefugnis des Vorstandes sind nicht eintragungsfähig (AV 18 Abs. 3).

Bei gemeinnützigen Wohnungsbaugenossenschaften gilt das auch hinsichtlich der Beschränkungen, die auf Grund der Vorschriften des WGG und der WGGDV in die Satzung aufgenommen worden sind (s. Anm. 2 zu § 18), oder die sich aus der von der Mitgliederversammlung beschlossenen Geschäftsanweisung ergeben (Geschäftsanweisung für den Vorstand, herausgegeben vom Gesamtverband gemeinnütziger Wohnungsunternehmen — Ausgabe März 57, s. Riebandt-Korfmacher, Neue Geschäftsanweisungen für Wohnungsbaugenossenschaften, Hammonia Verlag Hamburg 58; GW 57, 171, 201).

2. § 27 meint nur Beschränkungen, die dem Vorstand in seiner Gesamtheit auferlegt sind. Beschränkungen, wonach zur rechtswirksamen Unterzeichnung für die Genossenschaft z. B. nur der Vorstandsvorsitzende zusammen mit einem weiteren Vorstandsmitglied berechtigt sein soll, können in das Genossenschaftsregister eingetragen werden und wirken dann auch gegenüber Dritten (RG 85, 138, Paulick S. 223). Die Ausschließung einzelner Vorstandsmitglieder von der Vertretung ist jedoch — anders als beim e. V. — rechtlich nicht zulässig.

Die Kenntnis des Dritten begründet die Einrede der Arglist für die G, wenn die Vorstandsmitglieder arglistig gegen sie handelten (RG 45 150). Mitglieder stehen hinsichtlich ihrer genossenschaftlichen Pflichten der Genossenschaft nicht als Dritte gegenüber; schließen sie jedoch im Gewerbebetrieb der eG mit ihr Rechtsgeschäfte ab, so gelten sie als Dritte, weil solche Rechtsgeschäfte keine inneren Angelegenheiten der eG sind (RG 4 72). Dritter ist auch der Angestellte der eG bezüglich des mit ihm abgeschlossenen Dienstvertrages (RAG JW 35 S. 1357 = BlfG 35 S. 338); er bleibt es auch hinsichtlich dieses früher abgeschlossenen Vertrages, wenn er später Mitglied des Vorstandes der Genossenschaft wird (BAG NJW 55 S. 1574 = ZfG 55 S. 392 Nr. 92). Dagegen kann sich der Rechner einer eG der Haftung für die satzungswidrige Auszahlung von Krediten nicht durch den Nachweis entziehen, daß er auf Anweisung des Vorstandes gehandelt habe (RG 144 277); im gleichen Sinne bezüglich des dem Vorstande nicht angehörenden Betriebsleiters BAG ZfG 57 S. 219.

Beschränkungen der Vertretungsbefugnis des Vorstandes, die sich aus dem Wohnungsgemeinnützigkeitsrecht ergeben, betreffen das Innenverhältnis zwischen den gemeinnützigen Wohnungsunternehmen und den Anerkennungsbehörden. Sie äußern daher keine rechtliche Wirkung Dritten gegenüber. Verstößt der Vorstand gegen derartige Bindungen, so bleiben die betroffenen Rechtsgeschäfte wirksam. Das gilt insbes. auch im Falle einer Überschreitung des gemeinnützigkeitsrechtlich eingeschränkten Geschäftskreises (§§ 5, 6 WGG, §§ 3—11 WGGDV, insbes. bei Außerachtlassung), bei Nichtbeachtung der gemeinnützigkeitsrechtlichen Vorschriften über die Ermittlung des Preises für die Überlassung des Gebrauchs von Wohnungen, Wohnräumen, Wohnheimen, Gemeinschaftsanlagen, Folgeeinrichtungen, die Veräußerung von Wohnungsbauten und die Wiederveräußerung rückerworbener Eigenheime, Kleinsiedlungen und Eigentumswohnungen

(§ 7 Abs. 2 WGG; §§ 13, 14 WGGDV) und die vom Gesamtverband gemeinn. Wohnungsunternehmen herausgegebenen Richtlinien für die Preisbestimmung bei der Veräußerung von Wohnungsbauten durch gemeinn. Wohnungsunternehmen, Ausgabe 58) sowie für die Einhaltung der Bestimmungen über die vermögensrechtliche Behandlung der Mitglieder (§ 9 WGG, § 15 Abs. 1 WGGDV) und über die Begrenzung der Kosten der Verwaltung und Geschäftsführung (§ 12 WGG). Das Gemeinnützigkeitsrecht stellt im wesentlichen den organisatorischen Rahmen sicher, auf den sich die gemeinn. Wohnungsunternehmen zu beschränken haben. Der Verstoß kann jedoch zu einer Aberkennung der Gemeinnützigkeit im Verfahren nach § 19 WGG führen. Ob er im Einzelfall so schwer ist, daß er die Entziehung der Anerkennung rechtfertigt, muß gegebenenfalls von den Verwaltungsgerichten entschieden werden (BGH = GWW 55 S. 27 betr. die Verbotsvorschrift des § 12 WGG und BVerwG = GWW 58 S. 57 und 93; 59, 27 betr. das Verhältnis der gemeinnützigkeitsrechtlichen Preisermittlungsvorschriften zum öffentlichen Mietpreisrecht). Die Mitglieder des Vorstandes haften der Genossenschaft nach § 34 und machen sich unter Umständen nach §§ 146—149 strafbar.

3. Die Genossenschaft kann also außer Vorstand und Aufsichtsrat noch andere Organe haben (wie z. B. einen Beirat oder Genossenschaftsrat), doch dürfte ein Bedürfnis dafür in der Regel nicht bestehen, da die G mit den gesetzlich vorgesehenen Organen voll funktionsfähig sind. Ein Beispiel zur Bildung eines Beirats bringt Schubert in Referate Bd. II S. 172 ff. Vorstand und Aufsichtsrat dürfen nicht zu einem Organ zusammengezogen werden, in den gemeinschaftlichen Sitzungen darf nicht nach Köpfen abgestimmt werden, weil sonst der Aufsichtsrat den Vorstand stets überstimmen könnte (RG 73 402; vgl. 24 Anm. 2, 38 Anm. 5). Die Genossenschaft kann auch besondere Vertreter im Sinne von § 30 BGB haben (vgl. oben 24 Anm. 1 und RGZ 76 48).

§ 28
Anmeldung von Änderungen des Vorstandes

(1) Jede Änderung des Vorstandes sowie die Beendigung der Vertretungsbefugnis eines Vorstandsmitgliedes ist durch den Vorstand zur Eintragung in das Genossenschaftsregister anzumelden. Eine Abschrift der Urkunden über die Bestellung oder über die Beendigung der Vertretungsbefugnis eines Vorstandsmitgliedes ist der Anmeldung beizufügen und wird bei dem Gericht aufbewahrt.

§ 28   Gesetz, betr. die Erwerbs- und Wirtschaftsgenossenschaften

(2) **Die Vorstandsmitglieder haben die Zeichnung ihrer Unterschrift in öffentlich beglaubigter Form einzureichen.**

1. Abs. I: Jede Änderung des Vorstandes und die Beendigung seiner Vertretungsbefugnis ist *rechtzeitig* zur Eintragung anzumelden (LG Frankfurt GWW 53 S. 329). Unter „Änderung des Vorstandes" ist nicht ein Wechsel in den persönlichen Verhältnissen (z. B. Beruf, Wohnort) des einzelnen Vorstandsmitgliedes, sondern nur eine Änderung in der Zusammensetzung des Vorstandes zu verstehen (KGJ 29 214). Auch die Wiederwahl eines Vorstandsmitgliedes bedarf deshalb nicht der Anmeldung. Urkunden über Vorstandswahlen durch die Generalversammlung brauchen nur das Wahlergebnis, nicht auch die Art der Wahl und der Einberufung der Versammlung zu enthalten (KGJ 34 200). Erfolgt die Bestellung des Vorstandes durch den Aufsichtsrat, so hat das RegGr nicht zu prüfen, ob die in der Bestellungsurkunde als Aufsichtsratsmitglieder bezeichneten Personen wirklich dem Aufsichtsrat angehören (KGJ 18 36). Annahme der Wahl ist nicht zu prüfen, sie liegt in der Anmeldung. Bei der Anmeldung des Ausscheidens eines Vorstandsmitgliedes hat das Gericht diese angemeldete Tatsache nicht nachzuprüfen. Die Anmeldung erfolgt durch die im Amte verbleibenden bzw. mit den hinzugewählten Vorstandsmitgliedern. Änderungen in der Verteilung der Geschäfte mit Änderung der Bezeichnung (z. B. Erstes Vorstandsmitglied) erfordern keine Anmeldung. Über die Form der Anmeldung 157, Erzwingbarkeit der Anmeldung durch Ordnungsstrafen 160.

Die Eintragung von Änderungen des Vorstandes hat nicht konstitutive Wirkung. Dies folgt u. a. daraus, daß Anmeldung und Eintragung der neu bestellten Vorstandsmitglieder nicht vor Aufnahme der Organtätigkeit erfolgen kann (AV 18). Entsprechendes gilt gemäß AV 18 Abs. 2 für die Beendigung der Vertretungsbefugnis.

Die dem KWG unterliegenden Genossenschaften haben nach § 24 Abs. 1 Ziff. 1 und 2 KWG die Bestellung und das Ausscheiden von Geschäftsleitern dem Bundesaufsichtsamt und der Deutschen Bundesbank unverzüglich anzuzeigen.

Gemeinnützige Wohnungsbaugenossenschaften haben jede Veränderung im Vorstand unverzüglich der Anerkennungsbehörde und dem zuständigen Verband mitzuteilen (§ 22 WGGDV). Gemeinnützige Wohnungsbaugenossenschaften mit Spareinrichtung haben außerdem jeden Wechsel in der Person der Vorstandsmitglieder sowie die Bestellung und das Ausscheiden von Geschäftsleitern über den Prüfungsverband anzuzeigen.

Nach § 41 HGB ist die Bilanz vom Kaufmann zu unterzeichnen, bei Genossenschaften also vom gesamten Vorstand. Beschränkungen im Rahmen des § 27 GenG berühren nicht die Verpflichtung zur Unterzeichnung der Bilanz. Eine Beurlaubung im Rahmen des § 40 GenG, die gemäß § 18 Abs. 2 AV in das Genossenschaftsregister eingetragen wird, hindert aber an der Unterzeichnung der Bilanz. Vgl. 33 b Anm. 1 Nr. 2.

2. § 28 Abs. 2 ist durch § 57 Abs. 2 Ziff. 2 des Beurkundungsgesetzes vom 28. 8. 69 neu geregelt. Die Unterschriften können grundsätzlich nur noch in beglaubigter Form dem Gericht eingereicht werden. Eine Zeichnung vor dem Gericht ist nicht mehr möglich. Im Rahmen von § 63 des Beurkundungsgesetzes kann das Landesrecht jedoch für die Beglaubigung eine abweichende Regelung enthalten. Die Vorschrift des Abs. II gilt nicht für wiedergewählte Vorstandsmitglieder.

§ 29
Öffentlicher Glaube des Genossenschaftsregisters

(1) Eine Änderung des Vorstandes, eine Beendigung der Vertretungsbefugnis eines Vorstandsmitgliedes, sowie eine Änderung des Statuts rücksichtlich der Form für Willenserklärungen des Vorstandes kann, solange sie nicht in das Genossenschaftsregister eingetragen ist, von der Genossenschaft einem Dritten nicht entgegengesetzt werden, es sei denn, daß dieser von der Änderung oder Beendigung Kenntnis hatte.

(2) Nach der Eintragung muß der Dritte die Änderung oder Beendigung gegen sich gelten lassen, es sei denn, daß er sie weder kannte noch kennen mußte.

(3) Für den Geschäftsverkehr mit einer in das Genossenschaftsregister eingetragenen Zweigniederlassung ist im Sinne dieser Vorschriften die Eintragung durch das Gericht der Zweigniederlassung entscheidend.

1. Allgemeines zu § 29: Die Vorschrift des § 29 entspricht dem § 15 HGB unter Beschränkung auf die den Vorstand betreffenden Eintragungen. Mit RG 125 151 ist aber anzunehmen, daß der Grundsatz des § 15 HGB über diese Beschränkung hinaus nach Lage des Falles für Eintragungen in das Genossenschaftsregister und die Liste der Genossen Geltung hat. Die im § 15 HGB vorgesehene Bekanntmachung, die zur Eintragung hinzukommen muß, um die Publizitätswirkung zu haben, ist im § 29 GenG seit der Novelle vom 12.5.23 nicht mehr vorgesehen. Die gemäß § 28 erfolgenden Eintragungen im Genossenschaftsregister über die Zusammensetzung des Vorstandes, die Art seiner Vertretungsmacht und die Beendigung der Vertretungsbefugnis haben an sich keine rechtsbegründende Bedeutung, so daß auch Rechtsänderungen nach § 29 von der Anmeldung und Eintragung nicht abhängig sind. Die Vertretungsbefugnis der Vorstandsmitglieder wird vielmehr begründet durch ihre Bestellung und endet mit ihrer Abberufung, ohne daß es auf die Eintragung ankommt. Die Eintragung verschafft nur die im Interesse des Verkehrs notwendige Offenkundigkeit (RG 9 90 ff.). Nur im Verhältnis zu Dritten kommt deshalb der Eintragung eine erhöhte Wirkung insofern zu, als sich der Dritte auf die Richtigkeit und Vollständigkeit des Genossenschaftsregisters soll verlassen können.

2. **Abs. I:** Solange eine Änderung des Vorstandes oder eine Beendigung der Vertretungsbefugnis eines Vorstandsmitglieds nicht eingetragen ist, kann sie einem Dritten nicht entgegengesetzt werden. Die eG muß deshalb die Rechtsgeschäfte eines noch im Register eingetragenen, aber bereits ausgeschiedenen Vorstandsmitglieds gegen sich gelten lassen, wenn sie nicht beweist, daß der Dritte von dem Ausscheiden Kenntnis hatte (Kennenmüssen genügt im Falle des Abs. 1 nicht). Da eine Änderung der Satzung hinsichtlich der Form für Willenserklärungen des Vorstands nach § 16 Abs. 4 — genauso wie auch alle anderen Satzungsänderungen — erst mit der Eintragung im Genossenschaftsregister rechtswirksam wird, kann sie vorher auch dem Dritten gegenüber nicht wirksam werden, der von der Änderung Kenntnis hatte. Die Worte „sowie eine Änderung des Statuts rücksichtlich der Form für Willenserklärungen des Vorstands" sind deshalb im Zusammenhang des Abs. 1 fehl am Platze. Bedeutung haben sie aber für die Änderungen der Form der Willenserklärungen der Liquidatoren, sofern sie durch einfachen GV-Beschluß oder durch Beschluß des Registergerichts herbeigeführt werden (§ 85). Wegen des Problems der Änderung einer eintragungspflichtigen, aber nicht eingetragenen Tatsache und des Zeitpunktes der Wirkung dieser Änderung gegenüber Dritten vgl. S. v. C. ZfG Bd. 1 (1960) S. 71.

3. **Abs. II:** Nach der Eintragung muß der Dritte die Änderung des Vorstandes oder die Beendigung der Vertretungsbefugnis gegen sich gelten lassen, wenn er nicht beweist, daß er sie weder kannte noch kennen mußte.

Kommentar §§ 30, 31

4. Abs. III: Für den Geschäftsverkehr mit einer eingetragenen Zweigniederlassung sind, wenn es sich um die Frage handelt, ob eine eingetragene Tatsache Dritten entgegengesetzt werden kann, nicht die Eintragungen in das Register der Hauptniederlassung, sondern in das der Zweigniederlassung entscheidend.

§ 30
Verzeichnis der Genossen

Der Vorstand hat ein Verzeichnis der Genossen zu führen und dasselbe mit der Liste in Übereinstimmung zu halten.

1. Ordnungsstrafen 160. Vgl. auch 147. Die Eintragungen sind auf Grund der durch das RegGer. erfolgenden Benachrichtigungen vorzunehmen. Das Gericht ist nicht befugt, dem Vorstand aufzugeben, das Verzeichnis regelmäßig vorzulegen. Wegen der vom Gericht zu führenden Liste vgl. 11 Abs. 2 Ziffer 2, AV 26, 29.

§ 31
Anweisungen bei Konsumvereinen

(1) Für Konsumvereine, welche einen offenen Laden haben, hat der Vorstand, um die Beobachtung der Bestimmung des § 8 Absatz 4 zu sichern, Anweisung darüber zu erlassen, auf welche Weise sich die Vereinsmitglieder oder deren Vertreter den Warenverkäufern gegenüber zu legitimieren haben. Abschrift der Anweisung hat er der höheren Verwaltungsbehörde, in deren Bezirk die Genossenschaft ihren Sitz hat, unverzüglich einzureichen.

(2) Die höhere Verwaltungsbehörde ist befugt,, die Mitglieder des Vorstandes zur Einreichung und nötigenfalls zur Abänderung oder Ergänzung der Anweisung durch Geldstrafen bis zum Betrage von je eintausend Reichsmark anzuhalten.

(3) Gegen die Anordnungen und Straffestsetzungen der höheren Verwaltungsbehörde findet binnen zwei Wochen die Beschwerde an die Landeszentralbehörde statt.

Anmerkung: § 31 wurde aufgehoben durch § 1 des Gesetzes zur Änderung von Vorschriften des Gesetzes betr. die Erwerbs- und Wirtschaftsgenossenschaften und des Rabattgesetzes vom 21. 7. 54 (BGBl. I S. 212), vgl. Anm. 9 zu § 8.

§ 32
Verbot der Ausgabe von Marken als Zahlungsmittel

Von Konsumvereinen oder von Gewerbetreibenden, welche mit solchen wegen Warenabgabe an die Mitglieder in Verbindung stehen, dürfen Marken oder sonstige nicht auf den Namen lautende Anweisungen oder Wertzeichen, welche anstatt baren Geldes die Mitglieder zum Warenbezug berechtigen sollen, nicht ausgegeben werden.

1. Nicht die Ausgabe von Dividendenmarken (als Unterlage für die Verteilung von Dividenden), sondern nur „von Marken als Zahlungsmittel beim Einkauf von Waren" ist verboten. Strafbestimmung 154.

§ 33
Buchführung. Jahresabschluß. Veröffentlichung

(1) Der Vorstand ist verpflichtet, Sorge zu tragen, daß die erforderlichen Bücher der Genossenschaft geführt werden[1].

(2) Er hat nach Ablauf eines jeden Geschäftsjahres[2] für dieses eine Bilanz und eine Gewinn- und Verlustrechnung (Jahresabschluß)[3] sowie einen Geschäftsbericht[4] dem Aufsichtsrat und mit dessen Bemerkungen der Generalversammlung vorzulegen[5].

(3) Er muß binnen sechs Monaten nach Ablauf eines jeden Geschäftsjahres den Jahresabschluß für dieses, die Zahl der im Laufe des Geschäftsjahres eingetretenen oder ausgeschiedenen sowie die Zahl der am Schlusse des Geschäftsjahres der Genossenschaft angehörigen Genossen veröffentlichen[6]. Die Bekanntmachung sowie der Geschäftsbericht nebst den Bemerkungen des Aufsichtsrats sind zu dem Genossenschaftsregister einzureichen[7]. Bei kleineren Genossenschaften findet eine Veröffentlichung nicht statt[8]. Im übrigen kann das Gericht, falls nicht nach den besonderen Umständen des Falles die Veröffentlichung geboten erscheint, den Vorstand auf seinen Antrag von der Verpflichtung zur Veröffentlichung befreien, sofern glaubhaft gemacht wird, daß die Kosten der Veröffentlichung in offenbarem Mißverhältnisse zu der Vermögenslage der Genossenschaft stehen würden. Findet eine Veröffentlichung gemäß Satz 3, 4 nicht statt, so sind an Stelle der Bekanntmachung eine Abschrift des Jahresabschlusses sowie eine Erklärung über die Zahl der Genossen nach Maßgabe des Satzes 1 zu dem Genossenschaftsregister einzureichen[9].

Kommentar § 33

1. § 33 in der Fassung der VO über die Bilanzierung von Genossenschaften vom 30. 5. 33 (RGBl. I S. 317) enthält Vorschriften über Buchführung und Jahresabschluß; außerdem brachte die VO in den neugeschaffenen §§ 33 a—h erstmalig Vorschriften über die Bilanzierung der G im einzelnen.

Die Buchführungspflicht der eG ergibt sich aus 17 Abs. 2 GenG in Verbindung mit 38 HGB. Praktisch ist nach den bestehenden Bilanzierungsvorschriften doppelte Buchführung erforderlich. Im übrigen sind Art und Zahl der Bücher nicht vorgeschrieben. § 14 DepotG vom 4. 2. 37 (RGBl. I S. 171) enthält besondere Vorschriften über das Verwahrungsbuch; die Richtlinien für die Depotprüfung enthalten nähere Bestimmungen über die Depotbuchprüfung. Protokollbuch 47. Übersicht des Vermögens muß sich aus den geführten Büchern selbst ergeben. Lose Zettel bilden niemals ein Handelsbuch (RGStr. 50 131). Die Entwicklung hat sich dem sog. „Loseblattsystem" mit Registerführung zugewendet. Über die „Loseblatt-Buchführung" und die Voraussetzung für ihre Ordnungsmäßigkeit vgl. Schwenk, GewGen. 48 Nr. 2 S. 11, 49 Nr. 2 S. 7 und Nr. 3 S. 8; zum Begriff der „ordentlichen Buchführung" siehe le Coutre in Betr. 57 S. 585 ff. und BFH BStBl. 53 Teil III S. 106 = BlfG 53 S. 363; vgl. auch Einkommensteuer-Richtlinien 69, BStBl. I S. 558. Wegen Buchführungspflicht bei elektronischer Datenverarbeitung (EDV) siehe auch Einkommensteuer-Richtlinien Ziff. 29 Abs. 6: Die gespeicherten Daten müssen jederzeit in angemessener Frist ausgedruckt werden können; spätestens zum Schluß des Wirtschaftsjahres müssen sie vollständig ausgedruckt sein. Danach können die gespeicherten Daten gelöscht werden. Der ausgedruckte Buchungsstoff muß ohne große Schwierigkeiten in angemessener Zeit geprüft werden können. Anweisungen usw. sind 10 Jahre aufzubewahren, soweit sie zum Verständnis der Buchführung erforderlich sind.

Der Vorstand braucht die Bücher nicht selbst zu führen, sondern nur dafür zu sorgen, daß ordnungsgemäß Buch geführt wird; andernfalls haftet er der eG nach 34 Abs. 2 (OLG Rechtspr. 27 358). Strafbarkeit des Vorstandes im Konkurs der eG bei Unterlassung genügender Buchführung (KO 244; vgl. auch RGStr. 13 237, 255).

Gemeinnützige Wohnungsbaugenossenschaften haben ihr Rechnungswesen nach Richtlinien zu führen, die der Spitzenverband mit Zustimmung der zuständigen obersten Landesbehörde aufstellt (§ 23 Abs. 1 WGGDV). Über das Rechnungswesen in der Wohnungswirtschaft s. Zwanck, Bd. 2 „Der Kontenrahmen", Hammonia Verlag, Hamburg, 2. Aufl. 65 und der vom Gesamtverband gemein.

§ 33 Gesetz, betr. die Erwerbs- und Wirtschaftsgenossenschaften

Wohnungsunternehmen empfohlene Kontenrahmen für die Wohnungswirtschaft Ausgabe Juni 56, ferner die von ihm herausgegebenen Richtlinien über die Ermittlung und Verrechnung der Verwaltungskosten der Wohnungsunternehmen — Ausgabe Juni 56 sowie die Erläuterungen von Zwanck/Dull dazu, Hammonia Verlag, Hamburg.

2. Geschäftsjahr ist nicht gleichbedeutend mit Kalenderjahr. Ersteres kann z. B. vom 1. 4. bis 31. 3. laufen.
Eine Frist für *Aufstellung* des Jahresabschlusses ist im Gesetz nicht vorgesehen; aus der Bestimmung des Abs. 3 über die Pflicht zur *Veröffentlichung* binnen 6 Monaten nach Ablauf des Geschäftsjahres ergibt sich aber die Notwendigkeit, den Jahresabschluß so rechtzeitig aufzustellen, daß er innerhalb der gleichen Frist von der Generalversammlung gemäß 48 genehmigt werden kann.

3. Bei Eintragung der G ist eine Eröffnungsbilanz und ein Eröffnungsinventar aufzustellen. Gleiches gilt bei Fortsetzung einer aufgelösten eG gemäß 79 a. Im übrigen ist nach Ablauf eines jeden Geschäftsjahres nicht nur eine Bilanz, sondern auch eine Gewinn- und Verlustrechnung sowie ein Inventar (letzteres evtl. nur alle 2 Jahre, 39 Abs. 3 HGB) aufzustellen und ein Geschäftsbericht anzufertigen. Statt der jährlichen körperlichen Bestandsaufnahme am Bilanzstichtag kann fortlaufende Festhaltung der Zu- und Abgänge im Laufe des Jahres an Hand von Lagerbüchern (Lagerkarteien) erfolgen (permanente Inventur); dann muß aber in jedem Jahr mindestens einmal eine körperliche Bestandsaufnahme erfolgen, die nicht für alle Bestände zum gleichen Zeitpunkt stattzufinden braucht. Die Bilanz ist eine Zusammenstellung des aus dem Inventar sich ergebenden Standes der Aktiven und Passiven mit Feststellung des aus ihrer Vergleichung sich ergebenden Resultats. Je nach dem Bilanzzweck ist theoretisch die Vermögens-(Bestands-)Bilanz von der Gewinnermittlungs-(Ertrags- oder Gewinnverteilungs-)Bilanz zu unterscheiden; praktisch ist die Unterscheidung oft schwierig. Die nach 33 c aufzustellende Jahresbilanz der G ist Vermögensbilanz, gleichzeitig aber auch Gewinnermittlungs-(Gewinnverteilungs-)Bilanz. Reine Vermögensbilanzen dienen der Feststellung der tatsächlichen Vermögenswerte am Stichtag ohne Rücksicht auf etwaige frühere Bilanzen; hierher gehören die Eröffnungsbilanz, die bei Eintragung der G aufzustellen ist (33 Anm. 3 Satz 1) und die Liquidationseröffnungsbilanz (89). Über das Verhältnis der Handelsbilanz zur Steuerbilanz s. z. B. BlfG 36 S. 104 u. 37 S. 52; s. auch 33 c Anm. 1.

Kommentar § 33

4. Über den Inhalt des Geschäftsberichts 33 a und für gemeinnützige Wohnungsbaugenossenschaften § 23 Abs. 2 WGGDV. — Eine Veröffentlichung des Geschäftsberichts ist auch für Kreditgen. nicht vorgeschrieben (s. auch Anm. 6).

5. Bei Zentralkassen und Kreditgenossenschaften mit mehr als 10 Millionen DM Bilanzsumme und darüber ist der Bestätigungsvermerk des Prüfungsverbandes vor der Vorlage des Jahresabschlusses an die GV einzuholen (vgl. 53 Anm. 2). Die Bemerkungen des AR brauchen nicht von sämtlichen Mitgliedern des AR unterzeichnet zu werden, vielmehr genügt in der Regel Unterzeichnung durch den Vorsitzenden des AR (Eisinger JW 37 S. 725 mit zustimmenden Ausführungen Schröders; vgl. auch AG Karlsruhe BlfG 37 S. 416). Beschlußfassung der Generalversammlung über den Jahresabschluß 48 Abs. 1. Auslegung des Jahresabschlusses und des Geschäftsberichtes zur Einsicht der Genossen 48 Abs. 2.

6. Es ist der Jahresabschluß, der den Gewinn oder Verlust ungeteilt ausweist, zu veröffentlichen, außerdem die Mitgliederbewegung während des Geschäftsjahres und der Stand am Ende des Geschäftsjahres. Die Veröffentlichung des Jahresabschlusses geschieht nach Genehmigung durch die Generalversammlung (48) und Unterzeichnung durch *sämtliche* Vorstandsmitglieder (41 Abs. 1 HGB; Schlegelberger HGB 38 Anm. 1 zu § 41; vgl. auch 157 Anm. 1) in den statutarisch bestimmten Blättern (6 Ziff. 4). Zu den „am Jahresschluß der G angehörigen Genossen" gehören nicht die am Jahresschluß Ausscheidenden (RG **56** 425, KGJ **34** 205, KG BlfG **36** S. 1011, LG Aachen, ZfG **55** S. 240 Nr. 24), da sich aus der Veröffentlichung der wirkliche Mitgliederbestand bei Beginn des neuen Jahres ergeben muß. Diese Veröffentlichung der Mitgliederzahl muß nicht mit einem unrichtigen Stande der *gerichtlichen* Genossenliste übereinstimmen (KG BlfG **36** S. 1011). Erweiterte Veröffentlichungspflicht; für eGmbH 139. Veröffentlichung des Geschäftsberichts nicht vorgeschrieben; Anspruch der Genossen auf Abschrifterteilung 48 Abs. 2.

Nach § 15 Abs. 1 der VO vom 4. 9. 39 (RGBl. I 1964) brauchten mit Rücksicht auf die Kriegsverhältnisse Veröffentlichungen nach § 33 Abs. 3 GenG vorerst nicht mehr stattzufinden. Durch § 1 des handelsrechtlichen Bereinigungsgesetzes v. 18. 4. 50 (BGBl. 50 S. 90) ist diese Bestimmung aufgehoben worden, so daß seitdem 33 Abs. 3 wieder uneingeschränkt gilt.

Voraussetzung der Veröffentlichungspflicht innerhalb von 6 Monaten ist, daß der Vorstand überhaupt in der Lage ist, rechtzeitig eine

§ 33   Gesetz, betr. die Erwerbs- und Wirtschaftsgenossenschaften

Bilanz aufzustellen und die Genehmigung der Generalversammlung herbeizuführen (vgl. zum früheren § 26 Parisius-Crüger, 7. Aufl. zu § 33 Anm. 4). Insoweit auch keine Ordnungsstrafe nach § 160. Durchführung der Prüfung erst in der zweiten Jahreshälfte kann gleichfalls Verzögerung der Veröffentlichung rechtfertigen, auch wenn es sich nicht um eine hinsichtlich des Jahresabschlusses vorgesehene Prüfung handelt (wie z. B. gemäß § 27 KWG für Kreditgenossenschaften).

7. Die im Abs. 3 vorgeschriebenen Einreichungen müssen auch zum Gericht der Zweigniederlassung erfolgen 157, 160. — Keine Prüfung der materiellen Richtigkeit, sondern nur der Gesetzmäßigkeit des Jahresabschlusses durch den Registerrichter (KGJ 20 60, 24 200). Frist für die Einreichung ist nicht vorgesehen, richterliches Ermessen ist maßgebend. Der dem Reg.Gericht einzureichende Geschäftsbericht braucht nicht mit den Originalunterschriften des Vorstandes und AR versehen zu werden, da dem Jahresabschluß eine wesentlich größere Bedeutung zukommt als dem Geschäftsbericht und trotzdem die Einreichung des Jahresabschlusses in Form eines Zeitungsausschnittes bzw. einer Abschrift nach dem Gesetz genügt (ebenso Amtsger. Berlin, Beschl. v. 10. 10. 42, BlfG 42 S. 291). Ordnungsstrafe bei Nichteinreichung der in Abs. 3 erwähnten Unterlagen 160.

8. Bei der Entscheidung der Frage, ob eine eG zu den kleineren zu rechnen ist, hat das Registergericht die Zahl der vorhandenen Mitglieder, die Größe des Genossenschaftsvermögens sowie Art und Umfang des Geschäftsbetriebes zu berücksichtigen (AV 7 Abs. 4). **Eine eG ist eine „kleinere",** wenn sie nach der Zahl ihrer Mitglieder, der Größe ihres Vermögens und der Art und dem Umfang ihres Geschäftsbetriebes erheblich unter dem Durchschnitt aller artgleichen Genossenschaften ihres Bezirks liegt (BGH NJW 57 S. 1558 = BlfG 58 S. 55). Auch wenn diese Voraussetzungen vorliegen, ist die eG jedoch nicht als „kleinere" anzusehen, wenn ihre Verbindlichkeiten gegenüber Dritten, denen sie ihre Verhältnisse nicht offenlegt, so zahlreich oder so bedeutend sind, daß sie aus Gründen des Allgemeininteresses für verpflichtet gehalten werden muß, den Jahresabschluß, den Wechsel im Mitgliederbestande (33 Abs. 3 S. 1) und die Veränderungen von Geschäftsguthaben und Haftsummen (139 S. 1) zu veröffentlichen (BGH a. a. O.). Im Falle von 33 Abs. 3 Satz 5 ist auch eine Erklärung nach 139 zum Registergericht einzureichen.

Zum Begriff der kleineren Genossenschaft bei Wohnungsbaugenossenschaften s. LG Bamberg WoG 53 S. 389; LG München Zeitschrift für das gemeinnützige Wohnungswesen in Bayern 54 S. 144. Erfahrungsgemäß wird die Grenze etwa bei einer Bilanzsumme von 350 000,— bis 500 000,— DM (im nordd. Bereich bis zu 1 Mill. DM) und einem Wohnungsbestand bis zu 500 Wohnungen gezogen. Dabei wird der Umfang des Geschäftsbetriebs, insbes. der Bautätigkeit und die sich daraus ergebenden Verbindlichkeiten gegenüber genossenschaftsfremden Gläubigern, aber auch die Höhe der Einzahlungen von Kaufanwärtern berücksichtigt. Im Hinblick auf die strukturellen und regionalen Unterschiede erscheint eine schematische Abgrenzung des Begriffs der kleineren Wohnungsbaugenossenschaft auch bei Zugrundelegung der vom BGH aufgestellten Grundsätze nicht möglich. Wegen der uneingeschränkten Pflicht zur Veröffentlichung der Liquidationseröffnungsbilanz s. Anm. 5 zu § 89.

9. **Dem KWG unterliegende Genossenschaften** haben — neben den Anzeigepflichten gemäß § 24 KWG — besondere Meldepflichten:

§ 25 KWG — Einreichung von Monatsausweisen an die Deutsche Bundesbank; es genügt Einreichung der monatlichen Bilanzstatistik;

§ 26 KWG — Einreichung der festgestellten Jahresbilanz, der Gewinn- und Verlustrechnung und des Geschäftsberichts an das Bundesaufsichtsamt und die Deutsche Bundesbank; der Prüfungsbericht ist nur auf Anforderung einzureichen. Vgl. im übrigen die Anzeigepflichten gemäß den §§ 13, 14 und 15 KWG. Nach § 18 BBG ist die Bundesbank berechtigt, zur Erfüllung ihrer Aufgaben Statistiken auf dem Gebiete des Bank- und Geldwesens bei allen Kreditinstituten anzuordnen und durchzuführen.

Bei gemeinnützigen Wohnungsbaugenossenschaften mit Spareinrichtung ist der Jahresabschluß (Jahresbilanz mit Gewinn- und Verlustrechnung) und der Geschäftsbericht (§ 23 Abs. 2 WGGDV) unverzüglich nach der Genehmigung durch die dazu berufenen Organe in einfacher Ausfertigung dem BAK und in dreifacher Ausfertigung dem Vorstand der zuständigen Landeszentralbank über den Prüfungsverband einzureichen (siehe Anm. 5 zu § 1).

§ 33 a
Inhalt des Geschäftsberichts

In dem Geschäftsbericht sind der Vermögensstand und die Verhältnisse der Genossenschaft zu entwickeln und der Jahresabschluß zu erläutern[1]. Bei der Erläuterung des Jahresabschlusses sind auch wesentliche Abweichungen von dem früheren Jahresabschluß zu erörtern[2].

§ 33 b Gesetz, betr. die Erwerbs- und Wirtschaftsgenossenschaften

1. Erstattung eines schriftlichen Geschäftsberichts durch 33 Abs. 2 nunmehr zwingend vorgeschrieben. 33 a trifft Bestimmung über den Inhalt des Geschäftsberichts. Der Geschäftsbericht dient neben dem Jahresabschluß zur Unterrichtung der Mitglieder und Gläubiger über die Verhältnisse der G. Unrichtige Angaben strafbar 147. Im Geschäftsbericht sind alle bedeutenden Geschäftsvorgänge zu erwähnen (größere Prozesse, Abschluß wichtiger Verträge, Errichtung und Schließung von Zweigniederlassungen usw.), und zwar auch solche, die nach dem Bilanzstichtage liegen, jedoch bis zum Zeitpunkt der Fertigstellung und Vorlegung der Bilanz in der Generalversammlung bekannt werden (RG BlfG 35 S. 29). Ferner sind in dem Geschäftsbericht auch aus Bilanz nicht ersichtliche Haftungsverhältnisse — z. B. Verpfändung von Wertpapieren, Sicherungsübereignungen von Gegenständen des Anlage- oder Umlaufvermögens — zu erwähnen. Bei gemeinnützigen Wohnungsbaugenossenschaften muß der Geschäftsbericht darüber hinaus dem § 23 Abs. 2 WGGDV genügen. Gemeinnützige Wohnungsunternehmen mit eigener Spareinrichtung haben dem Bundesaufsichtsamt einen Liquiditätsnachweis nach besonderem Muster jeweils unaufgefordert alsbald nach Abschluß der Jahresabschlußprüfung über den Prüfungsverband zuzuleiten. Wiederholung der Bilanzziffern ist keine „Erläuterung" des Jahresabschlusses. Der Geschäftsbericht muß klar, vollständig und wahr sein. Im Gegensatz zum AktG (160 Abs. 4) fehlt eine Bestimmung darüber, ob und wann über einzelne Punkte eine Berichterstattung unterbleiben kann, doch werden im einzelnen Falle tatsächliche Geschäfts-, Betriebs- oder Staatsgeheimnisse den Fortfall oder die Einschränkung der Berichterstattung rechtfertigen. Steuerliche Interessen dagegen werden regelmäßig keine Schweigepflicht begründen. Bezüglich des Inhalts und der Gestaltung des Geschäftsberichts einer eG siehe auch BlfG 52 S. 9.

2. Nur wesentliche Abweichungen vom früheren Jahresabschluß (z. B. Abstoßung größerer Mobilien und Beteiligungen, weitgehende Änderungen der Abschreibungsgrundsätze, Veränderung der ausgewiesenen Geschäftsguthaben infolge Erhöhung oder Herabsetzung des Geschäftsanteils oder infolge Abschreibung von Geschäftsguthaben zur Deckung eines Bilanzverlustes aus dem Vorjahre) sind zu erörtern.

§ 33 b
Bilanzierungsgrundsätze

(1) Für die Aufstellung des Jahresabschlusses kommen, soweit nicht in den §§ 33 c bis h ein anderes bestimmt ist, die Vorschriften

Kommentar §33b

des Vierten Abschnitts des Ersten Buches des Handelsgesetzbuchs und im übrigen die Grundsätze ordnungsmäßiger Buchführung und Bilanzierung zur Anwendung.

(2) Der Jahresabschluß ist so klar und übersichtlich aufzustellen, daß er den Beteiligten einen möglichst sicheren Einblick in die Lage der Genossenschaft gewährt.

1. Abs. I: Für den Jahresabschluß der eG sind hiernach zunächst die nur für eG geltenden §§ 33 c—h GenG, in zweiter Linie die allgemein für alle Kaufleute geltenden §§ 38 bis 47, insbesondere 40 HGB, im übrigen die Grundsätze ordnungsmäßiger Buchführung und Bilanzierung und schließlich der Leitsatz des 33 b Abs. 2 maßgebend. Über die Notwendigkeit statutarischer Bestimmung von Grundsätzen für die Aufstellung der Bilanz 7 Anm. 5. Neben der Gesamtbilanz sind bei G mit Zweigniederlassungen Sonderbilanzen für diese zulässig. — Über Bilanzierungsfragen im einzelnen vgl. Lisnik „Bilanzierungsvorschriften für Genossenschaften", Berlin 1934, Deutscher Genossenschaftsverlag und für Wohnungsbaugenossenschaften die vom Gesamtverband gemeinnütziger Wohnungsunternehmen herausgegebenen Erläuterungen zum Jahresabschluß, Formblatt für Wohnungsunternehmen, Ausgabe Januar 54. Bezügl. der Bilanzierung im Falle der Verschmelzung zweier Genossenschaften s. 93 d Abs. 3 u. 93 g u. Riebandt-Korfmacher im Formularkommentar Anm. 5 zu A 1 806. Über Jahresabschluß und Bewertungsfragen vgl. auch Seibert, BlfG 38 S. 11 u. 32, ferner Lisnik, BlfG 40 S. 14 und 25 u. 41 S. 13. Bilanzformblatt und Richtlinien für die Aufstellung der Jahresbilanzen der Kreditinstitute in der Rechtsform der eG sowie für die Zentralkassen in der Rechtsform der AG sind abgedruckt am Schluß der Anm. 2 zu 33 g.

Die Bilanz ist von allen Vorstandsmitgliedern zu unterzeichnen (vgl. § 41 Abs. 1 HGB). Maßgebend für die Frage, welche Vorstandsmitglieder bei Wechsel in Vorstandsbesetzung zu unterzeichnen haben, ist nicht Bilanzstichtag, sondern Zeitpunkt der tatsächlichen Aufstellung der Bilanz; unterzeichnen müssen alle Vorstandsmitglieder, die zur Zeit der Aufstellung der Bilanz in das Genossenschaftsregister eingetragen sind. Vgl. aber 28 Anm. 1 Abs. 5.

2. Unter den im Abs. II angeführten „Beteiligten" sind nicht nur die Mitglieder, sondern auch die Gläubiger zu verstehen. 33 b Abs. 2 stellt das Prinzip der Bilanzklarheit auf. Neben diesem gilt auch der Grundsatz der Vollständigkeit (RGStr. **62** 358) und Wahrheit (RG **131** 192) der Bilanz. Dagegen gibt es einen Rechtssatz der sog. Bilanz-

kontinuität in dem Sinne, daß Gegenstände in der Bilanz (insbesondere durch Rückgängigmachung von Abschreibungen) nicht höher angesetzt werden dürfen als in der vorhergehenden, nicht (RG 80 332). Die Höherbewertung darf jedoch nicht grundlos und willkürlich sein (vgl. hierzu 33 c Anm. 2). Im übrigen wird man es als kaufmännischen Grundsatz ansehen müssen, nach Möglichkeit die Bilanzkontinuität zu wahren und nur aus wirklich wichtigen Gründen davon abzugehen. Auf jeden Fall ist Erläuterung wesentlicher Abweichungen von früheren Bilanzen im Geschäftsbericht erforderlich (33 a).

§ 33 c
Bewertungsvorschriften

Für den Ansatz der einzelnen Posten der Jahresbilanz gelten folgende Vorschriften:

1. Anlagen und andere Vermögensgegenstände einschließlich Wertpapiere, die dauernd zum Geschäftsbetriebe der Genossenschaft bestimmt sind, dürfen höchstens zu den Anschaffungs- oder Herstellungskosten angesetzt werden. Bei der Berechnung der Herstellungskosten dürfen in angemessenem Umfang Abschreibungen berücksichtigt und angemessene Anteile an den Betriebs- und Verwaltungskosten eingerechnet werden, die auf den Zeitraum der Herstellung entfallen; Vertriebskosten gelten hierbei nicht als Bestandteile der Betriebs- und Verwaltungskosten.

   Anlagen und andere Vermögensgegenstände, die dauernd zum Geschäftsbetriebe der Genossenschaft bestimmt sind, dürfen ohne Rücksicht auf einen geringeren Wert zu den Anschaffungs- oder Herstellungskosten angesetzt werden, wenn der Anteil an dem etwaigen Wertverlust, der sich bei seiner Verteilung auf die mutmaßliche Gesamtdauer der Verwendung oder Nutzung für den einzelnen Bilanzabschnitt ergibt, in Abzug oder in der Form von Wertberichtigungsposten in Ansatz gebracht wird. Bei der Berechnung der Herstellungskosten findet die Vorschrift des Abs. 1 Satz 2 Anwendung.

   Wertpapiere, die dauernd zum Geschäftsbetriebe der Genossenschaft bestimmt sind, dürfen ohne Rücksicht auf einen geringeren Wert zu den Anschaffungskosten angesetzt werden, soweit nicht die Grundsätze ordnungsmäßiger Buchführung Abschreibungen auf die Anschaffungskosten erforderlich machen.

2. Wertpapiere und andere Vermögensgegenstände, die nicht dauernd zum Geschäftsbetriebe der Genossenschaft bestimmt sind, sowie Waren dürfen höchstens zu den Anschaffungs- oder Herstellungskosten angesetzt werden. Bei der Berechnung der Herstellungskosten findet die Vorschrift der Nr. 1 Abs. 1 Satz 2 Anwendung.

Sind die Anschaffungs- oder Herstellungskosten höher als der Börsen- oder Marktpreis am Bilanzstichtage, so ist höchstens dieser Börsen- oder Marktpreis anzusetzen.

Übersteigen die Anschaffungs- oder Herstellungskosten, falls ein Börsen- oder Marktpreis nicht festzustellen ist, den Wert, der den Gegenständen am Bilanzstichtage beizulegen ist, so ist höchstens dieser Wert anzusetzen.

3. Die Kosten der Gründung dürfen nicht als Aktiven eingesetzt werden.
4. Für den Geschäfts- oder Firmenwert darf ein Posten unter die Aktiven nicht eingesetzt werden. Übersteigt jedoch die für die Übernahme eines Unternehmens bewirkte Gegenleistung die Werte der einzelnen Vermögensgegenstände des Unternehmens im Zeitpunkt der Übernahme, so darf der Unterschied gesondert unter den Aktiven aufgenommen werden. Der eingesetzte Aktivposten ist durch angemessene jährliche Abschreibungen zu tilgen.
5. Anleihen der Genossenschaft sind mit ihrem Rückzahlungsbetrag unter die Passiven aufzunehmen. Ist der Rückzahlungsbetrag höher als der Ausgabepreis, so darf der Unterschied gesondert unter die Aktiven aufgenommen werden. Der eingesetzte Aktivposten ist durch jährliche Abschreibungen zu tilgen, die auf die gesamte Laufzeit der Anleihe verteilt werden dürfen.
6. Der Betrag der Geschäftsguthaben der Genossen ist unter die Passiven einzusetzen.

1. **Allgemeines:** 33 c enthält in Anlehnung an die früheren aktienrechtlichen Spezialvorschriften (HGB 261) die besonderen für Genossenschaften geltenden Bewertungsvorschriften; soweit 33 c nicht ausreicht, sind die allgemeinen Bewertungsvorschriften des HGB (40) anzuwenden (vgl. auch BlfG 38 S. 11 u. 32, 39 S. 5). Letzteres gilt insbesondere für die Bewertung der Forderungen und der Schulden. Die Bewertungsvorschriften des 33 c sind zwingenden Rechts, soweit sie Höchstvorschriften für die Bewertung der Aktiven und Mindestvorschriften für den Ansatz der Passiven darstellen; Verstoß dagegen

§ 33 c Gesetz, betr. die Erwerbs- und Wirtschaftsgenossenschaften

macht die Bilanz nichtig (48 Anm. 2). Soweit dagegen 33 c Mindestvorschriften für die Bewertung der Aktiven und Höchstvorschriften für den Ansatz der Passiven enthält, können diese geändert werden; insbesondere ist im Rahmen gesunder kaufmännischer Grundsätze die Bildung stiller Reserven, vor allem durch Unterbewertung von Vermögensgegenständen grundsätzlich als zulässig anzusehen (RG BlfG 36 S. 946 u. RG **156** 52 = BlfG 37 S. 789); unstatthaft wäre dagegen die Bildung stiller Reserven durch Nichtaufnahme vorhandener Vermögenswerte (RG **131** 192) oder durch Aufnahme nicht vorhandener Verbindlichkeiten (vgl. RGStr. 62 358). Zur Frage der Bildung und Auflösung stiller Reserven vgl. auch Genossenschaftsdienst 36 S. 298 u. 306 u. RG **156** 52 = BlfG 37 S. 789. Die Auflösung ist vorzunehmen durch den Vorstand unter Hinzuziehung des Aufsichtsrats; eine besondere Genehmigung seitens der GV ist nicht erforderlich, dagegen in der Regel Erwähnung im Geschäftsbericht. — Bei allen Wertansätzen des 33 c handelt es sich um die kaufmännische Handelsbilanz und nicht um die Steuerbilanz. Grundsätzlich wird aber die Steuerbilanz auf der Handelsbilanz aufbauen; sie kann jedoch schon deshalb anders aussehen, weil die nach 33 c aufgestellte Bilanz kaufmännischen Grundsätzen entsprechend einen zu hohen Wertansatz vermeiden will, während der Steuerfiskus vollen Wertansatz verlangt (RGStr. 61 277). Wegen steuerlicher Bewertung von Darlehnsforderungen bei Kreditinstituten und Stellung des Reichsfinanzhofs zur Bildung von Wertberichtigungskonten vgl. BlfG 40 S. 7 u. 8. Die Verwaltungsanordnung der Bundesregierung über die steuerliche Anerkennung von Sammelwertberichtigungen bei Kreditinstituten vom 25. 6. 53 i. d. Fassung der Verwaltungsanordnung vom 28. 8. 54 (BAnz. Nr. 167) schreibt zwingend die Bildung von Sammelwertberichtigungen in der Handelsbilanz der Kreditinstitute vor.

2. Zu Ziffer 1: Sog. Anlagevermögen (z. B. Produktionsmittel, Grundstücke, Beteiligungen und Wertpapiere, soweit sie dauernd im Besitz der eG bleiben sollen). Für Anlagegegenstände gilt der Grundsatz, daß sie höchstens zu den Anschaffungs- oder Herstellungskosten, vermindert um die Absetzungen für Abnutzung (= Abschreibung), angesetzt werden dürfen. Zuschreibung im Anschluß an in früheren Jahren überhöht vorgenommene Abschreibung nur zulässig, wenn ein besonderer Anlaß (z. B. Sanierungsnotwendigkeit, Verschmelzung usw.) vorliegt, und dann nur bis höchstens zum Anschaffungs- bzw. Herstellungswert abzüglich der normalen Abschreibungen; der Erlös aus dieser Zuschreibung darf nicht zu Gewinnausschüttungen Verwendung finden; die Zuschreibung muß im Geschäftsbericht erwähnt

Kommentar § 33 c

werden. Über Grundstücke als Anlagevermögen bei städtischen Kreditgen. vgl. BlfG 37 S. 95; über Wertpapiere als Anlagevermögen der Kreditgen. vgl. Bredenbreuker BlfG 39 S. 241.

Anschaffungskosten sind z. B. der Kaufpreis einschließlich Provisionen, Versicherungen, Steuern usw., jedoch vermindert um etwaige Rabatte und Skonti. Über die Anschaffungskosten bei Grundstückserwerb in der Zwangsversteigerung vgl. Mende BlfG 38 S. 362.

Herstellungskosten sind die mittelbar oder unmittelbar auf die Herstellung verwendeten Kosten, unter Berücksichtigung angemessener Abschreibungen und Einrechnung angemessener Anteile an den Betriebs- und Verwaltungskosten.

Die Vorschrift des Abs. 3 der Ziffer 1 bezieht sich auf zum Anlagevermögen gehörende Wertpapiere, deren Wert *geringer* ist als der Anschaffungspreis. Vorübergehende Kursverluste bei festverzinslichen Wertpapieren, die zu den Anlageeffekten gehören, werden in der Regel keine Abschreibungen erforderlich machen. Nach den Grundsätzen ordnungsmäßiger Bilanzierung ist dagegen Abschreibung erforderlich, wenn z. B. der innere Wert von Aktien (Ertragswert) nachhaltig gesunken ist und mit einem baldigen Wiederanstieg des Kurses nicht gerechnet werden kann.

3. Zu Ziffer 2: Sog. Umlaufsvermögen; für die Bewertung desselben und der Waren gilt das sog. Niederstwertprinzip. Es ist höchstens der Anschaffungs-(Herstellungs-)Wert oder der Zeitwert anzusetzen, je nachdem welcher niedriger ist. Bei den zum Umlaufsvermögen gehörenden Wertpapieren ist also stets auch ein vorübergehender Kursverlust zu berücksichtigen. Zu den Herstellungskosten kann ein angemessener Teil der Betriebs- und Verwaltungskosten hinzugeschlagen werden. Über Grundstücke als Umlaufsvermögen bei städtischen Kreditgen. vgl. BlfG 37 S. 95. Wegen der Bilanzierung der in Arbeit befindlichen Lieferungsaufträge bei Lieferungsgen. s. BlfG 37 S. 31.

4. Zu Ziffer 3: Die Gründungskosten müssen im ersten Jahr als Aufwand über Gewinn- und Verlustkonto abgerechnet werden.

5. Zu Ziffer 4: Unzulässig ist demnach die Berücksichtigung des Unterschieds durch Höherbewertung der übernommenen Vermögensgegenstände.

6. Zu Ziffer 5: Anleihen sind langfristige Darlehen größerer Kapitalien, die durch Inanspruchnahme des Kredits auf dem öffentlichen Markt geschaffen werden.

§ 33 d Gesetz, betr. die Erwerbs- und Wirtschaftsgenossenschaften

7. **Zu Ziffer 6: Aufnahme in die Passiven** hat getrennt nach Geschäftsguthaben der verbleibenden und der ausgeschiedenen Genossen zu erfolgen (33 d B).

§ 33 d
Bilanzgliederung

(1) In der Jahresbilanz sind, soweit nicht der Geschäftszweig der Genossenschaft eine abweichende Gliederung bedingt, unbeschadet einer weiteren Gliederung folgende Posten besonders auszuweisen[1]:
  A. Auf der Seite der Aktiven[2]:
    I. Anlagevermögen.
      1. Unbebaute Grundstücke;
      2. Bebaute Grundstücke:
         a) dem Geschäftsbetriebe der Genossenschaft dienende Grundstücke;
         b) sonstige Grundstücke;
      3. Maschinen und maschinelle Anlagen;
      4. Werkzeuge, Betriebs- und Geschäftsinventar;
      5. Konzessionen, Patente, Lizenzen, Marken- und ähnliche Rechte.
    II. Beteiligungen[3] einschließlich der zur Beteiligung bestimmten Wertpapiere.
    III. Umlaufsvermögen.
      1. Roh-, Hilfs- und Betriebsstoffe;
      2. halbfertige Erzeugnisse;
      3. fertige Erzeugnisse, Waren;
      4. Wertpapiere, soweit sie nicht unter II oder III Nr. 10 oder 11 aufzuführen sind[4];
      5. der Genossenschaft zustehende Hypotheken, Grundschulden und Rentenschulden[5];
      6. Forderungen aus der Kreditgewährung an Genossen;
      7. von der Genossenschaft geleistete Anzahlungen[6];
      8. Forderungen auf Grund von Warenlieferungen und Leistungen[7];
      9. Forderungen an abhängige Unternehmungen und Konzernunternehmungen;
      10. Wechsel;
      11. Schecks;
      12. Kassenbestand einschließlich Guthaben bei Notenbanken und Postscheckguthaben;
      13. andere Bankguthaben.

IV. Posten, die der Rechnungsabgrenzung dienen[8].
B. Auf der Seite der Passiven[9]:
I. Der Betrag der Geschäftsguthaben der Genossen; der Betrag der Geschäftsguthaben der ausgeschiedenen Genossen[10] ist gesondert anzugeben.
II. Reservefonds:
  1. Der nach § 7 Nr. 4 zu bildende Reservefonds[11];
  2. andere Reservefonds[12].
III. Rückstellungen[13].
IV. Wertberichtigungsposten[14].
V. Verbindlichkeiten.
  1. Anleihen[15] der Genossenschaft unter Anführung ihrer etwaigen hypothekarischen Sicherung;
  2. auf Grundstücken der Genossenschaft lastende Hypotheken, soweit sie nicht Sicherungshypotheken sind oder zur Sicherung von Anleihen dienen, Grundschulden und Rentenschulden;
  3. Einlagen:
     a) Einlagen in laufender Rechnung;
     b) Spareinlagen;
  4. der Genossenschaft von Arbeitern und Angestellten gegebene Pfandgelder[16];
  5. Anzahlungen von Kunden;
  6. Verbindlichkeiten auf Grund von Warenlieferungen und Leistungen;
  7. Verbindlichkeiten gegenüber abhängigen Unternehmungen und Konzernunternehmungen;
  8. Verbindlichkeiten aus der Annahme von gezogenen Wechseln und der Ausstellung eigener Wechsel;
  9. Verbindlichkeiten gegenüber Banken.

VI. Posten, die der Rechnungsabgrenzung dienen[17].

(2) Der Reingewinn oder Reinverlust des Jahres ist am Schlusse der Bilanz ungeteilt und vom vorjährigen Gewinn- oder Verlustvortrage gesondert auszuweisen[18].

(3) Beim Anlagevermögen und bei den Beteiligungen sind die auf die einzelnen Posten entfallenden Zu- und Abgänge gesondert aufzuführen[19]. Die Verrechnung von Forderungen mit Verbindlichkeiten ist unzulässig[20]; Entsprechendes gilt für Grundstücksrechte und -belastungen, denen eine persönliche Forderung nicht zugrunde liegt. Die Beträge der Reservefonds, der Rückstellungen und der

§ 33 d Gesetz, betr. die Erwerbs- und Wirtschaftsgenossenschaften

Wertberichtigungsposten dürfen nicht unter den Verbindlichkeiten der Genossenschaft aufgeführt werden. Fallen Forderungen oder Verbindlichkeiten unter mehrere Posten, so ist bei dem Posten, unter dem sie ausgewiesen werden, die Mitzugehörigkeit zu den anderen Posten zu vermerken, soweit dies zur klaren und übersichtlichen Bilanzierung erforderlich ist.

(4) In Jahresbilanzen, die mit einem Gesamtbetrage von mehr als Einhunderttausend Reichsmark abschließen, sind auf der Seite der Aktiven unter Umlaufsvermögen gesondert auszuweisen die Forderungen an Mitglieder des Vorstandes, des Aufsichtsrats, an Personen, denen der Betrieb von Geschäften der Genossenschaft sowie die Vertretung der Genossenschaft in bezug auf die Geschäftsführung zugewiesen ist (§ 42), sowie ferner die Forderungen an einen Dritten, der für Rechnung einer dieser Personen handelt. Die Beträge der Forderungen können in einer Summe zusammengefaßt werden[21].

1. **Allgemeines:** Das in 33 d aufgestellte anzuwendende Bilanzschema gilt für alle Genossenschaften, für die nicht gemäß 33 g ein besonderes Formblatt vorgeschrieben ist. Es gilt insbes. für Warengen. Ein besonderes Formblatt ist bisher für Kreditgen. und Zentralkassen (auch in der Form der AG) und für gemeinnützige Baugen. und genossenschaftliche Bausparkassen erlassen worden (vgl. 33 g); wegen der Anwendung der Vorschriften des 33 d Abs. 2, 3, 4 vgl. 33 g, 1 a, b. Eine von diesem Schema *abweichende* Bilanzgliederung ist nur insoweit zulässig, als sie der Geschäftszweig der eG bedingt. Dagegen ist eine *weitergehende* Gliederung statthaft. Eine Fehlanzeige bei den einzelnen Bilanzposten ist nicht erforderlich; sie brauchen in der Bilanz überhaupt nicht zu erscheinen. Anders bei Kreditgen. und Zentralkassen; in dem für diese vorgeschriebenen Bilanzformblatt darf keine Bilanzposition ausgelassen werden (vgl. 33 g, Anm. 2 b am Schluß). Das absichtliche Auslassen vorgeschriebener Bilanzposten und die unrichtige Rubrizierung eines Bilanzpostens zwecks bewußter Irreführung des Bilanzlesers ist unstatthaft (vgl. auch 33 b Anm. 2).

2. **Zu den Aktiven gehören auch** Gegenstände, die die eG ihren Gläubigern zur Sicherheit übereignet hat oder die ihr unter Eigentumsvorbehalt geliefert worden sind. Diese Sicherungsübereignungen sind jedoch im Geschäftsbericht zu erwähnen, um klarzustellen, daß diese Aktiven für die eG nicht frei verfügbar sind (vgl. auch 33 a Anm. 1). Gegenstände, die der eG sicherungshalber übereignet wurden, oder an denen sie einen Eigentumsvorbehalt hat, gehören dagegen nicht zu den Aktiven.

Kommentar § 33 d

3. Unter **Beteiligung** ist eine auf die Dauer berechnete kapitalsmäßige Beziehung zu einem anderen Unternehmen zu verstehen. Bei Aktienbesitz in Höhe von mindestens 25 v. H. des Grundkapitals ist Beteiligung anzunehmen. Auch die Beteiligung an einer Zentralgen. gehört hierher; die durch diese Beteiligung entstehende Haftverpflichtung ist im Geschäftsbericht zu erwähnen.

4. Ein Posten „Anderweitige Wertpapiere des Anlagevermögens" entsprechend dem Gliederungsschema für AG (§ 151 Abs. 2 B Ziff. 2) ist nicht vorgesehen. **Anlagewertpapiere, die nicht Beteiligungen darstellen,** sind deshalb auch unter III Ziffer 4 aufzunehmen.

5. Der eG zustehende **Hypotheken, Grundschulden und Rentenschulden** sind nur in Höhe der persönlichen Forderung, zu deren Sicherung sie bestellt sind, zu aktivieren.

6. Zu den von der **eG geleisteten Anzahlungen** gehören Vorleistungen der eG an Lieferanten.

7. Bei den **Forderungen auf Grund von Warenlieferungen** und Leistungen handelt es sich in erster Linie um die sog. „Warendebitoren"; es gehören hierher aber auch Forderungen, die auf Grund von Dienst- und Werkleistungen entstanden sind.

8. Bei den **aktiven Rechnungsabgrenzungsposten** handelt es sich um Aufwendungen, die das kommende Geschäftsjahr belasten, aber bereits im gegenwärtigen Geschäftsjahr gemacht worden sind (z. B. vorausbezahlte Mieten, Steuern, Schuldzinsen usw.), also die transitorischen Posten. Dagegen gehören in der Regel nicht hierher die antizipativen Posten, nämlich solche Beträge, die das Bilanzjahr betreffen, aber erst in neuer Rechnung eingegangen sind, wie etwa Zinsen, Mieten, Boni, Rabatte usw. Diese letzteren Beträge sind besser als Forderungen auszuweisen.

9. Über die Verpflichtung zur Aufnahme von **Schulden aus sog. Besserungsscheinen** unter die Passiven s. BlfG 34 S. 187/88.

10. Unter „**ausgeschiedenen Genossen**" im Sinne von B I sind nur die zum Schlusse des Bilanzjahres ausscheidenden zu verstehen. Noch nicht abgehobene Geschäftsguthaben früher ausgeschiedener Mitglieder fallen unter „Verbindlichkeiten" der eG (B V). Die Haftsummen der Mitglieder der eGmbH werden nicht bilanziert; Veröffentlichungspflicht 139.

11. Es **ist nicht zulässig,** die durch § 7 Nr. 4 vorgeschriebene **gesetzliche Reserve** direkt auf das Wertberichtigungskonto zu überführen (BlfG 35 S. 422).

12. Zu den „**anderen Reservefonds**" gehören alle offen freiwilligen Reserven, die in der Satzung vorgesehen sind oder auf Grund eines Generalversammlungsbeschlusses gebildet werden.

13. Rückstellungen sind Bewertungen einer am Bilanzstichtage bereits bestehenden, nur ihrem Betrage nach noch nicht feststehenden Schuld oder eines in seiner Höhe noch nicht feststehenden Verlustes (z. B. Rückstellungen für Steuern des Bilanzjahres, die durch die Vorauszahlungen erst teilweise beglichen sind und auf die bei der späteren Veranlagung Nachzahlungen geleistet werden müssen; Prozeßkosten, die bereits entstanden, aber in ihrer Höhe noch nicht genau bestimmt sind).

14. Wertberichtigungsposten sind keine Schulden der eG; sie stellen lediglich einfache Gegenposten gegen zu hoch angesetzte Aktiven dar. Überwiegend handelt es sich in der Praxis hier um Korrekturen zur Bewertung von Forderungen.

15. Über den Begriff der Anleihen s. 33 c Anm. 6.

16. Zu den **der eG gegebenen Pfandgeldern** gehört die Barkaution des Geschäftsführers einer Warengenossenschaft oder des Kassierers einer Kreditgenossenschaft, auch wenn derselbe Mitglied des Vorstandes ist.

17. Bei den passiven Rechnungsabgrenzungsposten handelt es sich um Beträge, die im alten Jahre zwar vereinnahmt wurden, aber das neue Jahr betreffen, z. B. die im alten Geschäftsjahr im voraus empfangenen Zinsen, Mieten usw. (transitorische Posten). Dagegen sollten Beträge, die das Bilanzjahr betreffen, aber erst im neuen Jahr seitens der G gezahlt werden (antizipative Posten), besser als Verbindlichkeiten ausgewiesen werden.

18. Der ungeteilte Ausweis des Reingewinns oder Reinverlusts verbietet eine Vorwegbuchung von Teilgewinnen zu den Reserven und eine Beseitigung des Verlustes aus der Bilanz durch Ausbuchung der gesetzlichen oder außerordentlichen Reserven. Als „Jahresbilanz" gilt die Bilanz *vor* der Gewinnverteilung bzw. Verlustdeckung; über Anfechtbarkeit der Bilanz vgl. 33 h und 48 Anm. 2. Aus der Erwähnung des Gewinn- bzw. Verlustvortrages im Gesetzestext ergibt sich,

Kommentar §33e

daß es grundsätzlich zulässig ist, einen Gewinn oder Verlust auf neue Rechnung vorzutragen; am Verlustvortrag ist die GV auch dann nicht gehindert, wenn ein zur Verlustdeckung ausreichender gesetzlicher Reservefonds vorhanden ist.

19. **Die Vorschrift des Satzes 1** ist auf Kreditgenossenschaften und Zentralkassen nicht anzuwenden, sofern die auf die einzelnen Posten des Anlagevermögens und auf die Beteiligungen entfallenden Zu- und Abgänge im Geschäftsbericht vermerkt werden (VO zur Ergänzung der Vorschriften über Formblätter für die Gliederung des Jahresabschlusses der Kreditinstitute v. 20. 12. 55 — BGBl. I S. 812).

20. **Das Verbot der Verrechnung von Forderungen** mit Verbindlichkeiten richtet sich gegen Bilanzverschleierungen. Mit diesem Verbot ist das Bruttoprinzip für die Bilanz anerkannt. Unberührt hiervon bleibt jedoch die Verrechnung von gleichartigen Forderungen und Verbindlichkeiten bei Identität von Gläubiger und Schuldner und gegebener Aufrechnungsmöglichkeit.

21. **Unter Forderungen sind hier sämtliche Forderungen**, also Forderungen in laufender Rechnung, Wechselforderungen, auch Giroverbindlichkeiten und Bürgschaften zu Lasten der G, nicht aber Bürgschaftsverpflichtungen des Vorstands gegenüber Dritten zu verstehen. Abs. 4 gilt auch für Forderungen an eine oHG oder Kommanditges., wenn ein persönlich haftender Gesellschafter derselben in der Verwaltung oder als Bevollmächtigter der eG tätig ist.

§ 33 e
Ausweis rückständiger Einzahlungen in der Bilanz

(1) Rückständige Einzahlungen auf den Geschäftsanteil sind entweder in die Bilanz zu dem Nennwert mit dem gleichen Betrage auf der Seite der Aktiven und der Passiven je gesondert einzusetzen oder in einem Vermerk zu der Bilanz auszuweisen.

(2) Giroverbindlichkeiten, Verbindlichkeiten aus Bürgschaften, Wechsel- und Scheckbürgschaften sowie aus Garantieverträgen sind, auch soweit ihnen gleichwertige Rückgriffsforderungen gegenüberstehen, in voller Höhe in der Bilanz zu vermerken.

1. **Abs. I: Ausweis rückständiger Einzahlungen** entweder in einem Vermerk zu der Bilanz (unter dem Strich) oder als besonderer Posten auf beiden Seiten der Bilanz getrennt von dem Betrage der Geschäftsguthaben. Über die Berechnung der rückständigen Einzahlungen s.

BlfG 34 S. 134 und Bredenbreuker ZfG 55 S. 285. § 33 e hindert nicht die Heranziehung rückständiger Einzahlungen auf den Geschäftsanteil zur Verlustdeckung (BlfG 36 S. 658). Der Begriff „rückständige Einzahlungen" setzt Fälligkeit voraus, d. h. nur die nach der Satzung (vgl. 7 Nr. 2 GenG) bzw. auf Grund eines GV-Beschlusses (vgl. 50) fälligen, noch nicht geleisteten Einzahlungen sind rückständig. Über die steuerliche Bewertung ausstehender Pflichteinzahlungen s. RaiffR 57 S. 264.

2. **Abs. II: Giroverbindlichkeiten usw.** sind stets *in* der Bilanz selbst auszuweisen. Sie sind grundsätzlich in voller Höhe ohne Rücksicht auf etwa erfolgte Rückstellungen einzusetzen; Hinweis auf erfolgte Rückstellungen etwa bei dem Posten „Bürgschaften" oder bei dem Posten „Rückstellungen" durch entsprechenden Zusatz möglich. Vermerk unter dem Strich unzulässig. Die eG hat aber die Wahl, sie entweder vor der Kolonne auszuweisen oder sie in die Bilanzsumme aufzunehmen. Auch Delkredereverpflichtungen der Warengen. aus Vermittlungsgeschäft fallen unter den Begriff der „Garantieverträge" und sind, soweit sie nicht als Verbindlichkeiten passiviert sind, vor der Kolonne auszuweisen.

§ 33 f
Gliederung der Gewinn- und Verlustrechnung

(1) In der Gewinn- und Verlustrechnung sind, soweit nicht der Geschäftszweig der Genossenschaft eine abweichende Gliederung bedingt, unbeschadet einer weiteren Gliederung folgende Posten gesondert auszuweisen[1]:
I. Auf der Seite der Aufwendungen:
  1. Löhne und Gehälter[2];
  2. soziale Abgaben[3];
  3. Abschreibungen auf Anlagen;
  4. andere Abschreibungen;
  5. Zinsen;
  6. Besitzsteuern der Genossenschaft[4];
  7. alle übrigen Aufwendungen[5] mit Ausnahme der Aufwendungen für Roh-, Hilfs- und Betriebsstoffe, bei Handelsbetrieben mit Ausnahme der Aufwendungen für die bezogenen Waren.
II. Auf der Seite der Erträge:
  1. der Betrag, der sich nach Abzug der Aufwendungen für Roh-, Hilfs- und Betriebsstoffe, bei Handelsbetrieben nach

Kommentar § 33 f

Abzug der Aufwendungen für die bezogenen Waren sowie nach Abzug der unter 2 bis 5 gesondert auszuweisenden Erträge ergibt;
2. Erträge aus Beteiligungen[6];
3. Zinsen und sonstige Kapitalerträge;
4. außerordentliche Erträge[7];
5. außerordentliche Zuwendungen[8].

(2) Der Reingewinn oder Reinverlust des Jahres ist am Schlusse der Gewinn- und Verlustrechnung ungeteilt und vom vorjährigen Gewinn- oder Verlustvortrage gesondert auszuweisen.

1. **Allgemeines:** Das in 33 f Abs. 1 aufgestellte Schema für die Gewinn- und Verlustrechnung gilt gemäß § 3 der Zweiten VO über Formblätter für die Gliederung des Jahresabschlusses der Kreditinstitute vom 18. 10. 39 (siehe 33 g Anm. 2 b) nicht für eG, die dem KWG unterliegen (vgl. 1 Anm. 5), und gemäß Art. 1 der VO über die Bilanzierung von gemeinnützigen Baugenossenschaften v. 7. 9. 33 (RGBl. I S. 622) auch nicht für gemeinnützige Baugenossenschaften und genossenschaftliche Bausparkassen.
33 f Abs. 2 dagegen gilt für alle eG mit Ausnahme der Bausparkassen.

2. Unter „**Löhne und Gehälter**" im Sinne von I Ziffer 1 fallen auch alle Nebenbezüge z. B. Gratifikationen, Trennungs- und Aufwandsentschädigungen, Überstunden- und Urlaubsvergütungen, Weihnachtsgelder usw. Auch die Bezüge des Vorstands einschl. Tantiemen und Gratifikationen sind hier auszuweisen. Dagegen gehören nicht hierher die Bezüge der Aufsichtsratsmitglieder, da letztere nicht in einem Angestelltenverhältnis zur G stehen. Die Löhne und Gehälter sind brutto, d. h. vor Abzug der Steuern und Sozialabgaben auszuweisen.

3. **Soziale Abgaben** nach I Ziffer 2 sind nur die gesetzlich von der Genossenschaft zu tragenden sozialen Versicherungsbeiträge. Freiwillige Sozialaufwendungen der eG sind unter I Ziff. 1 oder gesondert auszuweisen.

4. **Besitzsteuern** der eG gemäß I Ziffer 4 sind insbesondere Vermögen-, Körperschaft-, Erbschaft-, Zuwachs-, Grund-, Gewerbe- und Kirchensteuern.

5. Zu den „**übrigen Aufwendungen**" gehören z. B. Verkehrsteuern, (z. B. die Umsatzsteuer), Verbrauchsteuern, Zölle, falls kein Sonderposten vorgesehen wird.

§ 33 g Gesetz, betr. die Erwerbs- und Wirtschaftsgenossenschaften

6. Über den Begriff der Beteiligung s. 33 d Anm. 3 Ertrag aus einer Beteiligung ist z. B. der Gewinnanteil aus der Mitgliedschaft bei einer anderen Genossenschaft.

7. Außerordentliche Erträge gemäß II Ziffer 4 sind z. B. Steuerrückvergütungen und Steuernachlässe, Gewinne aus der Veräußerung von Anlagen und Beteiligungen.

8. Unter „außerordentlichen Zuwendungen" sind *unentgeltliche* Zuwendungen gemeint, z. B. die sog. verlorenen Staatszuschüsse und andere Subventionen, der Forderungsverzicht eines Gläubigers usw.

§ 33 g
Formblätter für Jahresabschluß

Der Reichsminister der Justiz[1] wird ermächtigt, für die Aufstellung des Jahresabschlusses Formblätter mit der Maßgabe vorzuschreiben, daß die Bilanz und die Gewinn- und Verlustrechnung statt nach den Vorschriften der §§ 33 d bis 33 f nach diesen Formblättern zu gliedern sind[2].

1. An die Stelle des Reichsministers sind die Landesminister und der Minister der Bundesregierung getreten.

2. Hierzu sind bisher ergangen:

a) *Die Verordnung über die Bilanzierung von gemeinnützigen Baugenossenschaften und Bausparkassen, die in der Rechtsform einer eingetragenen Genossenschaft betrieben werden, vom 7. 9. 33* (RGBl. I 622). Durch diese Verordnung ist ein besonderes Formblatt für den Jahresabschluß von gemeinnützigen Baugenossenschaften vorgeschrieben worden. Im Zusammenhang mit der probeweisen Einführung des Kontenrahmens für die gemeinnützigen Wohnungsunternehmen (Anm. 1 zu § 33) hat der frühere Reichsverband des deutschen gemeinnützigen Wohnungswesens e. V. — Organ der staatlichen Wohnungspolitik — Berlin, als Spitzenverband i. S. von § 25 WGG i. V. m. § 22 WGGDV a. F. 42 im Einvernehmen mit dem früheren RAM ein besonderes Formblatt für den Jahresabschluß gemeinnütziger Wohnungsbaugenossenschaften aufgestellt. Dieses wird in der vom Gesamtverband gemeinnütziger Wohnungsunternehmen herausgegebenen Fassung von 56 angewendet (s. dazu Dull, GWW 58 S. 182). An Stelle der Vorschriften in 33 d Abs. 1, 4 u. 33 f Abs. 1 gilt dieses Formblatt; dagegen bleiben die Vorschriften in 33 d Abs. 2 (und

Kommentar §33 g

analog in 33 f Abs. 2) über den Gewinn- oder Verlustausweis sowie in 33 d Abs. 3 über den Ausweis der Zu- und Abgänge beim Anlagevermögen usw. auch für gemeinnützige Baugen. in Geltung.

Bausparkassen, die in der Rechtsform einer eG betrieben werden und der Aufsicht des Reichsaufsichtsamts für Privatversicherung unterlagen, hatten gemäß Art. 2 dieser Verordnung den Jahresabschluß statt nach den Vorschriften der §§ 33 d—33 f GenG nach den Vorschriften des Reichsaufsichtsamts zu gliedern. Sie unterstehen nunmehr den Vorschriften für die Rechnungslegung der Bausparkassen vom 21. 12. 54 (herausgegeben vom Bundesaufsichtsamt für das Versicherungs- und Bausparwesen) und haben die dort vorgeschriebenen Vordrucke für die Aufstellung der Bilanz und der Gewinn- und Verlustrechnung zu verwenden.

b) *Die zweite Verordnung über Formblätter für die Gliederung des Jahresabschlusses der Kreditinstitute vom 18. 10. 39* (RGBl. I S. 2079) in Verbindung mit der Verordnung über Formblätter für die Gliederung des Jahresabschlusses der Kreditinstitute vom 15. 12. 50 (BGBl. 51 I S. 142), sowie der Verordnung zur Ergänzung der Vorschriften über Formblätter für die Gliederung des Jahresabschlusses der Kreditinstitute vom 20. 12. 55 (BGBl. I S. 812).

Hiernach ist für Kreditgen. und Zentralkassen (auch wenn letztere AG sind) ein besonderes Formblatt vorgeschrieben, das sich auf die Bilanz einschl. der Mitgliederbewegung erstreckt. Für die Gewinn- und Verlustrechnung ist ein besonderes Formblatt nicht erlassen worden. Es wurde aber beim Reichskommissar für das Kreditwesen ein besonderes Schema für die Gewinn- und Verlustrechnung aufgestellt, zu dessen Verwendung die genossenschaftlichen Verbände die ihnen angehörigen genossenschaftlichen Kreditinstitute veranlassen sollen. Dieses Formblatt für die Gewinn- und Verlustrechnung ist in den BlfG 36 S. 75 abgedruckt. Das Reichsaufsichtsamt für das Kreditwesen hat auf Grund des § 5 der VO über Formblätter in seiner 16. Bekanntmachung vom 4. 12. 39 (Reichsanz. Nr. 288) Richtlinien für die Aufstellung der Jahresbilanzen von Kreditgen. und Zentralkassen erlassen, die durch gemeinsame Bekanntmachungen der Bankaufsichtsbehörden des Bundesgebietes betr. Ergänzung und Änderung der Richtlinien für die Aufstellung der Jahresbilanz und Anlage zur Jahresbilanz der Kreditinstitute mehrfach, zuletzt am 30. 12. 60 (gemeinsame Bekanntmachung der Bankaufsichtsbehörden, BAnz. 61 Nr. 3). Das Bilanzformblatt für Kreditgen. und Zentralkassen ist im Anhang (J) abgedruckt, die Bilanzierungsrichtlinien am Schluß dieser Anmerkung.

§ 33 g Gesetz, betr. die Erwerbs- und Wirtschaftsgenossenschaften

Nicht unter die Verordnung fallen Kreditinstitute, die nach Art. 2 der 4. Bekanntmachung des Reichskommissars f. d. Kreditwesen (Reichsanz. Nr. 159 vom 11. 7. 35) von der Einreichung von Rohbilanzen befreit sind; zu diesen gehören Bausparkassen, Konsumvereine, Baugen., ferner Kreditinstitute, die sich in Liquidation oder Konkurs befinden, soweit ihr Geschäftsbetrieb sich auf die Durchführung der Liquidation oder des Konkurses beschränkt (§ 6 der VO).

Die auf beiden Seiten des Formblattes u. a. zu machenden besonderen Angaben sollen vor allem die Berechnung der verschiedenen im KWG vorgesehenen Verhältniszahlen erleichtern. Die Bemerkungen in 33 d Anm. 1 betr. weitergehende und abweichende Gliederung, Auslassen von Bilanzposten, gelten entsprechend. Dagegen ist laut Verordnung zur Ergänzung der Vorschriften über Formblätter für die Gliederung des Jahresabschlusses der Kreditinstitute vom 20. 12. 55 (BGBl. I S. 812) auf die Jahresbilanzen von eG, die Bank- oder Sparkassengeschäfte im Inland betreiben, 33 d Abs. 3 S. 1 GenG nicht anzuwenden, sofern die auf die einzelnen Posten des Anlagevermögens und auf die Beteiligungen entfallenden Zu- und Abgänge im Geschäftsbericht vermerkt werden. Ferner hat der in 33 d Abs. 4 vorgeschriebene Ausweis der Forderungen an Verwaltungsmitglieder insoweit eine Veränderung erfahren, als die Beschreibung des hierunter fallenden Personenkreises dem KWG angepaßt worden ist; weiter haben diesen Posten (Aktiva 22 b) nicht nur die genossenschaftlichen Kreditinstitute mit einer Bilanzsumme von über 100 000 DM (33 d Abs. 4), sondern auch die mit einer geringeren Bilanzsumme auszufüllen.

Wegen der aktiven und passiven Rechnungsabgrenzungsposten vgl. 33 d Anm. 8 und 17. Über die direkte Verrechnung der Stückzinsen bei den Wertpapieren und den direkten Abzug des im alten Jahre z. T. für Rechnung des neuen Jahres gezahlten Rückdiskonts auf Wechsel und unverzinsliche Schatzanweisungen von den Nominalbeträgen vgl. BlfG 41 S. 13.

Bei Kreditgen. von 10 Millionen DM Bilanzsumme und darüber und Zentralkassen ist ein Bilanzbestätigungsvermerk erforderlich, der sich auch auf die Beachtung der Bilanzgliederungsvorschriften erstreckt (vgl. 53 Anm. 2).

Formblatt für die Jahresbilanz der Kreditinstitute in der Rechtsform der eingetragenen Genossenschaft sowie für die Zentralkassen in der Rechtsform der Aktiengesellschaft
Richtlinien für die Aufstellung der Jahresbilanz der Kreditinstitute in der Rechtsform der eingetragenen Genossenschaften sowie für

Kommentar § 33 g

die Zentralkassen in der Rechtsform der Aktiengesellschaft
— Anlage 2 zur gemeinsamen Bekanntmachung der Bankaufsichtsbehörden vom 4. 5. 51 (Beilage zum BAnz. Nr. 91) und 20. 12. 54 (BAnz. Nr. 252) in der Fassung der Bekanntmachungen v. 28. 12. 56 (BAnz. 57 Nr. 8) und 30. 12. 60 (BAnz. 61 Nr. 3) —

I. Aktiva

Zu Pos. 1
Hier sind auch Goldmünzen und Barrengold sowie ausländische Noten und Münzen einzusetzen.

Zu Pos. 2
Hier sind auch Währungsguthaben bei der Deutschen Bundesbank einzusetzen.

Bei der Deutschen Bundesbank in Anspruch genommene Lombarddarlehen sind nicht von den Guthaben bei der Deutschen Bundesbank abzusetzen, sondern unter Passiva Pos. 2 auszuweisen.

Zu Pos. 4
Hier handelt es sich um Guthaben, die nur der Geldanlage, nicht der Kreditgewährung dienen und ungesichert sind. Dazu gehören auch Sollsalden auf Verrechnungskonten (Konten, die ausschließlich der Abrechnung des gegenseitigen Austausches von Schecks, Wechseln und Überweisungen und der laufenden Abwicklung ähnlicher Zahlungsvorgänge zwischen Kreditinstituten dienen und die kurzfristig ausgeglichen werden). Forderungen, die darauf beruhen, daß anderen Kreditinstituten Kredite oder Darlehen gewährt wurden, sind unter Pos. 12 a bzw. 13 c auszuweisen. Geldanlagen mit einer Laufzeit oder Kündigungsfrist von 4 Jahren und mehr sind in jedem Falle unter Pos. 13 c aufzunehmen.

Währungsguthaben für gestellte Akkreditive und Garantien sind hier einzubeziehen, während die korrespondierenden Verpflichtungen unter „Einlagen", und zwar als Sichteinlagen auszuweisen sind.

Maßgeblich für die Einordnung in die Unterpositionen a bis c ist die vereinbarte Laufzeit oder Kündigungsfrist, nicht die am Ausweisstichtag noch bestehende Restlaufzeit.

Die in der Pos. 4 enthaltenen Guthaben bei genossenschaftlichen Zentralkreditinstituten sind durch Ausgliederung anzugeben. Hierzu Beschluß der BAB vom 19./20. 11. 59 (Nr. 17.05).

Zu Pos. 5

Als fällige Schuldverschreibungen gelten Stücke, die am Bilanzstichtag noch nicht eingelöst waren, aber bei Vorlage von einer Zahlstelle eingelöst worden wären, sowie Stücke, die am ersten auf den Bilanzstichtag folgenden Werktag einlösbar sind. Dasselbe gilt für Zins- und Dividendenscheine.

Fällige Stücke, Zins- und Dividendenscheine, die nicht diesen Anforderungen entsprechen, sind unter Pos. 10 d auszuweisen.

Verloste oder gekündigte, aber noch nicht einlösbare Stücke sowie hereingenommene, noch nicht fällige Zins- und Dividendenscheine gehören ebenfalls unter Pos. 10, und zwar in die für die Wertpapiergattung vorgesehene Unterposition.

Zu Pos. 6

In dieser Position sind Inkassoschecks, soweit sie dem Einreicher bis zum Bilanzstichtag gutgeschrieben worden sind, auch dann auszuweisen, wenn die Gutschrift unter Vorbehalt des Eingangs vorgenommen worden ist. Schecks, die nur zum Einzug und zur Gutschrift nach Eingang des Gegenwertes eingereicht sind, dürfen in die Bilanz nicht eingesetzt werden. Ebenso sind auf das eigene Institut gezogene dem Aussteller noch nicht belastete Schecks nicht aufzunehmen. Rückschecks dürfen im Bestand nicht enthalten sein; sie sind unter Pos. 12 b „Sonstige Debitoren" aufzunehmen.

Zu Pos. 7

In dieser Position sind Inkassowechsel, soweit sie dem Einreicher bis zum Bilanzstichtag gutgeschrieben worden sind, auch dann auszuweisen, wenn die Gutschrift unter Vorbehalt des Eingangs vorgenommen worden ist. Wechsel, die nur zum Einzug und zur Gutschrift nach Eingang des Gegenwertes eingereicht sind, dürfen in die Bilanz nicht eingesetzt werden. Rückwechsel dürfen im Bestand nicht enthalten sein; sie sind unter Pos. 12 b „Sonstige Debitoren" zu aktivieren. Der Bestand an eigenen Akzepten ist nicht zu aktivieren, sondern auf der Passivseite von den „Eigenen Akzepten und Solawechseln" abzusetzen (siehe Passiva Pos. 3).

Wechsel, die ein Kreditinstitut seinerseits als Sicherheit gestellt hat, sind nicht vom Wechselbestand abzusetzen.

Unter a sind alle im Bestand befindlichen Wechsel anzugeben, die nach dem Gesetz über die Deutsche Bundesbank zum Ankauf zugelassen sind, sofern der Ankauf nicht durch bekanntgegebene besondere Regelungen der Deutschen Bundesbank ausgeschlossen ist; „darunter" besagt, daß es sich nicht um eine Aufgliederung der Pos. 7 handelt, sondern um eine Ausgliederung. Soweit die unter b erfaßten eigenen Ziehungen bundesbankfähig sind, sind sie daher auch unter a zu erfassen.

Zu Pos. 8

In dieser Position sind Schatzwechsel und Schatzanweisungen mit einer vereinbarten Laufzeit von höchstens 2 Jahren, die nicht mit einem festen Zinssatz ausgestattet, sondern unter Diskontabzug hereingenommen worden sind, auszuweisen.

Zu Pos. 9

In dieser Position sind festverzinsliche Schuldverschreibungen (auch verzinsliche Schatzanweisungen des Bundes und der Länder) mit einer vereinbarten Laufzeit von höchstens 4 Jahren auszuweisen. Schuldverschreibungen mit einer vereinbarten Laufzeit von mehr als 4 Jahren sind unter Pos. 10 (Wertpapiere) auszuweisen.

Zu Pos. 10

Eigene Wertpapiere, die das Institut nur verpfändet oder in anderer Weise als Sicherheit gestellt hat (beispielsweise durch Sicherungsübereignung), sind vom Wertpapierbestand nicht abzusetzen. Im übrigen siehe Richtlinien zu Pos. 5.

Wertpapiere, die mit der Absicht einer festen Beteiligung erworben sind, sind nicht hier, sondern unter Pos. 16 auszuweisen.

Als beleihbar bei der Deutschen Bundesbank sind nur solche Wertpapiere auszuweisen, die nach dem Verzeichnis der bei der Deutschen Bundesbank beleihbaren Wertpapiere (Lombardverzeichnis) zum Lombardverkehr zugelassen sind. Die Wertpapiere sind mit dem Bilanzwert auszugliedern.

Investment-Zertifikate sind unter Aktivposten 10 c „börsengängige Dividendenwerte" auszuweisen.

Zu Pos. 11

Unter a sind sowohl die nach Maßgabe der Umstellungsrechnung zugeteilten als auch angekaufte Ausgleichsforderungen auszuweisen. Das gilt auch für etwa zur Sicherheitsleistung verwendete Teile.

Unter b sind sowohl die gemäß § 11 WAG als auch die gemäß § 19 ASpG entstandenen Deckungsforderungen auszuweisen.

Zu Pos. 12

Unter den Debitoren sind alle in laufender Rechnung und im sonstigen Geschäftsverkehr bestehenden Soll-Salden auszuweisen, wenn die Laufzeit oder Kündigungsfrist, von der Kreditgewährung

§ 33 g Gesetz, betr. die Erwerbs- und Wirtschaftsgenossenschaften

an gerechnet, weniger als 4 Jahre beträgt; hierzu rechnen auch Forderungen aus Wertpapiergeschäften. Es darf nur die Summe der tatsächlich beanspruchten Kredite, also nicht die Summe der Kreditzusagen ausgewiesen werden. Von den Schuldsalden der Kunden sind keinerlei Bindungen unterliegenden Guthaben abzusetzen. Nicht abzusetzen sind Währungsguthaben, Spareinlagen und befristete Guthaben eines Kunden.

Bei Gemeinschaftskrediten darf nur der Anteil des bilanzierenden Instituts ausgewiesen werden, auch wenn es die Führung in dem Konsortium hat und der Kredit in seinen Büchern in voller Höhe gebucht ist; infolgedessen sind die Kreditanteile der übrigen Beteiligten auch nicht unter den Passiven auszuweisen.

Zur späteren Verrechnung entgegengenommene fällige Tilgungsbeträge sind im Bilanzausweis von dem Betrag der Forderungen abzusetzen.

Bei der Ausgliederung zu Pos. 12 b sind außer den Forderungen aus dem Warengeschäft auch Forderungen aus dem bankfremden Dienstleistungsgeschäft zu erfassen.

Kredite an Bausparkassen sind unter b „sonstige" auszuweisen. Forderungen an Bausparkassen aus abgeschlossenen Bausparverträgen sind unter „Sonstige Aktiva" aufzunehmen. Falls es sich um größere Beträge handelt, sind sie durch Ausgliederung kenntlich zu machen. Hierzu Beschluß der BAB vom 12./13. 7. 57 (Nr. 17.03).

Zu Pos. 13

Langfristig sind solche Ausleihungen, die nicht binnen vier Jahren seit ihrer Entstehung rückzahlbar sind oder deren regelmäßige Tilgung sich über mindestens 4 Jahre erstreckt. Ausleihungen mit einer Laufzeit oder Kündigungsfrist von weniger als 4 Jahren gehören unter Pos. 12 „Debitoren". Für die Einordnung ist nicht die Restlaufzeit am Bilanzstichtag, sondern die vereinbarte Laufzeit oder Kündigungsfrist maßgebend. Für die Zuordnung zu den Unterpositionen a bis c gilt folgendes:

a) Hierunter sind nur langfristige Ausleihungen, für die dem bilanzierenden Institut Grundpfandrechte (Hypotheken, Grund- und Rentenschulden) bestellt, verpfändet oder abgetreten sind, einzusetzen, soweit sie reine Objektkredite darstellen.

Als reine Objektkredite sind solche langfristigen Ausleihungen anzusehen, deren Verzinsung und Rückzahlung aus dem Beleihungsobjekt gewährleistet ist (z. B. Mietgrundstücke). Die Verzinsung und Rückzahlung des Kredits darf also nicht überwiegend von dem Erfolg einer gewerblichen Tätigkeit abhängig sein, es sei denn, es handelt sich um Grundstücks- oder Wohnungsbauunternehmen.

b) Hier sind alle langfristigen Ausleihungen an oder gegen Gewährleistung durch den Bund, die Länder, Gemeinden und Gemeindeverbände sowie sonstige Körperschaften des öffentlichen Rechts zu erfassen. Gleichzusetzen sind ihnen Ausleihungen an oder gegen Gewährleistung durch solche juristische Personen, für die eine Gebietskörperschaft als Gewährverband haftet. Als durch eine Körperschaft des öffentlichen Rechts gewährleistet gilt eine Ausleihung auch dann, wenn dem bilanzierenden Institut als Sicherheit eine Forderung gegen eine der vorstehend genannten Körperschaften verpfändet oder abgetreten worden ist.

Ausleihungen an andere Kreditnehmer als die vorgenannten Körperschaften des öffentlichen Rechts, die durch ein Grundpfandrecht und Kommunaldeckung gesichert sind, sind unter a auszuweisen.

Darlehen mit unterschiedlichen Sicherungen für Teilbeträge sind nach der Art der Sicherheit auf a bis c aufzuteilen.

c) Hier sind alle sonstigen langfristigen Ausleihungen aufzunehmen. Zur späteren Verrechnung entgegengenommene fällige Tilgungsbeträge sind im Bilanzausweis von dem Betrag der Forderungen abzusetzen.

Rückständige Nebenleistungen (Zinsen, Verzugszinsen usw.) sind nicht in dieser Position, sondern unter „Debitoren" (Pos. 12) auszuweisen.

Zu Pos. 15

Die Position „Durchlaufende Kredite" ist auf Forderungen beschränkt, die Treuhand- (Auftrags-) Kredite in dem Sinne darstellen, daß die ausgeliehenen Mittel dem bilanzierenden Institut vom Auftraggeber voll zur Verfügung gestellt wurden und die Haftung des bilanzierenden Instituts sich auf die ordnungsmäßige Verwaltung der Ausleihungen und die Abführung der aus den Ausleihungen einkommenden Beträge an den Auftraggeber beschränkt (in eigenem Namen, aber für fremde Rechnung gegebene Kredite).

Kredite, die von dem bilanzierenden Institut mit eigenem, wenn auch nur partiellem Risiko gegeben worden sind, dürfen auch dann nicht als durchlaufende Kredite ausgewiesen werden, wenn es sich um nur weitergeleitete zweckgebundene Mittel handelt; sie sind je nach der Verwendungsform und Befristung in voller Höhe unter den

§ 33 g Gesetz, betr. die Erwerbs- und Wirtschaftsgenossenschaften

„Debitoren" (Pos. 12) oder den „Langfristigen Ausleihungen" (Pos. 13) zu erfassen.

In fremdem Namen und für fremde Rechnung zu verwaltende Kredite, z. B. die für die öffentliche Hand verwaltete Hypothekengewinnabgabe, sind in die Bilanz nicht aufzunehmen.

Eingegangene Zins- und Amortisationsbeträge, die am Bilanzstichtag an den Berechtigten noch nicht abgeführt sind, sind unter Passiva Pos. 1 a einzubeziehen.

Forderungen gegenüber den Finanzämtern aus der Gutschrift von Prämien nach § 3 Abs. 5 des Spar-Prämiengesetzes [Hierzu Schreiben des BAK vom 7. 5. 63 (Nr. 17.08).] sind unter dieser Position auszuweisen und wie folgt auszugliedern: „darunter: Sparprämien-Forderungen nach dem SparPG".

Zu Pos. 16

Hierher gehören alle Beteiligungen, unabhängig davon, ob sie in Wertpapieren verkörpert sind oder nicht, also Aktien oder Anteile einer Kapitalgesellschaft, Geschäftsguthaben bei Genossenschaften, Anteile als persönlich haftender Gesellschafter an offenen Handelsgesellschaften, Kommanditgesellschaften und Kommanditgesellschaften auf Aktien, Anteile als Kommanditist und die Beteiligung als stiller Gesellschafter. Aktien oder Anteile einer Kapitalgesellschaft, deren Nennbeträge insgesamt den vierten Teil des Grundkapitals dieser Gesellschaft erreichen, sowie Kuxe einer bergrechtlichen Gewerkschaft, deren Zahl insgesamt den vierten Teil der Kuxe dieser Gewerkschaft erreicht, gelten im Zweifel als Beteiligung. Liegt die Absicht einer Beteiligung nicht vor, sind sie unter Pos. 10 „Wertpapiere" zu erfassen.

Beteiligungen an Kreditinstituten sind durch Ausgliederung kenntlich zu machen.

Zu Pos. 19

Hier sind Forderungen und sonstige Vermögenswerte auszuweisen, die einer anderen Position nicht zugeordnet werden können.

Zu Pos. 22 a

Wegen des Begriffs Konzernunternehmen vgl. § 18 AktG. Zur Begründung eines Konzernverhältnisses kann danach auch eine Kreditgewährung ausreichen. Jedoch wird ein Konzernverhältnis zwischen einem Kreditinstitut und einem Kreditnehmer nur dann anzunehmen sein, wenn besondere Umstände die Absicht des Kreditinstituts erkennen lassen, einen herrschenden Einfluß auf den Kreditnehmer auszuüben. In der banküblichen Kreditüberwachung ist eine herrschende Einflußnahme nicht zu erblicken.

II. Passiva

Zu Pos. 1

Für die Einordnung in die Unterpositionen und in die Ausgliederung zu Pos. 1 b ist nicht die Restlaufzeit am Bilanzstichtag, sondern die vereinbarte Laufzeit oder Kündigungsfrist maßgebend. Unter Sichteinlagen sind auch Einlagen auszuweisen, für die eine Kündigungsfrist von weniger als einem Monat oder eine Laufzeit von weniger als 30 Tagen vereinbart ist.

Soweit das Institut die ihm für „Durchlaufende Kredite" zur Verfügung gestellten Mittel am Bilanzstichtag noch nicht ausgezahlt hatte, sind sie unter Pos. 1 a „Sichteinlagen" auszuweisen (s. Richtlinien zu Pos. 5). Eingegangene Zins- und Amortisationsbeträge, die am Bilanzstichtag an den Berechtigten noch nicht abgeführt sind, sind ebenfalls unter Pos. 1 a einzubeziehen (s. Richtlinien zu Aktiva Pos. 15).

Habensalden auf Verrechnungskonten (s. Richtlinien zu Aktiva Pos. 4) sind unter „Sichteinlagen" Pos. 1 a auszuweisen.

Den Ausstellern belastete, den Einreichern noch nicht angeschaffte Scheck-Gegenwerte sind in a „Sichteinlagen" einzubeziehen.

Als Spareinlagen gelten nur solche Einlagen, die den Erfordernissen der §§ 22 und 23 KWG entsprechen.

Zur späteren Verrechnung entgegengenommene fällige Tilgungsbeträge sind nicht als Einlagen auszuweisen, sondern von dem Betrag der Forderungen abzusetzen (s. Richtlinien zu Aktiva Pos. 12 und 13).

Einlagen von Bausparkassen sind als Einlagen von „sonstigen Einlegern" auszuweisen.

Zu Pos. 2

Als Nostro-Verpflichtungen im Sinne dieser Bilanzposition sind alle aufgenommenen Gelder, Kredite und Darlehen anzusehen, soweit sie nicht unter Pos. 3 und 4 auszuweisen sind. Soweit sich ihre Abgrenzung gegenüber den Einlagen nicht bereits aus den Bedingungen (Verzinsung, Laufzeit, Sicherheiten, Verpflichtung zur Rückzahlung ohne Abruf des Gläubigers) ergibt, sind als Nostro-Verpflichtungen alle Gelder anzusehen, deren Hereinnahme auf die Initiative oder Disposition des Schuldners zurückgeht.

Hereingenommene zweckgebundene Mittel, mit denen eine mehr als nur treuhänderische Haftung für das Institut verbunden ist, gelten in jedem Falle als Nostro-Verpflichtungen und sind je nach der Befristung in voller Höhe in dieser Position oder in Pos. 4 zu erfassen.

Zu den Nostro-Verpflichtungen rechnen auch Haben-Salden auf Nostro-Konten, Barvorschüsse im Ausland, sowie Verbindlichkeiten aus Nostro-Wertpapiergeschäften und aus der Diskontierung eigener Ziehungen, die den Kreditnehmern nicht abgerechnet worden sind.

Durch Ausgliederung sind kenntlich zu machen Nostro-Verpflichtungen mit einer Laufzeit oder Kündigungsfrist von 3 Monaten und mehr, die bei genossenschaftlichen Zentralkreditinstituten aufgenommenen Gelder und die in Pos. 2 enthaltenen Verpflichtungen aus Warengeschäften.

Zu Pos. 3

In Pos. 3 sind sämtliche noch nicht eingelösten eigenen Akzepte und Solawechsel aufzuführen, so daß nach Abzug des eigenen Bestandes die Summe der in Umlauf befindlichen eigenen Akzepte und Solawechsel ausgewiesen wird. Die nur lombardierten oder in Pfanddepot gegebenen eigenen Akzepte und Solawechsel gelten nicht als in Umlauf befindlich und sind als eigener Bestand miteinzusetzen.

Als langfristige Darlehen gelten Nostro-Verpflichtungen, die nicht binnen 4 Jahren seit der Entstehung rückzahlbar sind oder deren regelmäßige Tilgung sich über mindestens 4 Jahre erstreckt. Nostro-Verpflichtungen mit einer Laufzeit oder Kündigungsfrist von weniger als 4 Jahren gehören unter Pos. 2 „Aufgenommene Gelder". Für die Einordnung ist nicht die Restlaufzeit am Bilanzstichtag, sondern die vereinbarte Laufzeit oder Kündigungsfrist maßgebend.

Rückständige Nebenleistungen (Zinsen, Verzugszinsen usw.) sind nicht in dieser Position, sondern als Nostro-Verpflichtungen (Pos. 2), anteilige Nebenleistungen (Stückzinsen) im Rechnungsabgrenzungsposten (Pos. 12) auszuweisen.

Als langfristige Darlehen gegen Grundpfandrechte gelten nur solche Darlehen, für die den Darlehnsgebern ein Grundpfandrecht am eigenen Grundbesitz des bilanzierenden Instituts bestellt worden ist.

Zu Pos. 5

(Siehe Richtlinien zu Aktiva Pos. 15). Mittel für durchlaufende Kredite, die noch nicht weitergeleitet worden sind, sind nicht hier, sondern unter Pos. 1 auszuweisen (s. Richtlinien zu Pos. 1). Die Summe dieser Position muß mit der Summe der Aktiva Pos. 15 übereinstimmen.

Kommentar § 33 g

In dieser Position sind auch Verbindlichkeiten aus der Gutschrift von Sparprämien nach § 3 Abs. 5 des Spar-Prämiengesetzes auszuweisen und wie folgt auszugliedern:
„darunter: Sparprämien-Gutschriften nach dem SparPG".

Zu Pos. 6
Unter Geschäftsguthaben der Mitglieder sind nur die auf Geschäftsanteile tatsächlich eingezahlten Beträge einzusetzen. Bei Aktiengesellschaften, für die eine Bilanzierung nach dem Formblatt für Genossenschaften vorgesehen ist, tritt an die Stelle der Geschäftsguthaben das Grundkapital zum Nennbetrag. Ausstehende Einlagen auf das Grundkapital sind unter Pos. 19 „Sonstige Aktiva" auszuweisen; sie sind auszugliedern.

Zu Pos. 10
Wertberichtigungen zu Vermögensposten können entweder hier ausgewiesen oder von den korrespondierenden Aktivpositionen für diese Posten abgesetzt werden.

Zu Pos. 11
Hier sind Verbindlichkeiten auszuweisen, die einer anderen Position nicht zugeordnet werden können, z. B. Abführungspflicht gegenüber dem Land gem. § 8 Satz 3 der 2. DVO/UG-Bankenverordnung.

Zu Pos. 14
Eigene Ziehungen im Umlauf sind nur solche Wechsel, die sich nicht im eigenen Bestand befinden. Nicht aufzuführen sind nur verpfändete eigene Ziehungen. Eigene Ziehungen, die zur Sicherheit ausgeliehener Kredite ausgestellt und beim bilanzierenden Institut hinterlegt sind (Depotwechsel), gehören nicht hierher. Sind Depotwechsel zum Zwecke der Refinanzierung weitergegeben, aber dem Kreditnehmer nicht abgerechnet, sind sie als in Umlauf befindlich mit anzugeben. Der Gegenwert dieser Wechsel ist unter Pos. 2 „Aufgenommene Gelder" auszuweisen (s. Richtlinien zu Pos. 2).

Zu Pos. 15
Bürgschaftsverpflichtungen sind auch dann in voller Höhe einzusetzen, wenn die Inanspruchnahme aus der Bürgschaft ungewiß oder unwahrscheinlich ist.
Hier sind auch Akkreditiv-Eröffnungen und -Bestätigungen auszuweisen, soweit für sie keine bei Passiva Pos. 1 ausgewiesenen zweckgebundenen Deckungsguthaben vorhanden sind.

§ 34   Gesetz, betr. die Erwerbs- und Wirtschaftsgenossenschaften

Zu Pos. 16
Hierunter sind nur die wechselrechtlichen Eventualverbindlichkeiten aus weitergirierten, nicht auch aus lombardierten und in Pension gegebenen Wechseln aufzunehmen.

Nicht zu erfassen sind Indossamentsverbindlichkeiten aus Abschnitten, die schon unter den „Eigenen Ziehungen im Umlauf" enthalten sind. Verbindlichkeiten aus umlaufenden eigenen Akzepten dürfen nicht außerdem als Indossamentsverbindlichkeiten in Pos. 16 eingesetzt werden.

Auch Indossamentsverbindlichkeiten aus Schatzwechseln sollen unberücksichtigt bleiben.

Zu Pos. 17
Vgl. Richtlinien zu Aktiva Pos. 22 a.

In den Bilanzen sind stets alle im Formblatt vorgesehenen Positionen aufzuführen, also auch solche, bei denen in der Betragsspalte ein Strich zu machen ist.

§ 33 h
Beschränkung der Bilanzanfechtung

Auf eine Verletzung der Vorschriften der §§ 33 d bis f sowie auf eine Nichtbeachtung von Formblättern kann, wenn hierdurch die Klarheit des Jahresabschlusses nur unwesentlich beeinträchtigt wird, eine Anfechtung nicht gründet werden.

1. Der Bilanzgenehmigungsbeschluß ist hiernach nur dann nicht anfechtbar, wenn durch die Verletzung der Vorschriften der §§ 33 d bis f oder durch die Nichtbeachtung von Formblättern die Klarheit des Jahresabschlusses nur *unwesentlich* beeinträchtigt worden ist. Bzgl. der Anfechtbarkeit und Nichtigkeit der Bilanz vgl. im übrigen 48 Anm. 2.

§ 34
Haftung des Vorstandes

(1) Die Mitglieder des Vorstandes haben die Sorgfalt eines ordentlichen Geschäftsmannes anzuwenden.

(2) Mitglieder, welche ihre Obliegenheiten verletzen, haften der Genossenschaft persönlich und solidarisch für den dadurch entstandenen Schaden.

Kommentar § 34

(3) Insbesondere sind sie zum Ersatze der Zahlung verpflichtet, wenn entgegen den Vorschriften in §§ 19, 22 der Gewinn oder das Geschäftsguthaben ausgezahlt wird.
(4) Die Ansprüche auf Grund der vorstehenden Bestimmungen verjähren in fünf Jahren.

1. **Abs. I: Zur Sorgfalt gehört es auch,** sich mit dem Inhalt des Gesetzes und der Satzung vertraut zu machen (RG JW 38 S. 2019 = BlfG 38 S. 470), auf pünktliche Einzahlung der Geschäftsanteile zu achten (RG 163 200 = BlfG 40 S. 127), die Angestellten ausreichend zu überwachen (RG BlfG 39 S. 247), die Kredithöchstgrenze (49) einzuhalten (RG BlfG 39 S. 281), stets in erster Linie die Belange der Genossenschaft zu wahren (RG DR 39 S. 2164), sich im Rahmen des durch die Satzung gezogenen Aufgabenkreises zu halten (RG JW 38 S. 2019 = BlfG 38 S. 470), jede Änderung des Vorstandes nicht nur rechtzeitig gemäß § 28 zur Eintragung ins Genossenschaftsregister anzumelden, sondern sie auch unverzüglich den mit der G in Verbindung stehenden Kreditinstituten mitzuteilen, da andernfalls die mißbräuchliche Ausnutzung von früher bestehenden Vertretungsverhältnissen nicht verhindert werden kann (LG Frankfurt/M. GWW 53 S. 329). Zur Sorgfalt gehört insbesondere auch die Erstattung der durch das Gesetz über das Kreditwesen und das Bundesbankgesetz vorgeschriebenen Meldungen. Bei gemeinnützigen Wohnungsbaugenossenschaften haben die Mitglieder des Vorstandes auch dafür Sorge zu tragen, daß die Voraussetzungen für die Anerkennung als gemeinnütziges Wohnungsunternehmen und ihrer Aufrechterhaltung gewahrt werden (s. Anm. 11 zu § 1 II A, Anm. 1 und 2 zu § 27).

2. **Abs. II: Über die Haftung des Vorstands einer G** vgl. die zusammenfassende Darstellung von Weipert in BlfG 39 S. 369 u. 412 und von Dauner „Die zivilrechtliche Haftung des Vorstands" 4. Aufl. 52 (im Selbstverlag). Die Vorstandsmitglieder haften gesamtschuldnerisch (BGB 421) bei vorsätzlichen oder fahrlässigen Pflichtverletzungen (BGB 276), und zwar haften *alle* Vorstandsmitglieder da, wo es sich um die Obliegenheiten handelt, die das Gesetz dem Vorstande als solchem zuweist; eine von den Vorstandsmitgliedern unter sich vorgenommene Teilung der Verwaltung ist der Genossenschaft gegenüber mit Rücksicht auf die gesetzliche Haftung (die durch die Satzung wohl verschärft, aber nicht gemildert werden kann, RG 46 62, RG JW 36 S. 2313 = BlfG 36 S. 717) unverbindlich (LG Frankfurt/M. GWW 53 S. 329). Daneben haften die Vorstandsmitglieder evtl. auch aus unerlaubter Handlung (BlfG 34 S. 556). Die

§ 34 Gesetz, betr. die Erwerbs- und Wirtschaftsgenossenschaften

Vorstandsmitglieder können sich nicht damit entschuldigen, daß sie ihrem Amte nicht gewachsen sind; ihr Verschulden liegt dann in der Annahme oder Beibehaltung des Amtes (RG JW 14 S. 476, BlfG 34 S. 539, LG Bonn BlfG 33 S. 129, RG **163** 200 = BlfG 40, 127 BGH DB 63, 480). Für den Ausschluß von Vorstandsmitgliedern aus der Genossenschaft gelten jedoch die allgemeinen Verschuldensmaßstäbe (BGH a. a. O.). Auch keine Haftungsbefreiung durch Berufung auf Mangelhaftigkeit der Bestellung zum Vorstandsmitglied (RG JW 36 S. 2311 = BlfG 36 S. 526; RG **152** 273 = BlfG 36 S. 988). Über Deckung der Vorstandsmitglieder durch Beschlüsse der Generalversammlung RG **46** 64 und BlfG 34 S. 539. Einverständnis des Aufsichtsrats mit der schädigenden Handlung befreit den Vorstand nicht von seiner Haftung (RG JW 38 S. 2019 = BlfG 38 S. 470) und gibt dem in Anspruch genommenen Vorstandsmitglied auch kein Recht, sich der eG gegenüber auf BGB 254 zu berufen (vgl. RG in Seuff. Archiv **61** Nr. 89, **75** Nr. 196; ferner RG **123** 222, **144** 277, **148** 362); ein Vorstandsmitglied kann sich seiner Haftpflicht auch nicht mit dem Hinweis auf die Kontrollpflichten des Aufsichtsrats entziehen (LG Frankfurt/M. GWW 53 S. 329). Wenn die Satzung vorsieht, daß die Geltendmachung von Schadensersatzansprüchen gegen Vorstandsmitglieder von der Zustimmung der Generalversammlung abhängt, so ist die Klage ohne diese Zustimmung als sachlich unbegründet abzuweisen (BGH vom 13. 6. 60, ZfG 63, 154). Über die gesamtschuldnerische Haftung des Vorstands und AR einer G und die Ausgleichspflicht dieser Gesamtschuldner untereinander nach 426 BGB vgl. RG **159** 86 = BlfG 39 S. 78. Wird durch Maßnahmen oder Unterlassungen der Vertretungskörper eine Schädigung der eG herbeigeführt, so spricht die Vermutung dafür, daß die Amtsträger ihrer Sorgfaltspflicht nicht genügt haben. Die auf Schadensersatz klagende Genossenschaft hat deshalb nur zu behaupten und nötigenfalls zu beweisen, daß sie durch die Geschäftsgebarung des Vorstands oder Aufsichtsrats geschädigt worden ist. Sache des Beklagten ist es dann, darzutun, daß sie trotz des gegen sie sprechenden Anscheins ihrer Sorgfaltspflicht genügt haben oder zu beweisen, daß ihnen die Erfüllung ihrer Pflicht unmöglich war (RG JW 36 S. 2313 = BlfG 36 S. 717 u. RG JW 37 S. 2657 = BlfG 37 S. 620; RG JW 38 S. 2019 = BlfG 38 S. 470; RG DR 39 S. 2164 BGH vom 15. 10. 62 II ZR 194/61). Der Ersatzanspruch gehört zum Vermögen der Genossenschaft (RG **39** 62). Der bevollmächtigte Geschäftsführer ist schadensersatzpflichtig, wenn er bei Abschluß des Geschäfts nicht die nötige Sorgfalt beobachtet hat, obwohl bei Abschluß des Geschäfts zwei Vorstandsmitglieder mitgewirkt haben (RG Konsumgenoss. Rundschau 18 S. 329). Den

Gläubigern haften die Vorstandsmitglieder nur in den Fällen 90 Abs. 3, 93 n u. 142 direkt, im übrigen außervertraglich (RG **59** 49). Den Genossen haften die Vorstandsmitglieder immer nur außervertraglich (RG **59** 49). 34 Abs. 1 *keine Schutzbestimmung* zugunsten der Genossen (vgl. RG **63** 324, **73** 392), daher findet BGB 823 auf Pflichtverletzungen der Vorstandsmitglieder nur Anwendung, wenn zugleich Schutzgesetze wie 146, 147 verletzt sind (vgl. 46 Anm. 5); gegebenenfalls kommt auch BGB 826 zur Anwendung. Die Genossen sind für Wahrnehmung ihrer Rechte auf die Generalversammlung angewiesen.

3. **Abs. III:** In den hier genannten Fällen besteht die Verpflichtung zum Ersatze der Zahlung ohne besonderen Schadensnachweis; gleiches gilt bei Zahlungen nach Zahlungsunfähigkeit (99).

4. **Abs. IV: Die Verjährung beginnt** nach BGB 198 mit der Entstehung des Anspruchs (ein Rückgriffsanspruch ist entstanden, sobald durch das Verschulden des Haftbaren sich die Vermögenslage des Geschädigten verschlechtert hat), aber ohne Rücksicht auf Kenntnis des Anspruchsberechtigten von dem Schaden und von der Person des Ersatzpflichtigen (RG **39** 52, **83** 356; RG JW 38 S. 2019 = BlfG 38 S. 470). Eine nicht näher begründete Entscheidung des RG (Recht 1908 Nr. 866) läßt die Verjährung schon mit der Geldhingabe beginnen. Dies geht zu weit. Spätere Entscheidungen des RG (RG **83** 354; JW 32 S. 1648; RG **152** 273 = BlfG 36 S. 988; RG JW 38 S. 2019 = BlfG 38 S. 470) lassen die Verjährung erst beginnen, wenn die Möglichkeit einer die Verjährung unterbrechenden Feststellungsklage gegeben ist; dies ist aber schon dann der Fall, wenn überhaupt erkennbar ist, daß ein Schaden entstehen wird, auch wenn sich die Höhe und Weiterentwicklung des Schadens noch nicht übersehen läßt. Dem ist beizutreten (ebenso Lägel JW 37 S. 724). Nach LG Berlin (BlfG 36 S. 877) und LG Karlsruhe (BlfG 36 S. 1023) beginnt die Verjährung sogar erst dann, wenn die Höhe des Schadens ziffernmäßig feststeht.

Neben 34 Abs. 4 GenG kommt bei Deliktsansprüchen noch BGB 852 zur Anwendung (BlfG 34 S. 556; RG JW 38 S. 2019 = BlfG 38 S. 470); die dort vorgesehene dreijährige Verjährungsfrist beginnt erst mit der Kenntnis des Anspruchsberechtigten von dem Schaden und der Person des Ersatzpflichtigen zu laufen. Unterbrechung der Verjährung nach BGB 208 ff. Keine Hemmung der Verjährung während der Amtszeit der ersatzpflichtigen Verwaltungsmitglieder (RG **156** 291). Wegen der Voraussetzungen für die Geltendmachung der Ge-

geneinrede der Arglist gegenüber der Verjährungseinrede vgl. RG JW 32 S. 1648. Neben einem Schadensersatzanspruch aus 34 u. 41 GenG kann ein Bereicherungsanspruch gegeben sein, der seinen eigenen Verjährungsregeln, nicht denen des Schadensersatzanspruchs folgt (RG BlfG 38 S. 564).

§ 35
Stellvertreter von Vorstandsmitgliedern

Die für die Mitglieder des Vorstandes gegebenen Vorschriften gelten auch für Stellvertreter von Mitgliedern.

1. Wie sich aus dem Wortlaut des § 35 ergibt, stellt diese Bestimmung nicht die Zulässigkeit der Bestellung von Vorstandsstellvertretern fest, sondern setzt diese voraus. Die Vorstandsstellvertreter werden in gleicher Weise wie die ordentlichen Vorstandsmitglieder bestellt und abberufen (24, 40) und unter Kennzeichnung ihrer Eigenschaft als Stellvertreter im Genossenschaftsregister eingetragen (KGJ 24 194 f. AG). Die Bestellung ist auch dann zulässig, wenn die Satzung nicht ausdrücklich Stellvertreter vorsieht (KG a. a. O.). Die Anmeldung zum Register hat mit dem Beginn ihres Amtes zu erfolgen (AV 18 Abs. 1); sie haben die Zeichnung in beglaubigter Form einzureichen (11 Abs. 3). Im Innenverhältnis sind zwei Fälle von Stellvertretern zu unterscheiden:

a) Ständige Stellvertreter, die eine Art untergeordnete Vorstandstätigkeit ausüben und deren Geschäftsführungsbefugnis nicht auf die Fälle der Verhinderung anderer Vorstandsmitglieder beschränkt ist.

Stellvertretende Vorstandsmitglieder sind im allgemeinen solche ständigen Stellvertreter.

b) Ersatzmänner, die im wesentlichen nur dann zur Geschäftsführung berechtigt und verpflichtet sind, wenn ein Fall der Verhinderung anderer Vorstandsmitglieder vorliegt (z. B. Krankheit, Urlaub usw.). Weitere Verhinderungstatbestände können in der Satzung beliebig festgelegt werden. *Dritte* brauchen beim Abschluß von Rechtsgeschäften mit Ersatzmännern nicht zu prüfen, ob ein Fall der Verhinderung gegeben ist (RG 24 84). Eine Haftung der Ersatzmänner nach § 34, also gegenüber der Genossenschaft, kommt im allgemeinen nur für Vorgänge in der Zeit ihrer Tätigkeit als Stellvertreter in Frage, obgleich auch in der übrigen Zeit besondere Sorgfaltspflichten bestehen können. Ihre laufende Unterrichtung durch die ordentlichen Vorstandsmitglieder ist erforderlich, um eine ordnungsmäßige Vertretung im Verhinderungsfalle zu ermöglichen. Die strafrechtliche Verantwortung als Vorstandsmitglied besteht, soweit der übrige Tatbestand erfüllt ist, auch außerhalb des Verhinderungsfalles. Bei Anmeldungen durch sämtliche Vorstandsmitglieder (§ 157) müssen auch die Stellvertreter — ständige Stellvertreter und Ersatzmänner — mitwirken (KG DR 41 S. 1308 = BlfG 41 S. 150 = JfG 22 211).

Zur Rechtsstellung stellvertretender Vorstandsmitglieder vgl. Metz BlfG 63 S. 205.

§ 36
Aufsichtsrat. Wahl und Abberufung

(1) Der Aufsichtsrat[1] besteht, sofern nicht das Statut eine höhere Zahl festsetzt[2], aus drei von der Generalversammlung zu wählenden Mitgliedern[3]. Die zu einer Beschlußfassung erforderliche Zahl ist durch das Statut zu bestimmen[4].

(2) Die Mitglieder dürfen keine nach dem Geschäftsergebnis bemessene Vergütung (Tantieme) beziehen[5].

(3) Die Bestellung zum Mitgliede des Aufsichtsrats kann auch vor Ablauf des Zeitraums, für welchen dasselbe gewählt ist, durch die Generalversammlung widerrufen werden[5a]. Der Beschluß bedarf einer Mehrheit von drei Vierteilen der erschienenen Genossen[6].

1. **Allgemeines.** 36—41 enthalten in Verbindung mit 9 die Bestimmungen über den Aufsichtsrat. Er ist in Ausnahmefällen neben dem Vorstand (39 Abs. 1) bzw. zusammen mit diesem (51 Abs. 3 S. 2) zur Vertretung der G berechtigt. Der AR ist das gesetzlich vorgeschriebene Überwachungsorgan der G (9), als solcher dem Vorstand jedoch nicht übergeordnet (RG JW 05 S. 697; 30 S. 2692); beide Organe stehen vielmehr gleichberechtigt zueinander mit vollständig getrennten Funktionen.

Während die **Wahl eines Aufsichtsratsvorsitzenden** in der Praxis schon immer üblich war, erwähnt das Gesetz den AR-Vorsitzenden erst in den durch die Novelle vom 30. 10. 34 geschaffenen §§ 57 Abs. 2—4 u. 58 Abs. 2. Es macht seine Wahl zur Pflicht; es empfiehlt sich Regelung der Wahl in der Satzung, die, da der AR ein Kollegium ist, zweckmäßigerweise bestimmen wird, daß der AR aus seiner Mitte einen Vorsitzenden und einen Stellvertreter zu wählen hat. Erhält kein Mitglied des AR die für die Wahl zum Vorsitzenden erforderliche Mehrheit, so hat die GV als das nächsthöhere Organ das Recht zur Wahl (vgl. BlfG 11 S. 654). Der AR-Vorsitzende kann vom AR jederzeit durch Mehrheitsbeschluß abberufen werden (671 Abs. 1 BGB). Er kann auch den Vorsitz selbst nach Maßgabe der Vorschriften über die Kündigung eines Auftrages jederzeit niederlegen (671 Abs. 2 BGB). — Durch die Satzung kann auch bestimmt werden, daß bei Beschlußfassungen des AR im Falle der Stimmengleichheit das Los entscheidet oder der Vorsitzende Stichentscheid hat.

Die Verwaltung bzw. die Liquidatoren der eG machen sich strafbar, wenn die G länger als drei Monate ohne AR geblieben ist, 148.

2. Die Satzung kann die Zahl der AR-Mitglieder auch durch Höchst- *und* Mindestzahlen (z. B. „6 bis 9") oder durch eine Höchstzahl (z. B. „höchstens 6") oder durch eine Mindestzahl (z. B. „mindestens 6") festsetzen (KGJ 34 175); jedenfalls ist es nicht zweckmäßig, eine *feste* Zahl in der Satzung vorzuschreiben (vgl. Weidmüller BlfG 39 S. 206).

Ehrenmitgliedschaft im Aufsichtsrat bedeutet lediglich einen Titel. Das Ehrenmitglied hat keine Organstellung und kann nur als Gast an Sitzungen teilnehmen.

3 a. Die AR-Mitglieder müssen physische Personen und Genossen sein (9 Abs. 2); es genügt aber, wenn die Gewählten vor Antritt des Amts die Mitgliedschaft erwerben (vgl. 9 Anm. 2). Die Wahl kann, wenn die Satzung nichts anderes bestimmt, mit einfacher Mehrheit erfolgen, wobei die zu Wählenden mitstimmen dürfen, wenn sie bereits zur Zeit ihrer Wahl Genossen sind (RG JW 36 S. 2311 = BlfG 36 S. 526). Bildung des AR nur durch Wahl der GV zulässig. Eine Satzungsbestimmung, wonach Dritte das Recht haben, eine oder mehrere von ihnen ausgewählte Personen in den AR zu entsenden oder wonach der Vorstand eines Vereins ohne weiteres AR-Mitglied sein soll, ist deshalb ungültig; betätigt sich jemand trotzdem auf Grund einer solchen Satzungsbestimmung als Mitglied des AR, so haftet er für Pflichtverletzungen wie ein ordnungsmäßig gewähltes AR-Mitglied (RG **152** 273 = BlfG 36 S. 988). Zulässig, wenn auch keineswegs zweckmäßig ist es, daß nahe Verwandte von Vorstandsmitgliedern in den Aufsichtsrat gewählt werden. Wiederwahl nach Ablauf der Amtsperiode ist möglich, wenn sie nicht durch die Satzung ausgeschlossen ist; eine die Wiederwahl verhindernde Satzungsvorschrift würde jedoch den Belangen der G in der Regel widersprechen, weil dann die Beibehaltung erfahrener und bewährter AR-Mitglieder unmöglich wäre.

Kommentar §36

Bei gemeinnützigen Wohnungsbaugenossenschaften ist die Bildung eines AR auch gemeinnützigkeitsrechtlich vorgeschrieben (§ 1 Abs. 2 WGGDV). Es dürfen höchstens ein Drittel der AR-Mitglieder Angehörige des Baugewerbes sein (§ 4 Abs. 2 WGG, § 3 Abs. 3 WGGDV). Wegen des grundsätzlichen Verbots zur Vornahme von Rechtsgeschäften, die sich auf die Errichtung, Verwaltung oder Instandhaltung von Wohnungsbauten mit Mitgliedern des AR beziehen, s. § 4 WGGDV u. Anm. 3 zu § 24. Die Genossenschaft hat jede Änderung im AR unverzüglich der Anerkennungsbehörde und dem zuständigen Prüfungsverband mitzuteilen (§ 22 Abs. 2 WGGDV).

Die freie, der GV vorbehaltene Wahl von AR-Mitgliedern darf auch nicht durch die Satzungs eingeschränkt werden (BayObLG JW 21 S. 580), weil das *aktive* Wahlrecht keinem Genossen entzogen oder beschränkt werden kann. Dagegen kann die Satzung die Wählbarkeit von Personen in den AR (das *passive* Wahlrecht) z. B. von einem bestimmten Lebensalter oder einer gewissen Dauer der Mitgliedschaft abhängig machen oder vorschreiben, daß die Mitglieder des Vorstands oder AR nicht in einem gewissen Grade miteinander verwandt sein dürfen. Die im Genossenschaftsrecht geltende personale Gleichheit schließt nämlich, wie sich z. B. aus § 43 a ergibt, Differenzierungen für die Wählbarkeit zu Organen jedenfalls dann nicht aus, wenn sie sachlich begründet sind. Dies ist z. B. auch dann der Fall, wenn die Satzung bestimmt, daß mit der Vollendung des 70. Lebensjahres die Amtsdauer der Vorstands- und AR-Mitglieder nur noch 1 Jahr beträgt, während sie sich für die übrigen Mitglieder dieser Organe auf 3 Jahre erstreckt. Wird jedoch eine solche Differenzierung erst nachträglich im Wege der Satzungsänderung getroffen, so ist in Verbindung mit der Satzungsänderung die Zustimmung der im Zeitpunkt des Beschlusses unmittelbar betroffenen Genossen einzuholen, widrigenfalls der Beschluß nach § 51 anfechtbar ist.

Die Annahme der Wahl führt, je nachdem die Aufsichtsratsmitglieder besoldet oder unbesoldet sind, zum Dienst- oder Auftragsverhältnis (KGJ 29 98, OLG Rspr. 11 398, RG 68 223, RG JW 36 S. 2313 = BlfG 36 S. 717). Nach h. M. gelten die Grundsätze des Dienst- oder Auftragsverhältnisses auch für das Rücktrittsrecht: danach könnte ein AR-Mitglied, das keine Vergütung erhält, jederzeit sein Amt niederlegen und würde, wenn dies zur Unzeit geschähe, nur auf Schadensersatz haften (627, 671 BGB). Gegen diese Auffassung bestehen Bedenken: Die Organstellung der AR-Mitglieder kann nicht erschöpfend nach Auftragsrecht behandelt werden. Vorzeitige Amtsniederlegung darf daher in allen Fällen nur aus wichtigem Grund zugelassen werden (626 BGB). Die Satzung kann hier-

15 Lang-Weidmüller, Genossenschaftsgesetz, 29. Aufl.

§ 36 Gesetz, betr. die Erwerbs- und Wirtschaftsgenossenschaften

für näheres bestimmen (gleiche Auffassung für die AG Godin-Wilhelmi, AG, 3. Auflage, § 103 Anm. 9). Erklärt das AR-Mitglied seinen Rücktritt, obwohl ein wichtiger Grund nicht vorliegt, so ist diese Erklärung wirkungslos; es bleibt AR-Mitglied, bis etwa seine Bestellung von der GV widerrufen oder sein Rücktritt von dieser genehmigt wird oder sein Amt durch Zeitablauf oder Ausscheiden aus der G (9) endet. Erwächst der G aus der Nichtausübung des Amts ein Schaden, so ist das AR-Mitglied ersatzpflichtig. Die Satzung kann die Amtsniederlegung erleichtern oder erschweren. Die Amtsniederlegung muß dem Vorstand als dem gesetzlichen Vertreter der G oder der GV gegenüber erklärt werden; die Erklärung gegenüber dem Vorsitzenden des AR ist nur dann wirksam, wenn dieser sie an den Vorstand weiterleitet.

Wegen der Tätigkeit von Notaren im Aufsichtsrat einer G vgl. § 24 Anm. 2 Abs. 2. Bundesbeamte bedürfen grundsätzlich für jede Nebentätigkeit, also auch für die als AR-Mitglied einer G der Genehmigung ihrer Dienstaufsichtsbehörde (65 Ziff. 3 Bundesbeamtengesetz), falls es sich nicht um eine unentgeltliche Tätigkeit handelt (66 Ziff. 5 a. a. O.). Ähnliche Vorschriften enthalten auch die Beamtengesetze der deutschen Länder. Über Blinde als Aufsichtsratsmitglieder s. Schröder BlfG 38 S. 558.

Die AR-Mitglieder werden nicht in das Genossenschaftsregister eingetragen und sind deshalb auch nicht anzumelden. Willenserklärungen des AR müssen im Zweifel durch sämtliche Mitglieder gemeinsam erfolgen (KGJ 3 197). Bevollmächtigung einzelner Mitglieder möglich (RG i. Holdh. Mschr. 04 S. 75). In der Regel wird aber der Vorsitzende als bevollmächtigt anzusehen sein. Gleiches gilt für die Entgegennahme der für den AR bestimmten Mitteilungen (vgl. RG JW 07 S. 716; KGJ 40 87 f. AG).

Nach 29 BGB **können die erforderlichen AR-Mitglieder auch durch das Registergericht bestellt werden** (RJA 15 125), sofern es einer Vertretung der G durch den AR gegenüber Dritten (Vorstand) bedarf. Der AR ist Beauftragter im Sinne von 12 UWG (RGStr. 68 119).

Stellvertreter von Aufsichtsratsmitgliedern: Die Stellvertretung von AR-Mitgliedern ist im Gegensatz zur Stellvertretung von Vorstandsmitgliedern (§ 35) im GenG nicht geregelt. Daraus kann aber keineswegs die Unzulässigkeit der Bestellung stellvertretender AR-Mitglieder gefolgert werden; § 35 stellt nämlich auch nicht etwa die Zulässigkeit der Stellvertretung von Vorstandsmitgliedern fest, sondern setzt diese voraus. Da die Bestellung von stellvertretenden AR-

Mitgliedern weder dem gesetzlichen Aufbau der genossenschaftlichen Verwaltungsorgane noch der Natur der AR-Stellung widerspricht, kann die eG ihre Bestellung vornehmen, und zwar auch dann, wenn die Satzung nicht ausdrücklich Stellvertreter vorsieht (vgl. 53¹). Die Bestimmung des § 18 GenG steht dem nicht im Wege, da eine solche Satzungsvorschrift keine Abweichung vom Gesetz bedeutet. Auch § 38 Abs. 4 GenG steht der Zulässigkeit von stellvertretenden Aufsichtsratsmitgliedern nicht entgegen. Wenn nach dieser Vorschrift AR-Mitglieder ihre Obliegenheiten nicht anderen Personen übertragen dürfen, so kann diese Vorschrift nicht stellvertretende AR-Mitglieder betreffen, denn diese werden von der GV gewählt und gelten als wirkliche AR-Mitglieder. Die stellvertretenden AR-Mitglieder können wie die ordentlichen nur durch die Generalversammlung gewählt und abberufen werden (§ 36 Abs. 1 u. 3). Sie haben nach außen hin die gleiche Stellung wie die ordentlichen, sind jedoch im Innenverhältnis zur Genossenschaft zur Mitwirkung nur dann berechtigt und verpflichtet, wenn das ordentliche AR-Mitglied, zu dessen Vertretung sie bestellt sind, z. B. durch Krankheit oder Urlaub verhindert ist. Deshalb treten sie auch erst mit dem Beginn ihrer Vertretung in die zivil- und strafrechtliche Gesamthaftung des AR (§ 41) ein. Obgleich die Stellvertreter wirkliche AR-Mitglieder sind, werden sie doch in die satzungsmäßige Zahl der AR-Mitglieder nicht einzurechnen sein (LG Stuttgart BB 56 S. 369 u. Kohler NJW 55 S. 206 für AG; a. A. Schlegelberger-Quassowski a. a. O. und Baumbach-Hueck a. a. O. für AktG).

b. Der genossenschaftliche Aufsichtsrat nach dem Betriebsverfassungsgesetz:

§ 77 Abs. 3 BetrVG lautet:

„Auf Erwerbs- und Wirtschaftsgenossenschaften mit mehr als 500 Arbeitnehmern findet § 76 dieses Gesetzes Anwendung. Das Statut kann nur eine durch 3 teilbare Zahl von Aufsichtsratsmitgliedern festsetzen. Der Aufsichtsrat muß mindestens einmal im Kalendervierteljahr einberufen werden."

Die hier interessierenden Vorschriften des § 76 BetrVG lauten:

(1) Der Aufsichtsrat einer Aktiengesellschaft oder einer Kommanditgesellschaft auf Aktien muß zu einem Drittel aus Vertretern der Arbeitnehmer bestehen.

(2) Die Vertreter der Arbeitnehmer werden in allgemeiner, geheimer, gleicher und unmittelbarer Wahl von allen nach § 6 wahlberechtigten Arbeitnehmern der Betriebe des Unternehmens für die Zeit gewählt, die im Gesetz oder in der Satzung für die von der

§ 36 Gesetz, betr. die Erwerbs- und Wirtschaftsgenossenschaften

Hauptversammlung zu wählenden Aufsichtsratsmitglieder bestimmt ist. Ist ein Vertreter der Arbeitnehmer zu wählen, so muß dieser in einem Betrieb des Unternehmens als Arbeitnehmer beschäftigt sein. Sind zwei oder mehr Vertreter der Arbeitnehmer zu wählen, so müssen sich unter diesen mindestens zwei Arbeitnehmer aus den Betrieben des Unternehmens, darunter ein Arbeiter und ein Angestellter befinden; § 10 Abs. 3 gilt entsprechend. Sind in den Betrieben des Unternehmens mehr als die Hälfte der Arbeitnehmer Frauen, so soll mindestens eine von ihnen Arbeitnehmervertreter im Aufsichtsrat sein. Für die Vertreter der Arbeitnehmer gilt § 53.

(3) Die Betriebsräte und die Arbeitnehmer können Wahlvorschläge machen. Die Wahlvorschläge der Arbeitnehmer müssen von mindestens einem Zehntel der wahlberechtigten Arbeitnehmer der Betriebe des Unternehmens oder von mindestens einhundert wahlberechtigten Arbeitnehmern unterzeichnet sein.

(4) An der Wahl der Vertreter der Arbeitnehmer für den Aufsichtsrat des herrschenden Unternehmens eines Konzerns (§ 18 Abs. 1 Satz 1 und 2 des Aktiengesetzes) nehmen auch die Arbeitnehmer der Betriebe der übrigen Konzernunternehmen teil. In diesen Fällen kann die Wahl durch Wahlmänner erfolgen.

(5) Die Bestellung eines Vertreters der Arbeitnehmer zum Aufsichtsratsmitglied kann vor Ablauf der Wahlzeit auf Antrag der Betriebsräte oder von mindestens einem Fünftel der wahlberechtigten Arbeitnehmer der Betriebe des Unternehmens durch Beschluß der wahlberechtigten Arbeitnehmer widerrufen werden. Der Beschluß bedarf einer Mehrheit, die mindestens drei Viertel der abgegebenen Stimmen umfaßt. Auf die Beschlußfassung finden die Vorschriften der Absätze 2 und 4 Anwendung.

Das Betriebsverfassungsgesetz vom 11. 10. 52 (BGBl. I S. 681) bestimmt in § 77 Abs. 3 in Verbindung mit § 76, daß *bei Genossenschaften, die mehr als 500 Arbeitnehmer beschäftigen,* ein Drittel der AR-Mitglieder aus den Kreisen der Arbeitnehmer bestellt werden muß. Die Arbeitnehmervertreter im Aufsichtsrat werden nicht von der Generalversammlung bzw. Vertreterversammlung gewählt, sondern nach dem Betriebsverfassungsgesetz von den Arbeitnehmern des Betriebes (§ 85 Betriebsverfassungsgesetz). Arbeitnehmervertreter im Aufsichtsrat müssen nicht Mitglieder der Genossenschaft sein.

Genossenschaften, die nicht mehr als 500 Arbeitnehmer beschäftigen, werden also durch das BetrVerfG nicht berührt; bei ihnen bleibt es bei der Regelung des GenG bezüglich des AR. Dabei ist der *regelmäßige* Stand der Arbeitnehmer, d. h. nicht ein vorübergehender

Zustand, entscheidend. Es ist deshalb nicht auf die Durchschnittszahl der Beschäftigten abzustellen, da diese Zahl nur das Mittel zwischen höchster und niedrigster Beschäftigtenzahl darstellt. Die Arbeitnehmer im AR brauchen in Abweichung von § 9 Abs. 2 Satz 1 GenG nicht Mitglieder der eG zu sein. Die Vertreter der Arbeitnehmer werden in allgemeiner, geheimer, gleicher und unmittelbarer Wahl von allen Arbeitnehmern, die das 18. Lebensjahr vollendet haben und im Besitz der bürgerlichen Ehrenrechte sind (§ 6 BetrVerfG) für die Zeit gewählt, die in der Satzung der eG für die von der GV zu wählenden AR-Mitglieder bestimmt ist. Die Zahl der zu wählenden Arbeitnehmer bestimmt sich nach der Zahl der in der Satzung vorgesehenen AR-Stellen, die stets durch drei teilbar sein muß (§ 77 Abs. 3 BetrVerfG). Sind hiernach zwei oder mehr Arbeitnehmer als Vertreter zu wählen, so müssen sich unter ihnen mindestens zwei Arbeitnehmer aus den Betrieben des Unternehmens, darunter ein Arbeiter und ein Angestellter, befinden. Werden mehr als zwei Vertreter gewählt, so können die über zwei hinausgehenden Vertreter auch aus dem Kreis von Personen gewählt werden, die dem Unternehmen nicht angehören (z. B. Angestellte von Gewerkschaften); ins einzelne gehende Wahlvorschriften enthält die Erste Rechtsverordnung zur Durchführung des BetrVerfG vom 18. 3. 53 (BGBl. I S. 58) mit der Änderung vom 7. 2. 62 (BGBl. I S. 64).

Sieht die Satzung einer eG eine nicht durch 3 teilbare Zahl von AR-Mitgliedern vor, so muß diese Zahl im Wege der Satzungsänderung auf eine durch 3 teilbare Zahl vermindert bzw. erhöht werden. Die Satzung kann z. B. bestimmen: Der AR besteht aus mindestens drei, höchstens neun Mitgliedern. Die Zahl der tatsächlich bestellten AR-Mitglieder muß auch durch 3 teilbar sein. Bei Genossenschaften mit mehr als 500 Arbeitnehmern haben die Verwaltungsorgane der Genossenschaft gemäß § 31 der 1. RVO zum BetrVerfG (Wahlordnung) dem Betriebsrat bzw. den Arbeitnehmern die jeweilige Zahl von AR-Mitgliedern mitzuteilen, die der nächsten GV zur Wahl vorgeschlagen werden sollen. Entscheidet sich die GV für eine geringere Anzahl, so fällt derjenige Arbeitnehmervertreter weg, der die relativ geringste Stimmenzahl hatte; entscheidet sich die GV aber für eine gegenüber dem Vorschlag höhere Zahl, so muß die Arbeitnehmerseite eine Neuwahl durchführen (vgl. Dietz, BetrVerfGes., 3. Auflage, § 89 Anm. 4 ff.). Sind in den Betrieben des Unternehmens mehr als die Hälfte der Arbeitnehmer Frauen, so soll mindestens eine von ihnen Arbeitnehmervertreter im AR sein. Die so bestellten AR-Mitglieder können nicht gemäß § 36 Abs. 3 GenG durch die GV ihres Amtes enthoben werden; sie können vor Ablauf der Wahlzeit nur auf

§ 36 Gesetz, betr. die Erwerbs- und Wirtschaftsgenossenschaften

Antrag der Betriebsräte oder von mindestens einem Fünftel der wahlberechtigten Arbeitnehmer der Betriebe des Unternehmens durch Beschluß der wahlberechtigten Arbeitnehmer, der eine Mehrheit, die mindestens drei Viertel der abgegebenen Stimmen umfaßt, bedarf, abberufen werden. Die GV als oberstes Willensorgan der eG hat also keinen Einfluß auf die Bestellung und Abberufung der Arbeitnehmer im AR. Das Amt eines Arbeitnehmervertreters im Aufsichtsrat endet nicht durch dessen fristlose Entlassung, auch wenn diese zu Recht erfolgt. Eine Satzungsbestimmung, die die Wählbarkeit von Personen in den Aufsichtsrat beschränkt, gilt insoweit nicht für Arbeitnehmervertreter (BGH, Der Betrieb, 63, 417).

Die Rechtsstellung der Arbeitnehmervertreter im AR ist die gleiche wie die der von der GV bestellten AR-Mitglieder; für ihre Rechte und Pflichten gelten deshalb die §§ 38—41 und 57 Abs. 2 GenG. Sie sind also in den AR-Sitzungen teilnahme- und stimmberechtigt. In Abweichung vom GenG, das keine Vorschrift darüber enthält, wann und wie oft der AR einberufen werden muß, haben Sitzungen des AR gemäß § 77 Abs. 3 Satz 3 BetrVerfG mindestens einmal im Kalendervierteljahr stattzufinden; dabei erstreckt sich die Mitwirkung der Arbeitnehmervertreter nicht etwa nur auf sozialpolitische Fragen, sondern auf alle Angelegenheiten, die dem AR als solchem durch Gesetz und Satzung zugewiesen sind. Auch hinsichtlich der Gewährung einer Vergütung sind die Arbeitnehmervertreter den anderen AR-Mitgliedern gleichgestellt; ihnen darf durch die Teilnahme an den AR-Sitzungen auch kein Lohnausfall entstehen. Andererseits haben sie aber auch die gleichen Pflichten wie die übrigen AR-Mitglieder und haften für Pflichtverletzungen der eG gegenüber gemäß § 41 GenG persönlich und solidarisch für den dadurch entstandenen Schaden. Darüber hinaus haben sie insbesondere eine auch nach dem Ausscheiden aus dem AR weiter geltende Schweigepflicht hinsichtlich aller vertraulichen Angaben, die im Hinblick auf ihre Tätigkeit im AR gemacht worden sind; das gilt auch gegenüber den Betriebsratsmitgliedern, da in § 76 BetrVerfG nur § 55 Abs. 1 Satz 1 BetrVerfG für maßgeblich erklärt wird (Dietz BetrVerfG Anm. 11 zu § 76). Als Mitglieder des AR haben die Arbeitnehmervertreter die Interessen des Unternehmens, nicht fremde Interessen zu vertreten, wobei jedoch die Interessen der Belegschaft in der Regel zugleich die Interessen des genossenschaftlichen Unternehmens sein werden (Dietz a. a. O. Anm. 17 zu § 76). Soweit Vorschriften des GenG durch das BetrVerfG berührt werden, ist ihre Rechtsgültigkeit aufgehoben (§ 85 Abs. 1 BetrVerfG). Die Abberufung von Mitgliedern des AR, die gemäß dem BetrVerfGes. von der Arbeitnehmerseite bestellt sind, kann nicht von der GV, sondern nur durch die Arbeitnehmer erfolgen (vgl. Dietz a. a. O. § 76 Anm. 51). Vgl. im übrigen die zusammenfassende Darstellung von Paulick in ZfG 53 S. 215 und Trescher in Verbraucher 55 S. 139. Die Arbeitnehmervertreter im Aufsichtsrat unterliegen für diese Tätigkeit der gesetzlichen Unfallversicherung.

4. Enthält die Satzung einer neugegründeten eG die in Abs. I Satz 2 vorgeschriebene Beschlußfähigkeitsziffer nicht, so ist die Eintragung der G abzulehnen. Strafbarkeit bei Nichtvorhandensein eines beschlußfähigen Aufsichtsrats 148. Auch wenn zur Beschlußfähigkeit nach der Satzung nicht die Anwesenheit aller AR-Mitglieder erforderlich ist, müssen diese sämtlich zur AR-Sitzung eingeladen werden (RG 66 369). Die AR-Mitglieder haben auch Anspruch darauf, daß ihnen vor der Sitzung die Tagesordnung mitgeteilt wird. Die Unterlassung der Mitteilung macht aber einen gleichwohl gefaßten Beschluß nur unter besonderen Umständen nichtig (KG HRR 40 Ziff. 799 f. AG = DFG 40 S. 28). Die zur Beschlußfähigkeit des AR nötige Mindestzahl kann in der Satzung nach Belieben festgesetzt und sogar die Anwesenheit *eines* AR-Mitgliedes für ausreichend erklärt werden (KGJ 42 164; KG JW 39 S. 492); es empfiehlt sich aber, die Anwesenheit von mindestens zwei Mitgliedern vorzuschreiben (vgl. auch Oberster Gerichtshof Köln, OGHZ 1370 = ZfG 50 S. 75 = Gew Gen. 49 Nr. 17 S. 11, der Beschlußfähigkeit nur bei Anwesenheit von mindestens zwei Mitgliedern annimmt). Die in der Satzung für die Beschlußfähigkeit des AR festgesetzte Quote der Gesamtzahl seiner Mitglieder errechnet sich nach der Zahl der laut Satzung oder letztem GV-Beschluß zu wählenden AR-Mitglieder. Sind durch Austritt, Ausschluß, Tod u. ä. nur noch weniger AR-Mitglieder vorhanden oder beteiligt sich an der Beschlußfassung weniger als der Sollquote entspricht, so ist der AR beschlußunfähig, sein Beschluß nichtig (BGHZ 4 224 = ZfG 55 S. 241 Nr. 28 = BlfG 52 S. 356). Fehlt in der Satzung eine Bestimmung über die Beschlußfähigkeit des AR, so ist anzunehmen, daß zur Beschlußfähigkeit die Anwesenheit aller AR-Mitglieder notwendig ist. Schreibt die Satzung in bestimmten Fällen die gemeinsame Beschlußfassung von Vorstand und Aufsichtsrat vor, so ist es bei einem einstimmig gefaßten Beschluß gleichgültig, ob jedes Organ formell getrennt abgestimmt hat oder nicht (Hans. OLG GWW 51 S. 242). Über die Voraussetzungen der Rechtswirksamkeit von AR-Beschlüssen vgl. auch Weidmüller BlfG 39 S. 206 und Baumann GewGen. 50 S. 359 mit Berichtigung in BlfG 51 S. 17.

Schriftliche Beschlußfassung des AR kann in der Satzung zugelassen werden; mit Rücksicht auf die hierbei fehlende Möglichkeit einer Aussprache und Meinungsklärung empfiehlt es sich aber, in der Satzung entsprechend § 104 Abs. 4 AktG gleichzeitig festzusetzen, daß eine schriftliche Beschlußfassung nur zulässig ist, wenn kein Mitglied des AR diesem Verfahren widerspricht. Der schriftlichen Stimmabgabe ist die telegraphische gleichzusetzen (KG JW 38 S. 1824). Entgegen dem früheren § 92 Abs. 3 AktG gewährt § 108 Abs. 4 des neuen Aktiengesetzes auch die Möglichkeit telefonischer Abstimmung im Aufsichtsrat. Entsprechendes dürfte jetzt auch für den Aufsichtsrat der Genossenschaft gelten. Entgegen dem AktG enthält das GenG keine Vorschrift über die Anfertigung und Unterzeichnung von Protokollen des Aufsichtsrates. Da es aber bei der Bedeutung, die AR-Beschlüsse auch für das genossenschaftliche Leben haben, zweckmäßig ist, diese Beschlüsse jederzeit feststellen und nachprüfen zu können, ist es bei Genossenschaften üblich, die schriftliche Niederlegung durch die Satzung vorzuschreiben. Die Protokollierung dient ausschließlich Beweiszwecken; ihr Fehlen hat deshalb auf die Gültigkeit der Beschlüsse keinen Einfluß. Das Protokoll wird regelmäßig Zeit und Ort der Sitzung, Teilnehmer und Tagesordnung sowie (bei Beschlüssen) den Gegenstand und die Art der Beschlußfassung sowie das Ergebnis der Abstimmung zu enthalten haben. Auch schriftliche und fernmündlich abgestimmte Beschlüsse des Aufsichtsrats sind, wenn die Satzung die Protokollierung von AR-Beschlüssen vorsieht, zu protokollieren, nicht nur die in mündlicher Abstimmung zustande gekommenen. Die Unterzeichnung des Protokolls hat durch die in der Satzung dafür benannten Personen zu geschehen; der Mangel der Unterzeichnung ist aber für die Gültigkeit der Beschlüsse ebenfalls ohne Bedeutung, da die Satzung die Unterzeichnung nicht als zwingendes Erfordernis vorschreibt, sondern nur die Pflicht der für die Unterzeichnung vorgesehenen Personen zur Unterzeichnung klarstellen will (entsprechend für das Aktienrecht Baumbach-Hueck, 13. Aufl. § 107 Anm. 1). Die Niederschrift braucht nicht verlesen und nicht von den Anwesenden genehmigt zu werden, falls nicht die Satzung ausdrücklich etwas anderes bestimmt. Jedes Mitglied des AR hat ein Recht auf Einsichtnahme des Protokolls und Erteilung einer Abschrift. Auch bei AR-Beschlüssen ist stets das wahre Abstimmungsergebnis und nicht eine unrichtige Feststellung und Verkündung durch den Vorsitzenden maßgebend. Es bedarf deshalb auch keiner Anfechtung der unrichtigen Feststellung; diese ist vielmehr von dem Vorsitzenden formlos zu berichtigen, gegebenenfalls in einem Nachtrag zum Protokoll (so auch Seipp NJW 54 S. 1833 für AG). — Schreibt die Satzung die Protokollierung der AR-Beschlüsse nicht vor, können sich lediglich Beweisschwierigkeiten ergeben, die aber auf die Gültigkeit der Beschlüsse ohne Einfluß bleiben.

Kommentar § 36

5. **Jede andere Art der Vergütung,** z. B. feste Besoldung, Sitzungsgelder Zeitversäumnisgelder, Stundengelder u. dgl., **ist gestattet.** Auch ist nicht ausgeschlossen, daß eine etwaige feste Besoldung der Aufsichtsratmitglieder nach Maßgabe des erzielten Geschäftsgewinns nachträglich erhöht oder daß am Schlusse des Geschäftsjahres denselben mit Rücksicht auf den erzielten Gewinn eine Vergütung zugebilligt wird. Mit Rücksicht darauf, daß die Aufsichtsratsmitglieder nur durch die GV gewählt werden können, kann auch nur durch diese eine Vergütung für die AR-Mitglieder festgesetzt werden. Die Erstattung barer Auslagen gehört jedoch zu den Geschäftslasten und bedarf nicht der Beschlußfassung durch die GV.

Aufsichtsratsvergütungen unterlagen bis zum 30. 6. 57 dem Steuerabzug bei der Genossenschaft (bzw. bei der Kapitalgesellschaft), und zwar mit 40 % der Vergütung, wenn der Empfänger die Steuer trug und mit 66,66 %, wenn das Unternehmen die Steuer übernahm. Durch das Gesetz vom 26. 7. 57 (BGBl. I S. 848) ist die Aufsichtsratsteuer als besondere Erhebungsform der Einkommensteuer weggefallen; Aufsichtsratsvergütungen unterliegen seitdem als Einkünfte aus selbständiger Arbeit oder aus Gewerbebetrieb der Einkommensteuer zu den aus der ESt.-Tabelle sich ergebenden Steuersätzen.

5. a. **Das Aufsichtsratsamt endet** durch Zeitablauf, Widerruf durch die GV, Amtsniederlegung (Anm. 3 Abs. 4), Tod und Ausscheiden aus der eG. Über die Amtsdauer enthält das GenG im Gegensatz zu § 102 Abs. 1 AktG keine Vorschrift. Ist sie nicht durch das Statut bestimmt, hat ihre Festsetzung durch die GV zu erfolgen. Mit Ablauf des Zeitraumes, für den die Wahl erfolgt ist, endet das Amt; § 102 Abs. 1 AktG (§ 87 Abs. 1 Satz 2 AktG alter Fassung) ist nicht anwendbar (BGHZ 4 224 = ZfG 55 S. 241 Nr. 28 = BlfG 52 S. 356). Von seiten der eG kann die Bestellung vor Ablauf der Amtsdauer nur durch die GV mit mindestens Dreiviertelmehrheit widerrufen werden (36 Abs. 3). Der Ausschluß als Mitglied führt zum Verlust der Zugehörigkeit zum AR (68 Abs. 4); wird der Ausschluß infolge von Anfechtung aufgehoben, so lebt das Aufsichtsratsamt nicht wieder auf (68 Anm. 3 Abs. 6). Ebenso wird durch das sonstige Ausscheiden aus der eG gemäß 65, 66, 67 das AR-Amt beendet, da nach 9 Abs. 2 S. 1 Mitglied des AR nur ein Genosse sein kann. Durch Auflösung, Konkurs und Vergleichsverfahren der eG wird das AR-Amt nicht beendet, doch bringt die Konkurseröffnung einen etwaigen Gehaltsanspruch zum Erlöschen (RG **81** 335), aber nur für die Zeit nach Eröffnung des Konkursverfahrens.

6. Das Statut kann den Beschluß des Widerrufs nicht von weiteren Voraussetzungen abhängig machen. Mit dem Widerruf erlischt das durch die Bestellung geschaffene Rechtsverhältnis, also auch der Anspruch auf Vergütung (RG 68 223).

§ 37
Unvereinbarkeit von Vorstands- und Aufsichtsratsamt

(1) Die Mitglieder des Aufsichtsrats dürfen nicht zugleich Mitglieder des Vorstandes oder dauernd Stellvertreter derselben sein, auch nicht als Beamte[1] die Geschäfte der Genossenschaft führen[2]. Nur für einen im voraus begrenzten Zeitraum kann der Aufsichtsrat einzelne seiner Mitglieder zu Stellvertretern von behinderten Mitgliedern des Vorstandes bestellen[3]; während dieses Zeitraums und bis zur erteilten Entlastung des Vertreters darf der letztere eine Tätigkeit als Mitglied des Aufsichtsrats nicht ausüben[4].

(2) Scheiden aus dem Vorstande Mitglieder aus, so dürfen dieselben nicht vor erteilter Entlastung in den Aufsichtsrat gewählt werden[5].

1. Dem Willen des Gesetzgebers entspricht es, als „Beamte" im Sinne dieser Gesetzesvorschrift alle in einem entgeltlichen Anstellungsverhältnis stehenden Mitarbeiter einer G anzusehen (zustimmend S. v. C. ZfG Bd. 10 [60] S. 72; a. A. Paulick S. 229 und Meyer-Meulenbergh, der unter Berufung auf BlfG 21 S. 145 als „Beamte" nur solche Personen bezeichnet, die eine leitende Stellung im Betriebe der G einnehmen). Daher dürfen die AR-Mitglieder auch keine Bücher der G führen, sie haben vielmehr die Buchführung zu kontrollieren. Das Gesetz läßt auch keine Vertretung von Angestellten der G (z. B. bei Urlaub oder Krankheit) durch Mitglieder des AR zu.

2. Es ist nicht zulässig, im Statut einzelnen Mitgliedern des Aufsichtsrats die Stellvertretung behinderter Vorstandsmitglieder zu übertragen. Wegen der Bevollmächtigung einzelner Aufsichtsratsmitglieder vgl. 42 Anm. 1.

3. Aus 40 zweiter Halbsatz ist ein **Beispiel zu entnehmen, wann Verhinderung gegeben ist** (vorläufige Amtsenthebung des Vorst. durch den AR). Vgl. auch 40 Anm. 1. Als „behindert" sind aber auch z. B. verstorbene oder ausgeschiedene Vorstandsmitglieder anzusehen (KGJ 20 164; RJA 9 106). Es ist anzunehmen, daß die Stellvertretungsbefugnis des Aufsichtsrats auch ohne entsprechende Statuten-

bestimmung auch andere Fälle der Verhinderung als den des § 40 umfaßt. A. A. die früheren Aufl. 37 Abs. 1 S. 2 bedeutet nicht, daß der Aufsichtsrat bei der Ernennung eines vorübergehenden Stellvertreters auf seine Mitglieder beschränkt ist (OGHZ 1 370 = ZfG 55 S. 241 Nr. 27 = GewGen. 49 S. 11). Die Bestellung darf nur für einen im voraus begrenzten Zeitraum und für bestimmte, bereits gegebene oder unmittelbar bevorstehende, nicht aber für alle möglichen künftigen Behinderungsfälle erfolgen (KGJ 15 30, 20 165). Dem Richter kann die Prüfung, ob ein Fall der Behinderung vorliegt und ob die zeitliche Beschränkung gegeben ist, nicht zugewiesen werden. Anmeldung des Vertreters zum GenReg. 28.

4. Wie sich aus der Fassung der Bestimmung des Satzes 2 ergibt, gehört das in den Vorstand entsandte AR-Mitglied dem Aufsichtsrat weiter an; es ist jedoch von der Ausübung seiner Tätigkeit als AR-Mitglied ausgeschlossen.

5. Die Entlastung kann nur durch die Generalversammlung erfolgen (48 Abs. 1). Eine ohne vorherige Entlastung erfolgte Wahl ist nichtig. Ob infolge der Nichtigkeit der Wahl auch die Enthebung vom Vorstandsamt hinfällig wird, entscheidet sich nach § 139 BGB (OLG Kiel BlfG 28 S. 458 ff.).

§ 38
Pflichten des Aufsichtsrats

(1) Der Aufsichtsrat hat den Vorstand bei seiner Geschäftsführung in allen Zweigen der Verwaltung zu überwachen[1] und zu dem Zweck sich von dem Gange der Angelegenheiten der Genossenschaft zu unterrichten. Er[2] kann jederzeit über dieselben Berichterstattung von dem Vorstande verlangen und selbst oder durch einzelne von ihm zu bestimmende Mitglieder die Bücher und Schriften der Genossenschaft einsehen sowie den Bestand der Genossenschaftskasse und die Bestände an Effekten, Handelspapieren und Waren untersuchen. Er hat die Jahresrechnung, die Bilanzen[3] und die Vorschläge zur Verteilung von Gewinn und Verlust zu prüfen und darüber der Generalversammlung vor Genehmigung der Bilanz Bericht zu erstatten.

(2) Er hat eine Generalversammlung zu berufen, wenn dies im Interesse der Genossenschaft erforderlich ist[4].

(3) Weitere Obliegenheiten des Aufsichtsrats werden durch das Statut bestimmt[5].

§ 38 Gesetz, betr. die Erwerbs- und Wirtschaftsgenossenschaften

(4) **Die Mitglieder des Aufsichtsrats können die Ausübung ihrer Obliegenheiten nicht anderen Personen übertragen**[6].

1. **Die Trennung der Geschäftsführung von der Kontrolle ist scharf zum Ausdruck gebracht.** Der Aufsichtsrat kann nach dem Gesetz lediglich aufsichtsführend tätig werden. Soweit er z. B. satzungsmäßig bei der Kreditgewährung mitwirkt — nicht mit entscheidet —, handelt es sich um eine Vorverlegung der Aufsicht, die mit Rücksicht auf das Risiko erforderlich ist. Der Aufsichtsrat wird der Verantwortlichkeit für die ihm hier übertragenen Obliegenheiten nicht ohne weiteres dadurch enthoben, daß das Statut für dieselben noch andere Personen bestellt. Jedes AR-Mitglied ist verpflichtet, von einem die eG schädigenden Verhalten eines Vorstandsmitgliedes dem AR Mitteilung zu machen (RG HRR 33 Ziff. 902). Über das Entscheidungsrecht der Generalversammlung, falls im Aufsichtsrat wegen Stimmengleichheit kein Beschluß zustande kommt, BlfG 11 S. 654.

Bei gemeinnützigen Wohnungsbaugenossenschaften hat der AR auch die Einhaltung der gemeinnützigkeitsrechtlichen Bestimmungen, die Voraussetzung für die Anerkennung und ihrer Aufrechterhaltung sind, zu überwachen (§ 1 Abs. 1 WGGDV, Anm. 11 zu § 1 II A, Anm. 3 zu § 24, Anm. 1 u. 2 zu § 27 sowie die vom Gesamtverband gemeinn. Wohnungsunternehmen herausgegebene Geschäftsanweisung für den Aufsichtsrat — Ausgabe März 57, s. auch Riebandt-Korfmacher, Neue Geschäftsanweisungen für Wohnungsbaugenossenschaften GWW 57 S. 171, 201).

2. **Der Aufsichtsrat als Organ,** nicht die einzelnen Mitglieder desselben können Berichterstattung fordern und Prüfungen durchführen. Er kann aber einzelnen oder mehreren seiner Mitglieder bestimmte Aufgaben übertragen, ohne daß dadurch eine Entbindung der anderen Aufsichtsratsmitglieder von der Verantwortlichkeit auch für diese Aufgaben erfolgt. Soweit es sich um interne Vorgänge des Aufsichtsrates als Organ handelt, wie z. B. um AR-Protokolle, Prüfungsunterlagen des AR und vom AR abgeschlossene Verträge, ist jedes einzelne AR-Mitglied berechtigt, in Wahrnehmung der persönlichen Verantwortung diese Unterlagen einzusehen. Jedoch kein Recht, ohne Auftrag des Gesamtaufsichtsrates Prüfungshandlungen durchzuführen. Kundenkonten dürfen AR-Mitglieder ohne Zustimmung des Vorstandes nur einsehen, wenn es sich um eine AR-Prüfung handelt. Protokolle über Vorstandssitzungen fallen unter „Schriften der Genossenschaft" im Sinne von 38 Abs. 1.

Kommentar § 38

3. Aus der Verpflichtung zur Prüfung der Bilanz (RGStr. 14 80 ff.) ergibt sich auch die Pflicht zur Prüfung der Inventuraufnahme und des Geschäftsberichts. Dem Aufsichtsrat ist Entlastung zu erteilen (48 Abs. 1). Über die Prüfungstätigkeit des Aufsichtsrats vgl. im einzelnen: Seibert, „Die Prüfungstätigkeit des Aufsichtsrats in Genossenschaften" Berlin 37 und Letschert „Der Aufsichtsrat der Genossenschaft", Wiesbaden 49.

4. **Für einen entschuldbaren Irrtum** in der Beurteilung der Notwendigkeit der Berufung der Generalversammlung ist der Aufsichtsrat nicht verantwortlich. Vgl. aber 27 Anm. 1. Weitere durch das Gesetz überwiesene Obliegenheiten 33 Abs. 2, 39, 41 Abs. 3, 51, 57—59, 83.

5. **Es genügt, wenn das Statut** Bestimmung weiterer als der gesetzlichen Obliegenheiten einer von der GV zu beschließenden **Geschäftsanweisung** (vgl. 18 Anm. 1) vorbehält (KGJ 15 55). Näheres zur Geschäftsanweisung § 18 Anm. 1 Abs. 2. Die Befugnisse des Aufsichtsrats dürfen im Statut nicht so weit ausgedehnt werden, daß die Verwaltung in seine Hände gelegt wird. Zu einem gültigen Beschluß in einer gemeinsamen Sitzung des Vorstandes und Aufsichtsrats ist erforderlich die Beschlußfähigkeit sowohl des Vorstandes als auch des Aufsichtsrats und die Zustimmung der Mehrheit der anwesenden Mitglieder sowohl des Vorstandes wie des Aufsichtsrats (27 Anm. 2, 3). Keine Haftung des Vorstandes bei Ausführung eines rechtswirksamen GV-Beschlusses trotz anderer Weisung des Aufsichtsrats (RG JW 30 S. 2688), jedoch keine Befreiung des Vorstandes von seiner Haftung dadurch, daß er eine die G schädigende Handlung mit Zustimmung des Aufsichtsrats vornimmt (RG JW 05 S. 698).

6. Nicht „anderen Personen", d. h. nicht solchen Personen, die nicht dem Aufsichtsrat angehören; sachverständige Hilfskräfte, z. B. des Prüfungsverbandes, dem die G angeschlossen ist, darf er selbstverständlich hinzuziehen; für deren Vergütungsansprüche haftet dann die G. Stellvertretende AR-Mitglieder (vgl. 36 Anm. 3 Abs. 7) gehören dem AR an und fallen deshalb nicht unter die „anderen Personen".

Der AR kann seine Aufgaben nicht einem „Beirat" übertragen. Dies gilt auch dann, wenn alle Mitglieder des AR dem Beirat angehören. Es ist jedoch möglich, daß der AR einzelne seiner Funktionen auf interne Ausschüsse delegiert (so auch Meyer-Meulenbergh, § 38 Anm. 5). Beiräte sind auch bei der G zugelassen, obwohl sie das GenG — im Gegensatz AktG § 160 Abs. 3 Ziff. 8 nicht erwähnt.

§ 39
Vertretungsmacht und Genehmigungsrecht des AR

(1) Der Aufsichtsrat ist ermächtigt, die Genossenschaft bei Abschließung von Verträgen mit dem Vorstande zu vertreten und gegen die Mitglieder desselben die Prozesse zu führen, welche die Generalversammlung beschließt.

(2) Der Genehmigung des Aufsichtsrats bedarf jede Gewährung von Kredit an ein Mitglied des Vorstandes, soweit letztere nicht durch das Statut an noch andere Erfordernisse geknüpft oder ausgeschlossen ist. Das gleiche gilt von der Annahme eines Vorstandsmitgliedes als Bürgen für eine Kreditgewährung.

(3) In Prozessen gegen die Mitglieder des Aufsichtsrats wird die Genossenschaft durch Bevollmächtigte vertreten, welche in der Generalversammlung gewählt werden.

1. Abs. I regelt die Fälle, in denen nach dem Gesetz der Aufsichtsrat ausnahmsweise zur Vertretung der eG berechtigt ist. Diese Vertretungsbefugnis kann dem Aufsichtsrat mit Wirkung nach außen auch nicht durch die Satzung entzogen werden. Er ist ferner für alle Handlungen zuständig, die sich aus den gesetzlichen und statutarischen Obliegenheiten des Aufsichtsrats ergeben. Vgl. 37 Abs. 1 Satz 2, 40 und 51 Abs. 3. „Von Verträgen", also nicht nur Anstellungsverträgen. Hat der Aufsichtsrat mit einem Vorstandsmitglied gemäß § 39 einen Vertrag geschlossen, so kann sich die eG nicht darauf berufen, daß hierbei eine in der Satzung enthaltene Beschränkung der Vertretungsmacht nicht eingehalten sei. Dem Vorstandsmitglied kann seine Kenntnis der Beschränkung nicht entgegengehalten werden, wenn die eG den Vertrag längere Zeit als gültig betrachtet und als wirksame Grundlage ihrer Rechtsbeziehungen zu dem Vorstandsmitglied angesehen hat (BGH ZfG 55 S. 241 Nr. 31 und S. 387 mit Anm. Westermann, der — mit anderer Begründung — zum gleichen Ergebnis kommt wie der BGH). Bei den Prozessen, von denen die Rede ist, handelt es sich um Regreßprozesse gegen die derzeitigen Vorstandsmitglieder, vgl. OLGRspr. 28 355 und OLG Nürnberg vom 21. 7. 36 (1 U 87/36); ob Prozesse gegen frühere Vorstandsmitglieder aus dieser Tätigkeit der Beschlußfassung durch die GV bedürfen, hängt von der Satzung ab. Enthält Satzung hierfür keine Regelung, so gilt 39 Abs. 1 nur für im Amt befindliche Vorstandsmitglieder (BGH in NJW 60, 1667). Die Regreßprozesse gegen Vorstandsmitglieder müssen von der Generalversammlung ausdrücklich beschlossen worden sein. Legitimation des Aufsichtsrats wird durch Nachweis der Wahl geführt. Interventionsrecht der einzelnen Genossen besteht nach ZPO 66. Vgl. auch BlfG 29 S. 168. Im Konkurs der Genossenschaft führt der Konkursverwalter die Prozesse, der zur Geltendmachung der Regreßansprüche nicht der Genehmigung der Generalversammlung bedarf. Nach dem Wortlaut des Gesetzes („ermächtigt") ist anzunehmen, daß durch die Vertretungsbefugnis des Aufsichtsrats nach Abs. 1 die Vertretungsmacht des Vorstands nicht ausgeschlossen ist. Die eG kann also beim Abschluß von Verträgen mit Vorstandsmitgliedern auch durch den Vorstand vertreten werden, soweit nicht 181 BGB (vgl. 24 Anm. 1 Abs. 3) entgegensteht und die erforderliche Anzahl unbehinderter Vorstandsmitglieder noch zur Verfügung steht. Ebenso kann die eG Regreßprozesse auch durch den Vorstand führen, wenn keine Interessenkollision vorliegt. Da aber in beiden Fällen die Kollisionsgefahr gegeben sein kann, wird die Vertretung der eG durch den Aufsichtsrat den Belangen der eG am besten entsprechen.

In Gemeinschaft mit dem Vorstand vertritt der Aufsichtsrat die Genossenschaft in Anfechtungsprozessen (51). Der Aufsichtsrat hat auch die Prozesse zu führen, in denen die Genossenschaft Beklagte und der derzeitige Vorstand Kläger ist (a. A. Meyer-Meulenbergh 39 Anm. 1 unter Berufung auf RG JW 17 S. 516). Die G haftet unter Umständen nach § 31 BGB.

2. **Abs. II:** Obwohl nach § 184 BGB unter „Genehmigung" die nachträgliche Zustimmung zu verstehen ist, muß hier doch die Genehmigung des AR nach der bei Par. Cr. 39[13] geschilderten Entstehungsgeschichte der Vorschrift und ihrem Zweck, einen Schutz gegen die Gefahr zu schaffen, daß Vorstandsmitglieder ihre Stellung durch Privatgeschäfte mit der G mißbräuchlich ausnutzen, bereits *vor* der Gewährung von Kredit an ein Vorstandsmitglied eingeholt werden (ebenso Par. Cr. a. a. O. und Krakenberger 39[6]). Während in 8 Abs. 2 Satz 1 den Kreditgenossenschaften nur die *Darlehns*gewährung an Nichtmitglieder untersagt ist, ist in 39 Abs. 2 der Ausdruck „Gewährung von *Kredit*" gebraucht; es fallen deshalb unter die Einschränkung des 39 Abs. 2 alle Rechtsgeschäfte, mit denen eine Kreditgewährung verbunden ist, also z. B. auch die Anlage von Geldbeständen nach 8 Abs. 2 S. 2 und, da sich die Bestimmung auf alle Arten von G bezieht, der Warenkredit. Besteht der Vorstand nur aus zwei Mitgliedern, so müßte im Falle der Kreditgewährung an ein Vorstandsmitglied für das beteiligte Vorstandsmitglied ein Stellvertreter (vgl. 35 u. 37 Abs. 1 S. 2) bestellt werden. Wird die Genehmigung des AR nicht eingeholt oder von ihm verweigert, so

ist das Rechtsgeschäft zwar gültig, doch haften sämtliche Vorstandsmitglieder nach 34 für einen der G etwa daraus entstehenden Schaden. Auch die Annahme eines Vorstandsmitglieds als Bürgen für eine Kreditgewährung wurde von der Genehmigung durch den AR abhängig gemacht, um die Vorschiebung eines Dritten, für den das Vorstandsmitglied Bürgschaft leistet, zu verhindern.

An die Beschränkungen von 39 Abs. 2 ist nur die Kreditgewährung an Vorstandsmitglieder gebunden, so daß andere Rechtsgeschäfte, wie z. B. der An- und Verkauf von Wertpapieren für ein Vorstandsmitglied genau so wie für jeden Dritten vorgenommen werden können, sofern sie keine Kreditgewährung in sich schließen.

Das Statut kann die gesetzlichen Erfordernisse für eine Kreditgewährung an Vorstandsmitglieder nicht mildern, sondern nur verschärfen oder die Kreditgewährung ganz ausschließen. 39 Abs. 2 enthält kein Schutzgesetz im Sinne von 823 BGB zugunsten der Genossen und der Gläubiger (ebenso Par. Cr. a. a. O. u. Krakenberger a. a. O.).

Das KWG enthält besondere Vorschriften für sog. Organ-Kredite (§§ 15, 16 KWG). Danach bedürfen Kredite an Geschäftsleiter eines Kreditinstituts, d. h. Vorstandsmitglieder (auch stellvertretende und ehrenamtliche), Rendanten, an Aufsichtsratmitglieder und eine Reihe weiterer Personen eines einstimmigen Beschlusses sämtlicher Geschäftsleiter und der ausdrücklichen Zustimmung des Aufsichtsrats. § 16 KWG legt Anzeigepflichten für solche Organkredite gegenüber dem Bundesaufsichtsamt fest; § 17 KWG regelt die Haftung bei Zuwiderhandlungen. Näheres siehe diese Vorschriften des KWG.

3. Bei den in Abs. III genannten Prozessen handelt es sich um Regreßprozesse gegen die derzeitigen Aufsichtsratsmitglieder, die die GV beschlossen hat. Auch der Vorstand kann bevollmächtigt werden.

§ 40
Amtsenthebung des Vorstandes durch den AR

Der Aufsichtsrat ist befugt, nach seinem Ermessen Mitglieder des Vorstandes vorläufig, bis zur Entscheidung der ohne Verzug zu berufenden Generalversammlung, von ihren Geschäften zu entheben[1] und wegen einstweiliger Fortführung derselben das Erforderliche zu veranlassen[2].

Kommentar § 40

1. Nach § 24 Abs. 3 Satz 2 ist die Bestellung der Vorstandsmitglieder jederzeit widerruflich, unbeschadet der Entschädigungsansprüche aus bestehenden Verträgen. Wer diesen Widerruf auszusprechen hat, ist in 40 geregelt: Danach kann der Aufsichtsrat nur über die vorläufige Enthebung der Vorstandsmitglieder von ihren Geschäften beschließen — diese Enthebung ist rein tatsächlicher Natur —, während die endgültige Entscheidung über die Abberufung und die Kündigung des Dienstverhältnisses ausschließlich bei der vom AR unverzüglich einzuberufenden Generalversammlung liegt. Dies trifft auch dann zu, wenn die Bestellung des Vorstands auf Grund von 24 Abs. 2 Satz 2 durch die Satzung einem anderen Organ (z. B. dem AR) übertragen ist und dieser sich in dem mit dem Vorstandsmitglied abgeschlossenen Dienstvertrag (39 Abs. 1) das Recht zur fristlosen Kündigung des Dienstvertrages vorbehalten hat oder die Satzung ihm dieses Recht einräumt (KGJ 19 27; RG 115 351; 144 384). Es ist auch innerlich begründet, daß, anders als bei der Bestellung des Vorstands, für den Widerruf der Bestellung eine abweichende Regelung durch die Satzung nicht zugelassen ist. Dem Bedürfnis, daß ein nicht geeignetes Vorstandsmitglied sofort aus seiner Stellung entlassen werden kann, ist durch die dem AR unentziehbar verliehene Befugnis zur einstweiligen Dienstenthebung (Suspension) der Vorstandsmitglieder genügt. Auch ein solcher vorläufiger Widerruf der Bestellung zum Vorstandsmitglied ist nämlich nach 18 Abs. 2 Satz 2 der VO über das Genossenschaftsregister als Beendigung der Vertretungsbefugnis zum Genossenschaftsregister anzumelden und in dasselbe einzutragen (KG a. a. O.). Die Eintragung hat nur deklaratorische Wirkung.

§ 40 meint nur die fristlose, außerordentliche Amtsenthebung. Für die fristgemäße Kündigung und Abberufung verbleibt es bei der in der Satzung festgelegten Zuständigkeit (vgl. § 24 Anm. 7).

Die vorläufige Amtsenthebung durch den AR nimmt dem Vorstandsmitglied das Recht zur Geschäftsführung. Es kann auch nicht mehr die Bilanz unterzeichnen (vgl. § 33 b Anm. 1). Rechtsgeschäfte eines vorläufig von seinen Geschäften enthobenen Vorstandsmitgliedes gegenüber Dritten sind jedoch wirksam, solange sich der Dritte zu Recht auf die Eintragung im Genossenschaftsregister berufen kann. Nach BGH NJW 60, 1861 haben Vorstandsmitglieder vor der Suspendierung keinen Anspruch auf rechtliches Gehör. Unabhängig davon dürfte eine Anhörung jedoch nicht zuletzt aus dem bestehenden gegenseitigen Treueverhältnis geboten sein.

Der Beschluß der GV, die Bestellung eines Vorstandsmitglieds (also die Organstellung) zu widerrufen, berührt an sich nicht die Gehaltsansprüche des Vorstandsmitglieds; er enthält aber regelmäßig

§ 40 Gesetz, betr. die Erwerbs- und Wirtschaftsgenossenschaften

zugleich die Kündigung des von der G mit dem Vorstandsmitglied abgeschlossenen Dienstvertrages (BGHZ 18 334 = ZfG 56 S. 153 Nr. 19), die den Gehaltsanspruch sofort zum Erlöschen bringt, wenn der Anlaß zum Widerruf einen wichtigen Grund nach 626 BGB bildet. Umgekehrt zieht auch eine Entlassung aus dem Dienstverhältnis mit Notwendigkeit das Aufhören der Vertretungsbefugnis des Vorstandsmitglieds (also die Beendigung der Organstellung) nach sich, da eine grundsätzliche Trennung zwischen der genossenschaftsrechtlichen Stellung (Organstellung), die auf Grund der Bestellung (Wahl) zum Vorstandsmitglied entsteht, und seiner privatrechtlichen Stellung, die durch den Dienstvertrag geschaffen wird, nicht möglich ist, weil die Aufgaben und Tätigkeitsgebiete beider Stellungen aufs engste ineinandergreifen (RG 115 351; RAG JW 33 S. 2721; RG 144 384). Deshalb kann eine vom AR verfügte fristlose Entlassung eines Vorstandsmitglieds aus dem Dienstvertrage, da sie mit Rücksicht auf die Wichtigkeit einer solchen Entscheidung, insbesondere wegen der Gefahr von Schadensersatzansprüchen bei Unzulässigkeit der fristlosen Kündigung, nur durch die GV wirksam vorgenommen werden kann, erst mit dem GV-Beschluß wirksam werden, so daß der Gehaltsanspruch in jedem Falle frühestens am Tage der GV endet (RG 115 353; RAG JW 33 S. 2721; RG 144 384). Dies gilt auch dann, wenn der zum Vorstandsmitglied Gewählte entgegen 9 Abs. 2 S. 1 nicht oder noch nicht Genosse geworden ist (RG 144 384).

Anders verhält es sich bei einer Kündigung des Dienstvertrages, bei der eine im Dienstvertrag vereinbarte oder in der Satzung vorgesehene bzw. — mangels einer vertraglichen oder satzungsmäßigen Kündigungsfrist — den gesetzlichen Bestimmungen (z. B. 622 BGB) entsprechende Kündigungsfrist eingehalten wird. Eine solche fristgemäße Kündigung, die, wie bereits dargelegt, auch zur Beendigung des Organverhältnisses führt, kann durch den AR rechtswirksam vorgenommen werden, wenn dies im Dienstvertrage vereinbart oder in der Satzung ausdrücklich vorgesehen ist (RAG JW 33 S. 2721). Fehlt es an einer solchen Vereinbarung oder Regelung durch die Satzung, so kann auch eine fristgemäße Kündigung des Dienstvertrages nur durch die GV vorgenommen werden. — Über die Wirkung des Ausschlusses eines Vorstandsmitglieds als Genosse siehe 68 Anm. 6.

2. Hat die Amtsenthebung zur Folge, daß der verbleibende Vorstand Willenserklärungen für die eG nicht mehr rechtswirksam abgeben kann (25), so ist für eine entsprechende vorläufige Ergänzung des Vorstandes im Wege des 37 oder 35 GenG bzw. 29 BGB (RG JW 36 S. 2311 = BlfG 36 S. 526) oder 57 ZPO zu sorgen.

§ 41
Haftung des Aufsichtsrats

(1) Die Mitglieder des Aufsichtsrats haben die Sorgfalt eines ordentlichen Geschäftsmannes anzuwenden.

(2) Mitglieder, welche ihre Obliegenheiten verletzen, haften der Genossenschaft persönlich und solidarisch für den dadurch entstandenen Schaden.

(3) Insbesondere sind sie in den Fällen des § 34 Absatz 3 zum Ersatze der Zahlung verpflichtet, wenn diese mit ihrem Wissen und ohne ihr Einschreiten erfolgt ist.

(4) Die Ansprüche auf Grund der vorstehenden Bestimmungen verjähren in fünf Jahren.

1. Abs. I: Über die Haftung des AR vgl. die zusammenfassende Darstellung von Weipert BlfG 39 S. 369 und 412 sowie von Dauner „Haftung und Strafbarkeit des Aufsichtsrats" 9. Aufl. 50 (im Selbstverlag). Die Haftpflicht ist keine subsidiäre (RG **13** 51). Strafrechtliche Verantwortung 146 ff. Für die Berufung auf Beschlüsse der Generalversammlung gelten die gleichen Grundsätze wie für die Vorstandsmitglieder (27 Anm. 1, 34 Anm. 2). Über die Haftpflicht gegenüber Gläubigern und Genossen vgl. 34 Anm. 2. Zum Begriff der Sorgfalt vgl. 34 Anm. 2. Jedes Mitglied des AR ist verpflichtet, von einem die eG schädigenden Verhalten eines Vorstandsmitgliedes dem AR Mitteilung zu machen (RG HRR 33 Ziff. 902). Verpflichtung, Statut und Geschäftsanweisung zu kennen und einzuhalten, Kiel, Recht 35 Ziff. 392. Bez. der Haftung für mangelnde Sachkenntnis vgl. BlfG 37 S. 794 u. RG JW 37 S. 2981. Über die Haftung nicht ordnungsgemäß berufener AR-Mitglieder 36 Anm. 3. Für die Haftung des AR gemeinnütziger Wohnungsbaugenossenschaften für die Einhaltung der gemeinnützigkeitsrechtlichen Vorschriften gelten die gleichen Grundsätze wie für die Haftung des Vorstandes (s. Anm. 1 zu § 34).

2. Abs. II: Beweislast wie im Fall von 34. Schadenersatzpflicht beim Abschluß unwirksamer Börsentermingeschäfte RG **148** 357, bei Überschreitung der gemäß 49 festgesetzten Kredithöchstgrenze RG JW 37 S. 683 = BlfG 36 S. 988 und RG BlfG 39 S. 281, bei Ausschüttung einer Dividende trotz nichterzielten Reingewinnes und ungenügender Kontrolle des Vorstands RG JW 37 S. 2657 = BlfG 37 S. 620. Wegen Entlastung s. 48.

§ 42 Gesetz, betr. die Erwerbs- und Wirtschaftsgenossenschaften

3. Abs. III: Die Regelung der Ersatzpflicht des AR ist dieselbe wie beim Vorstand 34.

4. Abs. IV: Bezüglich der Verjährung der Schadenersatzansprüche vgl. 34 Anm. 4.

§ 42
Bevollmächtigte bei Genossenschaften

(1) Der Betrieb von Geschäften der Genossenschaft sowie die Vertretung der letzteren in bezug auf diese Geschäftsführung kann auch sonstigen Bevollmächtigten oder Beamten der Genossenschaft zugewiesen werden. In diesem Falle bestimmt sich die Befugnis derselben nach der ihnen erteilten Vollmacht; sie erstreckt sich im Zweifel auf alle Rechtshandlungen, welche die Ausführung derartiger Geschäfte gewöhnlich mit sich bringt.

(2) Die Bestellung von Prokuristen oder von Handlungsbevollmächtigten zum gesamten Geschäftsbetriebe findet nicht statt.

1. Abs. I Satz 2 enthält zwingendes Recht. Den Bevollmächtigten können mit Wirkung für die eG nur einzelne Geschäfte oder ein erkennbar abgegrenzter Teil von Geschäften übertragen werden (RG LZ 17 Sp. 1349 ff.), z. B. der Kassenverkehr (RG 8 90) oder die den Hypotheken- und Grundschuldverkehr betreffenden Angelegenheiten oder die Angelegenheiten des Sparverkehrs. Die Bevollmächtigten brauchen nicht Genossen zu sein und werden nicht ins GenRegister eingetragen. Auch Vorstandsmitglieder können Vollmacht erhalten (RG 80 180), doch darf dies nicht zur Umgehung der Vorschriften über die notwendige Kollektivvertretung der eG (24, 25) führen (BayObLG HRR 34 Ziff. 887 = BlfG 34 S. 137). Zwei Vorstandsmitglieder können einem von ihnen Einzelvollmacht erteilen; 181 BGB steht nicht entgegen (RG 80, 181). Ebenso Aufsichtsratsmitglieder, diese jedoch nur für bestimmte einzelne Geschäfte, vgl. RG BlfG 31 S. 582, weitergehend KG JW 32 S. 2627; vgl. BlfG 33 S. 53. Fälle der Vollmacht durch die Generalversammlung 39. Sonst kann nur durch den Vorstand die Vollmacht ausgestellt werden, Beschränkungen des Vorstandes in der Vollmachtserteilung sind Dritten gegenüber bedeutungslos (27 Abs. 2). Stillschweigende Erweiterung der Vollmacht ist Dritten gegenüber rechtsverbindlich (RG 22 70). Da durch die Vollmachtserteilung eine bedenkliche Umgehung der Vorschriften über die Doppelzeichnung (§ 25) möglich ist; empfiehlt es sich in den Fällen, in denen die Alleinzeichnung eines Bevollmächtigten nicht wünschenswert ist, in der Vollmacht dem Bevollmächtigten vorzuschreiben, daß er in allen oder in bestimmten Fällen die Mitunterschrift eines Vorstandsmitglieds oder eines anderen Bevollmächtigten einzuholen hat. Keine Vollmacht zur Berufung der Generalversammlung und für den Verkehr mit dem Registergericht (AV 6 Abs. 3; KG HRR 32 Ziff. 1761; vgl. auch BlfG 33 S. 53). Die Dauer der Vollmacht ist nicht von der Amtsdauer des Vorstandes abhängig, der die Vollmacht erteilt hat (BayObLG Recht 13 Ziff. 1996; OLG München HRR 40 Ziff. 213). A. A. für den Fall der gegenseitigen Bevollmächtigung der Vorstandsmitglieder RG Recht 12 Ziff. 2996 u. BayObLG HRR 34 Ziff. 887. Filialkassenvorstände als Bevollmächtigte RG 22 70. Die Rechte und Pflichten zwischen Bevollmächtigten und Dritten richten sich nach BGB 179. Vollmacht darf nicht dazu führen, die Tätigkeit des Vorstandes ganz oder zum wesentlichen Teile auszuschalten. Ein gemäß § 30 BGB durch die Satzung bestellter Vertreter bedarf nicht noch einer besonderen Vollmacht, abgesehen von der in der Satzung enthaltenen (vgl. 27 Anm. 3).

2. **Abs. II:** Die Bestellung von Prokuristen oder Generalhandlungsbevollmächtigten wäre auch im Verhältnis zu Dritten unwirksam (RG JW 30 S. 2687). Für die genossenschaftliche Praxis wäre jedoch eine der österreichischen Regelung entsprechende Zulassung der Prokuraerteilung de lege ferenda erwünscht.

§ 43
Generalversammlung, Stimmrecht der Genossen

(1) Die Rechte[1], welche den Genossen in den Angelegenheiten der Genossenschaft, insbesondere in bezug auf die Führung der Geschäfte, die Prüfung der Bilanz und die Verteilung von Gewinn und Verlust zustehen, werden in der Generalversammlung durch Beschlußfassung der erschienenen Genossen ausgeübt[2].

(2) Jeder Genosse hat eine Stimme[3].

(3) Ein Genosse, welcher durch die Beschlußfassung entlastet oder von einer Verpflichtung befreit werden soll, hat hierbei kein Stimmrecht. Dasselbe gilt von einer Beschlußfassung, welche den Abschluß eines Rechtsgeschäfts mit einem Genossen betrifft[4].

(4) Die Genossen können das Stimmrecht nicht durch Bevollmächtigte ausüben[5]. Diese Bestimmung findet auf handlungsfähige Personen[5a], Korporationen, Handelsgesellschaften, Genossenschaften oder andere Personenvereine und, wenn das Statut die Teil-

§ 43 Gesetz, betr. die Erwerbs- und Wirtschaftsgenossenschaften

nahme von Frauen an der Generalversammlung ausschließt[6], auf Frauen keine Anwendung. Ein Bevollmächtigter kann nicht mehr als einen Genossen vertreten[7, 8].

1. Allgemeines: Sog. Individual- oder Minderheitsrechte *(*RG **68** 211; RG JW 08 S. 350) kennt das Gesetz nur in 45, 47, 48 Abs. 2, 51 und 83 Abs. 3. Bei diesen Rechten ist im Gegensatz zu den Sonderrechten im Einzelfall zu prüfen, ob Unabänderlichkeit gewollt ist (RG **68** 211).

Die sog. Sonderrechte (der Begriff „Sonderrecht" findet sich nur im § 35 BGB) sind im Gegensatz zu den oben genannten Individualrechten Rechte vermögensrechtlichen Inhalts, die dem einzelnen Mitglied zum eigenen Nutzen zustehen, verzichtbar sind (RG **57** 156; **62** 309), aber nicht ohne Zustimmung des Berechtigten durch GV-Beschluß beeinträchtigt werden können (RG **68** 265; **87** 386; **104** 256; OLGRspr. **28** 357; RG BlfG **32** S. 513; BGHZ **15** 177; vgl. auch 51 Anm. 1 Abs. 3). Die Bestimmung des Begriffs „Sonderrechte" bereitet Schwierigkeiten, die auch durch die Rechtsprechung noch nicht ausgeräumt wurden. Zu den Sonderrechten gehört z. B. das Recht des einzelnen Mitglieds auf Auflösung und Liquidation, auf Rechnungslegung durch die Liquidatoren (RG **34** 58), auf die Liquidationsquote gem. § 91 (ebenso Krakenberger § 91 Anm. 1 b) auf freien Austritt aus der G im Rahmen von 65, auf Unterlassung der Heranziehung zu anderen Geldleistungen als zu Einzahlungen auf den Geschäftsanteil (RG **62** 309). Dagegen sind der Anspruch auf die durch GV-Beschluß gemäß 48 Abs. 1 festgesetzte Dividende und der Anspruch auf Auszahlung des Auseinandersetzungsguthabens nach 73 keine Sonderrechte, sondern ein von der Mitgliedschaft lösbares Gläubigerrecht (RG **87** 387; BGHZ **7** 264; a. A. die früheren Auflagen); eine „Art von Sonderrecht" ist nach RG **51** 91 das Recht auf Mitgliedschaft. Einer Anfechtung des ein Sonderrecht verletzenden GV-Beschlusses bedarf es nicht, da er ohne Zustimmung des betroffenen Genossen schwebend unwirksam ist (RG **37** 65; **51** 91; OLG-Rspr. **32** 125). Gegen die Eintragung des Beschlusses hat der Verletzte ein Beschwerderecht beim RegGer. (KGJ **41** 157). Den Mitgliedern steht in der Generalversammlung grundsätzlich ein Auskunftsrecht über Angelegenheiten der Genossenschaft zu, soweit eine Auskunft zur ordnungsgemäßen Erledigung eines Tagesordnungspunktes erforderlich ist. (Entsprechend § 131 AktG). Die Erteilung der Auskunft steht dann in pflichtgemäßem Ermessen desjenigen, der Auskunft zu geben hat. Recht zur Verweigerung der Auskunft z. B. dann, wenn Bank- oder wichtige Betriebsgeheimnisse gewahrt werden müssen. Wegen

Einzelheiten vgl. Metz, Wehrhahn Ziff. 39. Verlesung von Urkunden kann abgelehnt werden, wenn dies aus Zeitgründen unzumutbar (OLG Hamburg BB 68, 1096).

Berufung der Generalversammlung 6, 44 — Tagesordnung 46 — Protokollierung 47 — Anfechtung der Beschlüsse 51. — Der Vorsitzende hat nur die formelle Leitung (vgl. 6 Anm. 5) und ist deshalb nicht zu sachlichen Eingriffen berechtigt (KG OLG **40** 201). Eine *Vertagung* der GV kann deshalb nicht durch ihn, sondern nur durch Beschluß der GV erfolgen; die neue GV muß dann ordnungsmäßig unter Wahrung der Frist und Angabe der Tagesordnung einberufen werden. Dagegen kann der Vorsitzende die GV *unterbrechen;* die Unterbrechung darf aber nur so lange dauern, daß die wieder aufgenommene Verhandlung als Fortsetzung der Versammlung erscheint, was unter Umständen auch noch bei Fortsetzung am nächsten Tage der Fall sein kann (RG **81** 334 f. AG). Über die Folgen einer unrichtigen Verkündung des Abstimmungsergebnisses s. RG **122** 146 und RG BlfG **34** S. 448. Der Versammlungsleiter darf die Abstimmung über Beschlüsse, die er bereits verkündet hat und die damit bindende Wirkung erlangt haben, nicht wegen unvollständiger Stimmabgabe wiederholen lassen, wenn nicht die GV die Wiederholung beschließt (KG BlfG **57** S. 714 = NJW **57** S. 1680). Verkündung eines Beschlusses an sich nicht Voraussetzung für seine Wirksamkeit (RG **125** 149). Anwesenheitsliste nicht erforderlich. — Es kann der Fall eintreten, daß am Ort kein Lokal so groß ist, daß es alle Mitglieder faßt; dieser Fall hat durch § 43 a seine Lösung gefunden.

Die Generalversammlung muß am Sitz der Genossenschaft abgehalten werden, wenn das Statut nichts anders bestimmt (RG **44** 9 f. AG; Waldmann DFG **40** S. 69). Ein Verstoß begründet nur die Anfechtbarkeit der Beschlüsse und führt nicht zur Nichtigkeit (BayObLG NJW **59**, S. 485 = ZfG Bd. 10 [60] 265). Abhaltung der Generalversammlung in zeitlich oder örtlich getrennten Abteilungen ist nicht zulässig. Eine GV, die z. B. wegen der räumlichen Verhältnisse nur einem Teil der Mitglieder die Teilnahme ermöglicht, ist nicht mit den Grundsätzen des Genossenschaftsrechts vereinbar. Folgen vgl. § 46 Anm. 4 — Anwesenheit von Nichtmitgliedern (über das Teilnahmerecht des Prüfungsverbandes s. 59 Abs. 3) hat nicht die Ungültigkeit der Beschlüsse zur Folge, selbst das Mitstimmen von Nichtmitgliedern nur, wenn der Beschluß dadurch beeinflußt sein kann. Über die Zulassung von Nichtmitgliedern als Gäste entscheidet der Versammlungsleiter, wenn diese Zulassung nicht ausdrücklich durch Satzung verboten. Vgl. Metz, Wehrhahn Ziff. 18. Frühere Fassung wird aufgege-

§ 43 Gesetz, betr. die Erwerbs- und Wirtschaftsgenossenschaften

ben. Ein Stimmrecht kann jedoch Nichtmitgliedern auch nicht von der GV eingeräumt werden. — Beschränkung der Sprechzeit insoweit unzulässig, als sie sachgemäße Behandlung unmöglich macht (RG 36 24). — Entziehung des Stimmrechts hat Ungültigkeit des Beschlusses zur Folge, falls sie auf das Ergebnis von Einfluß sein kann. — Eine unzulässige Beschränkung des Teilnahmerechts an der GV (s. z. B. RG JW 30 S. 2692) führt zur Anfechtbarkeit der Beschlüsse (51). Hat ein Mitglied seinen Ausschluß aus der G (68) mit Erfolg angefochten, muß es die in der Zwischenzeit gefaßten Beschlüsse der Generalversammlung trotzdem gegen sich gelten lassen (vgl. auch 68 Anm. 3 Abs. 6). — Das gleiche gilt im Falle von 75. — Anfechtung im Falle von 51 hat Ungültigkeit der betreffenden Beschlüsse zur Folge.

Zu den Rechten der Generalversammlung gehören insbes. alle Satzungsänderungen (16 einschließlich der in 22 Abs. 1, 87 a, 132, 133, 143 und 144 genannten), ferner die Amtsenthebung des Vorstands (24 Abs. 3), und Aufsichtsrat (36 Abs. 3), die Beschränkung des Vorstands in seiner Vertretungsbefugnis (27 Abs. 1), die Führung von Prozessen gegen den Vorstand (39), die Genehmigung des Jahresabschlusses, Verteilung von Gewinn und Verlust, Entlastung von Vorstand und Aufsichtsrat (48 Abs. 1), Festsetzung der Höchstgrenzen für Anleihen und Kredite (49), Festsetzung der Einzahlungen auf Geschäftsanteil (50), Beseitigung der durch die Prüfung festgestellten Mängel (60), Auflösung der G (78, 78 a und b), Forsetzung der aufgelösten G (79 a), Bestellung der Liquidatoren (83), Verschmelzung der G mit einer anderen (93 b) und Auflösung einer eGmuH bei Überschuldung (121), Umwandlung einer eGmbH in die AG (§ 385 m ff. AktG). Diese Rechte können der GV auch nicht durch Statut entzogen werden. Auch ohne ausdrückliche Bestimmung des Statuts kann die GV über alle Gegenstände Beschluß fassen, die nicht durch Gesetz oder Statut einem anderen Organ zugewiesen sind.

Die GV kann über Vorgänge der Geschäftsführung zumindest dann nicht beschließen, wenn die Satzung — entsprechend der Mustersatzung der Volksbanken 1970 — lautet: „Der Vorstand führt die Geschäfte der Genossenschaft in eigener Verantwortung." Ein Beschluß der GV kann auch wieder aufgehoben werden, soweit nicht schon erworbene Rechte Dritter oder der Mitglieder im Wege stehen (OLG 3 193, RG JW 30 S. 2688); Aufhebung in der gleichen GV, in der er zustande kam, hat Anfechtbarkeit zur Folge (OLG Celle BlfG 30 S. 523). Wegen Aufhebung eines noch nicht eingetragenen, statutändernden Beschlusses s. BlfG 30 S. 883. Zur Auslegung von GV-Beschlüssen dürfen Umstände, die sich aus den Beschlüssen nicht von selbst ergeben, nicht herangezogen werden, da solche Beschlüsse im Interesse der Verläßlichkeit und Sicherheit nur sehr beschränkt auslegungsfähig sind (RG 108 326; 146 154; OGHZ 2 197 = ZfG 51 S. 76). Die Generalversammlung kann nicht Schiedsrichter in Sachen der G sein (RG 55 326 und OGHZ 2 197 = ZfG 51 S. 76); ein entgegenstehender Beschluß ist wegen Zuständigkeitsüberschreitung der GV nichtig. Über die Befugnis der GV zur Auslegung des Statuts s. BlfG 29 S. 289.

Der Einsatz eines Tonbandgerätes zur Aufnahme von Reden und Diskussionen in der Generalversammlung ist zulässig, wenn der Versammlungsleiter die Einschaltung des Gerätes bekanntgibt. Das Gerät ist auszuschalten, wenn dies z. B. auf Antrag zur Geschäftsordnung von der Generalversammlung mit einfacher Mehrheit beschlossen wird. Darüber hinaus kann jeder Redner verlangen, daß während seiner Ausführungen das Tonbandgerät ausgeschaltet wird. Die Benutzung *privater* Tonbandgeräte durch einzelne Versammlungsteilnehmer bedarf der Zustimmung aller Anwesenden.

2. Durch Beschlußfassung der erschienenen Genossen werden die Rechte in der GV ausgeübt. Einzelheiten zu den Begriffen „erschienene Mitglieder" und „abgegebene Stimmen" vgl. Metz, Werhahn, Leitfaden zur Generalversammlung der Volksbanken, 68, Ziff. 44. Streitig ist, ob „erschienen" und deshalb mitzuzählen auch diejenigen Mitglieder sind, die sich der Stimme enthalten oder unbeschriebene Stimmzettel abgeben, wobei ihre Stimmen als Nein-Stimmen zu bewerten sind (so OLG Hamburg HRR 30 S. 1044; OLG Jena BlfG 31 S. 536; OLG Frankfurt ZfG 55 S. 132 mit zustimmender Anmerkung von Kluge = NJW 54 S. 82 mit ablehnender Anmerkung von Meulenbergh; RGZ 80 194 für eingetragene Vereine; Krakenberger S. 292; Paulick § 23 IV 6, der aber de lege ferenda eine Änderung als wünschenswert bezeichnet, während Meyer-Meulenbergh die Frage in Anm. 3 zu § 43 lediglich als streitig bezeichnet, ohne dazu Stellung zu nehmen), oder als nicht erschienen zu gelten haben (so zutreffend RGZ 20 140 f. AG; Par. Cr. 43 Anm. 25, der mit Recht auch auf den parlamentarischen Brauch verweist; Nagel Genossenschaftsgesetz 26 S. 77; Eiser Nichtigkeit und Anfechtbarkeit von Generalversammlungsbeschlüssen 30 S. 93; Citron BlfG 30 S. 456; Enneccerus-Nipperdey, Allgemeiner Teil 13. Aufl. § 104 I Ziff. 2; Faupel EDEKA-Rundschau 54 S. 103; RaiffR 54 S. 15; LG Hamburg MDR 57 S. 233 = GWW 57 S. 224 = BlfG 58 S. 96 unter ausdrücklicher Ablehnung der von den Oberlandesgerichten vertretenen Auf-

§ 43   Gesetz, betr. die Erwerbs- und Wirtschaftsgenossenschaften

fassung). Vgl. auch LG Wuppertal GW 64, 91 mit zustimmender Besprechung; a. A. AG Ulm GW 62, 219 mit ablehnender Besprechung. Bei der weittragenden Bedeutung dieses Problems wäre eine höchstrichterliche Entscheidung zwar dringend erwünscht, doch kann die Streitfrage für die Praxis dadurch gegenstandslos gemacht werden, daß in der Satzung ausdrücklich bestimmt wird, wie die Mehrheitsverhältnisse in der GV ermittelt und ob Stimmenthaltungen bei der Feststellung des Abstimmungsergebnisses mitgezählt werden (so auch Par. Cr. 45 Anm. 26, AG Hamburg vom 29. 10. 56 Az. 66 GnR 861 und Weidmüller BlfG 58 S. 96, während Krakenberger im Verfolg der von ihm vertretenen Auffassung meint, die Regelung in der Satzung könne nur dahin erfolgen, daß die Einbeziehung der erschienenen, aber nicht mitstimmenden Genossen festgestellt werde, abzulehnen insoweit LG Ulm in GWW 62 S. 219). Enthält eine Satzung keine Vorschrift dahingehend, daß bei der Feststellung des Stimmenverhältnisses nur die abgegebenen Stimmen gezählt, Stimmenthaltungen also nicht berücksichtigt werden sollen, so kann der Leiter der GV etwaigen Stimmenthaltungen wohl meistens mit Erfolg durch den Hinweis vorbeugen, daß nach der oberlandesgerichtlichen Rechtsprechung Stimmenthaltungen den Neinstimmen zuzurechnen wären und deshalb das Zustandekommen des (für die Genossenschaft evtl. lebenswichtigen) Beschlusses gefährden könnten (Weidmüller a. a. O.). Zu berücksichtigen sind jedoch (vorbehaltlich einer anderen Satzungsbestimmung) abgegebene Stimmen, die als ungültig anzusehen sind, z. B. weil der Stimmzettel gleichzeitig mit „Ja" und „Nein" ausgefüllt ist. Ein Beschluß z. B., für den Gesetz oder Statut eine Mehrheit von mindestens drei Vierteln der erschienenen Genossen vorsieht, kommt demnach nur dann zustande, wenn von der Gesamtzahl der gültig oder ungültig abgegebenen Stimmen mindestens drei Viertel gültig für den Antrag abgegeben werden (§ 93 b Anm. 2).

Stimmenthaltungen sind bei der Feststellung der **Beschlußfähigkeit** der GV zu berücksichtigen. Das Gesetz selbst enthält keine Vorschrift über die Beschlußfähigkeit der GV. Auch wenn das Statut nichts darüber besagt, wird man doch annehmen müssen, daß nicht bereits ein Genosse die GV bilden kann, sondern daß dazu bei der Genossenschaft als Personenvereinigung mindestens drei Genossen gehören. Das Statut kann aber nach § 8 Abs. 1 Ziff. 4 die Beschlußfähigkeit erschweren und sie z. B. von der Anwesenheit aller oder einer bestimmten Anzahl von Mitgliedern abhängig machen.

Eine geringere als einfache Stimmenmehrheit darf, wie sich aus § 8 Abs. 1 Ziff. 4 ergibt, für keinen GV Beschluß im Statut vorgesehen werden. Die Satzung kann deshalb nicht wirksam bestimmen, daß bei Stimmengleichheit der Antrag als angenommen zu gelten habe oder der Vorsitzende oder das Los entscheiden soll. Andererseits bedeutet der Grundsatz der einfachen Stimmenmehrheit nicht, daß bei Stimmengleichheit überhaupt kein Beschluß gefaßt wäre, vielmehr gilt der Antrag, da er keine Mehrheit gefunden hat, als nicht angenommen und damit als abgelehnt.

Wahlen sind grundsätzlich wie andere GV Beschlüsse zu behandeln; auch für sie ist deshalb an dem Erfordernis der einfachen Stimmenmehrheit gemäß § 8 Abs. 1 Ziff. 4 festzuhalten, wenn die Satzung oder eine Wahlordnung nichts anderes, z. B. eine qualifizierte oder eine relative Mehrheit (§ 8 Anm. 5) vorsehen. Das Statut dürfte z. B. bestimmen, daß die Wahl bis zur Erzielung einer Mehrheit wiederholt werden müßte. Dagegen könnte durch das Statut bei Stimmengleichheit nicht die Entscheidung dem Vorsitzenden übertragen werden, da diesem hierdurch entgegen § 43 Abs. 2 zwei Stimmen zugesprochen würden; das Statut kann aber Stichwahl oder Entscheidung durch das Los vorsehen.

Über die **Form der Abstimmung,** ob mündlich (durch Zuruf) oder schriftlich (durch Stimmzettel), geheim (durch Stimmzettel) oder offen (z. B. durch Aufstehen oder Handaufheben) hat die GV zu entscheiden, wenn es an einer Satzungsbestimmung fehlt. In der Regel wird es aber keines Beschlusses über die Form der Abstimmung bedürfen, wenn in hergebrachter Weise oder mit stillschweigender Zustimmung zu einem Vorschlag des Versammlungsleiters abgestimmt wird.

Über die Rechte des Versammlungsleiters vgl. Metz, Wehrhahn, Leitfaden zur Generalversammlung von Volksbanken. Er ist z. B. zuständig für die Beschränkung der Redezeit eines Teilnehmers und für den Ausschluß aus der Versammlung (BGH, BlfG 66, 162).

3. Jeder Genosse hat eine Stimme und (ohne Rücksicht auf die Zahl seiner Geschäftsanteile) **nur eine Stimme.** Stimmrecht von Mitgliedern kann auch durch Satzung nicht eingeschränkt oder ausgeschlossen werden. Stichentscheid durch den Vorsitzenden daher unzulässig. In dem Statut einer G kann die Gültigkeit der Generalversammlungsbeschlüsse nicht davon abhängig gemacht werden, daß die vorgeschriebene Stimmenmehrheit einen bestimmten Teil des Gesamtbetrages der Haftsummen in sich vereinigt (KGJ 10 41; KG OLG 42 217). Abstimmung darf nicht beeinflußt werden (RG 119 243), sonst Anfechtbarkeit der Beschlüsse. Der Versammlungsleiter ist aber berechtigt, bis zum Beginn einer Abstimmung auf eine seinen Wün-

§ 43 Gesetz, betr. die Erwerbs- und Wirtschaftsgenossenschaften

schen entsprechende Beschlußfassung hinzuwirken, auch wenn er damit gegen eine Gruppe von Versammlungsteilnehmern Partei nimmt. Eine „Beeinflussung" durch den Versammlungsleiter setzt voraus, daß der Abstimmende z. B. durch unredliche Angaben zu Erklärungen veranlaßt wurde, deren Inhalt nicht seinem Willen entsprach und daß keine Möglichkeit bestand, der Beeinflussung entgegenzutreten (KG BlfG 57 S. 714 = NJW 57 S. 1680). Das Stimmrecht beginnt und endet regelmäßig mit der Mitgliedschaft; ein Genosse, der seine Mitgliedschaft zum Schlusse des Geschäftsjahres gekündigt hat, kann z. B. in einer vor diesem Zeitpunkt stattfindenden GV noch mitstimmen (anders bei Ausschluß 68).

4. Ein Genosse kann auch bei der **Abstimmung über** die Einleitung oder Erledigung eines **Rechtsstreits** zwischen ihm und der eG **nicht mitstimmen** (RG HRR 35 Ziff. 1143 = BlfG 35 S. 753). Zu den „Rechtsgeschäften" gehört nicht das Recht der Mitglieder, bei gewissen Entschließungen mitzuwirken, mögen sie auch persönlich davon betroffen werden, z. B. das Recht der Generalversammlung einer Baugenossenschaft, Mietsteigerung zu beschließen. Vorstand und AR haben bei Abstimmung der GV über ihre Entlastung kein Stimmrecht, und zwar können weder die Mitglieder des Vorstandes bei der Entlastung des Aufsichtsrats noch die Mitglieder des Aufsichtsrats bei der Entlastung des Vorstandes an der Abstimmung teilnehmen (vgl. auch 48 Anm. 4). Bei Genehmigung des Jahresabschlusses haben die Mitglieder von Vorstand und Aufsichtsrat ein Stimmrecht (RG 49 126). Bei Wahl von Vorstand und Aufsichtsrat, Amtsenthebung sind die zur Wahl Gestellten bzw. Betroffenen stimmberechtigt (RG 60 172, RJA 10 264, RG JW 36 S. 2311 = BlfG 36 S. 526). Auch bei Gehaltsfestsetzung und bei Abberufung sind die beteiligten Vorstands- (Aufsichtsrats-)Mitglieder stimmberechtigt (RG 74 276). Verletzung des Stimmverbots des Abs. 3 hat Anfechtbarkeit des Beschlusses nach 51 zur Folge (RG JW 30 S. 2688).

5. Der Begriff „Bevollmächtigte" ist wie im § 166 Abs. 2 BGB zu verstehen. Gesetzliche Vertreter sind keine Bevollmächtigte (vgl. Paulick S. 246; Krakenberger § 43 Anm. 11; Parisius-Crüger § 43 Anm. 30; BlfG 29, 232). Ist für mehrere Mitglieder ein gemeinsamer gesetzlicher Vertreter bestellt (z. B. Vormund, Abwesenheitspfleger, gesetzlicher Treuhänder), so hat dieser so viele Stimmen, wie er Mitglieder vertritt. Von mehreren gesetzlichen Vertretern ist grundsätzlich jeder zur Teilnahme an der GV berechtigt; sie können das Stimmrecht aber nur einheitlich ausüben. Mehrere gesetzliche Vertreter sind nicht gezwungen, einen gemeinsamen Bevollmächtigten zu bestellen.

Unter „Stimmrecht" ist nicht nur das Recht zu stimmen, sondern auch jedes andere Recht auf Betätigung in der GV, wie es die Mitglieder inne haben (z. B. das Recht, Anträge zu stellen und sich an der Aussprache zu beteiligen), zu verstehen. Ob gesetzliche Vertretung oder Vollmacht vorliegt, ist nach der jeweiligen gesetzlichen Regelung zu entscheiden (z. B. für minderjährige Kinder beide Eltern). Soweit in Fällen der gesetzlichen Gesamtvertretung nicht alle Personen anwesend sind, kann es sich nur um eine Vollmacht handeln. Näheres hierzu vgl. Metz, Werhahn, Leitfaden zur Vertreterversammlung von Volksbanken, Ziff. 20 ff.

Eine vorübergehende **Durchbrechung des Grundsatzes**, daß das Stimmrecht nicht durch Bevollmächtigte ausgeübt werden kann, enthielt mit Rücksicht auf die Kriegsverhältnisse § 16 der VO vom 4. 9. 39 (RGBl. I 1694): Danach konnte sich ein Genosse in der Generalversammlung durch einen Bevollmächtigten vertreten lassen, wenn er aus wichtigem Grunde (z. B. wegen Einberufung zum Heeresdienst) verhindert war, an der GV teilzunehmen. Durch § 6 Absatz 3 des handelsrechtlichen Bereinigungsgesetzes vom 18. 4. 50 (BGBl. S. 90) ist diese Bestimmung dahingehend abgeändert worden, daß sich ein Genosse durch einen Bevollmächtigten vertreten lassen kann, wenn er durch Kriegsgefangenschaft oder sonstige Haft außerhalb des Bundesgebietes oder durch Vermißtwerden behindert ist, an der Generalversammlung teilzunehmen (vgl. GewGen 50 S. 115 ff.). Eine wenig sinnvolle Regelung, da ein Vermißter kaum vor dem Vermißtwerden eine schriftliche Vollmacht erteilt hat. Für die Vollmacht ist die schriftliche Form erforderlich und genügend. In den hier in Frage kommenden Fällen kann ein Bevollmächtigter in Abweichung von 43 Abs. 4 Satz 3 GenG mehr als einen Genossen vertreten. Die Wirksamkeit der von oder gegenüber dem Bevollmächtigten vorgenommenen Rechtshandlungen kann nicht deshalb in Frage gestellt werden, weil die Voraussetzung für die Vertretung des Genossen durch einen Bevollmächtigten nicht vorgelegen hat.

5 a. Der Begriff der Handlungsunfähigkeit ist dem BGB fremd, er stammt aus dem gemeinen Recht. Handlungsunfähig sind die geschäftsunfähigen Personen des § 104 BGB (Personen unter 7 Jahren, Geisteskranke und wegen Geisteskrankheit entmündigte Personen) sowie die in der Geschäftsfähigkeit beschränkten Personen nach Maßgabe der §§ 107, 111, 112 u. 114 BGB (Minderjährige über 7 Jahre und wegen Geistesschwäche, Verschwendung oder Trunksucht entmündigte oder unter vorläufige Vormundschaft gestellte Personen). Mitglieder einer G, die durch sonstige Krankheit, Urlaub oder Reisen

§ 43 a Gesetz, betr. die Erwerbs- und Wirtschaftsgenossenschaften

an der Ausübung des Stimmrechts in der GV verhindert sind, gelten nicht als handlungsunfähig und können sich deshalb nicht in der GV vertreten lassen.

6. Juristische Personen und Handelsgesellschaften können sich nicht nur durch ihre gesetzlichen Vertreter (Organe) vertreten lassen, sondern auch durch Bevollmächtigte. Diese müssen nicht der Genossenschaft angehören.
Von der Vorschrift, daß die Satzung die **Teilnahme von Frauen an der GV** ausschließen kann, wurde in der Praxis schon bisher kaum Gebrauch gemacht; nunmehr würde der Ausschluß von Frauen von der GV gegen das Grundgesetz verstoßen (Art. 3 Abs. 2 GG) und wäre deshalb verfassungswidrig.

7. **Der Bevollmächtigte kann auch Genosse sein** und hat dann zweifaches Stimmrecht. Voraussetzung ist, daß der persönlichen Teilnahme des Genossen kein Hindernis entgegensteht, das würde z. B. der Fall sein, wenn er ausgeschlossen ist. Beschränkungen hinsichtlich der Person durch das Statut erscheinen unzulässig.

8. Im Konkurs eines Mitglieds bleibt dessen Stimmrecht als höchstpersönliches Recht erhalten; es wird nicht durch den Konkursverwalter ausgeübt. Bei juristischen Personen und Handelsgesellschaften besteht das Stimmrecht auch über das Ende des Geschäftsjahres hinaus weiter, da Konkurs nur Auflösung bedeutet, die Gesellschaft jedoch noch als Liquidationsgesellschaft fortbesteht (siehe 77 Anm. 1).

§ 43 a
Vertreterversammlung

(1) Bei Genossenschaften mit mehr als dreitausend Mitgliedern besteht die Generalversammlung aus Vertretern der Genossen (Vertreterversammlung). Für den Fall, daß die Mitgliederzahl mehr als eintausendfünfhundert beträgt, kann das Statut bestimmen, daß die Generalversammlung aus Vertretern der Genossen bestehen soll. Die Vertreter müssen Genossen sein.

(2) Das Statut trifft die näheren Bestimmungen über die Zahl der Vertreter, die Voraussetzungen der Wählbarkeit, die Durchführung der Wahl sowie den Nachweis und die Dauer der Vertretungsbefugnis.

Kommentar § 43 a

1. Allgemeines: Ges. vom 1. 7. 22 (RGBl. I S. 567) Art. I und Ges. vom 19. 1. 26 (RGBl. I S. 91). Außerdem ist eine Ausführungsverordnung vom 24. 10. 22 (RGBl. I S. 807) mit folgendem Wortlaut ergangen:

„Der § 43 a Abs. 1 Satz 1 tritt am 1. Januar 24, im übrigen treten die Vorschriften des § 43 a am 1. Januar 23 in Kraft.

Auf die Generalversammlung, die erstmalig über die im § 43 a Abs. 2 vorgesehenen Bestimmungen beschließt, findet die Vorschrift des § 43 a Abs. 1 keine Anwendung.

Ob die Generalversammlung als Vertreterversammlung gebildet werden muß oder gebildet werden kann (§ 43 a), richtet sich für jedes Geschäftsjahr nach der Mitgliederzahl am Schlusse des vorangegangenen Geschäftsjahrs.

Die Vorschriften des Gesetzes und des Statuts über die Generalversammlung finden auf die Vertreterversammlung entsprechende Anwendung; insbesondere tritt, soweit das Gesetz oder das Statut für die Beschlüsse der Generalversammlung eine bestimmte Mehrheit der Genossen oder der erschienenen Genossen vorschreiben, an ihre Stelle die Mehrheit der Vertreter oder der erschienenen Vertreter."

Abs. 3 der Ausführungsverordnung vom 24. 10. 22 ist wie folgt zu verstehen: Wenn im Jahre 70 eine Generalversammlung für das Jahr 69 stattfindet, so kommt es für die Einführung der Vertreterversammlung im Jahre 70 darauf an, ob zu Ende des Geschäftsjahres 69 die Mitgliederzahl von 3000 überschritten war.

2. Abs. I: Um die Mitwirkung aller Genossen an der Verwaltung der G zu sichern, muß bei größeren G zu einer Umgestaltung der Generalversammlung geschritten werden. Die Versammlung der Genossen wird zu einer solchen der Vertreter der Genossen. Die Vertreter müssen Genossen sein. Über die Vertreterversammlung und ihre Reform vgl. Weidmüller BlfG 38 S. 28. Über Gedanken zur Frage der großgenossenschaftlichen Entwicklung vgl. Albrecht in ZfG 55 S. 1, über das Problem der Großgenossenschaften in praktischer Sicht vgl. Schumacher ZfG 55 S. 16, über Ordnungsprobleme im heutigen Genossenschaftsrecht unter besonderer Berücksichtigung der Großgenossenschaften vgl. Reinhardt ZfG 55 S. 30, ferner die Diskussion zu dem Thema „Die Größenentwicklung im Genossenschaftswesen" ZfG 55 S. 48.

3. Die VV kann nur eingeführt werden, wenn die Satzung die VV vorsieht. Bestand vorher eine GV, so bedarf es einer Satzungsänderung. Falls die Satzung jedoch schon die Einführung der VV und das

§ 43 a Gesetz, betr. die Erwerbs- und Wirtschaftsgenossenschaften

entsprechende Verfahren für den Fall geregelt hatte, daß die Mitgliederzahl 1500 übersteigt, ist eine Satzungsänderung zur Einführung der VV nicht notwendig. Bei Wegfall der Voraussetzungen für die VV ist ebenfalls Satzungsänderung erforderlich, wenn nicht schon die Satzung automatische Wiedereinführung der GV vorsieht. Die Beschlußfassung über die Einführung der VV kann in der ordentlichen GV des Vorjahres erfolgen oder in einer außerordentlichen GV, die zu diesem Zweck einberufen werden kann.

Nach Auffassung des BGH ist die GV — falls nach Satzung oder Gesetz die VV eingeführt werden muß — nur noch zuständig für die im Zusammenhang mit der Einführung erforderlichen Beschlüsse. Über die Regularien (Jahresabschluß, Entlastung usw.) kann dann nur noch die VV beschließen. Eine Beschlußfassung der GV z. B. über den Jahresabschluß wäre nach BGH nichtig (BGH ZfG 61 S. 140 = NJW 60 S. 1447 = GW 60, 299; Bespr. GW 60, 393). Soweit die GV noch zuständig ist, verliert sie ihre Funktion nicht schon mit der Beschlußfassung über die Einführung der VV, sondern erst mit der Eintragung dieses Beschlusses im Genossenschaftsregister (BGH a. a. O.). Wird die Einführung der obligatorischen VV unterlassen, so führt dies auch nach Auffassung des BGH nicht zur Nichtigkeit der Genossenschaft im Sinn von 94, da die Nichtigkeitsgründe in 95 erschöpfend aufgezählt sind. Die Genossenschaft wäre jedoch insoweit nicht handlungsfähig, als Beschlußfassungen anstehen, die in die Zuständigkeit der VV fallen.

Verfasser halten Entscheidung des BGH für zu weitgehend; aus Gesetz ist nicht zu entnehmen, daß Beschlüsse der GV wegen Nichteinführung der obligatorischen VV nichtig sein sollten. Zum Problem der Einführung der VV vgl. Weidmüller, BlfG 61 S. 140. Die Praxis muß sich aber nach dieser BGH-Entscheidung richten. Vorstand und AR können für eine Verzögerung der Einführung der VV haftbar sein (§§ 34, 41); strafrechtliche Verantwortung möglich, wenn ein Schaden für die Genossenschaft entsteht (§ 146). Eine Ordnungsstrafe nach § 160 scheidet aus, weil § 143 a in § 160 nicht genannt.

Die VV ist nach Einführung grundsätzlich für jede Beschlußfassung zuständig, für die sonst die GV zuständig wäre. Auflösung der Genossenschaft kann jedoch nicht durch die VV sondern nur durch eine Versammlung der Mitglieder beschlossen werden, weil diese Beschlußfassung wegen ihrer Bedeutung nicht den Genossenschaftsmitgliedern entzogen werden kann. Entsprechendes muß für die nach § 385 m AktG neu zugelassene Möglichkeit der Umwandlung von Genossenschaften gelten.

Kommentar **§ 43 a**

Den nicht zu Vertretern gewählten Genossen verbleiben grundsätzlich ihre Mitgliedschaftsrechte (z. B. können sie nach 45 die Berufung der VV verlangen) vgl. KG in LZ 30 S. 994 Nr. 2 (für e. V.), soweit sie nicht durch das Vorhandensein der Vertreter beschränkt sind; eine solche Beschränkung ist beispielsweise dadurch gegeben, daß nur Vertreter das in § 51 den Genossen gegebene Anfechtungsrecht ausüben können (RG 155 21).

Die Vertreter müssen gewählt werden. § 43 a Abs. 2 setzt eine Wahl voraus (vgl. Paulick S. 254). Die Wahl muß unmittelbar erfolgen, ohne Einschaltung eines Wahlkörpers. Wahl nach Bezirken ist zulässig, dabei ist dem Grundsatz der Gleichheit der Mitglieder (vgl. § 18 Anm. 1 Abs. 4) genügend Rechnung zu tragen (vgl. RG 119 341). Im übrigen unterliegt das Wahlverfahren freier Regelung durch die Satzung. Die Wahl muß nicht durch die Versammlung der Mitglieder erfolgen, sondern kann auch außerhalb einer Versammlung durchgeführt werden. Dies ist in der Praxis üblich.

Weil die Vertreter gewählt werden müssen, können auch die Mitglieder von Vorstand und AR keine „geborenen" Vertreter sein (vgl. KG JFG 4 236; Ruth ZBH 27 S. 81; Meyer-Meulenbergh § 43 a Anm. 2 b). Es kann aber auch nicht durch Satzung bestimmt werden, daß die Mitglieder der Verwaltungsorgane stets Vertreter sind (gleicher Ansicht Paulick S. 254; bestr. vgl. die obigen Zitate). Ein solches Verfahren wäre keine Wahl und daher im Widerspruch zu § 43 a Abs. 2. Mitglieder von Vorstand und Aufsichtsrat sind kraft Amtes teilnahmeberechtigt, auch wenn sie nicht zu Vertretern gewählt sind.

Satzung kann **Wählbarkeit** einschränken. Dies folgt schon aus § 43 a Abs. 2. Passives Wahlrecht kann z. B. von Dauer der Mitgliedschaft, von Ausübung eines bestimmten Berufs usw. abhängig gemacht werden. Gleichbehandlungsgrundsatz ist zu beachten. Auch juristische Personen, die Mitglieder sind, können Vertreter sein. Sie müssen sich dann durch den gesetzlichen Vertreter oder Bevollmächtigten vertreten lassen. **Die Verlängerung der Amtsdauer der Vertreterversammlung** ohne Neuwahl ist unwirksam, mag dies auch durch satzungsändernden oder einfachen Beschluß der Vertreterversammlung bestimmt sein (KG BlfG 27 S. 143, RG JW 27 S. 2995).

Eine gesetzliche Verlängerung der Amtsdauer der Vertreter erfolgte durch § 4 der zweiten VO über weitere Maßnahmen auf dem Gebiete des Handelsrechts während des Krieges vom 7. 1. 41 (RGBl. I S. 23).

Diese Bestimmung ist durch das handelsrechtliche Bereinigungsgesetz vom 18. 4. 50 (BGBl. S. 90) außer Kraft gesetzt worden.

§ 6 Abs. 4 dieses Gesetzes bestimmt aber, daß die Vertretungsbefugnisse der bisherigen Vertreter zu Vertreterversammlungen nach 43 a GenG sich bis zur Vornahme einer neuen Wahl verlängern. Die neue Wahl hatte bis spätestens 31. 12. 51 zu erfolgen. Auf Antrag des Vorstandes oder des Aufsichtsrats der G konnte das Registergericht jedoch die Vornahme einer Wahl innerhalb einer von ihm zu bestimmenden früheren Frist anordnen.

Die Vertreter haben ein Amt, aus dem sie vor Ablauf der Amtsdauer nur durch Ausschluß aus der G entfernt werden können. Amtsniederlegung zulässig, jedoch nur unter den Beschränkungen des § 671 BGB (RG **155** 21). Auf Grund des ihnen von der Gesamtheit der Genossen übertragenen, kraft Gesetzes mit bestimmten Befugnissen ausgestatteten Amtes haben die Vertreter für eine das Interesse der G wahrende Erfüllung der mit diesem Amt verbundenen Pflichten einzustehen und haften der G für Verletzung ihrer Obliegenheiten, obwohl das im Gesetz nicht ausdrücklich bestimmt ist. Als Maß der anzuwendenden Sorgfalt wird auch hier (wie beim Vorstand und Aufsichtsrat) die Sorgfalt eines ordentlichen Geschäftsmannes zu fordern sein (so auch Par. Cr. Anm. a zu § 43 a; Krakenberger Anm. 7 zu § 43 a; Paulick S. 259).

Vgl. auch 83 Anm. 2 und 104 Anm. 1.

Zu Fragen der VV, Schumacher, Ref. und Materialien, Bd. II S. 113, 133.

§ 44
Berufung der Generalversammlung

(1) Die Generalversammlung wird durch den Vorstand berufen, soweit nicht nach dem Statut oder diesem Gesetze[1] auch andere Personen dazu befugt sind.

(2) Eine Generalversammlung ist außer den im Statut oder in diesem Gesetze ausdrücklich bestimmten Fällen zu berufen, wenn dies im Interesse der Genossenschaft erforderlich erscheint[2].

1. Aus dem Gesetzeswortlaut folgt klar, daß der Vorstand stets zur Einberufung berechtigt ist; Satzung kann ihm dieses Recht nicht nehmen (§ 18 Satz 2 GenG). Die Satzung kann daneben lediglich *auch* andere Personen zur Einberufung berechtigen. Ein Mangel der Berufung liegt nicht darin, daß an einer gemäß der Satzung vom Vorstand ausgehenden Berufung sich der Aufsichtsrat beteiligt (RG JW 36 S. 2311 = BlfG 36 S. 526). Berufungsrecht des Prüfungsverbandes 60. Über Zurücknahme der Berufung vgl. RG DR 41 S. 1305 f. GmbH.

2. **Ein solches Interesse der eG** ist z. B. erwähnt in 38 Abs. 2. Vgl. auch 38 Anm. 4 und 27 Anm. 1.

§ 45
Berufungsrecht der Genossen

(1) Die Generalversammlung muß ohne Verzug berufen werden, wenn der zehnte Teil oder der im Statut hierfür bezeichnete geringere Teil der Genossen in einer von ihnen unterschriebenen Eingabe unter Anführung des Zwecks und der Gründe die Berufung verlangt[1].

(2) In gleicher Weise sind die Genossen berechtigt, zu verlangen, daß Gegenstände zur Beschlußfassung einer Generalversammlung angekündigt werden.

(3) Wird dem Verlangen nicht entsprochen, so kann das Gericht (§ 10) die Genossen, welche das Verlangen gestellt haben, zur Berufung der Generalversammlung oder zur Ankündigung des Gegenstandes ermächtigen. Mit der Berufung oder Ankündigung ist die gerichtliche Ermächtigung bekanntzumachen[2].

1. Abs. I: Einen größeren Teil als $1/10$ darf das Statut nicht hierfür bezeichnen. Trotz des „muß" ist Ablehnung des Antrages zulässig, wenn der Antrag mißbräuchlich gestellt wird (KGJ 32 141; JFG 2 220). Die Eingabe (es braucht nicht eine Sammeleingabe zu sein, einzelne gleichlautende Eingaben genügen, KG BlfG 35 S. 138 = HRR 35 Ziff. 250) ist an die Genossenschaft oder eines der Organe (Vorstand, Aufsichtsrat) zu richten (vgl. KG a. a. O.). Dieser Antrag (nach Maßgabe des Statuts) muß dem bei Gerichte vorangehen (Beschl. des Thür. OLG BlfG 11 S. 413). Mitglieder, die inzwischen ausgeschlossen sind, zählen für die Berufung nicht mit. Anwesenheit des Antragstellers in der Generalversammlung nicht erforderlich, der Antrag muß zur Verhandlung gestellt werden. Ist die Vertreterversammlung eingeführt, so bleibt das Recht aus § 45 trotzdem bei den Genossen. Es kann ihnen auch nicht durch eine Statutenbestimmung entzogen werden. Vgl. 43 a Anm. 3.

Das Recht der Mitglieder, die Berufung der GV zu verlangen, besteht auch im Stadium der Liquidation und im Konkurse der eG (JW 25 S. 628 f. AG). Die Mitglieder einer Wohnungsbaugenossenschaft haben ein Recht auf Darlegung der Gründe, die zu einer geforderten Mietpreiserhöhung unter Änderung der bisherigen Nutzungsverträge geführt haben, sowie darauf, sich dazu zu äußern und Vorschläge zur Behebung der Finanznot zu machen (LG Hamburg GWW 48 S. 63 m. Anm.).

2. Abs. III: Das Gericht kann den Antrag (der auch durch einen Bevollmächtigten der Antragsteller unterzeichnet sein, KG HRR 35

§ 46 Gesetz, betr. die Erwerbs- und Wirtschaftsgenossenschaften

Ziff. 250 = BlfG 35 S. 138, oder zu Protokoll des RegGer. gegeben werden kann) nach Prüfung aus materiellen Gründen **zurückweisen** (KGJ **28** 58; der Vorstand ist zu hören). Sofortige und weitere Beschwerde nach FGG 148, 146 Abs. 2, 20, 27. Über Zurückweisung wegen Nähe der ordentl. GV sowie wegen Zwecklosigkeit vgl. Recht 24 Nr. 38 und 1710, ferner wegen Mangels eines berechtigten Interesses, da das Ergebnis der GV mit Sicherheit voraussehbar ist (KG HRR 35 Ziff. 1478 = BlfG 35, S. 605). In der Ermächtigung (die nicht einem einzelnen Antragsteller, sondern nur der sie verlangenden Minderheit erteilt werden kann, KG HRR 35 Ziff. 250 und RG DR 42 S. 1798 Nr. 34) wird zweckmäßigerweise für die Berufung eine Frist gesetzt werden. Der Ermächtigungsbeschluß wird mit seiner Bekanntmachung an die Antragsteller, die keine Angabe des Datums des Ermächtigungsbeschlusses erfordert, wirksam (16 Abs. 1 FGG) und bedarf keiner Vollziehung, so daß deren Aussetzung nach 24 Abs. 2 FGG nicht möglich ist (RG Recht 42 Nr. 4196/7). Die zum Verlangen der Einberufung erforderliche Minderheit muß zur Vermeidung der Anfechtbarkeit der in der GV gefaßten Beschlüsse nicht nur zur Zeit der Erteilung der Ermächtigung vorhanden sein, sondern auch zur Zeit der Einberufung der GV noch fortbestehen (RG DR 42 S. 1798 Nr. 34). Schreibt die Satzung schriftliche Einladung zur GV vor, so sind im Falle der Einberufung auf Grund gerichtlicher Ermächtigung auch der Vorstand bzw. die Liquidatoren und die AR-Mitglieder schriftlich einzuladen; andernfalls sind die Beschlüsse anfechtbar (RG DR 42 S. 1798 Nr. 34). Auf Grund der Ermächtigung kann die Minderheit die Berufung so oft vornehmen, bis eine beschlußfähige GV zustande kommt (OLGRspr. 41 207). Eine durch das RegGericht bereits erfolgte Ermächtigung der Genossenminderheit hindert den Vorstand nicht, von sich aus eine GV mit im wesentlichen gleicher Tagesordnung einzuberufen (OLG Naumburg, JW 38 S. 1827 = BlfG 38 S. 475).

§ 46
Form und Frist der Berufung

(1) Die Berufung der Generalversammlung muß in der durch das Statut bestimmten Weise mit einer Frist von mindestens einer Woche erfolgen[1].

(2) Der Zweck der Generalversammlung soll jederzeit bei der Berufung[2] bekanntgemacht werden. Über Gegenstände, deren Verhandlung nicht in der durch das Statut oder durch § 45 Absatz 3

Kommentar § 46

vorgesehenen Weise mindestens drei Tage vor der Generalversammlung angekündigt ist, können Beschlüsse nicht gefaßt werden; hiervon sind jedoch Beschlüsse über die Leitung der Versammlung sowie über Anträge auf Berufung einer außerordentlichen Generalversammlung[3] ausgenommen.

(3) Zur Stellung von Anträgen und zu Verhandlungen ohne Beschlußfassung bedarf es der Ankündigung nicht[4].

1. Die Kommission beschloß „muß erfolgen" statt „hat zu erfolgen" des Entw., um anzudeuten, daß **Verletzung der Vorschrift einen Grund zur Anfechtung der Beschlüsse** bildet. „In der durch das Statut bestimmten Weise" s. 6 Ziff. 3. Nach BGB 187 wird bei der Berechnung der Frist — eine Woche = sieben Tage — der Tag nicht mitgerechnet, in welchen das Ereignis oder der Zeitpunkt fällt (HGB 255, BGB 188). Es müssen sieben Tage liegen zwischen dem Tag der Berufung und dem Tag der Generalversammlung. Bei mehrmaliger Bekanntmachung beginnt die Frist von der letzten statutengemäß erfolgten Bekanntgabe. Im Falle schriftlicher Einladung gilt die Berufung nicht bereits mit der Aufgabe zur Post, sondern erst mit dem Zugang des Schreibens als erfolgt, sofern sich nicht aus dem Statut etwas anderes ergibt (RG Recht 12 Ziff. 3257). Wegen der Form für die *Zurücknahme* der Berufung vgl. RG DR 41 S. 1305 f. GmbH.

Bedarf es nach der Satzung der Entscheidung zweier Generalversammlungen, so ist es unzulässig, diese Erschwerung dadurch zu umgehen, daß beide auf den gleichen Tag mit einem Zwischenraum von einer Stunde einberufen werden; vielmehr darf die zweite Versammlung erst anberaumt werden, nachdem die erste ergebnislos verlaufen ist. So KG JW 26 S. 1675 Ziffer 2 und JW 35 S. 715 = BlfG 35 S. 160; KG JFG **18** 78 = BlfG 38 S. 529. Andernfalls sind die in der zweiten GV gefaßten Beschlüsse nichtig.

2. **Zu beachten ist hier das „soll"** — nicht „muß" **und die verschiedene Frist.** Die Tagesordnung braucht also nicht gleichzeitig mit der Berufung bekanntgemacht zu werden. Die dreitägige Frist kann durch das Statut nicht verkürzt werden; das folgt aus § 18. Wird sie durch die Satzung verlängert, so hat das nur die Bedeutung einer Ordnungsvorschrift ohne die Wirkung des Beschlußverbots. Vgl. BlfG 32 S. 674. Mangels anderweitiger Satzungsbestimmung erfolgt die Festsetzung der Reihenfolge der Beratungsgegenstände der GV durch das Organ, das sie einberuft. Der Versammlungsleiter kann

§ 46 Gesetz, betr. die Erwerbs- und Wirtschaftsgenossenschaften

aber die Reihenfolge auf Grund eigener Zweckmäßigkeitsüberlegungen ändern, soweit nicht die GV selbst hierüber Beschlüsse faßt, die sie ihrerseits jederzeit zu ändern berechtigt ist. Beschlüsse über die Reihenfolge der Beratungsgegenstände sind als Beschlüsse über die „Leitung der Versammlung" i. S. von 46 Abs. 2 GenG anzusehen und deshalb nicht ankündigungspflichtig (KG BlfG 57 S. 714 = NJW 57 S. 1806). Wegen der auf Grund von § 25 Abs. 2 WGGDV für gemeinnützige Wohnungsbaugenossenschaften möglicherweise in Betracht kommenden Besonderheit bei der Einberufung s. Anm. 5 zu § 16.

Der Zweck muß so deutlich angegeben sein, daß sich der Gegenstand der Verhandlung erkennen läßt (vgl. RG 68 235); allgemeine Wendungen, z. B. „Verschiedenes" genügen nicht (RJA 14 929). Angabe der beabsichtigten Anträge und sonstiger Einzelheiten ist aber nicht erforderlich (KG OLG 43 313; RG 108 325). Aus „Wahl des Direktors" folgt noch nicht, daß der bisherige vom Amte enthoben werden soll, JW 01 S. 659 u. 15 S. 1366, 12. Wenn Aufsichtsratsmitglied abberufen werden soll, genügt nicht die Ankündigung „Wahlen zum Aufsichtsrat". Für die Änderung einer Satzungsbestimmung genügt nicht die Angabe „Satzungsänderung" in der Tagesordnung, sondern es muß zu ersehen sein, welche Bestimmung geändert werden soll. Wird jedoch die ganze Satzung geändert oder durch eine neue (z. B. eine Mustersatzung) ersetzt, so reicht ein Hinweis aus, daß die ganze Satzung zur Beratung steht. Auch wenn eine Haftsummen*erhöhung* beabsichtigt ist, ist die Ankündigung „Haftsummenfestsetzung" genügend (LG Hannover RaiffR 54 S. 16). Die Ausschließung eines dem Vorstand oder Aufsichtsrat angehörigen Genossen kann erfolgen, auch wenn die Zugehörigkeit zu Vorstand oder Aufsichtsrat sich nicht aus der Tagesordnung ergibt (RG Recht 05 Ziff. 2471).

3. Der Beschluß braucht nicht mit der nach § 45 Abs. 1 erforderlichen Anzahl der Mitglieder gefaßt zu sein. Es genügt Mehrheitsbeschluß der Erschienenen. Führen Vorstand und Aufsichtsrat den Beschluß nicht aus, so bleibt es weiter bei § 45, abgesehen von der Haftung aus §§ 34 und 40.

In derselben GV kann über einen Punkt mehrmals abgestimmt werden, soweit nur der Gegenstand der Beschlußfassung ordnungsgemäß angekündigt war (LG Düsseldorf vom 10. 1. 67 Az.: 10 O 54/66). Der letzte Beschluß ist maßgebend und hebt die früheren Beschlüsse wieder auf (bestr. vgl. OLG Celle BlfG 30 S. 523).

4. **Mängel in der Berufung einer GV oder der Ankündigung von Gegenständen** haben regelmäßig nur Anfechtbarkeit gemäß 51, ausnahmsweise jedoch Nichtigkeit der gefaßten Beschlüsse zur Folge; letzteres z. B. dann, wenn der Verstoß gegen die Statutenbestimmungen so schwerwiegend ist, daß die Versammlung nicht als GV gelten kann (RGZ 141 230; OLG Königsberg BlfG 32 S. 157 und BlfG 34 S. 911, KG BlfG 34 S. 816, KG JFG 18 78 = BlfG 38 S. 529) oder wenn die Berufung durch einen Unbefugten erfolgt ist (RG 92 412; BGHZ 18 334). Im übrigen können Beschlüsse einer nicht ordnungsmäßig berufenen GV dann nicht angefochten werden, wenn alle Genossen erschienen und mit der Abhaltung der GV einverstanden sind (vgl. auch KGJ 48 132 für GmbH).

§ 47
Protokollbuch

Die Beschlüsse der Generalversammlung sind in ein Protokollbuch einzutragen, dessen Einsicht jedem Genossen und der Staatsbehörde[1] gestattet werden muß[2].

1. „Staatsbehörde" 161. Dazu gehören nicht die Gerichte.

2. Ordnungsstrafen 160. Regelmäßiges Aufsichtsrecht folgt hieraus nicht. Das Zwangsrecht des Registerrichters soll sich nach einer Erklärung in der Komm. (KommBer. 24) auch auf die Eintragung der Beschlüsse in das Protokollbuch beziehen. Recht auf Einsicht kein höchstpersönliches Recht, kann also regelmäßig auch durch Bevollmächtigte ausgeübt werden (KGJ 31 201). Nur im Geschäftslokal der Genossenschaft (KGJ 41 154). Die zur Einsicht Berechtigten können Abschrift nehmen (RJA 14 14). Die Eintragung ins Protokollbuch ist nur dann Voraussetzung für die Rechtswirksamkeit und Eintragungsfähigkeit der Beschlüsse, wenn die Eintragung statutarisch als Form der Beurkundung vorgesehen ist; näheres 6 Anm. 5.

§ 48
Bilanzgenehmigung. Gewinn- und Verlustverteilung. Entlastung

(1) Die Generalversammlung beschließt[1] über den Jahresabschluß[2] und den auf die Genossen fallenden Betrag des Gewinns oder des Verlustes[3] sowie über die Entlastung des Vorstandes und des Aufsichtsrats[4].

§ 48   Gesetz, betr. die Erwerbs- und Wirtschaftsgenossenschaften

(2) Der Jahresabschluß sowie der Geschäftsbericht nebst den Bemerkungen des Aufsichtsrats[5] sollen mindestens eine Woche vor der Versammlung in dem Geschäftsraume der Genossenschaft oder an einer anderen durch den Vorstand bekanntzumachenden geeigneten Stelle zur Einsicht der Genossen ausgelegt oder ihnen sonst zur Kenntnis gebracht werden. Jeder Genosse ist berechtigt, auf seine Kosten eine Abschrift des Jahresabschlusses, des Geschäftsberichts und der Bemerkungen des Aufsichtsrats zu verlangen[6].

1. **Allgemeines.** Abs. 1 i. d. Fassung des Ges. vom 20. 12. 33 (RGBl. I 1089), Abs. 2 i. d. Fassung der VO vom 30. 5. 33 (RGBl. I S. 317).

Die Beschlußfassung über den Jahresabschluß, die Gewinn- oder Verlustverteilung und die Entlastung der Verwaltung ist ausschließliches Recht der GV und kann deshalb nicht anderen Organen übertragen werden (RG 13 26 ; KGJ 20 61).

2. Unter „**Jahresabschluß**" ist die Bilanz und die Gewinn- und Verlustrechnung zu verstehen (33 Abs. 2); Aufstellung durch den Vorstand (33 Abs. 2); Prüfung durch den AR und Berichterstattung in der GV (38 Abs. 1 Satz 3); Veröffentlichung des genehmigten Jahresabschlusses durch den Vorstand (33 Abs. 3). GV ist berechtigt, den vorgelegten Entwurf des Jahresabschlusses zurückzuweisen und Vorlage eines neuen oder die Abänderung des vorgelegten zu beschließen. Stimmrecht der Vorst.- und AR-Mitglieder bei Beschlußfassung der GV über den Jahresabschluß 43 Anm. 4.

Eine von der GV genehmigte Bilanz kann u. U. nichtig oder anfechtbar sein. *Nichtig* ist eine Bilanz, die gegen zwingende gesetzliche Vorschriften (z. B. die Bewertungsvorschriften, soweit sie die Bewertung nach oben begrenzen) oder gegen die guten Sitten verstößt (RG 68 243, 316; 72 37; LG Plauen, BlfG 36 S. 796). Die Voraussetzungen der *Anfechtbarkeit* bestimmen sich nach 51 (Verstöße gegen nichtzwingende gesetzliche Vorschriften oder gegen das Statut). Einschränkung der Anfechtung durch 33 h. Keine Anfechtung durch die ausgeschiedenen Genossen (KG OLGRspr. 36 285). Von der Anfechtung ist die *Berichtigung* einer genehmigten Bilanz zu unterscheiden. Sie ist auch nach Ablauf der Anfechtungsfrist durch die GV möglich. Berichtigung aber nur zulässig, wenn durch die neue Bilanz ein gesetzmäßiger Zustand hergestellt wird (RG 32 95). Eine Bilanz, die ordnungsmäßig aufgestellt ist, ist aber als richtige Bilanz anzusprechen, auch wenn sich nachträglich ihre objektive Unrichtigkeit herausstellt (RG 68 3; vgl. aber 122 33 ff.). Über die Berichtigung einer Genossenschaftsbilanz mit bindender Wirkung für die ausgeschiedenen Genossen vgl. auch Schmidt v. Rhein in DRZ 35 S. 82. Nach LG Hamburg (GWW 56 S. 577) steht die Rechtskraft eines Urteils, durch das ein Auszahlungsanspruch abgewiesen ist, einer neuen Klage nicht entgegen, wenn infolge Änderung der Auseinandersetzungsbilanz der abgewiesene Anspruch doch noch zur Entstehung gelangt.

3. Die Prüfung der Vorschläge des Vorstandes zur Gewinn- oder Verlustverteilung erfolgt durch den AR; Berichterstattung hierüber in der GV (38 Abs. 1 Satz 3). Die Art und Weise der Verteilung des nach Beschluß der GV auf die Genossen fallenden Betrages des Gewinns oder Verlustes regelt 19. Der Anspruch der Genossen auf den Gewinn setzt einen GV-Beschluß voraus (RG **15** 99; **37** 62; RG DJZ 36 Sp. 1309 für AG); Anspruch auf Feststellung des auf die Genossen fallenden Gewinns ist kein klagbares Sonderrecht der Mitglieder (JW 16 S. 409). Über die Verteilung des Gewinns oder Verlustes s. im übrigen die Anmerkungen zu 7 und 19. Der Gewinn- oder Verlustverteilungsbeschluß kann nichtig oder anfechtbar sein; er kann auch berichtigt werden. Es gilt das oben unter 2 Ausgeführte entsprechend, jedoch dürfen die durch den ersten Beschluß begründeten Rechte der Genossen (z. B. auf Dividendenzahlung) nicht beeinträchtigt werden (RG **37** 62). Bezüglich der Verwendung des Gewinns sind auch 81 und 149 zu berücksichtigen; übliche Anstandsschenkungen sind zulässig, ebenso Zuweisungen an Pensionsfonds (a. A. RG **40** 25). Wegen der für gemeinnützige Wohnungsbaugenossenschaften nach § 9 Buchst. a WGG geltenden Dividendenbeschränkung vgl. Anm. 4 zu § 19.

4. Während bis zur Neufassung des Abs. 1 (s. oben unter 1) die Entlastung des Vorstandes nur in 37 Abs. 2 und die des AR im Gesetz überhaupt nicht erwähnt waren, **ist nunmehr der GV ausdrücklich die Entlastung des Vorst. und AR zugewiesen.** Die Entlastung, die nicht im voraus sondern nur nachträglich erfolgen kann (RG JW 05 S. 698, OLG Rostock BlfG 34 S. 539 und OLG Königsberg BlfG 35 S. 588) hat zwar in der Regel eine ähnliche Wirkung wie ein Verzicht auf Ersatzansprüche oder das Anerkenntnis des Nichtbestehens solcher, ist jedoch eine rechtserhebliche, dem Gesellschaftsrecht eigentümliche Erklärung eigener Art, die im Grunde ihrem Inhalte nach nichts weiter zum Ausdruck bringt als die Billigung der Geschäftsführung und das Vertrauen in diese. Sie unterliegt daher auch nur der gesellschaftsrechtlichen Anfechtungsklage, nicht aber auch der Anfechtung wegen Irrtums oder arglistiger Täuschung nach 119, 123 BGB; ebensowenig kann sie aus dem Gesichtspunkt ungerechtfertigter

§ 48 Gesetz, betr. die Erwerbs- und Wirtschaftsgenossenschaften

Bereicherung zurückgenommen oder einredeweise entkräftet werden, wenn sich naträglich herausstellt, daß bis dahin nicht erkannte Ersatzansprüche bestanden (RG DR 41 S. 508; vgl. auch Waldmann, Deutsch. Gem. u. Wirtsch. Recht 42 S. 186). Zur Rechtsnatur und zum Wesen der Entlastung und zur Bedeutung einer Klage auf Entlastung vgl. OLG Hamburg BB 60 S. 956. Die Befugnis der GV zur Entlastungserteilung kann auch dann nicht in Zweifel gezogen werden, wenn die Entlastung den Belangen der G abträglich erscheint. Voraussetzung ist nur, daß die Entlastung nicht in einer gegen die guten Sitten verstoßenden Weise vorsätzlich zum Nachteil der G erfolgt (RG JW 35 S. 921 für AG; OLG Königsberg BlfG 32 S. 321 u. RG DR 41 S. 506). Die Entlastung bezieht sich aber immer nur auf die Verfehlungen, die der GV bei der Fassung des Entlastungsbeschlusses entweder bekannt waren oder von ihr aus den ihr vorgelegten Unterlagen erkannt werden konnten (RG JW 36 S. 2313; RG **152** 273; RG JW 38 S. 2019 = BlfG 38 S. 470; RG BlfG 39 S. 281; BAG ZfG 57 S. 218; vgl. aber auch RG DR 39 S. 2164). Anders, wenn auf Klage hin durch Urteil Entlastung erteilt wird (RG **89** 396 für AG). Wird in der GV die Verhandlung über den Jahresabschluß vertagt, so kann über die Entlastung nicht beschlossen werden (vgl. RG **44** 66). Es kann die Genehmigung der Bilanz ausgesprochen und trotzdem die Entlastung abgelehnt werden (RG **44** 69; **49** 146); wird die Entlastung abgelehnt oder nicht ausdrücklich beschlossen, so bleiben trotz Genehmigung der Bilanz der eG die Regreßansprüche gegen die Verwaltung erhalten (BlfG 33 S. 280). Mitlgieder des Aufsichtsrats haben bei der Entlastung des Vorstands und Mitglieder des Vorstands haben bei der Entlastung des Aufsichtsrats kein Stimmrecht, weil sich die Verantwortungsbereiche überschneiden können, so daß die Beschlußfassung zu einer unzulässigen „Selbstentlastung" führen würde. Die Entlastung kann in besonderen Fällen auch für einen bestimmten Zeitraum des Geschäftsjahres, z. B. in einer außerordentlichen Generalversammlung erfolgen. Voraussetzung ist, daß die Versammlung über die Geschäftstätigkeit dieses Zeitraums ausreichend unterrichtet wird, z. B. auf Grund einer Prüfung durch den Aufsichtsrat (vgl. Par. Cr. § 37 Anm. 8, Citron BlfG 31 S. 821). Es genügt Unterrichtung auf Grund eines Zwischenabschlusses und Zwischenberichts von Aufsichtsrat und Vorstand. Die Entlastung kann jedem Mitglied der Organe einzeln erteilt oder verweigert werden (RG **75** 308). Im Konkurs der eG keine Entlastung durch die GV mehr möglich, sondern nur Vergleich des Konkursverwalters mit den Verwaltungsmitgliedern über die Ersatzansprüche der eG (RG **63** 203 für AG).

Kommentar § 49

5. Bezüglich des Geschäftsberichts und der Bemerkungen des AR s. 33 Abs. 2 und 33 a; Einreichung an das RegGer. 33 Abs. 3.

6. Das Recht der Genossen auf Einsicht und Abschrifterteilung bezieht sich auf die Zeit vor Genehmigung des Jahresabschlusses (KGJ 13 7). Ordnungsstrafen gegenüber dem Vorst. 160; Verpflichtung des RegRichters zur Einleitung des Ordnungsstrafverfahrens nur auf Antrag eines Mitgliedes; Beschwerderecht des Genossen 19 FGG. Die Genossen haben kein Recht, die eigentlichen Bücher und Schriften der G einzusehen und Abschriften zu verlangen, da das Gesetz ein solches Recht nur bezüglich des Jahresabschlusses und des Geschäftsberichts geschaffen hat (vgl. im einzelnen: Deutsche landw. Genossensch. Presse 08 S. 42).

§ 49
Höchstgrenzen für Anleihen und Kredite

Die Generalversammlung hat festzusetzen:
1. den Gesamtbetrag, welchen Anleihen der Genossenschaft und Spareinlagen bei derselben nicht überschreiten sollen;
2. die Grenzen, welche bei Kreditgewährungen an Genossen eingehalten werden sollen.

1. § 49 bezieht sich auf alle Arten von eG, also nicht nur auf Kreditgen. und bezweckt, ein gesundes Verhältnis zwischen dem eigenen Vermögen und dem fremden Kapital zu schaffen, die ungerechtfertigte Begünstigung einzelner Mitglieder zu verhindern und den der eG aus dem Vermögensverfall eines einzelnen Schuldners etwa erwachsenden Verlust zu beschränken (amtl. Begründung II 84, 224).

Für die dem KWG unterliegenden Genossenschaften vgl. auch §§ 10 und 13 KWG sowie die Grundsätze über das Eigenkapital und die Liquidität der Kreditinstitute, Bekanntmachung des Bundesaufsichtsamts für das Kreditwesen Nr. 1/62 vom 8. 3. 62 (Bundesanzeiger Nr. 53 vom 16.3. 62 und Nr. 57 vom 22. 3. 62). Bei § 49 GenG handelt es sich um gesellschaftsrechtliche Vorschriften, die in erster Linie dem Schutze der *Mitglieder* der eG dienen, während die Bestimmungen des KWG als öffentlich-rechtliche Normen vor allem den Schutz der *Gläubiger* (Einleger) der Kreditinstitute bezwecken. Die Maßstäbe für die im KWG festgelegten Grenzen gelten daher nicht für die Grenzen nach § 49 GenG.

§ 49 Gesetz, betr. die Erwerbs- und Wirtschaftsgenossenschaften

Gemeinnützige Wohnungsbaugenossenschaften haben außerdem § 6 WGG i. V. m. §§ 9 u. 10 WGGDV zu beachten. Die Vorschriften des KWG über das Kreditgeschäft finden nur dann Anwendung, wenn gemeinnützige Wohnungsbaugenossenschaften außerhalb der ihnen eigentümlichen Geschäfte Kredite i. S. des § 19 Abs. 1 KWG gewähren. (S. Anm. 5 zu § 1).

2. Zu Ziffer 1: Es handelt sich um die Feststellung der zur Fortführung des Geschäftsbetriebes einer eG notwendigen fremden Betriebsmittel; sie sollen in ein richtiges Verhältnis zu den eigenen Betriebsmitteln gebracht werden. Der „Gesamtbetrag" wird begrifflich als ein ziffernmäßig auszudrückender Geldbetrag zu verstehen sein (vgl. aber auch BlfG 23 S. 121, wo unter Berücksichtigung der damaligen Geldentwertung die Festsetzung des Gesamtbetrages auch in Warenmengen für zulässig erklärt wurde, was heute auf Grund von § 3 des Währungsges. nicht mehr möglich wäre). Die Begriffe „Anleihen" und „Spareinlagen" sind nicht im Sinne der heutigen Terminologie z. B. des KWG zu verstehen. Gemeint sind alle fremden Gelder. Giroverbindlichkeiten fallen weder unter „Anleihen" noch unter „Spareinlagen", doch sind sie, um dem Zweck der Vorschrift gerecht zu werden, bei der Festsetzung des Gesamtbetrages zu berücksichtigen. Ebenso sind Warenschulden der eG bei Lieferanten in sinngemäßer Auslegung des Gesetzes bei Festsetzung des Gesamthöchstbetrages der aufzunehmenden fremden Mittel zu berücksichtigen.

Für gemeinnützige Wohnungsbaugenossenschaften, die Bankgeschäfte i. S. des § 1 Abs. 1 KWG betreiben, die nicht zu den ihnen eigentümlichen Geschäften gehören (§ 2 Abs. 1 Nr. 7, Abs. 3 KWG), ist der Haftsummenzuschlag nicht ausdrücklich geregelt. § 1 der Zuschlagsverordnung v. 6. 12. 63 (BGBl. I, 871) ist anwendbar.

3. Zu Ziffer 2: Die „Grenze" kann für alle Arten von Krediten einheitlich als Gesamtsumme, aber auch in der Weise festgesetzt werden, daß für verschiedene Arten (z. B. Kontokorrent-, Wechsel-, Warenkredit) besondere Grenzen bestimmt werden, deren Zusammenrechnung dann die Gesamtkredithöchstgrenze ergibt. Es genügt aber auch, wenn der Kredithöchstbetrag so festgelegt wird, daß sich jederzeit zweifelsfrei feststellen läßt, ob die damit gezogene Grenze eingehalten ist oder nicht (vgl. BlfG 23 S. 121). Die GV kann auch eine generelle Kredithöchstgrenze festsetzen mit der Maßgabe, daß diese in einigen (zahlenmäßig genau festgelegten) Ausnahmefällen (also z. B. in zwei Fällen) jeweils bis zu einem Betrage von x DM überschritten werden darf. Nach dem Wortlaut von 49 Ziff. 2 bezieht sich die Grenze nur auf Kredite an Mitglieder. Nach Entstehungsgeschichte müßte — bei Nichtkreditgenossenschaften — die Grenze mindestens in gleicher Weise bei Krediten an Nichtmitglieder beachtet werden. Falls Satzung für Nichtmitglieder besondere Grenze festlegt, darf diese nicht höher festgesetzt werden als für Mitglieder. Unter Kreditgewährung fällt jede Art von Kredit (vgl. Händel BlfG 32 S. 568), gleichgültig ob er gesichert oder ungesichert ist und welcher Art die Sicherheit ist; auch die Einräumung eines sog. Zahlungszieles bei Warenlieferungen an Genossen wird man ebenso wie die Delkredereforderungen der G als Kreditgewährung zu behandeln haben. Auch eine von der Genossenschaft eingegangene Bürgschaft ist als Kreditgewährung anzusehen. Das Kreditverhältnis besteht zwischen der Bank und demjenigen, in dessen Auftrag die Bürgschaft übernommen wurde.

Unterhält ein Kreditnehmer mehrere Konten, die teils debitorisch, teils kreditorisch sind, so müssen im Rahmen des § 49 Ziffer 2 die debitorischen Salden allein Berücksichtigung finden ohne Möglichkeit einer Kompensierung. Kompensierung ist nur möglich, wenn die einzelnen Konten gemeinsam gestaffelt werden in der Weise, daß bei der Krediteinräumung der gemeinsame Saldo berücksichtigt wird, und Verfügungen über Habenkonten nur insoweit zulässig sind, als dadurch der Gesamtsaldo nicht über die Höchstkreditgrenze steigt.

Kredite an mehrere Gesellschafter einer Handelsgesellschaft dürften — wenn die Satzung nichts anderes festlegt — in aller Regel zusammenzurechnen sein, weil es sich im allgemeinen um ein einheitliches Kreditrisiko handelt. Durchlaufende Kredite und Auftragskredite, die eine Kreditgenossenschaft im eigenen Namen, aber für fremde Rechnung gewährt, fallen nicht unter § 49 Ziff. 2, da die Genossenschaft nicht das Kreditrisiko trägt. Bei Meta-Krediten ist nur der eigene Anteil der Kreditgenossenschaft in die Höchstgrenze einzurechenen. Kredite, für die Dritte auf Grund einer Bürgschaft haften, auch wenn es sich um eine Staatsbürgschaft handelt, sind im Rahmen von 49 Ziff. 2 anzurechnen. Überschreitung der Kredithöchstgrenze ist ohne Einfluß auf die Gültigkeit der einzelnen Geschäfte; Vorstand und Aufsichtsrat sind aber sowohl für Nichtfestsetzung der Kredithöchstgrenze durch die GV als auch für Überschreitung der Kredithöchstgrenze nach 34, 41 verantwortlich (RG JW 37 S. 683 = BlfG 36 S. 988 u. RG BlfG 39 S. 281), allerdings nur der eG, nicht den Genossen, da § 49 kein Schutzgesetz i. S. von § 823 Abs. 2 BGB ist. Hat die Überschreitung der Kredithöchstgrenze einen Schaden verursacht, so kann sich der in Anspruch Genommene nicht darauf berufen, daß er im übrigen bei Prüfung der Voraussetzungen der Kreditgewährung nicht fahrlässig gehandelt habe (RG BlfG 39 S. 281).

§ 51   Gesetz, betr. die Erwerbs- und Wirtschaftsgenossenschaften

Für sog. Großkredite = Kredite an einzelne Kreditnehmer, die 15 % des haftenden Eigenkapitals des Kreditinstituts übersteigen, legt § 13 KWG besondere Grenzen und Anzeigepflichten fest. Wegen der Einzelheiten vgl. § 13 KWG.

Im übrigen kann gem. 49 die Kreditgrenze unabhängig von den Vorschriften des KWG durch die GV bestimmt werden. Diese Grenze kann sowohl über wie auch unter der Kredithöchstgrenze des KWG liegen.

Bei der Verschmelzung von Kreditgenossenschaften gelten nur noch die Grenzen, wie sie bei der übernehmenden G bestehen. Es ist darauf zu achten, ob vor Verschmelzung bereits von übertragender G Kreditzusagen gemacht worden sind, die die Höchstgrenze der übernehmenden Genossenschaft überschreiten. Ist dies der Fall, so sollte im Verschmelzungsvertrag eine entsprechende Regelung für die Behandlung dieser Zusagen getroffen werden.

§ 50
Festsetzung von Einzahlungen auf den Geschäftsanteil

Soweit das Statut die Genossen zu Einzahlungen auf den Geschäftsanteil verpflichtet, ohne dieselben nach Betrag und Zeit festzusetzen, unterliegt ihre Festsetzung der Beschlußfassung durch die Generalversammlung.

1. Vgl. 7 Ziff. 2; für gemeinnützige Baugenossenschaften s. Anm. 4 zu 7. Ist nur die in 7 Ziffer 2 bestimmte Mindestpflichteinzahlung durch die Satzung festgelegt, fehlt es aber an einer darüber hinausgehenden statutenmäßigen Einzahlungspflicht, so bedarf es einer Satzungsänderung, falls eine über die Mindestpflichteinzahlung hinausgehende Einzahlung auf den Geschäftsanteil notwendig wird (vgl. 7 Anm. 4). Die Festsetzung nach 50 ist ausschließliches Recht der GV; Übertragung an Vorst. oder AR deshalb unzulässig (RG 118 222; OLGRspr. **19** 347). Die Festsetzung enhält keine Statutenänderung und ist deshalb an deren Voraussetzungen nicht gebunden. 22 Abs. 1 gilt nur für *statutarisch* festgesetzte Einzahlungsfristen und -beträge.

§ 51
Anfechtung von Generalversammlungsbeschlüssen

(1) Ein Beschluß der Generalversammlung kann wegen Verletzung des Gesetzes oder des Statuts im Wege der Klage angefochten werden. Die Klage muß binnen einem Monat erhoben werden[1].

Kommentar § 51

(2) Zur Anfechtung befugt ist jeder in der Generalversammlung erschienene Genosse, sofern er gegen den Beschluß Widerspruch zum Protokoll erklärt hat[2], und jeder nicht erschienene Genosse[3], sofern er zu der Generalversammlung unberechtigterweise nicht zugelassen worden ist oder sofern er die Anfechtung darauf gründet, daß die Berufung der Versammlung oder die Ankündigung des Gegenstandes der Beschlußfassung nicht gehörig erfolgt sei. Außerdem ist der Vorstand[4] und, wenn der Beschluß eine Maßregel zum Gegenstande hat, durch deren Ausführung sich die Mitglieder des Vorstandes und des Aufsichtsrats strafbar oder den Gläubigern der Genossenschaft haftbar machen würden, jedes Mitglied des Vorstandes und des Aufsichtsrats zur Anfechtung befugt.

(3) Die Klage ist gegen die Genossenschaft zu richten. Die Genossenschaft wird durch den Vorstand, sofern dieser nicht selbst klagt, und durch den Aufsichtsrat vertreten[5]. Zuständig für die Klage ist ausschließlich das Landgericht, in dessen Bezirke die Genossenschaft ihren Sitz hat. Die mündliche Verhandlung erfolgt nicht vor Ablauf der im ersten Absatz bezeichneten Frist. Mehrere Anfechtungsprozesse sind zur gleichzeitigen Verhandlung und Entscheidung zu verbinden.

(4) Die Erhebung der Klage sowie der Termin zur mündlichen Verhandlung sind ohne Verzug von dem Vorstande in den für die Bekanntmachungen der Genossenschaft bestimmten Blättern zu veröffentlichen.

(5) Soweit durch ein Urteil rechtskräftig der Beschluß für nichtig erklärt ist, wirkt es auch gegenüber den Genossen, welche nicht Partei sind. War der Beschluß in das Genossenschaftsregister eingetragen, so hat der Vorstand dem Gerichte (§ 10) das Urteil behufs der Eintragung einzureichen. Die öffentliche Bekanntmachung der letzteren erfolgt, soweit der eingetragene Beschluß veröffentlicht war[6].

1. **Allgemeines und zu Abs. I:** 51 enthält die Voraussetzungen der Anfechtbarkeit von GV-Beschlüssen, führt die anfechtungsberechtigten Personen auf und regelt das Anfechtungsverfahren. Werden anfechtbare GV-Beschlüsse nicht rechtzeitig angefochten oder wird die Anfechtungsklage abgewiesen, so sind die Beschlüsse von Anfang an rechtswirksam. Anfechtbar sind nur solche Beschlüsse, die gegen nicht zwingende gesetzliche oder statutarische Bestimmungen (insbesondere Verfahrensvorschriften) verstoßen. Zu diesen gehören: Mängel der Berufung der GV, 46 Anm. 4 (wenn sie nicht so schwerwiegender Natur sind, daß die Versammlung überhaupt nicht als Generalversammlung gelten kann), der Ankündigung der Gegenstände der Be-

schlußfassung (46 Anm. 4) und der Abstimmung (Fehlen der erforderlichen Stimmenmehrheit, RG 60 414; 111 227, LG Wuppertal GW 64, 91; unzulässige Beeinflussung der Abstimmung RG 114 246 und OLG Königsberg BlfG 35 S. 139; unangemessene Beschränkung der Redezeit, Mitabstimmen von Nichtmitgliedern RG 106 263). Auch ein durch Machtmißbrauch zustande gekommener GV-Beschluß ist nicht nichtig, sondern nur anfechtbar; das gilt auch, wenn die Stimmberechtigten infolge politischen Drucks oder anderer von außen her kommender Einschüchterungen unfrei handelten (BGHZ Bd. 8 S. 348 = NJW 53 S. 740). Anfechtbarkeit liegt ferner regelmäßig vor bei Verletzung des Grundsatzes der Gleichheit der Genossen (18 Anm. 1 Abs. 4; RG 118 72; JFG 2 278); soweit jedoch die Gleichheit der Genossen durch Gesetz eine absolute ist (Stimmrecht, Höhe des Geschäftsanteils und der Haftsumme, Recht zum jederzeitigen Austritt), wird man Nichtigkeit des Beschlusses annehmen müssen (vgl. JZ 56 S. 363). Nur Anfechtbarkeit ist gegeben bei Beschlüssen, die sittenwidrig sind; verstößt jedoch ein Beschluß an und für sich betrachtet inhaltlich gegen die guten Sitten, so ist er nichtig (s. unten). Die Anfechtungsklage ist abzuweisen, wenn die eG die Einflußlosigkeit des Mangels nachweist (RG 110 198; JW 31 S. 2961; HRR 34 Ziff. 888). Auch ablehnende Beschlüsse können angefochten werden, da der Nachweis eines besonderen Rechtsschutzinteresses nicht erforderlich ist (RG JW 35 S. 2361), jedoch kann die eG u. U. entgegenhalten, daß die Ausübung des Anfechtungsrechts sich als Rechtsmißbrauch darstelle (RG JW 35 S. 2361 und JW 36 S. 181). Anfechtungsgründe, die erst nach Ablauf der Monatsfrist nachgeschoben werden, sind rechtlich unbeachtlich (RG 125 156; HRR 34 Ziff. 888; JW 35 S. 2361). Der Anfechtungskläger kann seine Klage auch darauf stützen, daß *andere* Genossen nicht ordnungsmäßig geladen seien (RG HRR 34 Ziff. 888). Über die Anfechtungsklage kann nicht durch ein Schiedsgericht entschieden werden (Kolmar, ZtschfAG 17. Jhrg. S. 6; JW 27 S. 1111). Über Bemessung des Streitwertes KG BlfG 05 S. 140. Revision ohne Rücksicht auf den Streitwert zulässig (ZPO 547).

Von der Anfechtbarkeit zu unterscheiden ist die Nichtigkeit von GV-Beschlüssen. Diese kann im Wege der Feststellungsklage nach 256 ZPO oder einredeweise geltend gemacht werden (RG 124 191). Daneben ist Anfechtungsklage nach 51 möglich, sofern deren Voraussetzungen vorliegen (RG JW 36 S. 2311 = BlfG 36 S. 526). Die in §§ 246—249 AktG getroffene Regelung der Anfechtungs- und Nichtigkeitsfeststellungsklage findet entsprechende Anwendung (RGZ 170 83). Nichtige Beschlüsse werden auch durch die Eintragung ins Genossenschaftsregister nicht rechtswirksam, können vielmehr, wenn

Kommentar § 51

sie ihrem Inhalte nach gegen zwingende gesetzliche Vorschriften verstoßen und ihre Beseitigung im öffentlichen Interesse geboten ist, nach 142, 143 FGG von Amts wegen gelöscht werden (147 Abs. 3 FGG). Eine unheilbare Nichtigkeit von GV-Beschlüssen ist nur unter beschränkten Voraussetzungen anzuerkennen, nämlich dann, wenn die Beschlüsse unverzichtbare gesetzliche Vorschriften, namentlich solche, die im öffentlichen Interesse gegeben sind, verletzen oder wenn sie sonst dem Wesen der eG widersprechen oder sofern sie durch ihren *Inhalt* gegen die guten Sitten verstoßen; im übrigen begründet Sittenwidrigkeit nur Anfechtbarkeit der Beschlüsse (RG **115** 383; **119** 97; **131** 145; JW 35 S. 921 f. AG; DR 41 S. 1305 für GmbH). Nichtig sind insbesondere Beschlüsse, durch die Rechte der Mitglieder aus besonderen Vertragsverhältnissen verletzt werden (RG **124** 191; OLGRspr. **16** 108; RG HRR 32 Ziff. 1287), Beschlüsse, die in einer von Unbefugten berufenen GV gefaßt werden, sofern nicht etwa alle Stimmberechtigten erschienen sind (RG **92** 412 u. RG DR 42 S. 1797 Nr. 33 sowie BGHZ **18** 334 = ZfG **56** S. 324, der 195,1 AktG a. F. auf die eG sinngemäß angewendet; im Interesse der Rechtssicherheit ist auch eine entsprechende Anwendung des Gedankens des § 196 Abs. 2 AktG a. F. (Fristenregelung) auf Beschlüsse sowohl der GV als auch der VV der eG mit zutreffender Begründung geboten [so auch Baumgärtel ZfG **56** S. 328]), ferner, wenn entgegen einer statutarischen Vorschrift nicht sämtliche Genossen zugestimmt haben (KGJ **41** 151) oder die satzungsmäßige Mindestzahl nicht anwesend, also Beschlußfähigkeit nicht vorhanden war (RG **76** 171; KG JW 35 S. 715; OLG Dresden, BlfG **36** S. 764; KG JFG **18** 78 = BlfG **38** S. 529), schließlich auch, wenn infolge der statutwidrigen Form der Berufung die Versammlung überhaupt nicht als Generalversammlung angesehen werden kann (46 Anm. 4; s. auch 46 Anm. 1) oder die GV ihre Zuständigkeit überschreitet (OGHZ **2** 197 = ZfG **50** S. 76). Ist der tatsächlich gefaßte Beschluß nicht protokolliert, der protokollierte Beschluß nicht zustande gekommen, so sind beide Beschlüsse nichtig (RG **125** 143). Ein nichtiger Beschluß kann die Nichtigkeit weiterer Beschlüsse begründen, wenn sie ein einheitliches Ganzes bilden; 139 BGB findet nämlich auch auf GV-Beschlüsse von eG Anwendung, wenn dieselben rechtsgeschäftlichen Inhalt haben, z. B. Satzungsänderungen enthalten. Aber auch über 139 BGB hinaus kann die Nichtigkeit eines an und für sich selbständigen Beschlusses die Nichtigkeit anderer Beschlüsse nach sich ziehen, wenn der eine Beschluß ausdrücklich oder stillschweigend auf einen anderen Bezug nimmt oder die Beschlüsse auch nur ihrem Inhalte nach miteinander

§ 51 Gesetz, betr. die Erwerbs- und Wirtschaftsgenossenschaften

in innerem Zusammenhang stehen (RG 140 177 und die dort zitierte frühere Rspr. des RG).
Auch die Bestellung eines Organs, z. B. des Aufsichtsrates, kann anfechtbar oder nichtig sein. Dies kann grundsätzlich gutgläubigen Dritten nicht entgegengehalten werden. (So Gadow, Heinichen, § 200 Anm. 6; anderer Auffassung für GmbH BGH 11, 246).
GV-Beschlüsse, die in unentziehbare Rechte der Genossen (Sonderrechte — vgl. 43 Anm. 1 — u. Gläubigerrechte) eingreifen, sind nicht nichtig. Sie werden zwar nicht durch den Ablauf der Anfechtungsfrist des § 51 wirksam, da es einer Anfechtung nicht bedarf (RG 37 65; 51 91), können aber von den betroffenen Genossen genehmigt und damit wirksam gemacht werden (BGHZ 15 177). Die Genehmigung kann auch außerhalb der GV ausdrücklich oder stillschweigend erteilt werden (RG 68 265; 128 34; zu weitgehend RG 140 246, wonach die Genehmigung schon darin liegt, daß die nicht erschienenen, anfechtungsberechtigten Genossen die Anfechtungsfrist verstreichen lassen). Die beschränkte Unwirksamkeit der von den Betroffenen nicht genehmigten Beschlüsse kann Gegenstand einer Feststellungsklage sein (BGHZ 15 177).

2. Der Widerspruch kann auch schon vor der Beschlußfassung (RG JW 36 S. 181) **und bis zum Schlusse der GV erklärt werden** (RG Recht 05 Nr. 2741). Für die Anfechtungsklage ist nicht Voraussetzung, daß der Widerspruch ausdrücklich in das Protokoll aufgenommen ist; es genügt vielmehr, wenn der Genosse seinen Widerspruch so deutlich äußert, daß ein gewissenhafter Protokollführer sich verpflichtet fühlen muß, diese Erklärung in das Protokoll aufzunehmen (RG 53 293; ObGericht Danzig, BlfG 37 S. 339; LG Kiel, ZfG 55 S. 243 Nr. 38; LG Düsseldorf vom 10. 1. 67) auch die Verweigerung der Protokollierung des Widerspruchs oder die Behinderung des Mitglieds an der Ausübung seines Rechts, z. B. durch unberechtigte Verweisung aus dem Versammlungsraum hindert die Anfechtungsklage nicht (RG 53 293; JW 28 S. 1569). Wird ein Mitglied zu Unrecht von der weiteren Teilnahme an der Versammlung ausgeschlossen, so kann es auch die dann gefaßten Beschlüsse anfechten, obwohl ein Widerspruch zum Protokoll nicht möglich war. Entsprechend für Aktiengesellschaften BGH Blätter für Genossenschaftswesen 66, 162. Der Genosse ist an die Begründung seines zu Protokoll gegebenen Widerspruchs nicht gebunden (RG 20 241); eine Begründung ist überhaupt nicht erforderlich. Dagegen muß die Anfechtungsklage die bestimmte Angabe des Grundes des erhobenen Anspruchs enthalten (DJZ 03 S. 525); Ergänzung oder Berichtigung zulässig, sofern der Klagegrund der gleiche bleibt. Ein Genosse, der zwar zur Zeit der GV noch Mitglied war, aber vor Erhebung der Klage oder während des Prozesses ausscheidet, bleibt anfechtungsberechtigt (RG 66 134), ebenso die Erben eines Genossen bis zum Schlusse des Todesjahres (RG 119 99). Das Anfechtungsrecht gemäß § 51 bezieht sich bei Genossenschaften mit Vertreterversammlung allein auf die Vertreter.

3. Die eG kann geltend machen, daß die Abwesenheit des Genossen für das Zustandekommen des Beschlusses nicht ursächlich war (RG 65 242). Die einmonatige Ausschlußfrist läuft auch gegen die nichterschienenen Genossen vom Tage der GV ab (RG 66 128).

4. **Der Vorstand kann auch dann anfechten,** wenn seine Mitglieder für den Beschluß gestimmt haben. Seine Aktivlegitimation endet nicht mit seiner Abberufung (BlfG 28 S. 721). Die Erklärung eines Widerspruchs zu Protokoll ist bei der Anfechtung durch Vorstand und Aufsichtsrat nicht Voraussetzung für die Anfechtung.

5. Im Anfechtungsprozeß wird die G vom Vorstand und AR vertreten. Bei aufgelöster G treten an die Stelle des Vorstandes die Liquidatoren (BGH NJW 60 S. 1006). Es genügt die Zustellung an je ein Mitglied von Vorstand und Aufsichtsrat (171 Abs. 3 ZPO; BGH a. a. O.). 184 ZPO für Zustellung an AR nicht anwendbar, da AR als solcher kein Geschäftslokal hat (JW 33 S. 1038). Klagt Vorstand selbst, so erfolgt Vertretung durch den AR (37). Klage ist Vorstand und AR zuzustellen (RG 14, S. 142). Die Anfechtungsfrist wird gewahrt, wenn die Klage rechtzeitig unter Bezeichnung der Parteien eingereicht wird; die Benennung der Parteivertreter kann noch im Prozeß nachgeholt werden (BGH NJW 60 S. 1006). Klagt nur ein Vorstands- oder AR-Mitglied, so wird die G durch die übrigen Vorstands- bzw. AR-Mitglieder vertreten. Im Konkurs wird die G vom Konkursverwalter vertreten, falls die Klage die Konkursmasse berührt. Das ist z. B. bei Umstellungs- oder Erhöhungsbeschlüssen der Fall (RG JW 36 S. 181).

6. Abs. V: AV 23. Zweigniederlassung 157. Ordnungsstrafe 160.

§ 52
Schadenersatzpflicht des Anfechtungsklägers

Für einen durch unbegründete Anfechtung des Beschlusses der Genossenschaft entstandenen Schaden haften ihr solidarisch die Klä-

§ 52 Gesetz, betr. die Erwerbs- und Wirtschaftsgenossenschaften

ger, welchen bei Erhebung der Klage eine bösliche Handlungsweise zur Last fällt.

1. Über den Begriff der „böslichen Handlungsweise" s. RG 1 22; 7 25.

Vierter Abschnitt
Prüfung und Prüfungsverbände

Vorbemerkung

Der früher mit „Revision" überschriebene Vierte Abschnitt ist durch das Gesetz vom 30. 10. 34 (RGBl. I 1077 ff.), das die seit langem geplante Reform der genossenschaftlichen Prüfung brachte, völlig umgestaltet worden und trägt seitdem die Überschrift „Prüfung und Prüfungsverbände". Die neuen Vorschriften, deren Grundlage die in der VO des Reichspräsidenten über die Deutsche Zentralgenossenschaftskasse und das genossenschaftliche Revisionswesen vom 21. 10. 32 (RGBl. I 503, 508), Kap. III niedergelegten Richtlinien bilden, sind im wesentlichen am 15. 12. 34 in Kraft getreten (VO vom 4. 12. 34, RGBl. I 1227). Bei dieser Neuordnung des genossenschaftlichen Prüfungswesens sind von den früheren Vorschriften des Vierten Abschnitts nur die §§ 60 a—e über die Verschmelzung von Prüfungsverbänden unter der Bezeichnung §§ 63 e—i übernommen worden; die übrigen damaligen Bestimmungen sind grundsätzlich außer Kraft gesetzt; über ihre ausnahmsweise Weitergeltung s. Art. III. Abs. 4 des Gesetzes vom 30. 10. 34, abgedruckt bei § 54.

Die bemerkenswertesten Änderungen des genossenschaftlichen Prüfungswesens durch das Gesetz vom 30. 10. 34, dessen amtliche Begründung im Reichsanzeiger 34 Nr. 256 veröffentlicht ist, sind folgende: Jährliche Prüfung der eG mit einer Bilanzsumme von 350 000 DM und mehr (53); Pflicht zum Anschluß an einen Prüfungsverband, andernfalls Auflösung von Amts wegen (54), jedoch Verbandswechsel möglich (54 a) (vgl. hierzu Schröder, DJ 36 S. 1920); Träger der Prüfung ist der Prüfungsverband, die Prüfer sind nur Erfüllungsgehilfen des Verbandes (55); gesteigerte zivil- und strafrechtliche Verantwortlichkeit des Prüfungsverbandes und der Prüfer (62, 150), aber auch erweiterte Befugnisse, um die Beseitigung der bei der Prüfung festgestellten Mängel zu erreichen (58—60); Verleihung und Entziehung des Prüfungsrechtes durch die Reichsregierung, jetzt (vgl. 63 Anm. 1 Abs. 2) durch den Landes- bzw. Bundeswirtschafts-

Kommentar § 53

minister (63, 63 a, 64 a); Schaffung des öffentlich bestellten genossenschaftlichen Wirtschaftsprüfers, dessen Bestellung die VO über öffentlich bestellte Wirtschaftsprüfer im Genossenschaftswesen vom 7. 7. 36 (RGBl. I 559) regelte. Nach Kriegsende war diese VO, obwohl sie nicht außer Kraft gesetzt worden war, nicht mehr anwendbar, weil die durch sie geschaffenen Einrichtungen weggefallen waren. Die durch staatsrechtliche Veränderungen erforderliche Anpassung der Rechtsgrundlagen für die Stellung der Wirtschaftsprüfer im Genossenschaftswesen erfolgte zunächst durch das Gesetz über Wirtschaftsprüfer im Genossenschaftswesen vom 17. 7. 52 (BGBl. I S. 385). Dieses Gesetz wurde abgelöst durch das Gesetz über eine Berufsordnung der Wirtschaftsprüfer (Wirtschaftsprüferordnung) vom 24. 7. 61 (BGBl. I S. 1049). Auszugsweise abgedruckt im Anhang. Die Wirtschaftsprüferordnung enthält im Vierten Abschnitt Vorschriften über die „Wirtschaftsprüfer im Genossenschaftswesen".

Die den genossenschaftlichen Wirtschaftsprüfer betreffenden Bestimmungen (55 Abs. 2, 56 Abs. 2 S. 2, 63 b Abs. 5) sind noch nicht in Kraft getreten.

Über genossenschaftliche Pflichtprüfung und steuerrechtliche Vorschriften vgl. BlfG 38 S. 533. Über die Entwicklung des genossenschaftlichen Prüfungswesens vgl. Letschert, BlfG 37 S. 493 und Zee-Heraeus BlfG 38 S. 97. Über Probleme der genossenschaftlichen Prüfung vgl. Lang BlfG 39 S. 485 u. Letschert „Die genossenschaftliche Pflichtprüfung", Wiesbaden 52, sowie Henzler „Prüfungsverbände" Hammonia Verlag, Hamburg 1956.

Zu Fragen der Pflichtprüfung und des genossenschaftlichen Verbandswesens s. „Pflichtmitgliedschaft bei Prüfungsverbänden; Rechtsbehelfe gegen die Verweigerung der Aufnahme in einen Prüfungsverband" von Caemmerer/Riebandt-Korfmacher zur Reform des Genossenschaftsrechts, Referate und Materialien, 3. Band, Seite 7, 23; „Rechtsstellung der Prüfungsverbände" Flender/Schneider, a. a. O. S. 85, 125; „Staatsaufsicht über Prüfungsverbände" Westermann/Lang/Klusak a. a. O. S. 53, 195, 235; „Rechtliche Stellung der Spitzenverbände" Klusak/König, a. a. O. S. 253, 275.

§ 53
Pflichtprüfung, Prüfungsfrist

(1) Zwecks Feststellung der wirtschaftlichen Verhältnnisse und der Ordnungsmäßigkeit der Geschäftsführung sind die Einrichtungen, die Vermögenslage sowie die Geschäftsführung der Genossenschaft mindestens in jedem zweiten Jahre zu prüfen. Bei Genossen-

§ 53 Gesetz, betr. die Erwerbs- und Wirtschaftsgenossenschaften

schaften, deren Bilanzsumme einschließlich der Verbindlichkeiten aus der Begebung von Wechseln und Schecks, aus Bürgschaften, Wechsel- und Scheckbürgschaften sowie aus Garantieverträgen den Betrag von 350 000 DM erreicht oder übersteigt, muß die Prüfung mindestens einmal jährlich stattfinden.

(2) Der Reichsminister der Justiz kann bestimmen, daß der Jahresabschluß zu prüfen ist, bevor er der Generalversammlung zur Beschlußfassung vorgelegt wird. Er kann die Vorschriften erlassen, die zur Durchführung dieser Prüfung und im Zusammenhang mit ihr erforderlich sind.

1. Abs. I: Die genossenschaftliche Prüfung ist eine formelle und materielle und im Gegensatz zur aktienrechtlichen Prüfung keine bloße Jahresabschlußprüfung. Vor allem ist zwecks „Feststellung der wirtschaftlichen Verhältnisse und der Ordnungsmäßigkeit der Geschäftsführung" neben den Einrichtungen und der Vermögenslage auch die Geschäftsführung der G zu prüfen. Mit Ausnahme der Sonderregelung für Kreditgenossenschaften (vgl. Anm. 2) ist Gegenstand der Prüfung nicht der Jahresabschluß, sondern die Vermögenslage und die Geschäftsführung der Genossenschaft.

Rabattsparvereine in der Form der eG sind alljährlich zu prüfen (Rabattgesetz vom 25. 11. 33, § 4 Abs. 2 u. DVO vom 21. 2. 34 §§ 7 ff.). Nach § 8 der genannten DVO kann die Prüfung von Rabattsparvereinen einem Revisionsverbande gewerblicher Genossenschaften übertragen werden. Das Rabattgesetz mit seinen Durchführungsverordnungen ist nach einhelliger Meinung nach wie vor gültig (Reimer, Zugabe- und Rabattrecht 55 S. 115 Vorbemerkung). Nur die §§ 5 und 6 sind durch das Gesetz zur Änderung von Vorschriften des Genossenschaftsgesetzes und des Rabattgesetzes vom 21. 7. 54 (BGBl. I S. 212) neu gefaßt worden (s. 1 Anm. 9 Abs. 2).

Gemeinnützige Wohnungsbaugenossenschaften haben sich „regelmäßigen Prüfungen" des zuständigen Prüfungsverbandes zu unterwerfen, die sich auch auf die Einhaltung der Vorschriften der §§ 2 bis 15 WGG und die Einhaltung der Durchführungsvorschriften erstrecken (§§ 26 Abs. 1 u. 2; 19 Abs. 2; 14 WGG; § 23 Abs. 3, 4 WGGDV). Die Mustersatzung für gemeinnützige Wohnungsbaugenossenschaften sieht eine jährliche Prüfung vor. Der Prüfungsverband kann mit Zustimmung oder auf Verlangen der Anerkennungsbehörde außerordentliche Prüfungen auf Kosten der Genossenschaft durchführen (§ 26 Abs. 1 Satz 2 u. Abs. 4 WGG), auf die ebenfalls die Vorschriften des GenG Anwendung finden. Nötigenfalls kann auch die Anerkennungsbehörde von sich aus eine außerordentliche Prüfung durch eine von ihr zu bestimmende Stelle auf Kosten der G vornehmen lassen (§ 26 Abs. 6 WGG).

Nach KGJ 46 169 muß die Prüfung in allen Fällen begonnen sein, ehe seit der vorausgegangenen ein bzw. zwei Jahre verstrichen sind. Hiernach dürfte also zwischen zwei Prüfungen höchstens ein Zeitraum von 12 bzw. 24 Monaten liegen. Diese Auslegung entspricht weder dem Gesetz noch den Bedürfnissen der Praxis.

Daß die Satzung eines Prüfungsverbandes Prüfungen in kürzeren als den in 53 genannten **Zeitabständen** vorsehen kann, ist nicht zweifelhaft, da in 53 das Wort „mindestens" gebraucht ist. Macht die Satzung eines Prüfungsverbandes von diesem Recht Gebrauch, so sind infolgedessen auch diese Prüfungen als ordentliche im Sinne von 53 im Gegensatz zu den außerordentlichen im Sinne von 57 Abs. 1 S. 2 anzusehen. Bei diesen Prüfungen kann deshalb der Vorstand ebenfalls gemäß 57 Abs. 1 in Verbindung mit 160 vom Registergericht durch Ordnungsstrafen zur Gestattung der Büchereinsicht usw. und gemäß 59 Abs. 1 in Verbindung mit 160 zur Einreichung der Prüfungsbescheinigung angehalten werden. Von den in der Verbandssatzung vorgesehenen häufigeren Prüfungen erhält das Registergericht durch die Verbandssatzung, die den Registergerichten nach 63 d einzureichen ist, Kenntnis. Wenn Meyer-Meulenbergh (53, Anm. 1) die Ansicht vertritt, daß die eG zur Duldung derartiger häufigerer Prüfungen nicht durch registerrichterliche Ordnungsstrafen gezwungen werden kann, so übersieht er, daß diese periodischen Verbandsprüfungen zum mindesten ebenso wie außerordentliche Prüfungen behandelt werden müssen. Außerordentliche Prüfungen, d. h. Prüfungen, die nicht als periodische im Gesetz oder in der Satzung des Prüfungsverbandes vorgesehen sind, sind aber in 57 Abs. 1 Satz 2 ausdrücklich erwähnt. Das Registergericht kann deshalb den Vorstand auch bei solchen außerordentlichen Prüfungen zur Gestattung der Büchereinsicht usw. durch Ordnungsstrafen gemäß 160 anhalten. Dagegen kommt bei den außerordentlichen Prüfungen, aber auch nur bei diesen, die Einreichung einer Prüfungsbescheinigung nach 59 Abs. 1 nicht in Frage und kann daher auch nicht nach 160 erzwungen werden.

Nach § 17 Abs. 1 der VO vom 4. 9. 39 (RGBl. I S. 1694), war mit Rücksicht auf die Kriegsverhältnisse § 53 Abs. 1 GenG vorerst nicht mehr anzuwenden. § 17 dieser VO, der bereits durch § 81 Abs. 1 Buchst. b DMBG aufgehoben worden ist, ist durch § 1 I a des handelsrechtlichen Bereinigungsgesetzes vom 18. 4. 50 (BGBl. S. 90) nochmals ausdrücklich für das ganze Bundesgebiet aufgehoben worden. § 53 GenG ist also wieder in Kraft.

§ 53   Gesetz, betr. die Erwerbs- und Wirtschaftsgenossenschaften

An die Stelle der „Reichsmark" ist die „Deutsche Mark" getreten (vgl. 62 Anm. 3 Abs. 2).

2. Abs. II: Von dieser Ermächtigung wurde bereits Gebrauch gemacht durch die VO über die Prüfung der Jahresabschlüsse von 7. 7. 37 (RGBl. I S. 763), die in Art. 2 Bestimmungen über die Prüfung der Jahresabschlüsse von Kreditinstituten in der Rechtsform der eG enthält. Danach ist der Jahresabschluß von Genossenschaften, die Bank- oder Sparkassengeschäfte im Inland betreiben, unter Einbeziehung der zugrunde liegenden Buchführung zu prüfen, bevor er der GV zur Beschlußfassung vorgelegt wird. Diese Vorschrift wurde durch das neue KWG abgelöst. § 27 Abs. 1 KWG bestimmt, daß der Jahresabschluß von Kreditinstituten unter Einbeziehung der Buchführung und des Geschäftsberichts, soweit er den Jahresabschluß erläutert, zu prüfen ist, bevor er festgestellt wird. Der Jahresabschluß von KreditGen. ist demnach zu prüfen, bevor er der GV zur Beschlußfassung vorgelegt wird. Diese Prüfungspflicht umfaßt jedoch nur Zentralkassen sowie diejenigen Genossenschaften, die eine Bilanzsumme ohne Giroverbindlichkeiten und Avale von 10 Mill. DM und darüber hinaus aufweisen.

Nach Art. I der Zweiten VO über Maßnahmen auf dem Gebiete des Genossenschaftsrechts vom 19. 12. 42 (RGBl. I S. 729) war mit Rücksicht auf die Kriegsverhältnisse die Prüfung des Jahresabschlusses von Kreditgenossenschaften bis auf weiteres nur noch alle zwei Jahre durchzuführen. Auch diese Bestimmung ist durch § 1 I i des handelsrechtlichen Bereinigungsgesetzes vom 18. 4. 50 (BGBl. 50 S. 90) aufgehoben worden.

An die Stelle des Reichsministers der Justiz ist der Bundesminister für Justiz getreten.

Der Jahresabschluß von gemeinnützigen Wohnungsbaugenossenschaften mit eigener Spareinrichtung, die also Bankgeschäfte i. S. von § 1 Abs. 1; § 2 Abs. 2 Nr. 7, Abs. 3 KWG betreiben, ist abweichend von der allgemeinen Regelung in sinngemäßer Anwendung von § 27 Abs. 1 u. 3 KWG vor der Feststellung zu prüfen, wenn die Höhe der Spareinlagen 10 Mill. DM übersteigt. Es kommt also in diesen Fällen nicht auf die Höhe der Bilanzsumme an. A. A. das BAK: die Pflicht zur Prüfung könne nur im Hinblick auf das ganze Unternehmen und nicht beschränkt auf einen Teil seiner Geschäfte betrachtet werden.

Für die Prüfung des Jahresabschlusses gelten die Bestimmungen der §§ 55 bis 62, 64 und 64 a GenG **sinngemäß.** Für den Bestätigungsvermerk gilt § 167 AktG sinngemäß (vgl. im übrigen Lisnik,

BlfG 37 S. 548). Soweit Prüfung und Bestätigungsvermerk zwingend vorgeschrieben sind (für Kreditgenossenschaften ab 10 Millionen D-Mark Bilanzsumme — § 27 KWG), muß in entsprechender Anwendung von § 162 Abs. 1—3 AktG Nichtigkeit des Jahresabschlusses angenommen werden, soweit Prüfung und Bestätigungsvermerk fehlen; weder durch die VO vom 7. 7. 37 noch durch § 27 Abs. 1 neues KWG ist 38 Abs. 1 außer Kraft gesetzt worden; trotz der vom Prüfungsverband vorzunehmenden Prüfung des Jahresabschlusses hat deshalb nach wie vor auch der Aufsichtsrat der G den Jahresabschluß zu prüfen und darüber der GV Bericht zu erstatten.

§ 54
Anschlußpflicht

(1) **Die Genossenschaft muß einem Verband angehören, dem das Prüfungsrecht verliehen ist (Prüfungsverband).**
(2) **Der Reichswirtschaftsminister und der Reichsminister für Ernährung und Landwirtschaft können unter Benachtrichtigung des Gerichts (§ 10) gemeinsam anordnen, daß eine Genossenschaft binnen einer bestimmten Frist die Mitgliedschaft bei einem von ihnen benannten Verband zu erwerben hat. Weist die Genossenschaft nicht innerhalb der gesetzten Frist dem Gericht nach, daß sie die Mitgliedschaft erworben hat, so hat das Gericht von Amts wegen nach Anhörung des Vorstandes die Auflösung der Genossenschaft auszusprechen. § 80 Abs. 2 findet Anwendung.**

1. Die Vorschrift des Abs. I bestimmt, daß sich sowohl alle schon bestehenden G als auch alle nach Inkrafttreten der Püfungsnovelle (15. 12. 34) gegründeten G einem Prüfungsverbande anzuschließen haben. Durch diese für Genossenschaften jeder Art eingeführte Anschlußpflicht (vgl. Schröder, DJ 36 S. 1920) wird verhindert, daß G, die aus durchsichtigen Gründen die Verbandsprüfung ablehnen, den Beitritt zu einem Prüfungsverband unterlassen oder, wenn sie einem Verbande angehören, sich durch Austritt der Prüfung und Überwachung entziehen können. Den Genossenschaften ist es grundsätzlich anheimgestellt, welchem Prüfungsverband sie sich anschließen wollen, denn es ist zu erwarten, daß sie sich regelmäßig dem für sie sachlich und örtlich zuständigen Verbande anschließen werden. Um aber willkürlichen Entschließungen vorzubeugen und auch in Grenzfällen eine sachgemäße Entscheidung zu sichern, ist die Ermächtigung des Abs. 2 geschaffen. Für alle neu gegründeten G sieht 11 Abs. 2 Ziff. 4

§ 54   Gesetz, betr. die Erwerbs- und Wirtschaftsgenossenschaften

vor, daß der Anmeldung zum Registergericht zwecks Eintragung der G die Bescheinigung eines Prüfungsverbandes beizufügen ist, wonach die G zum Beitritt zugelassen ist. Die Verbindung mit einer Wirtschaftsprüfungsgesellschaft ersetzt, auch wenn deren Vorstandsmitglied als Wirtschaftsprüfer im Genossenschaftswesen gemäß § 25 der Wirtschaftsprüferordnung vom 29. 7. 1961 zugelassen oder gem. § 26 der Wirtschaftsprüferordnung zur Prüfung von Genossenschaften ermächtigt ist, nicht den Anschluß an einen Prüfungsverband. Die einschlägigen, sich noch auf die VO vom 7. 7. 36 beziehenden Entscheidungen (LG Hildesheim ZfG 61 S. 151 Nr. 1 und 55 S. 243 Nr. 40) sind sinngemäß nach Einführung der Wirtschaftsprüferordnung weiterhin zu berücksichtigen.

Gehört eine Genossenschaft mehreren Prüfungsverbänden an (was in der Regel nur vorübergehend der Fall sein wird), so hat sie während der Dauer der mehrfachen Mitgliedschaft die Wahl, von welchem dieser Prüfungsverbände sie sich prüfen lassen will. — Eine gemeinnützige Wohnungsbaugenossenschaft muß einem Prüfungsverband von Wohnungsunternehmen angehören, der den Vorschriften des GenG entspricht und nach § 23 WGG hierfür zugelassen worden ist (§ 14 WGG).

Wegen der Frage der Aufnahmepflicht des Verbandes vgl. 11 Anm. 7. Das Rechtsverhältnis zwischen einem Prüfungsverband und der um die Aufnahme nachsuchenden Genossenschaft ist bürgerlichrechtlicher Natur. Für einen Anspruch einer Genossenschaft, mit welchem sie die Aufnahme in den Verband verfolgt, ist der ordentliche Rechtsweg gegeben (BGH vom 24. 5. 62 KZR 10/61 in Wertpapier-Mitteilungen 62 S. 760).

Zum Problem der Pflichtmitgliedschaft vgl. „Die Mitgliedschaft von Genossenschaften in Prüfungsverbänden" Dissert. G. M. Barth, Univers. Freiburg/Schweiz 1964.

Über die zeitweilige Suspendierung der Anwendung des § 54 nach dem Kriege auf Grund von Anweisungen der Besatzungsmächte vgl. die 26. Aufl.

2. Abs. II: Da für die nach dem Inkrafttreten des Gesetzes (15. 12. 34) aus einem Prüfungsverbande ausscheidenden Genossenschaften die Sonderregelung des 54 a gilt und für die am 15. 12. 34 bestehenden, einem Prüfungsverbande nicht angehörenden eG der inzwischen durch Art. III Abs. 2 der Zweiten VO über Maßnahmen auf dem Gebiet des Genossenschaftsrechts vom 19. 12. 42 (RGBl. I S. 729) außer Kraft gesetzte Art. III des Gesetzes vom 30. 10. 34 zur Anwendung kam (vgl. jetzt aber 64 b), bezieht sich 54 Abs. 2 zunächst auf

die nach dem 15. 12. 34 gegründeten Genossenschaften, die noch keinem Prüfungsverbande angehören, darüber hinaus aber auch auf vor oder nach dem 15. 12. 34 errichtete, einem Prüfungsverbande angehörende Genossenschaften. Auch diesen können die genannten Reichsminister den Erwerb der Mitgliedschaft bei einem von ihnen benannten Verbande bei Vermeidung der Auflösung zur Pflicht machen. Eine solche eG muß dann aus ihrem bisherigen Prüfungsverband ausscheiden und dem von den Reichsministern benannten anderen Verbande beitreten. An die Stelle des Reichswirtschaftsministers und des Reichsministers für Ernährung und Landwirtschaft sind nunmehr der Bundesminister für Wirtschaft und der Bundesminister für Ernährung, Landwirtschaft und Forsten getreten.

§ 54 a
Ausscheiden aus einem Prüfungsverbande

(1) Scheidet eine Genossenschaft aus dem Verband aus, so hat der Verband das Gericht (§ 10) unverzüglich zu benachrichtigen[1]. Das Gericht hat eine Frist zu bestimmen, innerhalb deren die Genossenschaft die Mitgliedschaft bei einem Verbande, der dem bisherigen Spitzenverband[2] der Genossenschaft angehört, zu erwerben hat. Der Reichswirtschaftsminister und der Reichsminister für Ernährung und Landwirtschaft[3] können gemeinsam gestatten, daß sie die Mitgliedschaft bei einem Verband erwirbt, der einem anderen Spitzenverband angehört[4].

(2) Weist die Genossenschaft nicht innerhalb der festgesetzten Frist dem Gericht nach, daß sie die Mitgliedschaft erworben hat, so hat das Gericht von Amts wegen nach Anhörung des Vorstandes die Auflösung der Genossenschaft auszusprechen. § 80 Abs. 2 findet Anwendung.

1. Allgemeines: 54 a bezieht sich auf eG, die nach dem Inkrafttreten der Prüfungsnovelle (15. 12. 34) aus einem Prüfungsverband ausscheiden. Für eG, die vorher ausgeschieden sind und am 15. 12. 34 keinem Prüfungsverbande angehörten, war zunächst Art. III des Gesetzes vom 30. 10. 34 maßgebend, während später eine Neuregelung durch 64 b erfolgt ist. Die in 54 ausgesprochene Anschlußpflicht hindert, wie sich aus 54 a ergibt, nicht das Ausscheiden einer eG aus ihrem bisherigen Prüfungsverbande; sie muß sich jedoch bei Vermeidung der Auflösung einem anderen Prüfungsverbande des gleichen Spitzenverbandes anschließen (vgl. auch Schröder DJ 36 S. 1920).

§ 25 WGG trifft für den Bereich des Wohnungsgemeinnützigkeitsrechts Bestimmungen über die Zulassung eines gemeinnützlichkeits-

§ 55 Gesetz, betr. die Erwerbs- und Wirtschaftsgenossenschaften

rechtlichen Spitzenverbandes und die Pflichtmitgliedschaft der gemeinnützlichkeitsrechtlich zugelassenen Prüfungsverbände bei einem solchen Spitzenverband. Funktionen des Spitzenverbandes ergeben sich aus §§ 25 Abs. 3; 26 WGG; §§ 12 Abs. 1, 19 Abs. 1, 23 Abs. 1 WGGDV. Dagegen ist der als Übergangsregelung gedachte § 25 Abs. 2 WGG mit dem Grundgesetz nicht vereinbar und unwirksam (s. Anm. 1 zu §§ 63 und 63 c; Fußnote 13) zu § 25 Abs. 2 WGG; ebenso Bodien a. a. O. Anm. zu § 25 WGG S. 166).

2. **Spitzenverbände des deutschen Genossenschaftswesens sind:**
für die gewerblichen Genossenschaften:
Der Deutsche Genossenschaftsverband (Schulze-Delitzsch) e. V. **Bonn, Heussallee 5.**
für die landwirtschaftlichen Genossenschaften:
Der Deutsche Raiffeisenverband e. V., **Bonn**, Adenauerallee 127;
für die gemeinnützigen Bau- und Wohnungsgenossenschaften:
der Gesamtverband gemeinnütziger Wohnungsunternehmen e. V. **Köln,** Breslauer Platz 4.
für die Konsumgenossenschaften:
Der Revisionsverband Deutscher Konsumgenossenschaften e. V. **Hamburg 1,** Besenbinderhof 43.

3. An die Stelle des Reichswirtschaftsministers und des Reichsministers für Ernährung und Landwirtschaft sind die jeweiligen Länderministerien getreten. Gegen die Vorschrift bestehen jedoch verfassungsrechtliche Bedenken im Hinblick auf Art. 9 (Vereinigungsfreiheit) und Art. 12 (Berufsfreiheit) des Grundgesetzes.

4. Da ausnahmsweise ein Wechsel des Spitzenverbandes gerechtfertigt sein kann, ist die Bestimmung des 54 a Abs. 1 Satz 3 geschaffen worden.

§ 55
Verband als Träger der Prüfung

(1) Die Genossenschaft wird durch den Verband geprüft, dem sie angehört. Der Verband bedient sich zum Prüfen der von ihm angestellten Prüfer[1]. Diese sollen im genossenschaftlichen Prüfungswesen ausreichend vorgebildet und erfahren sein[2].

(2) Der Verband kann sich, wenn nach seinem Ermessen ein wichtiger Grund vorliegt, zum Prüfen eines nicht von ihm angestellten öffentlich bestellten genossenschaftlichen Wirtschaftsprüfers oder einer Prüfungsgesellschaft bedienen, von deren Inhabern, Vorstands-

Kommentar §55

mitgliedern oder Geschäftsführern mindestens einer als genossenschaftlicher Wirtschaftsprüfer öffentlich bestellt ist[3].

1. Nicht mehr dem Revisor, sondern **dem Prüfungsverband als solchem liegt nunmehr die Prüfung ob**; er ist Träger der Prüfung und bedient sich zum Prüfen des von ihm angestellten Prüfers nur als ausführenden Organs (Erfüllungsgehilfe nach BGB 278; vgl. BlfG 35 S. 134 und LG Hildesheim, GewGen. 50 S. 247). Eine gemeinnützige Wohnungsbaugenossenschaft wird durch den Verband, dem sie gem. § 14 WGG angehört, geprüft (§ 23 Abs. 3 WGGDV).

2. **Diese Bestimmung ist ganz allgemein gehalten und selbstverständlich.**

3. **Abs. 2 ist noch nicht in Kraft getreten** (Art. 1 Abs. 1 der VO vom 4. 12. 34), obwohl inzwischen das Gesetz über Wirtschaftsprüfer im Genossenschaftswesen vom 17. 7. 52 (BGBl. I S. 385) und an seiner Stelle nunmehr die Wirtschaftsprüferordnung vom 29. 7. 61 (BGBl. I S. 1045) erlassen worden ist. Bis zum Inkrafttreten des Abs. 2 kann sich der Verband, wenn nach seinem Ermessen ein wichtiger Grund vorliegt, zum Prüfen eines nicht von ihm angestellten, vom Spitzenverband bestimmten Prüfers oder einer vom Spitzenverband bestimmten Prüfungsgesellschaft bedienen (Art. 1 Abs. 2 der VO vom 4. 12. 34).

Die Verordnung vom 4. 12. 34 (RGBl. I 1227) lautet:
Art. 1 Abs. 1. Das Gesetz zur Änderung des Genossenschaftsgesetzes vom 30. Oktober 34 tritt mit Ausnahme der Vorschriften im Art. 1 § 55 Abs. 2, § 56 Abs. 2 Satz 2, § 63 Abs. 5 mit dem 15. Dezember 34 in Kraft. Abs. 2. Bis zum Inkrafttreten der Vorschrift im Art. I § 55 Abs. 2 kann sich der Verband, wenn nach seinem Ermessen ein wichtiger Grund vorliegt, zum Prüfen eines nicht von ihm angestellten, vom Spitzenverband bestimmten Prüfers oder einer vom Spitzenverband bestimmten Prüfungsgesellschaft bedienen. Abs. 3. Bis zum Inkrafttreten der Vorschrift im Art. I § 56 Abs. 2 Satz 2 hat in den im § 56 Abs. 2 Satz 1 bezeichneten Fällen der Verband die Genossenschaft durch einen vom Spitzenverband bestimmten Prüfer oder eine vom Spitzenverband bestimmte Prüfungsgesellschaft prüfen zu lassen. Art. 2. Verbände, die zur Zeit des Inkrafttretens des Gesetzes zur Änderung des Genossenschaftsgesetzes vom 30. Oktober 34 berechtigt sind, Prüfer zu bestellen, haben das Prüfungsrecht ohne besondere Verleihung durch die Reichsregierung.

Der Verband bleibt aber auch in diesem Falle Träger der Prüfung und hat deshalb auch die Prüfungsverfolgung insbes. nach § 60 durchzuführen.

§ 56 Gesetz, betr. die Erwerbs- und Wirtschaftsgenossenschaften

Die Stellung der Wirtschaftsprüfer im **Genossenschaftswesen** wird nunmehr durch §§ 25, 26 der Wirtschaftsprüferordnung vom 24. 7. 61 (BGBl. I S. 1043) geregelt.

§ 56
Verbot der Prüfung durch den Verband

(1) Mitglieder und Angestellte der zu prüfenden Genossenschaft dürfen die Prüfung nicht vornehmen[1].

(2) Ist ein Vorstandsmitglied oder ein Liquidator der Genossenschaft zugleich Vorstandsmitglied des zuständigen Verbandes oder besteht die Genossenschaft ganz oder überwiegend aus eingetragenen Genossenschaften, so darf die Genossenschaft nicht durch einen von dem Verband angestellten Prüfer geprüft werden[2]. *Der Verband hat in diesem Fall die Genossenschaft nach der Entscheidung des Spitzenverbandes durch einen öffentlich bestellten genossenschaftlichen Wirtschaftsprüfer oder durch eine Prüfungsgesellschaft prüfen zu lassen, von deren Inhabern, Vorstandsmitgliedern oder Geschäftsführern mindestens einer als genossenschaftlicher Wirtschaftsprüfer öffentlich bestellt ist*[3].

1. Das Verbot beruht auf der Erwägung, daß die Mitglieder und Angestellten der zu prüfenden eG wegen ihrer Abhängigkeit von der eG oder mit Rücksicht auf ihr eigenes Interesse die Prüfungstätigkeit vielfach nicht unvoreingenommen ausüben würden.

2. Abs. 2 Satz 1 bestimmt, unter welchen Voraussetzungen ein vom Verband angestellter Prüfer die Prüfung nicht vornehmen darf. Personalunion zwischen Verbands- und Genossenschaftsvorstand ist zwar nicht untersagt, würde aber die Objektivität der Verbandsprüfung gefährden. Die vor Bestellung zum Vorstandsmitglied durch dieses erfolgte Mitwirkung an der Verbandsprüfung ist unschädlich, da 56 nur verbietet, daß ein Vorstandsmitglied die Prüfung vornimmt oder zugleich Mitglied des Vorstandes des Prüfungsverbandes ist (LG Kiel, ZfG 55 S. 243 Nr. 38). — Die Prüfung von Zentralgenossenschaften durch den zuständigen Prüfungsverband erschien bei der besonderen Bedeutung dieser Genossenschaften ebenfalls als nicht zweckmäßig.

3. Abs. 2 Satz 2 ist noch nicht in Kraft getreten. Art. 1 Abs. 3 der VO vom 4. 12. 34 (vgl. § 55 Anm. 3) schreibt deshalb vor, daß bis zum Inkrafttreten des § 56 Abs. 2 Satz 2 in den in § 56 Abs. 2 Satz 1 bezeichneten Fällen der Verband die Genossenschaft durch

einen vom Spitzenverband bestimmten Prüfer oder eine vom Spitzenverband bestimmte Prüfungsgesellschaft prüfen zu lassen hat. Der Verband bleibt aber auch in diesem Falle Träger der Prüfung nach § 55 Abs. 1 und hat deshalb auch die Prüfungsverfolgung durchzuführen (ebenso Paulick S. 309).

Wegen der Zulassung von Wirtschaftsprüfern im Genossenschaftswesen und der Ermächtigung von Wirtschaftsprüfern zur Prüfung von Genossenschaften vgl. 55 Anm. 3.

§ 57
Verfahren bei der Prüfung

(1) Der Vorstand der Genossenschaft hat dem Prüfer die Einsicht der Bücher[1] und Schriften[2] der Genossenschaft sowie die Untersuchung des Kassenbestandes und der Bestände an Wertpapieren und Waren zu gestatten; er hat ihm alle Aufklärungen und Nachweise zu geben, die der Prüfer für eine sorgfältige Prüfung benötigt[3, 3a]. Das gilt auch, wenn es sich um die Vornahme einer vom Verband angeordneten außerordentlichen Prüfung[4] handelt.

(2) Der Verband hat dem Vorsitzenden des Aufsichtsrats der Genossenschaft den Beginn der Prüfung rechtzeitig anzuzeigen[5]. Der Vorsitzende des Aufsichtsrats hat die übrigen Mitglieder des Aufsichtsrats von dem Beginn der Prüfung unverzüglich zu unterrichten und sie auf ihr Verlangen oder auf Verlangen des Prüfers zu der Prüfung zuzuziehen.

(3) Von wichtigen Feststellungen, nach denen dem Prüfer sofortige Maßnahmen des Aufsichtsrats erforderlich erscheinen, soll der Prüfer unverzüglich den Vorsitzenden des Aufsichtsrats in Kenntnis setzen[6].

(4) In unmittelbarem Zusammenhang mit der Prüfung soll der Prüfer in einer gemeinsamen Sitzung des Vorstandes und des Aufsichtsrats der Genossenschaft über das voraussichtliche Ergebnis der Prüfung mündlich berichten[7]. Er kann zu diesem Zwecke verlangen, daß der Vorstand oder der Vorsitzende des Aufsichtsrats zu einer solchen Sitzung einladen; wird seinem Verlangen nicht entsprochen, so kann er selbst Vorstand und Aufsichtsrat unter Mitteilung des Sachverhalts berufen.

1. „Bücher" sind die Handelsbücher im Sinne von 38 HGB, gegebenenfalls auch die der Zweigniederlassungen.

2. Unter den „Schriften" der eG sind nicht nur die Belege und Geschäftspapiere im üblichen Sinne, sondern alle für die Geschäfts-

führung bedeutungsvollen Urkunden (z. B. auch Protokolle) zu verstehen.
Das Gesetz zur Abkürzung handelsrechtlicher und steuerrechtlicher Aufbewahrungsfristen vom 2. 3. 59 (BGBl. I S. 77) hat wegen der Schwierigkeiten die für die Wirtschaft mit der Aufbewahrung des umfangreichen Schriftgutes verbunden sind, eine teilweise Verkürzung der handelsrechtlichen und steuerrechtlichen Aufbewahrungsfristen eingeführt.
Durch § 1 dieses Gesetzes wird § 44 HGB dahingehend abgeändert, daß empfangene Handelsbriefe und Abschriften der empfangenen Handelsbriefe nur noch 7 Jahre aufbewahrt zu werden brauchen. Dagegen müssen Handelsbücher sowie Inventare und Bilanzen nach wie vor 10 Jahre aufbewahrt werden. Sinngemäß sind auch die steuerrechtlichen Aufbewahrungsfristen geändert worden. § 2 des Gesetzes ändert § 162 Abs. 8 AO dahingehend, daß Geschäftspapiere, Aufzeichnungen und sonstige Unterlagen, soweit sie überhaupt für die Besteuerung von Bedeutung sind, nur noch 7 Jahre aufbewahrt zu werden brauchen, sofern nicht in anderen Steuergesetzen noch kürzere Aufbewahrungsfristen bestimmt sind. Bücher, Inventare und Bilanzen sind weiterhin 10 Jahre aufzubewahren.

3. Die Gewährung der Einsicht und die Erteilung der benötigten Auskunft kann vom RegGer. durch Ordnungsstrafe erzwungen werden (160); vgl. 53 Anm. 1 Abs. 4.

3 a. Bei der Prüfung einer gemeinnützigen Wohnungsbaugenossenschaft sind die vom Spitzenverband aufgestellten Prüfungs-Richtlinien sowohl von dem Prüfungsverband als der Genossenschaft zu beachten (§ 25 Abs. 3 WGG).

4. Über das Verhältnis dieser „außerordentlichen" Prüfungen zu den „ordentlichen" vgl. 53 Anm. 1 Abs. 4.

5. Dem Ermessen des Prüfungsverbandes ist es überlassen, daneben auch noch den Vorstand zu benachrichtigen.

6. Hierunter würde z. B. die Feststellung von Unregelmäßigkeiten in der Geschäftsführung fallen, die sofortige Maßnahmen des Aufsichtsrats (etwa die vorläufige Amtsenthebung des Vorstandes gemäß 40) erforderlich machen kann.

7. Diese Berichterstattung verfolgt den Zweck, die Verwaltung unverzüglich über die wirtschaftliche Lage der G und die Geschäftsführung aufzuklären und ihr schon jetzt zu ermöglichen, geeignete Maßnahmen in die Wege zu leiten.

Kommentar § 58

8. Auf die Prüfung des Jahresabschlusses von Kreditinstituten in der Rechtsform der eingetragenen Genossenschaft sind neben den §§ 55—62, 64, 64 a und 64 b GenG die §§ 162, 167, 173 Abs. 2, 178 Abs. 1 Nr. 1 und Abs. 2 und § 256 Abs. 1 Nr. 2 und 3 des Aktiengesetzes sinngemäß anzuwenden; eine Bescheinigung über die Prüfung des Jahresabschlusses ist nicht zum Genossenschaftsregister einzureichen.

§ 58
Prüfungsbericht

(1) Der Verband hat über das Ergebnis der Prüfung schriftlich zu berichten. Der Bericht ist vom Verbande zu unterzeichnen[1].

(2) Der Bericht ist dem Vorstand der Genossenschaft unter gleichzeitiger Benachrichtigung des Vorsitzenden des Aufsichtsrats vorzulegen. Jedes Mitglied des Aufsichtsrats ist berechtigt, den Bericht einzusehen[2].

(3) Über das Ergebnis der Prüfung haben Vorstand und Aufsichtsrat der Genossenschaft in gemeinsamer Sitzung unverzüglich nach Eingang des Berichts zu beraten[3]. Verband und Prüfer sind berechtigt, an der Sitzung teilzunehmen; der Vorstand ist verpflichtet, den Verband von der Sitzung in Kenntnis zu setzen[4].

1. Da Träger der Prüfung der Verband selbst ist (55), **erfolgt auch die schriftliche Berichterstattung** über das Prüfungsergebnis **und die Unterzeichnung des Berichtes** nicht mehr durch den Prüfer, sondern **durch den Verband als solchen.** Dies gilt auch für die Fälle, in denen sich der Verband eines nicht von ihm angestellten Wirtschaftsprüfers im Genossenschaftswesen, eines zur Prüfung von Genossenschaften ermächtigten Wirtschaftsprüfers oder einer Prüfungsgesellschaft zum Prüfen bedient (55 Abs. 2, 56 Abs. 2). Für die Unterzeichnung des Prüfungsberichts genügt die zur Vertretung des Verbandes gesetzlich oder satzungsmäßig vorgeschriebene Mindestzahl von Unterschriften zeichnungsberechtigter Mitglieder des Vertretungsorgans des Verbandes oder sonstiger Bevollmächtigter. Darüber, in welcher Weise der Prüfer seinerseits an den Verband berichtet, enthält das Gesetz nichts. Es versteht sich aber von selbst, daß der Prüfer nicht nur den in 57 Abs. 4 vorgesehenen mündlichen Bericht gegenüber der Genossenschaft zu erstatten, sondern auch an seinen Verband zu berichten hat. Er wird einen schriftlichen Bericht zu erstatten haben, den dann der Verband bei seinem eigenen Bericht benutzt oder diesem zugrunde legt. Das ergibt sich u. a. auch aus

§ 59 Gesetz, betr. die Erwerbs- und Wirtschaftsgenossenschaften

62 Abs. 4, wo als selbstverständlich vorausgesetzt ist, daß die Prüfungsgesellschaft dem Verbande schriftlich Bericht erstattet hat. Was aber für Berichte der Prüfungsgesellschaft gilt, muß auch für Berichte der Prüfer Geltung haben (BlfG 35 S. 134).

2. Daß der Vorsitzende und die Mitglieder des Aufsichtsrats zur Einsichtnahme des Prüfungsberichtes auch *verpflichtet* sind, ist aus ihrer grundsätzlichen Aufsichtspflicht (38) zu folgern.

3. Diese Beratung soll in der Hauptsache der Auswertung des Prüfungsergebnisses dienen.

4. Dies hat natürlich so rechtzeitig zu geschehen, daß Verband und Prüfer von ihrem Teilnahmerecht Gebrauch machen können.
Bei gemeinnützigen Wohnungsbaugenossenschaften mit eigener Spareinrichtung ist im Bericht über die Prüfung des Jahresabschlusses über die Liquiditätslage sowie in einem besonderen Abschnitt über die den Vorschriften des KWG unterliegenden Bankgeschäfte zu berichten und die Einhaltung dieser Vorschriften zu bestätigen.

§ 59
Prüfungsbescheinigung. Behandlung des Prüfungsberichts in der GV

(1) Der Vorstand hat eine Bescheinigung des Verbandes, daß die Prüfung stattgefunden hat, zum Genossenschaftsregister einzureichen[1] und den Prüfungsbericht bei der Berufung der nächsten Generalversammlung als Gegenstand der Beschlußfassung anzukündigen[2].

(2) In der Generalversammlung hat sich der Aufsichtsrat über wesentliche Feststellungen oder Beanstandungen der Prüfung zu erklären[3].

(3) Der Verband ist berechtigt, an der Generalversammlung beratend teilzunehmen[4]; auf seinen Antrag oder auf Beschluß der Generalversammlung ist der Bericht ganz oder in bestimmten Teilen zu verlesen[5].

1. Auch zum Genossenschaftsregister einer jeden Zweigniederlassung (157 Abs. 2). Es ist nur die Prüfungsbescheinigung einzureichen. Das Registergericht kann nicht mit der Prüfungsbescheinigung Vorlage von Prüfungsberichten verlangen. Gegenteilige Auffassungen von Registergerichten sind unzutreffend. Hierfür gibt es auch keine Stütze im GenG oder sonstigen Gesetzen und Verordnungen.

Eine Frist für die Einreichung ist nicht vorgeschrieben; darüber entscheidet richterliches Ermessen.

Die dem neuen KWG unterliegenden eG (vgl. 1 Anm. 5) müssen — wie jedes andere Kreditinstitut — dem Bundesaufsichtsamt für das Kreditwesen und der Deutschen Bundesbank die festgestellte Jahresbilanz, nebst Gewinn- und Verlustrechnung (Jahresabschluß und den Geschäftsbericht unverzüglich einreichen; der Jahresabschluß ist in einer Anlage zur Jahresbilanz zu erläutern. Der Bricht über die Prüfung des Jahresabschlusses (Prüfungsbericht) ist gleichfalls einzureichen. Die dem neuen KWG unterliegenden eG brauchen — sofern sie einem genossenschaftlichen Prüfungsverband angehören — und das ist bei werbend tätigen Kredit-Gen. stets der Fall — den Prüfungsbericht nur auf Anforderung einzureichen. Eine gemeinnützige Wohnungsbaugenossenschaft hat der Anerkennungsbehörde auf Verlangen den Prüfungsbericht binnen zwei Monaten nach Prüfung vorzulegen (§ 26 Abs. 5 WGG).

2. Die Bestimmung des Abs.1 entspricht dem § 63 Abs. 2 Satz 1 der früheren Fassung. Die Beschlußfassung der GV kann sich naturgemäß nur darauf erstrecken, in welchem Umfang der Prüfungsbericht bekanntgegeben werden soll (59 Abs. 3); die Maßnahme zur Beseitigung der im Prüfungsbericht festgestellten Mängel ist dagegen grundsätzlich Angelegenheit der Geschäftsführung. Frühere Auffassung hierzu wird aufgegeben.

Das Gesetz sagt nicht, daß der Prüfungsbericht über ein Geschäftsjahr in der ordentlichen GV vorgelegt werden müßte, die über diesen Jahresabschluß beschließt. Gegenstand der Prüfung ist schließlich nicht ein Jahresabschluß, sondern sind die Vermögensverhältnisse und die Geschäftsführung der Genossenschaft (§ 53). Einzelheiten, insbesondere wegen Ausnahmsregelung für Kreditgenossenschaften, vgl. § 53 Anm. 2.

3. Abs. 2 entspricht dem früheren § 63 Abs. 2 Satz 2 mit der Einschränkung, daß sich der AR nur über *wesentliche* Feststellungen oder Beanstandungen der Prüfung zu erklären hat; durch diese Erklärungen darf bei Kreditgen. das Bankgeheimnis nicht verletzt werden. Aus dem Bankvertrag, der bei Eingehung der Geschäftsverbindung zwischen Bank und Kunde geschlossen wird und dessen Inhalt im einzelnen durch die Allgemeinen Geschäftsbedingungen geregelt wird, ergibt sich die Verpflichtung der Bank, über die Verhältnisse des Kunden Stillschweigen zu bewahren. Eine Ausnahme gilt
   a) wenn der Kunde die Bank von der Verschwiegenheitspflicht entbindet,

§ 60 Gesetz, betr. die Erwerbs- und Wirtschaftsgenossenschaften

b) für die Kreditauskünfte im banküblichen Umfang (RG vom 3. 3. 30 Bankarchiv Bd. 29 S. 257 und BGH v. 7. 6. 56, [BB 56 S. 770] und v. 12. 5. 58, WM IV 58 S. 776),
c) für die gesetzlichen Durchbrechungen des Bankgeheimnisses. Deren wichtigste ist die Verpflichtung von Vorstand und Angestellten der Bank, im Strafprozeß vor dem Richter auszusagen und die Auskunftspflicht gegenüber der Finanzverwaltung nach §§ 175 und 202 der Abgabenordnung. Die Finanzverwaltung hat ihre gesetzlichen Befugnisse durch Erlaß vom 2. 8. 49 (abgedruckt im Anhang 1 unter M) eingeschränkt.

Über Inhalt und Umfang des Bankgeheimnisses vgl. GewGen. 49 Seite 12; BlfG 55 Sonderbeilage zu Nr. 13 und Sichtermann „Bankgeheimnis und Bankauskunft" Frankfurt 1956. — **Verlesung des Prüfungsprotokolls,** das in der gemäß 58 Abs. 3 stattgefundenen Sitzung des Vorst. und AR abgefaßt ist, **genügt nicht.** Strafvorschrift 147.

4. Dadurch ist dem Verbande die Möglichkeit gegeben, seinen Bericht näher zu erläutern und die GV zur Beseitigung festgestellter Mängel zu veranlassen. Das Teilnahmerecht des Verbandes setzt, wenn dies auch im Gesetz nicht ausdrücklich vorgeschrieben ist, voraus, daß der Vorst. der eG verpflichtet ist, den Verband rechtzeitig von dem Zeitpunkt der GV in Kenntnis zu setzen (BlfG 35 S. 134).

5. Bei einer Verlesung des Berichts ist bei Kreditgen. das Bankgeheimnis zu wahren (vgl. Anm. 3). Kein Recht des einzelnen Genossen oder einer Genossenminderheit auf Berichtseinsicht.

§ 60
Berufung der GV durch den Verband

(1) Gewinnt der Verband die Überzeugung, daß die Beschlußfassung über den Prüfungsbericht ungebührlich verzögert wird oder daß die Generalversammlung bei der Beschlußfassung unzulänglich über wesentliche Feststellungen oder Beanstandungen des Prüfungsberichts unterrichtet war, so ist er berechtigt, eine außerordentliche Generalversammlung der Genossenschaft auf deren Kosten zu berufen und zu bestimmen, über welche Gegenstände zwecks Beseitigung festgestellter Mängel verhandelt und beschlossen werden soll[1].

(2) In der von dem Verband einberufenen Generalversammlung führt eine vom Verband bestimmte Person den Vorsitz[2].

Kommentar § 60

1. Aus Abs. 1 ergibt sich eindeutig, daß **die Aufgaben des Prüfungsverbandes mit der Durchführung der Prüfung selbst nicht erschöpft sind,** daß es vielmehr zu den Obliegenheiten des Verbandes auch gehört, die Abstellung der bei der Prüfung aufgedeckten Mängel zu betreiben. Da die Überzeugung des Verbandes von der Verzögerung der Beschlußfassung oder der unzureichenden Unterrichtung der GV maßgebend ist, kann die Rechtswirksamkeit der Berufung der GV nicht mit der Berufung darauf angezweifelt werden, daß eine Verzögerung der Beschlußfassung oder eine unzulängliche Unterrichtung tatsächlich nicht vorliege. Nach dem Zweck des Abs. 1 darf die aoGV vom Verbande nur zur Beschlußfassung über solche Gegenstände berufen werden, die die Beseitigung der festgestellten Mängel betreffen. Die Berufung der aoGV zur Beschlußfassung über andere, nicht mit der Prüfung zusammenhängende Gegenstände wäre unwirksam und die in einer derartigen GV gefaßten Beschlüsse nichtig (ebenso Meyer-Meulenbergh 60 Anm. 1). So ist z. B. die Erstreckung der Tagesordnung auf die Abberufung des Vorstandes oder AR unzulässig und trotzdem beschlossene Abberufungen und Neuwahlen ungültig; das Registergericht hat diese Nichtigkeit zu beachten und trotzdem gestellte Eintragungsanträge zurückzuweisen (AG Eichstätt, ZfG 56 S. 151 Nr. 106). Die Kosten einer vom Verband auf Grund seiner Überwachungspflicht einberufenen GV hat die G zu tragen. Obgleich es in der Praxis nur in wenigen Ausnahmefällen zur Einberufung einer GV durch den Prüfungsverband gekommen ist, wird diese Möglichkeit doch als nicht unwesentliches Instrument zur Erfüllung der Prüfungsaufgaben anzusehen sein, da in der Regel schon das Vorhandensein des § 60 genügen wird, die G zu veranlassen, von sich aus eine GV zu berufen.

Eine gemeinnützige Wohnungsbaugenossenschaft ist gem. § 23 Abs. 5 WGGDV gemeinnützigkeitsrechtlich verpflichtet, den Beanstandungen in den Prüfungsberichten durch entsprechende Maßnahmen nachzukommen, andernfalls kann ihr der Prüfungsverband eine bestimmte Frist zur Beseitigung der Beanstandungen setzen. Nach erfolglosem Ablauf der Frist hat der Prüfungsverband der Anerkennungsbehörde Mitteilung zu machen. Diese ist, unabhängig davon, jederzeit berechtigt, von der G alle Unterlagen und Auskünfte einzuholen, die sie für erforderlich erachtet, und Einblick in die Geschäftsvorgänge und den Betrieb des Unternehmens zu nehmen (§ 26 Abs. 6 WGG). Entspricht die G nach Aufbau oder Satzung oder dem tatsächlichen Verhalten nicht mehr den gesetzlichen Vorschriften, insbesondere den §§ 2—15 WGG, oder entzieht sie sich

§ 62 Gesetz, betr. die Erwerbs- und Wirtschaftsgenossenschaften

der laufenden Aufsicht des zuständigen Verbandes und der Anerkennungsbehörde, so muß die Anerkennung im Verfahren nach § 19 WGG entzogen werden. Dagegen sind weitergehende Maßnahmen auf Grund von § 15 WGG und § 18 WGGDV mit dem Grundgesetz unvereinbar (Riebandt-Korfmacher GWW 57 S. 134; ebenso Bodien, Wohnungsgemeinnützigkeitsgesetz, Hammonia-Verlag Hamburg 52 Anm. zu § 15 S. 141/42; § 15 WGG Fußnote 8, § 19 Fußnote 10).

2. **Der Vorsitzende braucht nicht Genosse zu sein**; besteht z. B. die Befürchtung, daß unter dem Vorsitz eines Genossen etwa mit Rücksicht auf seine Beziehungen zu den Organen der eG oder seine Abhängigkeit von ihnen nicht scharf genug auf die Beseitigung der Mängel hingewirkt wird, so wird es sich sogar empfehlen, eine nicht der eG angehörige Person mit dem Vorsitz zu betrauen (vgl. 6 Anm. 5 Abs. 3).

§ 61
Vergütung für die Tätigkeit des Verbandes

Der Verband hat gegen die Genossenschaft Anspruch auf Erstattung angemessener barer Auslagen und auf Vergütung für seine Leistung[1].

1. Da Träger der Prüfung nunmehr der Verband (55) und der Prüfer lediglich sein Erfüllungsgehilfe ist, **steht der Anspruch** gegen die eG **auf Auslagenerstattung und Vergütung** nicht mehr dem Prüfer, sondern **ausschließlich dem Verbande zu**. Für die Entscheidung über diesen gesetzlichen Anspruch sind die ordentlichen Gerichte zuständig. Der Anspruch des Verbandes erstreckt sich nicht nur auf die Kosten der gesetzlichen ordentlichen und außerordentlichen Prüfungen, sondern auch auf die auf Grund seiner Satzung durchgeführten Prüfungen (vgl. 53 Anm. 1 Abs. 4). Im Konkursverfahren einer ihm angeschlossenen G ist die Forderung des Verbandes auf Zahlung rückständiger Prüfungsgebühren und Verbandsbeiträge weder gemäß 61 Ziff. 1 noch nach Ziff. 3 KO bevorrechtigt.

§ 62
Pflichten und Haftung der Prüfungsorgane

(1) Verbände, Prüfer und Prüfungsgesellschaften sind zur gewissenhaften und unparteiischen Prüfung und zur Verschwiegenheit[1]

Kommentar § 62

verpflichtet. Sie dürfen Geschäfts- und Betriebsgeheimnisse, die sie bei der Wahrnehmung ihrer Obliegenheiten erfahren haben, nicht unbefugt verwerten[2]. Wer seine Obliegenheiten vorsätzlich oder grob fahrlässig[3] verletzt, haftet der Genossenschaft für den daraus entstehenden Schaden[4]. Mehrere Personen haften als Gesamtschuldner.

(2) Bei grober Fahrlässigkeit beschränkt sich die Haftpflicht für eine Prüfung auf 25 000 DM, auch wenn an der Prüfung mehrere Personen beteiligt waren oder mehrere zum Ersatz verpflichtende Handlungen begangen worden sind; bei Vorsatz gilt dasselbe, wenn mehrere Personen haften, zugunsten der Personen, die selbst nicht vorsätzlich gehandelt haben.

(3) Von dem Inhalt der Prüfungsberichte kann der Verband den ihm angehörenden Genossenschaften und den zentralen Geschäftsanstalten des Genossenschaftswesens[5] Kenntnis geben, wenn diese auf Grund einer bestehenden oder zu begründenden Geschäftsverbindung Interesse daran haben, über das Ergebnis der Prüfung unterrichtet zu werden. Der Verband kann dem Spitzenverband, dem er angehört, Abschriften der Prüfungsberichte mitteilen; der Spitzenverband darf sie so verwerten, wie es die Erfüllung der ihm obliegenden Pflichten erfordert[5a].

(4) Die Verpflichtung zur Verschwiegenheit nach Abs. 1 Satz 1 besteht, wenn eine Prüfungsgesellschaft die Prüfung vornimmt, auch gegenüber dem Aufsichtsrat und den Mitgliedern des Aufsichtsrats der Prüfungsgesellschaft. Der Vorsitzende des Aufsichtsrats der Prüfungsgesellschaft und sein Stellvertreter dürfen jedoch die von der Prüfungsgesellschaft erstatteten Berichte einsehen, die hierbei erlangten Kenntnisse aber nur verwerten, soweit es die Erfüllung der Überwachungspflicht des Aufsichtsrats erfordert.

(5) Die Haftung nach diesen Vorschriften kann durch Vertrag weder ausgeschlossen noch beschränkt werden; das gleiche gilt von der Haftung des Verbandes für die Personen, deren er sich zur Vornahme der Prüfung bedient[6].

(6) Die Ansprüche aus diesen Vorschriften verjähren in drei Jahren. Die Verjährung beginnt mit dem Eingang des Prüfungsberichts bei der Genossenschaft.

1. **Die Schweigepflicht** bedeutet, daß anläßlich der Prüfung in Erfahrung gebrachte Tatsachen und die Beziehung solcher Tatsachen zum Geschäftsbetrieb der eG Dritten nicht ohne Zustimmung der zu prüfenden Genossenschaft mitgeteilt werden dürfen. Die Schweigepflicht erstreckt sich natürlich auch auf die Geschäfts- und Betriebs-

§ 62 Gesetz, betr. die Erwerbs- und Wirtschaftsgenossenschaften

geheimnisse der eG. Über die Verschwiegenheitspflicht der genossenschaftlichen Prüfungsorgane und ihre prozeßrechtliche Behandlung vgl. Riebandt-Korfmacher in GWW 54 S. 534. Die Schweigepflicht verbietet es im allgemeinen auch, im Zusammenhang mit der Prüfung bekanntgewordene strafbare Handlungen anzuzeigen, da die Schweigepflicht auch der Polizei und Staatsanwaltschaft gegenüber zu wahren ist. Ferner besteht die Schweigepflicht auch für Aussagen im Zivilprozeß. Dagegen haben nach herrschender Meinung die Prüfungsverbände und die Verbandsprüfer — soweit sie nicht Wirtschaftsprüfer sind — im Strafprozeß kein Zeugnisverweigerungsrecht, da § 53 StPO eine erschöpfende Aufzeichnung enthält (LG Frankenthal Beschluß vom 18. 10. 63 — AZ: Qs. 324/63 — rechtskräftig, aber bisher nicht veröffentlicht).

Der Ausschluß der genossenschaftlichen Prüfungsverbände und der Verbandsprüfer vom Zeugnisverweigerungsrecht im Strafprozeß ist sachlich nicht gerechtfertigt; de lege ferenda sollten die Prüfungsverbände und Verbandsprüfer hinsichtlich des Zeugnisverweigerungsrechts den Wirtschaftsprüfern gleichgestellt werden. Entsprechende Anträge liegen den gesetzgebenden Instanzen im Zusammenhang mit einer teilweisen Reform der StPO bereits vor.

Ob und inwieweit Prüfungsorgane zur Wahrung berechtigter Belange, z. B. im Wege der Unterlassungsklage oder der Privatklage wegen beleidigender Äußerungen (§§ 185 ff. StGB; § 374 ff. StPO) von Umständen Gebrauch machen dürfen, die unter die Verschwiegenheitspflicht fallen, muß nach den Grundsätzen der Pflichtenkollision abgewogen werden (siehe dazu Schwarz-Dreher, StGB 24. Auflage § 300, Erl. 4 A, insbes. c).

2. Das hier ausgesprochene Verbot bezieht sich auf die *Verwertung* von Geschäfts- und Betriebsgeheimnissen. „Geschäfts- oder Betriebsgeheimnisse" sind Tatsachen, die im Zusammenhang mit einem Geschäftsbetriebe stehen, nicht offenkundig sind und die nach dem Willen des Betriebsinhabers geheimgehalten werden sollen. Da das Gesetz die Geschäfts- und Betriebsgeheimnisse gleichbehandelt, ist eine Untersuchung der Abgrenzung der beiden Begriffe gegeneinander nicht erforderlich. Geschäfts- und Betriebsgeheimnisse können z. B. Kundenlisten, Lieferantenverzeichnisse, Ein- und Verkaufspreise usw. sein. Die Behandlung eines Geschäfts- und Betriebsgeheimnisses der eG im Prüfungsbericht selbst ist keine unbefugte Verwertung. Die Schweigepflicht und das Verbot der unbefugten Verwertung von Geschäfts- und Betriebsgeheimnissen wird weder durch das Ausscheiden der eG aus dem Prüfungsverbande, noch durch die Beendigung des Angestelltenverhältnisses des Prüfers und schließlich auch nicht durch die Erledigung des dem Prüfer oder der Prüfungsgesellschaft erteilten Auftrages hinfällig.

3. Einfache Fahrlässigkeit begründet eine Schadenersatzpflicht nicht; dagegen besteht bei vorsätzlicher Verletzung der Obliegenheiten unbeschränkte Haftpflicht. Bei grober Fahrlässigkeit ist nach 62 Abs. 2 die Haftpflicht auf 25 000 DM beschränkt. Diese Haftungsbeschränkung sowie die Bestimmung des § 62 Abs. 5 erstreckt sich nur auf die ordentlichen und außerordentlichen Prüfungen des Prüfungsverbandes nach §§ 53 und 57 Abs. 1 S. 2, dagegen nicht auch auf Prüfungen, die z. B. im Auftrage des Aufsichtsrats (sog. Aufsichtsratsprüfungen) oder des Vorstandes der G (sog. Sonder- oder Zwischenprüfungen) von einem Prüfungsverbande durchgeführt werden. Die Haftung des Prüfungsverbandes ist deshalb bei solchen Prüfungen auch bei grober Fahrlässigkeit nicht beschränkt, kann jedoch durch Vereinbarung zwischen dem Auftraggeber und dem Prüfungsverband beliebig beschränkt oder ganz ausgeschlossen werden.

Nach § 2 des Gesetzes Nr. 61 der amerikanischen und britischen Militärregierung Deutschlands und der Verordnung Nr. 158 des Obersten Befehlshabers der franz. Zone (1. Gesetz zur Neuordnung des Geldwesens — Währungsgesetz) ist an die Stelle der Rechnungseinheit „Reichsmark" die Rechnungseinheit „Deutsche Mark" getreten.

4. Über die zivilrechtliche Verantwortlichkeit bei der Prüfung von Genossenschaften vgl. im einzelnen BlfG 35 S. 134. Strafrechtliche Verantwortlichkeit der Verbände, Prüfer und Prüfungsgesellschaften 150.

5. Zentrale Geschäftsanstalten des Genossenschaftswesens sind insbesondere die Deutsche Genossenschaftskasse, die Zentralkassen und die Zentraleinkaufsgenossenschaften.

5 a. Bei einer gemeinnützigen Wohnungsbaugenossenschaft kann der Spitzenverband unmittelbar den Prüfungsbericht von der G oder dem Verband auf Grund von § 25 Abs. 3 Satz 3 WGG einfordern. Dagegen kann die Anerkennungsbehörde von dem Unternehmen (nicht von dem Verband) Vorlage des Prüfungsberichts verlangen (§ 26 Abs. 5 WGG). Steueraufsicht und Steuerprüfung sind durch Ziff. 6 der im Einvernehmen zwischen dem BdF und den Ländern ergangenen Erlasse geregelt (s. § 1 Anm. 11 II B). Die Finanzbehörden können Auskünfte und Vorlagen einschließlich des Prüfungsberichts nur im Rahmen eines Ermittlungsverfahrens und des eng-

§ 63   Gesetz, betr. die Erwerbs- und Wirtschaftsgenossenschaften

auszulegenden § 209 AO von einem Prüfungsverband verlangen (Riebandt-Korfmacher, GWW 54 S. 121).

6. **Abweichende Vereinbarungen** (gleichgültig ob durch Vertrag oder Satzungsbestimmung) sind nichtig (BGB 134); insbesondere ist es nicht möglich, daß der Verband die sich aus 278 BGB ergebende Haftung für ein Verschulden seiner Prüfungsgehilfen (Prüfer, Prüfungsgesellschaften) ausschließt.

§ 63
Verleihungsbehörde

Das Prüfungsrecht wird dem Verbande durch die Reichsregierung verliehen[1].

1. **Gegenstand der Verleihung** ist nicht mehr das Recht zur Bestellung des Revisors, sondern, da nunmehr der Prüfungsverband Träger der Prüfung ist (55), **das Prüfungsrecht selbst.** Verbände, die am 15. 12. 1934 zur Bestellung von Prüfern berechtigt waren, haben jedoch das Prüfungsrecht ohne besondere Verleihung durch die Reichsregierung (Art. 2 der VO vom 4. 12. 34 RGBl. I 1227).

Prüfungsverbänden, deren Tätigkeitsbereich nicht über das Gebiet eines Landes hinausgeht (regionale Verbände) wird das Prüfungsrecht durch den Wirtschaftsminister des Landes, den übrigen Verbänden (überregionale Verbände) durch den Bundeswirtschaftsminister verliehen (§ 2 des Ges. über genossenschaftliche Vereinigungen vom 23. 8. 48, Ges. u. VOBl. d. Wirtsch.Rates vom 6. 9. 48 S. 83 in Verbindung mit der VO über die Erstreckung dieses Gesetzes vom 13. 12. 49, BGBl. 50 S. 2).

Ein Prüfungsverband kann nach § 23 Abs. 1 WGG als Verband, dem die Wohnungsbaugenossenschaften gem. § 14 WGG angehören müssen, zugelassen werden. Nach Art. 129 GG ist die Zuständigkeit auf die nunmehr sachlich zuständige oberste Landesbehörde übergegangen. Die auf Grund Art. 129 Abs. 1 Satz 2 GG zu § 28 WGG ergangene Entscheidung vom 11. 11. 53 (BGBl. 53 S. 1523 = WoG 53 S. 1148) und die Verwaltungs-Anordnung dazu (BuAnz. 53 Nr. 225 S. 1 = GWW 53 S. 1145) behandelt nicht die Zulassung von Prüfungsverbänden. Die Zulassungsbehörde kann dem Prüfungsverband für die Ausübung der ihm nach dem Gemeinnützigkeitsrecht obliegenden Aufgaben einen örtlich begrenzten Prüfungsbereich zuweisen (§ 23 Abs. 3 WGG). Die weiteren Bestimmungen des § 23 Abs. 1 Satz 2 und des Abs. 2 WGG sind mit dem Grundgesetz nicht vereinbar (Art. 20 Abs. 3, 19 Abs. 1 u. 3, 14, 12, 2 GG) und daher als

Kommentar § 63 a

unwirksam anzusehen (Art. 123 Abs. 1, ebenso Bodien a. a. O. Anm. zu § 23 S. 165 s. a. Fußnote 12 zu § 23 Abs. 2 WGG).

§ 63 a
Verleihung des Prüfungsrechtes

(1) Dem Antrag auf Verleihung des Prüfungsrechts darf nur stattgegeben werden, wenn der Verband die Gewähr für die Erfüllung der von ihm zu übernehmenden Aufgaben bietet[1].

(2) Der Antrag auf Verleihung des Prüfungsrechts kann insbesondere abgelehnt werden, wenn für die Prüfungstätigkeit des Verbandes kein Bedürfnis besteht[2].

(3) Die Reichsregierung[3] kann die Verleihung des Prüfungsrechts von der Erfüllung von Auflagen[4] und insbesondere davon abhängig machen, daß der Verband sich gegen Schadenersatzansprüche aus der Prüfungstätigkeit[5] in ausreichender Höhe versichert oder den Nachweis führt, daß eine andere ausreichende Sicherstellung erfolgt ist.

1. Nach Abs. 1 ist stets Voraussetzung für die Verleihung des Prüfungsrechts, daß der Verband die Gewähr für die Erfüllung der von ihm zu übernehmenden Aufgaben bietet, insbesondere, daß er wirtschaftlich unabhängig ist. Fällt diese Voraussetzung später fort, so kann das Prüfungsrecht entzogen werden (64 a).

2. Trotz Erfüllung der in Abs. 1 geforderten Bedingung kann aber die Verleihung insbesondere mangels eines Bedürfnisses für die Prüfungstätigkeit des Verbandes versagt werden. Gegen die Versagung kann der Beschwerte den Rechtsmittelweg vor den Verwaltungsgerichten beschreiten. Bei späterem Fortfall des zunächst vorhandenen Bedürfnisses ist Entziehung des Prüfungsrechtes möglich (64 a). Dem stehen auch die Entscheidungen des Bundesverwaltungsgerichts in der Frage der Bedürfnisprüfung bei Errichtung von Zweigstellen (s. 14 Anm. 1 letzter Abs.) nicht entgegen, weil bei der Verleihung und Entziehung des Prüfungsrechts keine wettbewerblichen, sondern öffentliche Interessen im Vordergrund stehen.

3. Bezüglich der heute zuständigen Verleihungsbehörden siehe 63 Anm. 1 Abs. 2.

4. Die Nichterfüllung solcher Auflagen beeinträchtigt die Wirksamkeit der Verleihung nicht, bietet jedoch eine Handhabe zur Entziehung des Prüfungsrechts (64 a).

5. 62.

§ 63 b
Rechtsform und Zweck des Verbandes. Mitgliedschaft

(1) Der Verband soll die Rechtsform des eingetragenen Vereins haben.

(2) Mitglieder des Verbandes können nur eingetragene Genossenschaften und ohne Rücksicht auf ihre Rechtsform solche Unternehmungen sein, die sich ganz oder überwiegend in der Hand eingetragener Genossenschaften befinden[1] oder dem Genossenschaftswesen dienen[2]. Ob diese Voraussetzungen vorliegen, entscheidet im Zweifelsfall der Reichsminister der Justiz oder die von ihm bestimmte Stelle. Der Reichsminister der Justiz kann im Einvernehmen mit dem Reichswirtschaftsminister oder den sonst zuständigen Reichsministern Ausnahmen von der Vorschrift des Satzes 1 zulassen, wenn ein wichtiger Grund vorliegt. Unberührt bleiben die Vorschriften über die Verbandszugehörigkeit von gemeinnützigen Wohnungsunternehmungen, die nicht eingetragene Genossenschaften sind[3].

(3) Unternehmungen, die nicht eingetragene Genossenschaften sind und anderen gesetzlichen Prüfungsvorschriften unterliegen, bleiben trotz ihrer Zugehörigkeit zum Verbande diesen anderen Prüfungsvorschriften unterworfen und unterliegen nicht der Prüfung nach diesem Gesetz[4].

(4) Der Verband muß unbeschadet der Vorschriften des Absatzes 3 die Prüfung seiner Mitglieder und kann auch sonst die gemeinsame Wahrnehmung ihrer Interessen[5], insbesondere die Unterhaltung gegenseitiger Geschäftsbeziehungen zum Zweck haben. Andere Zwecke darf er nicht verfolgen.

(5) *Zur Unterstützung des Verbandsvorstandes bei der Ausübung der Prüfungstätigkeit, insbesondere bei der Überwachung der Prüfer und der Überprüfung der Prüfungsberichte muß mindestens ein Prüfer angestellt werden, der als genossenschaftlicher Wirtschaftsprüfer öffentlich bestellt ist. Von der Anstellung kann abgesehen werden, wenn ein Mitglied des Verbandsvorstandes als genossenschaftlicher Wirtschaftsprüfer öffentlich bestellt ist*[6].

(6) Mitgliederversammlungen des Verbandes dürfen nur innerhalb des Verbandsbezirkes abgehalten werden[7].

1. Z. B. Zentralkassen oder Zentraleinkaufsgesellschaften in der Form der AG oder GmbH, deren Aktionäre oder Gesellschafter ausschließlich oder überwiegend eG sind.

2. Z. B. Genossenschaftskassen, die in der Form eines eingetragenen Vereins betrieben werden (vgl. Souchon DJ 34 S. 1377).

Kommentar § 63 b

3. Nach § 14 WGG muß jedes als **gemeinnützig anerkannte Wohnungsunternehmen** ohne Rücksicht auf seine Rechtsform einem gem, § 23 WGG zugelassenen Prüfungsverband von Wohnungsunternehmen angehören, der zugleich genossenschaftlicher Prüfungsverband i. S. von § 63 ff. GenG ist. Die oberste Landesbehörde kann allerdings für gemeinnützige Wohnungsunternehmen, die keine Genossenschaften sind, Ausnahmen von der Verbandszugehörigkeit bewilligen (§§ 14 Satz 2, 26 Abs. 1 WGG und § 23 Abs. 3 WGGDV).

4. **Hierunter fällt** z. B. eine einem genossenschaftlichen Prüfungsverbande angeschlossene AG (vgl. Anm. 1); sie bleibt trotz ihrer Verbandsmitgliedschaft bei einem genossenschaftlichen Prüfungsverbande der aktienrechtlichen Prüfung unterworfen und unterliegt gesetzlich nicht der genossenschaftlichen Prüfung. Anders verhält es sich bei einer einem genossenschaftlichen Prüfungsverband angeschlossenen GmbH. Da für diese keine anderen gesetzlichen Prüfungsvorschriften gelten, unterliegt sie auf Grund der Satzung des Prüfungsverbandes den dort vorgesehenen Prüfungen.

Die Prüfung gemeinnütziger Wohnungsbaugesellschaften, die dem Prüfungsverband gem. § 14 WGG, § 63 Abs. 1 GenG angehören, bestimmt sich nach § 26 WGG. Danach sind die Vorschriften des GenG auch auf diese Prüfungen sinngemäß anzuwenden. Das gilt auch für Wohnungsunternehmen in der Rechtsform der Aktiengesellschaft.

5. Die gemeinsame Wahrnehmung der Interessen der Mitglieder kann z. B. auch in der Pflege des Erfahrungsaustausches unter den Mitgliedern, in der Beratung der Mitglieder in Rechts- und Steuerfragen, in ihrer Anleitung in betriebswirtschaftlicher Hinsicht, in der Übernahme der Buchführung, Durchführung der Gemeinschaftswerbung usw. bestehen (so auch Paulick S. 308 Ziff. 3 u. Riebandt-Korfmacher GWW 54 S. 69). Die Beratung in Buchführungs- und Steuerfragen sowie die Aufstellung der Jahresabschlüsse gehört zum Aufgabenbereich der genossenschaftlichen Prüfungsverbände. (Beschwerdeentscheidung der Finanzbehörde Hamburg, GWW 55 S. 26 m. Anm.).

6. **Abs. 5 ist noch nicht in Kraft getreten.** Wegen der Zulassung von Wirtschaftsprüfern im Genossenschaftswesen und der Ermächtigung von Wirtschaftsprüfern zur Prüfung von Genossenschaften vgl. 55 Anm. 3.

7. Gegenüber der bisherigen Regelung in § 59 Abs. 2 und 3 alter Fassung besteht nicht mehr die Pflicht zur Anzeige der Mitglieder-

§ 63 c Gesetz, betr. die Erwerbs- und Wirtschaftsgenossenschaften

versammlung an die Verwaltungsbehörde und das Recht dieser Behörde zur Vertreterentsendung.

§ 63 c
Satzung des Verbandes

(1) Die Satzung des Verbandes muß[1] enthalten:
1. die Zwecke des Verbandes;
2. den Namen; er soll sich von dem Namen anderer bereits bestehender Verbände deutlich unterscheiden;
3. den Sitz;
4. den Bezirk.

(2) Die Satzung soll[2] ferner Bestimmungen enthalten über Auswahl und Befähigungsnachweis der anzustellenden Prüfer, über Art und Umfang der Prüfungen sowie über Berufung, Sitz, Aufgaben und Befugnisse des Vorstandes und über die sonstigen Organe des Verbandes.

(3) Änderungen der Satzung des Verbandes, die den Zweck oder den Bezirk (Abs. 1 Nr. 1 und 4) zum Gegenstand haben, bedürfen der Zustimmung der Reichsregierung[3]; § 63 a Abs. 2, 3 findet entsprechende Anwendung.

1. Abs. 1 behandelt den Mußinhalt der Satzung. Gegenüber dem früheren § 56 alter Fassung hat jetzt die Satzung auch den Namen und den Sitz des Verbandes zu enthalten, dagegen braucht sie nicht mehr die höchste und die geringste Zahl von Genossenschaften, die der Verband umfassen kann, festzusetzen.

Die Satzung eines nach § 23 WGG gemeinnützigkeitsrechtlich zugelassenen Prüfungsverbandes (Anm. 1 zu § 63) muß darüber hinaus die in § 24 WGG aufgeführten Bestimmungen enthalten. Der als Übergangsregelung gedachte Abs. 2 von § 24 WGG kann, als im Widerspruch zu rechtsstaatlichen Grundsätzen stehend, nicht mehr angewendet werden (Art. 123 Abs. 1; 20 Abs. 3; 19 Abs. 3; 2 GG; Fußnote 13 zu § 24 WGG; ebenso Bodien a. a. O. Anm. zu § 25 WGG S. 166).

2. Abs. 2 enthält **Sollbestimmungen für die Satzung**; diese gehörten früher zum Mußinhalt der Satzung.

3. Vgl. 63 Anm. 1 Abs. 2. Andere Satzungsänderungen bedürfen der Zustimmung nicht und brauchen auch nicht eingereicht zu werden.

§ 63 d
Einreichung der Satzung, der Verleihungsurkunde und des Mitgliederverzeichnisses

Der Verband hat den Gerichten (§ 10), in deren Bezirk die Genossenschaften ihren Sitz haben, sowie der höheren Verwaltungsbehörde[1], in deren Bezirk der Verband seinen Sitz hat, die Satzung[2] mit einer beglaubigten Abschrift[3] der Verleihungsurkunde sowie jährlich im Monat Januar ein Verzeichnis der dem Verbande angehörigen Genossenschaften[4] einzureichen.

1. Höhere Verwaltungsbehörde 161 Abs. 2.

2. Auch Satzungsänderungen werden zur Kenntnis der Gerichte und der Verwaltungsbehörde zu bringen sein.

3. Für die Beglaubigung der Abschrift war bisher AV 8 Abs. 2 Satz 2 maßgebend. Durch das Beurkundungsgesetz vom 28. 8. 69 wurden diese Beglaubigungsvorschriften aufgehoben.

4. In dem den Registergerichten jährlich einzureichenden Verzeichnis brauchen nur diejenigen verbandsangehörigen Genossenschaften aufgeführt zu werden, die in dem Bezirk des einzelnen Registergerichts ihren Sitz haben (KGJ 22 117).

§ 63 e
Verschmelzung von Prüfungsverbänden

(1) Ein Verband in der Rechtsform eines eingetragenen Vereins (aufgelöster Verband) kann sich mit einem anderen Verbande gleicher Rechtsform (übernehmender Verband) auf Grund von Beschlüssen der Mitgliederversammlungen beider Verbände verschmelzen. Die Beschlüsse bedürfen unbeschadet weiterer Erschwerungen durch die Satzung einer Mehrheit von drei Vierteilen der erschienenen Mitglieder.

(2) Für den Verschmelzungsvertrag ist die schriftliche Form erforderlich; die Vorschriften der §§ 310, 311 und 313 des Bürgerlichen Gesetzbuchs finden auf ihn keine Anwendung.

Die §§ 311, 313 BGB sind geändert durch § 56 Abs. 1 des Beurkundungsgesetzes vom 28. 8. 69. Danach ist gerichtliche Beurkundung nicht mehr möglich.

Anmerkung: § 23 Abs. 2 WGG § 18 WGGDV, die formell über § 28 WGG auch für einen gemeinnützigkeitsrechtlich zugelassenen

§ 63 h Gesetz, betr. die Erwerbs- und Wirtschaftsgenossenschaften

Prüfungsverband gelten, als im Widerspruch zum Grundgesetz stehend, unwirksam (vgl. Anm. 1 zu § 63 und § 63 c sowie Fußnote 13 zu § 23 WGG).

§ 63 f

(1) Die Verschmelzung ist durch die Vorstände beider Verbände gemeinschaftlich ohne Verzug zur Eintragung in die Vereinsregister des Sitzes beider Verbände anzumelden. Der Anmeldung ist der zwischen den Verbänden abgeschlossene Vertrag in Urschrift oder in öffentlich beglaubigter Abschrift beizufügen. Die Verschmelzung darf nur eingetragen werden, wenn die Beobachtung der Vorschriften der Sätze 1, 2 und des § 63 e nachgewiesen ist.

(2) Mit der Eintragung der Verschmelzung in das Vereinsregister des Sitzes des aufgelösten Verbandes gilt dieser Verband als aufgelöst und sein Vermögen einschließlich der Schulden als auf den übernehmenden Verband übergegangen.

(3) Von der Eintragung haben die Vorstände beider Verbände gemeinschaftlich ohne Verzug den Stellen Mitteilung zu machen, die zuständig sind, den Verbänden das Recht zur Bestellung des Revisors zu verleihen.

§ 63 g

(1) Eine Liquidation des aufgelösten Verbandes findet nicht statt. Die Vorschriften des § 45 des Bürgerlichen Gesetzbuchs finden keine Anwendung.

(2) Die Mitglieder des Vorstandes beider Verbände sind als Gesamtschuldner zum Ersatz des Schadens verpflichtet, den die Gläubiger des aufgelösten und des übernehmenden Verbandes durch die Verschmelzung erleiden. Vorstandsmitglieder, die bei der Prüfung der Vermögenslage beider Verbände und bei dem Abschluß des Verschmelzungsvertrags die Sorgfalt eines ordentlichen Geschäftsmannes angewandt haben, sind von der Ersatzpflicht befreit.

§ 63 h

(1) Mit der Eintragung der Verschmelzung in das Vereinsregister des Sitzes des aufgelösten Verbandes gelten die Mitglieder dieses Verbandes als Mitglieder des übernehmenden Verbandes mit den aus dieser Mitgliedschaft sich ergebenden Rechten und Pflichten. Von der Eintragung hat der Vorstand unverzüglich die Mitglieder zu benachrichtigen.

Kommentar § 63 i

(2) Die Mitglieder des aufgelösten Verbandes haben das Recht, durch Kündigung ihren Austritt aus dem übernehmenden Verbande zu erklären. Auf das Recht zur Kündigung kann verzichtet werden. Die Kündigung hat spätestens bis zum Ablauf von drei Monaten zu erfolgen; die Frist beginnt mit dem Tage, an dem die Nachricht von der Eintragung der Verschmelzung (Abs. 1 Satz 2) dem Mitgliede zugeht. Im Falle der Kündigung gilt die Mitgliedschaft bei dem übernehmenden Verband als nicht erworben.

§ 63 i

(1) Ein Verband, dessen Rechtsfähigkeit auf staatlicher Verleihung beruht, kann sich mit einem Verbande in der Rechtsform eines eingetragenen Vereins in der Weise verschmelzen, daß dieser Verband (übernehmender Verband) den anderen Verband (aufgelöster Verband) übernimmt.

(2) Die Verschmelzung ist durch die Vorstände beider Verbände gemeinschaftlich ohne Verzug zur Eintragung in das Vereinsregister des Sitzes des übernehmenden Verbandes anzumelden. Im übrigen finden die Vorschriften der §§ 63 e bis 63 h Anwendung, die Bestimmungen der §§ 63 f Abs. 2 und 63 h Abs. 1 Satz 1 mit der Maßgabe, daß an die Stelle der Eintragung der Verschmelzung in das Vereinsregister des Sitzes des aufgelösten Verbandes die Eintragung in das Vereinsregister des Sitzes des übernehmenden Verbandes tritt.

Anmerkungen zu den §§ 63 e—i:

Die früheren §§ 60 a—f, die durch die Novelle vom 16. 12. 29 zwecks Rationalisierung des Genossenschaftswesens in das Gesetz eingefügt worden waren, sind (mit Ausnahme des § 60 f, der aufgehoben worden ist) bei der Neugestaltung des genossenschaftlichen Prüfungswesens durch das Gesetz vom 30. 10. 34 (RGBl. I 1077) unter der neuen Bezeichnung 63 e—i bestehengeblieben; im Gesetzestext der §§ 63 f Abs. 1 und 63 i Abs. 2 befinden sich irrtümlicherweise noch die Ziffer- und Buchstabenbezeichnungen aus dem jetzt veralteten Text des Gesetzes. Wir haben der Klarheit halber die richtigen Ziffer- und Buchstabenbezeichnungen eingesetzt, obwohl eine **amtliche** Berichtigung bisher nicht erfolgt ist. Die §§ 63 e—i regeln die Verschmelzung von Prüfungsverbänden in ähnlicher Weise wie die früheren §§ 93 a—d diejenige von eG (vgl. Ruetz, „Die Verschmelzung von eingetragenen Genossenschaften" 1932, der in einem besonderen

§ 64 Gesetz, betr. die Erwerbs- und Wirtschaftsgenossenschaften

Anhang auch die Verschmelzung von Revisionsverbänden behandelt). Während aber die Verschmelzung von Gen. durch VO vom 13. 4. 43, die durch § 6 des handelsrechtlichen Bereinigungsgesetzes vom 18. 4. 50 (BGBl. 1950 S. 90) im Gegensatz zu den reinen Kriegsvorschriften in Kraft geblieben ist, neu geregelt wurde, sind die Vorschriften über die Verschmelzung von Prüfungsverbänden unverändert geblieben.

Es empfiehlt sich, die Anmeldung der Verschmelzung zunächst bei dem Gericht des übernehmenden Prüfungsverbandes zu bewirken, um dort die Anmeldebescheinigung zu erlangen und diese dem Gericht des aufgelösten Prüfungsverbandes vorlegen zu können. Es wird dadurch die Vorlegung eines unvollständigen Antrages bei dem für die Verschmelzung wichtigeren Gericht, d. h. dem des Sitzes des aufgelösten Prüfungsverbandes, vermieden (BlfG 33 S. 10).

Die für die Kündigung in 63 h Abs. 2 Satz 3 vorgesehene Frist beginnt schon dann zu laufen, wenn das Mitglied des aufgelösten Verbandes von der Eintragung der Verschmelzung in das Vereinsregister anderweitig zuverlässig Kenntnis erhält. Auch muß der übernehmende Verband eine satzungsgemäß ausgesprochene Kündigung, die ein Mitglied des aufgelösten Verbandes diesem gegenüber vor der Verschmelzung erklärt hat, gegen sich gelten lassen. Die Kündigungsfrist bestimmt sich in diesem Falle nach der Satzung des aufgelösten Verbandes. Das nach 63 h Abs. 2 gesetzlich vorgesehene außerordentliche Kündigungsrecht, welches auf den Zeitpunkt der Verschmelzung zurückwirkt, besteht daneben außerdem (KG in JFG 10 170 = BlfG 33 S. 281 u. KG in JW 35 S. 3166 = BlfG 35 S. 707).

§ 64
Beaufsichtigung der Prüfungsverbände

Der zuständige Reichsminister ist berechtigt, die Prüfungsverbände darauf prüfen zu lassen, ob sie die ihnen obliegenden Aufgaben erfüllen[1]; er kann sie durch Auflagen zur Erfüllung ihrer Aufgaben anhalten.

1. Da nach § 2 des Ges. über genossenschaftliche Vereinigungen vom 23. 8. 48 (Gesetz- und VOBl. des Wirtschaftsrates vom 6. 9. 48 S. 83 und BGBl. 50 S. 2) das Prüfungsrecht den Verbänden durch die zuständigen Länderwirtschaftsminister (Senatoren) und in bestimmten Fällen durch den Bundeswirtschaftsminister verliehen wird (vgl. 63 Anm. 1 Abs. 2), sind dementsprechend auch die jeweils für die Ver-

Kommentar § 64 a

leihung des Prüfungsrechts zuständigen Wirtschaftsminister (Senatoren) für die Beaufsichtigung der Prüfungsverbände zuständig.
Wie die Nachprüfung der Tätigkeit der Prüfungsverbände durch den zuständigen Minister durchgeführt wird, ist noch nicht geregelt.
Zum Prüfungsrecht der Aufsichtsbehörde s. Riebandt-Korfmacher GWW 54 S. 119, 267; Bömcke ZfG 52 S. 161, 169; GWW 54 S. 265; Staatsaufsicht nach dem WGG und dem GenG WoG 54 S. 531. Streitig ist, ob das Aufsichtsrecht sich lediglich auf die Erfüllung der den Prüfungsverbänden auf Grund des 4. Abschnitts obliegenden Aufgaben richtet oder ob es darüber hinaus auch die ihnen auf Grund anderer gesetzlicher Vorschriften obliegenden oder durch die Satzung übertragenen Aufgaben zum Gegenstand hat. Die Rechtsstellung der gemeinnützigkeitsrechtlich zugelassenen Prüfungsverbände, denen die gemeinnützigen Wohnungsunternehmen angehören müssen, bestimmt sich nach §§ 14, 18, 23 Abs. 1 Satz 1 u. Abs. 3, 24 Abs. 1, 25 Abs. 1, 26 WGG; §§ 16, 19 Abs. 2, 22, 23 WGGDV. Besonderheiten gelten nach § 28 WGG für einen gemeinnützigkeitsrechtlich zugelassenen Prüfungsverband, der zugleich als Organ der staatlichen Wohnungspolitik anerkannt ist (s. dazu auch die auf Grund des Art. 129 Abs. 1 Satz 2 GG ergangene Entscheidung vom 11. 11. 53 und die VerAO hierzu — Anm. 1 zu § 63 —). Aus § 28 WGG kann die Anerkennungsbehörde aber keine laufende Aufsicht, insbesondere keine Verpflichtung des Verbandes, sich regelmäßigen Prüfungen zu unterwerfen, herleiten (§ 28 Abs. 2 Satz 3 u. Abs. 3 WGG).

§ 64 a
Entziehung des Prüfungsrechts

Das Prüfungsrecht kann dem Verband entzogen werden[1], wenn der Verband nicht mehr die Gewähr für die Erfüllung der von ihm übernommenen Aufgaben bietet, wenn er die Auflagen des zuständigen Reichsministers nicht erfüllt oder wenn für seine Prüfungstätigkeit kein Bedürfnis mehr besteht. Die Entziehung wird nach Anhörung des Verbandsvorstandes durch die Reichsregierung[2] ausgesprochen. Von der Entziehung ist den im § 63 d bezeichneten Gerichten Mitteilung zu machen.

1. Die Entziehung kann auch auf Antrag eines Dritten hin erfolgen und kann mit den verwaltungsgerichtlichen Rechtsmitteln angefochten werden.

2. Vgl. 63 Anm. 1 Abs. 2.

§ 64 b
Prüfung und Überwachung verbandsfreier Genossenschaften

Gehört eine Genossenschaft keinem Prüfungsverband an[1], so kann das Gericht (§ 10) einen Prüfungsverband zur Wahrnehmung der im Gesetz den Prüfungsverbänden übertragenen Aufgaben bestellen[2]. Dabei sollen die fachliche Eigenart und der Sitz der Genossenschaft berücksichtigt werden.

1. 64 b wurde eingefügt durch Art. III der Zweiten Vo über Maßnahmen auf dem Gebiet des Genossenschaftsrechts vom 19. 12. 42 (RGBl. I S. 729) und gleichzeitig der bisherige 64 b in 64 c umnummeriert. Nach § 6 des handelsrechtlichen Bereinigungsgesetzes vom 18. 4. 50 (BGBl. 50 S. 90) bleibt 64 b in Kraft.

2. Nach 54 muß jede G, wie die amtl. Begründung zur VO vom 19. 12. 42 (Reichsanz. Nr. 302 S. 2) ausführt, einem Prüfungsverband angehören; dies gilt auch für aufgelöste G (64 c). G, die aus einem Verbande ausscheiden, ohne die Mitgliedschaft bei einem anderen zu erwerben, verfallen der Auflösung von Amts wegen (54 a). Es fehlte jedoch früher eine allgemeine Vorschrift, nach der G auch gegen ihren Willen der Überwachung und Prüfung durch einen Verband unterstellt werden konnten. Die Übergangsbestimmung in Art. III Abs. 4 des Ges. vom 30. 10. 34 bezog sich nur auf solche G, die bei Inkrafttreten des Gesetzes (15. 12. 34) keinem Prüfungsverbande angehörten. Sie ließ es zudem bei den früheren Vorschriften des GenG bewenden und gab deshalb nur die Möglichkeit, einen Revisor zur Prüfung der G zu bestellen. Gerade bei den mangels Zugehörigkeit zu einem Verband aufgelösten G leidet aber die Abwicklung häufig an erheblichen Mängeln. Da es nicht Aufgabe der Gerichte sein kann, selbst die Durchführung der Liquidation im einzelnen zu überwachen und Liquidatoren von sich aus abzuberufen, mußte insoweit für eine Überwachung durch einen Prüfungsverband gesorgt werden. Auch bei G, die zeitweise nicht Mitglied eines Verbandes sind, ohne daß sie sich der Pflicht, einem Verband anzugehören, entziehen wollen, kann alsbald die Wahrnehmung der im Gesetz den Prüfungsverbänden übertragenen Aufgaben erforderlich werden.

Diese Lücken wurden durch 64 b geschlossen. Das Gericht *kann* einen Prüfungsverband bestellen; ob die Bestellung erfolgt, liegt also im Ermessen des Gerichts. Von der Bestellung wird insbesondere abgesehen werden können, wenn eine andere geeignete Überwachung der G stattfindet. In der Regel wird auch abzuwarten sein, ob ein Bedürfnis zur Bestellung eines Prüfungsverbandes an das Gericht

Kommentar   § 64 c

herangetragen wird. Gegebenenfalls wird das Gericht die Bestellung aber auch von sich aus vornehmen, wenn sich die Abwicklung z. B. ungewöhnlich verzögert. Der Prüfungsverband wird von dem Gericht allgemein zur Wahrnehmung der im Gesetz den Prüfungsverbänden übertragenen Aufgaben bestellt. Dies bedeutet, daß der Verband verpflichtet ist, ordentliche Prüfungen im Sinne von 53 durchzuführen; daß dies auch im Hinblick auf aufgelöste Genossenschaften gilt, ergibt sich aus 64 c.

Von der Übergangsregelung in Art. III des Ges. vom 30. 10. 34 hatte nur noch Absatz 4 praktische Bedeutung. Nachdem auch dieser durch 64 b gegenstandslos geworden ist, wurde Art. III des Ges. vom 30. 10. 34 durch Art. III Abs. 2 der Zweiten VO über Maßnahmen auf dem Gebiet des Genossenschaftsrechts vom 19. 12. 42 (RGBl. I S. 729) vollständig außer Kraft gesetzt.

§ 64 c
Prüfung aufgelöster Genossenschaften

Auch aufgelöste Genossenschaften unterliegen den Vorschriften dieses Abschnitts[1].

1. § 64 c war früher 64 b und mußte infolge der Einfügung eines neuen § 64 b umnumeriert werden (Art. III der zweiten VO über Maßnahmen auf dem Gebiet des Genossenschaftsrechts vom 19. 12. 42, RGBl. I S. 729); nach § 6 des handelsrechtlichen Bereinigungsgesetzes vom 18. 4. 50 (BGBl. 50 S. 90) bleibt diese Vorschrift in Kraft. Durch 64 c sind früher bestehende Zweifel beseitigt und klargestellt, **daß auch in Liquidation befindliche eG der Prüfungs- und Anschlußpflicht unterworfen sind**. Obwohl eine eG auch durch die Eröffnung des Konkursverfahrens aufgelöst wird (101), **kommt auf die in Konkurs befindlichen eG 64 c doch nicht zur Anwendung**, da mit der Eröffnung des Konkursverfahrens die Verwaltung des Genossenschaftsvermögens vom Vorstand auf den Konkursverwalter übergegangen und die Kontrolle über die Verwaltung der Konkursmasse durch besondere Vorschriften sowohl des GenG wie der KO dem Gläubigerausschuß, der Gläubigerversammlung und dem Konkursgericht übertragen ist, so daß für eine Überprüfung der Vorstandstätigkeit durch den Prüfungsverband kein Raum mehr ist. Für die am 15. 12. 34 keinem Prüfungsverbande angehörenden eG, die aufgelöst waren oder später aufgelöst wurden, ohne einem Prüfungsverbande beigetreten zu sein, galten zunächst auch weiterhin die Revisionsbestimmungen des früheren Vierten Abschnittes des GenG (Art. III Abs. 4 des Ges. vom 30. 10. 34). Diese Übergangsbestimmung

§ 65   Gesetz, betr. die Erwerbs- und Wirtschaftsgenossenschaften

konnte jedoch inzwischen durch Art. III Abs. 2 der zweiten VO über Maßnahmen auf dem Gebiet des Genossenschaftsrechts vom 19. 12. 42 (RGBl. I S. 729) aufgehoben werden, da durch die Einfügung des jetzigen § 64 b eine Neuregelung erfolgte.

**Fünfter Abschnitt
Ausscheiden einzelner Genossen**

Vorbemerkung

Das Ausscheiden erfolgt infolge von a) Aufkündigung, 65, 66, 93 k, b) Ausschuß, 68, c) Tod, 77, d) Verlegung des Wohnsitzes, 67, e) Übertragung des Geschäftsguthabens, 76, f) Verschmelzung (93 h Abs. 1). Das Ausscheiden erfolgt mit Ausnahme der Fälle unter e und f stets zum Schlusse des Geschäftsjahres; vgl. auch § 72 DMBG: Hiernach ändert sich der Zeitpunkt des Ausscheidens auch dann nicht, wenn die Genossenschaften von der Möglichkeit, ein zwischen dem 1. 1. und dem 20. 6. 48 endendes Geschäftsjahr bis zum 20. 6. 48 und das am 21. 6. 48 beginnende Rumpfgeschäftsjahr mit dem nächsten spätestens am 31. 12. 49 endenden Geschäftsjahr zu verbinden, Gebrauch machen, was durch die 17. DVO zum UG in Verbindung mit § 3 der 26. DVO zum UG möglich ist. Das Ausscheiden ist mit Ausnahme des Falles zu c bedingt durch die Eintragung. Sicherung der Eintragung durch Vormerkung 71. Im Falle f ist nur Eintragung der Verschmelzung ins Register, nicht aber in die Liste der Genossen der übertragenden G erforderlich. Die Eintragung ist anfechtbar, sie schafft nicht Recht. Statutarische Festsetzung anderer Gründe des Ausscheidens ist unzulässig (KGJ 11 48, 34 208). Unzulässig ist z. B. eine Satzungsbestimmung, nach der Vorstandsmitglieder mit Beendigung der Organstellung automatisch als Mitglieder der Genossenschaft ausscheiden. Über die Hinausschiebung des Ausscheidens im Falle der Eröffnung des Vergleichsverfahrens siehe Bemerkungen zu § 111 Ziff. 6 der Vergleichsordnung (abgedruckt im Anhang). Nach Auflösung der eG ist ein Ausscheiden nicht mehr möglich; Ausnahme 76 Anm. 5. Wegen Auflösung der juristischen Person vgl. 77 Anm. 1.

**§ 65
Kündigung der Mitgliedschaft**

(1) **Jeder Genosse hat das Recht, mittels Aufkündigung seinen Austritt aus der Genossenschaft zu erklären**[1].

(2) **Die Aufkündigung findet nur zum Schlusse eines Geschäftsjahres statt. Sie muß mindestens drei Monate vorher schriftlich**

Kommentar § 65

erfolgen². Durch das Statut kann eine längere, jedoch höchstens zweijährige Kündigungsfrist festgesetzt werden. Besteht die Genossenschaft ausschließlich oder überwiegend aus eingetragenen Genossenschaften, so kann das Statut die Kündigungsfrist bis zu fünf Jahren erstrecken³.

(3) Wird die Genossenschaft vor dem Zeitpunkt, zu dem der Austritt nach Abs. 2 erfolgt wäre, aufgelöst, so scheidet der Genosse nicht aus. Die Auflösung der Genossenschaft steht dem Ausscheiden des Genossen nicht entgegen, wenn die Fortsetzung der Genossenschaft beschlossen wird. In diesem Falle wird der Zeitraum, währenddessen die Genossenschaft aufgelöst war, bei der Berechnung der Kündigungsfrist mitgerechnet; jedoch scheidet der Genosse frühestens zum Schlusse des Geschäftsjahres aus, in dem der Beschluß über die Fortsetzung der Genossenschaft in das Genossenschaftsregister eingetragen ist⁴.

(4) Ein den vorstehenden Bestimmungen zuwiderlaufendes Abkommen ist ohne rechtliche Wirkung⁵.

1. Das Kündigungsrecht ist unentziehbar, auch jede Erschwerung der Kündigung über 65 hinaus ist unzulässig, gleichgültig ob sie durch Statut, GV-Beschluß oder besondere Vereinbarung erfolgt (RG 30 83, 33 65). Unzulässig ist z. B. die Festsetzung eines Austrittsgeldes (RG 33 65) oder eines Beitrages zu einem Amortisationsfonds (RG 42 79). Unzulässig ist die Bestimmung, daß das Geschäftsguthaben bei dem Ausscheiden an die G oder einen Dritten fällt (KGJ 34 186) und eine Vereinbarung, das Geschäftsguthaben nach dem Ausscheiden aus der G dieser als Darlehen zu belassen (BlfG 37 S. 580). Verträge, z. B. Lieferungsverträge mit Mitgliedern, können auch langfristig abgeschlossen werden, ohne daß dadurch notwendig die Kündigung der Mitgliedschaft erschwert. RG 71 338 behandelt einen Sonderfall, weil dort mit Beendigung der Mitgliedschaft die im Vertrag vorgesehene Gegenleistung — Dividendenberechtigung — entfallen würde. RG 85 304 bezeichnet die Vereinbarung eines Wettbewerbsverbotes für die ausscheidenden Mitglieder als unzulässige Beschränkung. Unstatthaft ist es auch, die Wirksamkeit des Austritts bzw. die Einreichung der Kündigung zum RegGer. von der Erfüllung der Pflichten gegenüber der Genossenschaft, z. B. der Rückzahlung eines Kredites, abhängig zu machen. Eine Satzungsbestimmung oder besondere Vereinbarung, daß die G beim Ausscheiden des Kreditnehmers zur vorzeitigen Kündigung des Kredits berechtigt ist, verstößt jedoch nicht gegen 65 und ist deshalb zulässig (RG 91 335). Aus den Gründen dieser Entscheidung läßt sich sogar folgern, daß

auch ohne besondere Satzungsbestimmung der Anspruch auf Fortgewährung von Kredit oder anderen Leistungen gegen die G mit dem Ausscheiden erlischt. Vereinbarung eines Widerkaufsrechts für den Fall des Austritts zulässig, aber keine auf Vertragsstrafe hinauslaufenden Bedingungen (RG 130 211). — Verlegung des Geschäftsjahres oder Verlängerung der Kündigungsfrist müssen die Mitglieder hinnehmen, es sei denn, daß ihre Kündigung bereits vor Eintragung des satzungsändernden Beschlusses erfolgt ist (KG RJA 14 160 = OLG Bd. 32 S. 129 Anm. 1 und BlfG 29 S. 85). Eine Abkürzung der Frist wird dagegen auch auf eine bereits vorgenommene Kündigung wirken. — Wegen der Beweislast vgl. BlfG 32 S. 745. Im übrigen erlangen die bis zum Zeitpunkt des Ausscheidens gefaßten Generalversammlungsbeschlüsse, auch soweit sie Satzungsänderungen enthalten, gegenüber den Ausscheidenden die gleiche Wirksamkeit wie gegenüber den Genossen, die nicht gekündigt haben (vgl. 68 Anm. 3 Abs. 6). — **Kündigung schließt weitergehende Rechte, wie Ausschluß seitens der Genossenschaft, nicht aus.** Kündigungsfrist muß für alle Mitglieder gleich und darf auch nicht je nach dem Grunde der Kündigung verschieden bemessen sein (KGJ 36 264). Auch wenn die Genossenschaft auf bestimmte Zeit beschränkt ist, ist Kündigung zulässig. Während des Konkurses eines Mitgliedes geht das Kündigungsrecht auf den Konkursverwalter über; die Eröffnung des Konkursverfahrens über das Vermögen einer nichtphysischen Person (juristische Person, Handelsgesellschaft) führt dagegen stets zur Auflösung derselben, nicht jedoch zum Ausscheiden aus der G, mit dem Schluß des Geschäftsjahres, in welchem die Konkurseröffnung erfolgt ist (77 Anm. 1). Nach § 111 Ziff. 6 der Vergleichsordnung (vgl. Anhang) ist während der Dauer des Vergleichsverfahrens das auf Grund der Kündigung erfolgende Ausscheiden gehemmt. Kündigung durch Bevollmächtigte zulässig (KGJ 27 67); Nachprüfung der Vollmacht steht im Ermessen des Gerichts (13 FGG; KGJ 33 65). Vollmacht braucht nicht schriftlich zu sein. Telegraphische Kündigung ist unwirksam (KG JW 34 S. 3294). Die Kündigung braucht nicht begründet zu werden (OLGRspr. 19 360) und einen Austrittstermin nicht zu enthalten; geht sie verspätet ein, so gilt sie für den nächstfolgenden Jahresschluß (KGJ 23 112; OlgRspr. 4 309). Kündigung kann, auch wenn sie bereits eingetragen, das Ausscheiden aber noch nicht erfolgt ist, bei Einverständnis zwischen Mitglied und Genossenschaft zurückgenommen werden; die Eintragung in der Genossenliste ist dann gemäß AV 36 Abs. 1 (RG 49 29; KG JFG 13 413 = BlfG 36 S. 500 unter Aufgabe seiner früheren in KGJ 50 120 zum Ausdruck gebrachten abweichenden Auffassung); vgl. im übrigen Weidmüller, BlfG 39 S. 246. Pfändung des Geschäftsguthabens hindert nicht die Rückgängigmachung der Kündigung (OLGRspr. **14** 177). Ein mit mehreren Geschäftsanteilen beteiligter Genosse einer eGmbH kann nur mit allen Geschäftsanteilen ausscheiden, da er nur die Mitgliedschaft als solche kündigen kann (JFG 8 173; RG 143 296, RG JW 37 S. 222). — Schreibt die Satzung einer eG vor, daß Kündigungen nur an den Vorstand zu richten sind, so ist eine „an die Genossenschaft" gerichtete Kündigung auch dann unwirksam, wenn der Vorstand rechtzeitig von der Kündigung Kenntnis erhalten hat (LG Hamburg JW 34 S. 182); die Entscheidung erscheint sehr formalistisch. Es muß genügen, wenn die an die Genossenschaft gerichtete Kündigung rechtzeitig bei der *Genossenschaft* eingeht, da es sich von selbst versteht, daß die Kündigung an den gesetzlichen Vertreter der eG gerichtet ist. — Ausscheiden erfolgt erst auf Grund der Eintragung in der gerichtlichen Liste der Genossen (70; ABV 33, 34).

2. Kündigung in deutscher Sprache (KGJ **39** 133). **Als Tag der Kündigung gilt der des Eingangs derselben** (vgl. RG in BlfG 34 S. 470) **bei der Genossenschaft.** Kündigung zum 31. 12. müßte am 30. 9. bei der Genossenschaft sein. Ist der letzte Tag ein Sonntag, gilt nach BGB 193 der nächste Werktag (vgl. BlfG 29 S. 744).

3. Die Möglichkeit, bei Zentralgen. die Kündigungsfrist auf 5 Jahre zu verlängern, wurde durch die Novelle vom 12. 5. 23 (RGBl.I. S. 288) geschaffen, um das Bestehen von Zentralgenossenschaften auf eine möglichst sichere Grundlage zu stellen und sie vor den Gefahren einer Mitgliederflucht zu schützen.

4. Abs. 3 ist durch Gesetz vom 20. 7. 33 (RGBl. I S. 520) mit Rücksicht auf die in 79 a geschaffene Möglichkeit der Fortsetzung einer aufgelösten eG eingefügt (vgl. BlfG 33 S. 486 u. JW 33 S. 1801).

5. Nach **Abs.** 4 sind Vereinbarungen zwischen der eG und einem Mitgliede, die dessen Kündigungsrecht aufheben oder beschränken (vgl. Anm. 1) oder das Mitglied von der Einhaltung der gesetzlichen oder statutarischen Kündigungsfrist befreien, rechtsunwirksam (RG 64 92; 71 388).

§ 66
Kündigung durch den Gläubiger eines Genossen

(1) **Der Gläubiger eines Genossen, welcher, nachdem innerhalb der letzten sechs Monate eine Zwangsvollstreckung in das Vermö-**

§ 66 Gesetz, betr. die Erwerbs- und Wirtschaftsgenossenschaften

gen des Genossen fruchtlos versucht ist, die Pfändung und Überweisung des demselben bei der Auseinandersetzung mit der Genossenschaft zukommenden Guthabens erwirkt hat, kann behufs seiner Befriedigung das Kündigungsrecht des Genossen an dessen Stelle ausüben, sofern der Schuldtitel nicht bloß vorläufig vollstreckbar ist[1].

(2) Der Aufkündigung muß eine beglaubigte[2] Abschrift des Schuldtitels und der Urkunden über die fruchtlose Zwangsvollstreckung beigefügt sein.

1. **Pfändung des Kündigungsrechts gibt es nicht (KGJ 34 208).** Gläubiger kann auch die Genossenschaft sein, die dann die gleichen Rechte hat, doch wird für solche Fälle das Statut wohl den einfacheren Weg des Ausschlusses zulassen. Der fruchtlose Versuch einer Zwangsvollstreckung braucht nicht vom kündigenden Gläubiger gemacht zu sein, er muß der Pfändung und Überweisung des Geschäftsguthabens *voraus*gegangen sein. Zahlungseinstellung ersetzt die erfolglose Zwangsvollstreckung nicht, dagegen steht die Konkurseröffnung der fruchtlosen Vollstreckung gleich. Bei nachträglicher Konkurseröffnung muß die Überweisung neuerlich erwirkt werden. **Pfändung eines Teils des Guthabens ist unzulässig (OLGRspr. 40 203).** Der Schuldtitel muß rechtskräftig, nicht bloß vorläufig vollstreckbar sein. — BGB 399, ZPO 851 Abs. 2, 857 Abs. 3. Kündigung durch den Gläubiger nach Pfändung des Geschäftsguthabens auch zulässig, wenn die Abtretung des Geschäftsguthabens durch Vereinbarung der G mit dem Mitgliede ausgeschlossen ist. Durch Pfändung und Überweisung des Auseinandersetzungsguthabens scheidet der Schuldner noch nicht aus der Genossenschaft aus, vielmehr bedarf es der Kündigung der Mitgliedschaft unter Einhaltung der gesetzlichen oder statutarischen Kündigungsfrist und der Eintragung des Ausscheidens in der gerichtlichen Liste der Genossen (70; ABV 33, 34). — Nach Erwirkung der Pfändung und Überweisung des Auseinandersetzungsguthabens kann eine Übertragung des Geschäftsguthabens (76) nicht mehr erfolgen (Etscheit. BlfG 36 S. 232). — Die Kündigung muß durch den Gläubiger erfolgen; die Kündigung des Konkursverwalters des Genossen wirkt nicht zugunsten eines nach aufgehobenem Konkurse pfändenden Pfändungsgläubigers (OLGRspr. 40 203). Wegen Zulässigkeit einer wiederholten Pfändung und Überweisung für denselben Gläubiger vgl. LG Dresden JW 33 S. 2850. **Das Aufrechnungsrecht der eG mit ihren Forderungen gegen das Auseinandersetzungsguthaben des Genossen wird durch die Pfändung dieses Guthabens** nur dann ausgeschlossen, wenn sie die Forderung gegen den Genossen

nach der Pfändung erworben hat oder wenn ihre Forderung erst nach der Pfändung und später als das Auseinandersetzungsguthaben fällig geworden ist. Die eG kann also mit einer vor der Pfändung gegen den Genossen entstandenen Forderung aufrechnen, wenn sie diese Forderung vor der Fälligkeit des gepfändeten Auseinandersetzungsguthabens (73 Abs. 2) fällig machen kann (BGB 392). Wegen Pfandrecht einer Genossenschaftsbank nach AGB vgl. § 22 Anm. 5 Abs. 2. Über einen Fall der Aufhebung eines Pfändungs- und Überweisungsbeschlusses unter Anwendung des Gesetzes zur Verhütung mißbräuchlicher Ausnutzung von Vollstreckungsmöglichkeiten s. BlfG 35 S. 589. Zur Frage der Pfändbarkeit der Kapitaldividende und Warenrückvergütung vgl. auch Dobler in Rundschau 36 S. 561 u. 581. Die Pfändung und Überweisung von Geschäftsguthaben behandelt im einzelnen Trey ZfW 37 Nr. 15.

2. Der Hinweis auf eine Beglaubigung gemäß § 8 Abs. 2 AV in den bisherigen Auflagen entfällt, da die Vorschriften über die Beglaubigung in 8 Abs. 2 Satz 2 AV durch das Beurkundungsgesetz vom 28. 8. 69 aufgehoben worden ist.

§ 67
Ausscheiden bei Aufgabe des Wohnsitzes

(1) Ist durch das Statut die Mitgliedschaft an den Wohnsitz innerhalb eines bestimmten Bezirks[1] geknüpft (§ 8 Nr. 2), so kann ein Genosse, welcher den Wohnsitz in dem Bezirke aufgibt, zum Schlusse des Geschäftsjahres seinen Austritt schriftlich erklären[2].

(2) Imgleichen kann die Genossenschaft dem Genossen schriftlich erklären, daß er zum Schlusse des Geschäftsjahres auszuscheiden habe[3].

(3) Über die Aufgabe des Wohnsitzes ist die Bescheinigung einer öffentlichen Behörde beizubringen.

1. 67 gilt nur für solche eG, deren Statut die Mitgliedschaft an den Wohnsitz in einem bestimmten Bezirk knüpft, also nicht auch für solche, bei denen die Genossen ihren Gewerbebetrieb innerhalb eines bestimmten Bezirks haben oder andere Voraussetzungen (z. B. Zugehörigkeit zu einem bestimmten Beruf) erfüllen müssen (KGJ 43 113; RG Recht 08, 1068).

2. Verzieht ein Genosse aus dem Bezirk, so kann entweder er ohne Einhaltung einer Kündigungsfrist unter Beifügung einer Bescheinigung gemäß Abs. 3 (z. B. polizeiliche Abmeldung) schriftlich zum

§ 68 Gesetz, betr. die Erwerbs- und Wirtschaftsgenossenschaften

Geschäftsjahresschluß seinen Austritt erklären **oder die eG dem Genossen schriftlich erklären,** daß er zum Schlusse des Geschäftsjahres auszuscheiden habe; im letzteren Falle hat die eG sich die in Abs. 3 geforderte Bescheinigung selbst zu besorgen. Die Erklärungen über das Ausscheiden eines Genossen, der seinen Wohnsitz verlegt hat, können sowohl von dem Genossen wie auch von der G noch nach Ablauf des Geschäftsjahres abgegeben werden, in welchem der Wegzug erfolgt oder die G davon Kenntnis erlangt, und zwar mit Wirkung für den Schluß des zur Zeit der Erklärung laufenden Geschäftsjahres (KG JFG 16 111 = JW 37 S. 2658 = BlfG 37 S. 711).

3. Auch bei der Wohnsitzaufgabe erfolgt das **Ausscheiden erst auf Grund der Eintragung** in die Liste der Genossen (69, 70; AV 33, 34) und wird rückwirkend mit der Auflösung der G binnen 6 Monaten nach dem Austrittstermin unwirksam (75).

Verlegung des Wohnsitzes kann auch im Statut ganz allgemein als **Ausschließungsgrund** (68) aufgeführt werden, und zwar auch dann, wenn die Satzung nicht gleichzeitig die Mitgliedschaft an den Wohnsitz innerhalb eines bestimmten Bezirks knüpft (LG Rostock, BlfG 40 S. 253).

§ 68
Ausschließung eines Genossen

(1) Ein Genosse kann wegen des Verlustes der bürgerlichen Ehrenrechte sowie wegen der Mitgliedschaft in einer anderen Genossenschaft, welche an demselben Orte ein gleichartiges Geschäft betreibt[1], zum Schlusse des Geschäftsjahres[2] aus der Genossenschaft ausgeschlossen werden[3]. Aus Vorschuß- und Kreditvereinen kann die Ausschließung wegen der Mitgliedschaft in einer anderen solchen Genossenschaft auch dann erfolgen, wenn die letztere ihr Geschäft nicht an demselben Orte betreibt[3a].

(2) Durch das Statut können sonstige Gründe der Ausschließung festgesetzt werden[4].

(3) Der Beschluß, durch welchen der Genosse ausgeschlossen wird, ist diesem von dem Vorstande ohne Verzug mittels eingeschriebenen Briefes mitzuteilen[5].

(4) Von dem Zeitpunkte der Absendung desselben kann der Genosse nicht mehr an der Generalversammlung teilnehmen, auch nicht Mitglied des Vorstandes oder des Aufsichtsrats sein[6].

1. Es genügt, wenn die andere Genossenschaft in demselben Orte eine Zweigniederlassung unterhält.

2. Der Ausschluß kann zu keinem anderen als dem gesetzlich vorgesehenen Zeitpunkt (Geschäftsjahresschluß) beschlossen werden; wird in dem Beschluß gleichwohl ein anderer Zeitpunkt angegeben, so macht dies jedoch die Ausschließung selbst regelmäßig nicht unwirksam (KG JW 38 S. 1177 = JFG 17 142).

3. Von welchem Organ der Ausschließungsbeschluß zu fassen ist, ist dem Statut überlassen; beim Fehlen einer statutarischen Bestimmung vom Vorst. als dem gesetzlichen Vertreter (RG 129 47). Es können auch mehrere Organe nebeneinander für zuständig erklärt werden (KGJ 36 264). Mitglieder des Vorstandes und AR können nicht durch den Vorstand, sondern nur durch die GV bzw. VV ausgeschlossen werden. (So auch Paulick S. 152; S. v. C. ZfG Bd. 10 (1960) 73; und für Mitglieder des AR BGH NJW 60 S. 193 = BlfG 60, 47, GW 60, 65 mit Bespr. GW 60, 394. BGH läßt jedoch offen, ob nicht ein Mitglied des AR durch den AR oder einen besonderen Ausschuß ausgeschlossen werden kann.) Die Bedeutung, die ein Ausschluß von Mitgliedern des Aufsichtsorgans für die Genossenschaft hat, verlangt die Zuständigkeit des obersten Willensorgans der Genossenschaft. Für die Ausschließung von Vorstandsmitgliedern ergibt sich dies auch aus dem Sinn des § 40: Danach ist die endgültige Abberufung vom Vorstandsamt ausschließlich Angelegenheit der GV; der Ausschluß aus der G würde jedoch den Verlust des Amtes zur Folge haben. Mitglieder des AR können nicht durch das Organ ausgeschlossen werden, daß sie zu überwachen haben. Da der Auschluß von Organmitgliedern automatisch die Organstellung beendet, Mitglieder des AR aber nicht durch den Vorstand abberufen werden können, muß ein Ausschluß von Mitgliedern des AR durch den Vorstand ausscheiden. Die Entscheidung des BGH berührt nicht die Fälle, in denen nach der Satzung ein Mitglied des Vorstandes oder AR erst nach der Amtsenthebung durch die GV ausgeschlossen werden kann. Ist ein Vorst.- oder AR-Mitglied als Mitglied ausgeschlossen, so kann die GV auch noch die Amtsenthebung beschließen, solange die Endgültigkeit des Ausschlusses nicht feststeht (RG JW 16 S. 1478). Umgekehrt hindert die vorläufige Amtsenthebung eines Vorstandsmitglieds durch den Aufsichtsrat nach 40 nicht, dieser binnen angemessener Frist nach Gehör des Betroffenen die Ausschließung folgen zu lassen, sofern nicht trotz Kenntnis der Ausschließungsgründe das genossenschaftliche Verhältnis noch längere Zeit fortgesetzt worden ist (OLG Bamberg ZfG 57 S. 228 Nr. 119). Die Wirksamkeit der Ausschließung hängt von der wirksamen Beschlußfassung des durch die Satzung bestimmten Organs und damit davon ab, ob die Mitglieder des Vorstandes bzw. Auf-

sichtsrates wirksam bestellt und noch nicht aus dem Amt geschieden sind (OLG Celle GWW 49 S. 219). Für die Feststellung des Verschuldens bei Ausschluß eines Vorstandsmitgliedes gelten die gleichen Grundsätze wie bei anderen Mitgliedern (subjektiver Maßstab; nicht wie bei § 34; BGH DB 63 S. 480). Anhörungspflicht bei Abberufung von Vorst. Mitgl. — BGH NJW 60, 1861 = GW 60, 407, 395. Die Ausschließung eines Mitgliedes der Verwaltungsorgane der Genossenschaft hat den Amtsverlust auch dann zur Folge, wenn die Ausschließung mit Erfolg angefochten, für grundlos und damit für ungültig erklärt wurde. Ein erloschenes Vorstands- oder AR-Amt kann nicht wieder aufleben (BGH BlfG 60 S. 47). Nach RG 68 193 braucht der Ausschließungsbeschluß nicht erkennen zu lassen, aus welchem Grund die Ausschließung erfolgt. Dies erscheint jedoch nicht unbedenklich, da dem Mitglied dadurch unter Umständen die gerichtliche Wahrnehmung seiner Rechte erschwert werden kann. Aus der beiderseitigen genossenschaftlichen Treuepflicht ist daher im allgemeinen dem Ausgeschlossenen ein Anspruch auf Nennung der Ausschließungsgründe im Beschluß zuzuerkennen. Es genügt, wenn im Prozeß über die Rechtmäßigkeit der Ausschließung nicht geheimgebliebene Tatsachen nachgewiesen werden, die zeitlich vor der Beschlußfassung liegen und den gesetzlichen oder statutarischen Tatbestand erfüllen. Bis zum Beweise des Gegenteils ist dann anzunehmen, daß diese Tatsachen den Ausschluß herbeigeführt haben (RG 88 193). Ist dagegen im Beschluß ein Ausschließungsgrund ausdrücklich angegeben, so kann ein neuer Grund nicht nachgeschoben werden. Es könnte vielmehr nur ein neues Ausschlußverfahren eingeleitet werden (RG JW 32 S. 1010).

Über Haftung bei Mißbrauch des Ausschließungsrechts RG 72 4 (10), 128 87; OGH Köln GewGen. 49 Nr. 17 S. 11 = GWW 50 S. 164.

Einem Genossen, der ausgeschlossen werden soll, ist bei Vermeidung der Unwirksamkeit des Ausschlußverfahrens regelmäßig **von der beabsichtigten Ausschließung unter Mitteilung der Gründe Kenntnis und vor der Beschlußfassung über den Ausschluß Gelegenheit zur Rechtfertigung zu geben** (OLG Augsburg JW 26 S. 2098; OG Danzig BlfG 30 S. 571; BlfG 30 S. 627; OGHZ 1 310; BGH WM 58 IV B S. 816, das es dahingestellt sein läßt, ob es der Versagung des rechtlichen Gehörs gleichkommt, wenn der Auszuschließende zwar Gelegenheit zur Stellungnahme erhalten hat, er aber zur Vorbereitung seiner Äußerung Zeit braucht, und ihm diese nicht gelassen worden ist. OLG Nürnberg ZfG 61, 454, betreffend Ausschließung aus einer Baugenossenschaft, mit Anm. von Paulick =

Kommentar § 68

GW 63, 408. Zur Frage des rechtlichen Gehörs auch BGH NJW 60, 1861 = GW 60, 406. OLG Dresden BlfG 36 S. 116, das mit Recht die Auffassung vertritt, daß zum mindesten dann rechtliches Gehör zu gewähren ist, wenn die Ausschließung auf einen Sachverhalt gestützt wird, bei dessen Beurteilung dem freien Ermessen der Beteiligten beträchtlicher Spielraum bleibt, und die Möglichkeit, daß er von der Ausschließung Betroffene durch eine Darlegung seines Verhaltens und seiner Beweggründe Einfluß auf die Meinung der Beschließenden gewinne, nicht von vornherein gänzlich ausgeschlossen ist. Im gleichen Sinne auch RG 169 338, das die Anhörung nur dann für erforderlich hält, wenn sie einen Sinn und Zweck hat und nicht von vornherein aussichtslos ist). Nach OLG Köln, ZfG 66, 307, kann auf Anhörung verzichtet werden, wenn dem Mitglied in der genossenschaftlichen Rechtsmittelinstanz Gelegenheit zur Verteidigung gegeben wird. Gewährt das Statut dem Ausgeschlossenen die Möglichkeit, gegen den Ausschluß Berufung an die GV einzulegen, so hat er weder das Recht, an dieser GV persönlich teilzunehmen noch auch sich in derselben zu seiner Rechtsverteidigung durch einen Bevollmächtigten vertreten zu lassen (RG 129 45 = JW 30 S. 2693; BlfG 30 S. 627; im gleichen Sinne OLG Bamberg ZfG 57 S. 228 Nr. 119, das auch die Möglichkeit einer schriftlichen Rechtfertigung vor der GV verneint). Der Anspruch auf rechtliches Gehör geht nicht so weit, daß der Ausgeschlossene auf die Beratung der von ihm nach der Satzung zu benennenden Mitglieder des Berufungsausschusses einwirken könnte (LG Hagen, GW 59, 123 = ZfG 60, 356 u. zustimmender Anm. Paulick S. 63). Die Anrufung der GV ist auch dann zulässig, wenn ein ungültiger Ausschließungsbeschluß der nach der Satzung für den Ausschluß zunächst zuständigen Organe der G vorliegt (RG JW 36 S. 2071 = BlfG 36 S. 501). Ein formell ordnungsmäßiger Ausschließungsbeschluß kann materiellrechtlich unwirksam sein, wenn die Beschlußfähigkeit des Ausschließungsorgans durch groben Verstoß gegen Treu und Glauben herbeigeführt wurde (BGH Betr. 57 S. 378 = RaiffR 57 S. 138). Die Berufung an die GV hält die Eintragung des Ausscheidens nicht auf (KGJ 15 59).

Im Falle des Ausschlusses kann stets auf Feststellung der Unwirksamkeit des Beschlusses Klage erhoben werden (KGJ 32 303; RG 51 89); die Klageerhebung ist nach herrschender Meinung grundsätzlich an keine Frist gebunden, da sie keinen sachlich-rechtlichen Anspruch betrifft. Das Recht auf Erhebung dieser Klage ist aber kein unverzichtbares Grundrecht (LG Ulm BlfG 57 S. 282), sondern es unterliegt der Verwirkung, d. h. es kann nur innerhalb einer angemessenen

§ 68 Gesetz, betr. die Erwerbs- und Wirtschaftsgenossenschaften

Frist ausgeübt werden (Paulick ZfG Bd. 10 S. 263 Ziff. 3). Die entsprechend dem Aktienrecht (§ 242 Abs. 1 und Abs. 2 Satz 1 und 3 AktG) angenommene Frist von 3 Jahren (so S. v. C. ZfG Bd. 10 S. 271 oben) erscheint in der Regel zu lang. Sie dürfte jedenfalls die oberste Grenze darstellen. Seine frühere Auffassung, daß der Anspruch auf Feststellung der Zugehörigkeit zu einer eG stets ein vermögensrechtlicher Anspruch sei, hat das RG später (RG **163** 200 = BlfG 40 S. 127) dahin eingeschränkt, daß die Entscheidung der Frage von den Umständen des Einzelfalles abhänge; der Feststellungsanspruch sei jedenfalls dann ein nichtvermögensrechtlicher, wenn die Ausschließung damit begründet werde, daß der Genosse durch ehrenrühriges Verhalten die G geschädigt habe. Vor Erhebung der Feststellungsklage ist Erschöpfung des statutarischen Rechtsmittelverfahrens erforderlich (OLGRspr. 34 352; JW 29 S. 2898, RG JW 36 S. 2071 = BlfG 36 S. 501; OGH Köln OGHZ 1 370 = ZfG 50 S. 75 u. 55 S. 241 Nr. 27 = GewGen. 49 Nr. 17 S. 11 = GWW 50 S. 164; AG Bochum GWW 49 S. 218; BGH WM 58 IV B S. 816). Zur Unterlassung satzungsmäßiger Rechtsmittel — Treuepflicht der G BGH NJW 60, 2143 = GW 60, 407. Die unmittelbare Anrufung des Gerichts bedeutet Unterwerfung unter den Ausschließungsbeschluß und stellt so den Ausgeschlossenen dem freiwillig Ausgeschiedenen gleich, dessen Klage auf Unwirksamkeit des Austritts abzielt (OGH Köln a. a. O.). Bei Änderung der Satzung richtet sich das genossenschaftliche Ausschlußverfahren, falls keine Übergangsbestimmung vorgesehen ist, vom Inkrafttreten der Änderung an nach den neuen Vorschriften. Sieht die Satzung Berufung gegen den Ausschließungsbeschluß an den Aufsichtsrat vor, so handelt es sich um eine Vorabentscheidung, die ergehen sollte, bevor die Klage im Rechtsweg erhoben wird. Sie kann im Laufe des Prozesses ergänzt oder neu gefaßt werden (BGH GWW 52 S. 258). Ein in der Satzung vorgesehener Berufungsausschuß ist kein Gericht, sondern kann unter Ausübung des der Genossenschaft als autonomer Körperschaft zustehenden Ermessens nach Zweckmäßigkeitsgesichtspunkten entscheiden, soweit nicht Rechtsvorschriften entgegenstehen (HansOLG, GWW 55 S. 383). Er ist auch kein Schiedsgericht (LG Hagen ZfG 60, 356 = GW 59, 123). Wird durch passives Verhalten der Genossenschaftsorgane (z. B. Nichteinberufung der GV) die Durchführung des satzungsmäßigen Instanzenzuges ungebührlich erschwert oder gar unmöglich gemacht, so kann der Ausgeschlossene sofort den ordentlichen Rechtsweg beschreiten (RG JW 15 S. 1424 für eV, Etscheit BlfG 36 S. 314, RG JW 36 S. 2071 = 36 S. 501), ebenso, wenn das Ergebnis des satzungsmäßigen Rechtsmittelweges nach Lage

Kommentar § 68

des Falles von vornherein feststeht und daher nur eine Formalität bedeuten würde (OGH Köln a. a. O.). Die Anrufung der GV ist auch dann *notwendig,* wenn das Statut bestimmt, daß die GV zuständig ist für Beschwerden gegen alle Beschlüsse des Vorst. und AR (vgl. OLG Stuttgart BlfG 12 S. 414; KG BlfG 13 S. 87; Etscheit BlfG 36 S. 314.) **Der ordentliche Rechtsweg kann auch durch Statut nicht ausgeschlossen werden** (RG 57 154; **129** 45; RG JW 32 S. 1010; RG JW 36 S. 2071 = BlfG 36 S. 501). Falls der Ausschließungsbeschluß zuständigkeitsgemäß von der GV gefaßt worden ist, kann die Feststellungsklage nicht als Anfechtungsklage gemäß § 51 erhoben werden. (So auch OLG Hamburg in OLG 12 436; S. v. C. ZfG Bd. 10 (1960), 73.

Die frühere Auffassung wird aufgegeben. Das ausgeschlossene Mitglied kann bei der GV im eigenen Ausschlußverfahren nicht mitwirken, so daß die Voraussetzungen des § 51 nicht vorliegen. Die Klage hat bezüglich der Eintragung keine aufschiebende Wirkung; Eintragung des Ausschlusses muß also trotz Klageerhebung erfolgen (KGJ **15** 69); das RegGer. ist nicht befugt, nach FGG 127 die Entscheidung auszusetzen. Siehe auch Aub, Genossenschaftliche Ausschlußpozesse GWW 49 S. 149 u. Steiner, GWW 52 S. 255.

Der Nachprüfung des Prozeßgerichts unterliegt nicht nur das formelle Ausschließungsverfahren (Gewährung des rechtlichen Gehörs, Zuständigkeit des Ausschlußorgans), **sondern auch die sachliche Berechtigung des Ausschlusses** (RG **129** 45; RG JW 32 S. 1010; LG Bochum ZfG 55 S. 243 Nr. 44; BGH WM 58 IV B S. 816; vgl. hierzu Steiner GWW 52 S. 256, der eine Beschränkung der Nachprüfbarkeit auf formelle Mängel entsprechend dem Vereinsrecht befürwortet). Da aber das Gericht in das genossenschaftliche Recht der Selbstbestimmung und das freie Ermessen des Vorstands und AR nicht eingreifen darf, hat es nicht nachzuprüfen, welche rechtliche Wertung des Verhaltens des Ausgeschlossenen — z. B. ob vorsätzlich oder fahrlässig — zum Ausschließungsbeschluß geführt hat und ob diese zutreffend war. Die richterliche Nachprüfung beschränkt sich vielmehr auf die Frage, ob der dem Ausschluß zugrunde gelegte Sachverhalt unter Berücksichtigung von Treu und Glauben und des zwischen der G und dem Genossen bestehenden genossenschaftlichen Treueverhältnisses die Ausschließung rechtfertigt (OLG Bamberg ZfG 57 S. 228 Nr. 119). Hat die eG trotz Kenntnis von einem Ausschließungsgrund (Kenntnis des einzelnen Vorst.-Mitgliedes genügt, KGJ **33** 104) das genossenschaftliche Verhältnis fortgesetzt, so kann sie den Ausschluß nicht mehr vornehmen (RG **129** 45 und OLG Bamberg a. a. O.), ebenso wenn das für den Ausschluß zuständige Organ einen bestimmten Sachverhalt schon einmal als für einen Ausschluß nicht ausreichend erklärt hat (RG **51** 89); auch ein Verstoß gegen eine nichtige Statutenbestimmung kann ein Ausschließungsgrund sein (RG JW 08 S. 250). Bei Angabe von Gründen im Ausschließungsbeschluß können weitere Gründe nicht nachgeschoben werden, ohne daß ein neues Ausschließungsverfahren stattgefunden hat.

Die Aufhebung des Ausschlusses (durch das ausschließende Organ oder eine höhere Instanz der eG oder durch Gerichtsurteil) **hat keine rückwirkende Kraft**. Das Mitglied muß deshalb nicht nur die in der Zwischenzeit ergangenen Beschlüsse der Genossenschaftsorgane gegen sich gelten lassen, sondern hat auch die sonstigen Wirkungen des Ausschlusses, z. B. die Unterlassung der Benutzung der Einrichtungen der G zu tragen. Die G haftet aber innerhalb der Grenzen von 276 BGB bei schuldhaftem, ungerechtfertigtem Ausschluß eines Mitglieds (RG **72** 10; **128** 87; OLG München HRR 41 Ziff. 39 = BlfG 41 S. 48; OGHZ **1** 370 = ZfG 50 S. 75 u. 55 S. 241 Nr. 27 = GewGen. 49 Nr. 17 S. 11). Auf Grund der Aufhebung des Ausschlusses Vermerk der Unwirksamkeit der bereits erfolgten Löschung in der gerichtlichen Genossenliste (AV 36 Abs. 1); Vermerk kann auch noch nach Auflösung der eG erfolgen (Recht 26 Nr. 2155). Ob, wenn der Ausschluß aufgehoben wird, das Mitglied wieder in die Rechte eines Vorst.- oder AR-Mitgliedes tritt, ist streitig: Bejahend (aber ohne Begründung) RG JW 16 S. 1478 u. Fink GWW 52 S. 437; mit Recht verneinend RGZ **128** 90; OGHZ **1** 370 = ZfG 50 S. 75 u. 55 S. 241 Nr. 27; ParCr. 68 Anm. 11 u. 24 Anm. 25; Krakenberger S. 406; Meyer-Meulenbergh 68 Anm. 7.

3 a. Ausschluß wegen Betriebes eines gleichartigen Geschäfts. 68 Abs. 1 erkennt die Mitgliedschaft in mehreren gleichartigen Genossenschaften deshalb als Ausschließungsgrund an, weil eine solche Beteiligung das Interesse der Mitglieder an den Angelegenheiten der G mindert, die auf der Haftpflicht der einzelnen Genossen beruhende Kreditbasis der Genossenschaften schwächt und ihnen die Prüfung der Kreditwürdigkeit ihrer Mitglieder erschwert (BGH WM 58 IV B S. 816 unter Hinweis auf die Reichstagsdrucksachen Nr. 28 u. 132, 7. Legislaturperiode, IV. Session 1888/89).

4. Ausschluß darf stets nur aus den im Gesetz oder im Statut vorgesehenen Gründen erfolgen (KGJ 11 48), wobei die letzteren den ersteren nicht gleichartig sein müssen (BGH WM 58 IV B S. 816). In den Statuten sind als Ausschlußgründe, die grundsätzlich auslegungsfähig sind (BGH a. a. O.), vielfach aufgeführt: Nichterfüllung der genossenschaftlichen Pflichten, Wegfall der für den Mitgliedschaftserwerb statutarisch geforderten Voraussetzungen, Verstoß gegen die Interessen der eG (hierunter kann auch die Überschreitung der Grenzen zulässiger Kritik an der Verwaltung fallen, KG BlfG 34 S. 625, LG Hamburg GWW 51 S. 25 Verletzung einer Nebenpflicht wie z. B. Verstoß gegen die Hausordnung genügt jedoch nicht, LG Bochum GWW 54 S. 153 = ZfG 55 S. 243 Nr. 44] sowie Verstöße eines Vorstandsmitglieds gegen seine vertraglichen und gesetzlichen Verpflichtungen, OLG Bamberg ZfG 57 S. 228 Nr. 119), Konkurs des Mitgliedes. Zulässig ist auch eine Satzungsbestimmung, die die Beteiligung eines Mitglieds an einem Konkurrenzunternehmen oder den Betrieb eines eigenen, zur G in Wettbewerb stehenden Geschäfts als Ausschließungsgrund festsetzt (BGH WM 58 IV B S. 816); durch eine solche Satzungsbestimmung werden weder die Gewerbefreiheit oder das Recht der freien Berufswahl (Art. 12 GG) beeinträchtigt noch liegt eine (verbotene) Wettbewerbsbeschränkung vor (BGH a. a. O.). Auch Auflösungsbeschluß bei einer juristischen Person, die Mitglied ist, kann satzungsgemäßer Ausschlußgrund sein (Näheres hierzu § 77 Anm. 1). Die als Ausschließungsgründe statutarisch angeführten Verstöße gegen das Interesse der eG und die Pflichtverletzungen müssen grundsätzlich schuldhafte sein, d. h. auf Vorsatz oder Fahrlässigkeit beruhen, um einen rechtswirksamen Ausschluß zu begründen (RG JW 32 S. 1010; RG 148 225 = JW 35 S. 2719; RG 163 200 = BlfG 40 S. 127). Bei Fehlen der Deliktsfähigkeit oder sonstiger regelmäßig wiederkehrender Schuldunfähigkeit erscheint aber ein Ausschluß auch ohne schuldhaften Verstoß gegen die Satzungsbestimmungen zulässig. Die Frage, ob ein schuldhaft genossenschaftswidriges Verhalten vorliegt, richtet sich nicht nach den strafrechtlichen Grundsätzen von Täterschaft und Beihilfe, sondern nach genossenschaftlichen Grundsätzen. Der Auszuschließende handelt schuldhaft, wenn ihm bei der zu fordernden Überlegung hätte bewußt werden müssen, daß sein Verhalten mit der genossenschaftlichen Treuepflicht nicht zu vereinbaren ist und zu Nachteilen für die Genossenschaft führen kann. (Das HansOLG GWW 55, 383 stellt zu einseitig auf das Verhalten gegenüber den Genossenschaftsorganen ab.) Sind die die G schädigenden Handlungen und Unterlassungen satzungsmäßiger Ausschlußgrund, so sind hierunter auch solche zu verstehen, die ihrer Art nach allgemein oder nach den besonderen Umständen des Einzelfalles geeignet sind, zu Schädigungen zu führen, auch wenn im besonderen Falle der Schadenseintritt verhindert wer-

§ 68 Gesetz, betr. die Erwerbs- und Wirtschaftsgenossenschaften

den konnte (LG Leipzig, Urteil vom 2. 4. 41, 3066/40). Ein „die G schädigendes Verhalten" kann nicht nur in materiellen, sondern auch in ideellen Beeinträchtigungen zu erblicken sein (AG Iserlohn ZfG 55 S. 244 Nr. 48), doch muß dieses Verhalten eine nach vernünftiger Auffassung beachtenswerte Schädigung des Ansehens der G herbeiführen können (LG Bochum ZfG 55 S. 243 Nr. 44). Bei dem Ausschluß ist das gegenseitige Treueverhältnis zu beachten; die Belange der G brauchen aber den Ausschluß nicht zwingend zu gebieten; nur eine offenbare Geringfügigkeit der Schwere und Folgen der Verfehlungen des Genossen kann den Ausschluß wegen Verstoßes gegen Treu und Glauben nichtig machen (OLG Hamburg ZfG 55 S. 242 Nr. 32 = BB 51 S. 430). Ist als Ausschlußgrund der Verstoß gegen Beschlüsse der eG vorgesehen, so fallen hierunter auch Beschlüsse des Vorst. (OLG Stuttgart JW 30 S. 3782). Die vom Vorstand, Aufsichtsrat und der GV gefaßten Mehrheitsbeschlüsse müssen auch von der überstimmten Mehrheit respektiert werden. Genossen, in deren Rechte durch die betreffenden Beschlüsse eingegriffen wird, dürfen sich nur mit den gesetzlich zugelassenen Mitteln dagegen zur Wehr setzen. Die übrigen Genossen dürfen *sie* bei der Verfolgung ihrer Rechte nicht unterstützen. Das gilt insbesondere für die Mitglieder des Aufsichtsrates (HansOLG GWW 51 S. 242; GWW 55 S. 383). Verfolgt der Ausschluß den Zweck, dem Genossen den Wiedereintritt mit einer geringeren Zahl von Anteilen zu ermöglichen, so ist er als nicht ernst gemeint unwirksam (OLG Rostock, Recht 32 Nr. 722 = BlfG 33 S. 9). Bzgl. des Ausschlusses wegen Wohnsitzverlegung vgl. 67 Anm. 3.

5. Auch dann, wenn der Wohnsitz nicht bekannt ist, in solchem Falle an dem letzten bekannten Wohnsitz. Abs. 3 ist bloße Ordnungsvorschrift, deren Nichtbeachtung das Ausscheiden des Ausgeschlossenen infolge der Eintragung in die gerichtliche Genossenliste nicht hindert. Die Mitteilung braucht keine Rechtsmittelbelehrung zu enthalten. Die Vorschriften der Prozeßordnung gelten nicht für das Ausschlußverfahren. Es empfiehlt sich aber dennoch, dem Auszuschließenden mitzuteilen, welches Rechtsmittel gegen den Beschluß zur Verfügung steht. Der Ausschluß aus einer Wohnungsbaugenossenschaft verstößt selbst dann nicht gegen Treu und Glauben, wenn der Ausgeschiedene, der bei fast jeder Maßnahme der Genossenschaft in Opposition gestanden und dadurch erhebliche Spannungen zwischen ihm, den andern Mitgliedern des AR und dem Vorstand hervorgerufen hat, infolgedessen seine Wohnung verliert (HansOLG GWW 55 S. 383).

6. Bei Abs. 4 handelt es sich um eine Sonderbestimmung zugunsten der eG, aus der der Ausgeschlossene keine Rechte ableiten kann (RG **128** 90). Der Eintritt der in Abs. 4 festgesetzten Wirkungen ist vom tatsächlichen Vorliegen eines rechtmäßigen Ausschließungsgrundes nicht abhängig (RG JW 16 S. 1478; RG **128** 90). Abs. 4 setzt auch nicht voraus, daß das zur Ausschließung berufene Organ mangelfrei bestellt worden ist; es genügt, daß es mit Billigung der Mehrheit die Funktion ausübt (OGH Köln OGHZ 1 730 = ZfG 50 S. 75 u. 55 S. 241 Nr. 27). Wird der Einschreibebrief sofort nach Fassung des Beschlusses während der GV abgesandt, so kann der ausgeschlossene Genosse noch aus derselben entfernt werden. Auch das Recht, Anträge zu stellen oder sich an der Stellung von Anträgen zu beteiligen, hat ein Ausgeschlossener verloren; ebensowenig kann er als Bevollmächtigter (43 Abs. 4) einen anderen Genossen vertreten (so auch ParCr. 68 Anm. 11 Abs. 2). Durch *Statut* können die im Gesetz an den Ausschluß geknüpften Rechtsnachteile erweitert werden, z. B. kann dem Ausgeschlossenen vom Augenblick des Ausschlusses bis zum Schluß des Ausschließungsjahres das Recht auf Teilnahme am Geschäftsbetrieb entzogen werden (RG **72** 4; **128** 90). Noch weitergehend LG Bremen, BlfG 36 S. 79.

Von dem Zeitpunkt der Absendung des Ausschlußschreibens an erlischt auch das Amt als Vorstands- oder AR-Mitglied. Auch die unrechtmäßige und ungültige Ausschließung behält die Wirkung des Ämterverlustes (OGH Köln OGHZ 1 370 = ZfG 50 S. 75 u. 55 S. 241 Nr. 27 = GewGen. 49 Nr. 17 S. 11 = GWW 50 S. 164). Für den Ausschluß eines Vorstands- oder Aufsichtsratsmitgliedes gelten grundsätzlich keine anderen Bestimmungen als für die übrigen Genossen. Solche Mitglieder können jedoch nur durch die GV bzw. VV ausgeschlossen werden (vgl. Anm. 3 Abs. 1). Auch fahrlässige, insbesondere wiederholte Verstöße gegen die sich aus der Mitgliedschaft ganz allgemein, sowie gegen die in Gesetz und Satzung besonders hervorgehobenen Pflichten können einen Genossen als nicht länger tragbar erscheinen lassen. Fahrlässige Pflichtverletzungen, die sich ein Genosse in seiner Eigenschaft als Vorstandsmitglied hat zuschulden kommen lassen, erweisen ihn als für dieses Amt ungeeignet, rechtfertigen regelmäßig den Ausschluß aber nur, wenn der angerichtete Schaden uneinbringlich und demgegenüber die Gewährung der mit der Mitgliedschaft verbundenen Vorteile nicht weiter zumutbar ist. Ein bewußtes Handeln (Unterschlagung) gegen die Interessen der Genossenschaft ist jedoch immer zugleich ein Verstoß gegen die genossenschaftlichen Pflichten (OLG Celle GWW 54 S. 219). Nach

Ansicht des RG 88 195 zieht die Ausschließung den Untergang der Ansprüche aus der Anstellung (für die Zukunft) ohne weiteres nach sich, im Gegensatz zur Bestimmung in 24 Abs. 3. § 24 betrifft die Fälle eines Widerrufs der Organstellung, die keiner besonderen Gründe bedürfen, während für den Verlust der Organstellung durch Ausschluß aus der Genossenschaft bestimmte Gründe vorliegen müssen. Nach RG DR 39 S. 1528 betrifft die Absendung des Ausschlußschreibens zunächst freilich nur die Organstellung, kann aber doch auch auf die Ansprüche aus dem Dienstverhältnis von Einfluß sein. Einerseits wird dadurch die Leistung der dem Dienstverpflichteten obliegenden Dienste unmöglich. Inwieweit ihm trotzdem der Gehaltsanspruch verbleibt, hängt von den Umständen des Falles ab (vgl. 323—325 BGB, vgl. auch 616 Abs. 1 BGB). Andererseits kann der der Ausschließung zugrunde liegende Tatbestand auch einen wichtigen Grund zur sofortigen Kündigung des Dienstverhältnisses durch die GV abgeben und auf diese Weise auch den Gehaltsanspruch zum Erlöschen bringen. Welche Folgen die Ausschließung für den Ruhegehaltsanspruch hat, hängt von den Umständen des Falles ab.

Zum Ausscheiden führt der Ausschluß nur durch Eintragung (69, 70; AV 33, 34). Das RegGer. hat nicht zu prüfen, ob der Ausschließungsbeschluß materiell wirksam ist (OLGRspr. 24 166). Es kann die Angabe der Ausschließungsgründe auch dann nicht verlangen, wenn nach dem Statut der Ausschließungsbeschluß begründet werden muß (LG Oels, DRZ 34 S. 402 = BlfG 34 S. 575). Über die Beseitigung der Folgen der Ausschließung durch die Auflösung der eG innerhalb von sechs Monaten nach dem Ausscheiden eines ausgeschlossenen Genossen (75) s. BlfG 34 S. 641. Das Ausscheiden infolge Ausschluß wird durch das gerichtliche Vergleichsverfahren der eG nicht gehemmt (111 VerglO abgedruckt im Anhang).

§ 69
Einreichung der Kündigung

(1) Der Vorstand ist verpflichtet, die Aufkündigung des Genossen oder des Gläubigers mindestens sechs Wochen vor dem Ende des Geschäftsjahres, zu dessen Schlusse sie stattgefunden hat, dem Gerichte (§ 10) zur Liste der Genossen einzureichen[1]. Er hat zugleich die schriftliche Versicherung abzugeben, daß die Aufkündigung rechtzeitig erfolgt ist. Der Aufkündigung des Gläubigers sind die im § 66 Absatz 2 bezeichneten Urkunden sowie eine beglaubigte Abschrift des Pfändungs- und Überweisungsbeschlusses beizufügen[2].

(2) Imgleichen hat der Vorstand im Falle des § 67 mit der Bescheinigung die Erklärung des Genossen oder Abschrift der Erklärung der Genossenschaft sowie im Falle der Ausschließung Abschrift des Beschlusses dem Gerichte einzureichen[3]. Die Einreichung ist bis zu dem im ersten Absatz bezeichneten Zeitpunkte und, wenn die Erklärung oder der Beschluß später erfolgt, ohne Verzug zu bewirken[4].

1. Über die Notwendigkeit, Einreichungen zur gerichtl. Liste der Genossen rechtzeitig vorzunehmen, vgl. Weidmüller, BlfG 39 S. 48. Einreichung in der für Willenserklärungen des Vorstandes vorgeschriebenen Form (25), und zwar, wie sich aus der Nichtanführung von 69 in 157 Abs. 2 ergibt, nur zur Liste der Genossen der Hauptniederlassung. Wegen Zweigniederlassung s. 158.

2. Die einzureichende beglaubigte Abschrift des Pfändungs- und Überweisungsbeschlusses kann nicht durch die der G zugestellte Pfändung und Überweisung ersetzt werden (KGJ 37 173).

3. **Nähere Bestimmungen über die beizubringenden Urkunden** in AV 31; KG OLG 1 395 = BlfG 1900 S. 222 verlangt vollständige Abschrift des protokollarischen Beschlusses über den Ausschluß, d. h. die Abschrift muß auch den Anfang und den Schluß, also die Angaben über die in der Sitzung erschienenen Personen sowie die Unterschriften usw. enthalten (zustimmend Krakenberger 69[9], ablehnend ParCr. 69[6].

Bei Einreichung der Urkunden ist Angabe der Nummer, unter der der Ausscheidende in die Genossenliste eingetragen ist, erforderlich (AV 32 Abs. 4).

4. Der Vorst. handelt bei Anmeldung des Ausscheidens kraft eigenen Rechts und in Erfüllung einer eigenen im Gesetz begründeten Pflicht (KG JW 29 S. 3023; a. A. Meyer-Meulenbergh § 69 Anm. 2 Abs. 2). Unterläßt oder verzögert der Vorst. die in 69 vorgeschriebenen Einreichungen, so bleibt die Mitgliedschaft weiter bestehen, da das Ausscheiden von der Eintragung in der gerichtlichen Liste der Genossen abhängig ist (70 Abs. 2); der G steht deshalb z. B. trotz erfolgter Kündigung der Mitgliedschaft ein Anspruch auf Zahlung des nach der Aufkündigung erhöhten Geschäftsanteils zu (LG Mannheim, ZfG 55 S. 245 Nr. 51). **Für den daraus entstehenden Schaden haften die schuldigen Vorst.-Mitglieder** den betreffenden Genossen gemäß 823 Abs. 2 BGB, da 69 als ein Schutzgesetz zugunsten der Genossen anzusehen ist (RG 59 49). Konkurrierendes Verschulden des Ausscheidenden und dadurch Verminderung oder Aufhebung der Schadenersatzpflicht des Vorst. (254 BGB) möglich, insbesondere,

§ 70 Gesetz, betr. die Erwerbs- und Wirtschaftsgenossenschaften

wenn der Ausscheidende von seinem Recht auf Eintragung einer Vormerkung gemäß 71 keinen Gebrauch gemacht hat (OLGRspr. 19 360; 32 128; RG HRR 31 Ziff. 1543 = BlfG 31 S. 666; RG BlfG 33 S. 213; LG München II BlfG 36 S. 696; RG JW 37 S. 222 = BlfG 37 S. 3).

Die G selbst haftet nicht für die Einhaltung der Verpflichtung des Vorst. zur rechtzeitigen Einreichung der nach 69 erforderlichen Urkunden und ist deshalb dem geschädigten Genossen nicht schadenersatzpflichtig (RG 68 348, 69 366, KG JFG 8 177, Königsberg OLGRspr. 32 127, LG Münster JW 34 S. 1060, LG Altona JW 34 S. 1295, LG Breslau JW 34 S. 2178 Nr. 5, LG Berlin BlfG 34 S. 403, OLG Köln JW 34 S. 2869, AG Berlin-Tempelhof BlfG 35 S. 399, LG München II BlfG 36 S. 696; a. A. LG Neuruppin JW 33 S. 2664, Ruth. JW 34 S. 2106, LG Mannheim ZfG 55 S. 245 Nr. 51, LG Hagen NJW 60, 1303 = GW 60, 406 läßt es dahingestellt, ob die Genossenschaft überhaupt für Schaden haftbar ist. Meyer-Meulenbergh 69 Anm. 2). Der geschädigte Genosse kann, wenn er von der eG aus seiner auf Grund eines Verschuldens des Vorst. weiterbestehenden Mitgliedschaft in Anspruch genommen wird, ihr auch nicht die Einrede der Arglist entgegensetzen (LG Breslau JW 34 S. 2178 Nr. 6; OLG Köln JW 34 S. 2869; AG Berlin-Tempelhof BlfG 35 S. 399; LG Hagen NJW 60 S. 1303 unter ausdrücklicher Ablehnung der Entscheidung LG Mannheim ZfG 55 S. 245 Nr. 41; a. A. LG Neuruppin JW 33 S. 2664, Ruth. JW 34 S. 2106, LG Mannheim ZfG 55 S. 245 Nr. 51, Meyer-Meulenbergh 69 Anm. 2, die dem Genossen auf Grund von 823 Abs. 2 BGB in Verbindung mit 69 GenG ein Leistungsverweigerungsrecht gegenüber dem Anspruch der G zuerkennen). Die Berufung auf BGB 31 gegenüber der eG versagt in diesem Falle; an sich haftet die eG zwar für die Handlungen ihrer Organe nach BGB 31; diese Haftung fällt aber fort, soweit genossenschaftliche Grundsätze entgegenstehen. Hier steht im Gläubigerinteresse der Anwendung von BGB 31 der Grundsatz von GenG 70 Abs. 2 entgegen, wonach der Genosse erst infolge der Eintragung der das Ausscheiden begründenden Tatsache ausscheidet (a. A. Meyer-Meulenbergh 69 Anm. 2, OLG Köln GW 64, 395).

§ 70
Eintragung des Ausscheidens

(1) **In die Liste ist die das Ausscheiden des Genossen begründende Tatsache und der aus den Urkunden hervorgehende Jahresschluß unverzüglich einzutragen**[1].

(2) Infolge der Eintragung[2] scheidet der Genosse mit dem in der Liste vermerkten Jahresschlusse, wenn jedoch die Eintragung erst im Laufe eines späteren Geschäftsjahres bewirkt wird, mit dem Schlusse des letzteren aus der Genossenschaft aus[3].

1. Die Eintragung des Ausscheidens hat nach 33, 34 AV zu erfolgen. Die Prüfung des RegRichters hat sich nur darauf zu erstrecken, daß die Urkunden vorschriftsmäßig und vollständig vorliegen, nicht aber auf die Richtigkeit und Rechtmäßigkeit der einzutragenden Tatsachen, wie z. B. die Wirksamkeit der Kündigung oder des Ausschlusses oder die Echtheit der Unterschriften auf den Urkunden (AV 32 Abs. 5, 29 Abs. 3, 4 OLGRspr. 4 309, 24 166). Über die Heilbarkeit rechtlich mangelhafter Registeranmeldungen durch Eintragung vgl. Richert NJW 58 S. 894.

2. **Erst durch die Eintragung in die gerichtliche Genossenliste wird das Ausscheiden rechtswirksam.** Solange jemand noch als Mitglied in der Liste geführt wird, muß er sich von der G als Genosse behandeln, also z. B. auch eine Erhöhung des Geschäftsanteils oder der Haftsumme gegen sich gelten lassen (RG 128 91, JW 29 S. 661), selbst wenn die Unterlassung der Eintragung des Ausscheidens auf einer Verletzung der Einreichungspflicht des Vorstandes nach 69 beruht. (LG Hagen NJW 60, 1303). Andererseits erlischt aber die Mitgliedschaft trotz der Eintragung des Ausscheidens nicht, wenn die gesetzlichen Voraussetzungen für die Beendigung der Mitgliedschaft (z. B. eine rechtswirksame Kündigung) nicht vorhanden sind (KG 11 48, 27 67, RG 128 91).

3. **Dieser Zeitpunkt ist auch dann maßgebend, wenn er unrichtig eingetragen worden ist,** oder wenn der Registerrichter die Eintragung oder der Vorstand die Einreichung der Urkunden verspätet vorgenommen hat (JFG 1 250, JW 30 S. 3781). Nachträgliche Eintragung mit Zurückbeziehung ihrer Wirkung auf einen früheren Zeitpunkt ist nicht zugelassen; die Eintragung des richtigen früheren Zeitpunktes kann deshalb auch nicht im Beschwerdewege erreicht werden (JFG 1 250).
Mit Rücksicht auf die seinerzeitigen Kriegsverhältnisse durchbrach § 18 der VO vom 4. 9. 39 (RGBl. I S. 1694) den Grundsatz, daß ohne die Eintragung in die Liste der Genossen das Ausscheiden nicht erfolgen kann. Durch das handelsrechtliche Bereinigungsgesetz vom 18. 4. 50 (BGBl. 50 S. 90) ist diese VO mit Wirkung vom 26. 5. außer Kraft gesetzt worden sowie die VO über das Ausscheiden von Genossen aus Erwerbs- und Wirtschaftsgenossenschaften vom 28. 12. 44

§ 72   Gesetz, betr. die Erwerbs- und Wirtschaftsgenossenschaften

(RGBl. I S. 356). Auch sämtliche in den einzelnen Ländern hierzu ergangenen Abänderungsbestimmungen sind durch das handelsrechtliche Bereinigungsgesetz § 1 außer Kraft gesetzt worden. **Im Bundesgebiet gilt deshalb ab 26. 5. 50 wieder uneingeschränkt § 70 GenG.**

§ 71
Vormerkung des Ausscheidens

(1) Auf Antrag des Genossen, im Falle des § 66 auf Antrag des Gläubigers, hat das Gericht die Tatsache, auf Grund deren das Ausscheiden, und den Jahresabschluß, zu welchem dasselbe beansprucht wird, ohne Verzug in der Liste vorzumerken[1].

(2) Erkennt der Vorstand den Anspruch in beglaubigter Form an oder wird er zur Anerkennung rechtskräftig verurteilt, so ist dies bei Einreichung des Anerkenntnisses oder Urteils der Vormerkung hinzuzufügen. Infolgedessen gilt der Austritt oder die Ausschließung als am Tage der Vormerkung eingetragen[2].

1. Für den Antrag, der übrigens keiner besonderen Form bedarf, vgl. AV 35 Abs. 1. Gilt auch für den Fall des Ausschlusses. Auf den Antrag hin ist das Ausscheiden vorzumerken, ohne daß es auf das Bestehen eines entsprechenden Anspruchs ankommt (KG JW 38 S. 1177 = JFG 17 142).

2. Die Eintragung hat rechtliche Wirkung, auch wenn die Form nicht beachtet ist. Eintragung AV 35; gegen ihre Versagung Beschwerde nach FGG 19. Löschung einer unbegründeten Vormerkung nach AV 36 Abs. 1 (KG JW 38 S. 1177 = JFG 17 142). Über die Pflicht des Genossen, von dem Rechtsbehelf der Vormerkung sich Kenntnis zu verschaffen und gegebenenfalls davon Gebrauch zu machen, vgl. RG HRR 31 Nr. 1543 = BlfG 31 S. 666; RG BlfG 33 S. 213; LG München II BlfG 36 S. 696; RG JW 37 S. 222 = BlfG 37 S. 3, OLG Köln, GW 64, 395.

§ 72
Benachrichtigung

(1) Von der Eintragung sowie der Vormerkung oder von deren Versagung hat das Gericht den Vorstand und den Genossen, im Falle des § 66 auch den Gläubiger, zu benachrichtigen[1]; der Genosse kann auf die Benachrichtigung nicht verzichten[2].

(2) Die behufs der Eintragung oder der Vormerkung eingereichten Urkunden bleiben in der Verwahrung des Gerichts.

Kommentar §73

1. S. auch AV 3. Bezüglich der Schreibgebührenpflicht dieser Benachrichtigungen siehe 159 Anm. 1.
2. Halbsatz 2 des Abs. 1 wurde eingefügt durch Gesetz vom 20. 12. 33 (RGBl. I 1089); Verzichte, die vor dem 1. 1. 34 erklärt wurden, bleiben wirksam (Art. 2 Abs. 7 des Gesetzes vom 20. 12. 33).

§73
Auseinandersetzung mit dem ausgeschiedenen Mitglied

(1) Die Auseinandersetzung des Ausgeschiedenen mit der Genossenschaft bestimmt sich nach der Vermögenslage derselben und dem Bestande der Mitglieder zur Zeit seines Ausscheidens[1].

(2) Die Auseinandersetzung erfolgt auf Grund der Bilanz[2]. Das Geschäftsguthaben des Genossen ist binnen sechs Monaten nach dem Ausscheiden auszuzahlen[3]; an den Reservefonds und das sonstige Vermögen der Genossenschaft hat er keinen Anspruch[4]. Reicht das Vermögen einschließlich des Reservefonds und aller Geschäftsguthaben zur Deckung der Schulden nicht aus, so hat der Ausgeschiedene von dem Fehlbetrage den ihn treffenden Anteil an die Genossenschaft zu zahlen[5]; der Anteil wird in Ermangelung einer anderen Bestimmung des Statuts nach der Kopfzahl der Mitglieder berechnet[6].

1. Das Ausscheiden (im Falle des Todes ist das Todesjahr maßgebend 77) führt zur Auflösung des Rechtsverhältnisses in einen dem Genossen oder der Genossenschaft zustehenden Anspruch auf Zahlung einer Geldsumme, deren Höhe sich aus den in 73 angegebenen Verhältnissen ergibt. In der Feststellung und Berichtigung dieses Anspruchs des Genossen, dessen Geltendmachung aber u. U. sittenwidrig sein kann (BlfG 37 S. 207), oder der G besteht die Auseinandersetzung zwischen denselben, die mit zwingendem Charakter durch 73 geregelt ist (OLG Königsberg, DRZ 35 Ziff. 512 = BlfG 35 S. 816). Der Anspruch des Mitgliedes auf das Auseinandersetzungsguthaben entsteht bedingt mit Beitritt zur Genossenschaft; dem Umfang nach ist er durch die Auseinandersetzung bedingt, er wird mit Ablauf der Sechsmonatsfrist des Abs. 2 fällig (vgl. LG Düsseldorf NJW 68, 753). Die gesetzliche Regelung kann nicht durch die Satzung abgeändert werden (LG Berlin, GW 59 S. 164 mit ablehnender Besprechung = ZfG 60, S. 352 u. 342/344 m. im wesentlichen zustimmender Anm. Schnorr v. Carolsfeld). Er kann aber infolge von 73 Abs. 2 S. 1 solange nicht geltend gemacht werden, als keine durch die GV gemäß 48 Abs. 1 genehmigte Bilanz vorliegt, da unter der „Bilanz" im Sinne von 73 Abs. 2 S. 1 nicht schon die vom Vorstand

§ 73 Gesetz, betr. die Erwerbs- und Wirtschaftsgenossenschaften

auf Grund von 33 Abs. 2 aufzustellende, sondern erst die von der GV nach 48 Abs. 1 genehmigte Bilanz zu verstehen ist. Die Verpflichtung des Vorstands, die Bilanz innerhalb von sechs Monaten nach Ablauf des Geschäftsjahres der GV zur Beschlußfassung vorzulegen (33 Abs. 2), ergibt sich aus 33 Abs. 3, wonach der Vorstand innerhalb dieser Frist den Jahresabschluß zu veröffentlichen hat. Die Genossenschaft kann sich ihrer Pflichten zur fristgemäßen Erstellung der Bilanz nicht mit der Begründung entziehen, sie sei als „kleine" Genossenschaft nicht zur Veröffentlichung verpflichtet (LG Berlin a. a. O.). Solange die Bilanz durch die GV nicht genehmigt ist, kann deshalb das Mitglied nicht auf Auszahlung seines Geschäftsguthabens klagen (a. A. LG Deggendorf GWW 57 S. 253, die jedoch in einer Besprechung der Entscheidung a. a. O. mit Recht abgelehnt wird). Nach AG Göttingen (GW 59, 259 m. abl. Bespr. = ZfG 60, 355, 343 zustimmend S. v. C.) gehen Verzögerungen infolge verspäteter Prüfung zulasten der G. Der Fristbestimmung des § 73 Abs. 2 Satz 2 kommt nur die Bedeutung zu, daß bei verspäteten Auseinandersetzungen auf Grund einer verspätet festgestellten Jahresbilanz das sich zugunsten des ausgeschiedenen Mitglieds ergebende Guthaben vom Ablauf der Sechs-Monats-Frist an unter dem Gesichtspunkt des Verzugs zu verzinsen ist. Eine Verzögerung der fristgemäßen Bilanzaufstellung, die nicht auf einem Verschulden der Genossenschaft beruht, muß aber der Ausgeschiedene gegen sich gelten lassen (LG Nürnberg/Fürth RaiffR 57 S. 68 = GWW 56 S. 577 und LG Wuppertal GWW 57 S. 156 = ZfG Bd. 8 S. 154). Die vom LG Berlin (GWW 59 S. 164) vertretene Auffassung, aus § 73 ergebe sich ein Anspruch des ausgeschiedenen Mitglieds auf Auseinandersetzung sowie auf Rechenschaftslegung in Form der Vorlegung der Bilanz, wird in einer Besprechung der Entscheidung a. a. O. mit zutreffender Begründung als unhaltbar bezeichnet. Über den Einfluß späterer Bilanzberichtigung 48 Anm. 2 Abs. 2 und LG Hamburg GWW 56 S. 577. Über Austrittsgeld, Erhebung von Beiträgen ausscheidender Mitglieder zu einem Amortisationsfonds 65 Anm. 1. Die Geschäftsguthaben ausscheidender Mitglieder sind nicht mindestreservepflichtig, da sie bis zur Feststellung der Bilanz durch die GV Beteiligungscharakter haben und nicht Einlagen sind. Über die Heranziehung ausscheidender Mitglieder zur Verlustdeckung, wenn nach der Satzung das Auseinandersetzungsguthaben berechnet werden soll, „nach den Einzahlungen des Mitglieds, vermehrt um die ... Zuschreibungen von Gewinnanteilen und vermindert um die Abschreibungen aus Verlustdeckungen": OLG Celle GW 63, 52.

2. Es ist die Bilanz, die die wirkliche Vermögenslage der Genossenschaft darstellt, bei deren Genehmigung der Ausgeschiedene mitzuwirken nicht berechtigt ist; er kann aber die Nichtigkeit des Bilanzgenehmigungsbeschlusses geltend machen (entweder durch eine besondere Klage oder im Wege der Einrede), z. B. wenn die Bilanz willkürlich aufgestellt worden ist und jeden kaufmännischen Anforderungen widerspricht (LG Plauen, BlfG 36 S. 796). Die Guthaben gehören auf die Passivseite der Bilanz. Kein Anspruch eines Ausgeschiedenen auf Aufnahme etwaiger Regreßforderungen der eG gegen die Verwaltung in die Bilanz (OLG Rostock BlfG 36 S. 265). Der Genosse kann Abrechnung verlangen, auch wenn sein Guthaben durch Abschreibung verloren ist.

Eine Sonderregelung über die Bilanz, auf Grund deren die Auseinandersetzung zu erfolgen hat, enthält § 72 DMBG. Auf Grund der 17. DVO zum UG in Verbindung mit § 3 der 26. DVO zum UG ist eine Verlängerung des Geschäftsjahres möglich, und zwar kann ein zwischen dem 1. 1. und 20. 6. 48 endendes Geschäftsjahr bis zum 20. 6. 48 verlängert und das am 21. 6. 48 beginnende Rumpf-Geschäftsjahr mit dem nächsten spätestens am 31. 12. 49 endenden Geschäftsjahr verbunden werden. Für die Auseinandersetzung eines ausscheidenden Mitgliedes mit seiner Genossenschaft war auf Grund dieser Möglichkeit, das Geschäftsjahr zu verlängern oder zu verbinden, eine besondere Regelung notwendig, da bei einer Verlängerung des Geschäftsjahres für den satzungsmäßigen Tag des Ausscheidens keine Bilanz aufgestellt wird, auf Grund deren die Auseinandersetzung vorgenommen werden könnte. § 72 DMBG bestimmt nun, daß der Auseinandersetzung des Genossen mit der Genossenschaft, wenn das bisherige Geschäftsjahr, zu dem sein Ausscheiden erfolgt, in der Zeit vom 1. 1. 48 bis 20. 6. 48, also vor der Währungsreform, endete, **die RM-Schlußbilanz** zugrunde zu legen ist; endete das bisherige Geschäftsjahr bis zum 30. 6. 48, dann ist die DM-Eröffnungsbilanz, und endete es nach dem 1. 7. 48, dann ist die erste Jahresbilanz in Deutscher Mark zugrunde zu legen.

3. Das Auseinandersetzungsguthaben ist von dem Geschäftsguthaben zu unterscheiden. Verzinsungsverbot (§ 21) und Beleihungsverbot (§ 22) gelten nicht für Auseinandersetzungsguthaben. Dieses Guthaben wird fällig mit Genehmigung der Bilanz durch die GV, sofern dieser Zeitpunkt innerhalb der 6 Monate nach Schluß des Geschäftsjahres liegt. Wird Bilanz erst nach Ablauf der 6 Monate genehmigt, so ist das Guthaben nach Ablauf der Sechsmonatsfrist zu verzinsen (Verzugszinsen, § 284 BGB). Eine längere Auszahlungsfrist kann auch durch Satzung nicht festgelegt werden.

§ 73 Gesetz, betr. die Erwerbs- und Wirtschaftsgenossenschaften

Das Geschäftsguthaben ist dem Ausgeschiedenen auf Gefahr und Kosten der eG zu übermitteln (BGB 270), sofern nichts anderes vereinbart ist; bei verspäteter (d. h. erst *nach* Ablauf der Sechsmonatsfrist erfolgender) Auszahlung Verpflichtung zu Verzugszinsen, ohne daß es einer Mahnung seitens des ausgeschiedenen Genossen bedarf (BGB 284 Abs. 2); siehe aber auch Anm. 1.

Das gilt auch für die Entscheidung des LG Bochum GWW 50 S. 262 m. abl. Anm. und des LG Amberg GWW 52 S. 30. Nach LG Berlin GWW 55 S. 64 darf der vor der Währungsumstellung Ausgeschiedene billigerweise nicht schlechter als derjenige, dem die geschaffenen Vermögenswerte oder sonstigen Vorteile verbleiben, gestellt werden. Gegebenenfalls muß im Hinblick auf Kriegs- und Währungsverluste der verbleibenden Vermögenswerte ein anderer Umstellungsmaßstab als 1 : 1 verwendet werden. Eine Heranziehung des vor der Währungsreform ausgeschiedenen Genossen mit seinem Auseinandersetzungsguthaben für die LA-Verpflichtungen der Genossenschaft ist jedoch ausgeschlossen. Bei offenbarer Unbilligkeit der Umstellung 1 : 1 kann nach LG Traunstein (GWW 55 S. 114) das Prozeßgericht entweder auf das Vertragshilfeverfahren verweisen oder das materiell richtige Umstellungsverhältnis im Urteil aussprechen. Wie hier gegen eine ausdehnende Anwendung von § 18 Abs. 1 Ziff. 3 UG: AG Glückstadt (GWW 52 S. 31 m. Anm.); LG Dortmund (GWW 53 S. 99); AG Charlottenburg (GWW 53 S. 190).

Die Auseinandersetzung mit Mitgliedern, die der G vor dem Stichtag der DMEB beigetreten sind, richtet sich nach § 224 LAG. Das ausscheidende Altmitglied kann darüber hinaus keine Ansprüche aus dem Grundsatz von Treu und Glauben herleiten (AG Hamburg GWW 56 S. 105; LG Hamburg GWW 56 S. 577).

Ein sog. Geschäftsanteil — oder Geschäftsguthabenbuch ist weder ein Inhaberpapier noch findet sich für die Annahme irgend eines Sondercharakters im Gesetz eine Stütze (AG Göttingen, GWW 59 S. 259). Verlust eines solchen Buches hindert die Auszahlung des Geschäftsguthabens nicht; das Buch ist nur eine Sammlung von Quittungen, die von der G über die von dem Mitglied auf den Geschäftsanteil geleisteten Einzahlungen ausgestellt werden. Das Guthabenbuch enthält also nicht ein Schuldanerkenntnis und eine Übernahme der Verpflichtung zur Rückzahlung einer in einer Geldsumme bestehenden Schuld, welches die Merkmale eines Schuldscheines sind; die G könnte eine solche Verpflichtung auch gar nicht übernehmen, weil die Forderung des Mitglieds auf Auszahlung des Geschäftsguthabens von der Auseinandersetzung nach 73 abhängig ist. Durch das Guthabenbuch übernimmt nicht die G die Verpflichtung zur Zahlung, sondern sie bescheinigt ihrerseits, daß das Mitglied einer Verpflichtung nachgekommen ist. Verjährung 74. **Die eG kann mit den fälligen Forderungen die ihr gegen den Ausgeschiedenen zustehen, gegen das Geschäftsguthaben aufrechnen.** Über das Aufrechnungsrecht der eG, wenn das Geschäftsguthaben abgetreten, verpfändet oder gepfändet ist, s. Weidmüller BlfG 30 S. 128. Durch Beteiligung am Konkurse oder Zwangsvergleich eines Genossen geht das Aufrechnungsrecht der eG, das in diesen Fällen nach 54 KO u. 54 VerglO auch schon *vor* dem Ausscheiden des Genossen besteht, nicht verloren (RG 80 407). Streitig ist jedoch, ob sie von ihrer vollen Forderung die Konkurs- oder Vergleichsquote erheben und mit dem Ausfall gegen das Geschäftsguthaben aufrechnen kann oder ob sie von ihrer Forderung zunächst das Geschäftsguthaben in Abzug zu bringen hat. Das Recht der Ausfallsaufrechnung wird von der herrschenden Ansicht bejaht (vgl. Letschert BlfG 27 S. 834 ff.; LG Essen BlfG 31 S. 79; LG Leipzig BlfG 31 S. 364; LG Bochum Deutsche Handelsrundschau 39 S. 524; Henzel BlfG 35 S. 245; Jaeger, KO 8. Aufl. § 53 Anm. 30 a; Meyer-Meulenbergh 73[3]. Aufrechnung durch Genossenschaft in Konkurs des Mitgliedes gemäß § 55 KO zulässig, da bereits mit Einzahlung des Geschäftsguthabens bedingter Anspruch des Mitgliedes auf Auszahlung des Auseinandersetzungsguthabens entsteht (LG Düsseldorf NJW 68, 753). Vgl. im übrigen auch noch BlfG 29 S. 100 und 30 S. 128. Der Konkursverwalter kann im Konkurse eines Genossen mit dessen Geschäftsguthaben gegen Forderungen der Genossenschaft erst aufrechnen, wenn das Guthaben durch Ausscheiden des Genossen aus der G fällig (vgl. Anm. 1) geworden ist (KuT 36 S 95.).

Das Auseinandersetzungsguthaben vor der Währungsreform (21. 6. 48) rechtswirksam ausgeschiedener Genossen ist gemäß §§ 13, 16 UG im Verhältnis 10 : 1 umzustellen (vgl. Baumann, GewGen. 48 Nr. 2 S. 10 und GewGen. 50 S. 313). Das Auseinandersetzungsguthaben ist seiner Rechtsnatur nach in diesem Falle eine RM-Verbindlichkeit im Sinne des § 13 UG. Die von Harmening und Duden in ihrem Kommentar zum Währungsgesetz vertretene Ansicht einer Umstellung gemäß § 18 UG verkennt die Rechtsnatur des Auseinandersetzungsguthabens. Die dort vertretene Auffassung einer Umstellung 1 : 1 wird im übrigen ohne jede Begründung aufgestellt.

„Reservefonds" sind die gesetzlichen Rücklagen gemäß 7 Ziff. 4. Freiwillige Reserven fallen unter den Begriff „sonstiges Vermögen der Genossenschaft". Es ist somit ausgeschlossen, daß z. B. die Satzung ausscheidenden Mitgliedern einen Anspruch auf Beteiligung an den freiwilligen Reserven einräumt. Eine solche Beteiligung widerspräche dem Wesen der Genossenschaft als Zusammenschluß zur Förderung der Mitglieder; sie würde die Eigenkapitalgrundlage der Genossenschaft schmälern und die Erfüllung des Förderungsauftrags gefährden. Über die rechtliche Bedeutung eines der eG gewährten Reichszuschusses für die Auseinandersetzung s. OLG Königsberg vom 16. 12. 32 JW 33 S. 1473 = HRR 34 Ziff. 891 = BlfG 33 S. 114 und vom 7. 3. 33, HRR 34 Ziff. 890. Gemeinnützige Wohnungsbaugenossenschaften dürfen weder satzungsgemäß noch tatsächlich dem Ausscheidenden bei der Auseinandersetzung einen Anteil an den freien Rücklagen oder dem sonstigen Vermögen gewähren. Der Ausscheidende darf nicht mehr als die eingezahlten Einlagen nebst Gewinnzuschreibungen zurückerhalten (§§ 9 WGG; 15 Abs. 1 WGGDV).

5. Voraussetzung für die Verpflichtung zur Zahlung des Fehlbetragsanteils ist also, daß die Bilanz eine Überschuldung der eG aufweist (vgl. auch BlfG 39 S. 345). Dies ist der einzige Fall, in welchem die Haftpflicht der Genossen *außerhalb* des Konkurses praktisch wird. Zum „Vermögen" gehören hier außer den gesetzlichen auch die freiwilligen Reserven. Hinsichtlich der Haftung ausgeschiedener Mitglieder sind folgende Fälle zu unterscheiden:
  a) Soweit der in der Bilanz ausgewiesene Verlust die Reserven und Geschäftsguthaben nicht übersteigt, kommt eine Zahlungspflicht des Ausgeschiedenen nicht in Betracht.
  b) Ist der ausgewiesene Verlust höher als Reservefonds und Geschäftsguthaben, so macht die Differenz zwischen beiden Beträgen den im Gesetz genannten „Fehlbetrag" aus. In diesem Fall muß auf die Haftsummenverpflichtung ausscheidender Mitglieder zurückgegriffen werden.
  c) Im Fall a) liegt eine Überschuldung im Sinne von § 73 Abs. 2 Satz 3 nicht vor. Soweit Bilanzverluste ohne Überschuldung bestehen, kann zur Verlustdeckung lediglich das Auseinandersetzungsguthaben vermindert werden. Es sind folgende Möglichkeiten zu unterscheiden:
   aa) Verlustvortrag auf neue Rechnung unter Schonung der Geschäftsguthaben und der Reserven — auch in diesem Fall wird das Auseinandersetzungsguthaben um den entsprechenden Anteil im Verhältnis der Haftsummen gekürzt. Die Begründung ergibt sich aus der Formulierung des Gesetzes im § 73 Abs. 2 Satz 1: Die Auseinandersetzung erfolgt auf Grund der Bilanz. Daraus folgt, daß die Aus-

Kommentar §74

einandersetzung allein schon durch einen in der Bilanz ausgewiesenen Verlust beeinflußt wird, und daß es nicht darauf ankommt, in welcher Weise durch Beschlußfassung der GV der Verlust gedeckt wird.

bb) Abschreibung der Rücklagen unter Schonung der Geschäftsguthaben — in einem solchen Beschluß dürfte der Wille der GV zum Ausdruck kommen, die Geschäftsguthaben — auch die Auseinandersetzungsguthaben — ausdrücklich zu schonen.

cc) Verlustdeckung durch Abschreibung der Geschäftsguthaben auch der verbleibenden Mitglieder — in diesem Fall ist es — wie auch im Fall aa) — selbstverständlich, daß auch das Auseinandersetzungsguthaben gekürzt wird.

Der Ausgeschiedene hat keinen Anspruch darauf, daß vor der Abschreibung seines Geschäftsguthabens die Reserven zur Verlustdeckung verwendet werden, obwohl die Verlustdeckung unter Schonung der Reserven für ihn zu Härten führen kann (ebenso Par.Cr. 73[5] u. Meyer-Meulenbergh 73[2]. Die Zubußpflicht gilt auch für eGmbH (RG 47 141; KG BlfG 29 S. 836); gemäß 141 bildet aber die Haftsumme den Höchstbetrag der Inanspruchnahme (KG JW 30 S. 3779). Der ausgeschiedene Genosse kann sich von der Verpflichtung zur Zahlung des Verlustanteils nicht durch die Behauptung befreien, daß der Verlust durch das Verschulden der Vorstandsmitglieder der G eingetreten sei, für die die G hafte (LG Plauen, BlfG 36 S. 796). Die Auseinandersetzungsforderung der eG ist während des Bestehens der eG nicht abtretbar (OLG Braunschweig JW 36 S. 1387); dagegen ist die Abtretung im Liquidationsstadium und im Konkurse der eG durch 88 a und 108 a ausdrücklich zugelassen. Kein Anspruch des Ausgeschiedenen auf Sicherstellung. Beseitigung der Wirkung der Auseinandersetzung durch Gesetz: 75, 115 b.

6. Hier sind zum Unterschied von 33 **die am Jahresschluß ausscheidenden Mitglieder** zur Berechnung des Geschäftsguthabens (und Verlustanteils) **mitzuzählen.** Es ist zweifelhaft, ob auch die zahlungsfähigen Mitglieder hierbei mitzuzählen sind. Mit Rücksicht auf die bestimmte Fassung des Gesetzes und das Fehlen einer Vorschrift, wann Zahlungsunfähigkeit anzunehmen, ist diese Frage zu bejahen.

§ 74
Verjährung

Die Klage[1] des ausgeschiedenen Genossen auf Auszahlung des Geschäftsguthabens[2] verjährt in zwei Jahren[3].

22 Lang-Weidmüller, Genossenschaftsgesetz, 29. Aufl.

§ 75 Gesetz, betr. die Erwerbs- und Wirtschaftsgenossenschaften

1. § 74 bezweckt die Beseitigung der Mißstände, welche die Verpflichtung der Genossenschaft, nicht abgehobene Guthaben ausgeschiedener, namentlich verstorbener Genossen bis zum Ablauf der ordentlichen (30jährigen) Verjährungsfrist zur Verfügung zu halten, mit sich führt (KommBer. 39).
Klage ist nichts anderes als der Anspruch im Sinne von BGB 194 (ebenso LG Meiningen, BlfG 38 S. 19); die einredeweise Geltendmachung des Anspruchs nach Ablauf der zwei Jahre ist deshalb ebenfalls ausgeschlossen. Die Verjährung erfaßt auch den Anspruch des Gläubigers im Falle des § 66.

2. Zum „Geschäftsguthaben" gehören auch Gewinnanteile (Dividende), soweit sie nach Gesetz (19) oder Satzung dem Geschäftsguthaben *zuzuschreiben* sind, oder für das letzte Geschäftsjahr vor dem Ausscheiden des Mitgliedes ausgeschüttet werden. Soweit im übrigen ein Anspruch auf *Auszahlung* der Dividende besteht, verjährt er in 30 Jahren.

3. Die Verjährung beginnt mit Ablauf von sechs Monaten seit dem Jahresschluß des Ausscheidens (§ 73 Abs. 2), d. h. mit dem Fälligwerden des Anspruchs (RG 122 30). Die gesetzliche Verjährungsfrist von 2 Jahren kann durch die Satzung nicht geändert (verkürzt oder verlängert) werden (§ 18 Satz 2). Über die Hemmung bzw. Unterbrechung der Verjährung durch Eröffnung des Vergleichsverfahrens über die eG (§ 55 der neuen VerglO) s. BlfG 31 S. 417. Die G ist nicht verpflichtet, sich auf die eingetretene Verjährung zu berufen; über die Auszahlung des Geschäftsguthabens trotz Anspruchsverjährung entscheidet, wenn nicht die Satzung etwas anderes bestimmt, der Vorstand, da es sich um eine Angelegenheit der Geschäftsführung handelt.

§ 75
Rückwirkung der Auflösung auf das Ausscheiden

Wird die Genossenschaft binnen sechs Monaten nach dem Ausscheiden des Genossen aufgelöst, so gilt dasselbe als nicht erfolgt[1]. Wird die Fortsetzung der Genossenschaft beschlossen, so gilt das Ausscheiden als zum Schlusse des Geschäftsjahres erfolgt, in dem der Beschluß über die Fortsetzung der Genossenschaft in das Genossenschaftsregister eingetragen ist[2].

1. 75 bezieht sich nur auf das Ausscheiden nach 65—68 und 77, dagegen nicht auch auf den Fall des Ausscheidens durch Übertragung des Geschäftsguthabens nach 76. Die auf Grund der Auseinandersetzung geleisteten Zahlungen sind nach Bereicherungsgrundsätzen zurückzugewähren. In der Zwischenzeit gefaßte Beschlüsse sind für die, die zum Jahresschluß ausgeschieden waren, und nun rückwirkend wieder als zur eG gehörig betrachtet werden, verbindlich (RG 72 236). Ist ein Mitglied einer eGmbH zum Jahresschluß ausgeschieden und innerhalb von 6 Monaten nach erfolgtem Ausscheiden wieder beigetreten, so ist bei der Vorschußberechnung seine haftsummenmäßige Beteiligung aus dem Wiedereintritt, wenn die G innerhalb von 6 Monaten nach seinem Ausscheiden durch Eröffnung des Konkursverfahrens aufgelöst wird (101) und infolgedessen sein Ausscheiden gemäß 75 als nicht erfolgt gilt, auf die Haftung aus der alten Beteiligung schlechthin anzurechnen. Eine doppelte Inspruchnahme in vollem Umfange sowohl aus der alten als auch aus der neuen Beteiligung ist unzulässig (RG 141 178 = BlfG 33 S. 505). Ob ein ausgeschlossener Genosse, dessen Ausscheiden nach 75 als nicht erfolgt gilt, wieder an der GV teilnehmen kann, ist streitig; es ist aber anzunehmen, daß durch die Auflösung der eG zwar das Ausscheiden eines Ausgeschlossenen wieder beseitigt wird, nicht aber das Verbot der Teilnahme an der GV.

2. Satz 2 wurde durch Gesetz vom 20. 7. 33 (RGBl. I 520) mit Rücksicht darauf eingefügt, daß der durch das gleiche Gesetz geschaffene 79 a die Fortsetzung einer aufgelösten G unter gewissen Voraussetzungen ermöglicht.

§ 76
Übertragung des Geschäftsguthabens

(1) Ein Genosse kann zu jeder Zeit, auch im Laufe des Geschäftsjahres, sein Geschäftsguthaben mittels schriftlicher Übereinkunft[1] einem anderen übertragen und hierdurch aus der Genossenschaft ohne Auseinandersetzung mit ihr austreten, sofern der Erwerber an seiner Stelle Genosse wird[2] oder sofern derselbe schon Genosse ist und dessen bisheriges Guthaben mit dem ihm zuzuschreibenden Betrage den Geschäftsanteil nicht übersteigt. Das Statut kann eine solche Übertragung ausschließen oder an weitere Voraussetzungen knüpfen[3].

(2) Der Vorstand hat die Übereinkunft dem Gerichte (§ 10) ohne Verzug einzureichen und, falls der Erwerber schon Genosse ist, zugleich die schriftliche Versicherung abzugeben, daß dessen

bisheriges Guthaben mit dem zuzuschreibenden Betrage den Geschäftsanteil nicht übersteigt.

(3) Die Übertragung ist in die Liste bei dem veräußernden Genossen unverzüglich einzutragen. Als Zeitpunkt des Ausscheidens gilt der Tag der Eintragung. Dieselbe darf, falls der Erwerber noch nicht Genosse ist, nur zugleich mit der Eintragung des letzteren erfolgen[4]. Die Vorschriften der §§ 15, 71 und 72 finden entsprechende Anwendung.

(4) Wird die Genossenschaft binnen sechs Monaten nach dem Ausscheiden des Genossen aufgelöst, so hat dieser im Falle der Eröffnung des Konkursverfahrens die Nachschüsse, zu deren Zahlung er verpflichtet gewesen sein würde, insoweit zu leisten, als zu derselben der Erwerber unvermögend ist[5].

1. Das Mitgliedschaftsrecht selbst ist weder veräußerlich noch vererblich und auch die Satzung würde ihm die Veräußerlichkeit oder die Vererblichkeit nicht beilegen können (RG 87 410); übertragbar ist vielmehr nach 76 nur das Geschäftsguthaben. Die Übertragung ist auch dann zulässig, wenn durch das Ausscheiden eines Genossen auf diesem Wege eine Verringerung der Haftsumme der eG eintritt (LG Düsseldorf BlfG 53 S. 718 = GWW 53 S. 440). „Schriftliche Übereinkunft" ist notwendig. Die bei der Übertragung an ein Nichtmitglied erforderliche Betitrittserklärung kann in der „Übereinkunft" abgegeben werden. Im Konkurse des Mitglieds ist der Konkursverwalter berechtigt, das Ausscheiden nach 76 herbeizuführen. Über die Zulässigkeit der Übertragung, wenn der veräußernde Genosse seine Mitgliedschaft gekündigt hat oder ausgeschlossen wurde, aber noch nicht ausgeschieden ist, s. KG JFG 4 238. Die Erben eines Mitglieds können das Geschäftsguthaben übertragen, solange sie gemäß 77 Abs. 1 die Mitgliedschaft fortsetzen (KG a. a. O.). Auch Übertragung auf sich selbst ist zulässig (LG Konstanz, BlfG 63, 130; LG Essen, Beschluß vom 1. 2. 67 Az.: 17 T 2/66). Kein Verstoß gegen 181 BGB, da der Erbe nicht Vertreter des Erblassers ist. Entsprechendes gilt im Fall der Verschmelzung von Mitgliedsgesellschaften für die aufnehmende Gesellschaft, die die Mitgliedschaft der übertragenden Gesellschaft bis zum Ende des Geschäftsjahres fortsetzt. In diesem Fall ist die Übertragung jedoch keine „Vereinbarung", sondern eine einseitige Willenserklärung. Die Übertragung seitens des Genossen oder seiner Erben ist nicht mehr möglich, wenn das Auseinandersetzungsguthaben des Genossen für einen seiner Gläubiger gepfändet und zur Einziehung überwiesen ist (Etscheit BlfG 36 S. 232). Ist bei Genossenschaften mit beschränkter Haft-

pflicht der Erwerb mehrerer Geschäftsanteile zugelassen (134), so ist Geschäftsguthaben im Sinne von 76 das sich aus der Gesamtbeteiligung des Mitgliedes ergebende Geschäftsguthaben (vgl. 138). Ein Mitglied kann nicht mit einem Geschäftsanteil ausscheiden und mit den übrigen Mitglied bleiben (KGJ 15 58). Das Geschäftsguthaben kann nur in seinem ganzen Betrage zum Zwecke des Ausscheidens übertragen werden; auch die Übertragung des Geschäftsguthabens zu bestimmten Quoten an mehrere Erwerber ist unzulässig (KG OLG 19 361; Dresden OLG 40 203). Erfordert die Zuschreibung die Bildung weiterer Geschäftsanteile, so ist die Erklärung des Genossen (137 Abs. 1) und die Versicherung des Vorstandes (76, 138) einzureichen. Das BayObLG (KGJ 30 310) verlangt eine Erklärung des Vorstandes nach 137 Abs. 2, „daß durch die Zuschreibung des übertragenen Guthabens die übrigen Geschäftsanteile des Genossen erreicht werden"; das KG (KGJ 20 58) dagegen fordert die Erklärung, „daß jeder Geschäftsanteil, welcher dem letzten des übernommenen vorhergeht, erreicht sei". Erfolgt eine Geschäftsguthabenübertragung nach vorangegangener Guthabenabschreibung (19), so muß der Übernehmende die satzungsmäßigen Einzahlungen auf seinen eigenen Geschäftsanteil leisten abzüglich des Betrages des übernommenen Geschäftsguthabens nach dem Stande zur Zeit der Übernahme, nicht abzüglich der von dem Veräußerer bereits geleisteten Einzahlungen schlechthin (so zutreffend Schröder, DJ 38 S. 825); der Erwerber eines durch Abschreibung verminderten Geschäftsguthabens muß nicht die gleiche Anzahl von Geschäftsanteilen übernehmen, die der Übertragende hatte (ebenso Dabisch GewGen. 50 S. 357 und Krakenberger Anm. 11 b Abs. 2 zu § 76; a. A. Par.Cr. Anm. 12 zu § 76). Über die Anmeldung 137. Für die Gewinnverteilung (19) kommt das Geschäftsguthaben bei der Übertragung so weit in Betracht, als es am Schlusse des Vorjahres bereits bestand. Das Gesetz enthält keine zwingende Regelung der Frage, wem z. B. der Dividendenanspruch zusteht. Satzung oder Einzelvereinbarung können daher eine entsprechende Regelung treffen. Fehlt eine solche, so steht Dividende demjenigen zu, der am Ende des maßgeblichen Geschäftsjahres Inhaber des Geschäftsguthabens war. Die vor der Übertragung fällig gewordenen, aber rückständig gebliebenen Einzahlungen auf Geschäftsanteil sind auch nach der Übertragung vom Veräußerer zu leisten und dem Erwerber gutzuschreiben (BlfG 28 S. 784 und 885).

2. Aus den Worten „an seiner Stelle" folgert das OLG München (JFG 18 295), daß der neu Beitretende zu den gleichen Geschäftsanteilen, wie sie der Übertragende hatte, in die Mitgliedschaft ein-

rücke. Diese Auffassung ist abzulehnen, weil das Gesetz weder eine Übertragbarkeit der Mitgliedschaft, noch eine solche von Geschäftsanteilen, sondern lediglich eine Übertragung des Geschäftsguthabens kennt. Die Zahl der von dem Erwerber des Geschäftsguthabens zu zeichnenden Geschäftsanteile kann deshalb nur von der Höhe des Geschäftsguthabens des Übertragenden abhängen.

3. Keine statutarische Erleichterung, sondern nur Erschwerung oder Ausschluß der Übertragung möglich (KGJ 33 101). Die Satzung kann deshalb die Übertragung z. B. von der Zustimmung des Vorst., AR oder der GV abhängig machen; die Versagung der Zustimmung verletzt nicht den Grundsatz der Gleichbehandlung aller Genossen (LG Hannover GWW 53 S. 331 = ZfG 56 S. 153 Nr. 111). Die Zustimmung ist eine echte Bedingung für die Wirksamkeit der Übertragung; ihre Versagung kann gerichtlich nicht nur auf Unbilligkeit, sondern auch auf offensichtliche Willkür nachgeprüft werden (LG Hannover a. a. O.).

4. Über das Prüfungsrecht des RegGer. s. KGJ 40 179. Unterbleibt die Eintragung des Beitritts, so ist die etwa erfolgte Eintragung des Ausscheidens unwirksam und nach § 142 FGG zu löschen. Es entspricht aber nicht dem Zweck des Gesetzes, auch umgekehrt die Eintragung des Beitritts für unwirksam zu erklären, wenn die Eintragung des Ausscheidens unterblieben ist.

5. 75 findet im Falle der Übertragung nach 76 keine Anwendung. Die Eröffnung des Vergleichsverfahrens über die eG hemmt das durch Übertragung erfolgende Ausscheiden nicht (s. die Anm. 3 zu 111 VerglO abgedr. im Anhang).

§ 77
Ausscheiden durch Tod

(1) Im Falle des Todes eines Genossen gilt dieser mit dem Schlusse des Geschäftsjahres, in welchem der Tod erfolgt ist, als ausgeschieden[1]. Bis zu diesem Zeitpunkt wird die Mitgliedschaft des Verstorbenen durch den Erben desselben fortgesetzt[2]. Für mehrere Erben[3] kann das Stimmrecht durch einen Bevollmächtigten ausgeübt werden.

(2) Der Vorstand hat eine Anzeige von dem Tode des Genossen ohne Verzug dem Gerichte (§ 10) zur Liste der Genossen einzureichen[4].

Kommentar **§ 77**

(3) Die Vorschriften in § 70 Absatz 1, §§ 71 bis 75 finden entsprechende Anwendung[5].

1. Dies ist der einzige Fall, in dem die Mitgliedschaft endet ohne Rücksicht auf die Eintragung. Todeserklärung steht dem Tode gleich, wobei als Zeitpunkt des Todes der in dem Beschluß über die Todeserklärung festgestellte Zeitpunkt gilt (LG Dortmund GWW 53 S. 99). Die Mitgliedschaft ist unvererblich, da die zwingende Vorschrift des § 77 die Vererblichkeit ausschließt (RG 87 410). Dem steht aber nicht entgegen, daß die eG sich verpflichtet, den Erben verstorbener Mitglieder besondere Vergünstigungen einzuräumen (LG Köln GWW 55 S. 164 u. 312 = ZfG 55 S. 395 Nr. 99); dadurch wird aber keine Pflicht zur Aufnahme der Erben in die eG begründet (so mit Recht LG Köln a. a. O.; a. A. LG Bochum GWW 50 S. 262 = ZfG 55 S. 312 Nr. 75). Bei Wohnungsbaugenossenschaften geht das Nutzungsrecht an der Wohnung nach dem Tode des Mitglieds nicht im Erbwege auf die nach dem Dauernutzungsvertrag, Ausgaben 1954/59/63, begünstigten Haushaltsangehörigen über (LG Bayreuth, GW 64, 159 mit Anm.). Die Auflösung einer juristischen Person entspricht nicht dem Tod der natürlichen Person; die Auflösung bedeutet nur den Übergang von der werbenden Gesellschaft zur Liquidationsgesellschaft (vgl. 78 Anm. 1, 83 Anm. 1). Die Liquidationsgesellschaft besteht nach heute herrschender Meinung bis zur Beendigung der Liquidation als juristische Person oder Handelsgesellschaft fort (vgl. u. a. § 87 GenG). Die Liquidationsgesellschaft kann daher Mitglied einer Genossenschaft sein. Auch die Satzung kann wegen § 18 GenG nicht rechtswirksam bestimmen, daß Auflösung einer juristischen Person automatisch zum Ausscheiden führt; dieser Sachverhalt kann jedoch als Ausschließungsgrund in die Satzung aufgenommen werden. Auch ein Mitgliedschaftsrecht als Beteiligung an einer Genossenschaft ist Vermögensbestandteil. Die Liquidation kann daher nicht abgeschlossen werden, bevor nicht die Mitgliedschaft beendet ist. Bei längeren Kündigungsfristen kann die Auflösung einen Grund zur fristlosen Kündigung der Mitgliedschaft darstellen. Die frühere Auffassung wird aufgegeben (vgl. auch Anm. 1 zu §§ 78, 83 und 87, a. A. z. B. Paulick, S. 158). Die dort angeführten Gründe vermögen nicht zu überzeugen: Praktische Schwierigkeiten bei der Feststellung des genauen Tages der Beendigung der Liquidation können es nicht rechtfertigen, entgegen der insoweit eindeutigen Rechtskonstruktion die Auflösung einer juristischen Person dem Tod der natürlichen Person gleichzusetzen. Eine Statutenbestimmung, daß das Geschäftsguthaben verstorbener Mitglieder der eG verbleibt, ist unzulässig

(KGJ 34 186). Durch die Eröffnung des Vergleichsverfahrens über die eG wird das Ausscheiden nach 77 nicht gehemmt (s. die Anm. 3 zu 111 VerglO abgedr. im Anhang).

2. **Die Erben werden also nicht Genossen**, können aber entsprechend der „Fortsetzung" der Mitgliedschaft die Einrichtungen der Genossenschaft benutzen, auch das Geschäftsguthaben des Erblassers nach 76 übertragen (JFG 4 238). Voraussetzung für die Wahrnehmung der mitgliedschaftlichen Rechte und Pflichten des Erblassers durch die Erben ist aber naturgemäß, daß diese die Erbschaft nicht innerhalb der gesetzlichen Frist ausschlagen. Die Haftung der Erben im Falle der Nichtausschlagung der Erbschaft bestimmt sich nach den Vorschriften des Erbrechts, so daß u. U. auch eine Beschränkung der Haftung auf den Nachlaß eintreten kann. Wegen der Geltendmachung ihrer Haftungsbeschränkung vgl. 111 Anm. 1. Wegen ihrer Haftung im Konkurs der eG vgl. 115 b. Wegen der Rechte und Pflichten der Erben bei Fortsetzung der Mitgliedschaft des verstorbenen Genossen vgl. auch Schade, Danziger Juristenzeitung 37 S. 37. Die G kann sich verpflichten, den Erben verstorbener Mitglieder besondere Vergünstigungen bei der Aufnahme zu gewähren oder sie von der Erfüllung sonst neu eintretenden Mitgliedern obliegenden Pflichten zu befreien (LG Köln GWW 55 S. 312 sowie über die Behandlung des Nutzungsrechts an einer Genossenschaftswohnung bei Ausscheiden des Mitgliedes und zu § 34 MSchG; hierzu ferner LG Göttingen GWW 57 S. 392; LG Bochum GWW 57 S. 222; AG Wattenscheid GWW 47 S. 222 und Anm. 11 I A a/bb zu § 1).

3. **Ein Erbe muß seine Rechte persönlich ausüben.** Ist er selbst Genosse, so hat er zwei Stimmen. Nehmen mehrere Erben an der Generalversammlung teil, so ist nur eine einheitliche Ausübung des Stimmrechts denkbar. Sind nicht alle Erben erschienen, so ist eine Stimmabgabe unzulässig, sofern sie nicht durch eine von **allen** Erben bevollmächtigte Person erfolgt.

4. **Eine „Anzeige"** (AV 31 Nr. 6) **genügt**, weitere Urkunden brauchen nicht beigebracht zu werden. Angabe des Todestages und Todesjahres nicht immer möglich, dann muß das Gericht in Sp. 9 als Tag des Ausscheidens „unbekannt" eintragen (vgl. Weidmüller, BlfG 39 S. 49); in einem solchen Falle ist die Bilanz des Geschäftsjahres, in welchem die Eintragung des Ausscheidens erfolgt, als für die Auseinandersetzung der eG mit den Erben des verstorbenen Genossen maßgebend anzusehen. Wenn der Vorstand mitgeteilt hat, daß eine nähere Angabe über den Todeszeitpunkt nicht möglich ist,

so kann das Gericht keine weiteren Nachforschungen durch die Genossenschaft verlangen, sondern hat das Ausscheiden einzutragen (vgl. Entscheidung BlfG 04, 415). Die Erben namhaft zu machen, ist die Genossenschaft nicht verpflichtet.

5. Die Benachrichtigung (72) ist vom Gericht an die Erben zu senden. Das Gesetz sagt nicht, wie das Gericht sich Kenntnis von dem Erben verschaffen soll (Anm. 4). Die Erben setzen im Falle des § 75 die Mitgliedschaft über den Schluß des Todesjahres hinaus bis zum Ende der Liquidation fort.

Sechster Abschnitt
Auflösung und Nichtigkeit der Genossenschaft

Vorbemerkung

Das GenG sieht folgende Auflösungsgründe vor: Beschluß der GV (78), Ablauf der statutarisch bestimmten Zeit (79), Herabsinken des Mitgliederbestandes unter die gesetzliche Mindestzahl (80), Gefährdung des Gemeinwohls oder Verfolgung anderer als der in § 1 bezeichneten geschäftlichen Zwecke (81), Konkurs (101), Nichtanschluß an einen Prüfungsverband (54 Abs. 2, 54 a Abs. 2 und Art. III Abs. 3 des Gesetzes vom 30. 10. 34). Keine Auflösung erfolgt bei der Verschmelzung zweier eG (93 a—r).

Außerhalb des GenG sieht das Gesetz über die Auflösung und Löschung von Gesellschaften und Genossenschaften vom 9. 10. 34 (RGBl. I 914), abgedruckt im Anhang, die Vermögenslosigkeit einer Genossenschaft als Auflösungsgrund vor. Das Bundesaufsichtsamt für das Kreditwesen ist gemäß § 35 neues KWG befugt, die für die dem KWG unterliegenden eG (vgl. 1 Anm. 5 Abs. 3) erforderliche Erlaubnis (§ 32 neues KWG) zum Betrieb von Bankgeschäften zurückzunehmen. Wird Erlaubnis zurückgenommen, kann das Bundesaufsichtsamt für das Kreditwesen gemäß § 38 Abs. 1 neues KWG bei juristischen Personen — also auch bei eG — und Personenhandelsgesellschaften bestimmen, daß abzuwickeln ist. Diese Abwicklung wirkt wie Auflösungsbeschluß; Registergericht muß auf Mitteilung des Bundesaufsichtsamtes für das Kreditwesen Auflösung in das Genossenschaftsregister eintragen. Bundesaufsichtsamt für das Kreditwesen kann für Abwicklung allgemeine Weisungen erteilen und gerichtliche Bestellung eines Abwicklers veranlassen.

Genossenschaften, welche die nach §§ 64 ff. DMBG erforderliche Neufestsetzung der Geschäftsguthaben und Geschäftsanteile nicht bis zum 30. 6. 51 zur Eintragung in das Genossenschaftsregister angemeldet haben, gelten kraft Gesetzes als aufgelöst. Bei Anfechtung des Beschlusses über die Neufestsetzung der Geschäftsguthaben und Geschäftsanteile tritt an die Stelle des 30. 6. 51 der 6 Monate nach dem Tag der Rechtskraft der Entscheidung über die Anfechtung liegende Tag, falls die Anfechtung rechtzeitig vor dem 30. 6. 51 erfolgt ist (§ 80 Abs. 4 in Verbindung mit § 80 Abs. 1 DMBG in der Fassung des DMBEG vom 28. 12. 50).

Umwandlung von Genossenschaften in Aktiengesellschaften unter bestimmten Voraussetzungen möglich gemäß Gesetz zur Ergänzung handelsrechtlicher Vorschriften über die Änderung der Unternehmensform vom 15. 8. 69 (Umwandlungsgesetz). Einzelheiten §§ 385 n bis q AktG.

§ 78
Auflösung durch Beschluß der Generalversammlung

(1) Die Genossenschaft kann durch Beschluß der Generalversammlung jederzeit aufgelöst werden; der Beschluß bedarf einer Mehrheit von drei Vierteilen der erschienenen Genossen[1]. Das Statut kann außer dieser Mehrheit noch andere Erfordernisse aufstellen[2].

(2) Die Auflösung ist durch den Vorstand ohne Verzug zur Eintragung in das Genossenschaftsregister anzumelden[3].

1. Durch die Auflösung verliert die eG nicht ihre Rechtspersönlichkeit; diese dauert vielmehr bis zur Beendigung der Liquidation fort (87), im Konkurse ohne anschließende Liquidation bis zum Ende des Konkurses. Über Fortsetzung einer durch Beschluß der GV aufgelösten eG s. 79 a.

Nur die GV kann die Auflösung beschließen. Wegen des Begriffs „erschienene Genossen" vgl. 43 Anm. 2. Die früher hier vertretene Ansicht, eine auf bestimmte Zeit gegründete eG (8 Ziff. 1) müßte, um sich vorzeitig auflösen zu können, erst eine entsprechende Satzungsänderung vornehmen, wird aufgegeben; die Beschränkung einer eG auf eine bestimmte Zeitdauer ist nicht dahin zu verstehen, daß durch die Satzung umgekehrt auch das Bestehen während der vorgesehenen Zeit festgelegt sein soll; es gilt also für eine solche eG außer 79 auch 78.

2. „Noch andere Erfordernisse" sind strengere Erfordernisse. Es kann z. B. statutarisch die Anwesenheit einer bestimmten Mindestzahl von Genossen gefordert werden; sind dann weniger Genossen

Kommentar § 78 a

erschienen, so ist der trotzdem gefaßte Beschluß nichtig (JFG 4 249). Die Auflösung ist keine Satzungsänderung, die Änderung der Satzungsbestimmungen über die Auflösung ist keine Auflösung (KG JFG 4 251); wenn also die Satzung strenge Bestimmungen über die Auflösungserfordernisse und mildere über die Satzungsänderungserfordernisse enthält, so gelten letztere auch für die Änderung der Bestimmungen der Satzung über die Auflösungserfordernisse (OLG München, JFG 15 366).

3. **Die Auflösung tritt schon mit dem Beschluß bzw. mit dem Zeitpunkt, den der Beschluß festsetzt, ein, und ist von der Eintragung nicht abhängig.** (JFG 4 251; OLG Hamburg, NJW 57 S. 225 = GWW 57 S. 92). Anmeldung zur Eintragung 157; sie kann durch Ordnungstrafen erzwungen werden (160). Mit der Auflösung sind zugleich Liquidatoren anzumelden (84), und zwar durch den Vorst. (AV 20). Öffentliche Bekanntmachung der Auflösung 82 Abs. 2; Mitteilung der gerichtlichen Eintragung der Auflösung zu dem GenReg. der Zweigniederlassung 158 Abs. 2. Der Auflösungsbeschluß kann für den Beginn der Liquidation jedoch keinen Zeitpunkt festsetzen, der vor dem Tag der Beschlußfassung liegt. Dies würde dem Wesen der Liquidation widersprechen und zu praktisch unlösbaren Schwierigkeiten hinsichtlich der Folgen der Liquidation führen (z. B. Neuaufnahme von Mitgliedern, Erhöhung des Geschäftsanteils über die Haftsumme hinaus usw.).

§ 78 a
Auflösung einer Kreditgenossenschaft

(1) Über die Auflösung eines als eingetragene Genossenschaft bestehenden Vorschuß- und Kreditvereins kann nur von einer ausschließlich zu diesem Zwecke berufenen Generalversammlung beschlossen werden[1].

(2) Vor der Beschlußfassung ist der Revisionsverband, dem die Genossenschaft angeschlossen ist, darüber zu hören, ob die Auflösung mit dem Interesse des Mittelstandes vereinbar ist[2].

(3) Das Gutachten des Revisionsverbandes ist in jeder über die Auflösung beratenden Generalversammlung zu verlesen. Dem Revisionsverband ist Gelegenheit zu geben, das Gutachten in der Generalversammlung zu vertreten.

1. **Allgemeines:** Da zahlreiche Kreditgen. sich in der Inflationszeit auflösten, um AG zu werden, erging die VO vom 25. 5. 20 (RGBl. I 1082), die nunmehr durch die durch Gesetz vom 1. 7. 22

§ 78b Gesetz, betr. die Erwerbs- und Wirtschaftsgenossenschaften

(RGBl. I 567) eingefügten §§ 78 a und b ersetzt ist. 78 a hat durch Gesetz vom 30. 10. 34 (Art. II Ziff. 2) die gegenwärtige Fassung erhalten. — Auf genossenschaftliche Bausparkassen finden diese für Vorschuß- und Kreditvereine geltenden Bestimmungen keine Anwendung (JFG 10 178). Obwohl Teilzahlungsgenossenschaften keine Kreditgenossenschaften im Sinne des Gesetzes sind, müssen die §§ 78 a und 78 b nach ihrer Entstehungsgeschichte und ihrem Sinn auch auf diese Genossenschaften Anwendung finden.

Das Wort „ausschließlich" verhindert nicht gleichzeitige Beschlußfassung über eng mit der Auflösung zusammenhängende Gegenstände wie z. B. die Erhöhung des Geschäftsanteils nach 87 a. Auch ist es zulässig, als weiteren Punkt der Tagesordnung „Verschiedenes" aufzuführen, um die Erörterung aktueller Fragen zu ermöglichen (KG BlfG 32 S. 484). Ist die Vorschrift der Ausschließlichkeit des Auflösungsbeschlusses verletzt, so ist der Beschluß lediglich nach 51 anfechtbar (vgl. BlfG 32 S. 484); a. A. KG in BlfG 32 S. 484, das Nichtigkeit annehmen zu müssen glaubt.

2. **Der Prüfungsverband ist in allen Fällen zu hören.** Widerspricht die Auflösung nach dem Gutachten des Verbandes dem Interesse des Mittelstandes nicht, so ist die Hinzuziehung des Verbandes zur GV und die Verlesung des Gutachtens nicht erforderlich (JW 28 S. 1608), wohl aber die Anhörung vor der Beschlußfassung.

§ 78 b
Widerspruch des Revisionsverbandes

Widerspricht die Auflösung der Genossenschaft nach dem Gutachten des Revisionsverbandes dem Interesse des Mittelstandes, so bedarf der Beschluß, die Genossenschaft aufzulösen, unbeschadet weiterer Erschwerungen durch das Statut einer Mehrheit von drei Vierteilen der Genossen[1] in zwei mit einem Abstand von mindestens einem Monat aufeinanderfolgenden Generalversammlungen[2].

1. Und zwar **aller** Genossen, nicht nur der erschienenen.

2. **Die zweite GV darf erst einberufen werden,** wenn die erste abgehalten ist (vgl. KG JW 35 S. 715) und wird überflüssig, wenn in der ersten ein gültiger Beschluß nicht zustande gekommen ist.

Sind die in 78 a und 78 b geforderten Voraussetzungen der Auflösung nicht gewahrt, so ist der Auflösungsbeschluß nichtig (RG 111 232). Ist die Auflösung trotzdem eingetragen, so ist sie nach 147 FGG *von Amts wegen zu löschen* (OLG Dresden JFG 3 224; a. A. KG

OLGRspr. 43 322); gegen die Verweigerung der Löschung hat auch der Revisionsverband das Beschwerderecht (OLG Dresden JFG 3 224; a. A. OLG Jena JW 24 S. 1190). Über die Fortsetzung einer durch Beschluß der GV aufgelösten eG 79 a.

§ 79
Auflösung durch Zeitablauf

(1) In dem Falle, daß durch das Statut die Zeitdauer der Genossenschaft beschränkt ist, tritt die Auflösung derselben durch Ablauf der bestimmten Zeit ein[1].

(2) Die Vorschrift im § 78 Absatz 2 findet Anwendung[2].

1. 8, 16 Auflösungsbeschluß nicht erforderlich. Über Auflösung vor Ablauf der statutarisch bestimmten Zeit s. 78 Anm. 1 Abs. 2. Fortsetzung über die vorgesehene Zeit hinaus (16 Abs. 1) müßte vor Ablauf der Zeit beschlossen und eingetragen sein. Fortsetzung der durch Zeitablauf aufgelösten eG 79 a.

2. 82.

§ 79 a
Fortsetzung der freiwillig aufgelösten Genossenschaft

(1) Ist eine Genossenschaft durch Beschluß der Generalversammlung oder durch Zeitablauf aufgelöst worden[1], so kann die Generalversammlung, solange noch nicht mit der Verteilung des nach Berichtigung der Schulden verbleibenden Vermögens der Genossenschaft unter die Genossen begonnen ist[2], die Fortsetzung der Genossenschaft beschließen[3]; der Beschluß bedarf einer Mehrheit von drei Vierteilen der erschienenen Genossen[3a]. Das Statut kann außer dieser Mehrheit noch andere Erfordernisse aufstellen[4].

(2) Vor der Beschlußfassung ist der Revisionsverband, dem die Genossenschaft angeschlossen ist, darüber zu hören, ob die Fortsetzung der Genossenschaft mit den Interessen der Genossen vereinbar ist[5].

(3) Das Gutachten des Revisionsverbandes ist in jeder über die Fortsetzung der Genossenschaft beratenden Generalversammlung zu verlesen. Dem Revisionsverbande ist Gelegenheit zu geben, das Gutachten in der Generalversammlung zu vertreten.

(4) Ist die Fortsetzung der Genossenschaft nach dem Gutachten des Revisionsverbandes mit den Interessen der Genossen nicht vereinbar, so bedarf der Beschluß unbeschadet weiterer Erschwerungen

§ 79a Gesetz, betr. die Erwerbs- und Wirtschaftsgenossenschaften

durch das Statut einer Mehrheit von drei Vierteilen der Genossen in zwei mit einem Abstand von mindestens einem Monat aufeinanderfolgenden Generalversammlungen[6].

(5) Die Fortsetzung der Genossenschaft ist durch den Vorstand ohne Verzug zur Eintragung in das Genossenschaftsregister anzumelden[7]. Der Vorstand hat bei der Anmeldung die Versicherung abzugeben, daß der Beschluß der Generalversammlung zu einer Zeit gefaßt ist, als noch nicht mit der Verteilung des nach der Berichtigung der Schulden verbleibenden Vermögens der Genossenschaft unter die Genossen begonnen war[8].

1. **Allgemeines:** 79 a, eingefügt durch Gesetz vom 20. 7. 33 (RGBl. I 520) läßt unter bestimmten Voraussetzungen ausdrücklich die Fortsetzung einer durch Beschluß der GV (78, 78 a und b) oder durch Zeitablauf (79) aufgelösten eG zu (s. im Zusammenhang damit die Bestimmungen in 65 Abs. 3 und 75 Satz 2, welche die Folgen der Fortsetzung für das Ausscheiden der Genossen regeln).

2. Ein nach diesem Zeitpunkt gefaßter Fortsetzungsbeschluß würde nichtig sein.

3. **Es erscheint notwendig, im Anschluß an den Fortsetzungsbeschluß den Vorstand neu zu wählen;** denn der Vorstand ist durch die Auflösung beseitigt, auch wenn die Liquidation durch die früheren Vorstandsmitglieder erfolgt (ebenso Meyer-Meulenbergh 79 a Anm. 7). Mit der Fortsetzung ist eine Eröffnungsbilanz und ein Eröffnungsinventar aufzustellen.
Wird nach Erhöhung des Geschäftsanteils im Liquidationsstadium (87 a und 139 a) die Fortsetzung einer eGmbH nach 79 a beschlossen, so wird mit Rücksicht auf 131 Abs. 1 gleichzeitig die Erhöhung der Haftsumme mindestens bis zum Betrage des Geschäftsanteils zu beschließen sein; denn nur für das Liquidationsstadium ist das Herabsinken der Haftsumme unter den Betrag des Geschäftsanteils zugelassen. Ein Fortsetzungsbeschluß ohne gleichzeitige Haftsummenerhöhung wäre deshalb als unwirksam anzusehen.

3 a. Wegen des Begriffs „erschienene Genossen" vgl. 43 Anm. 2.

4. „Noch andere Erfordernisse" sind noch strengere Erfordernisse.

5. Der frühere Satz 2 des Abs. 2 ist durch Gesetz vom 30. 10. 34 (Art. II Ziff. 2) beseitigt worden.

6. Vgl. 78 b Anm. 2.

Kommentar §81

7. **Anmeldung** nur zum GenReg. der Hauptniederlassung, nicht auch der Zweigniederlassung, da 79 a in 157 Abs. 2 nicht mit aufgeführt ist. Die Fortsetzung wird, auch wenn die Auflösung durch Zeitablauf erfolgt ist, schon mit dem Beschluß wirksam und ist von der Eintragung unabhängig, da die letztere nur deklaratorische Bedeutung hat (BlfG 35 S. 424).

8. **Falsche Versicherung** strafbar nach 147.

§ 80
Auflösung bei Fehlen der Mindestzahl

(1) Beträgt die Zahl der Genossen weniger als sieben, so hat das Gericht (§ 10) auf Antrag des Vorstandes[1] und, wenn der Antrag nicht binnen sechs Monaten erfolgt, von Amts wegen nach Anhörung des Vorstandes die Auflösung der Genossenschaft auszusprechen[2].
(2) Der Beschluß ist der Genossenschaft zuzustellen. Gegen denselben steht ihr die sofortige Beschwerde nach Maßgabe der Zivilprozeßordnung zu[3]. Die Auflösung tritt mit der Rechtskraft des Beschlusses in Wirksamkeit.

1. Die Stellung des Antrages ist nicht durch Ordnungsstrafe erzwingbar, da 80 in 160 nicht aufgeführt ist.

2. Die Auflösung soll nicht durch die bloße Tatsache der Verminderung der Mitgliederzahl von selbst eintreten, es muß ein Gerichtsbeschluß hinzukommen. Auflösung erfolgt erst durch den rechtskräftigen Beschluß (Abs. 2 Satz 3); Beschwerde hat mithin aufschiebende Wirkung.

3. ZPO 557: danach ist die Beschwerde binnen einer Notfrist von zwei Wochen seit Zustellung des Beschlusses einzulegen. Erhöht sich bis zur Entscheidung über die Beschwerde die Zahl der Mitglieder wieder auf 7, so ist der Beschluß aufzuheben.

§ 81
Auflösung wegen gesetzwidriger Handlungen

(1) Wenn eine Genossenschaft[1] sich gesetzwidriger Handlungen oder Unterlassungen schuldig macht, durch welche das Gemeinwohl gefährdet wird[2], oder wenn sie andere als die in diesem Gesetze (§ 1) bezeichneten geschäftlichen Zwecke verfolgt[3], so kann[4] sie

§ 82 Gesetz, betr. die Erwerbs- und Wirtschaftsgenossenschaften

aufgelöst werden, ohne daß deshalb ein Anspruch auf Entschädigung stattfindet.

(2) Das Verfahren und die Zuständigkeit der Behörden richtet sich nach den für streitige Verwaltungssachen landesgesetzlich geltenden Vorschriften. Wo ein Verwaltungsstreitverfahren nicht besteht, finden die Vorschriften in §§ 20, 21 der Gewerbeordnung mit der Maßgabe Anwendung, daß die Entscheidung in erster Instanz durch die höhere Verwaltungsbehörde erfolgt, in deren Bezirke die Genossenschaft ihren Sitz hat.

(3) Von der Auflösung hat die in erster Instanz entscheidende Behörde dem Gerichte (§ 10) Mitteilung zu machen.

1. Handlungen oder Unterlassungen des Vorstandes oder des Aufsichtsrates genügen nicht, jedoch ist deren Duldung durch die GV ausreichend.

2. Selbstverständlich ist Gemeinwohl nicht gleichbedeutend mit den Interessen eines bestimmten Berufsstandes.

3. Gemeint ist die Verfolgung von Zwecken, die nicht der Förderung des Erwerbs oder der Wirtschaft der Mitglieder dienen. Grundsätzlich ist nach § 1 des Gesetzes der Geschäftsbetrieb mit Nichtmitgliedern auf die rechtliche Natur der G ohne Einfluß. Auch Vorschußvereine und Konsumvereine verfolgen die in § 1 bezeichneten geschäftlichen Zwecke, wenn sie ihren Geschäftsbetrieb auf Nichtmitglieder ausdehnen, es kann ein Hinausgehen nur die im Gesetz hierfür vorgesehenen Folgen haben, nicht aber zur Auflösung nach 81 führen. Die Übertretung gewerbepolizeilicher Bestimmungen ist nach der Gewerbeordnung zu bestrafen; die Folgen von 81 kann die Übertretung nicht haben. Inwieweit ein bestimmter Geschäftsbetrieb nach Sondergesetzen in der Form der eG nicht ausgeübt werden darf, vgl. 1 Anm. 4 Abs. 2.

4. kann — nicht muß.

§ 82
Eintragung und Bekanntmachung der Auflösung

(1) Die Auflösung der Genossenschaft ist von dem Gerichte ohne Verzug in das Genossenschaftsregister einzutragen[1].

(2) Sie muß von den Liquidatoren durch die für die Bekanntmachungen der Genossenschaft bestimmten Blätter bekanntgemacht werden[2]. Durch die Bekanntmachung sind zugleich die Gläubiger aufzufordern, sich bei der Genossenschaft zu melden[3].

Kommentar **§ 83**

1. Die gerichtliche Bekanntmachung der Auflösung erfolgt in den für die Bekanntmachungen aus dem Genossenschaftsregister vom Gericht bestimmten Blättern (156), zu dem Register des Gerichts der Zweigniederlassung erfolgt die Mitteilung durch das Gericht der Hauptniederlassung (158).

2. **Diese Bekanntmachung,** die früher dreimal erfolgen mußte, jedoch auf Grund des durch § 6 des handelsrechtlichen Bereinigungsgesetzes v. 18. 4. 50 (BGBl. 50 S. 90) ausdrücklich aufrechterhaltenen Art. II Abs. 1 Ziff. 1 der Dritten VO über Maßnahmen auf dem Gebiet des Genossenschaftsrechts v. 13. 4. 43 (RGBl. I 251) jetzt nur noch einmal vorzunehmen ist, **hat nicht durch das Gericht zu erfolgen** und ist wirkungslos, wenn sie in den für die gerichtlichen Bekanntmachungen aus dem Genossenschaftsregister bestimmten Blättern erfolgt, sofern dieselben nicht mit den für die Bekanntmachungen der G im Statut bestimmten Blättern (vgl. 6 Ziff. 4) identisch sind. Eine Frist, innerhalb der die Bekanntmachung zu erfolgen hätte, ist nicht vorgeschrieben; ihre alsbaldige Vornahme empfiehlt sich aber deshalb, weil erst durch die Bekanntmachung das Sperrjahr (90 Abs. 1) in Lauf gesetzt wird.

Auch kleinere und unvermögende eG im Sinne von 33 Abs. 3 unterliegen der Veröffentlichungspflicht, da § 7 der Verordnung über die Einschränkung öffentlicher Bekanntmachungen vom 14. 2. 24 (RGBl. I S. 120), welcher auch diese Bekanntmachungspflicht einschränkte, durch VO vom 28. 3. 27 (RGBl. I S. 89) wieder aufgehoben ist.

3. **Ausschlußfrist für die Meldung der Gläubiger nicht zulässig.** Eine besondere Aufforderung der bekannten Gläubiger braucht nicht zu erfolgen.

§ 83
Liquidation; Bestellung und Abberufung der Liquidatoren

(1) Die Liquidation[1] erfolgt durch den Vorstand, wenn nicht dieselbe durch das Statut oder durch Beschluß der Generalversammlung anderen Personen übertragen wird[2].

(2) Es sind wenigstens zwei Liquidatoren zu bestellen.

(3) Auf Antrag des Aufsichtsrats oder mindestens des zehnten Teils der Genossen kann die Ernennung von Liquidatoren durch das Gericht (§ 10) erfolgen[3].

§ 83 Gesetz, betr. die Erwerbs- und Wirtschaftsgenossenschaften

(4) **Die Abberufung der Liquidatoren**[4] **kann durch das Gericht unter denselben Voraussetzungen wie die Bestellung erfolgen. Liquidatoren, welche nicht vom Gerichte ernannt sind, können auch durch die Generalversammlung vor Ablauf des Zeitraums, für welchen sie bestellt sind, abberufen werden.**

1. Abgesehen von dem Falle des Konkurses **ist die Liquidation die notwendige Folge der Auflösung;** aber auch an den Konkurs kann sich die Liquidation anschließen. Mit der Auflösung wird der Zweck, werbend zu sein, beendet; die eG besteht zum Zweck der Abwicklung ihrer Geschäfte noch weiter (RG 15 104), und zwar bis zur völligen Verteilung des Vermögens, selbst wenn die Firma gelöscht ist (RJA 10 255). Die Auflösung gibt den Gläubigern nicht das Recht, vorzeitige Erfüllung zu fordern, die Auflösung führt grundsätzlich nicht zur Beendigung der Verträge (RG 9 14, 24 71). Wenn in Verträgen mit der eG das werbende Fortbestehen vorausgesetzt wurde, führt die Liquidation zur automatischen Beendigung des Vertragsverhältnisses.

2. **Die Liquidatoren brauchen nicht Genossen zu sein.** Auch juristische Personen (z. B. Treuhandgesellschaften) können als Liquidatoren bestellt werden. Erfolgt die Liquidation durch den Vorstand, so ändern sich dessen Funktionen nach Maßgabe von 88. Sein Anstellungsverhältnis dauert fort, jedoch erlischt, da Gewinnausschüttungen nicht mehr erfolgen, sein etwaiger Anspruch auf Tantieme. Der Vorst. als solcher besteht neben den Liquidatoren nicht fort. Dagegen bleiben AR und GV bzw. VertrVers. auch während der Liquidation bestehen. Über die Funktionen der letzteren vgl. KG in JW 31 S. 2996.

Wird durch Statut die Liquidation anderen Personen übertragen, so muß es bestimmte Personen als Liquidatoren bezeichnen; eine statutarische Vorschrift, nach der die Personen berufen sein sollen, die jeweils bestimmte Voraussetzungen erfüllen, ist unwirksam. Ebensowenig kann die Ernennung Dritten oder einem anderen Organ der eG als der GV übertragen werden (vgl. RG **65** 92; OLGRspr. **8** 235; KGJ **45** 330, **49** 125 für GmbH). Die im Statut genannten Personen bedürfen, um Liquidatoren zu werden, erst noch ihrer Bestellung durch die GV, da im Statut nur die Persönlichkeit der Liquidatoren bestimmt wird. Bei Wegfall eines Liquidators kann ein neuer, wenn nicht gerichtliche Bestellung nach 83 Abs. 3 erfolgt, stets nur durch die GV, nicht durch den AR bestellt werden (BayObLG 28 S. 782 f. AG); auch die früheren Vorstandsmitglieder treten nicht an die Stelle des weggefallenen Liquidators. Die GV kann die Liquidation auch dann mit einfacher Mehrheit anderen Personen übertragen, wenn im Statut die Übertragung an bestimmte Personen vorgesehen ist (KGJ 45 181 für GmbH; Meyer-Meulenbergh 83 Anm. 2 c).

3. **Die registergerichtliche Ernennung von Liquidatoren darf nur bei Vorliegen eines wichtigen Grundes,** der von den Antragstellern glaubhaft zu machen ist, **erfolgen** (JFG 8 192); die Auswahl der Liquidatoren obliegt dem Registergericht (JFG 2 163). Keine Ernennung von Liquidatoren durch das *Prozeß*gericht. Der Vertrag mit den Liquidatoren ist durch den AR abzuschließen (39); nur wenn die Liquidatoren durch das RegGer. ernannt sind, muß der Vertrag als mit der Ernennung abgeschlossen gelten. Im Streitfalle keine Festsetzung der Vergütung der Liquidatoren durch das RegGer. (KGJ 27 222), sondern nur durch das Prozeßgericht. Keine Überwachung der von ihm ernannten Liquidatoren durch das RegGer. (KGJ 46 161); Bestellung von Liquidatoren auch nach 29 BGB möglich.

4. **Bestellung und Abberufung der Liquidatoren durch das Reg-Ger. nur auf Antrag** (FGG 148) und nur, wenn ein wichtiger Grund vorliegt (KG JW 31 S. 2996). Der AR hat gegen alle Liquidatoren das Recht der vorläufigen Amtsenthebung nach 40 (OLG 38 185). Über die endgültige Amtsenthebung entscheidet dann das RegGer., wenn Bestellung von ihm, die GV, wenn sie von ihr ausgegangen ist. Wegen Fortführung der Geschäfte vgl. 40. Amtsniederlegung der Liquidatoren zulässig im Rahmen der für Vorstandsmitglieder geltenden Vorschriften (RG JW 1893 S. 542).

§ 84
Anmeldung und Eintragung der Liquidatoren

(1) Die ersten Liquidatoren sind durch den Vorstand[1], jede Änderung in den Personen der Liquidatoren sowie eine Beendigung ihrer Vertretungsbefugnis[2] ist durch die Liquidatoren[3] zur Eintragung in das Genossenschaftsregister anzumelden[4]. Eine Abschrift der Urkunden über die Bestellung der Liquidatoren oder über die Änderung in den Personen derselben ist der Anmeldung beizufügen und wird bei dem Gericht aufbewahrt.

(2) Die Eintragung der gerichtlichen Ernennung oder Abberufung von Liquidatoren geschieht von Amts wegen.

(3) Die Liquidatoren haben die Zeichnung ihrer Unterschrift in öffentlich beglaubigter Form einzureichen[5].

1. Auch dann, wenn die Liquidation durch die Mitglieder des Vorstandes als Liquidatoren erfolgt (AV 20 Abs. 2 Satz 2).

2. Z. B. auch infolge Amtsenthebung durch den AR gemäß 40.

3. **Neu bestellte Liquidatoren haben bei ihrer Anmeldung mitzuwirken** (OLGRspr. 34 148), dagegen nicht auch abberufene Liquidatoren bei der Anmeldung der Beendigung ihrer Vertretungsbefugnis (OLGRspr. 4 256, 34 364). Die letzten Liquidatoren haben jedoch, sobald mit der vollständigen Verteilung des Vermögens die Liquidation beendigt ist, das Erlöschen ihrer Vollmacht selbst anzumelden (AV 21 Abs. 1).

4. 157 Abs. 1; auch zum Gericht der Zweigniederlassung (157 Abs. 2). Ordnungsstrafen 160.

5. Auch zum Gericht der Zweigniederlassung (157 Abs. 2). Ordnungsstrafen 160. Form der Einreichung AV 7 Abs. 3.
Abs. 3 geändert durch Beurkundungsgesetz vom 28. 8. 69 (§ 57 Abs. 2 Ziff. 3). Zeichnung der Unterschrift vor Gericht nicht mehr möglich.

§ 85
Willenserklärungen und Zeichnung der Liquidatoren

(1) Die Liquidatoren haben in der bei ihrer Bestellung bestimmten Form ihre Willenserklärungen kundzugeben und für die Genossenschaft zu zeichnen. Ist nichts darüber bestimmt, so muß die Erklärung und Zeichnung durch sämtliche Liquidatoren erfolgen. Weniger als zwei dürfen hierfür nicht bestimmt werden[1].

(2) Die Bestimmung ist mit der Bestellung der Liquidatoren zur Eintragung in das Genossenschaftsregister anzumelden[2].

(3) Die Zeichnungen geschehen derartig, daß die Liquidatoren der bisherigen, nunmehr als Liquidationsfirma zu bezeichnenden Firma[3] ihre Namensunterschrift beifügen.

1. 25.

2. 157, 160.

3. Die Firma muß also den Zusatz „in Liquidation" erhalten. Hierin liegt keine Änderung der bisherigen Firma (RG 15 105).

§ 86
Öffentlicher Glaube des Genossenschaftsregisters

Die Vorschriften im § 29¹ über das Verhältnis zu dritten Personen finden bezüglich der Liquidatoren Anwendung.

1. Vgl. dazu BlfG 27 S. 640.

§ 87
Die Genossenschaft im Liquidationsstadium

(1) Bis zur Beendigung der Liquidation kommen ungeachtet der Auflösung der Genossenschaft in bezug auf die Rechtsverhältnisse derselben und der Genossen die Vorschriften des zweiten und dritten Abschnitts dieses Gesetzes zur Anwendung, soweit sich aus den Bestimmungen des gegenwärtigen Abschnitts und aus dem Wesen der Liquidation nicht ein anderes ergibt¹.

(2) Der Gerichtsstand, welchen die Genossenschaft zur Zeit ihrer Auflösung hatte, bleibt bis zur vollzogenen Verteilung des Vermögens bestehen².

1. Über das Fortbestehen der Rechtspersönlichkeit und der Organisation der eG im Liquidationsstadium s. 83 Anm. 1.

Die Anwendbarkeit von Vorschriften anderer als der in 87 ausdrücklich angeführten Abschnitte ist keineswegs ausgeschlossen; z. B. sind Satzungsänderungen (16), obwohl der Erste Abschnitt nicht ausdrücklich für anwendbar erklärt ist, auch im Liquidationsstadium grundsätzlich zulässig, soweit sie nicht dem Zweck und Wesen der Liquidation widersprechen (RG 121 246, 138 79). Unzulässig wäre, da mit dem Wesen der Liquidation nicht vereinbar, die Erhöhung (139 a) oder Herabsetzung der Haftsumme (133; vgl. dagegen KG JFG 11 167 = JW 33 S. 2461), die Herbsetzung des Geschäftsanteils (OLG Karlsruhe JFG 11 173) und die Umwandlung der eG (RG 138 83). Dagegen ist die Erhöhung des Geschäftsanteils nunmehr ausdrücklich zugelassen, wenn sie der Abwendung des Konkurses dient (87 a).

Vom zweiten Abschnitt finden Anwendung die §§ 17, 18 (19 ist ersetzt durch 91, 20 ist gegenstandslos), 22 Abs. 4, 5 und 23. Der Dritte Abschnitt findet Anwendung, soweit nicht die einzelnen den Vorstand betreffenden Bestimmungen durch die Vorschriften über die Liquidatoren ersetzt sind. Nicht anwendbar sind §§ 30, 33 Abs. 2, 3 und § 50. Gegenüber § 33 Abs. 2 und 3 enthält § 89 Sondervorschriften für die Liquidation. Die GV bleibt zuständig für die Be-

§ 87a Gesetz, betr. die Erwerbs- und Wirtschaftsgenossenschaften

schlußfassung über die Bilanz (nicht Jahresabschluß) und über die Entlastung der Liquidatoren und des Aufsichtsrates (§ 48 Abs. 1 gilt daher nur entsprechend). Eine Beschlußfassung über Gewinn und Verlust findet nicht statt. **Der Vierte Abschnitt „Prüfung und Prüfungsverbände" findet Anwendung** (64 c), dagegen nicht der Fünfte Abschnitt „Ausscheiden einzelner Genossen". Ebenso wie nach Auflösung der eG ein Beitritt neuer Mitglieder (vgl. RG 125 200; JFG 4 251, 16 9) oder der Erwerb weiterer Geschäftsanteile nicht mehr möglich ist (vgl. RG 125 196 und JFG 16 9), ist auch das Ausscheiden (mit Ausnahme der Übertragung des Geschäftsguthabens an einen anderen Genossen gemäß 76) ausgeschlossen. Dies gilt auch für ein Ausscheiden nach 77. Die Auseinandersetzung mit der Genossenschaft kann im Liquidationsstadium nur noch im Zusammenhang mit der Verteilung des gesamten Vermögens erfolgen. In entsprechender Anwendung des 77 wird die Mitgliedschaft des Verstorbenen durch dessen Erben bis zur Beendigung der Liquidation fortgesetzt. Eine solche Auslegung folgt auch aus 75. Wegen der innerhalb der letzten sechs Monate Ausgeschiedenen vgl. 75. Eintragungsanträgen, betreffend den Erwerb der Mitgliedschaft oder die Übernahme weiterer Geschäftsanteile, die vor der Auflösung der eG beim Registergericht eingegangen sind, denen aber im Zeitpunkt der Auflösung noch nicht entsprochen ist, kann nicht mehr entsprochen werden (RG DJZ 02 S. 201; OLG Hamburg GWW 57 S. 92 = NJW 57 S. 225). Die nach Auflösung der eG fällig werdenden Einzahlungen auf Geschäftsanteil können nicht mehr eingefordert werden (RG 73 410); dagegen bleiben die Ansprüche auf Zahlung der Einzahlungsrückstände bestehen und können mit Zustimmung des Prüfungsverbandes abgetreten werden (88 a). Über die Verpflichtung der Mitglieder zu Sachleistungen s. RG 72 237.

2. 87 Abs. 2 schließt die Sitzverlegung der eG nach ihrer Auflösung nicht aus (BlfG 34 S. 712); auch die Frage, ob die Genossenschaft ihre Mitglieder nach geschehener Auflösung und ihr folgender Sitzverlegung auf Grund von 22 ZPO bei dem für den neuen Sitz zuständigen Gericht verklagen kann, ist zu bejahen (BlfG a. a. O.).

§ 87 a
Geschäftsanteilserhöhung im Liquidationsstadium

(1) Ungeachtet der Auflösung[1] kann eine Erhöhung des Geschäftsanteils[2] beschlossen werden, wenn sie bezweckt, die Durchführung der Liquidation unter Abwendung des Konkurses zu sichern[3].

Kommentar §87a

(2) Vor der Beschlußfassung ist der Revisionsverband, dem die Genossenschaft angeschlossen ist, darüber zu hören, ob die Erhöhung des Geschäftsanteils erforderlich ist, die Durchführung der Liquidation unter Abwendung des Konkurses zu sichern.

(3) Das Gutachten des Revisionsverbandes ist in jeder über die Erhöhung des Geschäftsanteils beratenden Generalversammlung zu verlesen. Dem Revisionsverbande ist Gelegenheit zu geben, das Gutachten in der Generalversammlung zu vertreten.

(4) Ist die Erhöhung des Geschäftsanteils nach dem Gutachten des Revisionsverbandes nicht erforderlich, die Durchführung der Liquidation unter Abwendung des Konkurses zu sichern, so bedarf der Beschluß unbeschadet weiterer Erschwerungen durch das Statut einer Mehrheit von drei Vierteilen der Genossen in zwei mit einem Abstand von mindestens einem Monat aufeinanderfolgenden Generalversammlungen[4].

1. Allgemeines: 87a wurde durch Ges. vom 20.7.33 (RGBl. I S. 520) eingefügt und damit eine Frage geregelt, die von der Rechtsprechung in verschiedenem Sinne entschieden worden war. Abs. 2 Satz 2 ist durch Gesetz vom 30.10.34 (Art. II Ziff. 2) beseitigt worden.

Nach Art. 2 des erstgenannten Ges. sind Beschlüsse über eine Erhöhung des Geschäftsanteils oder eine Erhöhung der Haftsumme aus der Zeit vor dem Inkrafttreten dieses Gesetzes (23.7.33) nicht deshalb unwirksam, weil sie nach der Auflösung der Genossenschaft ergangen sind. Diese Übergangsbestimmung läßt also weitergehend als 87a auch eine vorher beschlossene Haftsummenerhöhung gültig sein (ebenso Meyer 87a Anm. 8 und Kunstmann JW 33 S. 1801).

Gerichtliche Entscheidungen über die Unzulässigkeit solcher Beschlüsse, die vor dem Inkrafttreten dieses Gesetzes rechtskräftig geworden sind, bleiben nach Art. 2 des genannten Ges. unberührt. Einer erneuten Beschlußfassung unter Einhaltung der Vorschriften in den §§ 87a und 139a des Genossenschaftsgesetzes stehen sie nicht entgegen.

2. Der Umfang der Erhöhung des Geschäftsanteils ist für die eGmuH nicht beschränkt; dagegen kann der Geschäftsanteil bei der eGmbH nur höchstens um den Betrag der Haftsumme und die Haftsumme selbst überhaupt nicht erhöht werden (139a, 131). Dadurch wird, wenn der mit der Anteilserhöhung verfolgte Zweck der Konkursabwendung erreicht wird, verhindert, daß die Genossen auf Grund der Anteilserhöhung in weitergehendem Maße in Anspruch genommen werden, als es im Konkurse ohne Anteilserhöhung auf Grund der Haftpflicht der Fall wäre. Sollte der Konkurs trotz erfolgter Anteilserhöhung nicht vermieden werden können, so hat die Beschränkung doch wenigstens zur Folge, daß die Genossen nicht doppelt, nämlich sowohl auf Grund einer Anteils- wie auch einer Haftpflichterhöhung in Anspruch genommen werden (so auch AG Hamburg, GewGen. 50 S. 282 = ZfG 55 S. 311 Nr. 58).

3. Obwohl 118 in 87a nicht erwähnt ist, wird doch aus den Worten „unter Abwendung des Konkurses" zu folgern sein, daß nunmehr die Geschäftsanteilserhöhung im Liquidationsstadium auch nach Eintritt der in 118 Abs. 1 erwähnten Konkursvoraussetzungen zulässig ist.

War der Geschäftsanteil z. Z. der Auflösung noch nicht voll eingefordert oder wurden Einzahlungen auf den Anteil erst nach Auflösung fällig, so wird diese Einforderung bzw. Einziehung durch Beschluß der GV unter den Voraussetzungen des 87a nachgeholt werden können, unbeschadet einer gleichzeitigen oder späteren Geschäftsanteilserhöhung. Jedoch darf Nachforderung und Erhöhung zusammengerechnet bei der eGmbH die Haftsumme nicht übersteigen (ebenso Meyer-Meulenbergh 87a Anm. 7).

4. Hält der Verband die Erhöhung für erforderlich, so bedarf der Beschluß lediglich der für Satzungsänderungen vorgeschriebenen Dreiviertelmehrheit der **erschienenen** Genossen (16), soweit nicht das Statut Erschwerungen vorsieht. Hält der Verband die Erhöhung nicht für notwendig, so ist Dreiviertelmehrheit **aller** (nicht nur der erschienenen) Genossen in zwei mit einem Abstand von mindestens einem Monat aufeinanderfolgenden GV (vgl. 78b Anm. 2) erforderlich, soweit nicht das Statut noch weitere Erschwerungen enthält.

Wie jeder satzungsändernde Beschluß wird **auch der Erhöhungsbeschluß erst mit seiner Eintragung ins GenReg. rechtswirksam** (16 Abs. 4). Anmeldung des Beschlusses 16 Abs. 5.

§ 88
Aufgaben und Vertretungsbefugnis der Liquidatoren

Die Liquidatoren haben die laufenden Geschäfte zu beendigen, die Verpflichtungen der aufgelösten Genossenschaft zu erfüllen, die Forderungen derselben einzuziehen und das Vermögen der Genossenschaft in Geld umzusetzen; sie haben die Genossenschaft gerichtlich und außergerichtlich zu vertreten. Zur Beendigung schwebender Geschäfte können die Liquidatoren auch neue Geschäfte eingehen[1].

Kommentar § 88 a

1. **Es gehört zur Aufgabe der Liquidatoren, das Vermögen flüssig zu machen.** Bei der Beurteilung, ob ein Geschäft vorgenommen werden darf, ist immer der Liquidationszweck entscheidend. Unzulässig Beschluß betr. Fortführung der Geschäfte. Die Mitglieder können verpflichtet sein, während der Liquidation ihre Sonderleistungen (6 Anm. 1) fortzusetzen (z. B. Milchlieferung, RG 72 240). Die Aufgaben der Liquidatoren dürfen nicht so eingeengt werden, daß die Liquidation mit Verlust für die Genossenschaft verbunden ist (RG 44 80). Remuneratorische Zuwendungen während der Liquidation zulässig (ROHG 24 224). Verjährte Forderungen dürfen von den Liquidatoren nicht anerkannt werden (ROHG 9 85). Vgl. für Immobilien 89 Anm. 5. Es kann der Erwerb von Immobilien zur Rettung von Forderungen erforderlich werden. Rückständige Einzahlungen auf Geschäftsanteil sind einzuziehen, mit der Auflösung hört die laufende Einzahlungspflicht auf (7 Anm. 4). Die GV kann die Liquidatoren durch Mehrheitsbeschluß anweisen, bestimmte Forderungen, z. B. Regreßansprüche gegen frühere Verwaltungsmitglieder nicht geltend zu machen (KG JW 31 S. 2996).

Nach dem Gesetzeswortlaut Umsetzung des Vermögens in Geld. Ausnahmsweise — und mit Zustimmung der Mitgliederversammlung — keine Verflüssigung des Vermögens oder von Vermögensteilen, wenn dies im allseitigen Interesse vorteilhafter ist. Beispiel: Das Restvermögen der eG besteht in einer Beteiligung an einer GmbG; es kann im Interesse der Mitglieder liegen, die Beteiligung nicht zu veräußern, sondern sie auf die Mitglieder zu übertragen (vgl. Recht 05 Nr. 771; als zu weitgehend abzulehnen KGJ 21 256; OLG 3 67).

§ 88 a
Abtretbarkeit der Einzahlungsansprüche

(1) Die Liquidatoren können den Anspruch der Genossenschaft auf rückständige Einzahlungen auf den Geschäftsanteil (§ 7 Nr. 2) und den Anspruch auf anteilige Fehlbeträge (§ 73 Abs. 2) mit Zustimmung des Prüfungsverbandes abtreten[1].

(2) Der Prüfungsverband soll nur zustimmen, wenn der Anspruch an eine genossenschaftliche Zentralkasse oder an eine der fortlaufenden Überwachung durch einen Prüfungsverband unterstehende Stelle abgetreten wird und schutzwürdige Belange der Genossen nicht entgegenstehen[2].

1. 88 a wurde ebenso wie 108 a eingefügt durch den auf Grund von § 6 des handelsrechtlichen Bereinigungsgesetzes v. 18. 4. 50 (BGBl. 50 S. 90) ausdrücklich aufrechterhaltenen Art. IV der Zweiten VO

§ 89 Gesetz, betr. die Erwerbs- und Wirtschaftsgenossenschaften

über Maßnahmen auf dem Gebiet des Genossenschaftsrechts vom 19. 12. 42 (RGBl. I S. 729), weil bei der Liquidation und im Konkurse von G die Beitreibung rückständiger Pflichteinzahlungen und anteiliger Fehlbeträge sowie die Einziehung von Nachschüssen häufig einen unverhältnismäßigen Aufwand an Zeit, Arbeitskräften und Kosten forderte und oft damit auch eine steuerliche Belastung verbunden war. Diese Nachteile traten besonders in Erscheinung bei der allgemeinen Abwicklung zahlreicher G durch amtliche Stellen. Durch die nunmehr ausdrücklich zugelassene Abtretung derartiger Ansprüche und Hereinnahme des Gegenwertes in die Liquidations- oder Konkursmasse kann eine erhebliche Vereinfachung und Beschleunigung des Verfahrens erreicht werden. Dies ist in der Praxis bisher häufig nur deshalb unterblieben, weil die Abtretung im Gesetz nicht ausdrücklich zugelassen war (Amtl. Begründung zur VO vom 19. 12. 42, Reichsanz. Nr. 302 S. 2).

2. Durch Abs. 2 ist Vorsorge getroffen, daß die Abtretung dieser auf dem Genossenschaftsverhältnis beruhenden Ansprüche nicht zu einer unbilligen Beeinträchtigung der Genossen führt.

88 a und 108 a **stellen die Abtretbarkeit auch für die Fälle klar,** in denen es sich nicht um ein gewöhnliches Liquidations- oder Konkursverfahren, sondern um eine Abwicklung von G durch einen amtlichen Kommissar auf Grund besonderer gesetzlicher Bestimmungen handelt. Gehören diese G einem Prüfungsverband nicht mehr an, so bleibt die Frage, ob der Prüfungsverband bei der Entscheidung über die Abtretung durch eine andere Stelle ersetzt wird, der Sonderregelung vorbehalten; das gilt auch für die Bestimmung der Stelle, an die abgetreten werden soll. Geschieht die Abwicklung durch eine amtliche Stelle, so wird das Gericht das Fehlen eines Prüfungsverbandes jedenfalls nicht zum Anlaß nehmen können, um von sich aus einen Prüfungsverband nach 64 b zu bestellen (Amtl. Begründung zur VO vom 19. 12. 42, Reichsanz. Nr. 302 S. 2).

§ 89
Rechte und Pflichten der Liquidatoren

Die Liquidatoren haben die aus den §§ 26, 27, § 33 Absatz 1, § 34, §§ 44 bis 47, § 48 Absatz 2, § 51, §§ 57 bis 59 sich ergebenden Rechte und Pflichten[1] des Vorstandes und unterliegen gleich diesem der Überwachung des Aufsichtsrats[2]. Sie haben sofort bei Beginn der Liquidation und demnächst in jedem Jahre eine Bilanz[3] aufzustellen. Die erste Bilanz ist zu veröffentlichen[4]; die Bekanntmachung ist zu dem Genossenschaftsregister einzureichen[5].

Kommentar   § 89

1. 90 Abs. 3, 142.
2. 40.

3. Unter „Jahr" ist hier nicht das Geschäftsjahr, sondern das Kalenderjahr zu verstehen (RGStr. 35 137). Liquidationseröffnungsbilanz auch dann erforderlich, wenn die letzte Jahresbilanz erst kurz vor der Auflösung aufgestellt worden ist (RGStr. 45 238). In die Liquidationsbilanzen sind die Vermögensstücke der eG nur mit den Werten einzusetzen, die sich bei der Veräußerung wahrscheinlich ergeben (RG 80 106). Mit den Bilanzen sind Gewinn- und Verlustrechnungen aufzustellen; Gewinn- oder Verlustverteilung findet nicht statt. Stichtag für die Liquidations-Eröffnungsbilanz ist der Tag der Beschlußfassung über die Auflösung (so auch Meyer-Meulenbergh § 89 Anm. 3).

4. Ohne Angabe über Mitgliederbewegung, Betrag der Geschäftsguthaben und Haftsummen (KGJ 38 314). Obwohl die Fassung des Gesetzes (87, 89) Zweifel offen läßt, wird doch die Anwendung des § 33 Abs. 3 Satz 3, wonach bei kleineren G eine Veröffentlichung des Jahresabschlusses nicht stattfindet, auf die Liquidationseröffnungsbilanz zu verneinen sein, da der Kostenersparnisgrund bei der einmaligen Liquidationseröffnungsbilanz, die auch Interessen der weiteren Öffentlichkeit berührt, versagt; die Liquidationseröffnungsbilanz ist deshalb auch bei kleineren Genossenschaften zu veröffentlichen (BayObLG, NJW 55 S. 1557 = ZfG 55 S. 392 Nr. 93; ParCr. 89[3]; Meyer-Meulenbergh 89[4]; a. A. LG Kiel, BlfG 35 S. 587 und LG Rostock, Zeitschr. f. freiw. Gerichtsbarkeit und die Gemeindeverwaltung in Württemberg 35 S. 332, LG München I GWW Bay. 54 S. 144, Krakenberger 89[3a]. Die GV hat auch im Liquidationsstadium über den Jahresabschluß und über die Entlastung von Liquidatoren und Aufsichtsrat zu beschließen. Dies folgt aus 87. 48 Abs. 1 ist in 89 nicht erwähnt, weil 89 nur die Rechte und Pflichten der Liquidatoren betrifft und nicht die der GV. Die in früheren Auflagen vertretene Meinung wird aufgegeben. Auch die ferneren Bilanzen sind der Generalversammlung zur Beschlußfassung vorzulegen, aber nicht zu veröffentlichen. Ordnungsstrafe 160; das Ordnungsstrafverfahren wegen Verstoßes gegen die Veröffentlichungspflicht richtet sich nur gegen die Liquidatoren; zur Beschwerde ist aber auch die eG als solche befugt (BayObLG NJW 55 S. 1557 = ZfG 55 S. 392 Nr. 93). Ist die Veröffentlichung der letzten ordentlichen Jahresbilanz noch nicht durch den Vorstand erfolgt, so ist sie durch die Liquidatoren vorzunehmen (KG 29 226).

§ 90
Voraussetzungen der Vermögensverteilung

(1) Eine Verteilung des Vermögens unter die Genossen darf nicht vor Tilgung oder Deckung der Schulden und nicht vor Ablauf eines Jahres seit dem Tage vollzogen werden, an welchem die Aufforderung der Gläubiger in den hierzu bestimmten Blättern (§ 82 Absatz 2) erfolgt ist[1].

(2) Meldet sich ein bekannter Gläubiger nicht, so ist der geschuldete Betrag, wenn die Berechtigung zur Hinterlegung vorhanden ist, für den Gläubiger zu hinterlegen. Ist die Berichtigung einer Verbindlichkeit zur Zeit nicht ausführbar oder ist eine Verbindlichkeit streitig, so darf die Verteilung des Vermögens nur erfolgen, wenn dem Gläubiger Sicherheit geleistet ist[2].

(3) Liquidatoren, welche diesen Vorschriften zuwiderhandeln, sind außer der Genossenschaft[3] den Gläubigern zum Ersatze des ihnen daraus erwachsenden Schadens persönlich und solidarisch verpflichtet. Die gleiche Verpflichtung trifft die Mitglieder des Aufsichtsrats, wenn die Zuwiderhandlung mit ihrem Wissen und ohne ihr Einschreiten geschieht. Die Verpflichtung wird den Gläubigern[4] gegenüber dadurch nicht aufgehoben, daß die Zuwiderhandlung auf einem Beschlusse der Generalversammlung beruht.

1. Da ein Konkursverfahren nach Verteilung des Vermögens nicht zulässig ist (98 Abs. 2), wurden die bisherigen den Bestimmungen über offene Handelsgesellschaften entnommenen Vorschriften zur Sicherung der Rechte der Gläubiger nicht für ausreichend erklärt und ähnliche Bestimmungen eingeführt wie für die Aktiengesellschaften. Die vorliegende Fassung des Abs. 1 beruht auf dem durch § 6 des handelsrechtlichen Bereinigungsgesetzes v. 18. 4. 50 (BGBl. 50 S. 90) ausdrücklich aufrechterhaltenen Art. II Abs. 1 Ziff. 2 der Dritten VO über Maßnahmen auf dem Gebiet des Genossenschaftsrechts v. 13. 4. 43 (RGBl. I S. 251) und steht in Zusammenhang mit der gleichzeitig erfolgten Änderung des § 82 Abs. 2. **Das sog. Sperrjahr darf nicht abgekürzt werden,** hat aber auch nicht die Bedeutung einer Ausschlußfrist (RG 109 392; 124 213). Vgl. auch Anm. 3 zu 82. Gilt auch für die Auszahlung der Geschäftsguthaben; Regreßansprüche, Forderungen auf Rückerstattung von zu Unrecht ausgezahlten Geschäftsguthaben (vgl. RG 109 389 f. GmbH) gelten als Aktivum. Beendigung der Verteilung des Vermögens und entsprechende Eintragung im Register führen nicht zur Beseitigung der Parteifähigkeit (JW 06 S. 40). Keine Anwendung findet 74 auf die Ver-

jährung des Geschäftsguthabenanspruchs solcher Genossen, die zur Zeit der Auflösung der eG noch Mitglied waren oder deren Mitgliedschaft infolge der Auflösung wieder aufgelebt ist. Diese Geschäftsguthaben sind erforderlichenfalls zu hinterlegen (BGB 372); der Anspruch des Genossen auf den hinterlegten Betrag erlischt in 30 Jahren (BGB 382).

2. HGB 301, BGB 52, 232 ff. (Sicherstellung, z. B. wenn ein Anspruch gegen die eG noch nicht fällig ist), das Gesetz unterscheidet nicht zwischen gedeckten und ungedeckten Forderungen, BGB 372 (Hinterlegung, z. B. wenn der Gläubiger in Annahmeverzug ist), EHGB Art. 10 X.

Ist der Umfang bestehender Schulden nicht bekannt, so hindert das die Verteilung des Vermögens einer aufgelösten G nicht. Der für solche Schulden in Betracht kommende Betrag ist von den Liquidatoren mit der Sorgfalt eines ordentlichen Geschäftsmannes zu schätzen und zu hinterlegen (BGH NJW 65, 969).

3. Den Liquidatoren gleich zu achten sind die Vorstandsmitglieder bis zur Bestellung von Liquidatoren.

4. 90 Abs. 3, 93 n und 142 sind die einzigen Fälle, in denen eine direkte Haftpflicht von Organmitgliedern gegenüber den Gläubigern ausdrücklich anerkannt wird.

§ 91
Durchführung der Vermögensverteilung

(1) **Die Verteilung des Vermögens unter die einzelnen Genossen erfolgt bis zum Gesamtbetrage ihrer auf Grund der ersten Liquidationsbilanz (§ 89) ermittelten Geschäftsguthaben nach dem Verhältnis der letzteren. Bei Ermittelung der einzelnen Geschäftsguthaben bleiben für die Verteilung des Gewinnes oder Verlustes, welcher sich für den Zeitraum zwischen der letzten Jahresbilanz (§ 33) und der ersten Liquidationsbilanz ergeben hat, die seit der letzten Jahresbilanz geleisteten Einzahlungen außer Betracht. Der Gewinn aus diesem Zeitraum ist dem Guthaben auch insoweit zuzuschreiben, als dadurch der Geschäftsanteil überschritten wird**[1].

(2) **Überschüsse, welche sich über den Gesamtbetrag dieser Guthaben hinaus ergeben, sind nach Köpfen zu verteilen.**

(3) **Durch das Statut kann die Verteilung des Vermögens ausgeschlossen oder ein anderes Verhältnis für die Verteilung bestimmt werden**[2].

§ 92 Gesetz, betr. die Erwerbs- und Wirtschaftsgenossenschaften

1. 19; Schlußbilanz. Es handelt sich nur um Berechnungsmodus für Verteilung.
Können einzelne Mitglieder einer aufgelösten G die Höhe ihrer Geschäftsguthaben nicht nachweisen, so hindert das nicht die Verteilung des Genossenschaftsvermögens. Es ist für diese Mitglieder entweder das Mindestgeschäftsguthaben oder der Betrag eines Geschäftsguthabens anzusetzen (BGH NJW 65, 969).

2. Bei Genossenschaften mit beschränkter Haftpflicht wird Verteilung nach Geschäftsanteilen bzw. Haftsummen regelmäßig der Billigkeit entsprechen, falls der Erwerb mehrerer Geschäftsanteile zugelassen ist.

Die Bestimmung eines anderen Verhältnisses für die Vermögensverteilung oder die Ausschließung der Vermögensverteilung kann sowohl im Gründungsstatut als auch im Wege der Satzungsänderung erfolgen. Derartige Satzungsänderung jederzeit, also auch noch im Liquidationsstadium zulässig (vgl. 87 Anm. 1). Satzungsänderung über anderes Verhältnis oder Ausschließung der Vermögensverteilung bedarf hier aber Zustimmung sämtlicher Mitglieder, weil deren Sonderrecht auf Liquidationsquote (vgl. 43 Abs. 1) berührt wird (so auch Krakenberger Anm. 96). Umgekehrt kann auch Satzungsvorschrift, die Vermögensverteilung ausschließt, durch GV-Beschluß wieder aufgehoben werden. In diesem Falle keine Einstimmigkeit bei Beschlußfassung erforderlich, da Aufhebung einer die Vermögensverteilung ausschließenden Satzungsvorschrift keine Sonderrechte von Mitgliedern beeinträchtigt. Es handelt sich hier aber um satzungsändernden Beschluß, daher Zustimmung von $^3/_4$ der erschienenen Mitglieder, sofern Statut keine anderen Mehrheitserfordernisse aufstellt (16 Abs. 2).

Gemeinnützige Wohnungsbaugenossenschaften dürfen nicht mehr als die eingezahlten Einlagen an ihre Mitglieder zurückzahlen (§ 9 Buchst. b WGG, § 15 Abs. 1 WGGDV). Das darüber hinausgehende Vermögen ist nach näherer Bestimmung der Anerkennungsbehörde für gemeinnützige Zwecke zu verwenden (§ 11 WGG), es sei denn, daß die Satzung Bestimmungen über die Verwendung des Vermögens enthält, die bis zur Auflösung der Genossenschaft unbeanstandet geblieben sind (§ 16 WGGDV).

§ 92
Verwendung unverteilbaren Vermögens

Ein bei der Auflösung der Genossenschaft verbleibendes **unverteilbares Reinvermögen (§ 91 Absatz 3) fällt, sofern dasselbe nicht** durch das Statut einer physischen oder juristischen Person zu einem bestimmten Verwendungszweck überwiesen ist, an diejenige Gemeinde, in der die Genossenschaft ihren Sitz hatte. Die Zinsen dieses Fonds sind zu gemeinnützigen Zwecken zu verwenden.

§ 93
Beendigung der Liquidation

Nach der Beendigung der Liquidation[1] sind die Bücher und Schriften der aufgelösten Genossenschaft für die Dauer von zehn Jahren[2] einem der gewesenen Genossen oder einem Dritten in Verwahrung zu geben. Der Genosse oder der Dritte wird in Ermangelung einer Bestimmung des Statuts oder eines Beschlusses der Generalversammlung durch das Gericht (§ 10) bestimmt. Dasselbe kann die Genossen und deren Rechtsnachfolger sowie die Gläubiger der Genossenschaft zur Einsicht der Bücher und Schriften ermächtigen[3].

1. **Die Liquidation ist beendet, wenn** Sperrjahr (90) abgelaufen, Vermögen verteilt (91, 92) und etwaige Prozesse abgeschlossen sind (KGJ **34** 127; RG **77** 273). Vorher Beendigung auch nicht durch Beschluß der GV möglich (RG **41** 93). Legung einer Schlußrechnung verlangt das Gesetz nicht, doch ergibt sich die Verpflichtung dazu und die Notwendigkeit der Entlastungserteilung durch die GV aus der Stellung der Liquidatoren als Geschäftsführer (RG **34** 57). Die Liquidatoren haben ferner die Beendigung ihrer Vertretungsbefugnis (AV 21 Abs. 1) und das Erlöschen der Firma anzumelden (HGB 31). Die Beendigung der Liquidation selbst braucht nicht besonders angemeldet zu werden (KGJ **35** 189). Löschung der Firma der eG im Register erfolgt erst nach Anmeldung der Beendigung der Liquidation durch die Liquidatoren. Diese Löschung hat nur deklaratorische Wirkung, weil schon vollständige Verteilung des Vermögens die Genossenschaft beendet (Paulick S. 339, § 32 Teil V Anm. 4).

Finden sich nach Beendigung der Liquidation noch unverteilte Vermögensbestandteile, so ist sie wieder aufzunehmen. Auch ein etwaiger Ersatzanspruch gegen die Liquidatoren und Aufsichtsratsmitglieder oder ein Bereicherungsanspruch gegen die Genossen aus vorzeitiger Vermögensverteilung kann die Wiederaufnahme begründen (vgl. RJA **12** 218; **15** 214). Das Bestehen unverteilten Vermögens ist dem Registergericht glaubhaft zu machen (RJA **12** 218; **15** 214;

17 107). Die Ämter der Liquidatoren und AR-Mitglieder leben wieder auf (KGJ 45 184; 47 249), eventuell sind neue Liquidatoren nach 83 zu bestellen.

2. Diese zehnjährige Frist war durch die VO über die Abkürzung handelsrechtlicher und steuerrechtlicher Aufbewahrungsfristen vom 28. 12. 42 (RGBl. 43 I S. 4) auf fünf Jahre herabgesetzt worden; für Handelsbücher, Inventare und Bilanzen war es jedoch bei der bisherigen Frist geblieben.

Diese VO ist durch das handelsrechtliche Bereinigungsgesetz vom 18. 4. 50 (BGBl. 50 S. 90) aufgehoben worden. Infolgedessen sind **Bücher und Schriften nunmehr wieder 10 Jahre aufzubewahren.** Diese Aufbewahrungsfristen wurden auch nicht durch Gesetz zur Abkürzung handelsrechtlicher und steuerrechtlicher Aufbewahrungsfristen vom 2. 3. 59 (BGBl. I, S. 77) abgeändert, da in dieses Gesetz Aufbewahrungsfrist gemäß 93 nicht mit einbezogen.

3. Berechtigtes Interesse ist darzulegen (KG BlfG 33 S. 11). Ermächtigtigung umfaßt das Recht der Anfertigung von Abschriften (KGJ 7 99). Keine Einsicht durch Bevollmächtigte (RJA 6 126). Sofortige Beschwerde FGG 148. Ein Recht auf Einsicht der Bücher hat niemand. Das Registergericht ist berechtigt, dem Verwahrer der Bücher und Schriften der G deren Vorlegung zur Einsicht oder die Gestattung der Einsicht aufzugeben und die Befolgung der Anordnung gemäß § 33 FGG zu erzwingen (KG JW 37 S. 2289).

Vorbemerkungen zu den §§ 93 a bis 93 r

Die Verschmelzung (Fusion) von Genossenschaften war ursprünglich durch die §§ 93 a bis 93 d geregelt, die durch Gesetz vom 1. 7. 22 (RGBl. I S. 567) mit Änderungen vom 12. 5. 23 (RGBl. I S. 288) und vom 16. 12. 29 (RGBl. I S. 219) eingefügt worden waren; bis dahin war nämlich ein Zusammenschluß von Genossenschaften nur in der Weise möglich, daß eine G sich auflöste, ihre Mitglieder einer anderen bestehenden G beitraten und Aktiva und Passiva der aufgelösten G unter Beachtung des § 311 BGB auf die andere bestehende G übertragen wurden. Vgl. Schultze, „Fusion eingetragener Genossenschaften" (Leipz. rechtswissenschaftliche Studien 27) und Ruetz, „Die Verschmelzung (Fusion) von eingetragenen Genossenschaften" 32. Die der Verschmelzung von Genossenschaften zugrunde liegenden Rechtsgedanken wurden auf die Verschmelzung von Prüfungsverbänden (63 e bis i) entsprechend übertragen.

In der Folgezeit hatte sich jedoch ergeben, daß die Anwendung dieser Verschmelzungsvorschriften unnötige Schwierigkeiten bereitete und unwirtschaftliche Maßnahmen zur Folge hatte, die selbst unter dem Gesichtspunkt eines ausreichenden Gläubigerschutzes nicht gerechtfertigt erschienen.

Nachdem inzwischen die Fälle von Verschmelzungen erhöhte Bedeutung gewonnen hatten, in denen mit der Fusion eine Rationalisierung bezweckt wurde, wurde durch die Dritte Verordnung über Maßnahmen auf dem Gebiet des Genossenschaftsrechts vom 13. 4. 43 (RGBl. I S. 251), die am 15. 4. 43 in Kraft getreten ist, unter Aufhebung der bisherigen Vorschriften ein neues genossenschaftliches Verschmelzungsrecht geschaffen (vgl. die amtliche Begründung in DJ 43 S. 248), das gemäß § 6 Abs. 1 des handelsrechtlichen Bereinigungsgesetzes v. 18. 4. 50 (BGBl. 50 S. 90) auch weiterhin in Kraft bleibt. Die Bestimmungen der §§ 93 a bis 93 r, die nunmehr an die Stelle der früheren Vorschriften getreten sind und sich inhaltlich und in ihrer Fassung weitgehend an die Regelung der Verschmelzung im Aktiengesetz vom 30. 1. 37 (§§ 233 bis 246) anlehnen, suchen die Verschmelzung gegenüber dem früheren Rechtszustande wesentlich zu vereinfachen und zu erleichtern, ohne die Belange der Beteiligten zu beeinträchtigen.

Trotz der Neuordnung des genossenschaftlichen Verschmelzungsrechts sind die wichtigsten Grundsätze des bisherigen Rechts beibehalten worden: Die Entscheidung in der Frage, ob Genossenschaften verschmolzen werden sollen, liegt nach wie vor bei den Mitgliedern als den Trägern der zu verschmelzenden Genossenschaften. Die Aktiven und Passiven der übertragenden G gehen im Wege gesetzlicher Gesamtrechtsnachfolge auf die übernehmende G über. Liquidation der übertragenden eG findet nicht statt. Die Mitglieder dieser G erwerben kraft Gesetzes die Mitgliedschaft bei der übernehmenden G, haben allerdings unter gewissen Voraussetzungen das Recht, diesen Mitgliedschaftserwerb durch Kündigung rückwirkend zu beseitigen. Zur Verschmelzung von Genossenschaften vgl. Schmidt GWW 55 S. 53 und Riebandt-Korfmacher, Formular-Kommentar. Formular A 1 806.

Eine ohne Liquidation der G erfolgende Verschmelzung einer G mit einer AG oder GmbH ist nicht möglich, weil das Gesetz eine liquidationslose Verschmelzung nur zwischen Genossenschaften kennt.

Die dem KWG unterliegenden eG haben die Absicht der Vereinigung mit einer anderen dem KWG unterliegenden G dem Bundesaufsichtsamt für das Kreditwesen rechtzeitig anzuzeigen (§ 24 Abs. 2 neues KWG).

§ 93a Gesetz, betr. die Erwerbs- und Wirtschaftsgenossenschaften

Gemeinnützige Wohnungsbaugenossenschaften mit Spareinrichtung haben auch die Absicht der Vereinigung mit einem anderen Unternehmen mit Spareinrichtung über den Prüfungsverband dem BAK anzuzeigen, sobald die Wahrscheinlichkeit besteht, daß die Vereinigung zustande kommt (Erl. d. Bankaufsichtsbehörden s. Anm. 5 zu § 1).

§ 93 a
Wesen der Verschmelzung

(1) **Genossenschaften gleicher Haftart können unter Ausschluß der Liquidation in der Weise vereinigt (verschmolzen) werden, daß das Vermögen der einen Genossenschaft (übertragende Genossenschaft) als Ganzes auf eine andere Genossenschaft (übernehmende Genossenschaft) übertragen wird**[1].

(2) **Die Verschmelzung ist auch zulässig, wenn die übertragende Genossenschaft aufgelöst ist, die Verteilung des Vermögens unter die Genossen aber noch nicht begonnen hat**[2].

1. 93 a regelt das Wesen der Verschmelzung: Liquidationslose Vereinigung von Genossenschaften gleicher Haftart durch Übertragung des Vermögens der einen G als Ganzes (einschl. der Schulden) auf eine andere G. Es können sich nur Genossenschaften gleicher Haftart miteinander verschmelzen. Bei verschiedener Haftart muß eine der beiden Genossenschaften gleichzeitig ihre Umwandlung nach 143 ff. beschließen. Werden Genossenschaften mit beschränkter Haftpflicht miteinander verschmolzen, so brauchen die Haftsummen nicht gleich hoch zu sein; stößt die Verschmelzung wegen der Höhe der Haftsumme der übernehmenden G auf Schwierigkeiten, so kann gleichzeitig mit der Verschmelzung eine Herabsetzung der Haftsumme nach 133 erfolgen. Daß die zu verschmelzenden Genossenschaften einen gleichartigen Geschäftsbetrieb zum Gegenstand haben, ist nicht erforderlich.

Da die Vereinigung der Genossenschaften unter Ausschluß der Liquidation erfolgt, also keine eigentliche Auflösung i. S. des Gesetzes stattfindet, so sind **die gesetzlichen oder satzungsmäßigen Vorschriften über die Auflösung und Liquidation auf die Verschmelzung grundsätzlich nicht anwendbar** (vgl. für das frühere Recht KG JFG 13 219).

Da nach der ausdrücklichen Vorschrift des 93 a das Vermögen der übertragenden G als Ganzes auf die übernehmende G übertragen werden muß, wenn es sich um eine den gesetzlichen Vorschriften entsprechende Verschmelzung handeln soll, so ist es nicht möglich, bestimmte Aktiven oder Passiven der übertragenden G von diesem Übergang auszunehmen. Es können aber vor Abschluß des Verschmelzungsvertrages einzelne Gegenstände und Schulden aus der Vermögensmasse ausgeschieden werden, um noch vor der Verschmelzung eine anderweitige Verwendung zu finden, wodurch praktisch in den meisten Fällen der gleiche Zweck erreicht wird (so auch Schultze a. a. O. S. 17 und Ruetz a. a. O. S. 57).

Durch zwei grundsätzliche Entscheidungen des BFH sind nunmehr die körperschaftssteuerlichen Auswirkungen der Verschmelzung geklärt: Die liquidationslose Verschmelzung von Genossenschaften gemäß 93 ff. führt in der Regel nicht zur Realisierung der bei der übertragenden Genossenschaft vorhandenen stillen Rücklagen (BFH vom 25. 5. 62 — I 155/59 U — BStBl. III S. 351). Bei liquidationsloser Verschmelzung zweier Versicherungsvereine aG entsteht kein steuerpflichtiger Verschmelzungsgewinn (BFH vom 25. 5. 62 — I 182/60 U — BStBl. III S. 354). Vgl. im übrigen auch BB 62, S. 1363. Das für die Verschmelzung von Versicherungsvereinen aG ergangene Urteil des BFH ist auf die Verschmelzung von eG anwendbar; vgl. auch Hoffmann, „Gewinnrealisierung bei der Verschmelzung von Genossenschaften und Versicherungsvereinen auf Gegenseitigkeit", Deutsche Steuerzeitung 62, A, S. 309 ff.

2. Diese Regelung entspricht einem praktischen Bedürfnis, denn es ist kein Grund dafür ersichtlich, daß einer aufgelösten G, die nach 79 a ihre Fortsetzung beschließen könnte, die Verschmelzung mit einer anderen G verwehrt werden sollte.

§ 93 b
Beschlüsse der Generalversammlungen

(1) Die Verschmelzung muß von der Generalversammlung jeder Genossenschaft beschlossen werden[1]. Der Beschluß bedarf einer Mehrheit, die mindestens drei Viertel der abgegebenen Stimmen umfaßt[2].

(2) Vor der Beschlußfassung der Generalversammlung ist der Prüfungsverband darüber zu hören, ob die Verschmelzung mit den Belangen der Genossen und der Gläubiger der Genossenschaft vereinbar ist. Das Gutachten des Prüfungsverbandes ist in jeder Generalversammlung zu verlesen, in der über die Verschmelzung verhandelt wird. Der Prüfungsverband ist berechtigt, an der Generalversammlung beratend teilzunehmen[3].

§ 93 b Gesetz, betr. die Erwerbs- und Wirtschaftsgenossenschaften

1. Mit Rücksicht auf das Wesen der G als Personengemeinschaft und die daraus resultierenden persönlichen Bindungen der Mitglieder soll wie schon nach früherem Recht auch jetzt **stets die Generalversammlung** als oberstes Willensorgan der G **über die Verschmelzung entscheiden.** Die GV kann ihre Zuständigkeit nicht auf andere Organe der G oder auf Stellen außerhalb der G übertragen. Ein Ermächtigungsbeschluß einer GV, der es der Entschließung des Vorstands überläßt, ob ein Verschmelzungsvertrag geschlossen werden soll, verstößt deshalb gegen das Gesetz und ist nichtig (RG BlfG 38 S. 260 für AG). Das Fehlen des Verschmelzungsbeschlusses ist grundsätzlich nicht heilbar. Sind die in § 93 b geforderten Voraussetzungen der Verschmelzung nicht erfüllt, so sind die Beschlüsse nichtig (vgl. 78 b Anm. 2 Abs. 2), aber in bestimmten Fällen ist Heilung durch Eintragung ins Register ausdrücklich vorgesehen (93 e Abs. 3).

2. Der Begriff „abgegebene Stimmen" ist eine wesentliche Verbesserung gegenüber der älteren Bezeichnung „erschienene Mitglieder" in § 16 Abs. 2 und § 43 Abs. 1 GenG. Es steht damit fest, daß Stimmenthaltungen nicht gezählt werden. Darüber hinaus empfiehlt es sich jedoch, durch Satzung Auslegungsschwierigkeiten hinsichtlich ungültiger Stimmen auszuschließen; vgl. Mustersatzung für Volksbanken 1970, § 26 Abs. 3: „Bei der Feststellung des Stimmenverhältnisses werden nur die abgegebenen Stimmen gezählt; Stimmenthaltungen und ungültige Stimmen werden dabei nicht berücksichtigt."

Aus dem Worte „mindestens" kann gefolgert werden, daß die **Satzung weitere Erschwerungen für die Beschlußfassung vorsehen,** also z. B. eine größere Mehrheit als drei Viertel der abgegebenen Stimmen oder die Anwesenheit einer bestimmten Mindestzahl von Genossen vorschreiben kann.

3. 93 b Abs. 2 sieht in Abweichung von der früheren Regelung eine **Mitwirkung des Prüfungsverbandes** vor. Dies entspricht der besonderen Stellung, die die genossenschaftlichen Prüfungsverbände sich errungen haben. Mit der Einschaltung der Prüfungsverbände trägt der Gesetzgeber einer Entwicklung Rechnung, die besonders seit der Novelle vom 30. 10. 34 in immer stärkerem Umfang und auch mit durchaus gutem Erfolge zum Durchbruch gekommen ist. Zur Anhörung des Prüfungsverbandes genügt es, daß der Verband das Ergebnis seiner Stellungnahme in der Generalversammlung vorliest. Eine Abwägung des Für und Wider vor der Versammlung ist nicht erforderlich. Die vom Prüfungsverband angestellten einzelnen Überlegungen sollen nicht als Grundlage der persönlichen Entscheidung der

Kommentar § 93 c

Mitglieder dienen, der Prüfungsverband teilt vielmehr seine Auffassung mit, die kraft seiner Erfahrung und Autorität wirken soll. Zu Form, Inhalt und Notwendigkeit der Verlesung des Verbandsgutachtens vgl. LG Tübingen, Beschluß vom 26. 11. 64 Az.: HGR 1/64; rechtskräftig, aber nicht veröffentlicht und OLG Düsseldorf JW 28, 1608. Nach Auffassung von OLG Düsseldorf ist die Verlesung des Verbandsgutachtens jedenfalls dann nicht Voraussetzung der Wirksamkeit des Verschmelzungsbeschlusses, wenn das Gutachten positiv ist. Auch die Abgabe des Gutachtens steht im Ermessen des Prüfungsverbandes; es kann nicht erzwungen werden (Begriff der „Anhörung"). Erstattet der Verband nicht rechtzeitig das Gutachten, so kann Verschmelzung auch ohne Anhörung des Prüfungsverbandes beschlossen werden.

Gehören die Genossenschaften verschiedenen Prüfungsverbänden an, so hat jede G bei ihrem Prüfungsverbande das Gutachten einzuholen. Dem Prüfungsverbande steht zwar ein formelles Vetorecht gegen Beschlüsse der GV, durch die die Verschmelzung entgegen seinem Gutachten beschlossen wird, nicht zu, doch wird praktisch die Initiative in der Frage, ob verschmolzen werden soll, stets weitgehend von den Prüfungsverbänden ausgehen. Wurde der Prüfungsverband nicht angehört, so hat das Registergericht die Eintragung der Verschmelzung abzulehnen; trägt es gleichwohl ein, so wird der Mangel der Nichtanhörung des Prüfungsverbandes durch die Eintragung geheilt (93 e Abs. 3).

§ 93 c
Verschmelzungsvertrag

Für den Verschmelzungsvertrag ist die schriftliche Form erforderlich und ausreichend[1].

1. Das Verschmelzungsverfahren beginnt regelmäßig mit dem Abschluß eines Verschmelzungsvertrages zwischen den durch ihre Vorstände gemäß 24, 25 vertretenen Genossenschaften, in dem die Verpflichtung zur Übertragung des Vermögens der übertragenden G auf die übernehmende G und die übrigen Einzelheiten des Zusammenschlusses festgelegt werden (z. B. vor allem die Vereinbarung, welches die übernehmende G sein soll, der Stichtag der Schlußbilanz der übertragenden G, der Zeitpunkt der Generalversammlungen, die eventuelle Übernahme von Vorstands- und Aufsichtsratsmitgliedern der übertragenden G durch die übernehmende G, Änderungen der

§ 93 d Gesetz, betr. die Erwerbs- und Wirtschaftsgenossenschaften

Satzung der übernehmenden G usw.). Sollen mehr als zwei Genossenschaften miteinander verschmolzen werden, so empfiehlt es sich, für jede dieser Verschmelzungen einen gesonderten Vertrag aufzustellen, weil ein kombinierter Vertrag zu Unklarheiten führen kann.

Für den Verschmelzungsvertrag sieht 93 c Schriftform vor. Die Schriftform reicht aber auch dann aus, wenn sich in dem Vermögen der übertragenden G Gegenstände befinden, die nach allgemeinen Vorschriften sonst nur durch gerichtlich oder notarisch beurkundeten Vertrag veräußert werden könnten (z. B. Grundstücke). Ist der Verschmelzungsvertrag nicht schriftlich vollzogen, so muß das Registergericht die Eintragung der Verschmelzung versagen; trägt es gleichwohl ein, so wird der Mangel der Schriftform durch die Eintragung geheilt (93 e Abs. 3).

Der Verschmelzungsvertrag bedarf der Genehmigung durch die Generalversammlungen beider Genossenschaften und wird deshalb erst mit dieser Genehmigung für die beteiligten Genossenschaften rechtsverbindlich. Versagt auch nur **eine** der beiden Generalversammlungen die Zustimmung, so wird der etwa schon vereinbarte Verschmelzungsvertrag hinfällig. Der Verschmelzungsvertrag kann gegebenenfalls auch erst **nach** den erforderlichen Verschmelzungsbeschlüssen der Generalversammlungen geschlossen werden, wenn letztere die Ermächtigung zum Abschluß erteilen; dabei werden dann allerdings mehr oder weniger ins einzelne gehende Richtlinien für den Ermächtigungsbeschluß unentbehrlich. In der genossenschaftlichen Praxis hat deshalb dieses Verfahren kaum Anwendung gefunden.

§ 93 d
Anmeldung der Verschmelzung

(1) Der Vorstand jeder Genossenschaft hat die Verschmelzung zur Eintragung in das Genossenschaftsregister des Sitzes seiner Genossenschaft anzumelden[1].

(2) Der Anmeldung sind der Verschmelzungsvertrag, das Gutachten des Prüfungsverbandes, die Verschmelzungsbeschlüsse in Urschrift oder öffentlich beglaubigter Abschrift[2] sowie, wenn die Verschmelzung der staatlichen Genehmigung bedarf, die Genehmigungsurkunde beizufügen.

(3) Der Anmeldung zum Genossenschaftsregister des Sitzes der übertragenden Genossenschaft ist ferner eine Bilanz der übertragenden Genossenschaft beizufügen, die für einen höchstens sechs

Monate vor der Anmeldung liegenden Zeitpunkt aufgestellt worden ist (Schlußbilanz). Für diese Bilanz gelten die Vorschriften über die Jahresbilanz sinngemäß; sie braucht nicht bekanntgemacht zu werden[3].

1. Abweichend vom früheren Recht liegt die Anmeldung der Verschmelzung nicht mehr den Vorständen der beiden Genossenschaften gemeinschaftlich ob, sondern **der Vorstand jeder G hat die Verschmelzung zur Eintragung in das Genossenschaftsregister des Sitzes seiner G anzumelden.** Die Anmeldung hat durch sämtliche Vorstandsmitglieder zu erfolgen (157 u. AV 6 Abs. 2 Ziff. 6). Während früher die Anmeldung unverzüglich zu erfolgen hatte, ist dieses Erfordernis jetzt nicht mehr im Gesetz enthalten.

2. Wegen der Beglaubigung vgl. Beurkundungsgesetz vom 28. 8. 69.

2 a. Bei der staatlichen Genehmigung dürfte es sich um die Fälle handeln, in denen mit der Verschmelzung gleichzeitig ein Verbandswechsel verbunden war — § 54 a Abs. 1 GenG. Gegen diese Genehmigungspflicht bestehen unter verfassungsrechtlichen Gesichtspunkten erhebliche Bedenken.

3. Der Anmeldung zum Genossenschaftsregister des Sitzes der übertragenden G ist auch **eine Schlußbilanz der übertragenden G beizufügen.** Diese Regelung ist aus dem Aktienrecht (239 Abs. 3 AktG a. F.; 345 Abs. 3 Ziff. 1—3 n. F.) übernommen, weil sie auch für die genossenschaftliche Verschmelzung zweckmäßig ist. Die Schlußbilanz soll die Reihe der Jahresbilanzen der übertragenden G abschließen und den Übergang zu den Jahresbilanzen der übernehmenden G bilden. In engem Zusammenhang hiermit bestimmt 93 g, daß die in der Schlußbilanz angesetzten Werte für die Jahresbilanzen der übernehmenden G als Anschaffungskosten im Sinne des 33 c Nr. 1 und 2 gelten. Damit wird eine willkürliche Bewertung der Vermögensgegenstände der übertragenden G durch die übernehmende G verhindert und die Einheitlichkeit der Bewertung gewahrt. Die Schlußbilanz ist namentlich auch maßgebend für die Feststellung des Geschäftsguthabens, welches das Mitglied bei der übertragenden G gehabt hat (93 h Abs. 4) und für die Auseinandersetzung mit ausscheidenden Mitgliedern (93 m Abs. 1). Zur Erleichterung läßt 93 d Abs. 3 zu, daß als Schlußbilanz eine Bilanz verwertet wird, die bereits früher aufgestellt worden ist. Es kann namentlich die letzte Jahresbilanz als Schlußbilanz dienen, sofern deren Bilanzstichtag nicht länger als

§ 93 e   Gesetz, betr. die Erwerbs- und Wirtschaftsgenossenschaften

6 Monate vor dem Tage der Anmeldung der Verschmelzung liegt. Für die Schlußbilanz gelten die Vorschriften über die Jahresbilanz sinngemäß; sie bedarf also der Genehmigung seitens der GV, braucht jedoch nicht bekanntgemacht zu werden. § 27 Abs. 1 KWG gilt nicht; vorhergehende Prüfung der Schlußbilanz grundsätzlich nicht erforderlich. Ob Prüfung als Grundlage des Fusionsgutachtens (93 b Abs. 2) notwendig ist, entscheidet Prüfungsverband nach pflichtgemäßem Ermessen. Zur Aufstellung der Verschmelzungsbilanz s. auch Riebandt-Korfmacher im Formular-Kommentar Anm. 5 zu A 1 806.

§ 93 e
Wirkungen der Eintragung

(1) Mit der Eintragung der Verschmelzung in das Genossenschaftsregister des Sitzes der übertragenden Genossenschaft geht das Vermögen dieser Genossenschaft einschließlich der Schulden auf die übernehmende Genossenschaft über[1]. Soweit durch die Verschmelzung Grundbücher oder andere öffentliche Register unrichtig werden, sind sie auf Antrag des Vorstands der übernehmenden Genossenschaft zu berichtigen. Zum Nachweis des Vermögensübergangs genügt eine vom Gericht des Sitzes der übertragenden Genossenschaft ausgestellte Bestätigung über die Verschmelzung[2].

(2) Mit der Eintragung der Verschmelzung in das Genossenschaftsregister des Sitzes der übertragenden Genossenschaft erlischt diese. Einer besonderen Löschung bedarf es nicht[3].

(3) Ist beim Abschluß des Verschmelzungsvertrages die schriftliche Form nicht gewahrt oder der Prüfungsverband nicht angehört worden, so werden diese Mängel durch die Eintragung geheilt[4].

(4) Das Gericht des Sitzes der übertragenden Genossenschaft hat von Amts wegen die bei ihm aufbewahrten Urkunden und sonstigen Schriftstücke nach der Eintragung der Verschmelzung dem Gericht des Sitzes der übernehmenden Genossenschaft zur Aufbewahrung zu übersenden.

1. Die **Eintragung der Verschmelzung** in das Genossenschaftsregister des Sitzes der übertragenden G **bewirkt** ebenso wie nach früherem Recht kraft Gesetzes **den Übergang des Vermögens** einschließlich der Schulden der übertragenden auf die übernehmende G, wobei es gleichgültig ist, ob es sich um bekannte oder unbekannte Vermögensstücke oder Schulden handelt. Dies gilt auch für Verpflichtungen, die erst nach dem Stichtag der Verschmelzungsbilanz von der

Kommentar § 93 e

übertragenden G eingegangen worden sind (BGHZfG 62, 340). Die übernehmende G kann sich grundsätzlich nicht auf ihre Unkenntnis berufen. Es empfiehlt sich hier eine entsprechende Vereinbarung im Verschmelzungsvertrag, z. B. über bestimmte Mitteilungspflichten bei Eingehung solcher Verbindlichkeiten, die außerhalb des regelmäßigen Geschäftsbetriebes liegen.

Auch Verpflichtungen und Berechtigungen aus laufenden Verträgen gehen im Zweifel unverändert auf die übernehmende G über, sofern nicht besondere Umstände des einzelnen Falles zu anderer Auslegung zwingen. Die übernehmende G wird also auch Rechtsnachfolgerin hinsichtlich der Rechte und Pflichten der übertragenden G aus Dienst- oder Werkverträgen. Der Vorstand und der Aufsichtsrat der übertragenden G verlieren durch die Verschmelzung ihre Ämter. Dadurch wird das Vertragsverhältnis zwischen den Mitgliedern des Aufsichtsrats und der G sofort gelöst, ohne daß weitere Vergütungsansprüche von jenen erhoben werden könnten (RG 81 154 für AG). Die Ansprüche des Vorstands richten sich nach seinem Anstellungsvertrag. Die Verschmelzung bietet der übernehmenden G keinen Grund zur fristlosen Kündigung nach 626 BGB; die Vorstandsmitglieder jedoch können nach 627 BGB kündigen, wenn ihre Stellung durch die Verschmelzung eine Änderung erfährt, die ihnen nicht zugemutet werden kann. Beabsichtigt die übernehmende G, Vorstands- oder Aufsichtsratsmitglieder der übertragenden G in ihre Verwaltung zu übernehmen, so sind im Verschmelzungsvertrage entsprechende Vereinbarungen zu treffen und durch die GV bzw. den Aufsichtsrat der übernehmenden G die erforderlichen Wahlen vorzunehmen.

Besondere Übertragungsakte in Ansehung der einzelnen Vermögensgegenstände sind nicht erforderlich, Grundstücke brauchen nicht aufgelassen zu werden. Es kommt nur eine Berichtigung des Grundbuches in Frage (KGJ 35 289). Die übernehmende G ist auch zur Einziehung der bei der übertragenden G noch bestehenden Einzahlungsrückstände auf Geschäftsanteile berechtigt (BlfG 36 S. 232). Schwebende Prozesse werden unterbrochen und sind gemäß 239 ff. ZPO von der übernehmenden G aufzunehmen. Die Mitgliedschaft der übertragenden eG bei einer anderen eG — z. B. einer Zentralgenossenschaft — endet mit dem Schluß des Geschäftsjahres, in dem die Eintragung der Verschmelzung erfolgt (RG 122 253); hier entsprechende Anwendung von 77, da keine Auflösung der übertragenden eG, sondern Übergang auf übernehmende eG im Wege der Gesamtrechtsnachfolge (vgl. auch 77, Anm. 1).

Steuerliche Beurteilung von übernommenen Nichtmitgliederkrediten wie bei der übertragenden Genossenschaft. Entsprechend, wenn Nicht-

§ 93 f   Gesetz, betr. die Erwerbs- und Wirtschaftsgenossenschaften

mitgliederkredit dadurch entsteht, daß von außerordentlicher Kündigungsfrist nach 93 k Gebrauch gemacht wird. Vgl. Bundeseinheitlicher Erlaß des Niedersächsischen Finanzministeriums vom 10. 3. 67 in „Deutsche Steuerzeitung" Ausgabe B 67, Seite 156. Ist die übertragende Genossenschaft Inhaberin vinculierter Namensaktien, so bedarf der Übergang auf die übernehmende G nicht der Zustimmung der Gesellschaft. Verschmelzung als Gesamtrechtsnachfolge ist nicht Übertragung im Sinne des § 68 Abs. 2 AktG (so auch Godin-Wilhelmi § 68 Anm. 9).

2. Als Folge der gesetzlichen Gesamtrechtsnachfolge werden Grundbucheintragungen und Eintragungen in andere öffentliche Register unrichtig. Um die Berichtigung derartiger Eintragungen auf möglichst einfache Weise zugunsten der übernehmenden G herbeizuführen, soll die Vorlegung einer Bestätigung über die Verschmelzung, die das Gericht des Sitzes der übertragenden G auszustellen hat, zum Nachweis des Vermögensüberganges und damit als Grundlage der Berichtigung der Grundbücher usw. ausreichen.

3. Eine weitere Folge der Eintragung der Verschmelzung ist das Erlöschen, d. h. die **Beendigung der Rechtspersönlichkeit der übertragenden G.** Einer besonderen Löschung bedarf es nicht, doch empfiehlt es sich, das Erlöschen im Register kenntlich zu machen.

4. Bezüglich der Mängelheilung vgl. 346 Abs. 5 AktG.

§ 93 f
Gläubigerschutz

Den Gläubigern der übertragenden Genossenschaft ist, wenn sie sich binnen sechs Monaten nach der Bekanntmachung der Eintragung der Verschmelzung in das Genossenschaftsregister des Sitzes der übertragenden Genossenschaft bei der übernehmenden Genossenschaft zu diesem Zweck melden, Sicherheit zu leisten, soweit sie nicht Befriedigung verlangen können. In der Bekanntmachung ist darauf hinzuweisen[1].

1. Die Vorschriften über den Gläubigerschutz sind dem bisherigen Recht gegenüber wesentlich geändert und vereinfacht. Während früher die getrennte Verwaltung des Vermögens der übertragenden G durch die übernehmende G vorgeschrieben war und die beiden

Vermögen erst nach Ablauf des sog. Sperrjahres und nach Befriedigung oder Sicherstellung aller Gläubiger der übertragenden G vereinigt werden durften, geht das neue Verschmelzungsrecht (93 f) von dem Grundsatz der getrennten Vermögensverwaltung ab. Die frühere Regelung des Gläubigerschutzes war praktisch kaum durchführbar und verursachte unwirtschaftliche Mehrarbeit. Sie hatte zur Folge, daß entweder wegen der Unmöglichkeit, allen Gläubigern, auch denen, die sich nicht gemeldet hatten, Sicherheit zu leisten, die Verschmelzung überhaupt unterblieb oder daß sich die übernehmende G über die getrennte Vermögensverwaltung hinwegsetzte. Sie schoß andererseits, auch vom Standpunkt der Gläubiger aus betrachtet, sachlich weit über das Ziel hinaus, denn sie bot den Gläubigern einen Schutz, der wirtschaftlich nicht gerechtfertigt war.

Nunmehr können die beiden Vermögen sofort vereinigt werden. Nur diejenigen Gläubiger der übertragenden G haben einen Anspruch auf Sicherheitsleistung, die sich binnen 6 Monaten nach der Bekanntmachung der Eintragung der Verschmelzung in das Genossenschaftsregister des Sitzes der übertragenden G bei der übernehmenden G zu diesem Zweck melden. Damit ist den Belangen der Gläubiger, die Befriedigung wegen ihrer Forderungen noch nicht verlangen können, im Hinblick auf die Verschmelzung jedoch eine Beeinträchtigung ihrer Belange besorgen, ausreichend Rechnung getragen. Überdies gibt 93 n den Gläubigern einen besonderen Schadenersatzanspruch gegen die Verwaltung der übertragenden G.

Die Sicherheitsleistung (für noch nicht fällige oder streitige Forderungen gegen die übertragende G) erfolgt durch eine der in BGB 232 bis 240 zugelassenen Maßnahmen, also Bestellung eines Pfandrechts im Sinne von BGB 232, 233 oder Stellung eines tauglichen Bürgen. Da hier nur an eine angemessene Sicherheit gedacht ist, so muß sie nicht etwa so beschaffen sein, daß bei ihrer Realisierung ein Ausfall für den Gläubiger niemals und unter keinen Umständen eintreten kann; es genügt vielmehr eine Deckung, die nach dem sorgfältigen Ermessen eines ordentlichen Geschäftsmannes die Befriedigung der Gläubiger sicherstellt (RG 48 33). Bei Streit über die Höhe der Sicherheit entscheidet der Prozeßrichter. Bei streitigen Verpflichtungen ist nach sorgfältigem pflichtgemäßen Ermessen zu bestimmen, welcher Betrag als möglicherweise geschuldet sicherzustellen ist; es ist nicht in allen Fällen für den ganzen geforderten Betrag und für jede noch so unwahrscheinliche Anmeldung Sicherheit zu leisten.

Während früher die übernehmende G die Verschmelzung in den satzungsmäßig bestimmten Blättern dreimal bekanntzumachen und

§ 93 h Gesetz, betr. die Erwerbs- und Wirtschaftsgenossenschaften

zugleich die Gläubiger zur Meldung aufzufordern hatte, hat nunmehr **die Bekanntmachung der Eintragung der Verschmelzung** und der damit nach 93 f verbundene Gläubigeraufruf **ausschließlich durch das Registergericht** und nur einmal zu erfolgen (156 Abs. 1 Satz 2 in Verbindung mit 93 f).

93 g
Wertansätze der übernehmenden G

Die in der Schlußbilanz der übertragenden Genossenschaft angesetzten Werte gelten für die Jahresbilanzen der übernehmenden Genossenschaft als Anschaffungskosten im Sinne des § 33 c Nr. 1 und 2[1].

1. Durch die Vorschrift des 93 g wird eine willkürliche Bewertung der Vermögensgegenstände der übertragenden G durch die übernehmende G verhindert und die Einheitlichkeit der Bewertung gewahrt.

§ 93 h
Erwerb der Mitgliedschaft bei der übernehmenden G

(1) Mit der Eintragung der Verschmelzung in das Genossenschaftsregister des Sitzes der übertragenden Genossenschaft erwerben die Genossen dieser Genossenschaft die Mitgliedschaft bei der übernehmenden Genossenschaft mit allen Rechten und Pflichten[1].

(2) Die Genossen der übertragenden Genossenschaft sind bei der übernehmenden Genossenschaft mit mindestens einem Geschäftsanteil beteiligt. Läßt das Statut der übernehmenden Genossenschaft die Beteiligung mit mehreren Geschäftsanteilen zu oder verpflichtet es die Genossen zur Übernahme mehrerer Geschäftsanteile, so ist jeder Genosse der übertragenden Genossenschaft mit so vielen Geschäftsanteilen bei der übernehmenden Genossenschaft beteiligt, wie durch Anrechnung seines Geschäftsguthabens bei der übertragenden Genossenschaft als voll eingezahlt anzusehen sind; eine Verpflichtung zur Übernahme weiterer Geschäftsanteile bleibt unberührt[2].

(3) Übersteigt das Geschäftsguthaben, das der Genosse bei der übertragenden Genossenschaft hatte, den Gesamtbetrag der Geschäftsanteile, mit denen er bei der übernehmenden Genossenschaft beteiligt ist, so ist der übersteigende Betrag nach Ablauf von sechs Monaten seit der Bekanntmachung auszuzahlen; die Auszahlung darf jedoch nicht erfolgen, bevor die Gläubiger, die sich nach § 93 f gemeldet haben, befriedigt oder sichergestellt sind.

Kommentar § 93 h

(4) Für die Feststellung des Geschäftsguthabens, das der Genosse bei der übertragenden Genossenschaft gehabt hat, ist die Schlußbilanz maßgebend³.

1. **Der Mitgliedschaftserwerb bei der übernehmenden G vollzieht sich** wie schon nach früherem Recht **unmittelbar kraft Gesetzes** ohne besondere Beitrittserklärungen und ohne Zulassung durch das für die Aufnahme neuer Mitglieder satzungsmäßig zuständige Organ der übernehmenden G. Diese kann deshalb auch nicht den Erwerb der Mitgliedschaft durch einzelne Mitglieder der übertragenden G ausschließen. Die Mitglieder der übertragenden G erwerben die Mitgliedschaft bei der übernehmenden G mit allen auf Gesetz oder Satzung beruhenden Rechten und Pflichten eines Mitglieds der übernehmenden G. Dies gilt insbesondere auch hinsichtlich der Höhe des Geschäftanteils und der Haftsumme sowie hinsichtlich des Zeitpunkts der Einzahlungen auf den Geschäftsanteil und einer eventuellen Pflichtbeteiligung mit weiteren Geschäftsanteilen. Ist ein Mitglied der übertragenden G schon vor der Verschmelzung auch Mitglied der übernehmenden G geworden, so hat die Verschmelzung keine zweifache Mitgliedschaft bei der übernehmenden G zur Folge, weil das Gesetz eine Doppelmitgliedschaft nicht zuläßt.

2. **Das frühere Recht gab zu Zweifeln Anlaß,** ob die Mitglieder der übertragenden G, die bei dieser mit mehreren Geschäftsanteilen beteiligt waren, auch bei der übernehmenden G mit mehreren Geschäftsanteilen beteiligt sind (vgl. z. B. KG JW 31 S. 3126 = BlfG 30 S. 724; BlfG 32 S. 688; BlfG 34 S. 926). Weitere Zweifel bestanden hinsichtlich der Frage, wie das Geschäftsguthaben der Mitglieder der übertragenden G auf ihren Geschäftsanteil bei der übernehmenden G anzurechnen ist. Die Verpflichtung zur Übernahme weiterer Geschäftsanteile kann sich aus der Satzung der übernehmenden G ergeben. Die Mitglieder der übertragenden G haben dann entsprechende Beitrittserklärungen abzugeben und Zahlungen zu leisten.
Diese Fragen sind jetzt durch 93 h Abs. 2 eindeutig geklärt: Danach ist jedes Mitglied der übertragenden G bei der übernehmenden G grundsätzlich mit einem Geschäftsanteil beteiligt, auch wenn der Geschäftsanteil bei der übernehmenden G höher ist als bei der übertragenden G; es ist jedoch grundsätzlich auch dann nur mit einem einzigen Geschäftsanteil beteiligt, wenn es bei der übertragenden G mehrere Geschäftsanteile besaß. Dieser Grundsatz wird jedoch zur Erhaltung der Kapitalgrundlage der übertragenden G für die übernehmende G durch die Sonderregelung in 93 h Abs. 2 Satz 2

durchbrochen, sofern die Satzung der übernehmenden G eine Beteiligung mit mehreren Geschäftsanteilen zuläßt oder sofern sie die Mitglieder zur Übernahme mehrerer Geschäftsanteile verpflichtet. Soweit hiernach von Gesetzes wegen eine Beteiligung mit weiteren Geschäftsanteilen stattfindet, bedarf es keiner Beteiligungserklärungen im Sinne von 137. Ist ein Mitglied der übertragenden G schon vor der Verschmelzung auch Mitglied der übernehmenden G geworden, so ist sein Geschäftsguthaben bei der übernehmenden G mit seinem Geschäftsguthaben bei der übertragenden G zusammenzurechnen und durch den Betrag des Geschäftsanteils der übernehmenden G zu teilen, um festzustellen, wie viele voll eingezahlte Geschäftsanteile er auf Grund der Verschmelzung bei der übernehmenden G hat. Der diese vollen Geschäftsanteile übersteigende Spitzenbetrag ist gemäß Abs. 3 an das Mitglied auszuzahlen.

3. **Beträge, die** in dieser Schlußbilanz oder in einer früheren Bilanz der übertragenden G **von dem Geschäftsguthaben abgeschrieben worden sind**, dürfen also nicht auf den bzw. die Geschäftsanteile bei der übernehmenden G angerechnet werden.

Sind bei der übertragenden G die Geschäftsguthaben ganz oder teilweise zur Verlustdeckung abgeschrieben worden, so hindert das nicht die **Neuentstehung der Einzahlungspflicht** auf den Geschäftsanteil der übernehmenden G, auch wenn man mit dem RG grundsätzlich das Wiederaufleben der Einzahlungspflicht nach geschehener Abschreibung verneint; das folgt aus 93 h Abs. 1 (ebenso Schröder DJ 38 S. 825 für das frühere Recht).

§ 93 i
Eintragung der Genossen und Benachrichtigung

(1) Der Vorstand der übernehmenden Genossenschaft hat die Genossen der übertragenden Genossenschaft nach der Eintragung der Verschmelzung in das Genossenschaftsregister des Sitzes der übertragenden Genossenschaft unverzüglich zur Eintragung in die Liste der Genossen der übernehmenden Genossenschaft anzumelden.

(2) Das Gericht hat den Vorstand und die Genossen unverzüglich von der Eintragung zu benachrichtigen. Die Genossen können auf die Benachrichtigung nicht verzichten[1].

(3) Der Vorstand der übernehmenden Genossenschaft hat jedem Genossen der übertragenden Genossenschaft unverzüglich, spätestens binnen drei Monaten seit der Benachrichtigung durch das Gericht, schriftlich mitzuteilen[2]:

Kommentar § 93 k

1. den Betrag des Geschäftsguthabens bei der übernehmenden Genossenschaft;
2. den Betrag des Geschäftsanteils bei der übernehmenden Genossenschaft und die Zahl der Geschäftsanteile, mit denen der Genosse nach § 93 h Abs. 2 an der übernehmenden Genossenschaft beteiligt ist;
3. den Betrag der von dem Genossen nach Anrechnung seines Geschäftsguthabens noch zu leistenden Einzahlung oder den Betrag, der nach 93 h Abs. 3 an den Genossen auszuzahlen ist.
4. bei Genossenschaften mit beschränkter Haftpflicht den Betrag der Haftsumme der übernehmenden Genossenschaft.

Die Genossen können auf die Mitteilung nicht verzichten.

1. Die **Unverzichtbarkeit der Benachrichtigung** von der Eintragung stellt eine Ergänzung gegenüber dem früheren Verschmelzungsrecht dar.

2. Da der Gesetzgeber in Abweichung vom früheren Recht nunmehr Wert darauf legt, daß die neuen Mitglieder der übernehmenden G über den Umfang ihrer **Verpflichtungen** als Mitglieder der übernehmenden G **aufgeklärt werden,** so verpflichtet 93 i Abs. 3 den Vorstand, diese Mitglieder unverzüglich, spätestens aber binnen 3 Monaten seit der Benachrichtigung durch das Gericht über ihre Rechtsstellung als Mitglieder der übernehmenden G schriftlich zu unterrichten. Auch auf diese Mitteilung kann seitens der Mitglieder nicht verzichtet werden.

§ 93 k
Kündigungsrecht der Genossen der übertragenden G

(1) Die durch die Verschmelzung erworbene Mitgliedschaft kann kündigen[1]:
1. jeder in der Generalversammlung erschienene Genosse, wenn er gegen den Verschmelzungsbeschluß Widerspruch zu Protokoll erklärt hat[2];
2. jeder in der Generalversammlung nicht erschienene Genosse, wenn er zu der Generalversammlung zu Unrecht nicht zugelassen worden ist oder die Versammlung nicht gehörig berufen oder der Gegenstand der Beschlußfassung nicht gehörig angekündigt worden ist.

Die Kündigung hat durch schriftliche Erklärung gegenüber der übernehmenden Genossenschaft zu geschehen.

§ 93 k Gesetz, betr. die Erwerbs- und Wirtschaftsgenossenschaften

(2) Hat eine Vertreterversammlung die Verschmelzung beschlossen, so kann jeder Genosse kündigen. Für die Vertreter gilt Abs. 1.
(3) Die Kündigung kann nur innerhalb eines Monats seit Zugang der Mitteilung des Vorstands (§ 93 i Abs. 3), längstens aber binnen sechs Monaten seit Absendung der Benachrichtigung durch das Gericht (§ 93 i Abs. 2) erklärt werden.

1. 93 k behält aus dem früheren Recht das besondere **Verschmelzungskündigungsrecht** der Mitglieder der übertragenden G bei, regelt es aber im einzelnen abweichend. Nunmehr sind nur noch diejenigen Mitglieder der übertragenden G zur Kündigung berechtigt, bei denen die Voraussetzungen des Abs. 1 Ziff. 1 oder 2 vorliegen. Diese Beschränkung der Kündigungsbefugnis beruht auf der Erwägung, daß die Mitglieder, die selbst für die Verschmelzung gestimmt haben oder aus Gründen, die in ihrer Person liegen, nicht an der Generalversammlung teilgenommen haben, durch die Einräumung eines besonderen Kündigungsrechts nicht geschützt zu werden brauchen. Auf das Kündigungsrecht kann übrigens durch Erklärung gegenüber dem Vorstande der übernehmenden G verzichtet werden.

2. **Die Widerspruchserklärung** hat nicht zur Voraussetzung, daß der Genosse **gegen** die Verschmelzung gestimmt hat. Der Widerspruch kann auch schon **vor** der Beschlußfassung (RG JW 36 S. 181) und bis zum Schlusse der GV erklärt werden (RG Recht 05 Nr. 2741). Für die Kündigung ist nicht Voraussetzung, daß der Widerspruch ausdrücklich in das Protokoll aufgenommen ist; es genügt vielmehr, wenn der Genosse seinen Widerspruch so deutlich äußert, daß ein gewissenhafter Protokollführer sich verpflichtet fühlen muß, diese Erklärung in das Protokoll aufzunehmen (RG **53** 293; ObGericht Danzig, BlfG 37 S. 339).

Mitglieder der übertragenden G, die dieser gegenüber ihre Mitgliedschaft vor der Verschmelzung für einen nach der Verschmelzung liegenden Zeitpunkt wirksam gekündigt haben, scheiden auf Grund dieser Kündigung aus der übernehmenden G zu dem Zeitpunkt aus, zu welchem sie (ohne die Verschmelzung) aus der übertragenden G ausgeschieden wären. Das nach 93 k gegebene außerordentliche Kündigungsrecht, das auf den Zeitpunkt der Verschmelzung zurückwirkt, besteht daneben, sofern die gesetzlichen Voraussetzungen dafür vorliegen, außerdem (KG JFG **10** 170; KG JW 35 S. 3166).

War ein Genosse zur Zeit der Verschmelzung bei beiden Genossenschaften Mitglied, so hat er das Kündigungsrecht nach 93 k nicht (BlfG 32 S. 614 für das frühere Recht).

§ 93 l
Anmeldung und Eintragung der Kündigung

(1) Der Vorstand hat die Kündigung des Genossen dem Gericht zur Eintragung in die Liste der Genossen unverzüglich anzumelden[1]. Der Anmeldung sind das Kündigungsschreiben und die schriftliche Versicherung des Vorstands, daß die Kündigung rechtzeitig erfolgt ist[2], beizufügen.

(2) Wird die Kündigung eingetragen, so gilt die Mitgliedschaft des Genossen der übertragenden Genossenschaft bei der übernehmenden Genossenschaft als nicht erworben[3]. Dies ist bei der Eintragung in der Liste der Genossen zu vermerken. § 71 gilt sinngemäß[4].

1. Die **Anmeldung** hat in der für die Willenserklärungen des Vorstands vorgeschriebenen Form insbesondere unter Mitwirkung der hiernach erforderlichen Zahl von Vorstandsmitgliedern (§ 25) zu erfolgen (AV 7 Abs. 2).

2. Über die **Strafbarkeit der wissentlich falschen Versicherung** vgl. 147.

3. Der Genosse der übertragenden G hat also durch seine Kündigung und die Eintragung derselben seine Mitgliedschaft bei der übernehmenden G rückwirkend vernichtet. **Er wird so angesehen, als ob er niemals Genosse der übernehmenden G geworden wäre.** Das gilt, obwohl er in die Liste der Genossen der übernehmenden G bereits eingetragen war. Die Eintragung hat deshalb in diesem Falle keine Garantiefunktion gegenüber den Gläubigern der G. Die Auseinandersetzung des Genossen mit der übernehmenden G hat nach 93 m zu erfolgen. Bis zur Eintragung der Kündigung gilt der Kündigende als Mitglied. Er kann bei Abstimmungen mitwirken, ohne daß dies zur Anfechtbarkeit eines Beschlusses führen würde.

4. Das Ausscheiden des Genossen kann also nach 71 auf seinen Antrag vorgemerkt werden.

§ 93 m
Auseinandersetzung

(1) Mit dem kündigenden Genossen hat die übernehmende Genossenschaft sich auseinanderzusetzen. Maßgebend ist die Schlußbilanz der übertragenden Genossenschaft. Der kündigende Genosse

kann die Auszahlung seines Geschäftsguthabens verlangen; an den Rücklagen und dem sonstigen Vermögen der übertragenden Genossenschaft hat er keinen Anteil, auch wenn sie bei der Verschmelzung den Geschäftsguthaben der Genossen der übertragenden Genossenschaft zugerechnet werden. Das Geschäftsguthaben ist binnen sechs Monaten seit der Kündigung auszuzahlen; die Auszahlung darf jedoch nicht erfolgen, bevor die Gläubiger, die sich nach § 93 f gemeldet haben, befriedigt oder sichergestellt sind, und nicht vor Ablauf von sechs Monaten seit der Bekanntmachung.

(2) Reichen die Geschäftsguthaben und die in der Schlußbilanz ausgewiesenen Rücklagen zur Deckung eines in dieser Bilanz ausgewiesenen Verlustes nicht aus, so hat der kündigende Genosse den anteiligen Fehlbetrag an die übernehmende Genossenschaft zu zahlen, bei der Genossenschaft mit beschränkter Haftpflicht jedoch höchstens bis zur Höhe der Haftsumme[1]. Der anteilige Fehlbetrag wird, falls das Statut der übertragenden Genossenschaft nichts anderes bestimmt, nach der Kopfzahl der Genossen der übertragenden Genossenschaft errechnet.

(3) Die Ansprüche verjähren binnen drei Jahren. Die Verjährung beginnt mit dem Schluß des Kalenderjahres, in dem die Ansprüche fällig geworden sind.

1. Bei der Prüfung der Frage, ob hiernach Fehlbeträge zu zahlen sind, ist lediglich auf die Schlußbilanz abzustellen. Da nur die ausgewiesenen Rücklagen zu berücksichtigen sind, schließt das Vorhandensein stiller Reserven, also solcher Rücklagen, die in der Schlußbilanz nicht als Rücklagen ausgewiesen sind, grundsätzlich die Heranziehung des kündigenden Mitglieds zur Leistung von Fehlbeträgen nicht aus, sofern die Beibehaltung dieser stillen Rücklagen mit den Grundsätzen einer ordnungsmäßigen Buchführung und Bilanzierung in Einklang steht. Bei der Prüfung der Frage, ob letzteres der Fall ist, wird stets auf den einzelnen Fall abzustellen sein.

§ 93 n
Schadenersatzpflicht der Verwaltungsträger der übertragenden G

(1) Die Mitglieder des Vorstandes und des Aufsichtsrats der übertragenden Genossenschaft sind den Genossen und den Gläubigern dieser Genossenschaft als Gesamtschuldner zum Ersatz des Schadens verpflichtet, den sie durch die Verschmelzung erleiden. Mitglieder, die bei der Prüfung der Vermögenslage der Genossenschaften und

Kommentar § 93 o

beim Abschluß des Verschmelzungsvertrages ihre Sorgfaltspflicht beobachtet haben, sind von der Ersatzpflicht befreit[1].

(2) Zuständig für die Geltendmachung der Ersatzansprüche ist das Gericht, in dessen Bezirk die übertragende Genossenschaft ihren Sitz hatte.

(3) Die Ersatzansprüche verjähren in fünf Jahren seit Eintragung der Verschmelzung in das Genossenschaftsregister des Sitzes der übertragenden Genossenschaft.

1. 93 n begründet für die Mitglieder des Vorstandes und Aufsichtsrats der **übertragenden G** eine besondere Schadenersatzpflicht den Mitgliedern und den Gläubigern der übertragenden G gegenüber. Diese Regelung ist angelehnt an die des AktG (243). Sie stellt, soweit sie eine Schadenersatzpflicht den Gläubigern gegenüber begründet, einen dem bisherigen Recht gegenüber **erweiterten Gläubigerschutz** dar, der den Gläubigern einen entsprechenden Ausgleich für den Fortfall der getrennten Vermögensverwaltung und die Einschränkung ihres Anspruchs auf Sicherheitsleistung bietet. Voraussetzung für das Entstehen der Schadenersatzpflicht ist Verschulden. Die Beweislast ist jedoch dahin geregelt, daß das geschädigte Mitglied oder der geschädigte Gläubiger nur den Eintritt eines Schadens durch die Verschmelzung zu beweisen hat, während sich die Mitglieder der Verwaltungsträger dadurch von der Ersatzpflicht befreien können, daß sie ihrerseits nachweisen, sie hätten bei der Prüfung der Vermögenslage beider Genossenschaften und beim Abschluß des Verschmelzungsvertrages ihre Sorgfaltspflicht beobachtet.

§ 93 o
Schadenersatzpflicht der Verwaltungsträger der übernehmenden G

Schadenersatzansprüche, die sich nach §§ 34, 41 gegen die Mitglieder des Vorstandes und des Aufsichtsrats der übernehmenden Genossenschaft auf Grund der Verschmelzung ergeben, verjähren in fünf Jahren seit der Eintragung der Verschmelzung in das Genossenschaftsregister des Sitzes der übertragenden Genossenschaft[1].

1. Für Schadenersatzansprüche gegen Vorstand und Aufsichtsrat der **übernehmenden G** auf Grund der Verschmelzung hat es bei den allgemeinen Vorschriften (34, 41) sein Bewenden. Für diese Ansprüche stellt 93 o lediglich klar, daß sie in fünf Jahren seit der Eintragung der Verschmelzung in das Genossenschaftsregister des Sitzes der übertragenden G verjähren.

§ 93 p
Anfechtung des Verschmelzungsvertrages

(1) Für die Anfechtung des Verschmelzungsvertrages nach den Vorschriften des bürgerlichen Rechts und die Geltendmachung der auf Grund der Anfechtung sich ergebenden Ansprüche gilt die übertragende Genossenschaft als fortbestehend[1].

(2) Die übertragende Genossenschaft kann den Verschmelzungsvertrag nur anfechten, wenn die Generalversammlung dies mit einer Mehrheit beschließt, die mindestens drei Viertel der abgegebenen Stimmen umfaßt[2].

1. Aus Abs. 1 ergibt sich, daß der Verschmelzungsvertrag nach den Vorschriften des BGB der Anfechtung unterliegt (z. B. wegen Irrtum, Täuschung oder Drohung). Soweit durch Eintragung der Verschmelzung die übertragende Genossenschaft erloschen ist, gilt sie für die Anfechtung als fortbestehend.

Das Gesetz regelt nicht ausdrücklich die Frage, welches Organ für die Anfechtung zuständig ist. Da der Verschmelzungs*vertrag* angefochten wird, könnte die Zuständigkeit des Vorstandes auch für die Anfechtung angenommen werden — sofern Abs. 2 lediglich die Mehrheitsverhältnisse regeln will. Vorsorglich sollte wegen ungeklärter Rechtslage die Anfechtung der Generalversammlung zur Beschlußfassung vorgelegt werden.

Abs. 1 schließt nicht aus, daß Anfechtung vor Eintragung der Verschmelzung erklärt werden kann. Neben der Anfechtbarkeit des Verschmelzungsvertrages kommt nach den allgemeinen Vorschriften des BGB auch Nichtigkeit z. B. wegen Verstoßes gegen §§ 134, 138 BGB in Betracht. Falls eine der beteiligten G einen Mangel des Verschmelzungsvertrages feststellt, kann auch Erfüllung z. B. durch Unterlassung der Beschlußfassung oder Anmeldung beim Registergericht verweigert werden.

Im Zusammenhang mit der Anfechtung sind Vrschmelzungsvertrag und Beschlußfassung als Einheit anzusehen.

2. Durch Abs. 2 soll erreicht werden, daß über die Frage, ob die Anfechtung des Verschmelzungsvertrages von der übertragenden G ausgesprochen werden soll, von der Generalversammlung mit der gleichen Mehrheit entschieden wird, die auch für den Verschmelzungsbeschluß mindestens erforderlich ist.

Kommentar §93 r

§ 93 q
Anfechtung des Verschmelzungsbeschlusses

Nach Eintragung der Verschmelzung in das Genossenschaftsregister des Sitzes der übertragenden Genossenschaft ist eine Anfechtung des Verschmelzungsbeschlusses dieser Genossenschaft gegen die übernehmende Genossenschaft zu richten[1].

1. Für die Anfechtung des Verschmelzungsbeschlusses der übertragenden G begründet 93 q in Anlehnung an 349 AktG die Passivlegitimation der übernehmenden G.

§ 93 r
Konkurs der übernehmenden G

(1) Ist die Haftsumme bei der übernehmenden Genossenschaft geringer, als sie bei der übertragenden Genossenschaft war, und können die Gläubiger, die sich nach § 93 f gemeldet haben, wegen ihrer Forderung Befriedigung oder Sicherstellung auch nicht aus den von den Genossen eingezogenen Nachschüssen erlangen, so haben zur Befriedigung dieser Gläubiger die Genossen, die Mitglieder der übertragenden Genossenschaft waren, weitere Nachschüsse bis zur Höhe der Haftsumme bei der übertragenden Genossenschaft zu leisten. Für die Einziehung dieser Nachschüsse gelten die §§ 105 bis 115 a[1].

(2) Abs. 1 ist nur anzuwenden, wenn das Konkursverfahren binnen achtzehn Monaten seit der Eintragung der Verschmelzung in das Genossenschaftsregister des Sitzes der übertragenden Genossenschaft eröffnet wird[2].

1. 93 r stellt eine zusätzliche Gläubigerschutzvorschrift dar. Die Vorschrift soll dann zur Anwendung kommen, wenn sich zwei eGmbH miteinander verschmolzen haben und die Haftsumme der übertragenden G höher war, als es die bei der übernehmenden G ist. In diesem Fall sollen die Mitglieder der übertragenden G nach Maßgabe ihrer bei dieser G eingegangenen Haftpflicht auch über die Haftsumme der übernehmenden G hinaus zur Leistung weiterer Nachschüsse herangezogen werden können, wenn dies zur Befriedigung der Gläubiger, die sich nach 93 f gemeldet haben, nötig ist. Die Vorschrift soll also eine Beeinträchtigung der Belange der Gläubiger durch die geringere Haftsumme der übernehmenden G verhindern.

Vor § 94   Gesetz, betr. die Erwerbs- und Wirtschaftsgenossenschaften

2. Im Interesse der Mitglieder andererseits ist vorgesehen, daß die Heranziehung zu diesen weiteren Nachschüssen nur möglich ist, wenn das Konkursverfahren innerhalb von 18 Monaten seit der Eintragung der Verschmelzung in das Genossenschaftsregister des Sitzes der übertragenden G eröffnet wird.

Vorbemerkungen zu den §§ 94 bis 97

Wiederholt sind Statuten in das Genossenschaftsregister eingetragen worden, die an wesentlichen Mängeln litten, so daß die Eintragung als nichtig betrachtet werden mußte. Es fehlte an einem Verfahren, derartige Eintragungen zu beseitigen bzw. die Löschung der Genossenschaft herbeizuführen. Diesem Mangel hat das EHGB in Art. 10 XI für Genossenschaften durch Einführung des Nichtigkeitsverfahrens abgeholfen, das in §§ 94—97 GenG geregelt ist. Eine Ergänzung findet das Verfahren in FGG 147, der bestimmt:

„Eine in das Genossenschaftsregister eingetragene Genossenschaft kann gemäß den Vorschriften der §§ 142, 143 als nichtig gelöscht werden, wenn die Voraussetzungen vorliegen, unter denen nach den §§ 94, 95 des Gesetzes, betreffend die Erwerbs- und Wirtschaftsgenossenschaften, die Nichtigkeitsklage erhoben werden kann.

Ein in das Genossenschaftsregister eingetragener Beschluß der Generalversammlung einer Genossenschaft kann gemäß den Vorschriften der §§ 142, 143 als nichtig gelöscht werden, wenn er durch seinen Inhalt zwingende Vorschriften des Gesetzes verletzt und seine Beseitigung im öffentlichen Interesse erforderlich erscheint."

Bei der letzteren Bestimmung handelt es sich hauptsächlich um Statutenänderungen. Der Beschluß muß **inhaltlich zwingende** Vorschriften des Gesetzes verletzen — in anderen Fällen bleibt die Anfechtung den Beteiligten überlassen. **Fernere** Voraussetzung der Löschung von Amts wegen ist, daß die Beseitigung im **öffentlichen Interesse** erforderlich erscheint. Das Verfahren bei der Löschung ist in FGG 142, 143 näher bestimmt.

Für die **Nichtigkeitsklage** sind 94—97 GenG maßgebend.

Welche Bestimmungen als wesentlich für die Erhebung der Nichtigkeitsklage zu betrachten sind, ist in 95 bestimmt. Zweck des Verfahrens ist, Mängel des Statuts, welche die Nichtigkeit der Genossenschaft zur Folge haben, nachträglich zu heilen. Hierzu bedurfte es besonderer gesetzlicher Vorschriften, da an und für sich eine nichtige Genossenschaft nicht imstande ist, ihr Statut abzuändern.

Das Urteil, durch das eine Genossenschaft für nichtig erklärt wird, hat deklatorische Bedeutung, die Genossenschaft ist nichtig, es wird ihr aber insoweit eine gewisse Rechtsbeständigkeit beigelegt, als es sich um die Abwicklung ihrer Verhältnisse handelt. Über die Rechtslage hinsichtlich der Zeit **vor** Eintragung der Nichtigkeit bzw. des Löschungsvermerks s. RG 148 225 = JW 35 S. 2719 = BlfG 35 S. 767.

Ist von Amts wegen mit Löschung vorgegangen, so schließt dies die Erhebung der Nichtigkeitsklage aus.

Ist die G für nichtig erklärt, so folgt zur Abwicklung ihrer Verhältnisse Liquidation oder auch Konkursverfahren.

§ 94
Nichtigkeit der Genossenschaft

Enthält das Statut nicht die für dasselbe wesentlichen Bestimmungen oder ist eine dieser Bestimmungen nichtig, so kann jeder Genosse und jedes Mitglied des Vorstandes und des Aufsichtsrats im Wege der Klage[1] beantragen, daß die Genossenschaft für nichtig erklärt werde[2, 3].

1. Über gelegentliche Geltendmachung der Nichtigkeit **im Wege der Einrede** vgl. RG 64 187 und RG 114 79; s. aber auch RG 148 225.

2. Im **Liquidationsstadium** ist eine solche **Nichtigkeitsklage** mangels Rechtsschutzinteresses **nicht gegeben.** Vgl. RG 64 193, 194. Die Regelung der Nichtigkeitsgründe ist erschöpfend. Es kann daher auf Mängel des Gründungshergangs keine Nichtigkeitsklage gestützt werden. Die Nichtigkeit unwesentlicher Satzungsbestimmungen berührt den Bestand der eG nicht. So RG 114 80.

3. Keine Nichtigkeit der eG, wenn Einführung der obligatorischen VV unterlassen wird, da Nichtigkeitsgründe in 95 erschöpfend aufgezählt. Die eG, die entgegen 43 a obligatorische VV nicht eingeführt hat, ist nach der höchstrichterlichen Rechtsprechung jedoch insoweit nicht handlungsfähig, als Beschlüsse anstehen, für die nunmehr VV ausschließlich zuständig (vgl. im einzelnen 43 a Anm. 3).

§ 95
Wesentliche Mängel; Heilung derselben

(1) Als wesentlich im Sinne des § 94 gelten die in den §§ 6, 7 und 131 bezeichneten Bestimmungen des Statuts mit Ausnahme derjenigen über die Beurkundung der Beschlüsse der Generalversammlung und den Vorsitz in dieser sowie über die Grundsätze für die Aufstellung und Prüfung der Bilanz.

(2) Ein Mangel, der eine hiernach wesentliche Bestimmung des Statuts betrifft, kann durch einen den Vorschriften dieses Gesetzes über Änderungen des Statuts entsprechenden Beschluß der Generalversammlung geheilt werden[1].

(3) Die Berufung der Generalversammlung erfolgt, wenn sich der Mangel auf die Bestimmungen über die Form der Berufung bezieht, durch Einrückung in diejenigen öffentlichen Blätter, welche für die Bekanntmachung der Eintragungen in das Genossenschaftsregister des Sitzes der Genossenschaft bestimmt sind.

(4) Betrifft bei einer Genossenschaft mit beschränkter Haftpflicht der Mangel die Bestimmungen über die Haftsumme, so darf durch die zur Heilung des Mangels beschlossenen Bestimmungen der Gesamtbetrag der von den einzelnen Genossen übernommenen Haftug nicht vermindert werden.

1. Ist der Beschluß eingetragen, so gilt die G als vom Zeitpunkt ihrer Eintragung an rechtsbeständig.

§ 96
Nichtigkeitsklage

Das Verfahren über die Klage auf Nichtigkeitserklärung und die Wirkungen des Urteils bestimmen sich nach den Vorschriften des § 51 Absatz 3 bis 5 und des § 52.

§ 97
Abwicklung der Verhältnisse nichtiger Genossenschaften

(1) Ist die Nichtigkeit einer Genossenschaft in das Genossenschaftsregister eingetragen[1], so finden zum Zwecke der Abwicklung ihrer Verhältnisse die für den Fall der Auflösung geltenden Vorschriften entsprechende Anwendung.

(2) Die Wirksamkeit der im Namen der Genossenschaft mit Dritten vorgenommenen Rechtsgeschäfte wird durch die Nichtigkeit nicht berührt.

(3) Soweit die Genossen eine Haftung für die Verbindlichkeiten der Genossenschaft übernommen haben, sind sie verpflichtet, die zur Befriedigung der Gläubiger erforderlichen Beträge nach Maßgabe der Vorschriften des folgenden Abschnitts zu leisten[2].

1. Über die Rechtslage hinsichtlich der Zeit vor Eintragung der Nichtigkeit bzw. des Löschungsvermerks vgl. RG 148 225 = JW 35 S. 2719 = BlfG 35 S. 767. Ist die Nichtigkeit im Register eingetragen, so hat sich die eG nach Liquidationsgrundsätzen abzuwickeln. Ist eine eGmbH nichtig, weil die Haftsumme im Statut nicht festgesetzt ist, so können die Gründer (und die Beigetretenen) bis zur Höhe ihres Geschäftsanteils zur Verlustdeckung herangezogen werden. Ist eine nichtige eG im Rechtsverkehr aufgetreten, so müssen sich die an ihr Beteiligten so behandeln lassen, als seien ihre Haftungszusagen wirksam (BGHZ 7 383 = NJW 53 S. 258 = BlfG 52 S. 812 = ZfG 53 S. 332 u. 55 S. 311 Nr. 61).

2. In der Rechtsprechung wird die Vorschrift des § 97 Abs. 3 entsprechend angewendet auf Verpflichtungen, welche Genossen auf Grund nichtiger Beschlüsse übernommen haben (vgl. BlfG 28 S. 836 und Deutsche Bausparkassenzeitschrift 35 S. 127). Ist ein Beschluß, auf Grund dessen Genossen Verpflichtungen eingegangen sind, zwar eingetragen, aber in Wahrheit nicht gefaßt, so ist für die entsprechende Anwendung von 97 Abs. 3 kein Raum (RG 125 153).

Obwohl 94—96 nur die Nichtigkeitserklärung auf erhobene Nichtigkeitsklage hin behandeln, gilt 97 doch auch für den Fall der Löschung von Amts wegen nach 147, 142, 143 FGG (RG 148 225 = JW 35 S. 2719).

Siebenter Abschnitt
Konkursverfahren und Haftpflicht der Genossen

§ 98
Voraussetzungen des Konkurses

(1) Das Konkursverfahren[1] findet im Falle der Zahlungsunfähigkeit[2], nach Auflösung der Genossenschaft auch im Falle der Überschuldung statt[3].

(2) Nach Auflösung der Genossenschaft ist die Eröffnung des Verfahrens so lange zulässig, als die Verteilung des Vermögens nicht vollzogen ist[4].

§ 98 Gesetz, betr. die Erwerbs- und Wirtschaftsgenossenschaften

1. Allgemeines: Für das **Konkursverfahren einer eG** ist die KO maßgebend, soweit nicht das GenG im 7. Abschnitt und in 140—142 etwas anderes bestimmt. Es gelten drei Besonderheiten: Keine Ablehnung der Eröffnung mangels Masse (100 Abs. 3), Pflicht des Gerichts zur Bestellung eines Gläubigerausschusses (103) und Nachschußpflicht der Genossen (105). Über Zwangsvergleich s. 115 e. Zum Konkursverfahren und zur Haftpflicht der Genossen s. Schmidt GWW 54 S. 577. Wegen einer künftigen Reform des Konkursrechts der Genossenschaft vgl. Westermann ZfG 52 S. 49.

Konkursvoraussetzung ist stets Zahlungsunfähigkeit (99), bei der eGmbH auch Überschuldung, sofern sie ein Viertel des Betrages der Haftsummen aller Genossen übersteigt (140), bei aufgelösten eG neben Zahlungsunfähigkeit auch Überschuldung (118).

Abwendung des Konkurses möglich durch Geschäftsanteilserhöhung (16), und zwar auch nach Auflösung der eG (87 a, 139 a) oder durch gerichtliches Vergleichsverfahren (VerglO 111, abgedruckt im Anhang), das auch noch nach Auflösung der eG zulässig ist (118).

Bezüglich der Vergütung der Konkurs- und Vergleichsverwalter, des Gläubigerausschusses und Gläubigerbeirats siehe die durch allgemeine Verfügung des Reichsministers der Justiz vom 22. 2. 36 (Deutsche Justiz S. 311) erlassenen Richtlinien.

2. Zahlungsunfähigkeit ist das dauernde Unvermögen, bare Mittel zur Zahlung fälliger Verbindlichkeiten herbeizuschaffen (RG **50** 41; RG KuT 36 S. 147 = BlfG 36 S. 912). Zahlungsunfähigkeit nicht zu verwechseln mit **Vermögensunzulänglichkeit**, die schon dann vorliegt, wenn das Aktivvermögen zur Befriedigung sämtlicher Gläubiger nicht ausreicht. **Zahlungseinstellung** kann ein Merkmal der Zahlungsunfähigkeit sein (RG KuT 36 S. 147 = BlfG 36 S. 912). Die aus einem vorübergehenden Mangel an Zahlungsmitteln herrührende **Zahlungsstockung** ist keine Zahlungsunfähigkeit.

3. Überschuldung, die zur Konkurseröffnung führt, ist nicht schon vorhanden, wenn die Passiven größer sind als die Aktiven, sondern es müssen auch die Geschäftsguthaben und Reserven verloren sein; der Begriff der Überschuldung deckt sich nämlich nicht mit dem der Unterbilanz (RGStr KuT 36 S. 147 = BlfG 36 S. 912). Kommt Überschuldung auf andere Weise als durch Bilanz zur Kenntnis von Vorstand und Aufsichtsrat, so erfordert es die Sorgfalt eines ordentlichen Geschäftsmannes, daß alsbald eine ordentliche Bilanz aufgestellt wird. Auch eine sachlich unrichtige Bilanz, aus der Vorstand oder Liquidatoren Überschuldung erkennen, verpflichtet zum Konkursantrag nach 118 bzw. 140 (vgl. RG 80 109; RGStr. 44 51; 61 291). Schließt die Bilanz **fälschlich** mit Überschuldung ab, so besteht keine Antragspflicht (RGStr. 46 99).

Nach 121 ist bei der eGmuH eine Generalversammlung zur Beschlußfassung über die Auflösung zu berufen, wenn sich „bei der Geschäftsführung" die Überschuldung ergibt. Die gleiche Vorschrift besteht für die eGmbH nicht. Wird aber die Generalversammlung bei einer solchen trotzdem berufen und die Auflösung beschlossen, so hat dies die in 98 Abs. 1 vorgesehenen Folgen.

4. Regreßansprüche (34, 35, 41, 52, 89, 90, 96, 99, 118, 140, 142) gelten als Teile des Vermögens. Die Nachschußansprüche allein sind nicht Vermögen im Sinne dieser Vorschrift.

§ 99
Pflichten des Vorstandes bei Zahlungsunfähigkeit

(1) Wird die Genossenschaft zahlungsunfähig, so hat der Vorstand ohne schuldhaftes Zögern, spätestens aber drei Wochen nach Eintritt der Zahlungsunfähigkeit, die Eröffnung des Konkursverfahrens oder die Eröffnung des gerichtlichen Vergleichsverfahrens zu beantragen[1]. Eine schuldhafte Verzögerung des Antrags liegt nicht vor, wenn der Vorstand die Eröffnung des gerichtlichen Vergleichsverfahrens mit der Sorgfalt eines ordentlichen Geschäftsmanns betreibt[2].

(2) Die Mitglieder des Vorstandes sind der Genossenschaft nach Maßgabe des § 34 zum Ersatze von Zahlungen verpflichtet, die nach Eintritt der Zahlungsunfähigkeit der Genossenschaft geleistet werden[3]. Dies gilt nicht von Zahlungen, die auch nach diesem Zeitpunkt mit der Sorgfalt eines ordentlichen Geschäftsmanns vereinbar sind[4].

(3) Die Ansprüche auf Grund der vorstehenden Bestimmungen verjähren in fünf Jahren[5].

1. Strafvorschrift bei Unterlassung des Antrags 148. **Antragsberechtigt und antragspflichtig sind auch die einzelnen Vorstandsmitglieder** (100, KO 208). Dem Konkursantrag muß ein Verzeichnis der Gläubiger und Schuldner sowie eine Übersicht der Vermögensmasse beigefügt werden (KO 104), bei Stellung des Vergleichsantrags müssen die §§ 2 ff. Vgl. O beachtet werden.

Der Vorstand kann nicht durch einen Beschluß der GV von seiner Antragspflicht befreit werden (RG 72 289), wohl aber dadurch, daß bei vorliegender Zahlungsunfähigkeit **sämtliche Gläubiger mit einer Hinausschiebung der Konkursanmeldung einverstanden sind**; denn hierin liegt eine Stundung, die die **Zahlungsunfähigkeit** vorläufig beseitigt. Für den Fall der Überschuldung einer eGmbH (140) gilt dies aber nicht (ebenso Meyer-Meulenbergh 99 Anm. 5).

§ 99, der nach der Verordnung vom 4. 9. 39 (RGBl. I S. 1694) mit Rücksicht auf die Kriegsverhältnisse vorerst nicht mehr anzuwenden war, ist durch die Aufhebung dieser Verordnung durch § 1 I a des handelsrechtlichen Bereinigungsgesetzes vom 18. 4. 50 (BGBl. S. 90) **wieder in Kraft gesetzt worden.**

2. Wie sich aus 99 Abs. 1 Satz 2 ergibt, **liegt ein schuldhaftes Zögern des Vorstandes nicht vor**, wenn er sich sofort ernsthaft bemüht, die Zahlungsunfähigkeit durch Verhandeln mit den Gläubigern über ein Moratorium oder durch Kreditbeschaffung zu beseitigen, es sei denn, daß derartige Sanierungsversuche unter den gegebenen Umständen überhaupt aussichtslos erscheinen (RG KuT 36 S. 147 = BlfG 36 S. 912). Über die Sanierung von Genossenschaften vgl. auch Zee-Heraeus BlfG 38 S. 97.

3. **Eine subsidiäre direkte Haftpflicht gegenüber den Gläubigern ist nicht vorgesehen**; Ausnahme für eGmbH 142. Der Ersatzanspruch wird allein durch die Tatsache der Zahlung nach dem im Abs. 1 bezeichneten Zeitpunkt begründet. Eine gleiche Ersatzpflicht für die Mitglieder des Aufsichtsrats besteht nicht, vgl. aber 41 Abs. 2.

4. Z. B. Zahlung fälliger Gehälter und Löhne, Gas- und Eletrizitätsgebühren, Steuern, Mieten, Hypothekenzinsen usw.

5. 34 Abs. 4.

§ 100
Antragsrecht der Vorstandsmitglieder

(1) Zu dem Antrage auf Eröffnung des Verfahrens ist außer den Konkursgläubigern[1] jedes Mitglied des Vorstandes berechtigt[2].

(2) Wird der Antrag nicht von allen Mitgliedern gestellt, so ist derselbe zuzulassen, wenn die ihn begründenden Tatsachen (§ 98) glaubhaft gemacht werden[3]. Das Gericht hat die übrigen Mitglieder nach Maßgabe der Konkursordnung § 105 Absatz 2, 3 zu hören.

Kommentar § 101

(3) Der Eröffnungsantrag kann nicht aus dem Grunde abgewiesen werden, daß eine den Kosten des Verfahrens entsprechende Konkursmasse nicht vorhanden sei[4].

1. **Begriff der Konkursgläubiger** KO § 3; auch Genossen können Konkursgläubiger sein, z. B. mit Ansprüchen aus Darlehen, auf Gewinnanteil, auf Rückzahlung des Überschusses nach Anteilsherabsetzung. Dagegen gehört das **Geschäftsguthaben** zur Konkursmasse und dient den Gläubigern als Deckung.

2. **Jedes Vorstandsmitglied ist nicht nur antragsberechtigt, sondern auch antragspflichtig** (99). Aufsichtsrat und Generalversammlung sind nicht antragsberechtigt, doch hat der Aufsichtsrat darüber zu wachen, daß der Vorstand den Konkursantrag stellt (RG KuT 33 S. 61 f. GmbH). KO 104 für die Vorstandsmitglieder, KO 105 für die Gläubiger maßgebend. Wird dem Antrage der Gläubiger entsprochen, und der Vorstand legt Beschwerde (KO 109) ein, so trägt die Kosten die eG (KG BlfG 07 S. 202). Trotz der Auflösung hat der Vorstand das Beschwerderecht. Vorstand hat auch das Recht der Beschwerde, wenn er den Antrag gestellt hat und der Eröffnungsbeschluß ergangen ist.

3. KO 105, 109. Was unter „glaubhaft machen" zu verstehen ist, sagt ZPO 94.

4. **Folge der Nachschußpflicht.** Massemangel hindert aber die Eröffnung des **Vergleichsverfahrens**, da im Vergleichsverfahren eine Nachschußpflicht des Genossen nicht besteht.

§ 101
Auflösung durch Konkurseröffnung

Durch die Eröffnung des Konkursverfahrens wird die Genossenschaft aufgelöst[1].

1. **Die Auflösung ist eine endgültige,** falls nicht der Eröffnungsbeschluß nach KO 116 aufgehoben wird (KGJ 39 135, 47 249). Die **nach** Konkurseröffnung fällig werdenden Einzahlungen auf Geschäftsanteil können nicht mehr eingefordert werden (RG 73 410; **117** 120); dagegen sind die Einzahlungsrückstände durch den Konkursverwalter einzuziehen (RG **135** 55; **141** 232). Die Verwaltung und Vertretung geht auf den Konkursverwalter über, daneben bleiben die Organe

§ 104 Gesetz, betr. die Erwerbs- und Wirtschaftsgenossenschaften

der Genossenschaft (Vorstand, AR u. GV) in Funktion und nehmen die Rechte der Gemeinschuldnerin wahr (RG 14 418). Diesen Organen liegt auch die Liquidation ob, wenn es zu derselben noch kommt. — Wechselproteste und Postaufträge erfolgen in dem Geschäftslokal der G. Über die Abgrenzung der Funktionen des Konkursverwalters und der bisherigen Organe der G vgl. OLG Königsberg JW 27 S. 2439[7]. Generalversammlungsbeschlüsse, welche in die Verwaltung der Masse eingreifen, mögen sie die Masse auch mehren, sind nach § 7 KO den Konkursgläubigern gegenüber unwirksam.

§ 102
Eintragung der Konkurseröffnung

Die Eröffnung des Konkursverfahrens ist unverzüglich in das Genossenschaftsregister einzutragen. Die Eintragung wird nicht bekanntgemacht[1].

1. KO 112 betr. die Benachrichtigung. Mitteilung an das Gericht Zweigniederlassung 157. Veröffentlichung KO 111.

§ 103
Gläubigerausschuß

Bei der Eröffnung des Verfahrens ist von dem Gerichte ein Gläubigerausschuß zu bestellen. Die Gläubigerversammlung hat über die Beibehaltung der bestellten oder die Wahl anderer Mitglieder zu beschließen. Im übrigen kommen die Vorschriften in § 87 der Konkursordnung zur Anwendung[1].

1. Die Bestellung eines Gläubigerausschusses ist abweichend von KO 87 zwingend vorgeschrieben.

§ 104
Berufung der Generalversammlung

Die Generalversammlung ist ohne Verzug zur Beschlußfassung darüber zu berufen (§§ 44 bis 46), ob die bisherigen Mitglieder des Vorstandes und des Aufsichtsrats beizubehalten oder andere zu bestellen sind[1].

Kommentar   Vor § 105

1. **Die Einberufung erfolgt durch die nach Gesetz oder Statut berufenen Organe der G.** Der Konkursverwalter ist zur Einberufung nicht befugt. Die Organisation der Genossenschaft besteht also während des Konkurses fort (101). Die durch ihre Fortführung entstehenden Kosten sind nicht Massekosten. Die Generalversammlung ist nur für die Personenfrage zuständig, der etwaige Gehaltsvertrag muß mit dem Konkursverwalter erledigt werden (OLGRspr. 6 500). Die bisherigen Dienstverträge werden nicht ohne weiteres hinfällig (RG 24 70). Auch eine etwaige Vertreterversammlung besteht weiter. Unter Umständen wird die Satzung zwecks Erleichterung der Durchführung von Neuwahlen geändert werden müssen.

Vorbemerkung zu §§ 105—115 d

105 enthält die materiellen Grundsätze über die Nachschußpflicht, 106—114 ordnen das Nachschußverfahren, 115 und 115 a die Verteilung der Nachschußmasse, 115 b, c, d die Nachschußpflicht ausgeschiedener Genossen.

Für die Nachschußpflicht im Zusammenhang mit der Umwandlung einer G in eine Aktiengesellschaft gelten nach 358 q AktG (Umwandlungsgesetz vom 15. 8. 69) die folgenden Vorschriften der §§ 105—115 a sowie der §§ 116, 117 und 141 entsprechend.

§ 105
Nachschußpflicht der Genossen

(1) Soweit die Konkursgläubiger wegen ihrer bei der Schlußverteilung (Konkursordnung § 161) berücksichtigten Forderungen[1] aus dem zur Zeit der Eröffnung des Konkursverfahrens vorhandenen Vermögen[2] der Genossenschaft nicht befriedigt werden, sind die Genossen verpflichtet, Nachschüsse zur Konkursmasse zu leisten[3].

(2) Die Nachschüsse sind von den Genossen, wenn nicht das Statut ein anderes Beitragsverhältnis festsetzt, nach Köpfen zu leisten[4].

(3) Beiträge, zu deren Leistung einzelne Genossen unvermögend sind, werden auf die übrigen verteilt[5].

(4) Zahlungen, welche Genossen über die von ihnen nach den vorstehenden Bestimmungen geschuldeten Beiträge hinaus leisten, sind ihnen, nachdem die Befriedigung der Gläubiger erfolgt ist, aus den Nachschüssen zu erstatten[6].

(5) Gegen die Nachschüsse kann der Genosse eine Forderung an die Genossenschaft aufrechnen, sofern die Voraussetzungen vorliegen, unter welchen er als Konkursgläubiger Befriedigung wegen der Forderung aus den Nachschüssen zu beanspruchen hat[7].

1. Dazu gehören 1. festgestellte Forderungen (KO 144, 145); betagte Forderungen gelten als fällig (KO 65); 2. streitig gebliebene: a) mit einem vollstreckbaren Schuldtitel (KO 146), b) ohne solchen unter der Voraussetzung von KO 152; 3. Forderungen unter aufschiebender Bedingung unter Voraussetzung von KO 154; 4. Forderungen unter auflösender Bedingung KO 66; 5. Forderungen, wegen deren abgesonderte Befriedigung verlangt wird, nach Maßgabe von KO 153.

2. Der Konkurs ergreift das gesamte, zur Zeit der Konkurseröffnung vorhandene **Vermögen der eG,** und zwar auch das, welches der Zwangsvollstreckung nicht unterliegt. Es liegt hier eine bewußte Abweichung von KO 1 vor; daher läßt auch das RG **135** 55, **141** 232 die Einziehung rückständiger Einzahlungen auf den Geschäftsanteil durch den Konkursverwalter zu, obwohl es in der ersteren Entscheidung die Rückstände für unabtretbar und unpfändbar erklärt. Soweit Mitglieder entsprechend einer Ratenvereinbarung die Geschäftsanteile nicht voll eingezahlt haben, können diese nach Konkurseröffnung grundsätzlich nicht mehr eingefordert werden. Für die Frage, ob von Mitgliedern die Übernahme weiterer Geschäftsanteile verlangt werden kann, ist die Rechtslage im Augenblick der Konkurseröffnung entscheidend.

3. Die Nachschußpflicht ist eine selbständige Verbindlichkeit der Genossen gegenüber der Genossenschaft, *welche Voraussetzung und Grund allein in der Zugehörigkeit zu derselben hat. Der Anspruch auf die Nachschüsse ist ein Bestandteil des Vermögens der Genossenschaft,* der in seiner Entstehung durch den Eintritt des Konkurses bedingt (RG **85** 214; **123** 248), in seinem Umfang durch dessen Ausgang begrenzt erscheint, daher nur im Konkurse der Genossenschaft und in den besonders dafür vorgesehenen Formen zu realisieren ist. Die Nachschüsse sind bei der eGmuH ohne Beschränkung, bei der eGmbH unter Beschränkung auf die im Statut festgesetzte Haftsumme (141) zu leisten. Die Nachschußpflicht wird nicht von einem Zwangsvergleich berührt, der im Konkurse eines Mitglieds geschlossen wird (RG **85** 212). Der Anspruch der Genossenschaft auf Grund der Nachschußpflicht war früher *nicht abtretbar,* verpfändbar oder pfändbar (RG 59 67, 135 55); inzwischen ist aber die *Abtretung* durch 108 a ausdrücklich zugelassen worden. Ein sog. „Haftsummenverzicht" der Gläubiger im Liquidationsvergleich einer eG ist zulässig, da es sich dabei rechtlich nicht um einen „Verzicht auf die Haftsumme", sondern um eine Ermäßigung der Forderungen der Vergleichsgläubiger handelt, die auch für den Konkursfall Gültigkeit haben soll (vgl. LG Hamburg KuT 33 S. 12; BlfG 33 S. 81). Unzulässig ist die Bestellung von Vorzugsrechten an den Haftsummen. Vergleiche über Nachschüsse sind jetzt ausdrücklich zugelassen (112 a).

Die Nachschußpflicht geht nicht auf den Erwerber über, wenn das Mitglied nach BGB 419 sein gesamtes Vermögen überträgt. Vgl. hierzu RG 85 209, 123 248. Stirbt ein nachschußpflichtiger Genosse, so geht die Nachschußpflicht auf seine Erben über (KuT 34 S. 35). — Keine doppelte Inanspruchnahme eines ausgeschiedenen und wieder beigetretenen Mitgliedes RG 141 178.

4. Ergibt sich aus der unbeschränkten Haftpflicht. Genossenschaften mit beschränkter Haftpflicht werden Verteilung nach Verhältnis der Zahl der Geschäftsanteile bzw. Haftsummen wählen, wenn Statut Erwerb mehrerer Geschäftsanteile zuläßt.

5. Der Konkursverwalter kann bei notorisch zahlungsunfähigen Genossen auf Zwangsvollstreckung verzichten.

Die im Rahmen des Abs. 3 in Anspruch genommenen Mitglieder haben kein Rückgriffsrecht gegen die unvermögenden Mitglieder (Begr. 240 BGH BlfG 64 S. 87; DB 64 S. 278; Meyer-Meulenbergh 105 Anm. 6).

6. Förderung freiwilliger Zahlungen behufs schleuniger Befriedigung der Gläubiger wird bezweckt. — Das Nachschußverfahren ist behufs der Erstattung erforderlichenfalls fortzusetzen.

7. Die Aufrechnung findet nur gegen die Nachschüsse, nicht gegen die unverkürzt zu leistenden Vorschüsse **statt** (RG 88 47, a. A. Meyer-Meulenbergh 105 Anm. 8). Aufgerechnet werden kann nur mit dem Teil der Forderung des Genossen, mit dem er nicht ausgefallen ist. Die Aufrechnung kann also nur stattfinden in Höhe der Konkursdividende, die bei der Endabrechnung auf die Konkursforderung des Genossen entfällt: denn der Genosse soll nicht besser gestellt sein als die übrigen Konkursgläubiger.

§ 107 Gesetz, betr. die Erwerbs- und Wirtschaftsgenossenschaften

§ 106
Vorschußberechnung

(1) Der Konkursverwalter hat sofort, nachdem die Bilanz auf der Geschäftsstelle niedergelegt ist (Konkursordnung § 124), zu berechnen, wieviel zur Deckung des in der Bilanz bezeichneten Fehlbetrages die Genossen vorschußweise beizutragen haben.

(2) In der Berechnung (Vorschußberechnung) sind die sämtlichen Genossen namentlich zu bezeichnen[1] und auf sie die Beiträge zu verteilen. Die Höhe der Beiträge ist jedoch derart zu bemessen, daß durch ein vorauszusehendes Unvermögen einzelner Genossen zur Leistung von Beiträgen ein Ausfall an dem zu deckenden Gesamtbetrage nicht entsteht[2].

(3) Die Berechnung ist dem Konkursgerichte mit dem Antrage einzureichen, dieselbe für vollstreckbar zu erklären. Wird das Genossenschaftsregister nicht bei dem Konkursgerichte geführt, so ist dem Antrage eine beglaubigte Abschrift des Statuts und der Liste der Genossen beizufügen.

1. Bezeichnung der einzelnen beitragspflichtigen Genossen muß so genau sein, daß ein bloßer Auszug aus der Berechnung (109 Abs. 2) die Zwangsvollstreckung nach ZPO 750 ermöglicht. Der einzuziehende Gesamtbetrag ist höher zu bemessen, als das bilanzmäßige Defizit erfordert, um Zusatzberechnungen infolge von Ausfällen möglichst zu vermeiden.

2. Aufstellung von Zusatzberechnungen 113. Zugrundezulegen ist die gerichtliche Liste. Aufzunehmen sind auch Genossen, die mittels Klage ihre Zugehörigkeit angefochten haben (RG 69 366).

§ 107
Terminbestimmung zur Erklärung über die Vorschußberechnung

(1) Zur Erklärung über die Berechnung bestimmt das Gericht einen Termin, welcher nicht über zwei Wochen hinaus anberaumt werden darf. Derselbe ist öffentlich bekanntzumachen; die in der Berechnung aufgeführten Genossen sind besonders zu laden[1].

(2) Die Berechnung ist spätestens drei Tage vor dem Termine auf der Geschäftsstelle zur Einsicht der Beteiligten niederzulegen. Hierauf ist in der Bekanntmachung und den Ladungen hinzuweisen[2].

1. KO 76, 77. Vgl. auch § 108 Anm. 2.

Kommentar § 108a

2. Eine besondere Vorladung der Genossenschaftsorgane, des Konkursverwalters und des Gläubigerausschusses findet nicht statt.

§ 108
Erklärungstermin

(1) In dem Termine sind Vorstand und Aufsichtsrat der Genossenschaft, sowie der Konkursverwalter und der Gläubigerausschuß und, soweit Einwendungen erhoben werden, die sonst Beteiligten zu hören[1].

(2) Das Gericht entscheidet über die erhobenen Einwendungen, berichtigt, soweit erforderlich, die Berechnung oder ordnet die Berichtigung an und erklärt die Berechnung für vollstreckbar. Die Entscheidung ist in dem Termine oder in einem sofort anzuberaumenden Termine, welcher nicht über eine Woche hinaus angesetzt werden soll, zu verkünden[2]. Die Berechnung mit der sie für vollstreckbar erklärenden Entscheidung ist zur Einsicht der Beteiligten auf der Geschäftsstelle niederzulegen.

(3) Gegen die Entscheidung findet ein Rechtsmittel nicht statt[3].

1. Können die Berichtigungen nicht sofort vom Gericht selbst vorgenommen werden, so hat es unter Aussetzung des Termins dem Verwalter die Berichtigung aufzugeben; es ist so lange zu verhandeln, bis eine zur Vollstreckbarerklärung geeignete Berechnung vorliegt. Illiquide Einwendungen gegen die Berechnung sind der Geltendmachung im Wege der Anfechtungsklage nach 111 und 112 zu überlassen. Für den Fall des Widerspruchs des Vorstandes der Genossenschaft vgl. 115.

2. Wird bei der Verkündung neuer Termin zur Erklärung über die berichtigte Vorschußberechnung angesetzt, so bedarf es wiederum der in 107 Abs. 1 Satz 2 vorgeschriebenen öffentlichen Bekanntmachung und besonderen Ladung. (RG 137 243 ff.).

3. Anfechtung erfolgt nach 111.

§ 108 a
Abtretbarkeit der Einzahlungs- und Nachschußansprüche

(1) Der Konkursverwalter kann die Ansprüche der Genossenschaft auf rückständige Einzahlungen auf den Geschäftsanteil (§ 7 Nr. 2), auf anteilige Fehlbeträge (§ 73 Abs. 2) und auf Nachschüsse (§§ 106, 108) mit Genehmigung des Konkursgerichts abtreten[1].

§ 109 Gesetz, betr. die Erwerbs- und Wirtschaftsgenossenschaften

(2) Die Genehmigung soll nur nach Anhörung des Prüfungsverbandes und nur dann erteilt werden, wenn der Anspruch an eine genossenschaftliche Zentralkasse oder an eine der fortlaufenden Überwachung durch einen Prüfungsverband unterstehende Stelle abgetreten wird.

1. 108 a wurde ebenso wie 88 a eingefügt durch den gemäß § 6 des handelsrechtlichen Bereinigungsgesetzes vom 18. 4. 50 (BGBl. 50 S. 90) ausdrücklich aufrechterhaltenen Art. IV der Zweiten VO über Maßnahmen auf dem Gebiet des Genossenschaftsrechts vom 19. 12. 42 (RGBl. I S. 729). Über die Gründe hierzu vgl. die Anmerkungen zu 88 a.

Im Konkursverfahren können sowohl die durch die Vorschußberechnung als auch die durch die Nachschußberechnung festgestellten Ansprüche abgetreten werden; 108 a gilt zwar unmittelbar nur für die Vorschußberechnung, findet aber nach § 114 Abs. 3 in der Fassung der VO vom 7. 8. 41 (RGBl. I S. 482) mittelbar auch auf die Nachschußberechnung Anwendung (Amtl. Begründung zur VO vom 19. 12. 42, Reichsanz. Nr. 302 S. 2).

§ 109
Einziehung der Nachschüsse

(1) Nachdem die Berechnung für vollstreckbar erklärt ist, hat der Konkursverwalter ohne Verzug[1] die Beiträge von den Genossen einzuziehen.

(2) Die Zwangsvollstreckung gegen einen Genossen findet in Gemäßheit der Zivilprozeßordnung auf Grund einer vollstreckbaren Ausfertigung der Entscheidung und eines Auszuges aus der Berechnung statt[2].

(3) Für die in den Fällen der §§ 731, 767, 768 der Zivilprozeßordnung zu erhebenden Klagen ist das Amtsgericht, bei welchem das Konkursverfahren anhängig ist, und, wenn der Streitgegenstand zur Zuständigkeit der Amtsgerichte nicht gehört, das Landgericht ausschließlich zuständig, zu dessen Bezirke der Bezirk des Konkursgerichts gehört[3].

1. Damit ist die Gewährung von Ratenzahlungen oder einer Stundung nicht ausgeschlossen; der Konkursverwalter hat bei der Einbeziehung so zu verfahren, wie dies nach der von ihm anzuwendenden Sorgfalt geboten ist (KO 82). Vergleiche über Nachschüsse sind jetzt ausdrücklich zugelassen (112 a).

Kommentar § 111

2. Wegen Zustellung einer für vollstreckbar erklärten Vorschußberechnung an den Prozeßbevollmächtigten eines Schuldners s. LG Dortmund KuT 36 S. 116 = BlfG 36 S. 748.

3. ZPO 22.

§ 110
Hinterlegung oder Anlegung der Nachschüsse

Die eingezogenen Beträge sind bei der von der Gläubigerversammlung bestimmten Stelle (Konkursordnung § 132) zu hinterlegen oder anzulegen[1].

1. Die eingezogenen Beträge (Nachschüsse) sind gesondert von der eigentlichen Konkursmasse zu verwahren und dürfen regelmäßig erst im Wege der Nachtragsverteilung (ausnahmsweise früher 115 a) verteilt werden, nachdem der Konkursverwalter mit der Vornahme der Schlußverteilung begonnen hat (114, 115).

§ 111
Anfechtungsklage

(1) Jeder Genosse ist befugt, die für vollstreckbar erklärte Berechnung im Wege der Klage anzufechten. Die Klage ist gegen den Konkursverwalter zu richten. Sie findet nur binnen der Notfrist eines Monats seit Verkündung der Entscheidung und nur insoweit statt, als der Kläger den Anfechtungsgrund in dem Termine (§ 107) geltend gemacht hat oder ohne sein Verschulden geltend zu machen außerstande war[1].

(2) Das rechtskräftige Urteil wirkt für und gegen alle beitragspflichtigen Genossen[2].

1. Die Klage ist eine Rechtsgestaltungsklage, gerichtet auf Aufhebung oder Unwirksamkeitserklärung der für vollstreckbar erklärten Berechnung (OLG Dresden, BlfG 27 S. 277). Die von Amts wegen zu bewirkende Zustellung der Anfechtungsklage ist eine unerläßliche Voraussetzung für die Wahrung der Notfrist (RG HRR 36 Ziff. 1179 = BlfG 36 S. 779). Über den besonderen Rechtsbehelf der Vollstreckungsgegenklage (ZPO 767) vgl. RG 139 170. Bei mehreren Klagen muß die Frist für jede besonders gewahrt werden (RG 137 243). Die rechtzeitige Erhebung der Anfechtungsklage ist von Amts wegen zu prüfen; eine vertragliche Verlängerung der Notfrist ist unwirksam

§ 111   Gesetz, betr. die Erwerbs- und Wirtschaftsgenossenschaften

(RG **139** 168). Über schuldlose Verhinderung, den Anfechtungsgrund geltend zu machen, RG **50** 127: „Das Gesetz ist vorwiegend für den kleineren und mittleren Gewerbe- und für den Arbeiterstand berechnet, und es läßt sich daher nicht annehmen, daß es der Absicht des Gesetzes entspricht, bei der Anwendung der hier in Frage stehenden Vorschrift Rechtsunkenntnis unter allen Umständen unberücksichtigt zu lassen." (Vgl. aber OLG Rspr. **40** 205; RG JW 30 S. 1400). Allgemein kann im Wege der Anfechtungsklage der Einwand erhoben werden, daß der Betreffende nicht oder nicht mehr Mitglied ist. War der Betreffende niemals in die Liste der Genossen eingetragen, so ist er nicht auf die Anfechtungsklage nach 111 angewiesen, sondern hat auch die negative Feststellungsklage (RG JW 1900 S. 567; RG **15** 589; LZ 08 S. 701, 788). Ist der Erblasser in die Liste der Genossen eingetragen, und setzt der Erbe die Mitgliedschaft fort, so muß er den Voraussetzungen des § 111 Abs. 1 genügen, falls er die Vorschußberechnung angreifen will, auch wenn er lediglich die Beschränkung seiner Haftung geltend macht (KuT **34** S. 36). Diese braucht ihm in der Vorschußberechnung nicht vorbehalten zu werden, falls er trotz Ladung im Termine (§ 107) nicht vertreten ist. In der Zwangsvollstreckung gilt nach § 109 Abs. 2 § 781 ZPO. Ist jemand eingetragen und bestreitet die Mitgliedschaft, dann hat er die Klage nach 111; nach Ablauf der Notfrist gilt die Mitgliedschaft für das ganze Konkursverfahren als rechtskräftig festgestellt (RG **50** 127, **69** 366). Einwendungen, die erst nach dem Termine entstanden sind, können auch nach Ablauf der Notfrist im Wege der Vollstreckungsgegenklage nach ZPO 767 geltend gemacht werden (RG **139** 170). Man wird annehmen müssen, daß dies auch von solchen Einwendungen gilt, die dem Genossen ohne sein Verschulden erst nach Ablauf der Notfrist bekannt wurden (RG **50** 131).

Die Notfrist wird auch nicht gegen diejenigen wirken, welche eine Beitrittserklärung überhaupt nicht abgegeben oder rechtzeitig nach § 93 k gekündigt haben.

Keine Anfechtung der Vorschußberechnung mit der Begründung, daß der Genosse Schadenersatzansprüche gegen Vorstand und Aufsichtsrat zu haben glaubt, oder daß der Konkursverwalter einen gewissen Hundertsatz der ausstehenden Forderungen abgesetzt hat. Auch das Nichtauslegen des Inventars bildet keinen Anfechtungsgrund, ebensowenig ein nicht genügend ins einzelne gehendes Inventar. Nur ein nachgewiesen unrichtiges Inventar würde einen Anfechtungsgrund geben, weil dann die Bilanz selbst unrichtig ist (OLG Königsberg KuT **36** S. 13 = BlfG **36** S. 59).

Kommentar §112

2. Sie können in dem Prozeß nur auf seiten des Konkursverwalters intervenieren (ZPO 66). Vgl. Ullmann JRdsch. 32 S. 181; abweichend BlfG 27 S. 768; RG BlfG 30 S. 113. Mehrere Anfechtungsprozesse sind zu verbinden 112 (BlfG 27 S. 277, 432; 30 S. 113).

Das einer Anfechtungsklage aus 111 stattgebende Urteil setzt die Vorschuß- oder Zusatzberechnung nur für den dem obsiegenden Kläger zugeteilten Betrag außer Kraft. Zweck und Ziel der Anfechtungsklage ist nicht die Aufhebung der Berechnung im ganzen, sondern nur, soweit sie auf Heranziehung des Anfechtungsklägers abzielt. Die eine Vorschußberechnung verspätet anfechtenden Genossen können sich also nicht darauf berufen, daß andere rechtzeitig anfechtende Genossen mit dem gleichen Anfechtungsgrund obsiegt haben (RG 139 168 unter Aufgabe seiner abweichenden in RG 132 349 vertretenen Auffassung).

§ 112
Zuständigkeit

(1) Die Klage ist ausschließlich bei dem Amtsgerichte zu erheben[1], welches die Berechnung für vollstreckbar erklärt hat[2]. Die mündliche Verhandlung erfolgt nicht vor Ablauf der bezeichneten Notfrist. Mehrere Anfechtungsprozesse sind zur gleichzeitigen Verhandlung und Entscheidung zu verbinden.

(2) Übersteigt der Streitgegenstand eines Prozesses die sonst für die sachliche Zuständigkeit der Amtsgerichte geltende Summe, so hat das Gericht, sofern eine Partei in einem solchen Prozesse vor der Verhandlung zur Hauptsache darauf anträgt, durch Beschluß[3] die sämtlichen Streitsachen an das Landgericht, in dessen Bezirke es seinen Sitz hat, zu verweisen. Gegen diesen Beschluß findet die sofortige Beschwerde statt. Die Notfrist beginnt mit der Verkündung des Beschlusses.

(3) Ist der Beschluß rechtskräftig, so gelten die Streitsachen als bei dem Landgerichte anhängig. Die im Verfahren vor dem Amtsgerichte erwachsenen Kosten werden als Teil der bei dem Landgerichte erwachsenen Kosten behandelt und gelten als Kosten einer Instanz[4].

(4) Die Vorschriften der Zivilprozeßordnung §§ 769, 770 über die Einstellung der Zwangsvollstreckung und die Aufhebung der Vollstreckungsmaßregeln finden entsprechende Anwendung[5].

1. Die Vorschrift des Satzes 1 bezweckt, der Vervielfältigung selbständiger Anfechtungsprozesse und der Möglichkeit abweichender gerichtlicher Entscheidungen in denselben vorzubeugen (RG JW 33 S. 2216).

§ 112 a Gesetz, betr. die Erwerbs- und Wirtschaftsgenossenschaften

2. Also bei dem mit dem Konkursgericht identischen Amtsgericht und zwar auch dann, wenn der Streitwert 1000 DM (vgl. Gesetz zur Wiederherstellung der Rechtseinheit auf dem Gebiet der Gerichtsverfassung, der bürgerlichen Rechtspflege, des Strafverfahrens und des Kostenrechts, BGBl. 50 S. 455) übersteigt. Über die Zuständigkeit des Landgerichts Abs. 2.

3. ZPO 506, RG 32 395.

4. ZPO 506 Abs. 2. Werden die Klagen mehrerer Genossen miteinander verbunden, so hängt die Zulässigkeit der Berufung davon ab, ob für den *einzelnen* Genossen die Berufungssumme gegeben ist oder ob bei Erreichung der Berufungssumme durch Zusammenfassung mehrerer Genossen diese einheitlich durch einen Schriftsatz Berufung einlegen (RG JW 33 S. 2216).

5. Die infolge des Urteils etwa erforderlich werdende Berechnung erfolgt im Wege der Zusatzberechnung (113).

§ 112 a
Vergleich über Nachschüsse

(1) Der Konkursverwalter[1] kann mit Zustimmung des Gläubigerausschusses[2] über den von dem Genossen zu leistenden Nachschuß[3] einen Vergleich abschließen. Der Vergleich bedarf zu seiner Wirksamkeit der Bestätigung durch das Konkursgericht[4].
(2) Der Vergleich wird hinfällig, wenn der Genosse mit seiner Erfüllung in Verzug[5] gerät.

1. 112 a wurde eingefügt durch Ges. vom 20. 12. 33 (RGBl. I S. 1089).

2. 103; die Zustimmung muß auf einem Beschlusse des Gläubigerausschusses (KO 90) beruhen und kann vor oder nach Vergleichsabschluß erklärt werden.

3. Ob die Nachschüsse in einer Vorschuß- oder Nachschuß- oder Zusatzberechnung festgesetzt wurden, ist ohne Belang.

4. Konkursgericht hat zu prüfen, ob die Interessen der Gläubiger gewahrt sind.

5. BGB 284.

§ 113
Zusatzberechnung

(1) Soweit infolge des Unvermögens einzelner Genossen zur Leistung von Beiträgen der zu deckende Gesamtbetrag nicht erreicht wird, oder in Gemäßheit des auf eine Anfechtungsklage ergehenden Urteils oder aus anderen Gründen die Berechnung abzuändern ist, hat der Konkursverwalter eine Zusatzberechnung[1] aufzustellen. Die Vorschriften der §§ 106 bis 112 a gelten auch für die Zusatzberechnung.

(2) Die Aufstellung einer Zusatzberechnung ist erforderlichenfalls zu wiederholen.

1. Abs. 1 Satz 2 ist durch Ges. vom 20. 12. 33 neu gefaßt. — Eine Zusatzberechnung ist nicht schon wegen bloßer Änderungen in dem Bestand der Konkursmasse oder wegen der Wahrscheinlichkeit eines größeren oder geringeren als des ursprünglich veranschlagten Defizits aufzustellen. Die Zusatzberechnung soll überhaupt nur stattfinden, wenn die Abänderung der Vorschußberechnung sich als notwendig herausstellt.

§ 114
Nachschußberechnung

(1) Sobald mit dem Vollzuge der Schlußverteilung (§ 161 der Konkursordnung) begonnen wird, hat der Konkursverwalter schriftlich festzustellen, ob und in welcher Höhe nach der Verteilung des Erlöses ein Fehlbetrag verbleibt und inwieweit er durch die bereits geleisteten Nachschüsse gedeckt ist[1]. Die Feststellung ist auf der Geschäftsstelle des Gerichts niederzulegen[2].

(2) Verbleibt ein ungedeckter Fehlbetrag und können die Genossen zu weiteren Nachschüssen herangezogen werden, so hat der Konkursverwalter in Ergänzung oder Berichtigung der Vorschußberechnung und der zu ihr etwa ergangenen Zusätze zu berechnen, wieviel die Genossen nach § 105 an Nachschüssen zu leisten haben (Nachschußberechnung)[3].

(3) Die Nachschußberechnung unterliegt den Vorschriften der §§ 106 bis 109, 111—113, der Vorschrift des § 106 Abs. 2 mit der Maßgabe, daß auf Genossen, deren Unvermögen zur Leistung von Beiträgen sich herausgestellt hat, Beiträge nicht verteilt werden.

§ 114 Gesetz, betr. die Erwerbs- und Wirtschaftsgenossenschaften

1. Die derzeitige Fassung des § 114 beruht auf der VO über Maßnahmen auf dem Gebiet des Genossenschaftsrechts vom 7. 8. 41 (RGBl. I S. 482), durch die das früher umständliche Verfahren zur Berechnung und Einziehung der Nachschüsse vereinfacht worden ist (vgl. Menard DJ 41 S. 865). Gemäß § 6 des handelsrechtlichen Bereinigungsgesetzes v. 18. 4. 50 (BGBl. S. 90) bleibt 114 in seiner derzeitigen Fassung auch weiterhin in Kraft.

2. Auch die neue Fassung des § 114 Abs. 1 geht davon aus, daß sich häufig erst nach Abschluß der Verwertung der Konkursmasse, also mit dem Beginn der Schlußverteilung nach § 161 KO, der tatsächliche Fehlbetrag feststellen und daher übersehen läßt, wieviel die Genossen endgültig an Nachschüssen zu leisten haben. Während jedoch bisher die alsbaldige Aufstellung einer Nachschußberechnung sowie die Abhaltung eines Termins zur Erörterung derselben, die Ladung der Genossen zu dem Termin und die Vollstreckbarkeitserklärung zwingend vorgeschrieben waren, hat der Konkursverwalter nunmehr zunächst schriftlich festzustellen, ob und in welcher Höhe nach der Verteilung des Erlöses ein Fehlbetrag verbleibt und inwieweit er durch die bereits geleisteten Nachschüsse gedeckt ist. Diese Feststellung ist der Offenkundigkeit halber auf der Geschäftsstelle des Gerichts niederzulegen. Sie gibt zunächst Aufschluß darüber, ob überhaupt ein Grund dazu besteht, von den Genossen weitere Nachschüsse zu fordern. Wenn nämlich der nach der Verwertung der Konkursmasse endgültig festgestellte Fehlbetrag schon durch die aufgrund der Vorschußberechnung eingezogenen Nachschüsse gedeckt ist, besteht kein Anlaß mehr, von den Genossen weitere Beiträge zu verlangen. In solchen Fällen kann daher von einer Nachschußberechnung abgesehen werden.

3. Eine Nachschußberechnung ist also nur noch dann vorzunehmen, wenn ein ungedeckter Fehlbetrag verbleibt *und* die Möglichkeit besteht, die Genossen zu weiteren Nachschüssen heranzuziehen. In allen anderen Fällen bewendet es bei der schriftlichen Feststellung des Konkursverwalters und deren Niederlegung auf der Geschäftsstelle des Gerichts (Abs. 1). Soweit eine Nachschußberechnung aufzustellen ist, ist daneben auch noch die schriftliche Feststellung nach Abs. 1 anzufertigen und bei Gericht niederzulegen; Nachschußberechnung und schriftliche Feststellung können jedoch miteinander verbunden werden (Menard DJ 41 S. 865).

§ 115
Verteilung der Nachschußmasse

(1) Der Verwalter hat, nachdem die Nachschußberechnung für vollstreckbar erklärt ist, unverzüglich den gemäß § 110 vorhandenen Bestand und, so oft von den noch einzuziehenden Beiträgen hinreichender Bestand eingegangen ist, diesen im Wege der Nachtragsverteilung (Konkursordnung § 166) unter die Gläubiger zu verteilen[1]. Soweit es keiner Nachschußberechnung bedarf, hat der Verwalter die Verteilung unverzüglich vorzunehmen, nachdem die Feststellung nach § 114 Abs. 1 auf der Geschäftsstelle des Gerichts niedergelegt ist[2].

(2) Außer den Anteilen auf die im § 168 der Konkursordnung bezeichneten Forderungen sind zurückzubehalten die Anteile auf Forderungen, welche im Prüfungstermin von dem Vorstand ausdrücklich bestritten worden sind. Dem Gläubiger bleibt überlassen, den Widerspruch des Vorstandes durch Klage zu beseitigen. Soweit der Widerspruch rechtskräftig für begründet erklärt wird, werden die Anteile zur Verteilung unter die übrigen Gläubiger frei[3].

(3) Die zur Befriedigung der Gläubiger nicht erforderlichen Überschüsse hat der Konkursverwalter an die Genossen zurückzuzahlen[4].

1. Abweichung von § 149 KO, weil nämlich die Verteilung der aus Vorschüssen und Nachschüssen gebildeten Masse bis nach Vollstreckbarkeitserklärung der Nachschußberechnung hinausgeschoben ist; diese zeitliche Beschränkung gilt nicht für die Verteilung der eigentlichen Konkursmasse. Die Bestimmung bezieht sich nur auf die im Vorschuß- und Nachschußverfahren eingezogenen Beträge, nicht aber auf Abschlagsverteilungen aus dem sonstigen Vermögen der G; für die Verteilung sind maßgebend die Bestimmungen der KO über Nachtragsverteilung (KO 166). Die Grundlage bildet das Schlußverzeichnis.

2. Satz 2 wurde eingefügt durch die VO über Maßnahmen auf dem Gebiet des Genossenschaftsrechts vom 7. 8. 41 (RGBl. I S. 482), durch die das früher umständliche Verfahren zur Berechnung und Einziehung der Nachschüsse vereinfacht worden ist (s. die Anmerkungen zu § 114). Da die Vollstreckbarkeitserklärung der Nachschußberechnung nach der früheren Regelung die Voraussetzung für die Nachtragsverteilung unter die Konkursgläubiger bildete, mußte eine Sonderregelung für die Fälle getroffen werden, in denen die Nachschußbe-

§ 115 a Gesetz, betr. die Erwerbs- und Wirtschaftsgenossenschaften

rechnung auf Grund der neuen Fassung des § 114 nunmehr fortfällt. Gemäß § 6 des handelsrechtlichen Bereinigungsgesetzes v. 18. 4. 50 (BGBl. S. 90) bleibt 115 in seiner derzeitigen Fassung auch weiterhin in Kraft.

3. Die Klage geht gegen die Genossenschaft, vertreten durch den Vorstand oder die Liquidatoren. Das Urteil wirkt für und gegen die Nachschußmasse, nicht auch für und gegen die eigentliche Konkursmasse; es geht allein darauf, den Widerspruch für begründet oder unbegründet zu erklären.

4. Nach welchem Schlüssel die Verteilung zu erfolgen hat, sagt das Gesetz nicht. Die Ansichten hierüber gehen auseinander (vgl. Meyer-Meulenbergh 115 Anm. 4); zweifellos sind aber aus den Überschüssen zunächst diejenigen Genossen, die nach 105 Abs. 4 mehr als von ihnen geschuldet gezahlt haben, wegen dieser Beträge zu befriedigen. Der dann noch verbleibende Überschuß wird nach dem Grundsatz der gleichmäßigen Behandlung der Genossen (vgl. § 18 Anm. 1 Abs. 4) in erster Linie jeweils an die Genossen zurückzuzahlen sein, welche die höchsten Nachschüsse geleistet haben, bis unter diesen ein Ausgleich hergestellt ist.

§ 115 a
Abschlagsverteilung

(1) Bei einem Konkurse[1], dessen Abwicklung voraussichtlich längere Zeit in Anspruch nehmen wird[2], kann der Konkursverwalter mit Genehmigung des Konkursgerichts sowie des etwa bestellten Gläubigerausschusses[3] die eingezogenen Beträge (§ 110) schon vor dem im § 115 Abs. 1 bezeichneten Zeitpunkt im Wege der Abschlagsverteilung[4] nach den Vorschriften der §§ 149 bis 160 der Konkursordnung an die Gläubiger verteilen, aber nur insoweit, als nach dem Verhältnis der Schulden zu dem Vermögen anzunehmen ist, daß eine Erstattung eingezogener Beträge an Genossen (§ 105 Abs. 4, § 115 Abs. 3) nicht in Frage kommt.

(2) Sollte sich dennoch nach Befriedigung der Gläubiger ein Überschuß aus der Konkursmasse ergeben, so sind die zuviel gezahlten Beträge den Genossen aus dem Überschuß zu erstatten[5].

1. 115 a wurde eingeführt durch Ges. vom 18. 5. 33 (RGBl. I S. 275). Über seine Entstehung vgl. Vogels JW 33 S. 1378, ferner BlfG 33 S. 343.

Kommentar §115b

2. Als „längere Zeit in Anspruch nehmend" dürfte in der Regel ein Konkurs anzusehen sein, dessen Abwicklung voraussichtlich länger als ein Jahr dauern wird.

3. 103.

4. Diese Abschlagsverteilung gemäß KO 149—160 ist keine Nachtragsverteilung nach 115 Abs. 1 GenG.

5. Ergibt sich bereits aus 115 Abs. 3.

§ 115 b
Nachschußpflicht ausgeschiedener Genossen

Sobald mit Sicherheit anzunehmen ist, daß die im § 105 Abs. 1 bezeichneten Konkursgläubiger auch nicht durch Einziehung der Nachschüsse von den Genossen Befriedigung oder Sicherstellung erlangen, sind die hierzu erforderlichen Beiträge von den innerhalb der letzten achtzehn Monate vor der Eröffnung des Konkursverfahrens ausgeschiedenen Genossen, welche nicht schon nach § 75 oder § 76 Abs. 4 der Nachschußpflicht unterliegen, nach Maßgabe des § 105 zur Konkursmasse zu leisten.

1. Die derzeitige Fassung des § 115 b beruht auf der VO über Maßnahmen auf dem Gebiet des Genossenschaftsrechts vom 7. 8. 41 (RGBl. I S. 482), durch die das früher umständliche Verfahren zur Berechnung und Einziehung der Nachschüsse vereinfacht worden ist (s. die Anmerkungen zu § 114). Gemäß § 6 des handelsrechtlichen Bereinigungsgesetzes v. 18. 4. 50 (BGBl. S. 90) bleibt 115 b in seiner derzeitigen Fassung auch weiterhin in Kraft. Die früher vorgeschriebene Wartefrist von drei Monaten für die Inanspruchnahme der innerhalb der letzten achtzehn Monate vor der Eröffnung des Konkursverfahrens ausgeschiedenen Genossen, die von der Vorschuß- und Zusatzberechnung noch nicht erfaßt worden sind, ist beseitigt. Diese ehemaligen Genossen sind nunmehr verpflichtet, Nachschüsse zur Konkursmasse zu leisten, sobald mit Sicherheit anzunehmen ist, daß die Konkursgläubiger sonst keine Befriedigung oder Sicherstellung erlangen. Sie werden mit Hilfe einer besonderen Nachschußberechnung (115 c) herangezogen; auch dieses Nachschußverfahren gegen die Ausgeschiedenen ist ein Teil des Konkursverfahrens.

§ 115 c
Berechnung über die Nachschußpflicht der Ausgeschiedenen

(1) Der Konkursverwalter hat[1] ohne Verzug eine Berechnung über die Beitragspflicht der Ausgeschiedenen aufzustellen[2].

(2) In der Berechnung sind dieselben namentlich zu bezeichnen und auf sie die Beiträge zu verteilen, soweit nicht das Unvermögen einzelner zur Leistung von Beiträgen vorauszusehen ist.

(3) Im übrigen finden die Vorschriften in § 106 Absatz 3, §§ 107 bis 109, 111 bis 113 und 115 entsprechende Anwendung.

1. § 115 c war bis zum Inkrafttreten des Ges. vom 20. 12. 33 (dem 1. 1. 34) § 129 und galt nur für die eGmuH (s. 115 b Anm. 1).

2. Für die länger als 6 Monate, aber nicht länger als 18 Monate vor Konkurseröffnung ausgeschiedenen Genossen (115 b) ist eine besondere Nachschußberechnung aufzustellen; diese Genossen fallen weder unter die Vorschuß- noch unter die Nachschußberechnung, die für die zur Zeit der Konkurseröffnung in der Liste eingetragenen und die innerhalb von 6 Monaten vor Konkurseröffnung ausgeschiedenen Genossen maßgebend ist.

§ 115 d
Rückerstattung an die Ausgeschiedenen

(1) Durch die Bestimmungen der §§ 115 b, 115 c wird die Einziehung der Nachschüsse von den in der Genossenschaft verbliebenen Genossen nicht berührt.

(2) Aus den Nachschüssen der letzteren sind den Ausgeschiedenen die von diesen geleisteten Beiträge zu erstatten, sobald die Befriedigung oder Sicherstellung der sämtlichen im § 105 Absatz 1 bezeichneten Konkursgläubiger bewirkt ist.

1. § 115 d war bis zum Inkrafttreten des Ges. vom 20. 12. 33 (dem 1. 1. 34) § 130 und galt nur für die eGmuH (s. 115 b Anm. 1).

§ 115 e
Zwangsvergleich

(1) Der Abschluß[1] eines Zwangsvergleichs (§ 173 der Konkursordnung)[2] ist zulässig, sobald der allgemeine Prüfungstermin[3] abgehalten und solange nicht das Nachschußverfahren beendet ist[4].

Kommentar § 115 e

(2) Die Vorschriften der Konkursordnung über den Zwangsvergleich finden mit folgenden Abweichungen Anwendung[5]:
1. Vor Abschluß des Zwangsvergleichs muß der Revisionsverband, dem die Genossenschaft angeschlossen ist, darüber gehört werden, ob der Zwangsvergleich mit den Interessen der Genossen vereinbar ist[6];
2. zum Abschluß des Zwangsvergleichs ist erforderlich, daß die Gläubiger, die Mitglieder der Genossenschaft sind, und die Gläubiger, die es nicht sind, gesondert mit den im § 182 der Konkursordnung festgesetzten Mehrheiten[7] zustimmen;
3. der Zwangsvergleich kann wegen unredlichen oder leichtsinnigen Verhaltens des Vorstandes (§ 187 der Konkursordnung) nur verworfen werden, wenn ein erheblicher Teil der Genossen das Verhalten des Vorstandes gekannt hat[8];
4. der Zwangsvergleich wird vom Konkursverwalter durchgeführt; die §§ 105 bis 115 a, 141 finden Anwendung[9];
5. eine Zwangsvollstreckung aus dem rechtskräftig bestätigten Zwangsvergleich gegen einen Dritten, der neben der Genossenschaft ohne Vorbehalt der Einrede der Vorausklage Verpflichtungen übernommen hat (§ 194 der Konkursordnung), findet nur statt, wenn der Dritte die Verpflichtungserklärung in öffentlich beglaubigter Form gegenüber dem Gericht oder mündlich in dem Vergleichstermin abgegeben hat;
6. der Zwangsvergleich wird hinfällig, wenn der Konkursverwalter dem Gericht anzeigt, daß der Vergleich nicht fristgemäß erfüllt ist; bezieht sich die Anzeige auf Abschlags- oder Ratenzahlungen, so entscheidet das Gericht nach freiem Ermessen, ob der Zwangsvergleich hinfällig wird. Die Anzeige kann erst zwei Wochen nach Ablauf des im Vergleich bestimmten Zahlungstages erfolgen. Wird der Zwangsvergleich hinfällig, so wird das Konkursverfahren ohne Rücksicht auf den Zwangsvergleich fortgesetzt[10];
7. das Konkursverfahren wird erst aufgehoben, wenn der Konkursverwalter dem Gericht anzeigt, daß der Zwangsvergleich erfüllt ist[11];

1. 115 e wurde eingefügt durch Ges. vom 20. 12. 33 (RGBl. I S. 1089) und gleichzeitig der bisherige Abs. 1 des § 116, wonach die Aufhebung des Konkursverfahrens durch Zwangsvergleich ausdrücklich ausgeschlossen war, beseitigt. 115 e Abs. 2 Ziff. 1 Satz 2 wurde gestrichen (Art. II Ziff. 2 des Gesetzes vom 30. 10. 34). Der Zwangsvergleich ist auch im Konkurs einer aufgelösten eG zulässig.

§ 115 e Gesetz, betr. die Erwerbs- und Wirtschaftsgenossenschaften

2. Unter einem Zwangsvergleich ist eine mit Zustimmung des Konkursgerichts zustande kommende vertragliche Vereinbarung des Schuldners mit seinen nicht bevorrechtigten Gläubigern über die Schuldentilgung zu verstehen.

3. KO 141, 142.

4. Das Nachschußverfahren ist beendet, wenn der Konkursverwalter alle einziehbaren Nachschüsse eingezogen und im Wege der Abschlagsverteilung (115 a) bzw. der Nachtragsverteilung (115) verteilt oder sichergestellt (KO 168) oder etwaige Überschüsse an die Genossen zurückgezahlt hat (115 Abs. 3). Der Zwangsvergleich ist bei der eG in Abweichung von KO 173 auch noch *nach* Genehmigung der Vornahme der Schlußverteilung durch das Gericht möglich. Er muß allen nicht bevorrechtigten Konkursgläubigern gleiche Rechte gewähren; eine ungleiche Bestimmung der Rechte, z. B. eine Bessserstellung der sog. Kleingläubiger ist nur mit ausdrücklicher Zustimmung aller zurückgesetzten Gläubiger zulässig (KO 181). Der Vergleichsvorschlag kann Stundung oder Teilerlaß oder beides vorsehen; auch ein Liquidationsausgleich ist zulässig.

5. Unter entsprechender Anwendung von KO 175 ist ein Zwangsvergleich auch bei der eG unzulässig, solange der Vorst. (Liquidator) die Ableistung des Offenbarungseides verweigert oder wenn ein Vorstandsmitglied wegen betrügerischen Bankrotts rechtskräftig verurteilt worden ist und die Verurteilung im Zusammenhang mit dem schwebenden Konkurs erfolgt ist (streitig), ferner, solange gegen ein Vorstandsmitglied wegen betrügerischen Bankrotts eine gerichtliche Untersuchung oder ein wiederaufgenommenes Verfahren anhängig ist. Dagegen ist durch die Flucht eines Vorstandsmitgliedes der Zwangsvergleich dann nicht unzulässig geworden, wenn ein neues Vorstandsmitglied bestellt ist. Wirkung des Zwangsvergleiches KO 193.

6. Während der Gläubigerausschuß die Interessen der *Gläubiger* zu wahren hat, hat der Revisionsverband zu prüfen, ob der Zwangsvergleich mit den Interessen der *Genossen* vereinbar ist. Die Anhörung des Prüfungsverbandes ist zwingend vorgeschrieben. Ist sie unterblieben, so muß der Zwangsvergleich verworfen werden (KO 184, 186 Ziff. 1). Dagegen rechtfertigt die Tatsache, daß der Verband sich gegen den Abschluß des Zwangsvergl. ausgesprochen hat, die Verwerfung nicht.

Kommentar § 115e

7. Nach KO 182 ist zur Annahme des Vergleichs erforderlich, daß die Mehrzahl der anwesenden stimmberechtigten Gläubiger ausdrücklich zustimmt und die Gesamtsumme der Forderungen der zustimmenden Gläubiger mindestens drei Viertel der Gesamtsumme aller zum Stimmen berechtigenden Forderungen beträgt.

8. Nach KO 187 *muß* der Vergleich verworfen werden, wenn er den Gläubigern nicht mindestens 20 % ihrer Forderungen gewährt und dieses Ergebnis auf ein unredliches Verhalten des Gemeinschuldners, insbesondere darauf zurückzuführen ist, daß der Gemeinschuldner durch ein solches Verhalten die Eröffnung des Konkursverfahrens verzögert hat. Diese Bestimmung ist durch 115 e Ziff. 3 dahin eingeschränkt, daß ein erheblicher Teil der Genossen das Verhalten des Vorst. gekannt haben muß. War das Verhalten des Vorst. nur leichtsinnig, so *kann* der Zwangsvergleich verworfen werden (KO 187 Satz 2). Was unter einem „erheblichen Teil" der Genossen zu verstehen ist, sagt das Gesetz nicht; jedenfalls wird es nicht immer die Mehrheit der Genossen zu sein brauchen. Der Vergleich ist ferner von Amts wegen zu verwerfen, wenn wesentliche Verfahrensvorschriften verletzt sind oder der Vergleich nachträglich unzulässig geworden ist (KO 186). Verwerfung des Vergleichs auf Antrag KO 188. Beschwerde gegen die Verwerfung KO 189.

9. Die Durchführung des Zwangsvergleichs durch den Konkursverwalter bedeutet eine Abweichung vom System der KO. Der Konkursverwalter ist also nicht Treuhänder wie in den übrigen Konkursverfahren, bei denen ihm im Vergleichsvorschlag die Durchführung des Zwangsvergleichs übertragen ist, sondern er erfüllt auch weiterhin die ihm vom Gericht übertragenen Amtspflichten und haftet dafür allen Beteiligten nach KO 82.

10. Die Wirksamkeit des Zwangsvergleichs einer eG ist hiernach bedingt durch die fristgemäße Vergleichserfüllung. Wird der Vergleich hinfällig, so werden Vergleichsbürgschaften und Verpflichtungen sonstiger Selbstschuldner (abweichend vom Vergleichsverfahren) unwirksam.

11. Aufhebung des Konkursverfahrens erst nach Schlußrechnung (KO 86) und Schlußtermin (KO 162).

Eine Fortsetzung der eG ist nur im Falle ihrer durch Beschluß der GV oder durch Zeitablauf erfolgten Auflösung zugelassen (79 a). Ein Wiederaufleben der eG nach ihrer durch Konkurseröffnung er-

§ 116 Gesetz, betr. die Erwerbs- und Wirtschaftsgenossenschaften

folgten Auflösung (101) ist deshalb nur durch Neugründung möglich, auch wenn sie einen Zwangsvergleich abgeschlossen hat (ebenso Meyer-Meulenbergh 115 e Anm. 9; a. A. Wallenfels in JW 34 S. 1147).

§ 116
Einstellung des Verfahrens

Das Konkursverfahren[1] ist auf Antrag des Vorstandes einzustellen[2], wenn er nach dem Ablauf der Anmeldefrist die Zustimmung aller Konkursgläubiger, die Forderungen angemeldet haben, beibringt[3] und nachweist, daß andere Gläubiger nicht bekannt sind. Inwieweit es der Zustimmung oder der Sicherung von Gläubigern bedarf, deren Forderungen angemeldet, aber nicht festgestellt sind, entscheidet das Konkursgericht nach freiem Ermessen[4].

1. Neufassung durch Ges. vom 20. 12. 33 (RGBl. I S. 1089), da Zwangsvergleich nunmehr zulässig ist (115 e).

2. Beendigung des Konkursverfahrens ist nach der KO nicht nur durch Einstellung des Verfahrens auf Antrag des Schuldners mit Zustimmung der Gläubiger möglich (KO 202), sondern auch durch Aufhebung nach Verteilung der Masse (KO 163), Einstellung mangels Masse (KO 204) oder Zwangsvergleich (KO 173 ff.). Alle vier Arten der Beendigung gelten mit gewissen Abweichungen auch für den Konkurs der eG:

Die *Aufhebung* des Konkurses der eG *nach* 163 KO kann nach herrschender Ansicht erst nach vollständiger Durchführung des Nachschußverfahrens erfolgen (Meyer-Meulenbergh 116 Anm. 3 a, Jaeger KonkRecht, 8. Aufl. S. 207).

Bei Abschluß eines *Zwangsvergleichs* der eG darf die Aufhebung erst nach Erfüllung des Zwangsvergleichs stattfinden (115 e Ziff. 7).

Die *Einstellung* des Konkursverfahrens *auf Antrag des Vorstandes* ist nach der Neufassung des § 116 in Übereinstimmung mit KO 202 schon nach Ablauf der Anmeldefrist möglich, während sie vor dem 1. 1. 34 erst nach Beginn des Vollzuges der Schlußverteilung zulässig war.

Die *Einstellung* des Konkurses der eG *mangels Masse* (KO 204) ist zulässig, wenn aus den Nachschüssen die Massekosten nicht gedeckt werden können (ebenso Meyer-Meulenbergh 116 Anm. 3 c). Daß die *Eröffnung* des Verfahrens nicht mangels Masse *abgelehnt* werden kann (100 Abs. 3), ist in diesem Zusammenhang unmaßgeblich.

Kommentar § 118

3. Die Zustimmung der Gläubiger zur Einstellung bedeutet deren Verzicht auf das Nachschußverfahren und auf die Verteilung bereits eingegangener Vorschüsse.

4. § 116 GenG gilt unter den Voraussetzungen von § 385 q AktG entsprechend bei Umwandlung in eine Aktiengesellschaft.

§ 117
Pflicht des Vorstandes zur Unterstützung des Konkursverwalters

Der Vorstand ist verpflichtet, den Konkursverwalter bei den diesem in § 106 Absatz 1, § 109 Absatz 1, §§ 113, 114 zugewiesenen Obliegenheiten zu unterstützen[1,2].

1. Diese Unterstützungspflicht, die sich auf die Aufstellung der Vorschuß-, Nachschuß- und Zusatzberechnung sowie auf die Einziehung der Vor- und Nachschüsse bezieht, entspricht dem Grundsatze des § 100 KO; die dort festgelegte Auskunftspflicht besteht neben der Unterstützungspflicht.

2. § 117 gilt entsprechend nach Umwandlung in eine Aktiengesellschaft (§ 385 q AktG).

§ 118
Konkurs der aufgelösten Genossenschaft

(1) Ergibt sich[1] die Zahlungsunfähigkeit[2] der aufgelösten Genossenschaft, so haben die Liquidatoren ohne schuldhaftes Zögern, spätestens aber drei Wochen nach Eintritt der Zahlungsunfähigkeit, die Eröffnung des Konkursverfahrens oder des gerichtlichen Vergleichsverfahrens zu beantragen[3]; dasselbe gilt, wenn aus der Jahresbilanz[4] oder aus einer im Laufe des Jahres aufgestellten Bilanz sich eine Überschuldung[5] der aufgelösten Genossenschaft ergibt. Eine schuldhafte Verzögerung des Antrags liegt nicht vor, wenn die Liquidatoren die Eröffnung des gerichtlichen Vergleichsverfahrens mit der Sorgfalt eines ordentlichen Geschäftsmannes betreiben.

(2) Die Liquidatoren sind der Genossenschaft nach Maßgabe des § 34 zum Ersatze von Zahlungen verpflichtet, die nach Eintritt der Zahlungsunfähigkeit der aufgelösten Genossenschaft oder nach Feststellung ihrer Überschuldung geleistet werden[6]. Dies gilt nicht von Zahlungen, die auch nach diesem Zeitpunkt mit der Sorgfalt eines ordentlichen Geschäftsmannes vereinbar sind[7].

§ 119 Gesetz, betr. die Erwerbs- und Wirtschaftsgenossenschaften

(3) Soweit sich nicht aus den Abs. 1, 2 ein anderes ergibt, gelten die in diesem Abschnitt hinsichtlich des Vorstandes getroffenen Bestimmungen auch hinsichtlich der Liquidatoren.

1. 118 Abs. 1 in der Fassung des § 128 der Vergleichsordnung vom 26. 2. 35, die auch die aufgelöste eG zum Vergleichsverfahren zugelassen hat.

2. Zahlungsunfähigkeit 98 Anm. 2.

3. § 118, der nach der VO vom 4. 9. 39 (RGBl. I S. 1694) mit Rücksicht auf die Kriegsverhältnisse vorerst nicht mehr anzuwenden war, ist durch die Aufhebung dieser VO durch § 1 I a des handelsrechtlichen Bereinigungsgesetzes vom 18. 4. 50 (BGBl. S. 90) wieder voll in Kraft.

4. 33 Abs. 2.

5. Überschuldung 98 Anm. 3.

6. Vgl. 99 Anm. 3. Verjährung in 5 Jahren (99 Abs. 3).

7. Vgl. 99 Anm. 4.

Achter Abschnitt
Besondere Bestimmungen

I. Für Genossenschaften mit unbeschränkter Haftpflicht

§ 119
Beschränkung auf einen Geschäftsanteil

Bei Genossenschaften mit unbeschränkter Haftpflicht darf ein Genosse nicht auf mehr als einen Geschäftsanteil beteiligt sein[1].

1. Diese Bestimmung wurde geschaffen, um einer allzu großen Ungleichheit in der Beteiligung und der damit gegebenen Gefahr des Hervortretens des kapitalistischen Moments innerhalb der Genossenschaft vorzubeugen (Begr. II 246).

§ 120
Inhalt der Beitrittserklärung zur eGmuH

Die Beitrittserklärungen (§ 15) müssen die ausdrückliche Bemerkung enthalten[1], daß die einzelnen Genossen verpflichtet sind, die in dem Statut der Genossenschaft bestimmten Einzahlungen auf den Geschäftsanteil zu machen und der Genossenschaft die zur Befriedigung ihrer Gläubiger erforderlichen Nachschüsse ohne Beschränkung auf eine bestimmte Summe nach Maßgabe des Gesetzes zu leisten[2].

1. § 120 wurde neu gefaßt durch Ges. vom 20. 12. 33 (RGBl. I S. 1089). Durch den Wortlaut der Beitrittserklärung soll der Beitretende auf den Umfang seiner finanziellen Verpflichtungen hingewiesen werden. Für Beitrittserklärungen aus der Zeit vor dem 1. 1. 34 bewendet es bei den bisherigen Vorschriften (Art. 2 Abs. 8 des Ges. vom 20. 12. 33). Über deren Wortlaut vgl. die früheren Auflagen.

2. Beitrittserklärungen, die dieser Vorschrift nicht genügen, sind ungültig. Keine Heilung des Formmangels durch Eintragung in die gerichtliche Liste der Genossen oder Teilnahme am genossenschaftlichen Leben. Die Genossen handeln nicht arglistig, wenn sie sich auf den Mangel ihrer Beitrittserklärungen berufen; sie sind nicht verpflichtet, an Stelle der ungültigen eine ordnungsmäßige Beitrittserklärung abzugeben (RG 97 307, **137** 73 ff. = JW 33 S. 112, KG JFG **21** 315 = BlfG 40 S. 355). Die Beitretenden werden auch nicht etwa dadurch Genossen, daß dem RegGericht nachträglich ohne Mitwirkung des Vorstands eine den §§ 120 bzw. 131 a entsprechend ergänzte Erklärung eingereicht wird (KG JFG **21** 315 = BlfG 40 S. 355). Die „Bemerkung" ist ihrem Inhalte nach genau entsprechend der Vorschrift des Gesetzes zu fassen, widrigenfalls sie nichtig ist (KG JFG **12** 238 = JW 35 S. 2067). Eine wörtlich genaue Übereinstimmung der Bemerkung in der Beitrittserklärung mit der gesetzlichen Formulierung ist nicht erforderlich.

§ 121
Berufung der Generalversammlung bei Überschuldung

(1) Sobald sich bei der Geschäftsführung ergibt, daß das Vermögen der Genossenschaft einschließlich des Reservefonds und der sonstigen zur Deckung von Verlusten bestimmten Reserven sowie der Geschäftsguthaben zur Deckung der Schulden nicht ausreicht,

§ 121 Gesetz, betr. die Erwerbs- und Wirtschaftsgenossenschaften

hat der Vorstand die Generalversammlung zur Beschlußfassung, ob die Genossenschaft aufgelöst werden soll, zu berufen[1].

(2) Für den Fall, daß die Auflösung beschlossen wird, ist zugleich die im § 104 vorgesehene Beschlußfassung herbeizuführen[2].

1. Abs. 1 in der Fassung des Ges. vom 20. 12. 33 (RGBl. I S. 1089). In 118, 140 ist von der Bilanz die Rede, die die Überschuldung ergibt, 121 geht von der Überschuldung aus, die „sich bei der Geschäftsführung ergibt". Es ist aber selbstverständlich, daß eine Bilanz vorliegen muß. Für diese Bilanz gelten keine anderen als die allgemeinen für die Bilanzen geltenden Grundsätze, denn es ist keine Liquidationsbilanz (89 Anm. 3). Alle Aktiven sind zu ihrem Gegenwartswerte einzusetzen (RGStr. 46 99; 49 89; vgl. 33 c). Für die Feststellung einer Unterbilanz ist natürlich das eigene Vermögen zu berücksichtigen (98 Anm. 3). Überschuldung der eGmuH verpflichtet den Vorstand zur Konkursanmeldung nur, wenn die eG aufgelöst ist. Bei bestehender eGmuH ist Konkursgrund nur Zahlungsunfähigkeit (98).

Die Frage der Auflösung (78: Dreiviertel-Mehrheit) **muß auf die Tagesordnung gesetzt werden** (vgl. aber auch 78 a u. b). Selbstverständlich können auf dieselbe auch Maßnahmen zur Beseitigung der Überschuldung, z. B. Erhöhung des Geschäftsanteils und der Einzahlungen vom Vorstand oder auf Verlangen des Aufsichtsrats oder der Genossen gesetzt werden. Auch wenn die Überschuldung auf Valutaschulden beruht, kommt 121 zur Anwendung, da diese Vorschrift in der VO vom 28. 4. 20 (RGBl. S. 696) nicht außer Kraft gesetzt ist.

Nach § 71 DMBG ist bis zur Beschlußfassung über die Neufestsetzung der Geschäftsguthaben und Geschäftsanteile der Vorstand nicht verpflichtet, wegen einer bei Aufstellung der Eröffnungsbilanz sich ergebenden Überschuldung gemäß § 121 GenG die Generalversammlung einzuberufen, d. h. der Vorstand muß nicht die Generalversammlung einberufen, aber er kann sie einberufen.

2. Da der Auflösungsbeschluß hier stets Konkurs oder gerichtliches Vergleichsverfahren zur Folge hat (118), so ist sofort über Neuwahl des Vorstandes und Aufsichtsrats zu beschließen (104).

Die §§ 122—125 sind durch Ges. vom 20. 12. 33 (RGBl. I S. 1089) aufgehoben.

Sie betreffen die unmittelbare Haftpflicht der Genossen der eGmuH gegenüber den Konkursgläubigern, die Verjährung der Gläubiger-

Kommentar § 131

klage, das Rückgriffsrecht der Genossen und die Haftpflicht bereits ausgeschiedener Genossen. Diese grundsätzlich aufgehobenen Bestimmungen galten jedoch noch für Genossenschaften, die sich am 1.1.34 im Konkurse befanden, wenn zu dieser Zeit drei Monate seit dem Termin verstrichen waren, in welchem die Nachschußberechnung für vollstreckbar erklärt worden ist (Art. 2 Abs. 5 des Ges. vom 20. 12. 33).
Bezüglich des Wortlauts dieser Vorschriften vgl. die früheren Auflagen.

Die §§ 126 und 127 sind durch Ges. vom 20. 12. 33 (RGBl. I S. 1089) aufgehoben.
Sie betrafen die eG mit unbeschränkter Nachschußpflicht (vgl. § 2 Anm. 1). Wegen ihrer ausnahmsweisen weiteren Geltung siehe die Bemerkung zu den §§ 122—125; das dort Ausgeführte gilt entsprechend.

Die §§ 128, 129, 130 sind jetzt 115 b, 115 c, 115 d (Ges. v. 20. 12. 33).

II. Für Genossenschaften mit beschränkter Haftpflicht

§ 131
Höhe der Haftsumme

(1) Bei Genossenschaften mit beschränkter Haftpflicht darf die Haftsumme[1] der einzelnen Genossen (§ 2), soweit sich nicht aus § 139 a ein anderes ergibt, nicht niedriger als der Geschäftsanteil[2] sein.[3].
(2) Die Haftsumme muß bei Errichtung der Genossenschaft durch das Statut bestimmt werden[4].

1. Der persönlichen Haftpflicht der Genossen ist durch einen bestimmten, für alle Genossen an sich gleichen Höchstbetrag (Haftsumme) eine Grenze gezogen, über welche hinaus der Genosse von der Genossenschaft auf Leistung von Nachschüssen zur Deckung des Ausfalls der Gläubiger nicht in Anspruch genommen werden kann. Haftpflicht und Geschäftsanteil sind ganz getrennt. Der Geschäftsanteil gehört weder selbst zur Haftsumme, noch verstärkt er dieselbe durch die auf die einzelnen Geschäftsanteile noch nicht eingezahlten Beträge. Bei bestehender G ist die Haftsumme rechtlich nicht als Schuld zu behandeln (RGZ 85 209, 123 247 ff.).

423

§ 132 Gesetz, betr. die Erwerbs- und Wirtschaftsgenossenschaften

2. Die Haftsumme braucht aber nicht in einem Vielfachen des Geschäftsanteils zu bestehen.

3. Abs. 1 hat durch Ges. vom 20. 7. 33 (RGBl. I S. 521) die vorliegende Fassung erhalten.

4. Vgl. 94, 95 Abs. 4.

§ 131 a
Inhalt der Beitrittserklärung zur eGmbH

Die Beitrittserklärungen (§ 15) müssen die ausdrückliche Bemerkung enthalten[1], daß die einzelnen Genossen verpflichtet sind, die in dem Statut der Genossenschaft bestimmten Einzahlungen auf den Geschäftsanteil zu machen und der Genossenschaft die zur Befriedigung ihrer Gläubiger erforderlichen Nachschüsse bis zu der im Statut festgesetzten Haftsumme nach Maßgabe des Gesetzes zu leisten[2].

1. 131 a wurde durch Ges. vom 20. 12. 33 (RGBl. I S. 1089) eingefügt.
Für Beitrittserklärungen aus der Zeit vor dem 1. 1. 34 bewendet es bei den bisherigen Vorschriften (Art. 2 Abs. 8 des genannten Ges.).

2. Beitrittserklärungen, die diesen Vorschriften nicht genügen, sind ungültig (Näheres hierüber s. 120 Anm. 2).

§ 132
Erhöhung der Haftsumme

Zu einer Erhöhung der Haftsumme[1] bedarf es einer Mehrheit von drei Vierteilen der in der Generalversammlung erschienenen Genossen[2]. Das Statut kann noch andere Erfordernisse aufstellen[3].

1. Gehört zur genossenschaftlichen Duldungspflicht (16 Anm. 1); vgl. aber auch RG JW 10 S. 40, wonach ein Erhöhungsbeschluß nichtig ist, wenn er eine maßlose Erhöhung der Haftsumme enthält. Erhöhung der Haftsumme ist Statutänderung und wird deshalb erst wirksam mit der Eintragung ins GenReg. (16 Abs. 4). Eine Erhöhung des Geschäftsanteils, durch welche dieser den Betrag der bisher festgesetzten Haftsumme überschreitet, bewirkt auf Grund von 131 Abs. 1 auch ohne gleichzeitige ausdrückliche Erhöhung der Haftsumme eine entsprechende Erhöhung derselben bis zu ihrer Angleichung an den Betrag des Geschäftsanteils (Begründung II S. 134; ebenso Meyer-

Kommentar § 133

Meulenbergh 132 Anm. 1 und Krakenberger 131 Anm. 3 und 132 Anm. 2). Der Beschluß über die Erhöhung des Geschäftsanteils muß aber dann auch den etwaigen „anderen Erfordernissen" der Satzung über die Erhöhung der Haftsumme entsprechen, falls derartige „andere Erfordernisse" nach 132 Satz 2 in der Satzung vorgesehen sind; andernfalls wäre der Beschluß nach 51 anfechtbar. Eine Herabsetzung des Geschäftsanteils ist auf die Höhe der Haftsumme ohne Einfluß. Nach der Auflösung der eG kann die Haftsumme nicht mehr erhöht werden, und zwar auch dann nicht, wenn der Geschäftsanteil erhöht wird (139 a).

2. Wegen des Begriffs „erschienene Genossen" vgl. 43 Anm. 2.

3. „Noch andere Erfordernisse", d. h. noch weitere Erschwernisse.

§ 133
Herabsetzung der Haftsumme

Für die Herabsetzung der Haftsumme gilt § 22 Abs. 1 bis 3 sinngemäß[1].

1. Die vorliegende Fassung des § 133 beruht auf Art. I der Dritten Verordnung über Maßnahmen auf dem Gebiet des Genossenschaftsrechts vom 13. 4. 43 (RGBl. I S. 251). Wegen Einzelheiten vgl. 22 Anm. 1. Gemäß § 6 des handelsrechtlichen Bereinigungsgesetzes v. 18. 4. 50 (BGBl. S. 90) bleibt § 133 in seiner derzeitigen Fassung auch weiterhin in Kraft.

Die Herabsetzung der Haftsumme ist stets eine Satzungsänderung (16), deshalb Dreiviertelmehrheit notwendig, sofern die Satzung nicht eine geringere Mehrheit vorsieht (16 Abs. 2 Satz 3) und Rechtswirksamkeit des Beschlusses erst mit der Eintragung (16 Abs. 4). Eine Ausnahme von dieser Vorschrift bringt das DMBG. Hiernach kann die Herabsetzung der Haftsumme im Zuge der Erstellung der DM-Eröffnungsbilanz von der Generalversammlung mit einfacher Mehrheit der abgegebenen Stimmen beschlossen werden, auch wenn das Statut etwas anderes bestimmt (§ 67 DMBG). Voraussetzung ist aber, daß die Herabsetzung in demselben Verhältnis wie die Neufestsetzung der Geschäftsanteile beschlossen wird (§ 64 Abs. 4 S. 2 DMBG). Auch im Liquidationsstadium ist nach Ansicht des KG (JFG 11 167 = JW 33 S. 2461) eine Herabsetzung der Haftsumme mindestens dann zulässig, wenn sie im Zusammenhang mit einer zur Vermeidung des Konkurses beschlossenen Erhöhung des Geschäftsanteils (87 a,

§ 133a Gesetz, betr. die Erwerbs- und Wirtschaftsgenossenschaften

139 a) erfolgt. Nach der gleichen Entscheidung kann der Herabsetzungsbeschluß mit Zustimmung des Konkursverwalters auch noch nach Konkurseröffnung ins Register eingetragen werden (vgl. dazu aber KuT 1 34 S. 99). — Eine Herabsetzung der Haftsumme unter den Betrag des Geschäftsanteils ist unzulässig und wirkungslos (vgl. 131 Abs. 1).

§ 133 a
Zerlegung von Geschäftsanteil und Haftsumme

(1) Die Zerlegung des Geschäftsanteils und der Haftsumme in gleiche Teile[1] gilt nicht als Herabsetzung des Geschäftsanteils oder der Haftsumme im Sinne des § 22 Abs. 1 und des § 133[2].

(2) Der Beschluß über eine solche Zerlegung bedarf einer Mehrheit von drei Vierteilen der in der Generalversammlung erschienenen Genossen[3]. Das Statut kann noch andere Erfordernisse[4] aufstellen.

(3) Vor der Beschlußfassung ist der Revisionsverband, dem die Genossenschaft angeschlossen ist, darüber zu hören, ob die Zerlegung des Geschäftsanteils und der Haftsumme mit den Interessen der Genossen vereinbar ist.

(4) Das Gutachten des Revisionsverbandes ist in jeder über die Zerlegung des Geschäftsanteils und der Haftsumme beratenden Generalversammlung zu verlesen. Dem Revisionsverbande ist Gelegenheit zu geben, das Gutachten in der Generalversammlung zu vertreten.

(5) Ist die Zerlegung des Geschäftsanteils und der Haftsumme nach dem Gutachten des Revisonsverbandes mit den Interessen der Genossen nicht vereinbar, so bedarf der Beschluß, unbeschadet weiterer Erschwerungen durch das Staut, einer Mehrheit von drei Vierteilen der Genossen[5] in zwei mit einem Abstand von mindestens einem Monat aufeinanderfolgenden Generalversammlungen.

(6) Sobald der Beschluß über die Zerlegung des Geschäftsanteils in das Genossenschaftsregister eingetragen ist, sind die Genossen mit der sich aus der Zerlegung ergebenden Zahl von Geschäftsanteilen beteiligt[6]; die §§ 136, 137 finden keine Anwendung[7].

1. 133 a wurde durch Ges. vom 20. 12. 33 (RGBl. I S. 1089) eingefügt, nachdem bisher die Zerlegung nur zulässig gewesen war, wenn die Gläubigerschutzvorschriften der §§ 22 Abs. 1 und 133 beachtet wurden und sämtliche Genossen der Zerlegung zustimmten (vgl. RG 140 197).

2. **Nunmehr ist die Zerlegung in erleichterter Form zugelassen,** indem 22 Abs. 1 und 133 nicht mehr berücksichtigt zu werden brauchen und auch die Zustimmung aller Genossen nicht mehr erforderlich ist. Die Zerlegung ist besonders für solche eG von großem praktischen Werte, die ihren Geschäftsanteil z. B. aus Sanierungsgründen so sehr erhöhen mußten, daß die Gewinnung neuer Mitglieder erschwert ist.

Geschäftsanteil und Haftsumme können stets nur gleichzeitig und im gleichen Verhältnis zerlegt werden; ein Beschluß, durch den nur der Geschäftsanteil und nicht auch die Haftsumme zerlegt wird, ist wegen Verstoßes gegen 133 a rechtsunwirksam. Die Zerlegung stellt sich stets als eine Satzungsänderung dar; sie unterliegt deshalb allen gesetzlichen (vgl. 16) oder in der Satzung enthaltenen Vorschriften über Satzungsänderungen (BlfG 34 S. 324); jedoch gelten Satzungsbestimmungen, die sich auf die Beschlußfassung über die *Herabsetzung* des Geschäftsanteils und der Haftsumme beziehen, nicht für Zerlegungsbeschlüsse (KG JFG 12 241 = JW 35 S. 1101). Führt die Zerlegung für einen Genossen zu einer Überschreitung der bisherigen gemäß 134 in der Satzung vorgesehenen Höchstzahl der Geschäftsanteile, so ist eine entsprechende Erhöhung der Höchstzahl durch Satzungsänderung mit der Zerlegung zu verbinden (BlfG 34 S. 324; LG Kempten JW 34 S. 2873; BayObLG HRR 35 Ziff. 248). Über die Möglichkeit der Rückgängigmachung einer erfolgten Zerlegung vgl. BlfG 34 S. 324. Die Einzahlungsvorschriften der Satzung werden der Leistungsfähigkeit der Genossen anzupassen sein (BlfG a. a. O.).

3. Wegen des Begriffs „erschienene Genossen" vgl. 43 Anm. 2.

4. „Noch andere Erfordernisse", d. h. noch weitere Erschwernisse.

5. **Also aller, nicht nur der erschienenen Genossen.** Wegen der Anhörung des Prüfungsverbandes vgl. 78 a Anm. 3, wegen der Einberufung der zweiten GV 78 b Anm. 2. Der frühere Satz 2 des Abs. 3 ist durch Gesetz vom 30. 10. 34 (Art. II Ziff. 2) beseitigt worden.

6. Vgl. AV 30 Abs. 3.

7. **Die Vorschriften über die Beteiligung auf weitere Geschäftsanteile (Zulassung 136 und Beteiligungserklärung 137) kommen hiernach nicht zur Anwendung.** Der Nachweis der Erreichung der übrigen Geschäftsanteile (137 Abs. 2 Satz 2) ist also nicht notwendig. Aus der Nichtanwendbarkeit von 136 und 137 ergibt sich auch, daß

eine Benachrichtigung der Genossen von der Eintragung der durch die Zerlegung gebildeten mehreren Geschäftsanteile nicht zu erfolgen hat. Das Gesetz regelt nicht die Verteilung des vorhandenen Geschäftsguthabens auf die mehreren durch die Zerlegung erworbenen Geschäftsanteile. Es empfiehlt sich eine Regelung durch den Zerlegungsbeschluß, wobei gleichmäßige Anrechnung möglich ist oder z. B. auch Anrechnung des Guthabens auf die ersten Geschäftsanteile (vgl. BlfG 34, 324). A. A. Paulick, Seite 178, der gleichmäßige Verteilung des Geschäftsguthabens auf die neuen Geschäftsanteile für allein zulässig hält. Diese Auslegung findet jedoch im Gesetz keine Stütze und ist unter Berücksichtigung zum Teil abweichender Interessen der Praxis abzulehnen.

Auf eine nachfolgende Übertragung des Geschäftsguthabens hat die Zerlegung keinen Einfluß, da nicht die Geschäftsanteile übertragen werden.

§ 134
Zulassung der Beteiligung mit mehreren Geschäftsanteilen

Durch das Statut kann die Beteiligung des Genossen auf mehrere Geschäftsanteile, unter Festsetzung der höchsten Zahl derselben, gestattet werden[1].

1. Eine mehrfache Mitgliedschaft bei der eG gibt es grundsätzlich nicht, sondern nur eine Beteiligung mit mehreren Geschäftsanteilen und auch diese nur bei der eGmbH (RG 141 178). Ein Mitglied kann nicht mit einigen von mehreren Geschäftsanteilen ausscheiden; es kann auch nicht das auf einige von mehreren Geschäftsanteilen bezogene Geschäftsguthaben übertragen (RG 141, 178; 143, 296). Das Mitglied kann die Beteiligung nur dadurch herabsetzen, daß es die Mitgliedschaft kündigt und gleichzeitig mit der gewünschten geringeren Anzahl von Geschäftsanteilen wieder beitritt. Erwerb weiterer Geschäftsanteile 136 und 137. Bestimmung über Erwerb weiterer Geschäftsanteile kann nicht der Geschäftsordnung oder dem Vorstande vorbehalten werden (RG 47 154). Das Statut kann aber den Erwerb z. B. von der Zustimmung des Vorstandes abhängig machen. Der Vorstand hat dann aber den Gleichbehandlungsgrundsatz zu beachten. Die Satzung muß stets eine für alle Genossen gleiche Höchstzahl der Anteile in einer bestimmten Ziffer angeben; es ist deshalb z. B. bei einer Zentralgen. eine Satzungsbestimmung unzulässig, nach der einzelne Mitgliedsgenossenschaften je nach ihrer eigenen Mitgliederzahl

Kommentar § 134

eine nicht begrenzte Anzahl weiterer Geschäftsanteile erwerben können (KG OLG RSpr. 38 186; a. A. S. v. C. ZfG Bd. 10 [1960] S. 75). Über Erwerb weiterer Geschäftsanteile durch Übertragung des Geschäftsguthabens 138.

Die im *Gründungs*statut festgelegte *Verpflichtung,* daß jeder Genosse eine *gleiche Anzahl* von Geschäftsanteilen (z. B. drei) zu übernehmen habe, ist gültig. Eine solche gleichmäßige Pflichtbeteiligung aller Genossen kann aber auch nachträglich durch Satzungsänderung eingeführt werden, da die Einführung weder eine neue, nicht voraussehbare Belastung einzelner Genossen, noch eine Verletzung des Grundsatzes der Gleichbehandlung der Genossen (vgl. 18 Anm. 1 Abs. 4) enthält und in ihrer Wirkung einer Erhöhung des Geschäftsanteils und der Haftsumme gleichkommt (vgl. hierzu Paulick, BB 68, 931 mit kritischer Stellungnahme zur Entscheidung des Bayerischen Obersten Landesgerichtes vom 6.7.67; Weidmüller, BlfG 36 S. 10 und 57 S. 772 unter Ablehnung der Entscheidung des OLG Kiel in DJ 35 S. 1499, die übrigens einen besonders gelagerten Fall insofern betraf, als dort die Pflichtbeteiligung zur Abdeckung eines inzwischen bei der G entstandenen Unterschusses dienen sollte; ebenso Schröder, Soziale Praxis 40 Sp. 239 und Paulick § 17/II Ziff. 1 Buchst. b unter dd, ferner LG Freiburg BlfG 53 S. 100 = ZfG 53 S. 329 mit zustimmender Anmerkung von Pohle, LG Duisburg BlfG 53 S. 100, LG München I BlfG S. 772; a. A. Meyer-Meulenbergh 134 Anm. 4, der — ohne Begründung — zwischen der gleichmäßigen und der gestaffelten Pflichtbeteiligung insoweit nicht unterscheidet). Für die nachträgliche Einführung einer gleichmäßig höheren Pflichtbeteiligung ist analog 16 Abs. 2 Satz 1 Dreiviertel-Mehrheit ausreichend. Auch die **Zulässigkeit einer nach bestimmten Maßstäben gestaffelten Pflichtbeteiligung** mit mehreren Geschäftsanteilen im *Gründungsstatut* ist zu bejahen (RG **47** 153; **62** 303, **74** 403, **117** 116, **118** 219, **124** 187, **125** 197, **140** 205). Dagegen ist die *nachträgliche* Einführung einer *gestaffelten* Pflichtbeteiligung im Wege der Satzungsänderung nur mit Zustimmung *aller* Genossen zulässig (RG **124** 187, **128** 36, **140** 205, ebenso Schröder, Soziale Praxis 40 Sp. 242). Die Zustimmung der Genossen kann formlos auch außerhalb der GV, vor oder nach ihr gegeben werden (RG **128** 37). Die durch Eintragung der weiteren Anteile in die gerichtliche Genossenliste bewirkte Beteiligung mit den weiteren Geschäftsanteilen ist rechtswirksam, auch wenn die Satzungsbestimmung über die Pflichtbeteiligung, auf Grund deren die Übernahme weiterer Anteile gemäß § 137 erfolgt war, mangels Zustimmung aller Genossen unwirksam ist (RG **124** 187,

§ 134 Gesetz, betr. die Erwerbs- und Wirtschaftsgenossenschaften

128 38; vgl. auch BlfG 28 S. 852). Ist eine gleichmäßige oder gestaffelte Pflichtbeteiligung bereits in der Gründungssatzung vorgesehen oder durch ordnungsmäßig zustandegekommenen satzungsändernden GV-Beschluß festgelegt worden und durch Eintragung ins Genossenschaftsregister rechtswirksam geworden, so können Genossen, die sich weigern, die satzungsmäßige Verpflichtung zu erfüllen, nicht auf Zahlung, sondern nur auf Abgabe der nach § 137 erforderlichen Beteiligungserklärung verklagt werden; die Erklärung gilt dann nach § 894 ZPO mit der Rechtskraft des Urteils als abgegeben.

Hat ein Genosse bereits gekündigt, so kann das Verlangen der eG auf Zeichnung der weiteren Pflichtanteile gegen Treu und Glauben verstoßen (LG Altona JW 35 S. 723).

Nach Auflösung der G ist die Eintragung weiterer Geschäftsanteile nicht zulässig (RJA 13 115, RG 117, 116). In der letzteren Entscheidung ist auch gesagt, daß auch keine Schadenersatzpflicht (etwa wegen Verzuges) an die Stelle der erloschenen Pflicht zur Übernahme weiterer Anteile tritt. Ebenso RG 125 200, 262. Vgl. dagegen BlfG 28 S. 821; die dort behandelten Kammergerichtsentscheidungen werden den Bedürfnissen der Praxis mehr gerecht als das Reichsgericht.

Für die Bildung der weiteren Geschäftsanteile müssen die gleichen Bestimmungen gelten wie für die Bildung des ersten Geschäftsanteils. Die Geschäftsanteile müssen gleich hoch sein (RG 84 131). Eine Änderung des Geschäftsanteils oder der Einzahlungen durch Statut gilt für alle Geschäftsanteile. Eine Erhöhung des Geschäftsanteils hat für die Mitglieder, die mehrere Geschäftsanteile erworben haben, nur zur Folge, daß sie dieselben der Reihe nach auf den statutarischen Betrag bringen müssen, sofern nicht die Satzung Gleichzeitigkeit der Einzahlungen vorsieht (a. A. LG Hagen BlfG 16 S. 228, das in jedem Falle Gleichzeitigkeit der Einzahlungen verlangt); 136 gilt nur für den Neuerwerb, nicht auch für die Erhöhung bereits erworbener weiterer Geschäftsanteile (LG Hagen BlfG 16 S. 228). Dasselbe gilt bei Abschreibung zwecks Verlustdeckung (vgl. jedoch 7 Anm. 4). Herabsetzung der Höchstzahl der Geschäftsanteile ist nur dann ebenso zu behandeln wie die Herabsetzung des Geschäftsanteils (22), wenn unter die Zahl von Geschäftsanteilen herabgegangen wird, die ein Genosse erworben hat.

Eine Zusammenlegung von Geschäftsanteilen kann z. B. vorgenommen werden, um bei einer Erhöhung der Geschäftsanteile diejenigen Mitglieder nicht zu sehr zu belasten, die bereits freiwillig mehrere Geschäftsanteile übernommen hatten. Das Zusammenlegungsverhältnis kann beliebig gewählt werden. Sinnvoll erscheint ein Maß-

Kommentar § 135

stab, der dem Verhältnis der Höhe des früheren Geschäftsanteils zu der Höhe des neuen Geschäftsanteils entspricht. Restbeträge, die sich bei der Zusammenlegung ergeben, sind auf volle Geschäftsanteile aufzurunden und die fehlenden Beträge sind nach Maßgabe der Satzung einzuzahlen. Wenn dadurch unterschiedliche Zahlungspflichten der einzelnen Mitglieder entstehen, so liegt darin kein Verstoß gegen den genossenschaftlichen Gleichbehandlungsgrundsatz (LG Stuttgart BlfG 64 S. 76). Die Zusammenlegung kann nur unter den Voraussetzungen der §§ 22 und 133 erfolgen, wenn sie auf eine Herabsetzung der Geschäftsanteile und der Haftsummen hinausläuft. Eine Zusammenlegung von Geschäftsanteilen (vgl. RG 119 345, 125 149), die mit einer Erhöhung des Geschäftsanteils verbunden wird, ist ohne Beachtung der Form des § 22 und des § 133 zulässig, sofern die Beteiligung und Haftung des einzelnen Genossen nicht gemindert wird (KG JFG 2 278, BayObLG JFG 2 271, RG 121 251). In der letztgenannten Entscheidung ist auch zutreffend ausgeführt, daß zur Wirksamkeit der Zusammenlegung Eintragung des Beschlusses ins Register erforderlich sei. Bei gleichzeitiger Geschäftsanteilserhöhung und Zusammenlegung genügt die Bezugnahme auf den Erhöhungsbeschluß; AV 30 Abs. 4 enthält Vorschriften über Berichtigung der Liste der Genossen. Die Folge einer mit Haftungsverminderung verbundenen Zusammenlegung ist, daß der Teil des Geschäftsguthabens, der über den neuen Betrag des Geschäftsanteils hinausgeht, zur Auszahlung gelangt. Über die Zulässigkeit der **Zusammenlegung der Geschäftsanteile im Zuge der Währungsumstellung** vgl. Baumann GewGen 50 S. 75 und OLG Hamm BlfG, 52 S. 151 = ZfG 55 S. 239 Nr. 20. Unzulässig, daß ein mit mehreren Geschäftsanteilen beteiligter Genosse mit einzelnen austritt (RG 141 178, 143 296. RG JW 37 S. 222).

§ 135
Erhöhung der Haftung bei mehreren Geschäftsanteilen

Die Haftung eines Genossen, welcher auf mehr als einen Geschäftsanteil beteiligt ist, erhöht sich auf das der Zahl der Geschäftsanteile entsprechende Vielfache der Haftsumme[1].

1. Rechtswirksam wird die Erhöhung der Haftung erst mit der Eintragung der weiteren Geschäftsanteile in die gerichtliche Genossenliste (137 Abs. 3).

§ 137 Gesetz, betr. die Erwerbs- und Wirtschaftsgenossenschaften

§ 136
Zulassung zu weiteren Geschäftsanteilen

Bevor der erste Geschäftsanteil erreicht ist, darf die Beteiligung des Genossen auf einen zweiten Geschäftsanteil seitens der Genossenschaft nicht zugelassen werden[1]. Das gleiche gilt von der Zulassung zu jedem weiteren Geschäftsanteile.

1. Voraussetzung für die Zulassung der Beteiligung mit einem weiteren Geschäftsanteil ist also, daß der oder die vorangegangenen Geschäftsanteile voll eingezahlt sind. Zweck dieser Vorschrift ist, einer Täuschung der Gläubiger über die finanzielle Lage der G vorzubeugen. Obwohl sich aus dem Wortlaut von 136 ergibt, daß das Gesetz zunächst nur den Fall betrifft, daß einzelne Geschäftsanteile nacheinander übernommen werden, können nach der Rechtsprechung (KGJ 20 53, 30 310, RG 62 309, 73 402) doch auch mehrere Geschäftsanteile gleichzeitig erworben und eingetragen werden; es müssen aber dann sämtliche Anteile mit Ausnahme des letzten voll eingezahlt sein, bevor die Beteiligungserklärung an das Registergericht eingereicht wird.

§ 137
Übernahme weiterer Geschäftsanteile

(1) Ein Genosse, welcher auf einen weiteren Geschäftsanteil beteiligt sein will, hat darüber eine von ihm zu unterzeichnende, unbedingte Erklärung abzugeben.

(2) Die Erklärung ist von dem Vorstande nach der Zulassung des Genossen zu dem weiteren Geschäftsanteile behufs Eintragung des letzteren in die Liste der Genossen dem Gerichte (§ 10) einzureichen. Zugleich hat der Vorstand schriftlich zu versichern, daß die übrigen Geschäftsanteile des Genossen erreicht seien[1].

(3) Die Beteiligung auf den weiteren Geschäftsanteil tritt mit der in Gemäßheit der vorstehenden Absätze erfolgten Eintragung in Kraft[2].

(4) Im übrigen kommen die Vorschriften des § 15 zur entsprechenden Anwendung[3].

1. Für die „Zulassung" ist die Satzung maßgebend. Räumt die Satzung einen Anspruch auf Beteiligung mit mehreren Geschäftsanteilen ein, so muß der Vorstand diese Beteiligung im Rahmen der

Kommentar § 137

Satzung zulassen. Die Satzung kann aber die Zulassung von der Zustimmung des Vorstandes abhängig machen. Hierbei ist der Gleichbehandlungsgrundsatz zu beachten. Unwahre Versicherung nach 147 strafbar. Eintragung bleibt aber wirksam trotz unwahrer Versicherung (OLGRspr. **6** 195). Die übrigen Geschäftsanteile sind nur dann „erreicht", wenn dies durch Zahlungen geschieht, die nicht aus den eigenen Mitteln der eG stammen (RGStr. HRR 34 Ziff. 773). — Zweifelhaft ist, worauf die Versicherung in den Fällen gehen soll, in denen es sich um den gleichzeitigen Erwerb mehrerer Geschäftsanteile (vgl. 136 Anm. 1) handelt. Nach KGJ **20** 58 muß nur der Betrag aller Anteile bis auf den letzten „wirklich bezahlt" sein, dann kann die Versicherung darauf gehen, daß die vorhergehenden Geschäftsanteile „erreicht" seien; nach BayObLG in KGJ **30** 310 soll die Versicherung genügen, daß die übrigen Geschäftsanteile „erreicht werden". Kündigung und Rückzahlung einzelner von mehreren Geschäftsanteilen unzulässig (RG **141** 178, **143** 296, RG JW 37 S. 222). — Beitrittserklärung kann mit der Erklärung über die Beteiligung mit weiteren Geschäftsanteilen in *einer* Urkunde verbunden werden (KG BlfG 27 S. 784 gegen KGJ **50** 121). — Eine neue Beitrittserklärung eines bereits eingetragenen Genossen ist evtl. als Übernahme eines weiteren Geschäftsanteils anzusehen (RG **141** 178). Ein Rechtsanspruch des Genossen, zu einem zweiten oder weiteren Geschäftsanteil zugelassen zu werden, besteht nur, wenn die Satzung einen solchen ausdrücklich einräumt.

2. Eingetragen wird in die gerichtliche Genossenliste nur der zweite und jeder weitere, dagegen nicht auch der erste Geschäftsanteil (AV 30 Abs. 1). Vor der Eintragung gemachte Einzahlungen begründen, solange die Eintragung nicht erfolgt ist, keinen Gewinnanspruch, verpflichten aber auch nicht zur Teilnahme an der Verlustdeckung; erfolgt die Eintragung, so werden die Einzahlungen als an dem Tage der Zahlung das Geschäftsguthaben mit Rückwirkung erhöhend angesehen werden müssen; es ist dabei zu berücksichtigen, daß diese Zahlungen schon vom Tage der Leistung an als Betriebskapital mitarbeiten (ebenso Meyer-Meulenbergh 137 Anm. 6). Kommt es nicht zur Eintragung, so können sie durch den Genossen zurückverlangt werden; als der eG gewährte Darlehen können sie nur dann betrachtet werden, wenn besondere Umstände dies rechtfertigen (a. A. ohne Begründung ParCr. 137[5], der sie in jedem Falle als Darlehen ansehen will). — Durch die Eintragung wird die erhöhte Haftpflicht (135) unbedingt wirksam, gleichviel, ob mit der Bildung des neuen Geschäftsanteils bereits begonnen ist oder nicht. Auch im übrigen

§ 138 Gesetz, betr. die Erwerbs- und Wirtschaftsgenossenschaften

wird die Übernahme mehrerer Geschäftsanteile durch einen Genossen mit der Eintragung der Anzahl dieser Geschäftsanteile in die Liste der Genossen wirksam, auch wenn die Vorschrift, daß alle Geschäftsanteile mit Ausnahme des letzten bei der Anmeldung zur Liste der Genossen voll eingezahlt sein müssen, nicht erfüllt ist (RG 115 148). Auch eine spätere Verringerung des Geschäftsguthabens durch Abschreibungen ändert an der Wirksamkeit der Beteiligung nichts. Kapitalveränderungen, die durch Übernahme weiterer Geschäftsanteile entstehen, unterliegen bei eingetragenen Genossenschaften, die Bankgeschäfte i. S. von KWG § 1 bzw. von § 2 Abs. 1 Ziff. 7 und Abs. 3 betreiben, nicht der Anzeigepflicht aus § 24 Abs. 1 Ziff. 4 KWG. Die Bekanntmachung des BKA Nr. 2/62 vom 5. 12. 62 (BAnz. Nr. 243) Abschnitt IV Ziff. 3 gilt sinngemäß.

3. Über die Anfechtbarkeit der Beteiligung vgl. BlfG 36 S. 363. Auf jeden neuen Geschäftsanteil und das auf denselben gebildete Geschäftsguthaben sind die Vorschriften der §§ 7 Ziff. 2, 16, 19, 21, 22, 43 Abs. 2, 73, 91, 105 anzuwenden. Die Beteiligungserklärung auf einen weiteren Geschäftsanteil braucht nicht den nach 131 a für die Beitrittserklärung erforderlichen Hinweis auf die Einzahlungs- und Haftpflicht der Genossen zu enthalten (Bescheid des Reichsjustizministers BlfG 34 S. 307 u. KG JFG 12 245 = JW 35 S. 134). — Die seit dem 1. 7. 36 bestehende Urkundensteuerpflicht der Beteiligungserklärungen auf weitere Geschäftsanteile ist durch die Aufhebung des UrkStGes. (VO v. 20. 8. 41, BlRG I S. 510) ab 1. 9. 41 beseitigt worden.

§ 138
Übertragung des Geschäftsguthabens

Eine Übertragung des Geschäftsguthabens findet in dem Falle des § 134 an einen anderen Genossen nur statt, sofern dessen bisheriges Guthaben mit dem ihm zuzuschreibenden Betrage die der höchsten Zahl der Geschäftsanteile entsprechende Gesamtsumme nicht übersteigt[1]. Hierauf ist die im § 76 vorgesehene Versicherung des Vorstandes zu richten. Im übrigen verbleibt es bei den Bestimmungen im § 137.

1. Soweit die Zuschreibung der übertragenen Guthaben die Bildung neuer Geschäftsanteile für den Erwerber nötig macht, bedarf es auch der in 137 vorgesehenen schriftlichen Erklärung desselben

Kommentar § 139

und der daselbst bezeichneten schriftlichen Versicherung des Vorstandes. Vgl. hierüber 136 Anm. 1 und 137 Anm. 1 betr. den gleichzeitigen Erwerb mehrerer Geschäftsanteile. Die Versicherung des Vorstandes nach 137 Abs. 2 Satz 2 ist auch dann abzugeben, wenn die Übertragung an einen Nichtgenossen erfolgt; in diesem Falle hat sie dahin zu lauten, daß durch die Zuschreibung die übrigen Geschäftsanteile des Genossen erreicht *werden* (KGJ 30 310). Unzulässig ist, daß einzelne Geschäftsanteile übertragen werden, da das Geschäftsguthaben nur als Ganzes zum Zweck des Ausscheidens übertragen werden kann (KGJ 15 57). Ist der Erwerber des Geschäftsguthabens Nichtmitglied, so kann die schriftliche Übereinkunft *und* die Beitrittserklärung *und* die unbedingte Erklärung des Erwerbers über die Zahl der von ihm zu übernehmenden Geschäftsanteile in *einer* Urkunde abgegeben werden (vgl. KG BlfG 27 S. 784).

§ 139
Veröffentlichung der Haftsummen

Mit der Bilanz eines jeden Geschäftsjahres ist außer den im § 33 vorgesehenen Angaben über die Zahl der Genossen der Gesamtbetrag, um welchen in diesem Jahre die Geschäftsguthaben, sowie die Haftsummen der Genossen sich vermehrt oder vermindert haben, und der Betrag der Haftsummen zu veröffentlichen, für welche am Jahresschluß alle Genossen zusammen aufzukommen haben[1]. Diese Vorschrift findet auf kleinere Genossenschaften sowie dann keine Anwendung, wenn der Vorstand von der Verpflichtung zur Veröffentlichung gemäß § 33 Abs. 2 Satz 4 befreit wird. In diesen Fällen ist an Stelle der Bekanntmachung mit der Bilanz eine Erklärung über die Geschäftsguthaben sowie die Haftsummen nach Maßgabe des Satzes 1 zu dem Genossenschaftsregister einzureichen[2].

1. Die ausscheidenden Mitglieder sind am Jahresschluß nicht mehr Mitglieder (33 Anm. 6); ihre Haftsummen und Geschäftsguthaben sind deshalb nicht mehr mitzurechnen. Vgl. BlfG 16 S. 576 und Streiber, Verbraucher 57 S. 824.

2. Zusatz der Novelle vom 12. 5. 23 (RGBl. I S. 288); bezweckt Verbilligung der Insertionskosten. Über den Begriff der kleineren Genossenschaft vgl. 33 Anm. 8. Wissentlich falsche Angaben strafbar nach 147.

§ 140 Gesetz, betr. die Erwerbs- und Wirtschaftsgenossenschaften

§ 139 a
Erhöhung des Geschäftsanteils, keine Erhöhung der Haftsumme nach Auflösung

Nach der Auflösung der Genossenschaft kann die Haftsumme nicht, der Geschäftsanteil nur höchstens um den Betrag der Haftsumme erhöht werden[1].

1. Durch Ges. vom 20. 7. 33 (RGBl. I S. 520) wurde die Geschäftsanteilserhöhung nach Auflösung der eG ausdrücklich für zulässig erklärt, wenn die Erhöhung bezweckt, die Durchführung der Liquidation unter Abwendung des Konkurses zu sichern (87 a). Um zu verhindern, daß die Genossen einer eGmbH auf Grund einer solchen Anteilserhöhung im weitergehendem Maße in Anspruch genommen werden, als es im Konkurse ohne Erhöhung des Geschäftsanteils auf Grund ihrer Haftpflicht der Fall wäre, wurde gleichzeitig § 139 a in das GenG eingefügt.

Zum Schutze der Genossenschaften, die vor dem Inkrafttreten des Ges. vom 20. 7. 33, also vor dem 23. 7. 33, Geschäftsanteil und Haftsumme im Liquidationsstadium erhöht hatten, enthält Art. 2 des genannten Ges. besondere Vorschriften (vgl. hierüber 87 a Anm. 1).

§ 140
Überschuldung als Konkurs- bzw. Vergleichsgrund

Das Konkursverfahren findet bei bestehender Genossenschaft außer dem Falle der Zahlungsunfähigkeit in dem Falle der Überschuldung statt, sofern diese ein Viertel des Betrags der Haftsummen aller Genossen übersteigt[1]. Der Vorstand hat, wenn eine solche Überschuldung sich aus der Jahresbilanz oder aus einer im Laufe des Jahres aufgestellten Bilanz[2] ergibt, ohne schuldhaftes Zögern, spätestens aber drei Wochen nach diesem Zeitpunkt, die Eröffnung des Konkursverfahrens oder die Eröffnung des gerichtlichen Vergleichsverfahrens zu beantragen[3]. Eine schuldhafte Verzögerung des Antrags liegt nicht vor, wenn der Vorstand die Eröffnung des gerichtlichen Vergleichsverfahrens mit der Sorgfalt eines ordentlichen Geschäftsmannes betreibt. Die Vorschriften der § 99 Abs. 2 und 3, § 100 finden entsprechende Anwendung.

1. Begriff der Überschuldung 98 Anm. 3. Begriff der Zahlungsunfähigkeit 98 Anm. 2.

2. Die Überschuldung muß sich aus einer Bilanz ergeben (vgl. für die eGmuH 121); ergibt sie sich nicht aus einer Jahres- oder einer Zwischenbilanz, so besteht die gesetzliche Verpflichtung des Vorstandes selbst dann nicht, wenn er die Überschuldung kennt (RGStr. KuT 36 S. 147 = BlfG 36 S. 912).

3. Die früher nur 2 Wochen betragende **Antragsfrist** ist durch 128 Ziff. 2 der Vergleichsordnung vom 26. 2. 35 auf 3 Wochen verlängert worden. — Strafbestimmung 148 Ziff. 2. Schadenersatzpflicht gegenüber der eG 34; unmittelbarer Ersatzanspruch der Gläubiger 142.

Der Vorstand ist nach § 71 DMBG bis zur Beschlußfassung über die Neufestsetzung der Geschäftsguthaben und Geschäftsanteile nicht verpflichtet, wegen einer bei Aufstellung der DM-Eröffnungsbilanz sich ergebenden Überschuldung gemäß § 140 GenG die Eröffnung des Konkursverfahrens oder des gerichtlichen Vergleichsverfahrens zu beantragen, d. h., der Vorstand muß nicht die Eröffnung des Konkursverfahrens oder des gerichtlichen Vergleichsverfahrens beantragen, aber er kann sie beantragen, wenn diese Umstände es ihm ratsam erscheinen lassen.

§ 141
Beschränkte Inanspruchnahme der Genossen

Die einzelnen Genossen können über ihre Haftsumme hinaus auf Leistung von Nachschüssen nicht in Anspruch genommen werden[1,2].

1. 141 wurde durch Ges. vom 20. 12. 33 (RGBl. I S. 1089) neu gefaßt, da durch das gleiche Ges. die unmittelbare Haftpflicht der Genossen gegenüber den Gläubigern der eG beseitigt worden ist. Bezüglich der eG, die sich am 1. 1. 34 bereits im Konkurse befanden, vgl. Art. 2 Abs. 5 des genannten Ges. Die Haftsummen gehören nicht ohne weiteres zur Konkursmasse, sondern nur insoweit, als sie zur Befriedigung der Gläubiger und zur Erzielung eines gerechten Ausgleichs eingezogen werden müssen.

2. § 141 gilt entsprechend nach Umwandlung in eine Aktiengesellschaft (§ 385 q AktG).

§ 142 Gesetz, betr. die Erwerbs- und Wirtschaftsgenossenschaften

§ 142
Ersatzanspruch der Gläubiger gegen Vorstand und Aufsichtsrat

(1) Außer dem Falle des § 90 kann in dem Falle, daß entgegen den Vorschriften in §§ 19, 22 der Gewinn oder das Geschäftsguthaben ausgezahlt wird, der Ersatzanspruch[1] gegen die Mitglieder des Vorstandes oder des Aufsichtsrats oder gegen die Liquidatoren von den Gläubigern der Genossenschaft, soweit sie von dieser ihre Befriedigung nicht erlangen können[2], selbständig geltend gemacht werden. In der gleichen Weise können die Gläubiger von den Mitgliedern des Vorstandes oder den Liquidatoren Ersatz beanspruchen, wenn diese entgegen den Vorschriften in § 99 Abs. 2, § 118 Abs. 2, § 140 Satz 4 Zahlungen geleistet haben, nachdem die Zahlungsunfähigkeit der Genossenschaft eingetreten ist oder ihre Überschuldung sich ergeben hat.

(2) Die Ersatzpflicht wird den Gläubigern gegenüber dadurch nicht aufgehoben, daß die Handlung auf einem Beschlusse der Generalversammlung beruht[3].

1. § 142 GenG, der nach § 19 der VO vom 4. 9. 39 (RGBl. I S. 1694) vorerst nicht mehr anzuwenden war, ist auf Grund von § 1 Abs. 1 a des handelsrechtlichen Bereinigungsgesetzes vom 18. 4. 50 (BGBl. S. 90) ohne Einschränkung wieder in Kraft. — Die Ersatzpflicht gegenüber der Genossenschaft ist in 34 Abs. 3, 41 Abs. 3, 89, 90 Abs. 3, 99 Abs. 2, 118 Abs. 2, 140 Satz 4 geregelt.

2. Vorausklage ist nicht nötig; jedoch Nachweis erforderlich, daß Ersatz des Schadens von der eG nicht zu erlangen ist.

3. Weil einem solchen Beschlusse die Mitglieder des Vorstandes und Aufsichtsrats die Folge versagen müssen, vgl. 27 Anm. 1.

III. Für die Umwandlung von Genossenschaften

Vorbemerkung:

Der Begriff „Umwandlung" in dem folgenden Abschnitt meint nur die Umwandlung der Haftform. Durch Gesetz zur Ergänzung der handelsrechtlichen Vorschriften über die Änderung der Unternehmensform (Umwandlungsgesetz) vom 15. 8. 69 wurde darüber hinaus die Möglichkeit eröffnet, unter Ausschluß der Liquidation die Rechtsform der eGmbH umzuwandeln in die Rechtsform der Aktiengesellschaft. Näheres § 385 m AktG (s. Anhang O).

Gegen diese Umwandlungsmöglichkeit und insbesondere gegen die sich daraus unter Umständen ergebenden Konsequenzen bestehen nicht unerhebliche Bedenken im Hinblick auf die gesetzlich normierte Aufgabenstellung der Genossenschaft (insbesondere § 1 GenG — Förderungsauftrag). Die Genossenschaft ist auf die Person ausgerichtet und berücksichtigt in erster Linie die insoweit übereinstimmenden Interessen einer möglichst großen Mehrheit der Mitglieder (Gleichbehandlungsprinzip, Duldungsprinzip usw.). Es kann zumindest nicht ausgeschlossen werden, daß die Umwandlung wegen der persönlichen Interessen einzelner Mitglieder durchgeführt wird und daß dadurch ein genossenschaftlich ausgerichtetes Förderungsinstrument für die Mehrheit der übrigen Mitglieder verloren geht.

§ 143
Umwandlung in eine mildere Haftform

(1) Eine Genossenschaft[1] mit unbeschränkter Haftpflicht kann sich in eine Genossenschaft mit beschränkter Haftpflicht umwandeln[2].

(2) § 22 Abs. 1 bis 3 gilt sinngemäß.

1. Die vorliegende Fassung des § 143 beruht auf Art. I der Dritten Verordnung über Maßnahmen auf dem Gebiet des Genossenschaftsrechts vom 13. 4. 43 (RGBl. I S. 251) und bleibt gemäß § 6 des handelsrechtlichen Bereinigungsgesetzes v. 18. 4. 50 (RGBl. S. 90) auch weiterhin in Kraft. Wegen Einzelheiten vgl. § 22 Anm. 1.
Bei den dem KWG unterliegenden Genossenschaften (vgl. § 1 Anm. 5 Abs. 3) bedarf die Umwandlung, wie der Reichskommissar für das Kreditwesen ausdrücklich festgestellt hat, gemäß § 3 KWG in Verbindung mit Art. 1 g der Ersten DVO vom 9. 2. 35, obwohl sie an sich keine Änderung der Rechtsform, sondern nur eine solche der Haftform bedeutet, der Erlaubnis der zuständigen Bankaufsichtsbehörde (bisher Reichsaufsichtsamt für das Kreditwesen).

2. Der Beschluß auf Umwandlung ist eine Satzungsänderung (16) und erfordert die weiteren mit der Änderung der Haftpflicht verbundenen Satzungsänderungen, z. B. die Festsetzung der Haftsumme (131 Abs. 2), der Höchstzahl der Geschäftsanteile (134) und die Änderung des Firmenzusatzes über die Haftform (3 Abs. 1).
Die Umwandlung berührt den Bestand der G nicht (BayObLG JW 25 S. 1645). Nach Auflösung der eG keine Umwandlung mehr (RG 138 82).

§ 145 Gesetz, betr. die Erwerbs- und Wirtschaftsgenossenschaften

Die nachträgliche Einführung der Pflichtbeteiligung nach Staffeltarif bis zur Höhe des ursprünglichen Geschäftsanteils anläßlich der Umwandlung einer eGmuH in eine eGmbH bedarf, sofern in der Gründungssatzung nicht anders geregelt, der Zustimmung sämtlicher Genossen (OLG Dresden Recht 35 Ziff. 3854; vgl. auch 134 Anm. 1).

§ 144
Umwandlung in eine strengere Haftform

Zu dem Beschluß auf Umwandlung[1] einer Genossenschaft mit beschränkter Haftpflicht in eine solche mit unbeschränkter Haftpflicht[2] bedarf es einer Mehrheit von drei Vierteilen der in der Generalversammlung erschienenen Genossen[3]. Das Statut kann noch andere Erfordernisse aufstellen.

1. 144 ist neu gefaßt durch Ges. vom 20. 12. 33 (RGBl. I S. 1089), durch das die eG mit unbeschränkter Nachschußpflicht beseitigt worden ist (vgl. 2 Anm. 1).

2. Diese Möglichkeit des Überganges zur strengeren Haftform durch qualifizierten Mehrheitsbeschluß könnte manchen vom Beitritt zu einer eGmbH abschrecken. Daher sieht Satz 2 die Möglichkeit der Aufstellung weiterer Erschwerungen dieses Überganges durch das Statut vor. Es kann beispielsweise Zustimmung sämtlicher Genossen zu einer solchen Umwandlung sowie zur Abänderung dieser Bestimmung vorschreiben.

Auch hier ist die Änderung des Firmenzusatzes über die Haftform erforderlich (3 Abs. 1); bei der Abänderung des Statuts ist darauf zu achten, daß es bei der eGmuH keine Haftsumme und nur *einen* Geschäftsanteil (119) gibt.

3. Wegen des Begriffs „erschienene Genossen" vgl. 43 Anm. 2.

§ 145
Wirkung der Umwandlung auf ausgeschiedene Genossen

Die Umwandlung (§§ 143, 144) ist auch gegenüber den vor der Eintragung des Beschlusses in das Genossenschaftsregister aus der Genossenschaft Ausgeschiedenen wirksam[1]. Im Falle der Umwandlung einer Genossenschaft mit beschränkter Haftpflicht bleibt die Haftpflicht der ausgeschiedenen Genossen auf ihre bisherige Haftsumme beschränkt.

Kommentar § 146

1. 145 ist neu gefaßt durch Ges. vom 20. 12. 33 (RGBl. I S. 1089), durch das die eG mit unbeschränkter Nachschußpflicht beseitigt worden ist (vgl. 2 Anm. 1). Umwandlung in die eGmuH (144) hat zur Folge, daß auch die überstimmten Mitglieder unter die unbeschränkte Haftpflicht kommen (genossenschaftliche Duldungspflicht 18 Anm. 1 Abs. 5).

**Neunter Abschnitt
Strafbestimmungen**

**§ 146
Genossenschaftliche Untreue**

(1) Mitglieder des Vorstandes und des Aufsichtsrats und Liquidatoren[1] werden, wenn sie absichtlich[2] zum Nachteile[3] der Genossenschaft[4] handeln[5], mit Gefängnis und zugleich mit Geldstrafe bestraft[6].

(2) Zugleich kann auf Verlust der bürgerlichen Ehrenrechte erkannt werden.

(3) In besonders schweren Fällen tritt an die Stelle der Gefängnisstrafe Zuchthaus bis zu 10 Jahren; ein besonders schwerer Fall liegt insbesondere dann vor, wenn die Tat das Wohl des Volkes geschädigt oder einen anderen besonders großen Schaden zur Folge gehabt oder der Täter besonders arglistig gehandelt hat[7].

1. Wer nicht Mitglied des Vorstandes oder Aufsichtsrats oder Liquidator einer eG ist, kann sich gegen 146 nur als Anstifter oder Gehilfe vergehen (RG JW 35 S. 2640 = BlfG 35 S. 643). Die Strafvorschrift bezieht sich aber auf alle, die die Organstellung tatsächlich eingenommen haben, auch wenn ihre Bestellung mangelhaft oder ungültig gewesen ist (RGStr. 16 269, 48 407 f. AG; RG JW 36 S. 2311 = BlfG 36 S. 526). Ohne Belang ist, ob sie als Organe der eG oder als ihr Vertragsgegner gehandelt haben (RGStr. 26 136, 58 391, RG JW 33 S. 2954 u. RG BlfG 34 S. 593 = KuT 34 S. 88). Auch nach Beendigung der Organstellung können noch Verpflichtungen bestehen, die eine Strafbarkeit begründen (RGStr. 17 241, RG JW 35 S. 1787).

2. „Absichtlich" ist gleichbedeutend mit „vorsätzlich". Es ist daher nicht erforderlich, daß der Täter die Schädigung der eG bezweckt hat (RGStr. 16 77, 26 136, 38 5, 53 194; RG 129 276). Bedingter Vorsatz genügt aber, d. h. es ist ausreichend, wenn der Täter die Möglichkeit einer Schädigung der eG in Kauf genommen hat (RGStr. 38 1, 53 194, 66 312, RG BlfG 35 S. 875).

§ 146   Gesetz, betr. die Erwerbs- und Wirtschaftsgenossenschaften

3. Ein „Nachteil" kann auch schon in der Gefährdung des Vermögensstandes der eG gefunden werden, nämlich dann, wenn ihr Vermögen durch die Gefährdung schon gegenwärtig in seinem Werte vermindert erscheint (RGStr. 53 194, RG JW 25 S. 992 und 34 S. 2777 = BlfG 34 S. 817, BGH BlfG 53 S. 205).

4. Zum Vergehen der genossenschaftlichen Untreue genügt nicht eine Benachteiligung der *Genossen,* sondern nur der Genossenschaft selbst (RG JW 35 S. 127 = BlfG 35 S. 73).

5. 146 schließt als das engere Gesetz die gleichzeitige Anwendung von 266 StGB aus (RGStr. 61 341) und ist gegenüber 268 StGB das schwerere Gesetz i. S. von 73 StGB (RGStr. JW 38 S. 1323). Das Vergehen gegen 146 kann mit dem Vergehen gegen 147 nicht in Fortsetzungszusammenhang stehen (RG JW 35 S. 127 = BlfG 35 S. 74). 146 ist ein Schutzgesetz im Sinne von 823 Abs. 2 BGB für die Genossen und Dritte (RG 81 269, 87 306). Vorstands- und Aufsichtsratsmitglieder und Liquidatoren, die gegen 146 verstoßen, haften der eG auch aus unerlaubter Handlung. Die Verjährungsvorschriften des 852 BGB greifen neben denjenigen von 34 und 41 GenG Platz (BlfG 34 S. 557).

Ein absichtliches Handeln zum Nachteil der eG ist regelmäßig dann nicht anzunehmen, wenn eine Handlung des Vorstandes für die eG teils nützlich teils schädlich, der wirtschaftlich höherstehende Vorteil aber nicht anders als auf dem Wege über einen wirtschaftlich geringeren Nachteil zu erreichen ist (RG JW 34 S. 2923 = BlfG 34 S. 845; RG JW 35 S. 3634 = BlfG 35 S. 784). Auch ist nicht jede unentgeltliche Zuwendung, die der Vorstand macht oder sich selbst von der eG gewähren läßt, als Untreue zu bestrafen; vielmehr gehört die *Pflichtwidrigkeit* der Handlung zum äußeren Tatbestand der genossenschaftlichen Untreue (RGStr. 69 203 = JW 35 S. 2374 = BlfG 35 S. 724; BGH BlfG 53 S. 205). Dagegen schließt die Tatsache, daß die Handlung in Ausführung eines Beschlusses der GV erfolgte, die Anwendung von 146 nicht aus, wenn der Beschluß infolge einer Täuschung der GV durch die betreffenden Organmitglieder (z. B. auf Grund einer unrichtigen Bilanz) zustande gekommen ist (RGStr. 23 97, 49 364). Überhaupt kann sich das Organmitglied nicht in allen Fällen damit entschuldigen, daß ein sein Verhalten deckender Beschluß eines anderen Genossenschaftsorgans vorgelegen hat. Ein Vorstandsmitglied kann sich deshalb auch durch die Annahme eines übermäßig hohen, aber vom Aufsichtsrat bewilligten Gehalts strafbar machen (RG JW 33 S. 2954 = BlfG 34 S. 91).

§ 146

„Nicht der geschäftliche Mißerfolg als solcher ist nach 146 zu bestrafen, sondern die Benachteiligung der eG, die verursacht wird durch mißbräuchliche und unordentliche, sich über die Gebote einer sorgfältigen Wirtschaftsführung bewußt hinwegsetzende Geschäftsführung, also durch eine bewußte Pflichtwidrigkeit, deren Merkmal in der bewußten Verletzung der Gebote kaufmännischer Sorgfalt liegt" (RGStr. 66 261; BGH BlfG 53 S. 205). Schon darin, daß die Liquidität einer eG übermäßig beeinträchtigt wird, kann eine Benachteiligung der eG liegen (RG JW 35 S. 3634 = BlfG 35 S. 784). Über Untreue durch Herbeiführung einer Liquiditätsstockung infolge Gewährung übermäßiger Kredite vgl. RG BlfG 32 S. 659 u. LG Darmstadt BlfG 33 S. 296. Genossenschaftliche Untreue kann auch dann vorliegen, wenn Vorstandsmitglieder ihr unter anderen Umständen festgesetztes Gehalt weiterbeziehen, obwohl dadurch der Zweck der eG unmöglich gemacht oder gefährdet wird (RG JW 34 S. 1288 = BlfG 34 S. 517). Genossenschaftliche Untreue durch Überlassung von Waren unter dem Marktpreise (RGStr. 38 1), Kreditüberschreitung und verspätete Buchung (Seuff. Blätter f. Rechtsanwendung 76 432 = BlfG 14 S. 240; RG Recht 24 Nr. 889), Kreditgewährung in der Inflation ohne Rücksicht auf die Sicherheit des Schuldners (RGStr. 58 391), eigenmächtige Aufwertung von Vorstandsgehältern (RGStr. 62 361), wilde Spekulationsgeschäfte bei Kreditgenossenschaften (LZ 14 1861), Eingehen einer Verbindlichkeit in dem Bewußtsein, daß das Geschäft keinen Vorteil bringen, sondern bestenfalls ohne Nachteil ablaufen kann (RG JW 31 S. 795), Auszahlung von Dividenden, obwohl die eG keinen Gewinn erzielt hat (RGStr. 49 364 f. AG), Ankauf von Lotterielosen für die eG (RG vom 10. 8. 33 RG briefe 30. Jahrg. Nr. 30), zu weitgehende Kreditgewährung bei unzureichenden Sicherheiten, fortgesetzte Verletzung der durch die Satzung vorgeschriebenen Genehmigungspflicht seitens des Aufsichtsrats und der Kredithöchstgrenze (LG Darmstadt BlfG 33 S. 296, BGH BlfG 53 S. 205, AG Walkenried v. 14./15. 4. 53 [1 GoMs. 47/51], LG Kaiserslautern v. 12. 9. 57 [KMs. 3/55]). In einer Kreditgewährung ohne Einholung der erforderlichen Genehmigung des Aufsichtsrats und zureichender Sicherheiten liegt aber dann kein absichtliches Handeln zum Nachteil der G, wenn nach Auffassung des Vorstands wegen der Gewinnaussichten des Unternehmens, dem er Kredit gewährt, eine Rückzahlung des Kredites zu erwarten ist; bei einer Firma, die lebensfähig ist und die Kredite nur in einem ihrem Betriebe angemessenen Umfang in Anspruch nimmt, ist in der Regel anzunehmen, daß wegen der Gewinnaussichten des Unternehmens eine Rückzahlung der Kredite zu erwarten ist (BGH BB 58 S. 541).

§ 147 Gesetz, betr. die Erwerbs- und Wirtschaftsgenossenschaften

Vereitelung eines Gewinnes kann Untreue sein, sofern derselbe ohne die schadenbringende Handlung sicher erzielt worden wäre oder ein begründeter Anspruch darauf bestand (RGStr. 27 43, 38 108, 41 375); Vorliegen einer bloßen Gewinn*möglichkeit* ist nicht ausreichend (RGStr. 58 289). Über die genossenschaftl. Untreue von Vorstands- und ARMitgliedern und die Grenzen ihrer Strafbarkeit vgl. auch Drost, BlfG 39 S. 277. Über die strafrechtliche Verantwortlichkeit der Genossenschaftsorgane siehe Dauner „Haftung und Strafbarkeit des Aufsichtsrats" 9. Aufl. 50, „Die strafrechtliche Verantwortlichkeit des Vorstands" 8. Aufl. 51 (beide im Selbstverlag), sowie Kohlhass in ZfG 54 S. 336 und Fuchs in GWW 57 S. 204.

Die Handlungen können auch in einem Unterlassen liegen, nämlich dann, wenn nach Lage der Sache eine Rechtspflicht zum Handeln bestand, z. B. Nichtgeltendmachung einer Forderung, um Verjährung eintreten zu lassen (RGStr. 11 412, 36 69, 41 300, 49 364, HRR 38 Ziff. 998).

6. Gefängnis von einem Tag bis zu fünf Jahren (StGB 16 Abs. 1). Die Geldstrafe beträgt jetzt 3 DM bis 10 000 DM und, wenn die Tat auf Gewinnsucht beruht, bis zu 100 000 DM, bei Nichteinbringlichkeit tritt Gefängnis bis zu einem Jahre ein (Art. I u. XIV der VO über Vermögensstrafen und Bußen vom 6. 2. 24, RGBl. I 44, in Verbindung mit der 2. DVO z. Münzgesetz vom 12. 12. 24, RGBl. I S. 775 und § 2 WG).

7. Abs. 3 wurde eingefügt durch Art. V des Ges. vom 26. 5. 33 (RGBl. I S. 295); dadurch hat sich aber das bisherige Vergehen nicht **zum Verbrechen gewandelt.** Der Versuch bleibt deshalb in allen Fällen straflos (StGB 43 Abs. 2) und die Strafverfolgungsverjährung tritt, wie bisher, nach fünf Jahren ein (StGB 67 Abs. 2). Vgl. Dauner in BlfG 33 S. 492 und RGStr. 59 23, 60 115.

§ 147
Wissentlich falsche Angaben und unwahre Darstellungen

(1) Mitglieder des Vorstandes und des Aufsichtsrats[1] und Liquidatoren werden mit Gefängnis bis zu einem Jahre und zugleich mit Geldstrafe bestraft[2], wenn sie in den von ihnen dem Gerichte (§ 10) zu machenden Anmeldungen, Anzeigen und Versicherungen wissentlich falsche Angaben machen, oder in ihren Darstellungen, ihren Übersichten über den Vermögensstand der Genossenschaft, über die Mitglieder und die Haftsummen oder in ihren den Prüfern

Kommentar § 147

gegebenen Auskünften oder den in der Generalversammlung gehaltenen Vorträgen[3] den Stand der Verhältnisse der Genossenschaft wissentlich unwahr darstellen[4].
(2) Zugleich kann auf Verlust der bürgerlichen Ehrenrechte erkannt werden.
(3) Sind mildernde Umstände vorhanden, so tritt ausschließlich die Geldstrafe ein.

1. Die Anmeldungen, Anzeigen und Versicherungen liegen nach dem Gesetz nur dem Vorstande und den Liquidatoren ob; eine Bestrafung von Aufsichtsratsmitgliedern kann deshalb hier nur wegen Beihilfe in Frage kommen. Bei Darstellungen und Übersichten über den Vermögensstand sowie bei Vorträgen in der GV kann auch der Aufsichtsrat Täter sein (vgl. RG JW 35 S. 2640 = BlfG 35 S. 643).

2. Bezüglich der Geldstrafe vgl. 146 Anm. 6.

3. Auch Vorträge außerhalb der Generalversammlung fallen hierunter (RGStr. 49 239).

4. 147 ist ein Schutzgesetz im Sinne von 823 Abs. 2 BGB zugunsten der Genossen und Dritter (RG 81 269, 87 306). Wissentlich falsche Darstellung der Verhältnisse der eG in den Darstellungen und den Übersichten über den Vermögensstand (insbesondere in den Geschäftsberichten und Bilanzen RGStr. 49 363, 62 358) oder den Vorträgen ist die Voraussetzung. Strafbar sind nunmehr auch falsche Auskünfte gegenüber den Prüfern; denn 147 ist durch Ges. vom 30. 10. 34 entsprechend erweitert worden.
Eine Täuschungs- oder Benachteiligungsabsicht ist nicht notwendige Voraussetzung der Strafbarkeit (RGStr. 45 213, 64 423). Schon in dem bloßen Verschweigen kann das Begriffsmerkmal der unwahren Darstellung liegen (RGStr. 37 433, 45 210), so macht z. B. das Fortlassen wichtiger Stellen aus Protokollen beim Verlesen derselben strafbar, und zwar auch diejenigen, welche die unvollständige Darstellung bemerken, sie aber nicht berichtigen (RGStr. 49 240); strafbar sind *alle* wissentlich falschen Angaben, auch wenn diese nicht hätten gemacht zu werden brauchen (RG JW 34 S. 563). Dagegen ist eine bloße Verschleierung nicht strafbar (RGStr. 37 435). Die Absicht, der eG mit den falschen Angaben zu nützen, wirkt nicht strafbefreiend (RG BlfG 35 S. 875). Die Darstellung der Vermögensverhältnisse der eG wird auch nicht dadurch zu einer „wahren", daß gleichzeitig mit der Bilanz die Unterlagen eingereicht werden, aus denen sich die Unrichtigkeit der Bilanz ergibt (RG JW 34 S. 1288

§ 148 Gesetz, betr. die Erwerbs- und Wirtschaftsgenossenschaften

= BlfG 34 S. 517); eine unrichtige bilanzmäßige Bewertung von Außenständen kann zur Unrichtigkeit der Bilanz selbst und damit zu einer unwahren Darstellung führen (RG HRR 34 Ziff. 1575 = BlfG 34 S. 912). Über die Zulässigkeit und Form einer sogenannten „Voraktivierung" vgl. RGStr. 67 349 f. AG.— Eine Bilanz kann unrichtig sein, wenn aus ihr nicht die vorhandene Belastung hervorgeht, die mit dem Erwerb einer darin aufgeführten Forderung übernommen wurde (RG Recht 29 Ziff. 2402). Bezeichnung einer nicht gemeinnützigen Wohnungsbaugenossenschaft als gemeinnützig ist nach § 22 WGG strafbar.

Strafverfolgungsverjährung in 5 Jahren (StGB 67 Abs. 2); die kürzere Verjährung aus § 22 Presseges. greift im Falle der Veröffentlichung einer unrichtigen Bilanz nur Platz, wenn das Vergehen aus 147 nicht schon vor der Veröffentlichung (durch Bekanntgabe der Bilanz an die Genossen) vollendet ist (RG JW 35 S. 2640 = BlfG 35 S. 661; vgl. auch BlfG 35 S. 835). — Versuch ist straflos (StGB 43 Abs. 2).

Vorstands- und Aufsichtsratsmitglieder, die gegen 146 oder 147 verstoßen, haften der eG auch aus unerlaubter Handlung. Die Verjährungsvorschriften von 852 BGB greifen neben denjenigen von 34 und 41 GenG Platz (BlfG 34 S. 557).

Die dem KWG unterliegenden G (vgl. § 1 Anm. 5 Abs. 5) haben auch § 56 KWG zu beachten. Diese Vorschrift droht Geldbußen bis zu 100 000,— DM Deutsche Mark an, u. a. wenn gegen die dort näher bezeichneten Melde- und Anzeigenpflichten verstoßen wird. Im Gegensatz zu früherem Recht handelt es sich jetzt nur noch um Ordnungswidrigkeiten.

§ 148
Strafbare Unterlassungen

(1) Mit Geldstrafe oder mit Gefängnis bis zu drei Monaten oder mit beiden Strafen zugleich werden bestraft:
1. die Mitglieder des Vorstandes und des Aufsichtsrats und die Liquidatoren, wenn länger als drei Monate die Genossenschaft ohne Aufsichtsrat geblieben ist, oder in dem letzteren die zur Beschlußfähigkeit erforderliche Zahl von Mitgliedern gefehlt hat;
2. Die Mitglieder des Vorstandes oder die Liquidatoren, wenn entgegen den Vorschriften in den §§ 99, 118, 140 der Antrag auf Eröffnung des Konkursverfahrens oder des gerichtlichen Vergleichsverfahrens unterlassen ist[1].

Kommentar § 149

(2) Die Strafe tritt nicht gegen denjenigen ein, welcher nachweist, daß die Unterlassung ohne sein Verschulden geschehen ist.

1. 148 Ziff. 2 hat durch § 128 der VerglO vom 26. 2. 35 mit Rücksicht darauf eine Abänderung erfahren, daß durch die neue VerglO die Eröffnung des Vergleichsverfahrens auch nach Auflösung der eG zugelassen worden ist. Die bisherige Ziff. 3 des § 148 ist durch 128 VerglO aus dem gleichen Grunde beseitigt worden. — Der in 148 Ziff. 2 behandelten Straftat können sich nur die Mitglieder des Vorstandes oder Liquidatoren als Täter schuldig machen. Das schließt aber nicht aus, daß sich ein dritter an der Tat als Anstifter oder Gehilfe beteiligt (RG JW 35 S. 2640). Auch die fahrlässige Unterlassung der Anmeldung des Konkurses oder des gerichtlichen Vergleichsverfahrens steht unter Strafandrohung. Im Falle der Überschuldung fällt Strafbarkeit fort, falls eine unrichtige Bilanz Überschuldung nicht ergab, und die Mitglieder des Vorstandes oder die Liquidatoren die Unrichtigkeit übersehen haben (RGStr. 50 151). Wegen der Geldstrafe vgl. Anm. 6 zu § 146. Strafverfolgungsverjährung in 3 Jahren (StGB 67 Abs. 2). Beginn der Verjährung erst mit dem Aufhören des gesetzwidrigen Zustandes (RGStr. 59 6, 61 45). Versuch ist straflos (StGB 43 Abs. 2).

§ 148 GenG, der nach § 19 der VO vom 4. 9. 39 (RGBl. I S. 1694) vorerst nicht mehr anzuwenden war, ist auf Grund von § 1 Abs. 1 a des handelsrechtlichen Bereinigungsgesetzes vom 18. 4. 50 (BGBl. S. 90) ohne Einschränkung wieder in Kraft.

§ 149
Verfolgung gesetzwidriger Zwecke

Mitglieder des Vorstandes werden mit Geldstrafe bestraft, wenn ihre Handlungen auf andere als die im § 1 erwähnten geschäftlichen Zwecke gerichtet sind *oder wenn sie in der Generalversammlung die Erörterung von Anträgen gestatten oder nicht hindern, welche auf öffentliche Angelegenheiten gerichtet sind, deren Erörterung unter die Gesetze über das Versammlungs- und Vereinsrecht fällt*[1].

1. Der Tatbestand des zweiten Halbsatzes ist durch das geltende Vereins- und Versammlungsrecht überholt (RGStr. 56 183). Die im § 1 genannten geschäftlichen Zwecke sind die Förderung des Erwerbs oder der Wirtschaft der Mitglieder. Spekulationsgeschäfte bei Kreditgen. werden durch 149 nicht erfaßt (RG LZ 14 1861). Wegen der

§ 151 Gesetz, betr. die Erwerbs- und Wirtschaftsgenossenschaften

Strafe vgl. Anm. 6 zu 146. Strafverfolgungsverjährung in drei Jahren (StGB 67 Abs. 2); Versuch ist straflos (StGB 43 Abs. 2).

§ 150
Strafvorschriften für Prüfer

Mit Gefängnis oder mit Geldstrafe wird bestraft[1]:

1. wer als Prüfer oder als Gehilfe eines Prüfers über das Ergebnis der Prüfung falsch berichtet oder erhebliche Umstände im Berichte verschweigt;
2. wer entgegen den Vorschriften des Vierten Abschnitts seine Pflicht zur Verschwiegenheit verletzt oder Geschäfts- und Betriebsgeheimnisse, die er bei Wahrnehmung seiner Obliegenheiten erfahren hat unbefugt verwertet:
3. wer als Aufsichtsratsvorsitzender einer Prüfungsgesellschaft oder als sein Stellvertreter entgegen der Vorschrift des § 62 Abs. 4 Satz 2 die durch Einsicht eines Berichts erlangten Kenntnisse verwertet, ohne daß es die Erfüllung der Überwachungspflicht des Aufsichtsrats fordert.

1. 150 ist durch Art. II Ziff. 5 des Ges. vom 30. 10. 34 (RGBl. I S. 1077) neu gefaßt worden, da eine Pflicht zur Anmeldung der Verbandsversammlungen seit dem genannten Ges. nicht mehr besteht. Nunmehr bestraft 150 die unrichtige oder unzureichende Berichterstattung über das Prüfungsergebnis, die Verletzung der Verschwiegenheitspflicht, die unbefugte Verwertung von Geschäfts- und Betriebsgeheimnissen und der durch die Prüfungsberichte erlangten Kenntnisse.

Strafverfolgungsverjährung in 5 Jahren (StGB 67 Abs. 2); Versuch ist straflos (StGB 43 Abs. 2). Wegen der Gefängnis- und Geldstrafe vgl. Anm. 6 zu 146. Zur Abgrenzung gegenüber § 300 StGB vgl. Riebandt-Korfmacher GWW 54 S. 534 und Anm. 1 zu 62.

§ 151
Verbot des Stimmenkaufs

Wer sich besondere Vorteile dafür hat gewähren oder versprechen lassen, daß er bei einer Abstimmung in der Generalversammlung in einem gewissen Sinne stimme, wird mit Geldstrafe oder mit Gefängnis bis zu einem Jahre bestraft[1].

Kommentar § 153

1. 151 gilt auch für die Abstimmung in der Vertreterversammlung nach 43 a. Vereinbarung der Stimmenthaltung fällt nicht unter diese Strafvorschrift. Für die Bestrafung ist nicht Voraussetzung, daß der Täter überhaupt abgestimmt hat. Wer den Vorteil gewährt, ist Anstifter. Über den Begriff der besonderen Vorteile vgl. BlfG 25 S. 240. Wegen der Geldstrafe vgl. Anm. 6 zu 146. Strafverfolgungsverjährung in 5 Jahren (StGB 67 Abs. 2); Versuch ist straflos (StGB 43 Abs. 2).

§ 152
Warenabgabe an Nichtmitglieder

(1) *Personen, welche für einen Konsumverein den Warenverkauf bewirken werden, wenn sie der Vorschrift des § 8 Absatz 4 zuwider wissentlich oder ohne Beobachtung der nach § 31 von dem Vorstande erlassenen Anweisung Waren an andere Personen als an Mitglieder oder deren Vertreter verkaufen, mit Geldstrafe bis zu einhundertfünfzig Mark bestraft.*

(2) *Gleiche Strafe trifft das Mitglied, welches seine Legitimation, durch die es zum Warenkauf in einem Konsumverein oder bei einem mit diesem wegen Warenabgabe an die Mitglieder in Verbindung stehenden Gewerbetreibenden berechtigt wird, einem Dritten zum Zweck unbefugter Warenentnahme überläßt.*

(3) *Dritte, welche von solcher Legitimation zu demselben Zweck Gebrauch machen, oder auf andere Weise zu unbefugter Warenabgabe zu verleiten unternehmen, werden in gleicher Weise bestraft.*

Anmerkung: § 152 ist durch das Gesetz zur Änderung von Vorschriften des Gesetzes betr. die Erwerbs- und Wirtschaftsgenossenschaften und des Rabattgesetzes vom 21. 7. 54 (BGBl. I S. 212) aufgehoben worden, da er nach Aufhebung des Verbots des Nichtmitgliedergeschäfts durch das gleiche Gesetz (siehe § 8 Anm. 9) hinfällig geworden war.

§ 153
Verbot der Weitergabe von Konsumvereinswaren an Nichtmitglieder

(1) *Mit Geldstrafe bis zu einhundertfünfzig Mark wird bestraft, wer Waren, die er aus dem Konsumverein oder von einem mit diesem wegen Warenabgabe in Verbindung stehenden Gewerbetreibenden*

§ 155   Gesetz, betr. die Erwerbs- und Wirtschaftsgenossenschaften

auf Grund seiner Mitgliedschaft bezogen hat, gegen Entgelt gewohnheitsmäßig oder gewerbsmäßig an Nichtmitglieder veräußert.
(2) Diese Bestimmung findet keine Anwendung:
1. *wenn ein Mitglied eines Konsumvereins die von ihm bezogenen Waren in seiner Speiseanstalt oder an seine Kostgänger zum alsbaldigen persönlichen Verbrauch abgibt;*
2. *wenn ein Konsumverein, welcher Mitglied eines anderen Konsumvereins ist, die aus letzterem bezogenen Waren an seine Mitglieder abgibt.*

Anmerkung: § 153 ist durch das Gesetz zur Änderung von Vorschriften des Gesetzes betr. die Erwerbs- und Wirtschaftsgenossenschaften und des Rabattgesetzes vom 21. 7. 54 (BGBl. I S. 212). aufgehoben worden, da er nach Aufhebung des Verbots des Nichtmitgliedergeschäfts durch das gleiche Gesetz (siehe § 8 Anm. 9) hinfällig geworden war.

§ 154
Übertretung des Verbots in § 32

Zuwiderhandlungen gegen die Vorschrift des § 32 werden mit Geldstrafe bis zu einhundertfünfzig Deutsche Mark bestraft[1].

1. § 32 verbietet die Ausgabe von Wertmarken als Zahlungsmittelsurrogate, nicht dagegen von Dividendenmarken (als Unterlage für die Verteilung von Dividenden); RG 78 83. Strafverfolgungsverjährung in 3 Monaten (StGB 67 Abf. 3); Versuch ist straflos (StGB 43 Abs. 2).

Zehnter Abschnitt
Schlußbestimmungen

§ 155
Zuständigkeit des Bundesgerichtshofes

In bürgerlichen Rechtsstreitigkeiten, in welchen durch Klage oder Widerklage ein Anspruch auf Grund der Bestimmungen dieses Gesetzes geltend gemacht ist, wird die Verhandlung und Entscheidung letzter Instanz im Sinne des § 8 des Einführungsgesetzes zum Gerichtsverfassungsgesetze dem *Reichsgerichte* zugewiesen[1].

Kommentar § 156

1. Nach § 8 EG GVG kann durch die Gesetzgebung eines Bundesstaates, in dem mehrere Oberlandesgerichte errichtet werden, die Entscheidung der zur Zuständigkeit des Reichsgerichts gehörenden Revisionen und Beschwerden in bürgerlichen Rechtsstreitigkeiten einem Obersten Landesgerichte zugewiesen werden, wenn es sich nicht um Rechtsstreitigkeiten handelt, die zur Zuständigkeit des früheren Reichsoberlandesgerichts gehören oder durch besondere Reichsgesetze dem Reichsgericht zugewiesen sind. Ein solches Oberstes Landesgericht war in Bayern errichtet, jedoch später durch VO vom 19. 3. 35 (RGBl. I S. 383) aufgehoben worden, so daß dadurch § 155 GenG gegenstandslos geworden war. Nach dem Kriege (1946) wurde jedoch in Bayern wieder ein Oberstes Landesgericht gebildet, weshalb § 155 GenG nunmehr wieder Bedeutung erlangt hat. An die Stelle des Reichsgerichts ist aber inzwischen im Bundesgebiet der Oberste Bundesgerichtshof mit dem Sitz in Karlsruhe getreten (Art. 1 Ziff. 10 des Ges. zur Widerherstellung der Rechtseinheit auf dem Gebiet der Gerichtsverfassung usw., BGBl. 50 S. 455).

Im Interesse einer gleichmäßigen Rechtsprechung ist also durch § 155 GenG die Entscheidung letzter Instanz über Klagen und Widerklagen aus Ansprüchen auf Grund des Genossenschaftsgesetzes dem Obersten Bundesgerichtshof zugewiesen; die Zuständigkeit des Bayerischen Obersten Landesgerichts ist damit ausgeschlossen.

§ 156
Genossenschaftsregister

(1) Die Vorschriften des § 9 des Handelsgesetzbuchs[1] finden auf das Genossenschaftsregister Anwendung[2]. Eine gerichtliche Bekanntmachung von Eintragungen findet nur gemäß §§ 12, 16 Abs. 3, § 51 Abs. 5 sowie in den Fällen des § 22 Abs. 1, des § 82 Abs. 1, der §§ 97, 133 und der Verschmelzung und Umwandlung von Genossenschaften und nur durch den *Deutschen Reichsanzeiger*[3] statt. Auf Antrag des Vorstandes kann das Gericht neben dem *Reichsanzeiger* noch andere Blätter für die Bekanntmachungen bestimmen; in diesem Falle hat das Gericht jährlich im Dezember die Blätter zu bezeichnen, in denen während des nächsten Jahres die Veröffentlichungen erfolgen sollen[4]. Wird das Genossenschaftsregister bei einem Gerichte von mehreren Richtern geführt und einigen sich diese über die Bezeichnung der Blätter nicht, so wird die Bestimmung von dem im Rechtszug vorgeordneten Landgerichte getroffen; ist bei diesem Landgericht eine Kammer für Handelssachen gebildet, so tritt diese an die Stelle der Zvilkammer.

§ 156 Gesetz, betr. die Erwerbs- und Wirtschaftsgenossenschaften

(2) Eintragungen, die im Genossenschaftsregister sowohl der Hauptniederlassung als auch der Zweigniederlassung erfolgen, sind durch das Gericht der Hauptniederlassung bekanntzumachen. Eine Bekanntmachung durch das Gericht der Zweigniederlassung findet nur auf Antrag des Vorstandes statt.

(3) Soweit nicht ein anderes bestimmt ist, werden die Eintragungen ihrem ganzen Inhalt nach veröffentlicht.

(4) Die Bekanntmachung gilt mit dem Ablauf des Tages als erfolgt, an dem der *Reichsanzeiger*[5] oder im Falle des Abs. 1 Satz 3 das letzte der die Bekanntmachung enthaltenden Blätter erschienen ist.

1. **Allgemeines:** Die vorliegende Fassung des § 156 beruht auf der Novelle vom 12. 5. 23 (RGBl. I S. 288), die eine Verbilligung der Insertionskosten bezweckt. Satz 2 des Abs. 1 ist durch Art. II Abs. 1 Ziff. 3 der Dritten VO über Maßnahmen auf dem Gebiet des Genossenschaftsrechts v. 13. 4. 43 (RGBl. I S. 251) neu gefaßt worden. Satz 4 des Abs. 1 ist durch Novelle vom 4. 2. 25 (RGBl. I S. 9) eingefügt.

Auf Grund von § 6 des handelsrechtlichen Bereinigungsgesetzes v. 18. 4. 50 (BGBl. S. 90) bleibt § 156 auch weiterhin in Kraft.

2. **Die Einsicht des GenReg.** und der zu diesem eingereichten Schriftstücke ist also jedem gestattet (HGB 9 Abs. 1). Von den Eintragungen kann jeder, von den eingereichten Schriftstücken (z. B. auch Bilanzen) nur derjenige, der ein berechtigtes Interesse glaubhaft macht, auf seine Kosten eine Abschrift fordern, die auf Verlangen zu beglaubigen ist (HGB 9 Abs. 2). Das Gericht hat auf Verlangen eine Bescheinigung darüber zu erteilen, daß bezüglich des Gegenstandes einer Eintragung weitere Eintragungen nicht vorhanden sind oder daß eine bestimmte Eintragung nicht erfolgt ist (HGB 9 Abs. 4).

Auch die Einsicht der Liste der Genossen ist jedem gestattet, die Einsicht der zur Liste eingereichten Urkunden aber nur dem, der ein berechtigtes Interesse glaubhaft macht (die Vorschrift in HGB 9 Abs. 1 ist nämlich in AV 26 Abs. 2 nicht für anwendbar erklärt); bezüglich der Erteilung von Abschriften von den Eintragungen in der Liste der Genossen und von den zur Liste eingereichten Urkunden gilt dasselbe wie bezüglich des Genossenschaftsregisters (AV 26 Abs. 2).

3. Nach § 1 des Gesetzes über Bekanntmachungen vom 17. 5. 50 (BGBl. 50 S. 183), das im Anhang abgedruckt ist, **sind Bekanntmachungen**, die bisher im deutschen Reichsanzeiger zu erfolgen hatten, künftig im Bundesanzeiger zu bewirken.

4. Vgl. auch AV 5. — Das KG (KGJ 31 367) läßt Beschwerde über unsachgemäße Auswahl der Blätter nicht zu.

5. An die Stelle des Reichsanzeigers ist jetzt der Bundesanzeiger getreten (vgl. Anm. 3).

§ 157
Form der Anmeldungen und Einreichungen

(1) Die Anmeldungen[1] zum Genossenschaftsregister sind durch sämtliche Mitglieder des Vorstandes oder sämtliche Liquidatoren in öffentlich beglaubigter Form einzureichen[2].

(2) Die in §§ 16, 28, § 33 Abs. 2, § 51 Abs. 5, § 59 Abs. 1, § 84, § 85 Abs. 2 vorgeschriebenen Anmeldungen und Einreichungen müssen auch zu dem Genossenschaftsregister einer jeden Zweigniederlassung erfolgen[3].

1. § 157 Abs. 1 wurde neu gefaßt durch Beurkundungsgesetz vom 18. 8. 69 (§ 57 Abs. 2 Ziff. 4 Beurkundungsgesetz). Gegenüber der früheren Fassung ist es nicht mehr möglich, die Anmeldungen „persönlich zu bewirken", d. h. sie gegenüber dem Gericht zu Protokoll zu erklären.

Anmeldungen kommen vor in 11, 14, 16, 28, 78, 78 a, 79, 84, 85, 93 d, 93 i Abs. 1, 133 a, 144: Anzeigen, Einreichungen und Versicherungen (15, 33, 51, 69, 71, 76, 77, 89, 93 l Abs. 1, 137, 138) können mündlich oder schriftlich nach Maßgabe der Bestimmungen in 25 erfolgen (AV 7). Die Rechtsprechung geht dahin, daß die Anmeldungen im eigentlichen Sinne nur dann als gehörig erfolgt gelten, wenn Vorstandsmitglieder in der im Statut für die ordnungsmäßige Besetzung des Vorstandes vorgesehenen Zahl einschließlich der Vorstandsstellvertreter (KG DR 41 S. 1308 = JFG 22 211 = BlfG 41 S. 150) mitgewirkt haben. Ist die im Statut vorgesehene Zahl der Vorstandsmitglieder nicht vorhanden, so muß Ergänzung erfolgen (KGJ 35 364; KG DR 41 S. 1308 = JFG 22 211 = BlfG 41 S. 150). Die Anmeldungen können nicht durch Bevollmächtigte vorgenommen werden (KG HRR 32 Ziff. 1761; AV 6 Abs. 3).

2. Wegen Beglaubigung und Hinweis auf AV 8 Abs. 1 in früheren Auflagen vgl. Neuregelung durch das Beurkundungsgesetz vom 28. 8. 69. Nach 147, 129 FGG ist der Notar, von dem die erforderliche Erklärung beurkundet und beglaubigt ist, ermächtigt, im Namen des zur Anmeldung Verpflichteten die Eintragung zu beantragen.

§ 159   Gesetz, betr. die Erwerbs- und Wirtschaftsgenossenschaften

3. Von der Regel, daß die Anmeldungen und Einreichungen durch Vorstand oder Liquidatoren zu geschehen haben, zwei Ausnahmen in 158.

Wenn in Abs. 2 u. a. auch 33 Abs. 2 aufgeführt ist, so beruht dies auf einem Versehen des Gesetzgebers; es muß richtig heißen 33 Abs. 3; denn es handelt sich um die Einreichung der Bekanntmachung des Jahresabschlusses, die seit der VO vom 30. 5. 33 (RGBl. I S. 317) in 33 Abs. 3 vorgeschrieben ist.

§ 158
Mitteilungen an die Gerichte der Zweigniederlassungen

(1) Von der Eintragung eines beitretenden Genossen, der Eintragung oder Vormerkung des Austritts, der Ausschließung oder des Todes von Genossen, sowie von der Eintragung weiterer Geschäftsanteile in die Liste der Genossen hat das Gericht (§ 10) dem Gerichte einer jeden Zweigniederlassung zur Berichtigung der dort geführten Liste Mitteilung zu machen[1].

(2) Imgleichen ist die Eintragung der Auflösung einer Genossenschaft, der Verschmelzung von Genossenschaften, sowie der Eröffnung des Konkursverfahrens zu dem Genossenschaftsregister einer jeden Zweigniederlassung mitzuteilen.

1. § 158, dessen Abs. 1 durch die zweite VO über Maßnahmen auf dem Gebiet des Genossenschaftsrechts vom 19. 12. 42 (RGBl. I S. 729) außer Kraft gesetzt worden war, gilt, da diese VO durch § 1 I i des handelsrechtlichen Bereinigungsgesetzes vom 18. 4. 50 (BGBl. S. 90) aufgehoben worden ist, wieder in der ursprünglichen Fassung. § 6 Abs. 2 des handelsrechtlichen Bereinigungsgesetzes bestimmt darüber hinaus, daß der Vorstand binnen 6 Monaten nach Inkrafttreten des handelsrechtlichen Bereinigungsgesetzes (das Gesetz ist am 26. 5. 50 in Kraft getreten) eine durch das Gericht der Hauptniederlassung beglaubigte Abschrift der Liste der Genossen jedem Gericht, in dessen Register eine Zweigniederlassung eingetragen ist, einzureichen hat.

§ 159
Gebührenfreiheit

Für die Verhandlung und Entscheidung erster Instanz über Anträge auf Eintragung in das Genossenschaftsregister oder die Liste der Genossen oder auf Vormerkung in dieser Liste sowie für die Eintra-

Kommentar § 160

gungen und Vormerkungen werden Gebühren nicht erhoben. Die Erhebung von Auslagen findet nach den Vorschriften des Gerichtskostengesetzes statt; jedoch werden Post- und Schreibgebühren in allen Fällen erhoben[1].

1. Die Fassung von 159, die eine Verbilligung für die Genossenschaften bezweckte, beruhte auf der Novelle vom 12. 5. 23 (RGBl. I S. 288); Post- und Schreibgebühren waren aber laut ausdrücklicher Vorschrift in allen Fällen zu erheben. Infolgedessen waren auch die Benachrichtigungen von Eintragungen in die gerichtliche Genossenliste (15, 72, 76, 77, 93 i, 137) als schreibgebührenpflichtig anzusehen (BlfG 27 S. 609; KG BlfG 28 S. 110; OLG München BlfG 38 S. 511 = HRR 38 Ziff. 1042); eine Möglichkeit zur Ermäßigung dieser Schreibgebühren bot die AVf. des Reichsjustizministers vom 25. 1. 40 (DJ 40 S. 152 = BlfG 40 S. 65). Bezüglich der Form dieser Benachrichtigungen vgl. AV 3.

Durch das Gesetz zur Änderung und Ergänzung kostenrechtlicher Vorschriften vom 26. 7. 57 (BGBl. I S. 861) ist zwecks Vereinfachung des Kostenrechts mit Wirkung vom 1. 10. 57 eine Reihe kostenrechtlicher Vorschriften geändert und ergänzt worden. Aus systematischen Gründen wurde bei dieser Gelegenheit durch Art. XI § 4 Abs. 1 Nr. 2 der *§ 159 GenG mit Wirkung vom 1. 10. 57 aufgehoben* und inhaltlich übereinstimmend als § 83 in die im BGBl. I S. 960 neu bekannt gemachte Kostenordnung vom 1. 10. 57 übernommen, die künftig nur noch für Angelegenheiten der freiwilligen Gerichtsbarkeit gilt. Die Schreibgebühr für Benachrichtigungen von Eintragungen in die gerichtliche Genossenliste beträgt nach § 1 der VO über gerichtliche Schreibgebühren v. 5. 12. 57 (BGBl. 57 I S. 1836), die nach ihrem § 4 mit Wirkung vom 1. 10. 57 in Kraft getreten ist, anstatt DM 0,50 nur DM 0,10 wenn für die Benachrichtigungen von der Genossenschaft dem Registergericht ein vollständiger Entwurf zur Verfügung gestellt wird, der vom Gericht nur durch Geschäftsnummer, Zeitangabe, Kostenrechnung und Unterschrift des ausfertigenden Beamten zu ergänzen ist.

§ 160
Ordnungsstrafen

(1) Die Mitglieder des Vorstandes sind von dem Gerichte (§ 10) zur Befolgung der im § 8 Abs. 2, § 14, §§ 28, 30, § 57 Abs. 1, § 59 Abs. 1, § 78 Abs. 2, § 79 Abs. 2 enthaltenen Vorschriften durch Ordnungsstrafen anzuhalten. In gleicher Weise sind die Mit-

§ 160 Gesetz, betr. die Erwerbs- und Wirtschaftsgenossenschaften

glieder des Vorstandes und die Liquidatoren zur Befolgung der im § 33 Abs. 2, 3, § 47, § 48 Abs. 2, § 51 Abs. 4 und 5, § 84, § 85 Abs. 2, § 89, § 157 Abs. 2 enthaltenen Vorschriften anzuhalten.

(2) Rücksichtlich des Verfahrens sind die Vorschriften maßgebend, welche zur Erzwingung der im Handelsgesetzbuch angeordneten Anmeldungen zum Handelsregister gelten[1].

1. Das Verfahren bei Verhängung der Ordnungsstrafe ist einheitlich geregelt durch FGG 132 ff. Die Höhe der Ordnungsstrafe ergibt sich jetzt aus Art. II der VO vom 6. 2. 24 (RGBl. I S. 44), in Verbindung mit der 2. VO zur Durchführung des Münzgesetzes vom 12. 12. 24 (RGBl. I S. 775) und § 2 WG: danach beträgt die einzelne Strafe eine bis eintausend Deutsche Mark. Die Strafe richtet sich gegen die säumigen Vorstandsmitglieder oder Liquidatoren persönlich, nicht gegen die eG (KGJ 30 127, 45 178); die eG ist aber in einem gegen den Vorstand gerichteten Ordnungsstrafverfahren beschwerdeberechtigt (vgl. FGG 20 Abs. 1), wenn der Vorstand durch die Festsetzung der Strafe zur Erfüllung einer Pflicht angehalten werden soll, deren Bestehen die eG bestreitet. Die eG ist insoweit selbst als durch die Festsetzung der Ordnungsstrafe beeinträchtigt anzusehen (BGH BB 57 S. 907). Über Ordnungsstrafen gegen Aufsichtsratsmitglieder s. KGJ 42 167. Voraussetzung der Androhung der Ordnungsstrafe ist, daß das Gericht in glaubhafter Weise von der Nichtbefolgung einer gesetzlichen Anordnung Kenntnis erhält. 160 gibt also keineswegs dem Gericht ein Aufsichtsrecht über die Genossenschaft. Die Ordnungsstrafe kann nicht mehr verhängt werden, wenn zwar erst nach Ablauf der gesetzten Frist, aber vor Straffestsetzung die betr. Handlung nachgeholt wird (RJA 11 44).

48 Abs. 1 ist nur deswegen hier nicht erwähnt, weil in dieser Vorschrift nicht Verpflichtungen des Vorstandes geregelt sind (vgl. 89 Anm. 4).

Für die dem KWG unterliegenden eG (vgl. § 1 Anm. 5 Abs. 3) ist von Bedeutung, daß die zuständige Bankaufsichtsbehörde (früher Reichsaufsichtsamt für das Kreditwesen) nach 43 und 44 KWG Zwangsmittel gegen sie anwenden und Ordnungsstrafen erlassen kann, die nach 45 wie Steuern von den Finanzämtern beigetrieben werden.

2. Ordnungsstrafe zur Befolgung der Veröffentlichungspflicht innerhalb von 6 Monaten gemäß § 33 Abs. 3 nicht gerechtfertigt, wenn Vorstand wegen besonderer Umstände nicht in der Lage war, die Bilanzerstellung und Beschlußfassung rechtzeitig herbeizuführen. Dies

Kommentar § 161

muß auch gelten, wenn Prüfung nicht innerhalb dieser Frist rechtzeitig durchgeführt werden konnte. (Vgl. Parisius-Crüger, 7. Aufl., Anm. 4 zu § 33).

§ 161
Ausführungsbestimmungen

(1) Die zur Ausführung der Vorschriften über das Genossenschaftsregister und die Anmeldungen zu demselben erforderlichen Bestimmungen werden von dem Bundesrat erlassen[1].

(2) Welche Behörden in jedem Lande (Bundesstaate) unter der Bezeichnung Staatsbehörde (§ 47) und höhere Verwaltungsbehörde (§§ 63 d, 81) zu verstehen sind, wird von der Zentralbehörde des Bundesstaates bekanntgemacht[2].

1. Siehe die Verordnung über das Genossenschaftsregister vom 22. 11. 23, abgedruckt im Anhang und A. Über die Führung und Einrichtung des GenReg. sind von den Ländern Ausführungsbestimmungen erlassen worden.

2. Für den Erlaß dieser Vorschriften sind die Länderjustizminister zuständig.

ANHANG

A. Verordnung über das Genossenschaftsregister (AV)
Vom 22. 11. 23 (RGBl. I S. 1123)
in der Fassung der VO vom 19. 2. 34 (RGBl. I S. 113)

I. Allgemeines

Obliegenheiten des Richters und des Urkundsbeamten der Geschäftsstelle

§ 1

Die Obliegenheiten des Richters und des Urkundsbeamten der Geschäftsstelle bei der Führung des Genossenschaftsregisters und der Liste der Genossen sowie bei den auf die Eintragungen bezüglichen Verhandlungen bestimmen sich, soweit nicht durch Reichsgesetz oder durch diese Vorschriften besondere Anordnungen getroffen sind, nach den in den einzelnen Ländern für das Handelsregister geltenden Vorschriften.

Eintragungsverfügung

§ 2

Die Eintragungen in das Genossenschaftsregister und in die Liste der Genossen erfolgen auf Grund einer Verfügung des Registergerichts. Werden die Geschäfte des Registerführers nicht von einem Richter wahrgenommen, so soll die Verfügung für das Genossenschaftsregister den Wortlaut, für die Liste der Genossen den Inhalt der Eintragungen feststellen.

Die Eintragungen sind unverzüglich zu bewirken. Die erfolgte Eintragung ist bei der gerichtlichen Verfügung zu vermerken.

Benachrichtigung der Beteiligten

§ 3

Von jeder Eintragung in das Genossenschaftsregister oder in die Liste der Genossen ist dem Vorstand oder den Liquidatoren Nachricht zu geben. Eintragungen im Genossenschaftsregister einer Zweigniederlassung, die zu veröffentlichen sind, sind von Amts wegen dem

Registergerichte der Hauptniederlassung mitzuteilen. Dieses gibt, sobald ihm die Mitteilungen von den Registergerichten sämtlicher Zweigniederlassungen zugegangen sind und die Eintragung im Genossenschaftsregister der Hauptniederlassung bewirkt ist, dem Vorstand oder den Liquidatoren von der Eintragung Nachricht; eine Benachrichtigung durch das Registergericht der Zweigniederlassung findet nicht statt. Von der Ablehnung einer beantragten Eintragung hat das Gericht, das die Eintragung ablehnt, dem Vorstand oder den Liquidatoren Nachricht zu geben.

Diese Benachrichtigungen sowie die in den Fällen der §§ 15, 72, 76, 77, 93 c, 137 des Gesetzes weiter vorgeschriebenen Benachrichtigungen von Genossen und von Gläubigern oder Erben eines Genossen können ohne Förmlichkeiten, insbesondere durch einfache Postsendung erfolgen. Für die Benachrichtigungen über Eintragungen in die Liste der Genossen sind Formulare zu verwenden, deren Ausfüllung dem Urkundsbeamten der Geschäftsstelle obliegt; die Benachrichtigung ist in der Regel mittels einer Postkarte zu bewirken, auf deren Rückseite sich das Formular befindet.

Wird eine Eintragung abgelehnt, so sind die Gründe der Ablehnung mitzuteilen.

Anmerkung: An die Stelle des im Abs. 2 angeführten § 93 c ist § 93 i getreten.

Bekanntmachung der Registereintragungen

§ 4

Soweit die öffentliche Bekanntmachung einer Eintragung in das Genossenschaftsregister vorgeschrieben ist (Gesetz § 156), ist sie zu veranlassen, sobald die Eintragung bewirkt ist und ohne daß eine andere Eintragung abgewartet werden darf. Die Vorschrift des § 5 Abs. 4 bleibt unberührt.

§ 5

Für die Bekanntmachungen aus dem Genossenschaftsregister können neben dem Deutschen Reichsanzeiger andere als die für die Bekanntmachungen aus dem Handelsregister dienenden Blätter bestimmt werden.

Hört eines der Blätter im Laufe des Jahres zu erscheinen auf, so hat das Gericht auf Antrag des Vorstandes unverzüglich ein anderes Blatt zu bestimmen.

Verordnung über das Genossenschaftsregister

Die Bekanntmachungen im Deutschen Reichsanzeiger sind in einem bestimmten Teile des Blattes zusammenzustellen. Eintragungen, die im Genossenschaftsregister sowohl der Hauptniederlassung als auch der Zweigniederlassung erfolgen, sind, soweit eine Veröffentlichung vorgeschrieben ist, durch das Gericht der Hauptniederlassung bekanntzumachen, sobald ihm die Mitteilungen über die Eintragungen im Genossenschaftsregister der Zweigniederlassungen von den Registergerichten sämtlicher Zweigniederlassungen zugegangen sind und die Eintragung im Genossenschaftsregister der Hauptniederlassung bewirkt ist. Bei der Bekanntmachung ist auf den Ort und das Registergericht der einzelnen Zweigniederlassungen Bezug zu nehmen. Das Registergericht der Zweigniederlassung ist bei Veröffentlichungen im Reichsanzeiger in der alphabetischen Reihenfolge der Registergerichte unter Hinweis auf die Veröffentlichung des Registergerichts der Hauptniederlassung aufzuführen.

Anmerkung: An die Stelle des Deutschen Reichsanzeigers ist der Bundesanzeiger getreten (siehe § 156 GenG Anm. 3).

Form der Anmeldungen sowie der sonstigen Anzeigen, Erklärungen und Einreichungen

§ 6

Die Vorschrift, daß Anmeldungen zum Genossenschaftsregister durch sämtliche Mitglieder des Vorstandes oder durch sämtliche Liquidatoren in beglaubigter Form einzureichen sind (Gesetz § 157 Abs. 1), gilt nur von den Anmeldungen, welche in dem Gesetz als solche ausdrücklich bezeichnet sind.

Dahin gehören:
1. die Anmeldung des Statuts (Gesetz §§ 10, 11);
2. die Anmeldung von Abänderungen des Statuts (Gesetz § 16) einschließlich der Anmeldung einer Herabsetzung oder Zerlegung der Haftsumme und der Umwandlung einer Genossenschaft nebst den von dem Vorstand hierbei abzugebenden Versicherungen (Gesetz §§ 133, 133 a, 143, 144);
3. die Anmeldung einer Zweigniederlassung (Gesetz § 14) oder der Aufhebung einer solchen;
4. die Anmeldung der Bestellung, des Ausscheidens oder der vorläufigen Enthebung von Vorstandsmitgliedern und Liquidatoren (Gesetz §§ 10, 11, 28, 84, § 85 Abs. 2);
5. die Anmeldung der Auflösung einer Genossenschaft in den Fällen der §§ 78, 78 a, 79 des Gesetzes;

Anhang

6. die Anmeldung der Verschmelzung einer Genossenschaft mit einer anderen Genossenschaft (Gesetz § 93 d).
Die Anmeldung durch einen Bevollmächtigten ist ausgeschlossen.
Anmerkung: Durch Gesetzesänderung ist an die Stelle von § 93 a GenG § 93 d getreten.
Durch § 57 Abs. 9 Ziff. 1 Beurkundungsgesetz vom 28. 8. 69 wurde der erste Absatz des Gesetzeswortlauts von § 6 geändert. Persönliche Anmeldungen zum Genossenschaftsregister sind nicht mehr möglich.

§ 7

Für die sonstigen Anzeigen und Erklärungen, die zum Genossenschaftsregister oder zur Liste der Genossen zu bewirken sind, bedarf es weder der Mitwirkung sämtlicher Vorstandsmitglieder oder Liquidatoren noch, soweit nicht ein anderes vorgeschrieben ist, der beglaubigten Form (zu vgl. Gesetz § 33 Abs. 2, 3, § 63 Abs. 2, § 89).

Sind jedoch solche Anzeigen oder Erklärungen mit rechtlicher Wirkung für die Genossenschaft verbunden, so müssen sie in der für die Willenserklärungen des Vorstandes oder der Liquidatoren vorgeschriebenen Form, insbesondere unter Mitwirkung der hiernach erforderlichen Zahl von Vorstandsmitgliedern oder Liquidatoren erfolgen (Gesetz §§ 25, 85). Dahin gehören die sämtlichen Einreichungen, Anzeigen und Versicherungen, die bezüglich des Beitritts und des Ausscheidens von Genossen sowie bezüglich der Beteiligung von Genossen auf weitere Geschäftsanteile von dem Vorstand zur Liste der Genossen zu bewirken sind (Gesetz § 15 Abs. 2, § 69, § 71 Abs. 2, § 76 Abs. 2, § 77 Abs. 2, § 93 c Abs. 3, § 137 Abs. 2, § 138).

Die Einreichungen und Anzeigen können persönlich bei dem Gericht oder schriftlich mittels Einsendung bewirkt werden. Im ersteren Falle wird über den Vorgang ein Vermerk unter Bezeichnung der erschienenen Vorstandsmitglieder oder Liquidatoren aufgenommen; im Falle schriftlicher Einreichung ist die ordnungsmäßige Zeichnung durch den Vorstand oder die Liquidatoren erforderlich.

Bei kleineren Genossenschaften, bei denen eine Veröffentlichung gemäß § 33 Abs. 2, 3, § 139 des Gesetzes nicht stattfindet, sind an Stelle der Bekanntmachung eine Abschrift der Bilanz sowie eine Erklärung über die Zahl der Genossen, über die Geschäftsguthaben und die Haftsummen zum Genossenschaftsregister einzureichen (Gesetz § 33 Abs. 2, 3, § 139). Bei der Entscheidung darüber, ob eine Genossenschaft zu den kleineren Genossenschaften zu rechnen ist, hat das Registergericht die Zahl der Mitglieder, die Größe des Genossenschaftsvermögens sowie die Art und den Umfang des Geschäftsbetriebs zu berücksichtigen.

Verordnung über das Genossenschaftsregister

Anmerkung: Zu Abs. 1: § 63 Abs. 2 ist weggefallen. Zu Abs. 2: § 93 c Abs. 3 ist weggefallen, s. jetzt § 93 l.

Beglaubigung

§ 8

In den Fällen, in welchen die Abschrift einer Urkunde zum Genossenschaftsregister oder zur Liste der Genossen einzureichen ist, genügt, sofern nicht ein anderes vorgeschrieben ist, eine einfache Abschrift (Gesetz § 11 Abs. 2 Nr. 3, § 28, § 69 Abs. 2).

Anmerkung: § 8 AV wurde geändert durch § 57 Abs. 9 Ziff. 2 des Beurkundungsgesetzes vom 28. 8. 69. Die Änderung ist in ihrer Auswirkung unklar. Offensichtlich wurde vergessen, die Überschrift zu § 8 „Beglaubigung" zu berichtigen.

Löschung von Amts wegen

§ 9

Soll eine Eintragung im Genossenschaftsregister von Amts wegen gelöscht werden, weil sie wegen Mangels einer wesentlichen Voraussetzung unzulässig war (Gesetz über die Angelegenheiten der freiwilligen Gerichtsbarkeit §§ 142, 143), so erfolgt die Löschung durch Eintragung des Vermerkes: „Von Amts wegen gelöscht."

Die für die Löschung unzulässiger Eintragungen im Genossenschaftsregister maßgebenden Vorschriften finden auch auf die Liste der Genossen Anwendung.

Gegenstandslos gewordene Eintragungen

§ 10

Eine Eintragung in das Genossenschaftsregister oder in die Liste der Genossen, die durch eine spätere Eintragung ihre Bedeutung verloren hat, ist rot zu unterstreichen oder in einer ihre Leserlichkeit nicht beeinträchtigenden Weise zu durchstreichen.

Kosten

§ 11

Für die Verhandlung und Entscheidung erster Instanz über Anträge auf Eintragung in das Genossenschaftsregister oder die Liste der Genossen oder auf Vormerkung in dieser Liste sowie für die Eintra-

Anhang

gungen und Vormerkungen werden Gebühren nicht erhoben. Die Erhebung von Auslagen findet nach den Vorschriften des Gerichtskostengesetzes statt; jedoch werden Post- und Schreibgebühren in allen Fällen erhoben.

II. Eintragungen in das Genossenschaftsregister

Einrichtung des Registers

§ 12

Das Genossenschaftsregister wird nach dem in den einzelnen Ländern vorgeschriebenen Formular geführt.

Jede Genossenschaft ist auf einem besonderen Blatte des Registers einzutragen; die für spätere Eintragungen noch erforderlichen Blätter sind freizulassen.

Registerakten

§ 13

Für jede in das Register eingetragene Genossenschaft werden besondere Akten gehalten.

In die Registerakten sind aufzunehmen die zur Eintragung in das Register bestimmten Anmeldungen nebst den ihnen beigefügten Schriftstücken, insbesondere den Zeichnungen von Unterschriften, die sonstigen dem Gericht eingereichten Urkunden und Belege, soweit sie sich nicht auf die Liste der Genossen beziehen (§ 27 Abs. 4), ferner die gerichtlichen Verfügungen sowie die Mitteilungen anderer Behörden und die Nachweise über die Bekanntmachungen.

Inhalt der Eintragung

§ 14

Jeder Eintragung ist außer der Angabe des Tages der Eintragung und der Unterschrift des Registerführers eine Verweisung auf die Stelle der Registerakten beizufügen, wo sich die zugrunde liegende gerichtliche Verfügung (§ 2 dieser Vorschriften) befindet.

Eintragung des Statuts

§ 15

Vor der Eintragung des Statuts (Gesetz §§ 10 bis 12) hat das Gericht zu prüfen, ob das Statut den Vorschriften des Gesetzes genügt, insbesondere ob die in dem Statut bezeichneten Zwecke der Genossenschaft den Voraussetzungen des § 1 des Gesetzes entsprechen und ob das Statut die erforderlichen Bestimmungen (Gesetz §§ 6, 7, § 36 Abs. 1 Satz 2, § 131 Abs. 2) enthält.

Die Eintragung des Statuts in das Register erfolgt durch Aufnahme eines Auszugs.

Der Auszug muß die im § 12 Abs. 2 des Gesetzes vorgesehenen Angaben enthalten, nämlich:

1. das Datum des Statuts;
2. die Firma und den Sitz der Genossenschaft;
3. den Gegenstand des Unternehmens;
4. die Zeitdauer der Genossenschaft, falls diese auf eine bestimmte Zeit beschränkt ist;
ferner:
5. die Form, in der die von der Genossenschaft ausgehenden Bekanntmachungen erfolgen, sowie die öffentlichen Blätter, in die die Bekanntmachungen aufzunehmen sind;
6. das Geschäftsjahr, falls es, abgesehen von dem ersten, auf ein mit dem Kalenderjahre nicht zusammenfallendes Jahr oder auf eine kürzere Dauer als auf ein Jahr bemessen ist;
7. die Namen und den Wohnort der Mitglieder des Vorstandes.

Ist in dem Statut bestimmt, in welcher Form der Vorstand seine Willenserklärungen kundgibt und für die Genossenschaft zeichnet, so ist auch diese Bestimmung aufzunehmen.

Bei Genossenschaften mit beschränkter Haftpflicht ist ferner die Höhe der Haftsumme und im Falle des § 134 des Gesetzes die höchste Zahl der Geschäftsanteile, auf die ein Genosse sich beteiligen kann, einzutragen.

Die Urschrift des Statuts (Gesetz § 11 Abs. 2 Nr. 1) ist zu den Akten zu nehmen; in dem Register ist auf die Stelle der Akten, wo das Statut sich befindet, zu verweisen.

Eintragung von Abänderungen des Statuts

§ 16

Beschlüsse der Generalversammlung, die eine Abänderung der im § 15 Abs. 2 bis 5 dieser Vorschriften bezeichneten Bestimmungen des Statuts oder die Fortsetzung einer auf bestimmte Zeit beschränkten Genossenschaft zum Gegenstande haben, werden nach ihrem Inhalt,

Beschlüsse, die eine sonstige Abänderung des Statuts betreffen, nur unter allgemeiner Bezeichnung des Gegenstandes eingetragen (Gesetz § 16).

Die eine der mit der Anmeldung eingereichten Abschriften des Beschlusses (Gesetz § 16 Abs. 3 Satz 1) ist zu den Akten zu nehmen; in dem Register ist auf die Stelle der Akten, wo die Abschrift sich befindet, zu verweisen.

Umwandlung einer Genossenschaft und Herabsetzung der Haftsumme

§ 17

Im Falle der Umwandlung einer Genossenschaft (Gesetz §§ 143, 144) ist außer dem Umwandlungsbeschluß auch die durch den Beschluß bedingte Änderung der Firma (Gesetz §§ 2, 3) und bei der Umwandlung in eine Genossenschaft mit beschränkter Haftpflicht die Höhe der Haftsumme sowie im Falle des § 134 des Gesetzes die höchste Zahl der Geschäftsanteile, auf welche ein Genosse sich beteiligen kann, einzutragen.

In den im § 143 des Gesetzes bezeichneten Umwandlungsfällen sowie im Falle einer Herabsetzung der Haftsumme bei einer Genossenschaft mit beschränkter Haftpflicht (§ 133 daselbst) sind mit der Anmeldung des Beschlusses die Belege über die vorgeschriebenen Bekanntmachungen des Beschlusses einzureichen; zugleich haben die sämtlichen Mitglieder des Vorstandes die im § 133 Abs. 2 des Gesetzes vorgesehene schriftliche Versicherung abzugeben. Die Eintragung darf nur stattfinden, wenn zwischen der letzten der bezeichneten Bekanntmachungen und der Anmeldung ein Jahr verstrichen ist.

Im übrigen finden die Vorschriften des § 16 Anwendung.

Anmerkung: Die §§ 133 u. 143 GenG sind durch die VO v. 13. 4. 43 (s. Anm. 1 zu § 22) geändert; § 133 Abs. 2 ist weggefallen.

Eintragungen in Ansehung der Mitglieder des Vorstandes

§ 18

Die Anmeldung und Eintragung der Vorstandsmitglieder (Gesetz § 10 Abs. 1, § 28) hat mit dem Beginn ihres Amtes zu erfolgen. Dasselbe gilt für den Fall der Bestellung von Stellvertretern behinderter Vorstandsmitglieder (Gesetz § 35). Bei der Eintragung sind die Vorstandsmitglieder nach Familiennamen, Vornamen, Beruf und Wohnort anzugeben.

Verordnung über das Genossenschaftsregister

Die Beendigung der Vertretungsbefugnis eines Vorstandsmitglieds ist alsbald nach dem Ausscheiden des Mitglieds aus dem Vorstand anzumelden und einzutragen. Als Beendigung der Vertretungsbefugnis gilt auch eine vorläufige Enthebung durch den Aufsichtsrat (Gesetz § 40).

Eine Beschränkung der Vertretungsbefugnis des Vorstandes kann nicht eingetragen werden.

Eintragung von Zweigniederlassungen

§ 19

Die Errichtung einer Zweigniederlassung außerhalb des Gerichtsbezirkes der Hauptniederlassung ist bei dem Gericht, in dessen Bezirke die erstere sich befindet, gemäß § 14 des Gesetzes zur Eintragung anzumelden. Die Eintragung erfolgt nicht, bevor die Eintragung der Hauptniederlassung nachgewiesen ist.

Von der bewirkten Eintragung der Zweigniederlassung hat das Gericht dem Gerichte der Hauptniederlassung Mitteilung zu machen. Auf Grund dieser Mitteilung wird die Errichtung der Zweigniederlassung im Register der Hauptniederlassung vermerkt (Gesetz über die Angelegenheiten der freiwilligen Gerichtsbarkeit §§ 131, 147).

Die bei dem Gerichte der Hauptniederlassung zu bewirkenden Anmeldungen und Einreichungen zum Genossenschaftsregister haben mit Ausnahme des Falles der Auflösung der Genossenschaft in der gleichen Weise auch bei dem Gerichte jeder Zweigniederlassung zu erfolgen (Gesetz § 157 Abs. 2).

Im Falle der Auflösung der Genossenschaft hat das Gericht der Hauptniederlassung von der in seinem Register bewirkten Eintragung unverzüglich zu dem Genossenschaftsregister einer jeden Zweigniederlassung Mitteilung zu machen; auf Grund dieser Mitteilung wird die Auflösung im Register der Zweigniederlassung vermerkt. Das gleiche gilt im Falle der Konkurseröffnung sowie im Falle einer von Amts wegen im Register der Hauptniederlassung bewirkten Löschung (§§ 9, 22, 23 dieser Vorschriften).

Wird, abgesehen von den Fällen der Auflösung und der Nichtigkeit der Genossenschaft, eine Zweigniederlassung aufgehoben, so ist dies in der gleichen Weise wie die Errichtung bei dem Gerichte der Zweigniederlassung zur Eintragung anzumelden und auf Grund der Mitteilung dieses Gerichts über die bewirkte Eintragung im Register der Hauptniederlassung zu vermerken (Gesetz über die Angelegenheiten der freiwilligen Gerichtsbarkeit §§ 131, 147).

Wird eine Zweigniederlassung in dem Gerichtsbezirk errichtet, welchem die Hauptniederlassung angehört, so ist nur die Errichtung und der Ort der Zweigniederlassung durch den Vorstand anzumelden und in dem Register bei der Hauptniederlassung einzutragen. Diese Vorschrift findet im Falle der Aufhebung entsprechende Anwendung.

Anmerkung: § 131 FGG ist aufgehoben durch § 38 der 1. DVO zum AktG.

Eintragung der Auflösung

§ 20

Die Eintragung der Auflösung einer Genossenschaft in das Register der Hauptniederlassung erfolgt
1. in den Fällen der §§ 78, 78 a und 79 des Gesetzes auf Grund der Anmeldung des Vorstandes,
2. in den übrigen Fällen von Amts wegen, und zwar in dem Falle des § 80 nach Eintritt der Rechtskraft des von dem Registergericht erlassenen Auflösungsbeschlusses, in dem Falle des § 81 auf Grund der von der zuständigen Verwaltungsgerichts- oder Verwaltungsbehörde erster Instanz dem Registergerichte mitgeteilten rechtskräftigen Entscheidung, durch welche die Auflösung ausgesprochen ist, im Falle der Eröffnung des Konkursverfahrens auf Grund der Mitteilung des Urkundsbeamten der Geschäftsstelle des Konkursgerichts (Konkursordnung § 112); in dem letzteren Falle unterbleibt die Veröffentlichung der Eintragung (Gesetz § 102).

In allen Fällen der Auflösung, außer dem Falle der Eröffnung des Konkursverfahrens und der Auflösung infolge Verschmelzung, sind die Liquidatoren von dem Vorstand anzumelden. Dies gilt auch dann, wenn die Liquidation durch die Mitglieder des Vorstandes als Liquidatoren erfolgt (Gesetz §§ 83, 84). Sind die Liquidatoren durch das Gericht ernannt, so geschieht die Eintragung der Ernennung und der Abberufung von Amts wegen (Gesetz § 84 Abs. 2).

Ist über die Form, in welcher die Liquidatoren ihre Willenserklärungen kundzugeben und für die Genossenschaft zu zeichnen haben, insbesondere über die Zahl der Liquidatoren, welche dabei mitwirken müssen, eine Bestimmung getroffen, so ist auch diese anzumelden und einzutragen (Gesetz § 85).

Im übrigen finden die auf den Vorstand bezüglichen Vorschriften des § 18 entsprechende Anwendung.

Verordnung über das Genossenschaftsregister

§ 21

Sobald mit der vollständigen Verteilung des Genossenschaftsvermögens die Liquidation beendigt ist, haben die Liquidatoren die Beendigung ihrer Vertretungsbefugnis zur Eintragung anzumelden.

Die Aufhebung oder Einstellung des Konkursverfahrens (Konkursordnung §§ 163, 205, Gesetz § 115 e Abs. 2 Ziff. 7, § 116) ist auf Grund der Mitteilung des Urkundsbeamten der Geschäftsstelle des Konkursgerichts im Genossenschaftsregister zu vermerken.

Eintragung der Nichtigkeit der Genossenschaft

§ 22

Soll eine Genossenschaft von Amts wegen als nichtig gelöscht werden, so ist in der Verfügung, welche nach § 142 Abs. 2, § 147 Abs. 2, 4 des Gesetzes über die Angelegenheiten der freiwilligen Gerichtsbarkeit der Genossenschaft zugestellt wird, ausdrücklich darauf hinzuweisen, daß der Mangel bis zur Löschung durch Beschluß der Generalversammlung gemäß § 95 Abs. 2 bis 4 des Genossenschaftsgesetzes geheilt werden kann.

Die Löschung erfolgt durch Eintragung eines Vermerkes, der die Genossenschaft als nichtig bezeichnet. Das gleiche gilt in dem Falle, daß die Genossenschaft durch rechtskräftiges Urteil für nichtig erklärt ist (Gesetz §§ 94, 96).

Im übrigen finden die Vorschriften des § 20 Abs. 2 bis 4 und des § 21 Abs. 1 entsprechende Anwendung.

Eintragung der Nichtigkeit von Beschlüssen der Generalversammlung

§ 23

Soll ein eingetragener Beschluß der Generalversammlung von Amts wegen als nichtig gelöscht werden (Gesetz über die Angelegenheiten der freiwilligen Gerichtsbarkeit § 147 Abs. 3, 4), so erfolgt die Löschung durch Eintragung eines Vermerkes, der den Beschluß als nichtig bezeichnet. Das gleiche gilt, wenn der Beschluß durch rechtskräftiges Urteil für nichtig erklärt ist (Gesetz § 51 Abs. 5).

Berichtigung von Schreibfehlern

§ 24

Schreibfehler und ähnliche offenbare Unrichtigkeiten, die in einer Eintragung vorkommen, sind von dem Gerichte zu berichtigen, ohne daß es einer vorgängigen Benachrichtigung der Genossenschaft bedarf. Die Berichtigung erfolgt durch Eintragung eines Vermerkes.

§ 25

Das Genossenschaftsregister ist dauernd aufzubewahren.

Die Registerakten (§ 13) können nach Ablauf von dreißig Jahren seit der Eintragung einer der im § 21 bezeichneten Tatsachen, im Falle der Auflösung einer Genossenschaft infolge Verschmelzung mit einer anderen Genossenschaft nach Ablauf von dreißig Jahren seit der Eintragung der Verschmelzung in das Genossenschaftsregister des Sitzes der aufgelösten Genossenschaft vernichtet werden.

III. Die Eintragungen in die Liste der Genossen
Öffentlichkeit der Liste

§ 26

Die Einsicht der Liste der Genossen ist jedem gestattet.

Die Vorschriften des § 9 Abs. 2, 3 des Handelsgesetzbuchs über die Erteilung von Abschriften und Bescheinigungen aus dem Handelsregister und aus den zu dem Handelsregister eingereichten Schriftstücken finden auch auf die Liste der Genossen und auf die zu der Liste eingereichten Schriftstücke Anwendung.

Einrichtung der Liste

§ 27

Die Liste der Genossen wird für jede in das Register eingetragene Genossenschaft nach dem anliegenden Formular geführt. Sie bildet eine besondere Beilage zum Genossenschaftsregister.

Auf dem Titelblatte der Liste sind die Firma und der Sitz der Genossenschaft sowie Beginn und Ende des Geschäftsjahrs (Gesetz § 8 Abs. 1 Nr. 3) anzugeben.

Bei jeder Eintragung ist der Tag der Eintragung anzugeben; eine Unterzeichnung der Eintragung ist nicht erforderlich.

Die Anträge, Schriftstücke und Verfügungen, auf Grund deren die Eintragung stattfindet, sind mit der laufenden Nummer, unter welcher der Genosse in die Liste eingetragen ist, zu versehen und, nach Jahrgängen gesammelt, aufzubewahren.

Im Falle der Verschmelzung einer Genossenschaft mit einer anderen Genossenschaft hat das Registergericht des Sitzes der übernehmenden

Genossenschaft die bisher bei dem Registergerichte des Sitzes der aufgelösten Genossenschaft geführte Liste der Genossen, die ihm zu diesem Zwecke von diesem Gerichte zu übersenden ist, gesondert weiterzuführen (Gesetz § 93 c Abs. 2).
Anmerkung: Der in Abs. 5 angeführte § 93 c Abs. 2 ist weggefallen, s. Anm. 1 zu § 93 a.

Liste der Zweigniederlassung

§ 28

Eine Liste der Genossen wird auch bei jedem Gerichte geführt, in dessen Register eine Zweigniederlassung der Genossenschaft eingetragen ist. Die Eintragungen in diese Liste erfolgen nicht auf Grund unmittelbarer Anzeigen oder Anträge der Beteiligten, sondern auf Grund der von dem Gerichte der Hauptniederlassung dem Gerichte der Zweigniederlassung gemachten Mitteilungen über die in der Hauptliste bewirkten Eintragungen (Gesetz § 158 Abs. 1).

Eintragung des Beitritts

§ 29

In den Spalten 1 bis 4 werden die Mitglieder der Genossenschaft unter laufenden Nummern nach Familiennamen, Vornamen, Beruf und Wohnort eingetragen.

Als erste Mitglieder einer zur Eintragung angemeldeten Genossenschaft sind die Unterzeichner des Statuts einzutragen. Es ist darauf zu achten, daß diese auch in der mit der Anmeldung des Statuts von dem Vorstand eingereichten besonderen Liste (Gesetz § 11 Abs. 2 Nr. 2) aufgeführt sind.

Bei der Eintragung eines Genossen, der nach der Anmeldung des Statuts der Genossenschaft beitritt, hat das Gericht zu prüfen, ob die Beitrittserklärung (Gesetz § 15) die Unterschrift des Genossen trägt, eine unbedingte ist und die in den §§ 120, 131 a des Gesetzes vorgeschriebene Bemerkung enthält, sowie ob die Einreichung ordnungsmäßig durch den Vorstand erfolgt ist (§ 7 dieser Vorschriften).

Auf die Echtheit der Unterschrift und die Wirksamkeit der Beitrittserklärung erstreckt sich die Prüfung des Gerichts nicht; vielmehr bleibt es im allgemeinen den Beteiligten überlassen, Mängel in dieser Richtung im Wege der Klage geltend zu machen. Eine Ablehnung der Eintragung aus solchen Gründen ist jedoch nicht ausgeschlossen, falls die Unwirksamkeit der Beitrittserklärung, ohne daß es weiterer Ermittlungen bedarf, aus den dem Gerichte bekannten Tatsachen sich als zweifellos ergibt.

Im Falle der Verschmelzung einer Genossenschaft mit einer anderen Genossenschaft hat das Registergericht des Sitzes der übernehmenden Genossenschaft bei der Eintragung der Mitglieder der aufgelösten Genossenschaft in die Liste der Genossen auf Grund der Anmeldung des Vorstandes der übernehmenden Genossenschaft (Gesetz § 93 c Abs. 1) die Übereinstimmung der Anmeldung mit der vom Registergerichte des Sitzes der aufgelösten Genossenschaft gemäß § 27 Abs. 5 übersandten Liste der Genossen zu prüfen.

Bei der Benachrichtigung der Genossen und des Genossenschaftsvorstandes über die Vornahme der Eintragung (Gesetz § 15 Abs. 4, § 93 c Abs. 1, oben § 3) ist die laufende Nummer, unter welcher die Eintragung bewirkt ist, anzugeben.

Anmerkung: Der in Abs. 5 und 6 aufgeführte § 93 c Abs. 1 ist weggefallen (s. Anm. 1 zu § 93 a); an seine Stelle ist § 93 i GenG getreten.

Eintragung weiterer Geschäftsanteile

§ 30

Die Spalten 5 und 6 dienen zur Eintragung der weiteren Geschäftsanteile bei solchen Genossenschaften mit beschränkter Haftpflicht, deren Statut die Beteiligung der Genossen auf mehr als einen Geschäftsanteil gestattet (Gesetz §§ 134 bis 137), oder bei denen die Zerlegung des Geschäftsanteils in gleiche Teile beschlossen worden ist (Gesetz § 133 a). Der erste Geschäftsanteil wird nicht eingetragen.

Ist ein Genosse auf mehrere Geschäftsanteile beteiligt, so erfolgt die Eintragung auf Grund der von dem Vorstand eingereichten Beteiligungserklärung des Genossen und der schriftlichen Versicherung des Vorstandes, daß die übrigen Geschäftsanteile des Genossen erreicht seien. Bei der Einreichung der Urkunden ist die Nummer anzugeben, unter welcher der Genosse in die Liste eingetragen ist. Hinsichtlich der Prüfung der Urkunden finden die Vorschriften des § 29 Abs. 3, 4 entsprechende Anwendung.

Im Falle der Zerlegung des Geschäftsanteils in gleiche Teile (Gesetz § 133 a) erfolgt die Eintragung auf Grund der Eintragung des Beschlusses über die Zerlegung.

Wird die Zahl der Geschäftsanteile eines Genossen durch Beschluß der Generalversammlung herabgesetzt, so sind in Spalte 5 und 6 die bisherigen Eintragungen zu löschen und, falls dem Genossen nach der Herabsetzung noch mehrere Geschäftsanteile verbleiben, die neue Zahl der weiteren Geschäftsanteile einzutragen. Die Löschung erfolgt dadurch, daß die bisherigen Eintragungen rot unterstrichen werden. In Spalte 10 ist der Beschluß der Generalversammlung als Ursache für die Eintragung anzugeben.

Bei anderen als den in Abs. 1 bezeichneten Genossenschaften ist die fünfte und sechste Spalte der Liste mit Rücksicht auf die Möglichkeit einer späteren Umwandlung der Genossenschaft offenzulassen.

Einreichung der Urkunden im Falle des Ausscheidens von Genossen

§ 31

Die Eintragung des Ausscheidens von Genossen erfolgt auf Grund der vom Vorstand eingereichten Urkunden. Diese sind:

1. im Falle der Aufkündigung eines Genossen (Gesetz §§ 65, 69, § 93 c Abs. 3) die Kündigungserklärung des Genossen und die schriftliche Versicherung des Vorstandes, daß die Aufkündigung rechtzeitig erfolgt sei;
2. im Falle der Aufkündigung des Gläubigers eines Genossen (Gesetz §§ 66, 69) die Kündigungserklärung des Gläubigers und die in Nr. 1 bezeichnete Versicherung des Vorstandes, außerdem beglaubigte Abschrift des rechtskräftigen Urteils oder sonstigen Schuldtitels und des Beschlusses, durch welchen das Geschäftsguthaben des Genossen für den Gläubiger gepfändet und diesem überwiesen ist, sowie des Protokolls des Gerichtsvollziehers oder der sonstigen Urkunden, aus denen sich die Fruchtlosigkeit einer innerhalb der letzten sechs Monate vor der Pfändung und Überweisung des Geschäftsguthabens gegen den Genossen versuchten Zwangsvollstreckung ergibt;
3. im Falle der Aufgabe des Wohnsitzes eines Genossen bei Genossenschaften, deren Statut die Mitgliedschaft an den Wohnsitz innerhalb eines bestimmten Bezirkes knüpft (Gesetz § 8 Abs. 1 Nr. 2, §§ 67, 69), die Austrittserklärung des Genossen oder Abschrift der an den Genossen gerichteten Erklärung, mit welcher die Genossenschaft das Ausscheiden des Genossen verlangt hat, sowie eine Bescheinigung der Polizei- oder Gemeindebehörde über den Wegzug aus dem Bezirke;

4. im Falle der Ausschließung eines Genossen aus der Genossenschaft (Gesetz §§ 68, 69) Abschrift des Ausschließungsbeschlusses;
5. im Falle der Übertragung des Geschäftsguthabens (Gesetz §§ 76, 138) die zwischen dem Ausscheidenden und dem Erwerber des Guthabens wegen der Übertragung geschlossene Übereinkunft oder eine beglaubigte Abschrift der Übereinkunft und,

   falls der Erwerber bereits Mitglied der Genossenschaft ist, die schriftliche Versicherung des Vorstandes, daß das bisherige Geschäftsguthaben des Erwerbers mit dem ihm zuzuschreibenden Betrage den Geschäftsanteil oder — im Falle des § 138 des Gesetzes — die der höchsten Zahl der Geschäftsanteile entsprechende Gesamtsumme nicht übersteigt,

   falls der Erwerber des Guthabens noch nicht Mitglied der Genossenschaft ist, seine vorschriftsmäßige Beitrittserklärung;
6. im Falle des Todes eines Genossen (Gesetz § 77) eine Anzeige des Sterbefalls; als solche genügt eine von den Angehörigen des Verstorbenen veröffentlichte oder der Genossenschaft erstattete Anzeige und mangels einer solchen die Erklärung des Genossenschaftsvorstandes, daß der Todesfall eingetreten sei.

Anmerkung: Der in Ziff. 1 angeführte § 93 c Abs. 3 ist weggefallen; an seine Stelle sind die §§ 93 k und l getreten.

Zeit der Einreichung

§ 32

In den Fällen der Aufkündigung des Genossen oder des Gläubigers eines Genossen hat die Einreichung der Urkunden durch den Vorstand spätestens sechs Wochen vor dem Schlusse des Geschäftsjahrs (Gesetz § 69 Abs. 1) zu erfolgen. Die Einreichung der im Laufe des Geschäftsjahres erfolgten Aufkündigungen kann bis zu dem bezeichneten Zeitpunkt aufgeschoben und zusammen bewirkt werden.

Dasselbe gilt in den Fällen der Austrittserklärung wegen Aufgabe des Wohnsitzes und der Ausschließung; sind jedoch diese Tatsachen erst in den letzten sechs Wochen des Geschäftsjahrs eingetreten, so ist die Einreichung unverzüglich zu bewirken.

In den Fällen der Aufkündigung gemäß § 93 c Abs. 3 des Gesetzes, der Übertragung des Geschäftsguthabens und des Todes eines Genossen hat die Einreichung durch den Vorstand unverzüglich zu erfolgen.

Bei der Einreichung der Urkunden ist die Nummer, unter welcher der ausscheidende Genosse in die Liste eingetragen ist, anzugeben.

Hinsichtlich der Prüfung der Urkunden finden die Vorschriften des § 29 Abs. 3, 4 entsprechende Anwendung.

Anmerkung: Zu Abs. 3 siehe die Anm. zu § 31.

Eintragung des Ausscheidens

§ 33

Das Ausscheiden von Genossen wird in den Spalten 7 bis 9 der Liste eingetragen.

Außer der das Ausscheiden begründenden Tatsache (§ 31 Nr. 1 bis 6) ist in den Fällen der Aufkündigung, des Wegzugs aus dem Bezirk und der Ausschließung in der Spalte 8 zugleich der Jahresschluß, zu welchem die Aufkündigung, Austrittserklärung oder Ausschließung erfolgt ist, zu vermerken.

Im Falle der Übertragung des Geschäftsguthabens ist in der Spalte 8 außer der Übertragung die Person des Erwerbers und die laufende Nummer, unter welcher er in die Liste eingetragen ist oder eingetragen wird, anzugeben. Ist der Erwerber noch nicht Genosse, so darf die Übertragung nur gleichzeitig mit dem Beitritt des Erwerbers eingetragen werden.

Im Falle des Todes eines Genossen ist der Zeitpunkt des Todes zu vermerken.

§ 34

Der Tag des Ausscheidens wird in der Spalte 9 eingetragen. Da mit den im Gesetze bestimmten Ausnahmen das Ausscheiden nur zum Schlusse eines Geschäftsjahres und nur nach erfolgter Eintragung wirksam wird, so kann als Zeitpunkt des Ausscheidens regelmäßig nur der letzte Tag des Geschäftsjahres, in wlechem die Eintragung stattfindet, eingetragen werden.

Soll nach den eingereichten Urkunden das Ausscheiden nicht zum Schlusse des laufenden, sondern eines späteren Geschäftsjahrs stattfinden, so ist dieser spätere Zeitpunkt einzutragen.

Wird die Einreichung der Urkunden oder die Eintragung selbst erst nach dem Jahresschlusse, mit welchem das Ausscheiden stattfinden sollte, bewirkt, so kann es erst mit dem nächsten Jahresschlusse wirksam werden; in diesem Falle ist deshalb der letztere Zeitpunkt als Tag des Ausscheidens in die Liste einzutragen. Eine Ausnahme gilt für die Eintragung des Ausscheidens bei Todesfällen, indem hier das

Ausscheiden des Erben nicht von der vorgängigen Eintragung in die Liste abhängig ist (Gesetz § 77). Auch bei verspäteter Einreichung der Todesanzeige ist deshalb der letzte Tag desjenigen Geschäftsjahrs, in welchem der Todesfall eingetreten ist, als Zeitpunkt des Ausscheidens einzutragen.

Auf den Fall des Ausscheidens durch Übertragung des Geschäftsguthabens finden die vorstehenden Bestimmungen keine Anwendung. In diesem Falle wird das Ausscheiden unmittelbar durch die Eintragung wirksam; der Tag der letzteren ist deshalb auch der Zeitpunkt des Ausscheidens und als solcher in der Liste zu vermerken.

Eintragung von Vormerkungen

§ 35

Vormerkungen zur Sicherung des Ausscheidens (Gesetz § 71) werden in den Spalten 7 und 8 eingetragen. Die Eintragung erfolgt auf Antrag des Genossen, welcher das Ausscheiden beansprucht, im Falle des § 66 des Gesetzes auf Antrag des Gläubigers des Genossen. Die Tatsachen, auf welche der Anspruch begründet wird (rechtzeitig bewirkte Aufkündigung, Übertragung des Geschäftsguthabens, Tod des Erblassers usw.), sind anzugeben; des Nachweises oder der Glaubhaftmachung bedarf es nicht.

Der Zeitpunkt, zu welchem das Ausscheiden beansprucht wird, ist ebenfalls in der Spalte 8 anzugeben. Er bestimmt sich nach den Grundsätzen, welche maßgebend sein würden, wenn statt der Vormerkung das Ausscheiden selbst einzutragen wäre (§ 34). In der Spalte 9 wird der hiernach vorgemerkte Zeitpunkt erst eingetragen, wenn das Ausscheiden durch Anerkenntnis des Vorstandes oder durch rechtskräftiges Urteil festgestellt ist und dies in die Liste eingetragen wird (Gesetz § 71 Abs. 2).

Unwirksame Eintragungen; Berichtigung von Schreibfehlern

§ 36

Ist die Unwirksamkeit einer Eintragung durch eine übereinstimmende Erklärung des beteiligten Genossen und des Vorstandes der Genossenschaft in beglaubigter Form anerkannt oder durch rechtskräftiges Urteil festgestellt, so ist dies auf Antrag eines der beiden Teile in der letzten Spalte einzutragen. (Fortsetzung S. 482)

Anlage

Liste der Genossen

für

....

....

✶ ✶ ✶

Das Geschäftsjahr beginnt am .... **und**

endigt am ....

	Genossen			Weit. Geschäftsanteile	
Lfd. Nr.	Tag der Eintragung	Name und Beruf	Wohnort	Tag der Eintragung	Zahl der weiteren Geschäftsanteile
1.	2.	3.	4.	5.	6.
1.	4. Februar 1900	*Meier*, Wilhelm, Schlossermeister	Merseburg		
2.	4. Februar 1900	*Böttcher*, Hermann, Tischlermeister	„		
3.	15. März 1900	*Kraus*, Philipp, Kaufmann	„	15. Dezember 1900 1. Juni 1901	1 $\frac{1}{2^1)}$
4.	15. März 1900	*Himmelreich*, Anton, Klemptnermstr.	„		
5.	15. März 1900	*Kannegießer*, Adolf, Auslaufer	„		
6.	15. März 1900	*Müller*, Hans, Landwirt	Bolzhausen	1. Mai 1901	1
7.	2. April 1900	*Schulz*, Eduard Gastwirt	Merseburg		
8.	2. April 1900	*Becker*, Matthias, Maurermeister	„		

---

[1]) Kraus hat zwei weitere Geschäftsanteile, insgesamt also drei erworben. Das der VO. vom 22. 11. 1923 beigefügte Formular führte durch fehlerhafte Fassung zu

Ausscheiden

Tag der Eintragung	Grund des Ausscheidens	Tag des Ausscheidens	Bemerkungen
7.	8.	9.	10.
18. November 1902	Aufkündigung zum 31. Dezember 1902	31. Dezember 1902	
			Die Eintragung des Beitritts ist durch rechtskräft. Urteil für unwirksam erklärt. Eingetragen am 6. Juli 1901
7. August 1902	Gestorben am 30. Juli 1902	31. Dezember 1902	
5. Juni 1901	Übertragung des Guthabens an .... (Nr. ....)	5. Juni 1901	
25. Januar 1903	Ausschließung zum 31. Dezember 1903	31. Dezember 1903	
20. Dezember 1903 4. März 1904	Vorgemerkt Kündigung zum 31. Dezember 1903 Anerkannt	31. Dezember 1903	
20. Dezember 1902	Wegen Aufgabe des Wohnsitzes im Bezirk ausgetreten zum 31. Dezember 1902	31. Dezember 1902	

---

der Annahme, es gäbe halbe Geschäftsanteile. Daher die Berichtigungs-VO. vom 13. 3. 1928 (RGBl. I S. 70). Vgl. auch BlfG. 1928 S. 201.

Schreibfehler und ähnliche offenbare Unrichtigkeiten*, die in einer Eintragung vorkommen, sind von dem Gerichte durch einen Vermerk in der letzten Spalte zu berichtigen.

§ 37

Die Liste der Genossen ist dauernd aufzubewahren.

Auf die nach Jahrgängen gesammelten Anträge, Schriftstücke und Verfügungen (§ 27 Abs. 4) findet die Vorschrift des § 25 Abs. 2 entsprechende Anwendung.

---

*) Der Begriff der „offenbaren Unrichtigkeit" darf nicht zu eng genommen werden. Ist beispielsweise infolge einer Verschmelzung ein Genosse versehentlich zweimal in die Liste der übernehmenden G. eingetragen, so ist die begriffliche Unzulässigkeit einer solchen Eintragung nach § 36 Abs. 2 zu behandeln (a. A. KG. BlfG. 1930 S. 99).

B. Gesetz über die Auflösung und Löschung von Gesellschaften und Genossenschaften

Vom 9. 10. 34 (RGBl. I S. 914)

§ 1

(Wird hier nicht wiedergegeben, da er sich nicht auf eG bezieht).

§ 2

(1) Eine Aktiengesellschaft, Kommanditgesellschaft auf Aktien oder eine Gesellschaft mit beschränkter Haftung, die kein Vermögen besitzt, kann auf Antrag der amtlichen Berufsvertretung des Handelsstandes oder der Steuerbehörde oder von Amts wegen gelöscht werden; mit der Löschung gilt die Gesellschaft als aufgelöst. Eine Liquidation findet nicht statt. Vor der Löschung ist die amtliche Berufsvertretung zu hören.

(2) Das Gericht hat die Absicht der Löschung den gesetzlichen Vertretern der Gesellschaft, soweit solche vorhanden sind und ihre Person und ihr inländischer Aufenthalt bekannt ist, nach den für die Zustellung von Amts wegen geltenden Vorschriften der Zivilprozeßordnung bekanntzumachen und ihnen zugleich eine angemessene Frist zur Geltendmachung des Widerspruchs zu bestimmen. Das Gericht kann anordnen, auch wenn eine Pflicht zur Bekanntmachung und Fristbestimmung nach Satz 1 nicht besteht, daß die Bekanntmachung und die Bestimmung der Frist durch Einrückung in die Blätter, die für die Bekanntmachung der Eintragungen in das Handelsregister be-

§ 111 der Vergleichsordnung

stimmt sind, sowie durch Einrückung in weitere Blätter erfolgt; in diesem Falle ist jeder zur Erhebung des Widerspruchs berechtigt, der an der Unterlassung der Löschung ein berechtigtes Interesse hat. Die Vorschriften des § 141 Absätze 3, 4 des Reichsgesetzes über die Angelegenheiten der freiwilligen Gerichtsbarkeit gelten entsprechend.

(3) Stellt sich nach der Löschung das Vorhandensein von Vermögen heraus, das der Verteilung unterliegt, so findet die Liquidation statt; die Liquidatoren sind auf Antrag eines Beteiligten durch das Gericht zu ernennen.

§ 3

Die Vorschriften des § 2 finden auf eingetragene Genossenschaften mit der Maßgabe entsprechende Anwendung, daß bei Genossenschaften, die einem Revisionsverband angeschlossen sind, im Falle des § 2 Abs. 1 dieser Revisionsverband an die Stelle der amtlichen Berufsvertretung tritt.

§ 4

Der Reichsminister der Justiz erläßt die zur Durchführung und Ergänzung dieses Gesetzes erforderlichen Rechts- und Verwaltungsvorschriften.

Anmerkung: Die amtliche Begründung des Gesetzes ist veröffentlicht in Deutscher Reichsanzeiger 34 Nr. 243, erste Beilage. Über den Begriff der Vermögenslosigkeit einer eG vgl. von Nostitz in DJ 34 S. 1314, OLG München (JFG **14** 197 und JFG **15** 1 = BlfG 27 S. 609) und Waldmann, Deutsch. Gemein- u. Wirtschaftsrecht 42 S. 89. Wegen der Möglichkeit der Beseitigung der Löschung einer vermögenslosen eG siehe KG JFG **15** 92 = BlfG 37 S. 668.

Sinn des Gesetzes ist es, die Wirtschaft von vermögenslos gewordenen Scheinbetrieben zu entlasten. Eine wirtschaftlich existenzberechtigte Genossenschaft darf daher nicht gelöscht werden, auch wenn nur geringes Vermögen vorhanden. Keine Löschung, wenn z. B. noch Beteiligung vorhanden oder Geschäftsguthaben der Mitglieder.

C. § 111 der Vergleichsordnung
Vom 26. 2. 35 (RGBl. I S. 321)

Für das Vergleichsverfahren über eine eingetragene Genossenschaft, die den Vorschriften des Gesetzes, betreffend die Erwerbs- und Wirtschaftsgenossenschaften, unterliegt, gelten die folgenden besonderen Vorschriften:

Anhang

1. Zur Stellung des Antrags ist jedes Mitglied des Vorstandes berechtigt. Wird der Antrag nicht von allen Vorstandsmitgliedern gestellt, so hat das Gericht vor der Entscheidung die Vorstandsmitglieder, die den Antrag nicht gestellt haben, zu hören.

2. In dem Verzeichnis der Gläubiger (§ 4 Abs. 2 Nr. 2) ist anzugeben, wenn ein Gläubiger Mitglied der Genossenschaft ist; das gleiche gilt für eine Anmeldung gemäß § 67. In dem Antrag ist weiter anzugeben, welchem Prüfungsverbande die Genossenschaft angehört oder innerhalb der letzten drei Jahre vor der Stellung des Antrags angehört hat; hat die Genossenschaft innerhalb dieser Zeit keinem Prüfungsverband angehört, so ist der nach der fachlichen Eigenart der Genossenschaft zuständige Prüfungsverband anzugeben, in dessen Bezirk die Genossenschaft ihren Sitz hat. Der Antrag und seine Anlagen sind in drei Stücken vorzulegen.

3. Der Prüfungsverband, dem die Genossenschaft angehört, ist vor der Entscheidung über den Antrag auf Eröffnung des Vergleichsverfahrens nach Maßgabe des § 14 zu hören. Gehört die Genossenschaft keinem Prüfungsverband an, so ist der Prüfungsverband, dem die Genossenschaft innerhalb der letzten drei Jahre vor der Stellung des Antrags angehört hat, oder, wenn sie auch in dieser Zeit keinem Prüfungsverband angehört hat, der nach der fachlichen Eigenart der Genossenschaft zuständige Prüfungsverband zu hören, in dessen Bezirk die Genossenschaft ihren Sitz hat. Kommen hiernach mehrere Prüfungsverbände in Betracht, so steht die Auswahl dem Gericht zu.

4. Die Eröffnung des Vergleichsverfahrens ist nach Maßgabe des § 23 in das Genossenschaftsregister einzutragen.

5. Zum Abschluß eines Vergleichs ist erforderlich, daß die Gläubiger, die Mitglieder der Genossenschaft sind, und die Gläubiger, die nicht Mitglieder der Genossenschaft sind, dem Vergleiche gesondert mit den im § 74 festgesetzten Mehrheiten zustimmen.

6. Hat ein Genosse seinen Austritt aus der Genossenschaft erklärt oder der Gläubiger eines Genossen das Kündigungsrecht ausgeübt, so scheidet der Genosse nicht vor dem Schlusse des Geschäftsjahrs aus, in dem das Vergleichsverfahren endet oder, wenn in einem Vergleich eine Stundung bewilligt wird, die Stundung abläuft. Die Erklärung des Genossen oder des Gläu-

§ 111 der Vergleichsordnung

bigers über den Austritt oder die Kündigung ist spätestens sechs Wochen vor dem Ende des Geschäftsjahrs, mit dessen Schluß der Genosse ausscheidet, oder, wenn das Vergleichsverfahren innerhalb der letzten sechs Wochen dieses Jahres endet, unverzüglich zu der Liste der Genossen einzureichen. Der Jahresschluß, zu dem der Genosse ausscheidet, ist erst nach Beendigung des Vergleichsverfahrens in die Liste der Genossen einzutragen; ist er bereits früher eingetragen, so ist nachträglich zu vermerken, daß ein Vergleichsverfahren eröffnet worden ist. Die Vorschrift des Satzes 1 findet keine Anwendung, wenn der Genosse zur Zeit der Stellung des Vergleichsantrags aus der Genossenschaft bereits wirksam ausgeschieden war.

Anmerkungen zu § 111 Vergleichsordnung

1. Die VerglO vom 26. 2. 35 (RGBl. I S. 321, Amtliche Begründung DJ 35 S. 389 ff.) ist am 1. 4. 35 an die Stelle des bis dahin geltenden Gesetzes über den Vergleich zur Abwendung des Konkurses (VerglO) vom 5. 7. 27 getreten, das seinerseits wieder die VO über die Geschäftsaufsicht zur Abwendung des Konkurses vom 14. 12. 16 abgelöst hatte. Über den Inhalt der neuen VerglO s. auch BlfG 35 S. 197 u. 219 ff.

2. Während der Zwangsvergleich *im Konkurse* der eG erst durch Ges. vom 20. 12. 33 zugelassen wurde (s. 115 e GenG), war er im *Vergleichs*verfahren der eG schon durch die VerglO vom 5. 7. 27 bzw. die Geschäftsaufsichtsverordnung ermöglicht worden. Stundungs-, Erlaß- und Liquidations- bzw. Treuhandliquidationsvergleiche sind nunmehr auch bei eG zulässig.

3. Die Bestimmung des § 91 Ziff. 1 der VerglO von 27, wonach die Einleitung des Vergleichsverfahrens nach Auflösung der eG unzulässig war, ist in den entsprechenden § 111 der neuen VerglO vom 26. 2. 35 nicht übernommen worden. Es sind also jetzt auch aufgelöste eG zum Vergleichsverfahren zugelassen (vgl. 118 GenG).

§ 111 der neuen VerglO enthält aber noch weitere, den Genossenschaftsvergleich behandelnde, von der früheren VerglO abweichende bzw. aufgetauchte Zweifelsfragen klärende Vorschriften:

a) Die Eröffnung des Vergleichsverfahrens ist nunmehr von Amts wegen in das Genossenschaftsregister einzutragen (111 Ziff. 4 VerglO).

b) Die neue VerglO hat das Vorschlagsrecht der Gläubigermehrheit für die Bestellung des Vergleichsverwalters (der früheren „VertrauenSperson") beseitigt. Infolgedessen ist auch die Anhörung des Prüfungsverbandes vor der Entscheidung über einen solchen Vorschlag, wie sie die VerglO von 27 in § 91 Ziff. 4 Abs. 1 Satz 1 vorsah, in Wegfall gekommen.

c) Da die neue VerglO die bedingte Mindestquote nicht mehr kennt, ist auch § 91 Ziff. 4 Abs. 1 Satz 2 der VerglO von 27 nicht übernommen worden.

d) Verschiedene Zweifel hatten sich an die Austrittssperre geknüpft, die § 91 Ziff. 6 der früheren VerglO vorgesehen hatte und die von der neuen VerglO in § 111 Ziff. 6 übernommen worden ist:

Die Streitfrage, ob auch die Ausschließung eines Genossen (68 GenG), der Austritt eines Genossen infolge Übertragung des Geschäftsguthabens (76 GenG) oder das Ausscheiden eines Genossen durch den Tod (77 GenG) durch das Vergleichsverfahren in seiner Wirkung hinausgeschoben wird, ist zwar auch durch die neue VerglO nicht ausdrücklich entschieden worden; aus dem 1933 veröffentlichten amtlichen Entwurf einer VerglO bzw. der Begründung dazu (S. 92) ergibt sich aber eindeutig, daß der Gesetzgeber den Standpunkt vertritt, die Verneinung dieser Frage könne nicht zweifelhaft sein, da die Fassung der mit der bisherigen VerglO übereinstimmenden Ziff. 6 auf die Erklärung des Austritts abstelle. Das Ausscheiden eines Genossen infolge Ausschließung, Übertragung des Geschäftsguthabens oder Tod wird also durch das Vergleichsverfahren der G nicht gehemmt (ebenso KG JW 38 S. 1177 = JFG **17** 142).

Dagegen ist eine andere Streitfrage durch eine besondere Bestimmung der neuen VerglO endgültig ausgeräumt worden. Gegenüber der alten VerglO war es nämlich zweifelhaft geworden, ob die Austrittssperre erst durch die Eröffnung des Vergleichsverfahrens oder schon durch die Stellung des Eröffnungsantrages ausgelöst wird. Die neue VerglO hat sich für die zweite Alternative entschieden (§ 111 Ziff. 6 letzter Satz; vgl. auch BlfG 34 S. 426 und die dort erörternde Rechtsprechung).

4. Die Entgegennahme von sog. Besserungsscheinen im Vergleichsverfahren einer eG ist in der Regel nicht als eine Stundung i. S. von § 111 Ziff. 6 der neuen bzw. § 91 Ziff. 6 der früheren VerglO anzusehen (OLG Dresden, JW 31 S. 3137; vgl. auch BlfG 31 S. 732 u. BlfG 34 S. 187).

Die nach Ausstellung eines Besserungsscheines neu entstandenen Schulden gehen in der Regel den Verpflichtungen aus den Besserungsscheinen vor (OLG Hamburg „Recht" 1909 Ziff. 1272; vgl. auch BlfG 34 S. 187).

5. Über die Zulässigkeit des sog. Haftsummenverzichts im Vergleichsverfahren einer eG s. 105 Anm. 2 GenG.

6. Massenmangel hindert bei der eG zwar nicht die Eröffnung des *Konkurs*verfahrens (100 Abs. 3 GenG), wohl aber die Eröffnung des *Vergleichs*verfahrens (17 Ziff. 6 VerglO).

7. Der Prüfungsverband ist gemäß 111 Ziff. 3 VerglO *neben* der amtlichen Berufsvertretung über den Antrag auf Eröffnung des Vergleichsverfahrens zu hören. Ist er nicht gehört worden, so ist das Verfahren einzustellen (100 Abs. 1 Ziff. 1 VerglO), jedoch bietet die Nichtanhörung keinen Anlaß, die Bestätigung des Vergleichs zu versagen.

D. Gesetz über die Rechtsverhältnisse der Erwerbs- und Wirtschaftsgenossenschaften mit Sitz in Berlin
Vom 9. Januar 51
(Verordnungsblatt für Berlin Teil I Nr. 10 v. 22. Februar 51 S. 249)

Die Stadtverordnetenversammlung und der Magistrat haben folgendes Gesetz beschlossen, das hiermit verkündet wird:

§ 1
Genossenschaften mit Sitz in Berlin, die Niederlassungen oder Vermögenswerte sowohl in den Westsektoren von Berlin als auch in dem sowjetischen Sektor von Berlin oder in der sowjetischen Besatzungszone haben und in dem Genossenschaftsregister des Registergerichts in den Westsektoren eingetragen sind, können den Gegenstand des Unternehmens auf den Geschäftsbetrieb innerhalb der Westsektoren von Berlin und des Bundesgebietes (Bezirk) nach Maßgabe der folgenden Vorschriften beschränken.

§ 2
(1) Soll der Gegenstand des Unternehmens auf den Geschäftsbetrieb innerhalb des Bezirks beschränkt werden, so bedarf es der Zustimmung von mindestens zwei Drittel aller im Bezirk wohnenden Mitglieder des Vorstandes. Vor der Beschlußfassung sind die in dem Bezirk wohnenden Mitglieder des Aufsichtsrates und der in dem Bezirk tätige Prüfungsverband, dem die Genossenschaft angehört, zu hören. Der Beschluß ist in schriftlicher Form niederzulegen.

(2) Die außerhalb des Bezirks wohnenden Mitglieder des Vorstandes und des Aufsichtsrates gelten als verhindert, die ihnen durch

Gesetz oder Statut übertragenen Geschäfte in dem Bezirk wahrzunehmen. Das gleiche gilt für Mitglieder des Vorstandes oder des Aufsichtsrates, die zwar im Bezirk wohnen oder später ihren Wohnsitz im Bezirk nehmen, zur Zeit des Inkrafttretens des Gesetzes aber ihre Ämter bei Niederlassungen außerhalb des Bezirks ausüben.

(3) Soweit die erforderlichen Mitglieder des Vorstandes fehlen, sind sie auf Antrag der in dem Bezirk wohnenden Mitglieder des Vorstandes oder des Prüfungsverbandes (Absatz 1) von dem Registergericht in den Westsektoren mit Zustimmung des Magistrats (Abteilung Wirtschaft) zu bestellen.

(4) In den Fällen des § 1 Absatz 1 des Gesetzes zur Ergänzung des Wohnungsgemeinnützigkeitsgesetzes vom 10. Februar 50 (VOBl. I S. 69) in der Fassung vom 26. Mai 50 (VOBl. I S. 179) ist die nach Absatz 1 erforderliche Erklärung von den Treuhändern abzugeben.

§ 3

Die Erklärung ist in das Genossenschaftsregister des Registergerichts in den Westsektoren einzutragen. Sie ist von dem Vorstand oder von den Treuhändern (§ 2 Absatz 4) bis zum 31. März 51 anzumelden.

§ 4

Das Registergericht hat die Eintragung der nach § 2 Absatz 1 erforderlichen Erklärung in dem Verordnungsblatt für Berlin und in einer in den Westsektoren von Berlin erscheinenden Tageszeitung zu veröffentlichen. Die Eintragung ist außerdem in dem Bundesanzeiger zu veröffentlichen, wenn die Genossenschaft Niederlassungen oder Vermögenswerte im Bundesgebiet hat.

§ 5

(1) Mit der Eintragung der nach § 2 Absatz 1 erforderlichen Erklärung gilt das in dem Bezirk befindliche Vermögen der Genossenschaft als besonderes Vermögen.

(2) Bei Kreditgenossenschaften gehören Forderungen gegen Schuldner, die ihren Wohnsitz, Sitz oder Niederlassung außerhalb des Bezirkes haben, zu dem im Bezirk befindlichen Vermögen, sofern sie aus Krediten herrühren, die von Niederlassungen der Genossenschaft im Bezirk gewährt worden sind.

§ 6

(1) Die Befugnisse der Generalversammlung, des Vorstandes, des Aufsichtsrates und der Treuhänder (§ 2 Absatz 4) beschränken sich

mit der Eintragung der nach § 2 Absatz 1 erforderlichen Erklärung auf das in dem Bezirk befindliche Vermögen.

(2) Die Beschränkung des Rechtes des Vorstandes und der Treuhänder (§ 2 Absatz 4) zur Vertretung und Geschäftsführung gilt auch gegenüber dritten Personen.

§ 7

(1) Die Genossenschaft kann wegen der vor dem Inkrafttreten dieses Gesetzes entstandenen Verbindlichkeiten in dem Bezirk nur in Anspruch genommen werden, soweit die der Genossenschaft als Gegenwert zugeflossenen Mittel in dem Bezirk angelegt oder verwendet worden sind. Das gleiche gilt hinsichtlich des Auseinandersetzungsguthabens eines Genossen (§ 73 des Genossenschaftsgesetzes), auch wenn dasselbe erst nach dem Inkrafttreten des Gesetzes entsteht oder fällig wird.

(2) Bei Kreditgenossenschaften gelten Einlagen jeder Art bei Niederlassungen außerhalb des Bezirkes auch dann nicht im Bezirk angelegt oder verwendet, wenn von den Niederlassungen außerhalb des Bezirkes aus den ihnen zugeflossenen Einlagen Kredite an Schuldner im Bezirk gewährt worden sind.

(3) Sind der Genossenschaft Mittel als Gegenwert nicht zugeflossen oder kann nicht festgestellt werden, wo der Gegenwert verblieben ist, so kann die Genossenschaft in dem Bezirk in dem Verhältnis in Anspruch genommen werden, in dem nach dem letzten das gesamte Vermögen der Genossenschaft umfassenden Jahresabschluß die Vermögenswerte in dem Bezirk zu dem gesamten Vermögen der Genossenschaft standen.

(4) Soweit die Genossenschaft nach den Absätzen 1 bis 3 nicht in Anspruch genommen werden kann, ist die Vollstreckung in ihr in dem Bezirk befindliches Vermögen unzulässig.

§ 8

(1) Mit der Eintragung der nach § 2 Absatz 1 erforderlichen Erklärung gelten nur die in die Liste der Genossen des Registergerichts in den Westsektoren Eingetragenen als Genossen.

(2) Die Erfüllung der Mitgliedschaftspflichten kann nur von den Genossen verlangt werden, die in dem Bezirk ihren Wohnsitz oder ihre gewerbliche Niederlassung haben. Mitgliedschaftsrechte können nur von diesen Genossen ausgeübt werden. Die Mitgliedschaft der übrigen Genossen ruht in Ansehung des in dem Bezirk befindlichen Vermögens der Genossenschaft.

(3) Das Ruhen der Mitgliedschaft tritt ein, wenn ein Genosse nach der Eintragung der nach § 2 Absatz 1 erforderlichen Erklärung entweder seinen Wohnsitz oder seine gewerbliche Niederlassung oder, sofern beide in dem Bezirk liegen, Wohnsitz und gewerbliche Niederlassung aus dem Bezirk verlegt.

(4) Das Ruhen der Mitgliedschaft endet, wenn ein Genosse nach der Eintragung der nach § 2 Absatz 1 erforderlichen Erklärung seinen Wohnsitz oder seine gewerbliche Niederlassung in den Bezirk verlegt und in die von dem Registergericht in den Westsektoren geführte Liste der Genossen eingetragen ist.

(5) Bei Wohnungsbaugenossenschaften gelten die vorstehenden Bestimmungen mit der Maßgabe, daß allein der Wohnsitz entscheidend ist.

§ 9

Beginn und Ende des Ruhens der Mitgliedschaft eines Genossen sind von dem Registergericht in die Liste der Genossen einzutragen. Der Vorstand oder die Treuhänder (§ 2 Absatz 4) haben binnen drei Monaten nach der Eintragung der nach § 2 Absatz 1 erforderlichen Erklärung dem Registergericht eine Liste der Genossen einzureichen, deren Mitgliedschaft nach § 8 ruht. Später eintretende Veränderungen sind dem Registergericht anzuzeigen.

§ 10

Ein Genosse, dessen Mitgliedschaft ruht, kann sein Geschäftsguthaben auf einen anderen, der in dem Bezirk seinen Wohnsitz oder seine gewerbliche Niederlassung hat, nicht übertragen. § 8 Absatz 5 findet entsprechende Anwendung.

§ 11

Soweit die Genossenschaft nach § 7 in dem Bezirk nicht in Anspruch genommen werden kann, haften auch nicht die Genossen nach Maßgabe der §§ 98 ff. des Genossenschaftsgesetzes. Die Vorschrift des § 7 Absatz 4 gilt entsprechend.

§ 12

Der Gläubiger eines Genossen kann das Kündigungsrecht nach Maßgabe des § 66 des Genossenschaftsgesetzes nur ausüben, sofern er seinen Wohnsitz oder seine gewerbliche Niederlassung innerhalb des Bezirkes hat und die Mitgliedschaft des Genossen nicht ruht.

Gesetz über die Rechtsverhältnisse

§ 13

Ein Genosse, dessen Mitgliedschaft nicht ruht, kann außer den in § 68 des Genossenschaftsgesetzes und in dem Statut bestimmten Gründen zum Schluß des Geschäftsjahres aus der Genossenschaft ausgeschlossen werden, wenn er seine Mitgliedschaftsrechte außerhalb des Bezirks zum Nachteil der Genossenschaft ausübt.

§ 14

Das Ausscheiden eines Genossen wirkt nur in Ansehung des in dem Bezirk befindlichen Vermögens der Genossenschaft. Diese Beschränkung ist bei der Eintragung des Ausscheidens eines Genossen in der Liste der Genossen anzugeben.

§ 15

Die Auseinandersetzung des Ausgeschiedenen mit der Genossenschaft ist auf das in dem Bezirk befindliche Vermögen der Genossenschaft beschränkt. Sie bestimmt sich nach dem Stande dieses Vermögens und dem Bestande der Genossen, deren Mitgliedschaft zur Zeit des Ausscheidens nicht ruht.

§ 16

Die Genossenschaft kann in Ansehung ihres in dem Bezirk befindlichen Vermögens nach Maßgabe der §§ 78 bis 93 des Genossenschaftsgesetzes aufgelöst werden. Verbindlichkeiten der Genossenschaft sind nur zu erfüllen, soweit eine Haftung des in dem Bezirk befindlichen Vermögens nach § 7 besteht. Das nach der Erfüllung dieser Verbindlichkeiten verbleibende Vermögen ist nach Maßgabe der §§ 91 und 92 des Genossenschaftsgesetzes auf die Genossen zu verteilen, deren Mitgliedschaft nicht ruht.

§ 17

Das Konkursverfahren findet in Ansehung des in dem Bezirk befindlichen Vermögens der Genossenschaft nach Maßgabe der §§ 98 bis 118 und 140 des Genossenschaftsgesetzes statt. Die Nachschußpflicht nach § 105 des Genossenschaftsgesetzes ist auf die Genossen beschränkt, deren Mitgliedschaft nicht ruht.

§ 18

Die Verschmelzung (Fusion) einer Genossenschaft der in § 1 bezeichneten Art mit anderen Genossenschaften unter Ausschluß der Liquidation ist unzulässig.

§ 19

Die Bilanz hat sich auf die in dem Bezirk befindlichen Aktiven und Passiven zu beschränken. Verbindlichkeiten sind nur auszuweisen, soweit das in dem Bezirk befindliche Vermögen der Genossenschaft nach § 7 haftet. Die Geschäftsguthaben der Genossen, deren Mitgliedschaft ruht, bleiben unberücksichtigt.

§ 20

Der auf Grund des Jahresabschlusses sich ergebende Gewinn oder Verlust ist nach Maßgabe der §§ 19 und 20 des Genossenschaftsgesetzes auf die Genossen zu verteilen, deren Mitgliedschaft nicht ruht.

§ 21

(1) Der Vorstand oder die Treuhänder (§ 2 Absatz 4) haben spätestens 6 Monate nach der Eintragung der nach § 2 Absatz 1 erforderlichen Erklärung die Generalversammlung zur Verhandlung und Beschlußfassung über

a) die Entlastung der Vorstands- und Aufsichtsratsmitglieder,

b) die Neuwahl von Vorstands- und Aufsichtsratsmitgliedern zu berufen.

(2) Besteht die Generalversammlung gemäß § 43 a des Genossenschaftsgesetzes aus Vertretern der Genossen, so werden die Vertreter in der durch das Statut der Genossenschaft vorgeschriebenen Weise mit der Maßgabe bestellt, daß hierbei nur Genossen mitwirken und vertreten dürfen, deren Mitgliedschaft nicht ruht.

(3) Vor dem Ablauf der in Absatz 1 genannten Frist darf eine Generalversammlung zur Verhandlung und Beschlußfassung über die nach § 2 Absatz 1 erforderliche Erklärung nicht stattfinden.

§ 22

Die Generalversammlung kann die mit der Eintragung der Erklärung eingetretenen gesetzlichen Folgen nicht aufheben.

§ 23

Der Aufsichtsrat ist nicht berechtigt, Mitglieder des Vorstandes wegen der nach § 2 Absatz 1 abgegebenen Erklärung vorläufig von ihren Geschäften zu entheben.

§ 24

Die Abgabe der Erklärung nach § 2 Absatz 1 begründet keine Haftung der Vorstandsmitglieder, wenn ihr die im § 2 Absatz 1 Satz 2 genannten Personen zugestimmt haben. Anderenfalls haften die Mitglieder des Vorstandes gegenüber der Genossenschaft nur nach Maßgabe des § 34 des Genossenschaftsgesetzes.

§ 25

Bei Kreditgenossenschaften kann die Generalversammlung beschließen, daß die Genossen, deren Mitgliedschaft nicht ruht (§ 8), mit dem besonderen Vermögen (§ 5) und unter Übernahme der Verbindlichkeiten (§ 7) die Genossenschaft bilden. Der Beschluß bedarf einer Dreiviertelmehrheit der erschienenen Genossen (Vertreter), deren Mitgliedschaft nicht ruht. Der Beschluß ist zur Eintragung in das Genossenschaftsregister anzumelden. Die Genossen, deren Mitgliedschaft ruht, sind in der Liste der Genossen zu löschen. Ansprüche dieser Genossen an die Genossenschaft regeln sich nach § 16 mit der sich aus § 7 ergebenden Maßgabe. Die Ansprüche dieser Genossen an die Niederlassungen der Genossenschaft außerhalb des Bezirks bleiben unberührt.

§ 26

Die nach diesem Gesetz erforderlichen Eintragungen in das Genossenschaftsregister und in die Liste der Genossen sind gebühren- und auslagenfrei.

§ 27

Der Magistrat erläßt die zur Durchführung dieses Gesetzes erforderlichen Rechtsvorschriften.

§ 28

Das Gesetz tritt an dem Tage nach seiner Verkündung im Verordnungsblatt für Berlin in Kraft.

E. Gesetz über eine Berufsordnung der Wirtschaftsprüfer
(Wirtschaftsprüferordnung)
vom 24. Juli 61
(BGBl. I S. 1049)
— Auszug —

Vierter Abschnitt
Wirtschaftsprüfer im Genossenschaftswesen

§ 25
Wirtschaftsprüfer im Genossenschaftswesen

Als Wirtschaftsprüfer ist zur Prüfung von Genossenschaften zugelassen, wer

Anhang

1. nach § 1 Abs. 1 Nr. 1 der Verordnung über öffentlich bestellte Wirtschaftsprüfer im Genossenschaftswesen vom 7. Juli 36 (Reichsgesetzbl. I S. 559) als Wirtschaftsprüfer öffentlich bestellt ist;
2. Wirtschaftsprüfer ist und nach § 1 Abs. 1 Nr. 2 der Verordnung über öffentlich bestellte Wirtschaftsprüfer im Genossenschaftswesen vom 7. Juli 36 (Reichsgesetzbl. I S. 559) zur Prüfung von Genossenschaften besonders ermächtigt ist;
3. nach der Wirtschaftsprüferordnung des Landes Rheinland-Pfalz vom 21. März 50 (Gesetz- und Verordnungsblatt der Landesregierung Rheinland-Pfalz Teil I S. 91) als Wirtschaftsprüfer öffentlich bestellt und nach § 17 der Wirtschaftsprüferordnung des Landes Rheinland-Pfalz für die Prüfung von Genossenschaften als geeignet bezeichnet ist;
4. nach dem Gesetz über Wirtschaftsprüfer im Genossenschaftswesen vom 17. Juli 52 (Bundesgesetzbl. I S. 385), als Wirtschaftsprüfer öffentlich bestellt oder zur Prüfung von Genossenschaften besonders ermächtigt ist;
5. nach diesem Gesetz als Wirtschaftsprüfer bestellt oder zur Prüfung von Genossenschaften besonders ermächtigt worden ist.

§ 26
Ermächtigung von Wirtschaftsprüfern

Ein Wirtschaftsprüfer, der vor dem Inkrafttreten dieses Gesetzes bestellt und nicht zur Prüfung von Genossenschaften berechtigt oder besonders ermächtigt ist, kann zur Prüfung von Genossenschaften durch die oberste Landesbehörde ermächtigt werden. Die Ermächtigung setzt voraus, daß der Wirtschaftsprüfer im genossenschaftlichen Prüfungswesen ausreichend vorgebildet und erfahren ist. Der Freie Ausschuß und die Wirtschaftsprüferkammer sollen hierzu gehört werden.

F. Rechtsberatungsgesetz
vom 13. Dezember 35 (RGBl. I S. 1478)

§ 1
Behördliche Erlaubnis

1. Die Besorgung fremder Rechtsangelegenheiten, einschließlich der Rechtsberatung und der Einziehung fremder oder zu Einziehungszwecken abgetretener Forderungen, darf geschäftsmäßig —

ohne Unterschied zwischen haupt- und nebenberuflicher oder entgeltlicher und unentgeltlicher Tätigkeit — nur von Personen betrieben werden, denen dazu von der zuständigen Behörde die Erlaubnis erteilt ist.
2. Die Erlaubnis darf nur erteilt werden, wenn der Antragsteller die für den Beruf erforderliche Zuverlässigkeit und persönliche Eignung sowie genügende Sachkunde besitzt.

§ 3
Zulässige Tätigkeit

Durch dieses Gesetz werden nicht berührt ...

7. Die Tätigkeit von Genossenschaften, genossenschaftlichen Prüfungsverbänden und deren Spitzenverbänden sowie von genossenschaftlichen Treuhand- und ähnlichen genossenschaftlichen Stellen, soweit sie im Rahmen ihres Aufgabenbereichs ihre Mitglieder, die ihnen angehörenden genossenschaftlichen Einrichtungen oder die Mitglieder oder Einrichtungen der ihnen angehörenden Genossenschaften betreuen.

G. Gesetz über das Kreditwesen
vom 10. Juli 61 (BGBl. I S. 881)
in der Fassung des Art. III Abs. 2 Nr. 2
des Gesetzes vom 14. Januar 63 (BGBl. I S. 9)
und des § 18 Nr. 3 des Dritten Umstellungsergänzungsgesetzes
vom 22. Januar 64 (BGBl. I S. 33).
— Auszug —

Erster Abschnitt. Allgemeine Vorschriften
1. Kreditinstitute

§ 1
Begriffsbestimmungen

(1) Kreditinstitute sind Unternehmen, die Bankgeschäfte betreiben, wenn der Umfang dieser Geschäfte einen in kaufmännischer Weise eingerichteten Geschäftsbetrieb erfordert. Bankgeschäfte sind
1. die Annahme fremder Gelder als Einlagen ohne Rücksicht darauf, ob Zinsen vergütet werden (Einlagengeschäft);

2. die Gewährung von Gelddarlehen und Akzeptkrediten (Kreditgeschäft);
3. der Ankauf von Wechseln und Schecks (Diskontgeschäft);
4. die Anschaffung und die Veräußerung von Wertpapieren für andere (Effektengeschäft);
5. die Verwahrung und die Verwaltung von Wertpapieren für andere (Depotgeschäft);
6. die in § 1 des Gesetzes über Kapitalanlagegesellschaften vom 16. April 57 (Bundesgesetzblatt I. S. 378) bezeichneten Geschäfte (Investmentgeschäft);
7. die Eingehung der Verpflichtung, Darlehnsforderungen vor Fälligkeit zu erwerben;
8. die Übernahme von Bürgschaften, Garantien und sonstigen Gewährleistungen für andere (Garantiegeschäft);
9. die Durchführung des bargeldlosen Zahlungsverkehrs und des Abrechnungsverkehrs (Girogeschäft);

§ 2
Ausnahmen

(1) Als Kreditinstitut im Sinne dieses Gesetzes gelten vorbehaltlich der Absätze 2 und 3 nicht

1. die Deutsche Bundesbank
2. die Deutsche Bundespost
3. die Kreditanstalt für Wiederaufbau
4. die Sozialversicherungsträger und die Bundesanstalt für Arbeitsvermittlung und Arbeitslosenversicherung;
5. private und öffentlich-rechtliche Versicherungsunternehmen;
6. private Bausparkassen und Geschäftsbetriebe, die diesen gemäß § 112 Abs. 2 des Gesetzes über die Beaufsichtigung der privaten Versicherungsunternehmungen und Bausparkassen gleichgestellt sind, sowie öffentlich-rechtliche Bausparkassen;
7. Unternehmen, die auf Grund des Gesetzes über die Gemeinnützigkeit im Wohnungswesen — Wohnungsgemeinnützigkeitsgesetz — vom 29. Februar 40 (Reichsgesetzbl. I S. 437) als gemeinnützige Wohnungsunternehmen anerkannt sind;

8. Unternehmen, die auf Grund des Wohnungsgemeinnützigkeitsgesetzes als Organe der staatlichen Wohnungspolitik anerkannt sind und nicht überwiegend Bankgeschäfte betreiben;
9. Unternehmen des Pfandleihgewerbes, soweit sie dieses durch Hingabe von Darlehen gegen Faustpfand betreiben.

(2) Die Deutsche Bundespost unterliegt hinsichtlich des Postscheck- und Postsparverkehrs den §§ 21 und 22 sowie den auf Grund der §§ 23, 47 Abs. 1 Nr. 2 und des § 48 getroffenen Regelungen. Für die Kreditanstalt für Wiederaufbau gelten die auf Grund von § 47 Abs. 1 Nr. 2 und § 48 getroffenen Regelungen; für die Sozialversicherungsträger, für die Bundesanstalt für Arbeitsvermittlung und Arbeitslosenversicherung sowie für Versicherungsunternehmen gilt § 14.

(3) Für Unternehmen der in Absatz 1 Nr. 5 bis 9 bezeichneten Art gelten die Vorschriften dieses Gesetzes insoweit, als sie Bankgeschäfte betreiben, die nicht zu den ihnen eigentümlichen Geschäften gehören.

(4) Das Bundesaufsichtsamt für das Kreditwesen kann im Einzelfall bestimmen, daß auf ein Unternehmen im Sinne des § 1 Abs. 1 die Vorschriften der §§ 10 bis 20, 24 bis 38, 45, 46 und 51 Abs. 1 insgesamt nicht anzuwenden sind, solange das Unternehmen wegen der Art der von ihm betriebenen Geschäfte insoweit nicht der Aufsicht bedarf.

§ 3
Verbotene Geschäfte

Verboten sind

1. der Betrieb des Einlagengeschäftes, wenn der Kreis der Einleger überwiegend aus Betriebsangehörigen des Unternehmens besteht (Werksparkassen) und nicht sonstige Bankgeschäfte betrieben werden, die den Umfang dieses Einlagengeschäftes übersteigen;
2. der Betrieb des Einlagengeschäftes, wenn der überwiegende Teil der Einleger einen Rechtsanspruch darauf hat, daß ihnen aus diesen Einlagen Darlehen gewährt oder Gegenstände auf Kredit verschafft werden (Zwecksparunternehmen); dies gilt nicht für Bausparkassen;
3. der Betrieb des Kreditgeschäftes oder des Einlagengeschäftes, wenn es durch Vereinbarung oder geschäftliche Gepflogenheiten

ausgeschlossen oder erheblich erschwert ist, über den Kreditbetrag oder die Einlagen durch Barabhebung zu verfügen.

Zweiter Abschnitt. Vorschriften für Kreditinstitute
1. Eigenkapital und Liquidität

§ 10
Eigenkapitalausstattung

(1) Die Kreditinstitute müssen im Interesse der Erfüllung ihrer Verpflichtungen gegenüber ihren Gläubigern, insbesondere zur Sicherheit der ihnen anvertrauten Vermögenswerte ein angemessenes haftendes Eigenkapital haben. Das Bundesaufsichtsamt stellt im Einvernehmen mit der Deutschen Bundesbank Grundsätze auf, nach denen es für den Regelfall beurteilt, ob die Anforderungen des Satzes 1 erfüllt sind; die Spitzenverbände der Kreditinstitute sind vorher anzuhören. Die Grundsätze sind im Bundesanzeiger zu veröffentlichen.

(2) Als haftendes Eigenkapital sind anzusehen

1. bei Einzelkaufleuten, Offenen Handelsgesellschaften und Kommanditgesellschaften das Geschäftskapital und die Rücklagen nach Abzug der Entnahmen des Inhabers oder der persönlich haftenden Gesellschafter und der diesen gewährten Kredite sowie eines Schuldenüberhanges beim freien Vermögen des Inhabers; bei Offenen Handelsgesellschaften und Kommanditgesellschaften ist nur das eingezahlte Geschäftskapital zu berücksichtigen.

2. bei Aktiengesellschaften, Kommanditgesellschaften auf Aktien und Gesellschaften mit beschränkter Haftung das eingezahlte Grund- oder Stammkapital abzüglich des Betrages der eigenen Aktien oder Geschäftsanteile sowie die Rücklagen; bei Kommanditgesellschaften auf Aktien ferner Vermögenseinlagen der persönlich haftenden Gesellschafter, die nicht auf das Grundkapital geleistet worden sind, unter Abzug der Entnahmen der persönlich haftenden Gesellschafter und der diesen gewährten Kredite;

3. bei eingetragenen Genossenschaften die Geschäftsguthaben und die Rücklagen zuzüglich eines vom Bundesminister für Wirtschaft nach Anhörung der Deutschen Bundesbank durch Rechtsverordnung festzusetzenden Zuschlages, welcher der Haftsummenverpflichtung der Genossen Rechnung trägt; Geschäftsgut-

haben von Genossen, die zum Schluß des Geschäftsjahres ausscheiden, sind abzusetzen; der Bundesminister für Wirtschaft kann die Ermächtigung zum Erlaß von Rechtsverordnungen auf das Bundesaufsichtsamt übertragen;

4. bei öffentlich-rechtlichen Sparkassen sowie bei Sparkassen des privaten Rechts, die als öffentliche Sparkassen anerkannt sind, die Rücklagen;
5. bei Kreditinstituten des öffentlichen Rechts, die nicht unter Nummer 4 fallen, das eingezahlte Dotationskapital und die Rücklagen;
6. bei Kreditinstituten in einer anderen Rechtsform das eingezahlte Kapital und die Rücklagen.

(3) Dem haftenden Eigenkapital ist der Reingewinn zuzurechnen, soweit seine Zuweisung zum Geschäftskapital, zu den Rücklagen oder den Geschäftsguthaben beschlossen ist; entstandene Verluste sind von dem haftenden Eigenkapital abzuziehen. Als Rücklagen im Sinne des Absatzes 2 gelten nur die als Rücklagen ausgewiesenen Beträge mit Ausnahme solcher Passivposten, die auf Grund steuerlicher Vorschriften erst bei ihrer Auflösung zu versteuern sind.

(4) Vermögenseinlagen stiller Gesellschafter sind nur dann dem haftenden Eigenkapital zuzurechnen, wenn sie bis zur vollen Höhe am Verlust teilnehmen oder erst nach Befriedigung der Gläubiger des Kreditinstituts zurückgefordert werden können. Nachgewiesenes freies Vermögen des Inhabers oder der persönlich haftenden Gesellschafter kann auf Antrag in einem vom Bundesaufsichtsamt zu bestimmenden Umfange als haftendes Eigenkapital berücksichtigt werden.

(5) Maßgebend für die Bemessung des haftenden Eigenkapitals ist die letzte für den Schluß eines Geschäftsjahres festgestellte Bilanz; Kapitalveränderungen, die später in öffentliche Register eingetragen worden sind, sind zu berücksichtigen.

§ 11
Liquidität

Die Kreditinstitute müssen ihre Mittel so anlegen, daß jederzeit eine ausreichende Zahlungsbereitschaft gewährleistet ist. Das Bundesaufsichtsamt stellt im Einvernehmen mit der Deutschen Bundesbank Grundsätze auf, nach denen es für den Regelfall beurteilt, ob die Liquidität eines Kreditinstituts ausreicht; die Spitzenverbände der Kreditinstitute sind vorher anzuhören. Die Grundsätze sind im Bundesanzeiger zu veröffentlichen.

Anhang

§ 12
Anlagen in Grundbesitz, Schiffen und Beteiligungen

Die dauernden Anlagen eines Kreditinstituts in Grundstücken, Gebäuden, Schiffen und Beteiligungen dürfen, nach den Buchwerten berechnet, zusammen das haftende Eigenkapital nicht übersteigen. Das Bundesaufsichtsamt kann auf Antrag zulassen, daß ein Kreditinstitut vorübergehend von dieser Vorschrift abweicht.

2. Kreditgeschäft

§ 13
Großkredite

(1) Kredite an einen Kreditnehmer, die insgesamt fünfzehn vom Hundert des haftenden Eigenkapitals des Kreditinstituts übersteigen (Großkredite), sind unverzüglich der Deutschen Bundesbank anzuzeigen; dies gilt nicht für Großkredite, bei denen der zugesagte oder in Anspruch genommene Betrag nicht höher ist als zwanzigtausend Deutsche Mark, es sei denn, daß der Großkredit das haftende Eigenkapital des Kreditinstituts übersteigt. Bereits angezeigte Großkredite sind erneut anzuzeigen, wenn sie um mehr als zwanzig vom Hundert des zuletzt angezeigten Betrages erhöht werden. Die Deutsche Bundesbank leitet die Anzeigen mit ihrer Stellungnahme an das Bundesaufsichtsamt weiter; dieses kann auf die Weiterleitung bestimmter Anzeigen verzichten. Das Bundesaufsichtsamt kann von den Kreditinstituten jährlich einmal eine Sammelaufstellung der anzeigepflichtigen Großkredite einfordern.

(2) Kreditinstitute in der Rechtsform einer juristischen Person oder einer Personenhandelsgesellschaft dürfen unbeschadet der Wirksamkeit des Rechtsgeschäftes Großkredite nur auf Grund eines einstimmigen Beschlusses sämtlicher Geschäftsleiter gewähren. Der Beschluß soll vor der Kreditgewährung gefaßt werden. Ist dies im Einzelfall wegen der Eilbedürftigkeit des Geschäftes nicht möglich, so ist der Beschluß unverzüglich nachzuholen. Der Beschluß ist aktenkundig zu machen. Ist der Beschluß nicht innerhalb eines Monats nachgeholt, so ist dies dem Bundesaufsichtsamt anzuzeigen.

(3) Großkredite sollen zusammen nicht mehr als die Hälfte des Betrages aller Kredite des Kreditinstituts ausmachen. Maßgebend sind die in Anspruch genommenen Beträge.

(4) Der einzelne Großkredit soll das haftende Eigenkapital des Kreditinstituts nicht übersteigen.

(5) Bei der Errechnung der Großkredite sind Bürgschaften, Garantien und sonstige Gewährleistungen für andere sowie Kredite aus dem Ankauf von bundesbankfähigen Wechseln nur zur Hälfte anzusetzen.

(6) Die Absätze 1 und 2 gelten auch für Zusagen von Kreditrahmenkontingenten im Teilzahlungsfinanzierungsgeschäft mit der Maßgabe, daß die Anzeigen nach Absatz 1 an Stichtagen zu erstatten sind, die vom Bundesaufsichtsamt bestimmt werden.

§ 14
Millionenkredite

(1) Die Kreditinstitute haben der Deutschen Bundesbank bis zum Zehnten der Monate Febuar, April, Juni, August, Oktober und Dezember diejenigen Kreditnehmer anzuzeigen, deren Verschuldung bei ihnen zu irgendeinem Zeitpunkt während der dem Meldetermin vorhergehenden zwei Kalendermonate eine Million Deutsche Mark oder mehr betragen hat. Dies gilt bei Gemeinschaftskrediten von einer Million Deutsche Mark und mehr auch dann, wenn der Anteil der einzelnen Kreditinstitute eine Million Deutsche Mark nicht erreicht. Aus der Anzeige muß die Höhe der Verschuldung des Kreditnehmers am Ende des der Anzeige vorangegangenen Monats ersichtlich sein. § 13 Abs. 1 Satz 3 gilt entsprechend.

(2) Ergibt sich, daß einem Kreditnehmer von mehreren Kreditinstituten Kredite der in Absatz 1 bezeichneten Art gewährt worden sind, so hat die Deutsche Bundesbank die beteiligten Kreditinstitute zu benachrichtigen. Die Benachrichtigung darf nur Angaben über die angezeigte Gesamtverschuldung des Kreditnehmers und über die Anzahl der beteiligten Kreditinstitute umfassen. Die Höhe von Bürgschaften, Garantien und sonstigen Gewährleistungen, die in der angezeigten Gesamtverschuldung enthalten sind, ist gesondert in einer Summe anzugeben, ebenso die Höhe von Verbindlichkeiten aus Wechseln, bei denen dem Kreditnehmer ein Rückgriffsanspruch gegen andere Wechselverpflichteten zusteht.

(3) Ist der Kreditnehmer ein Konzern, so ist bei der Anzeige nach Absatz 1 und bei der Benachrichtigung nach Absatz 2 auch die Verschuldung der einzelnen Konzernunternehmen anzugeben.

§ 15
Organkredite

(1) Kredite an
1. Geschäftsleiter des Kreditinstituts,

2. nicht zu den Geschäftsleitern gehörende Gesellschafter des Kreditinstituts, wenn dieses in der Rechtsform einer Personenhandelsgesellschaft oder der Gesellschaft mit beschränkter Haftung betrieben wird, sowie an persönlich haftende Gesellschafter eines in der Rechtsform der Kommanditgesellschaft auf Aktien betriebenen Kreditinstituts, die nicht Geschäftsleiter sind,
3. Mitglieder eines zur Überwachung der Geschäftsführung bestellten Organs des Kreditinstituts, wenn die Überwachungsbefugnisse des Organs durch Gesetz geregelt sind (Aufsichtsorgan),
4. Beamte und Angestellte des Kreditinstituts,
5. Ehegatten und minderjährige Kinder der unter Nummern 1 bis 4 genannten Personen.
6. dritte Personen, die für Rechnung einer der unter Nummern 1 bis 5 genannten Personen handeln,
7. juristische Personen und Personenhandelsgesellschaften, wenn ein Geschäftsleiter des Kreditinstituts gesetzlicher Vertreter oder Mitglied des Aufsichtsorgans der juristischen Person oder Gesellschafter der Personenhandelsgesellschaft ist,
8. juristische Personen und Personenhandelsgesellschaften, wenn ein gesetzlicher Vertreter der juristischen Person oder ein Gesellschafter der Personenhandelsgesellschaft dem Aufsichtsorgan des Kreditinstituts angehört,
9. Unternehmen, an denen das Kreditinstitut oder ein Geschäftsleiter beteiligt ist; als Beteiligung gilt jeder Besitz von Aktien, Kuxen oder Geschäftsanteilen des Unternehmens, wenn er mindestens ein Viertel des Kapitals (Nennkapital, Zahl der Kuxe, Summe der Kapitalanteile) erreicht, ohne daß es auf die Dauer des Besitzes ankommt,
10. Unternehmen, die an dem Kreditinstitut in dem in Nummer 9 bezeichneten Umfang beteiligt sind,
11. juristische Personen und Personenhandelsgesellschaften, wenn ein gesetzlicher Vertreter der juristischen Person oder ein Gesellschafter der Personenhandelsgesellschaft an dem Kreditinstitut in dem in Nummer 9 bezeichneten Umfang beteiligt ist,

dürfen nur auf Grund eines bestimmten Beschlusses sämtlicher Geschäftsleiter des Kreditinstituts und nur mit ausdrücklicher Zustimmung des Aufsichtsorgans gewährt werden. Der Gewährung eines Kredits steht die Gestattung von Entnahmen gleich, die über die einem Geschäftsleiter oder einem Mitglied des Aufsichtsorgans zustehenden Vergütungen hinausgehen, insbesondere auch die Gestattung der Entnahme von Vorschüssen auf Vergütungen.

(2) Absatz 1 gilt entsprechend für die Gewährung von Krediten an persönlich haftende Gesellschafter, an Geschäftsführer, an Mitglieder des Vorstandes oder des Aufsichtsorgans und an Beamte und Angestellte eines von dem Kreditinstitut abhängigen oder es beherrschenden Unternehmens, an ihre Ehegatten und minderjährigen Kinder sowie an dritte Personen, die für Rechnung der vorgenannten Personen handeln. In diesen Fällen muß die ausdrückliche Zustimmung des Aufsichtsorgans des herrschenden Unternehmens erteilt sein.

(3) Die Absätze 1 und 2 gelten nicht für Kredite an Beamte und Angestellte, an ihre Ehegatten und minderjährigen Kinder sowie an dritte Personen, die für Rechnung der vorgenannten Personen handeln, wenn der Kredit ein Monatsgehalt des Beamten oder Angestellten nicht übersteigt.

(4) Der Beschluß der Geschäftsleiter und der Beschluß über die Zustimmung sind vor der Gewährung des Kredits zu fassen. Die Beschlüsse müssen Bestimmungen über die Verzinsung und Rückzahlung des Kredits enthalten. Sie sind aktenkundig zu machen. Ist die Gewährung eines Kredits nach Absatz 1 Satz 1 Nr. 7—11 eilbedürftig, so genügt es, daß sämtliche Geschäftsleiter sowie das Aufsichtsorgan der Kreditgewährung unverzüglich nachträglich zustimmen; sind die Beschlüsse nicht innerhalb von zwei Monaten nachgeholt, so ist dies dem Bundesaufsichtsamt anzuzeigen. Der Beschluß der Geschäftsleiter und der Beschluß über die Zustimmung zu Krediten an die in Absatz 1 Satz 1 Nr. 1 bis 6 und Absatz 2 genannten Personen können für bestimmte Kreditgeschäfte und Arten von Kreditgeschäften im voraus, jedoch nicht für länger als drei Monate gefaßt werden.

(5) Wird entgegen Absatz 1 Satz 1 Nr. 1 bis 6, Absatz 2 und Absatz 4 ein Kredit gewährt, so ist dieser ohne Rücksicht auf entgegenstehende Vereinbarungen sofort zurückzuzahlen, wenn nicht sämtliche Geschäftsleiter sowie das Aufsichtsorgan der Kreditgewährung nachträglich zustimmen.

§ 16
Anzeigepflicht für Organkredite

Dem Bundesaufsichtsamt sind unverzüglich anzuzeigen
1. Kredite an Geschäftsleiter sowie Beamte und Angestellte des Kreditinstituts, wenn sie die Höhe der Gesamtbezüge (Gehälter, Gewinnbeteiligungen, Aufwandsentschädigungen, Versiche-

rungsentgelte, Provisionen und Nebenleistungen jeder Art) für das letzte Geschäftsjahr überschreiten; für Geschäftsleiter, die unter Nummer 2 oder 3 fallen, gelten nur diese Vorschriften, Kredite an ehrenamtliche Geschäftsleiter sind nur unter den Voraussetzungen des § 13 Abs. 1 anzuzeigen;

2. Kredite eines in der Rechtsform einer Personenhandelsgesellschaft oder der Gesellschaft mit beschränkter Haftung betriebenen Kreditinstituts an seine Gesellschafter sowie Kredite eines in der Rechtsform der Kommanditgesellschaft auf Aktien betriebenen Kreditinstituts an seine persönlich haftenden Gesellschafter, wenn die Kredite ein Zehntel des für das letzte Geschäftsjahr festgestellten Kapitalanteiles übersteigen. Ist der dem Gesellschafter aus dem letzten Geschäftsjahr zugeflossene Gewinn zuzüglich etwaiger sonstiger Bezüge im Sinne der Nummer 1 höher, so ist dieser Betrag für die Anzeigepflicht maßgebend,

3. Entnahmen durch Inhaber und persönlich haftende Gesellschafter unter den in Nummer 2 bezeichneten Voraussetzungen; bei persönlich haftenden Gesellschaftern sind Kredite und Entnahmen zusammenzurechnen;

4. Kredite an Mitglieder des Aufsichtsorgans des Kreditinstituts, wenn sie auch nach § 13 Abs. 1 anzuzeigen sind;

5. Kredite an die in § 15 Abs. 1 Satz 1 Nr. 5 genannten Personen unter den Voraussetzungen, unter denen ein Kredit an den bei dem Kreditinstitut tätigen Ehegatten oder Elternteil anzuzeigen wäre;

6. Kredite an die in § 15 Abs. 1 Satz 1 Nr. 6 genannten Personen unter den Voraussetzungen, unter denen ein Kredit an die Person anzeigepflichtig wäre, für deren Rechnung der Kreditnehmer handelt;

7. Kredite an juristische Personen und Personenhandelsgesellschaften, wenn der Inhaber oder ein Geschäftsleiter des Kreditinstituts gesetzlicher Vertreter der juristischen Person oder Gesellschafter der Personenhandelsgesellschaft ist;

8. Kredite an juristische Personen und Personenhandelsgesellschaften, wenn ein gesetzlicher Vertreter der juristischen Person oder ein Gesellschafter der Personenhandelsgesellschaft dem Aufsichtsorgan des Kreditinstituts angehört;

9. Kredite an die in § 15 Abs. 1 Satz 1 Nr. 9 bis 11 genannten Unternehmen;

10. Kredite an die in § 15 Abs. 2 genannten Personen, sofern sie unter entsprechender Anwendung der Nummern 1 bis 6 anzuzeigen wären.

§ 19
Begriff des Kredits und des Kreditnehmers

(1) Als Kredite im Sinne der §§ 13 bis 18 sind anzusehen
1. Gelddarlehen aller Art, übernommene Darlehnsforderungen sowie Akzeptkredite;
2. die Diskontierung von Wechseln und Schecks;
3. die Stundung von Forderungen aus nicht bankmäßigen Handelsgeschäften von Kreditinstituten, insbesondere Warengeschäften, über die handelsübliche Frist hinaus;
4. Bürgschaften, Garantien und sonstige Gewährleistungen eines Kreditinstituts für andere;
5. Beteiligungen eines Kreditinstituts an dem Unternehmen eines Kreditnehmers; als Beteiligung gilt jeder Besitz des Kreditinstituts an Aktien, Kuxen oder Geschäftsanteilen des Unternehmens, wenn er mindestens ein Viertel des Kapitals (Nennkapital, Zahl der Kuxe, Summe der Kapitalanteile) erreicht, ohne daß es auf die Dauer des Besitzes ankommt.

Zugunsten des Kreditinstituts bestehende Sicherheiten sowie Guthaben des Kreditnehmers bei dem Kreditinstitut bleiben außer Betracht.

(2) Im Sinne der §§ 13 bis 18 gelten als ein Kreditnehmer
1. alle Unternehmen, die demselben Konzern angehören oder durch Verträge verbunden sind, die vorsehen, daß die Leitung des einen Unternehmens einem anderen Unternehmen unterstellt wird oder daß das eine Unternehmen verpflichtet ist, seinen ganzen Gewinn an ein anderes Unternehmen abzuführen.
2. Personenhandelsgesellschaften und ihre persönlich haftenden Gesellschafter.

5. Besondere Pflichten der Kreditinstitute

§ 24
Anzeigen

(1) Die Kreditinstitute haben dem Bundesaufsichtsamt und der Deutschen Bundesbank unverzüglich anzuzeigen
1. die Bestellung eines Geschäftsleiters und die Ermächtigung einer Person zur Einzelvertretung des Kreditinstituts in dessen ge-

samten Geschäftsbereich unter Angabe der Tatsachen, die für die Beurteilung der Zuverlässigkeit und der fachlichen Eignung wesentlich sind,
2. das Ausscheiden eines Geschäftsleiters sowie die Entziehung der Befugnis zur Einzelvertretung des Kreditinstituts in dessen gesamten Geschäftsbereich,
3. die Übernahme einer dauernden Beteiligung an einem anderen Kreditinstitut,
4. die Änderung der Rechtsform, soweit nicht bereits eine Erlaubnis nach § 32 Abs. 1 erforderlich ist,
5. Kapitalveränderungen, die in öffentliche Register eingetragen werden müssen,
6. die Verlegung der Niederlassung oder des Sitzes,
7. die Errichtung, die Verlegung und die Schließung einer Zweigstelle,
8. die Einstellung des Geschäftsbetriebes.

(2) Hat ein Kreditinstitut die Absicht, sich mit einem anderen Kreditinstitut zu vereinigen, so hat es dies dem Bundesaufsichtsamt und der Deutschen Bundesbank rechtzeitig anzuzeigen.

§ 26
Bilanzvorlage

Die Kreditinstitute haben dem Bundesaufsichtsamt und der Deutschen Bundesbank die festgestellte Jahresbilanz nebst Gewinn- und Verlustrechnung (Jahresabschluß) und den Geschäftsbericht, soweit ein solcher erstattet wird, unverzüglich einzureichen; der Jahresabschluß ist in einer Anlage zur Jahresbilanz zu erläutern. Sofern der Jahresabschluß nach § 27 zu prüfen ist, muß er mit dem Prüfungsvermerk versehen sein. Der Bericht über die Prüfung des Jahresabschlusses (Prüfungsbericht) ist gleichfalls einzureichen; Kreditinstitute, die einem genossenschaftlichen Prüfungsverband angehören oder durch die Prüfungsstelle eines Sparkassen- und Giroverbandes geprüft werden, haben den Prüfungsbericht nur auf Anforderung einzureichen.

6. Prüfung des Jahresabschlusses und Depotprüfung

§ 27
Prüfung des Jahresabschlusses

(1) Der Jahresabschluß eines Kreditinstituts nebst Anlage ist, bevor er festgestellt wird, unter Einbeziehung der Buchführung und des Geschäftsberichtes, soweit er den Jahresabschluß erläutert, durch

einen oder mehrere Prüfer (Abschlußprüfer, genossenschaftliche Prüfungsverbände, Prüfungsstellen eines Sparkassen- und Giroverbandes) zu prüfen. Die Aufstellung und Prüfung des Jahresabschlusses ist, sofern sie nicht nach anderen Bestimmungen innerhalb einer kürzeren Frist zu erfolgen hat, spätestens bis zum Ablauf von fünf Monaten nach Schluß des Geschäftsjahres vorzunehmen. Die Sätze 1 und 2 gelten nicht für Kreditinstitute in der Rechtsform einer eingetragenen Genossenschaft, deren Bilanzsumme zehn Millionen Deutsche Mark nicht übersteigt; § 33 Abs. 3 des Gesetzes betreffend die Erwerbs- und Wirtschaftsgenossenschaften bleibt unberührt.

(2) Auf die Prüfung des Jahresabschlusses von Kreditinstituten in der Rechtsform der Einzelfirma, der Offenen Handelsgesellschaft, der Kommanditgesellschaft und der Gesellschaft mit beschränkter Haftung sind die §§ 135, 137 bis 141 und 211 Abs. 1, 3 bis 5 des Aktiengesetzes sinngemäß anzuwenden, für Kreditinstitute in der Rechtsform der Gesellschaft mit beschränkter Haftung gilt § 144 Abs. 1 Satz 1 des Aktiengesetzes entsprechend. Der Prüfer wird bei Personenhandelsgesellschaften von den Gesellschaftern, bei Gesellschaften mit beschränkter Haftung von der Gesellschafterversammlung gewählt; bei Gesellschaften mit beschränkter Haftung gilt § 136 Abs. 4 bis 6 des Aktiengesetzes entsprechend. Der Prüfer soll vor Ablauf des Geschäftsjahres bestellt werden, auf das sich seine Prüfungstätigkeit erstreckt.

(3) Auf die Prüfung des Jahresabschlusses von Kreditinstituten in der Rechtsform der eingetragenen Genossenschaft sind die §§ 55 bis 62, 64, 64 a und 64 b des Gesetzes betreffend die Erwerbs- und Wirtschaftsgenossenschaften sowie § 135 Abs. 1 und 2, §§ 140 und 144 Abs. 1 Satz 1 des Aktiengesetzes sinngemäß anzuwenden; eine Bescheinigung über die Prüfung des Jahresabschlusses ist nicht zum Genossenschaftsregister einzureichen.

§ 28
Bestellung des Prüfers in besonderen Fällen

(1) Die Kreditinstitute haben dem Bundesaufsichtsamt den von ihnen bestellten Prüfer unverzüglich nach der Bestellung anzuzeigen. Das Bundesaufsichtsamt kann innerhalb eines Monats nach Zugang der Anzeige die Bestellung eines anderen Prüfers verlangen, wenn dies zur Erreichung des Prüfungszwecks geboten ist; Widerspruch und Anfechtungsklage hiergegen haben keine aufschiebende Wirkung.

(2) Das Registergericht des Sitzes des Kreditinstituts hat auf Antrag des Bundesaufsichtsamtes einen Prüfer zu bestellen, wenn
1. die Anzeige nach Absatz 1 Satz 1 nicht unverzüglich nach Ablauf des Geschäftsjahres erstattet wird;
2. das Kreditinstitut dem Verlangen auf Bestellung eines anderen Prüfers nach Absatz 1 Satz 2 nicht unverzüglich nachkommt;
3. der gewählte Prüfer die Annahme des Prüfungsauftrags abgelehnt hat, weggefallen ist oder am rechtzeitigen Abschluß der Prüfung verhindert ist und das Kreditinstitut nicht unverzüglich einen anderen Prüfer bestellt hat.

Die Bestellung durch das Gericht ist endgültig. § 136 Abs. 5 des Aktiengesetzes gilt entsprechend. Das Registergericht kann auf Antrag des Bundesaufsichtsamtes einen nach Satz 1 bestellten Prüfer abberufen.

(3) Die Absätze 1 und 2 gelten nicht für Kreditinstitute, die einem genossenschaftlichen Prüfungsverband angeschlossen sind oder durch die Prüfungsstelle eines Sparkassen- und Giroverbandes geprüft werden.

§ 29
Besondere Pflichten des Prüfers

(1) Bei der Prüfung des Jahresabschlusses und, soweit eine solche nach § 27 Abs. 1 Satz 3 nicht erforderlich ist, bei der Prüfung nach § 53 des Gesetzes betreffend die Erwerbs- und Wirtschaftsgenossenschaften hat der Prüfer auch festzustellen, ob das Kreditinstitut die Anzeigepflichten nach § 13 Abs. 1 Satz 1 und 2, Absatz 2 Satz 5, § 14 Abs. 1, § 15 Abs. 4 Satz 4 zweiter Halbsatz, §§ 16 und 24 erfüllt hat; das Ergebnis ist in den Prüfungsbericht aufzunehmen.

(2) Der Prüfer hat auf Verlangen des Bundesaufsichtsamtes diesem und der Deutschen Bundesbank den Prüfungsbericht zu erläutern und Auskunft über die bei der Prüfung im Rahmen seiner Prüfungspflicht getroffenen Feststellungen zu erteilen.

§ 30
Depotprüfung

(1) Bei Kreditinstituten, die das Effektengeschäft oder das Depotgeschäft betreiben, sind diese Geschäfte in der Regel einmal jährlich zu prüfen (Depotprüfung).

(2) Das Bundesaufsichtsamt erläßt nähere Bestimmungen über Art, Umfang und Zeitpunkt der Depotprüfung. Die Depotprüfer werden

vom Bundesaufsichtsamt bestellt. Dieses kann das Recht zur Bestellung der Depotprüfer in Einzelfällen auf die Deutsche Bundesbank übertragen.

Dritter Abschnitt.
Vorschriften über die Beaufsichtigung der Kreditinstitute
1. Zulassung zum Geschäftsbetrieb

§ 32
Erlaubnis

(1) Wer im Geltungsbereich dieses Gesetzes Bankgeschäfte in dem in § 1 Abs. 1 bezeichneten Umfang betreiben will, bedarf der schriftlichen Erlaubnis des Bundesaufsichtsamtes.

(2) Das Bundesaufsichtsamt kann die Erlaubnis unter Auflagen erteilen, die sich im Rahmen des mit diesem Gesetz verfolgten Zweckes halten müssen. Es kann die Erlaubnis auf einzelne Bankgeschäfte beschränken.

§ 33
Versagung der Erlaubnis

(1) Die Erlaubnis darf nur versagt werden,
1. wenn die zum Geschäftsbetrieb erforderlichen Mittel, insbesondere ein ausreichendes haftendes Eigenkapital, im Geltungsbereich dieses Gesetzes nicht zur Verfügung stehen;
2. wenn Tatsachen vorliegen, aus denen sich ergibt, daß ein Antragsteller oder eine der in § 1 Abs. 2 Satz 1 bezeichneten Personen nicht zuverlässig ist;
3. wenn Tatsachen vorliegen, aus denen sich ergibt, daß der Inhaber oder eine der in § 1 Abs. 2 Satz 1 bezeichneten Personen nicht die zur Leitung des Kreditinstituts erforderliche fachliche Eignung hat und auch nicht eine andere Person nach § 1 Abs. 2 Satz 2 oder 3 als Geschäftsleiter bezeichnet wird.

(2) Die fachliche Eignung für die Leitung eines Kreditinstituts ist regelmäßig anzunehmen, wenn eine dreijährige leitende Tätigkeit bei einem Kreditinstitut von vergleichbarer Größe und Geschäftsart nachgewiesen wird.

Anhang

§ 35
Erlöschen und Rücknahme der Erlaubnis

(1) Die Erlaubnis erlischt, wenn von ihr nicht innerhalb eines Jahres Gebrauch gemacht wird.

(2) Das Bundesaufsichtsamt kann die Erlaubnis zurücknehmen,
1. wenn sie durch unrichtige oder unvollständige Angaben, durch Täuschung, Drohung oder durch sonstige unlautere Mittel erwirkt worden ist;
2. wenn der Geschäftsbetrieb, auf den sich die Erlaubnis bezieht, ein Jahr lang nicht mehr ausgeübt worden ist;
3. wenn ihm Tatsachen bekanntwerden, die die Versagung der Erlaubnis nach § 33 Abs. 1 Nr. 2 oder 3 rechtfertigen würden;
4. wenn Gefahr für die Sicherheit der einem Kreditinstitut anvertrauten Vermögenswerte besteht und die Gefahr nicht durch andere Maßnahmen nach diesem Gesetz abgewendet werden kann.

2. Schutz der Bezeichnungen „Bank" und „Sparkasse"

§ 39
Bezeichnungen „Bank" und „Bankier"

(1) Die Bezeichnung „Bank", „Bankier" oder eine Bezeichnung, in der das Wort „Bank" oder „Bankier" enthalten ist, dürfen, soweit durch Gesetz nicht anders bestimmt ist, in der Firma, als Zusatz zur Firma, zur Bezeichnung des Geschäftszwecks oder zu Werbezwecken nur führen
1. Kreditinstitute, die eine Erlaubnis nach § 32 besitzen;
2. andere Unternehmen, die bei Inkrafttreten dieses Gesetzes eine solche Bezeichnung nach den bisherigen Vorschriften befugt geführt haben.

(2) Die Bezeichnung „Volksbank" oder eine Bezeichnung, in der das Wort „Volksbank" enthalten ist, dürfen nur Kreditinstitute neu aufnehmen, die in der Rechtsform einer eingetragenen Genossenschaft betrieben werden und einem Prüfungsverband angehören.

(3) Das Bundesaufsichtsamt kann bei Erteilung der Erlaubnis bestimmen, daß die in Absatz 1 genannten Bezeichnungen nicht geführt werden dürfen, wenn Art oder Umfang der Geschäfte des Kreditinstituts nach der Verkehrsanschauung die Führung einer solchen Bezeichnung nicht rechtfertigen.

Grundsätze über das Eigenkapital

H. Bekanntmachung Nr. 1/69
des Bundesaufsichtsamtes für das Kreditwesen
betreffend Grundsätze über das Eigenkapital
und die Liquidität der Kreditinstitute
vom 20. Januar 69
(Bundesanzeiger Nr. 17 vom 25. Januar 69)

(1) Das Bundesaufsichtsamt für das Kreditwesen gibt gemäß § 10 Abs. 1 Satz 3 und § 11 Satz 3 des Gesetzes über das Kreditwesen vom 10. Juli 61 (Bundesgesetzbl. I S. 881) — KWG — hiermit die im Einvernehmen mit der Deutschen Bundesbank und nach Anhörung der Spitzenverbände der Kreditinstitute aufgestellten Grundsätze bekannt, nach denen es für den Regelfall beurteilen wird, ob das Eigenkapital eines Kreditinstituts angemessen ist und ob die Liquidität eines Kreditinstituts ausreicht (§ 10 Abs. 1, § 11 KWG).

(2) Überschreitet ein Kreditinstitut die in den Grundsätzen festgelegten Obergrenzen nicht nur geringfügig oder wiederholt, so ist in der Regel die Vermutung begründet, daß das Kreditinstitut nicht über das erforderliche Eigenkapital verfügt (Grundsatz I) oder daß seine Liquidität zu wünschen übrig läßt (Grundsätze II und III). Bei der Beurteilung der Angemessenheit des Eigenkapitals und der Liquidität eines Kreditinstituts können Sonderverhältnisse berücksichtigt werden, die — je nach Sachlage — geringere oder höhere Anforderungen rechtfertigen.

(3) Für öffentlich-rechtliche Grundkreditanstalten und Teilzahlungskreditinstitute sowie für Kreditinstitute, die ausschließlich Bankgeschäfte im Sinne des § 1 Abs. 1 Satz 2 Nr. 7 und 8 KWG betreiben, gilt nur der Grundsatz I.

(4) Die Grundsätze finden keine Anwendung auf Hypothekenbanken, die nicht von dem Recht des erweiterten Geschäftsbetriebes nach § 46 Abs. 1 des Hypothekenbankgesetzes Gebrauch machen, Schiffspfandbriefbanken, Wertpapiersammelbanken und Kapitalanlagegesellschaften.

(5) Die Grundsätze in der Fassung vom 20. Januar 69 werden erstmals für den Monat Januar 69 angewandt. Die Bekanntmachung Nr. 1/62 des Bundesaufsichtsamtes für das Kreditwesen vom 8. März 62 (Bundesanzeiger Nr. 53 vom 16. März 62) in der Fassung der Bekanntmachung Nr. 1/64 vom 25. August 64 (Bundesanzeiger Nr. 161 vom 1. September 64) wird hiermit aufgehoben.

Anhang

Grundsatz I

(1) Die Kredite und Beteiligungen eines Kreditinstituts abzüglich der Wertberichtigungen sowie abzüglich der passiven Rechnungsabgrenzungsposten aus Gebührenabgrenzung im Teilzahlungsfinanzierungsgeschäft sollen das 18fache des haftenden Eigenkapitals nicht übersteigen. Als Kredite sind anzusehen:

1. Wechsel im Bestand und Wechsel, die aus dem Bestand vor Verfall zum Einzug versandt worden sind,
2. Forderungen an Kreditinstitute und an Kunden (einschließlich der Warenforderungen von Kreditinstituten mit Warengeschäft),
3. Eventualforderungen aus
   a) den Kreditnehmern abgerechneten eigenen Ziehungen im Umlauf,
   b) Indossamentsverbindlichkeiten aus weitergegebenen Wechseln,
   c) Bürgschaften, Wechsel- und Scheckbürgschaften und Gewährleistungsverträgen.

(2) Von den in Absatz 1 Satz 2 genannten Krediten sind die nachstehenden Kredite nur zur Hälfte zu berücksichtigen:

1. Langfristige Kredite, die als Deckung für Schuldverschreibungen dienen oder gegen Grundpfandrechte im Realkreditgeschäft im Sinne von § 20 Abs. 2 Nr. 1 und 4 KWG oder gegen entsprechende Schiffspfandrechte gewährt werden,
2. Forderungen an Kunden nach Absatz 1 Satz 2 Nr. 2, soweit sie von inländischen juristischen Personen des öffentlichen Rechts verbürgt oder von diesen in anderer Weise gesichert sind,
3. Eventualforderungen an Kunden nach Absatz 1 Satz 2 Nr. 3 c,
4. Kredite nach Absatz 1 Satz 2 an ausländische Kreditinstitute.

(3) Kredite nach Absatz 1 Satz 2 an inländische Kreditinstitute (einschließlich der inländischen Zweigstellen ausländischer Unternehmen im Sinne von § 53 KWG und derjenigen Kreditinstitute, die inländische juristische Personen des öffentlichen Rechts sind) sind mit 20 % zu berücksichtigen.

(4) Kredite an inländische juristische Personen des öffentlichen Rechts (ausgenommen Kreditinstitute) und an ein Sondervermögen des Bundes werden bei der Berechnung des Kreditvolumens nicht berücksichtigt.

Grundsätze über das Eigenkapital

Grundsatz II

Die Anlagen eines Kreditinstituts abzüglich der Wertberichtigungen in

1. Forderungen an Kreditinstitute und Kunden mit vereinbarter Laufzeit oder Kündigungsfrist von vier Jahren oder länger,
2. nicht börsengängigen Wertpapieren,
3. Beteiligungen,
4. Anteilen an einer herrschenden oder mit Mehrheit beteiligten Gesellschaft,
5. Grundstücken und Gebäuden und
6. der Betriebs- und Geschäftsausstattung

sollen die Summe der nachstehenden langfristigen Finanzierungsmittel nicht übersteigen.

Als langfristige Finanzierungsmittel sind anzusehen:

1. das Eigenkapital,
2. die Verbindlichkeiten (ohne Spareinlagen) gegenüber Kreditinstituten und aus dem Bankgeschäft gegenüber anderen Gläubigern mit vereinbarter Laufzeit oder Kündigungsfrist von vier Jahren oder länger,
3. 10 % der Verbindlichkeiten (ohne Spareinlagen) aus dem Bankgeschäft gegenüber anderen Gläubigern mit täglicher Fälligkeit sowie vereinbarter Laufzeit oder Kündigungsfrist von weniger als vier Jahren,
4. 60 % der Spareinlagen,
5. die umlaufenden und vorverkauften Schuldverschreibungen mit einer Laufzeit von mehr als vier Jahren,
6. 60 % der umlaufenden und vorverkauften Schuldverschreibungen mit einer Laufzeit bis zu vier Jahren,
7. 60 % der Pensionsrückstellungen,
8. 20 % der Verbindlichkeiten gegenüber angeschlossenen Kreditinstituten mit vereinbarter Laufzeit oder Kündigungsfrist von mindestens sechs Monaten, aber weniger als vier Jahren (nur bei Girozentralen und Zentralkassen).

Anhang

Grundsatz III

1. Die Forderungen an Kunden mit vereinbarter Laufzeit oder Kündigungsfrist von weniger als vier Jahren (einschließlich der Warenforderungen von Kreditinstituten mit Warengeschäft),

2. die den Kreditnehmern abgerechneten eigenen Ziehungen und von diesen ausgestellten und ihnen abgerechneten Solawechsel im Bestand (ausgenommen Solawechsel der Bank für Internationalen Zahlungsausgleich und der Einfuhr- und Vorratsstellen und Solawechsel, die zur Inanspruchnahme von Krediten der Ausfuhrkredit-Gesellschaft mbH und der Gesellschaft zur Finanzierung von Industrieanlagen mbH begeben werden) sowie die Eventualforderungen aus solchen Wechseln im Umlauf,

3. die börsengängigen Anteile und Investmentanteile,

4. die „sonstigen Aktiva" (einschließlich des Warenbestandes von Kreditinstituten mit Warengeschäft)

sollen abzüglich der Wertberichtigungen die Summe der nachstehenden Finanzierungsmittel nicht übersteigen.

Als Finanzierungsmittel sind anzusehen:

1. 35 % der Verbindlichkeiten gegenüber Kreditinstituten mit täglicher Fälligkeit sowie vereinbarter Laufzeit oder Kündigungsfrist von weniger als vier Jahren ohne die von der Kundschaft bei Dritten benutzten Kredite,

2. 80 % der Verbindlichkeiten gegenüber Kreditinstituten aus von der Kundschaft bei Dritten benutzten Krediten,

3. 20 % der Spareinlagen,

4. 60 % der sonstigen Verbindlichkeiten aus dem Bankgeschäft gegenüber anderen Gläubigern mit täglicher Fälligkeit sowie vereinbarter Laufzeit oder Kündigungsfrist von weniger als vier Jahren,

5. 80 % der Verpflichtungen aus Warengeschäften und aufgenommenen Warenkrediten ohne die in Nummer 7 enthaltenen Verpflichtungen von Kreditinstituten mit Warengeschäft,

6. 20 % der umlaufenden und vorverkauften Schuldverschreibungen mit einer Laufzeit bis zu vier Jahren.

Grundsätze über das Eigenkapital

7. 80 % der eigenen Akzepte und Solawechsel im Umlauf und der den Kreditnehmern abgerechneten eigenen Ziehungen und von diesen ausgestellten und ihnen abgerechneten Solawechsel im Umlauf (ausgenommen Solawechsel der Bank für Internationalen Zahlungsausgleich und der Einfuhr- und Vorratsstellen und Solawechsel, die zur Inanspruchnahme von Krediten der Ausfuhrkredit-Gesellschaft mbH und der Gesellschaft zur Finanzierung von Industrieanlagen mbH begeben werden)

zuzüglich des Finanzierungsüberschusses bzw. abzüglich des Finanzierungsfehlbetrages im Grundsatz II.

J. Formblätter

Aktivseite

Jahresbilanz zum ....
der ....

	DM	DM
1. Kassenbestand		
2. Guthaben bei der Deutschen Bundesbank		
3. Postscheckguthaben		
4. Schecks, fällige Schuldverschreibungen, Zins- und Dividendenscheine sowie zum Einzug erhaltene Papiere		
5. Wechsel		
darunter:		
a) bundesbankfähig .... DM		
b) eigene Ziehungen .... DM		
6. Forderungen an Kreditinstitute		
a) täglich fällig	....	
b) mit vereinbarter Laufzeit oder Kündigungsfrist von		
ba) weniger als drei Monaten	....	
bb) mindestens drei Monaten, aber weniger als vier Jahren	....	
bc) vier Jahren oder länger	....	....
darunter:		
an genossenschaftliche Zentralkreditinstitute ...... DM		
7. Schatzwechsel und unverzinsliche Schatzanweisungen		
a) des Bundes und der Länder	....	
b) sonstige	....	....
8. Anleihen und Schuldverschreibungen		
a) mit einer Laufzeit bis zu vier Jahren		
aa) des Bundes und der Länder .... DM		
ab) von Kreditinstituten .... DM		
ac) sonstige .... DM	....	
darunter:		
beleihbar bei der Deutschen Bundesbank DM...............		
b) mit einer Laufzeit von mehr als vier Jahren		
ba) des Bundes und der Länder .... DM		
bb) von Kreditinstituten .... DM		
bc) sonstige .... DM	....	
darunter:		
beleihbar bei der Deutschen Bundesbank DM...............		
9. Wertpapiere, soweit sie nicht unter anderen Posten auszuweisen sind		
a) börsengängige Anteile und Investmentanteile	....	
b) **sonstige** Wertpapiere	....	....
darunter:		
Besitz von mehr als dem zehnten Teil der Anteile einer Kapitalgesellschaft oder bergrechtlichen Gewerkschaft ohne Beteiligungen DM		
10. Forderungen an Kunden mit vereinbarter Laufzeit oder Kündigungsfrist von		
a) weniger als vier Jahren	....	
darunter:		
Warenforderungen .... DM		
b) vier Jahren oder länger	....	....
darunter:		
ba) durch Grundpfandrechte gesichert .... DM		
bb) Kommunaldarlehen .... DM		
11. Ausgleichs- und Deckungsforderungen gegen die öffentliche Hand		....
12. Warenbestand		....
13. Durchlaufende Kredite (nur Treuhandgeschäfte)		....
14. Beteiligungen		....
darunter:		
an Kreditinstituten .... DM		
15. Grundstücke und Gebäude		....
16. Betriebs- und Geschäftsausstattung		....
17. Eigene Schuldverschreibungen		....
Nennbetrag: DM		
18. Sonstige Vermögensgegenstände		....
19. Rechnungsabgrenzungsposten		....
20. Reinverlust		
Gewinnvortrag/Verlustvortrag aus dem Vorjahr	....	
Jahresüberschuß/Jahresfehlbetrag 19........	....	....
Summe der Aktiven......		....
21. Die rückständigen und fälligen Pflichteinzahlungen auf Geschäftsanteile betragen .... DM		
22. In den Aktiven und in den Rückgriffsforderungen aus den unter der Passivseite vermerkten Verbindlichkeiten sind enthalten		
a) Forderungen an verbundene Unternehmen		....
b) Forderungen aus unter § 15 Abs. 1 Nr. 1, 3 bis 6, Abs. 2 des Gesetzes über das Kreditwesen fallenden Krediten, soweit sie nicht unter a) vermerkt werden		....
c) Forderungen an Mitglieder		....

....
....

Passivseite

	DM	DM	DM

1. Verbindlichkeiten gegenüber Kreditinstituten
   a) täglich fällig ....
   b) mit vereinbarter Laufzeit oder Kündigungsfrist von
      ba) weniger als drei Monaten ....
      bb) mindestens drei Monaten, aber weniger als vier Jahren ....
      bc) vier Jahren oder länger ....
         darunter:
         vor Ablauf von vier Jahren fällig DM ....
      darunter:
      gegenüber genossenschaftlichen Zentralkreditinstituten .... DM ....
2. Verbindlichkeiten aus dem Bankgeschäft gegenüber anderen Gläubigern
   a) Spareinlagen
      aa) mit gesetzlicher Kündigungsfrist ....
      ab) sonstige ....
   b) andere Verbindlichkeiten mit vereinbarter Laufzeit oder Kündigungsfrist von
      ba) weniger als drei Monaten ....
      bb) mindestens drei Monaten, aber weniger als vier Jahren ....
      bc) vier Jahren oder länger ....
         darunter:
         vor Ablauf von vier Jahren fällig DM ....
3. Verpflichtungen aus Warengeschäften und aufgenommenen Warenkrediten ....
4. Schuldverschreibungen mit einer Laufzeit von
   a) bis zu vier Jahren ....
   b) mehr als vier Jahren ....
      darunter:
      vor Ablauf von vier Jahren fällig ... DM ....
5. Eigene Akzepte und Solawechsel im Umlauf ....
   darunter:
   aus dem Warengeschäft .... DM ....
6. Durchlaufende Kredite (nur Treuhandgeschäfte) .....
7. Rückstellungen ....
8. Wertberichtigungen
   a) Einzelwertberichtigungen ....
   b) vorgeschriebene Sammelwertberichtigungen ....
9. Sonstige Verbindlichkeiten ....
10. Rechnungsabgrenzungsposten ....
11. Sonderposten mit Rücklagenanteil ....
12. Geschäftsguthaben
    a) der verbleibenden Mitglieder ....
    b) der ausscheidenden Mitglieder ....
13. Offene Rücklagen
    a) Rücklagen nach § 7 Nr. 4 Genossenschaftsgesetz ....
    b) andere Rücklagen ....
14. Reingewinn
    Gewinnvortrag/Verlustvortrag aus dem Vorjahr ......
    Jahresüberschuß/Jahresfehlbetrag 19........ ....

                              Summe der Passiven ....

15. Eigene Ziehungen im Umlauf ....
    darunter:
    den Kreditnehmern abgerechnet .... DM ....
16. Indossamentsverbindlichkeiten aus weitergegebenen Wechseln ....
17. Verbindlichkeiten aus Bürgschaften, Wechsel- und Scheckbürgschaften sowie aus Gewährleistungsverträgen ....
18. Verbindlichkeiten im Falle der Rücknahme von in Pension gegebenen Gegenständen, sofern diese Verbindlichkeiten nicht auf der Passivseite auszuweisen sind ....
19. Haftung aus der Bestellung von Sicherheiten für fremde Verbindlichkeiten ....
20. Sparprämien nach dem Sparprämiengesetz ....
21. In den Passiven sind an Verbindlichkeiten (einschließlich der Verbindlichkeiten unter 15 bis 19) gegenüber verbundenen Unternehmen enthalten ....

Angaben nach §§ 33 Abs. 3, § 139 Genossenschaftsgesetz

1. Mitgliederbewegung

	Zahl der Mitglieder	**Anzahl der** Geschäftsanteile	Haftsumme DM
Anfang 19........			
Zugang 19........			
Abgang 19........			
Ende 19........			

2. Die Geschäftsguthaben haben sich im Geschäftsjahr
   vermehrt um .... DM ....
   vermindert um .... DM ....

3. Die Haftsummen haben sich im Geschäftsjahr
   vermehrt um .... DM ....
   vermindert um .... DM ....

4. Höhe des einzelnen Geschäftsanteils .... DM ....

5. Höhe der Haftsumme .... DM ....

Muster 2 (Kontoform)

Gewinn- und Verlustrechnung

der ....
für die Zeit vom .... bis ....

Aufwendungen

	DM	DM
1. Zinsen und zinsähnliche Aufwendungen ...		
2. Provisionen und ähnliche Aufwendungen für Dienstleistungsgeschäfte		
3. Abschreibungen und Wertberichtigungen auf Forderungen und Wertpapiere sowie Zuführungen zu Rückstellungen im Kreditgeschäft		
4. Gehälter und Löhne sowie Aufwendungen für Altersversorgung und Unterstützung .		
5. Soziale Abgaben		
6. Sachaufwand für das Bankgeschäft		
7. Abschreibungen und Wertberichtigungen auf Grundstücke und Gebäude sowie auf Betriebs- und Geschäftsausstattung		
8. Abschreibungen und Wertberichtigungen auf Beteiligungen		
9. Steuern a) vom Einkommen, vom Ertrag und vom Vermögen .... b) sonstige		
10. Einstellungen in Sonderposten mit Rücklageanteil		
11. Sonstige Aufwendungen		
12. Jahresüberschuß		
Summe der Aufwendungen ...		

Erträge

	DM	DM
1. Zinsen und zinsähnliche Erträge aus Kredit- und Geldmarktgeschäften		
2. Laufende Erträge aus a) festverzinslichen Wertpapieren und Schuldbuchforderungen .... b) anderen Wertpapieren .... c) Beteiligungen		
3. Provisionen und andere Erträge aus Dienstleistungsgeschäften		
4. Erträge aus Warenverkehr oder Nebenbetrieben		
5. Andere Erträge einschließlich der Erträge aus der Auflösung von Rückstellungen im Kreditgeschäft		
6. Erträge aus der Auflösung von Rückstellungen, soweit sie nicht unter 5 auszuweisen sind		
7. Erträge aus der Auflösung von Sonderposten mit Rücklageanteil		
8. Jahresfehlbetrag		
Summe der Erträge		

DM

1. Jahresüberschuß/Jahresfehlbetrag ....
2. Gewinnvortrag/Verlustvortrag aus dem Vorjahr ....
3. Reingewinn/Reinverlust ....

Gewinn- und Verlustrechnung

der ....
für die Zeit vom .... bis ....

	DM	DM	DM
1. Zinsen und zinsähnliche Erträge aus Kredit- und Geldmarktgeschäften	....		
2. Laufende Erträge aus			
a) festverzinslichen Wertpapieren und Schuldbuchforderungen	....		
b) anderen Wertpapieren	....		
c) Beteiligungen	....	....	
3. Provisionen und andere Erträge aus Dienstleistungsgeschäften	....		
4. Erträge aus Warenverkehr oder Nebenbetrieben	....		
5. Andere Erträge einschließlich der Erträge aus der Auflösung von Rückstellungen im Kreditgeschäft	....	....	
6. Zinsen und zinsähnliche Aufwendungen	....		
7. Provisionen und ähnliche Aufwendungen für Dienstleistungsgeschäfte	....		
8. Abschreibungen und Wertberichtigungen auf Forderungen und Wertpapiere sowie Zuführungen zu Rückstellungen im Kreditgeschäft	....	....	
9. Erträge aus der Auflösung von Rückstellungen, soweit sie nicht unter 5 auszuweisen sind	....		
10. Erträge aus der Auflösung von Sonderposten mit Rücklageanteil	....	....	
11. Gehälter und Löhne sowie Aufwendungen für Altersversorgung und Unterstützung	....		
12. Soziale Abgaben	....		
13. Sachaufwand für das Bankgeschäft	....		
14. Abschreibungen und Wertberichtigungen auf Grundstücke und Gebäude sowie auf Betriebs- und Geschäftsausstattung	....		
15. Abschreibungen und Wertberichtigungen auf Beteiligungen	....		
16. Steuern			
a) vom Einkommen, vom Ertrag und vom Vermögen ..	....		
b) sonstige	....	....	
17. Einstellungen in Sonderposten mit Rücklageanteil	....		
18. Sonstige Aufwendungen	....	....	
19. Jahresüberschuß/Jahresfehlbetrag		....	
20. Gewinnvortrag/Verlustvortrag aus dem Vorjahr		....	
21. Reingewinn/Reinverlust		....	

K. **Gesetz über die Gemeinnützigkeit im Wohnungswesen (Wohnungsgemeinnützigkeitsgesetz WGG) in der Fassung der Bekanntmachung vom 29. Februar 40 (RGB I S. 438), geändert durch Gesetz vom 27. 6. 56 (BGBl. I S. 523)**

I. Allgemeines

§ 1

(1) Wohnungsunternehmen gelten nur dann als gemeinnützig, wenn sie auf Grund dieses Gesetzes anerkannt sind.

(2) Wohnungsunternehmen, die auf Grund dieses Gesetzes als gemeinnützig anerkannt sind, gelten als Unternehmen, die ausschließlich und unmittelbar gemeinnützigen Zwecken dienen und deren wirtschaftlicher Geschäftsbetrieb über den Rahmen einer Vermögensverwaltung nicht hinausgeht.

II. Voraussetzungen für die Anerkennung

§ 2

(1) Das Wohnungsunternehmen muß eine juristische Person sein.

(2) Ist das Wohnungsunternehmen eine Genossenschaft, so soll der Geschäftsbetrieb auf einen bestimmten Bezirk beschränkt sein.

§ 3

(1) Ist das Wohnungsunternehmen eine Aktiengesellschaft, eine Kommanditgesellschaft auf Aktien oder eine Gesellschaft mit beschränkter Haftung, so müssen auf das Grund- oder Stammkapital mindestens 50 000 DM eingezahlt sein. Die Anerkennungsbehörde (§ 16) kann hiervon nach Anhörung des Prüfungsverbandes (§ 14) Ausnahmen zulassen. Weitergehende Vorschriften des Aktiengesetzes bleiben unberührt.

(2) Ist das Wohnungsunternehmen eine Genossenschaft, so bestimmt die Anerkennungsbehörde die Mindestzahl der Genossen. Die Satzung soll bestimmen, daß der Geschäftsanteil bei der Genossenschaft mindestens 300 DM beträgt und daß er innerhalb dreier Jahre nach der gerichtlichen Eintragung des Genossen einzuzahlen ist. Die Anerkennungsbehörde kann vor der Anerkennung verlangen, daß der Geschäftsanteil auf einen anderen Betrag als 300 DM oder daß eine andere Einzahlungsfrist festgesetzt wird. Sie bestimmt, in welcher Höhe der Geschäftsanteil bis zur Anerkennung eingezahlt sein muß.

§ 4

(1) Das Wohnungsunternehmen darf nicht unter dem überwiegenden Einfluß von Personen stehen, die unmittelbar oder mittelbar den

Wohnungsbau, die Herstellung von Baustoffen, den Handel mit Baustoffen oder sonstige Geschäfte für den Wohnungsbau betreiben (Angehörige des *Baugewerbes*).

(2) Die Satzung des Wohnungsunternehmens soll sicherstellen, daß
a) die Mitglieder des Unternehmens nicht überwiegend aus Angehörigen des Baugewerbes bestehen,
b) die Angehörigen des Baugewerbes keinen bestimmenden Einfluß auf die Führung der Geschäfte ausüben.

(3) Mit Angehörigen des Baugewerbes, die an dem Wohnungsunternehmen durch Kapitaleinlagen oder als Mitglieder oder als Organe beteiligt sind, darf das Wohnungsunternehmen Rechtsgeschäfte zur Ausführung seiner Wohnungsbauten oder zu ihrer Verwaltung und Instandhaltung nur insoweit abschließen, als es die Durchführungsvorschriften gestatten.

§ 5

(1) Das Wohnungsunternehmen darf die Überlassung der Wohnungen, insbesondere ihre Veräußerung und Vermietung, nicht auf bestimmte Personen oder auf eine bestimmte Zahl von Personen beschränken; Beschränkungen auf eine Familie, einen Familienverband, die Gefolgschaft eines Unternehmens oder eine Vereinigung mit geschlossener Mitgliederzahl (begrenzter Personenkreis) sind unzulässig. Eine Beschränkung auf die Angehörigen der Deutschen Reichsbahn oder der Deutschen Reichspost gilt nicht als eine Beschränkung auf einen begrenzten Personenkreis.

(2) Ist das Wohnungsunternehmen eine *Genossenschaft* oder ein *Verein*, deren Mitgliederkreis ganz oder teilweise aus Wohnungssuchenden besteht, so gelten die Vorschriften des Abs. 1 auch dann als erfüllt, wenn die Wohnungen nur an Mitglieder überlassen werden. Es muß jedoch Gewähr dafür bestehen, daß neue Mitglieder eintreten können, und es darf der Erwerb der Mitgliedschaft nicht Beschränkungen im Sinne des Abs. 1 unterliegen.

§ 6

(1) Das Wohnungsunternehmen muß sich satzungsgemäß und tatsächlich mit dem Bau von Kleinwohnungen im eigenen Namen befassen; daneben kann es auch den Bau von Kleinwohnungen betreuen (gemeinnütziger Zweck). Hat ein gemeinnütziges Wohnungsunternehmen Kleinwohnungen im eigenen Namen tatsächlich gebaut und mußte es diese Tätigkeit später wegen Fehlens der wirtschaftlichen Voraussetzungen (Wohnungsbedarf oder Finanzierungsmöglichkeit) zeitweise einstellen, so kann die Bautätigkeit während einer von der

Anerkennungsbehörde im Benehmen mit dem zuständigen Oberfinanzpräsidenten[1]) zu bestimmenden Zeit tatsächlich unterbrochen werden, ohne daß daraus ein Grund für die Entziehung der Anerkennung zu folgern ist.

(2) Das Wohnungsunternehmen kann neben den Wohnungen, die es im eigenen Namen errichtet hat, auch solche Wohnungen verwalten, die es sich auf andere Weise verschafft hat.

(3) Welche Wohnungen als Kleinwohnungen gelten, welche Geschäfte unter den gemeinnützigen Zweck im Sinne des Abs. 1 und unter die Verwaltung im Sinne des Abs. 2 fallen und welche Geschäfte darüber hinaus das Wohnungsunternehmen betreiben darf, regeln die Durchführungsvorschriften.

(4) Soweit auf Grund von Ausnahmebewilligungen der zuständigen Behörden ein gewerblicher Betrieb unterhalten wird oder Wohnungen errichtet werden, deren Größe über die für Kleinwohnungen aufgestellten Grundsätze hinausgeht, können diese Ausnahmebewilligungen unter Auflagen erteilt werden.

§ 7

(1) Das Wohnungsunternehmen soll sich bei der Gestaltung der Miet- und Nutzungsverträge von dem Gedanken der Pflege der Hausgemeinschaft und der Förderung der deutschen Familie leiten lassen. In der Satzung ist sicherzustellen, daß dabei die Belange der Mieter ausreichend gewahrt werden.

(2) Das Wohnungsunternehmen darf Wohnungen nur zu angemessenen Preisen überlassen. Wie der angemessene Preis zu ermitteln und nachzuprüfen ist, wird in den Durchführungsvorschriften geregelt.

§ 8

Aufgehoben[2]), [3]).

---

[1]) Gem. §§ 1 Abs. 1 Ziff. 1; 2 Abs. 1 Ziff. 1 FVG. v. 6. 9. 1950 (BGBl. I, 448) jetzt: Oberfinanzdirektion.

[2]) Aufgehoben mit Wirkung vom 1. 7. 1956 durch § 117 Abs. 1 II WoBauG. v. 27. 6. 1956 (BGBl. I 523 = WoG. 1961, 507); für das Saarland durch § 58 WoBauG. Saar v. 26. 9. 1961 (Amtsbl. 1961, 591 WoG. 1961, 1299).

[3]) Nach § 117 Abs. 2 II WoBauG. verstoßen gemeinnützige Wohnungsunternehmen oder Organe der staatlichen Wohnungspolitik, denen mit Rücksicht auf die in Abs. 1 aufgehobenen Vorschriften Wiederkaufsrechte oder Rechte aus Vertragsstrafen eingeräumt worden sind, nicht gegen die sich aus dem Wohnungsgemeinnützigkeitsgesetz und der dazu ergangenen Durchführungs-VO. ergebenden Pflichten, wenn sie diese Rechte nicht ausüben oder wenn sie darauf verzichten. Rechte und Pflichten der gemeinnützigen

Anhang

§ 9

Die Mitglieder oder Gesellschafter des Wohnungsunternehmens dürfen satzungsgemäß und tatsächlich

a) bei der Verteilung des Reinngewinns höchstens jährlich vier vom Hundert oder einen anderen von dem *Reichsarbeitsminister*[1]) bestimmten Hundertsatz ihrer eingezahlten Kapitaleinlagen und keine sonstigen Vermögenvorteile erhalten, die nicht als angemessene Gegenleistung für eine besondere geldwerte Leistung anzusehen sind;
b) bei Auflösung des Wohnungsunternehmens und beim Ausscheiden nicht mehr als die eingezahlten Einlagen zurückerhalten.

§ 10

(1) Ist das Kapital eines Unternehmens auf einen Goldmarkbetrag umgestellt worden, der den Goldwert der Kapitaleinlagen nicht übersteigt, so tritt für die Anwendung des § 9 an die Stelle der eingezahlten Kapitaleinlagen der Nennwert der Anteile an dem umgestellten Goldmarkkapital.

(2) Übersteigt das umgestellte Goldmarkkapital den Goldwert der eingezahlten Kapitaleinlagen, so gilt § 9 nur dann als erfüllt, wenn jährlich nicht mehr als vier vom Hundert oder ein anderer von dem *Reichsarbeitsminister** bestimmter Hundertsatz des Goldwerts, den die Kapitaleinlagen hatten, als Gewinn verteilt werden und wenn die Mitglieder oder Gesellschafter bei Auflösung des Unternehmens und beim Ausscheiden nicht mehr als den Goldwert des eingezahlten Betrages zurückerhalten.

§ 11

Bei der Auflösung muß das Vermögen, soweit es nicht an die Mitglieder zurückzuzahlen ist, für gemeinnützige Zwecke verwendet werden. Nähere Bestimmungen über die Verwendung trifft die An-

---

Wohnungsunternehmen oder der Organe der staatlichen Wohnungspolitik aus der Ausgabe von Reichsheimstätten bleiben unberührt.
Abs. 3 ermächtigt den Bundesminister für Wohnungsbau, die VO. zur Durchführung des Gesetzes über die Gemeinnützigkeit im Wohnungswesen in der sich aus dem vorliegenden Gesetz ergebenden Fassung mit neuem Datum, unter neuer Überschrift und in neuer Paragraphenfolge bekanntzumachen und Unstimmigkeiten des Wortlautes zu beseitigen, siehe Bekanntmachung v. 25. 4. 1957 (BGBl. I, 406).

[1]) An die Stelle des Reichsarbeitsministers ist gem. Art. 129 Abs. 1 GG. als nunmehr sachlich zuständige Stelle die zuständige oberste Landesbehörde getreten.

Gesetz über die Gemeinnützigkeit im Wohnungswesen

erkennungsbehörde; ihr ist auf Verlangen das Vermögen unter Nachweis seines Bestandes auszuhändigen. Die Verwendung muß den Zwecken des gemeinnützigen Wohnungswesens dienen. Die Stelle, der das Vermögen zugeführt wird, hat auch etwaige Befugnisse und Verpflichtungen auf Grund des § 8[1]) zu übernehmen.

§ 12

Die Kosten der Verwaltung und Geschäftsführung müssen sich satzungsgemäß und tatsächlich in angemessenen Grenzen halten. Insbesondere darf das Unternehmen seinen Organen oder Dritten nicht Vergünstigungen oder Entschädigungen zuwenden, die über die in öffentlichen Betrieben üblichen Beträge hinausgehen.

§ 13

Es dürfen keine Tatsachen vorliegen, welche die Annahme rechtfertigen, daß ein dem satzungsmäßigen Zweck oder den guten Sitten entsprechender Geschäftsbetrieb nicht stattfinden oder nicht stattfinden wird. Im Vorstand, im Aufsichtsorgan und als leitende Angestellte des Wohnungsunternehmens dürfen nur *deutsche Volksgenossen*[2]) tätig sein, bei denen keine Tatsachen vorliegen, die Zweifel an ihrer geschäftlichen *oder politischen*[3]) *Zuverlässigkeit* rechtfertigen[4]).

§ 14

Das Wohnungsunternehmen muß einem Prüfungsverband von Wohnungsunternehmen angehören, der den Vorschriften des Genossenschaftsgesetzes entspricht und vom *Reichsarbeitsminister*[4]) hierfür bestimmt (zugelassen) worden ist[5]). Der *Reichsarbeitsminister*[4]) kann nach Anhörung der obersten Landesbehörde Ausnahmen bewil-

---

[1]) S. Fn. 3, S. 523.
[2]) Die Beschränkung auf deutsche Volksgenossen widerspricht Art. 3 Abs. 3 GG. und gilt daher gem. Art. 123 Abs. 1 GG. nicht mehr.
[3]) Satz 3 gegenstandslos infolge Auflösung der NSDAP., KRG. Nr. 2 Art. I (ABl. Nr. 1 v. 25. 10. 1945, S. 19).
[4]) An die Stelle des Reichsarbeitsministers ist gem. Art. 129 Abs. 1 GG. die oberste Landesbehörde getreten.
[5]) Siehe § 63 GenG. Anm. 1; die auf Grund des Art. 129 Abs. 1 Satz 2 GG. getroffene Entscheidung der Bundesregierung v. 11. 11. 1953 (BGBl. I 1523 = WoG. 1953, 1148) betr. weder die Verleihung des Prüfungsrechts i. S. v. § 63 GenG. noch die Zulassung eines genossenschaftlichen Prüfungsverbandes i. S. v. § 14 WGG., sondern die Anerkennung von Unternehmen und Verbänden als Organe der staatlichen Wohnungspolitik i. S. v. § 28 WGG.

ligen; doch bleiben für Wohnungsunternehmen in der Rechtsform der Genossenschaft die Vorschriften des Genossenschaftsgesetzes über die Verbandszugehörigkeit unberührt.

§ 15

Das Wohnungsunternehmen muß einem Bedürfnis entsprechen[1]).

III. Verfahren

§ 16

(1) Die Anerkennung, Versagung oder Entziehung der Anerkennung wird von der obersten Landesbehörde oder einer von ihr bestimmten Behörde ausgesprochen, deren Verwaltungsgebiet mindestens einen Regierungsbezirk umfaßt (Anerkennungsbehörde).

(2) Die örtliche Zuständigkeit richtet sich für jedes Wohnungsunternehmen nach seinem Sitz.

(3) Die Anerkennung durch die zuständige Behörde wirkt für das ganze *Reichsgebiet*[2]).

§ 17

(1) Anerkennung, Versagung oder Entziehung der Anerkennung erfolgt durch Beschluß der Behörde.

(2) Die Behörde handelt von Amts wegen oder auf Antrag eines Beteiligten (§ 20)[3]).

(3) Die Wohnungsunternehmen sind verpflichtet, zur Beschleunigung der Entscheidung in jeder Weise beizutragen, insbesondere alle angeforderten Unterlagen fristgemäß einzureichen. Soweit das Verfahren dadurch verzögert wird, daß ein Wohnungsunternehmen die Unterlagen nicht rechtzeitig beibringt, sind die Kosten dem Wohnungsunternehmen ohne Rücksicht auf sein Verschulden aufzuerlegen, auch wenn es in der Hauptsache obsiegt.

(4) Die Entscheidungen sind schriftlich auszufertigen und den Beteiligten zuzustellen. Versagung oder Entziehung sind zu begründen.

---

[1]) Die Bestimmung dürfte mit GG. Art. 12 Abs. 1; Art. 2, Abs. 1; Art. 19 Abs 2 u. 3 nicht vereinbar und daher gem. Art. 123 Abs. 1 unwirksam sein, siehe auch GenG. § 1 Anm. 11 II; § 60 Anm. 1 a. E.

[2]) Abs. 4 gegenstandslos infolge Auflösung der NSDAP., siehe Fn. 3, S. 525.

[3]) Eine Anerkennung als gemeinnütziges Wohnungsunternehmen gegen den Willen des Unternehmens wäre mit rechtsstaatlichen Grundsätzen jedoch nicht vereinbar.

Gesetz über die Gemeinnützigkeit im Wohnungswesen

§ 18

(1) Für ein Wohnungsunternehmen, das noch nicht rechtsfähig ist, kann der Antrag auf Anerkennung auch von einem Prüfungsverband (§ 14) oder einem Organ der staatlichen Wohnungspolitik (§ 28) gestellt werden.

(2) Die Behörde oder, falls ein Rechtsmittel eingelegt wird (§ 21), die Spruchbehörde kann in der Entscheidung den Zeitpunkt festsetzen, in dem die Anerkennung wirksam werden soll. Der Zeitpunkt darf nicht vor dem Tage liegen, an dem der Antrag bei der Behörde eingeht. Dabei kann der Umstand, daß das Wohnungsunternehmen die Rechtsfähigkeit zunächst noch nicht erworben hatte, unberücksichtigt bleiben, wenn der Erwerb der Rechtsfähigkeit bis zum Erlaß der Entscheidung eingetreten ist.

(3) Wird in der Entscheidung kein Zeitpunkt festgesetzt, so wirkt die Anerkennung von dem Tage an, unter dem die Entscheidung ergeht.

§ 19

(1) Die Anerkennung verliert nur dadurch ihre Wirksamkeit, daß sie rechtskräftig entzogen wird. Ein einseitiger Verzicht durch das Wohnungsunternehmen ist unzulässig.

(2) Die Anerkennung muß entzogen werden, wenn
 a) Aufbau oder Satzung des Wohnungsunternehmens den gesetzlichen Vorschriften, insbesondere den §§ 2—15 nicht mehr entspricht.
 b) der tatsächliche Betrieb des Wohnungsunternehmens den gesetzlichen Vorschriften, insbesondere den §§ 2—15 zuwiderläuft,
 c) das Wohnungsunternehmen sich der laufenden Aufsicht (§§ 23 bis 27) entzieht.

(3) Die Vorschriften des § 18 Abs. 2 Satz 1 und Abs. 3 finden entsprechende Anwendung.

(4) Die Anerkennungsbehörde kann die Entziehung auf Kosten des Wohnungsunternehmens veröffentlichen.

(5) Bei rechtskräftiger Entziehung der Anerkennung kann die Anerkennungsbehörde im Einvernehmen mit dem zuständigen Oberfinanzpräsidenten[1]) zur Abgeltung der durch die Anerkennung erlangten Vorteile dem Wohnungsunternehmen bestimmte geldliche Leistungen auferlegen, die das Wohnungsunternehmen an einen von der Anerkennungsbehörde zu bestimmenden Empfänger zu erbringen

---

[1]) Gem. §§ 1 Abs. 1 Ziff. 1; 2 Abs. 1 Ziff. 1 FVG. v. 6. 9. 1950 (BGBl. I, 448 jetzt: Oberfinanzdirektion).

hat. Die Erfüllung der Leistungen kann im Verwaltungswege erzwungen werden[1]).

§ 20

Beteiligte in dem Verfahren sind das Wohnungsunternehmen und der Oberfinanzpräsident[2]), in dessen Bereich das Wohnungsunternehmen seinen Sitz hat. Dem Oberfinanzpräsidenten[2]) ist vor seiner Entscheidung Gelegenheit zur Äußerung zu geben. Er kann auch die Entziehung einer Anerkennung beantragen.

§ 21

(1) Die Beteiligten haben *unbeschadet der Vorschrift des Abs. 3*[3]) das Recht, die Entscheidung der Anerkennungsbehörde binnen einem Monat nach Zustellung durch Anrufung eines Verwaltungsgerichts anzufechten.

§ 22

(1) Ein Wohnungsunternehmen, das nicht auf Grund dieses Gesetzes als gemeinnützig anerkannt ist, darf sich öffentlich oder im Rechtsverkehr nicht als gemeinnützig bezeichnen.

(2) Die Firma eines Wohnungsunternehmens, das nicht auf Grund dieses Gesetzes anerkannt oder dem die Anerkennung entzogen worden ist, darf nicht die Bezeichnung als gemeinnützig enthalten.

(3) Wer dem Verbote des Abs. 1 vorsätzlich zuwiderhandelt, wird, sofern nicht nach anderen Vorschriften eine höhere Strafe verwirkt ist, mit Geldstrafe bestraft. Die Strafverfolgung tritt nur auf Antrag der Anerkennungsbehörde ein.

(4) Neben der Strafe kann angeordnet werden, daß die Verurteilung auf Kosten des Schuldigen öffentlich bekanntzumachen ist. Auf

---

[1]) Vgl. GenG. § 1, Anm. 11 B a. E. und Abschn. 5 der dort angegebenen Ländererl. aus 1958 i. V. m. dem Erl. des ehem. Reichswohnungskommissars v. 17. 7. 1943, mitgeteilt durch RdF.-Erl. v. 27. 9. 1943, S. 2512 — 134 III (RStBl. 1943, 713), in NRW. ergänzt und teilweise neugefaßt durch Erl. v. 14. 1. 1964 (MBl. 1964, 91 = WoG. 1964, 166), geändert durch Erl. v. 28. 4. 1964 (BStBl. II 72 = WoG. 1964, 573; für das Saarland siehe: Erl. v. 17. 9. 1962 (ABl. 1962, 705 = WoG. 1962, 1263), Erl. v. 25. 3. 1964 (ABl. 1964, 477 = WoG. 1964, 616).
[2]) s. Fn. 1, S. 527.
[3]) Gegenstandslos infolge Aufhebung der Abs. 2—5 durch § 195 Abs. 2 VwGO. v. 21. 1. 1960 (BGBl. I, 17), geändert durch Ges. v. 8. 9. 1961 (BGBl. I, 1665); auf Berlin erstreckt durch ÜbernahmeGes. v. 4. 3. 1960 (GVBl. S. 207).
Es gelten die Bestimmungen der §§ 68 ff. VwGO. Siehe dazu Hess. MdI. Erl. v. 16. 5. 1961, WoG. 1961, 828.

Antrag des freigesprochenen Angeklagten kann das Gericht anordnen, daß der Freispruch öffentlich bekanntzumachen ist; die Staatskasse trägt in diesem Falle die Kosten, soweit sie nicht dem Anzeigenden auferlegt worden sind (§ 469 der Strafprozeßordnung).

IV. Prüfungswesen und Aufsicht

§ 23

(1) Die Prüfungsverbände, denen die gemeinnützigen Wohnungsunternehmen gemäß § 14 angehören müssen, werden von dem *Reichsarbeitsminister*[3]) nach Anhörung der beteiligten obersten Landesbehörde bestimmt (zugelassen).

Der *Reichsarbeitsminister*[3]) kann eine erteilte Zulassung nach Anhörung des Prüfungsverbandes und der beteiligten obersten Landesbehörden wieder aufheben.

(2) Der *Reichsarbeitsminister*[3]) kann einen von ihm zugelassenen Prüfungsverband auflösen und die weitere Verwendung seines Vermögens regeln. Er kann die Mitglieder eines solchen Prüfungsverbandes, auch ohne ihn aufzulösen, auf einen anderen Prüfungsverband mit Rechtswirksamkeit für die Beteiligten überführen[1]), [2]).

(3) Der *Reichsarbeitsminister*[3]) bestimmt nach Anhörung der beteiligten obersten Landesbehörden für jeden zugelassenen Prüfungsverband einen örtlich abgegrenzten Gebietsteil des Deutschen Reichs als Prüfungsbezirk.

§ 24

(1) Die Satzung eines zugelassenen Prüfungsverbandes muß folgende Punkte sicherstellen:
a) Das Arbeitsgebiet des Prüfungsverbandes muß auf einen Prüfungsbezirk beschränkt sein, insbesondere dürfen nur Wohnungsunternehmen aufgenommen werden, die ihren Sitz in diesem Prüfungsbezirk haben.

---

[1]) Siehe GenG. § 63 Anm. 1 a. E. Eine dem Prüfungsverband erteilte Zulassung kann nur im Rahmen der durch das Grundgesetz gezogenen Grenzen aufgehoben werden (Art. 20 Abs. 3 GG.). Die Entscheidung ist im Verwaltungsrechtswege nachprüfbar.

[2]) Abs. 2 ist mit dem Grundgesetz Art. 19 Abs. 1—3; 12 Abs. 1; 9 Abs. 1 u. 2; 2 und, soweit er Eingriffe in die Substanz des Verbandes als Sach- und Rechtsgesamtheit zuläßt, auch mit Art. 14 nicht vereinbar und unwirksam (Art. 123 Abs. 1 GG., siehe auch GenG. § 63 Anm. 1 a. E.).

[3]) An die Stelle des Reichsarbeitsministers ist gem. Art. 129 Abs. 1 GG als nunmehr sachlich zuständige Stelle die zuständige oberste Landesbhörde getreten.

Anhang

b) Die dem Prüfungsverband angehörenden Wohnungsunternehmen dürfen nicht gleichzeitig Mitglied eines anderen Prüfungsverbandes sein, der auf Grund dieses Gesetzes zugelassen ist.

c) Um die Durchführung der ihnen nach Gesetz und Satzung obliegenden Aufgaben, insbesondere eine ordnungsmäßige Prüfungstätigkeit zu sichern, hat der Prüfungsverband seine Geschäfte nach einem Haushaltsplan zu führen, der alljährlich vom Prüfungsverband vor Beginn des Geschäftsjahres nach Benehmen mit dem Spitzenverband (§ 25) aufzustellen ist.

(2) Der *Reichsarbeitsminister*[1]) kann die Satzung eines zugelassenen Prüfungsverbandes ändern und die Eintragung der Änderung in das Vereinsregister veranlassen[2]).

§ 25

(1) Die zugelassenen Prüfungsverbände müssen einem von dem *Reichsarbeitsminister*[1]) bestimmten Spitzenverband angehören; die Zugehörigkeit zu einem anderen Spitzenverband ist unzulässig.

(2) Der *Reichsarbeitsminister*[1]) kann die Satzung des Spitzenverbandes ändern und die Eintragung der Änderung in das Vereinsregister veranlassen[2]).

(3) Der Spitzenverband stellt Richtlinien für die von den Prüfungsverbänden durchzuführenden Prüfungen auf. Die Richtlinien sind für die Prüfungsverbände und ihre Mitglieder verbindlich. Der Spitzenverband kann die Prüfungsberichte der Prüfungsverbände einfordern.

§ 26

(1) Jedes als gemeinnützig anerkannte Wohnungsunternehmen hat sich regelmäßigen Prüfungen des Prüfungsverbandes zu unterwerfen, dem es gemäß § 14 angehört, falls nicht eine Ausnahme zugelassen ist. Der Prüfungsverband kann mit Zustimmung oder auf Verlangen der Anerkennungsbehörde außerordentliche Prüfungen auf Kosten des Wohnungsunternehmens durchführen.

(2) Die Prüfung ist auch auf die Einhaltung der Vorschriften der §§ 2—15 zu erstrecken.

(3) Bei Wohnungsunternehmen, die nicht Genossenschaften sind, ist die Prüfung alljährlich vor Feststellung des Jahresabschlusses durchzuführen. Dabei ist der Jahresabschluß unter Einbeziehung der Buchführung und des Geschäftsberichts, soweit er den Jahresabschluß erläutert, zu prüfen, bevor er dem Aufsichtsorgan vorgelegt wird. An Stelle der Prüfungsbescheinigung des § 59 Abs. 1 des Genossenschaftsgesetzes ist unter sinngemäßer Anwendung der Vorschriften

---

[1]) Vgl. Fn. 3, S. 529.   [2]) Vgl. Fn. 2, S. 529.

des § 140 des Aktiengesetzes ein Bestätigungsvermerk zu erteilen. Hat keine Prüfung stattgefunden, so kann der Abschluß nicht festgestellt werden; ein trotzdem festgestellter Jahresabschluß ist nichtig.

(4) Im übrigen finden auf die Prüfungen die Vorschriften des Genossenschaftsgesetzes bei Genossenschaften unmittelbar, bei den anderen Wohnungsunternehmen sinngemäße Anwendung.

(5) Die Prüfungsberichte sind von dem Wohnungsunternehmen auf Verlangen der Anerkennungsbehörde binnen zwei Monaten nach Abschluß der Prüfung vorzulegen.

(6) Die Anerkennungsbehörde ist jederzeit berechtigt, alle Unterlagen und Auskünfte einzuholen, die sie für erforderlich erachtet und Einblick in alle Geschäftsvorgänge und den Betrieb des Unternehmens zu nehmen, nötigenfalls auch von sich aus eine außerordentliche Prüfung durch eine von ihr zu bestimmende Stelle auf Kosten des Unternehmens vornehmen zu lassen.

(7) Jede Änderung der Satzung ist der Anerkennungsbehörde sofort mitzuteilen.

§ 27

Die Vorschriften der Dritten Verordnung des Reichspräsidenten zur Sicherung von Wirtschaft und Finanzen vom 6. Oktober 31, Fünfter Teil, Kapitel VIII (Reichsgesetzbl. I S. 537, 562) über die Prüfungspflicht der Wirtschaftsbetriebe der öffentlichen Hand finden auf gemeinnützige Wohnungsunternehmen keine Anwendung.

V. Förderung des Wohnungswesens durch die öffentliche Hand

§ 28

(1) Der *Reichsarbeitsminister*[1]) kann im Einvernehmen mit dem *Reichsminister* der Finanzen Unternehmen, an denen Bund und Länder maßgebend beteiligt sind und die von ihm zugelassenen Verbände als Organe der staatlichen Wohnungspolitik anerkennen. Durch die Anerkennung als Organe der staatlichen Wohnungspolitik erhalten diese Unternehmen und Verbände die gleiche Rechtsstellung wie ein gemeinnützig anerkanntes Wohnungsunternehmen.

(2) Die Anerkennung eines Unternehmens setzt voraus, daß es den Vorschriften der §§ 2—15 entspricht. Ist das Unternehmen nicht selbst als Bauherr tätig, so tritt an die Stelle der §§ 6—8 die vom *Reichsarbeitsminister*[1]) gebilligte Satzung. Die Anerkennung eines

---

[1]) Vgl. Fn. 3, S. 529.

Anhang

Verbandes setzt voraus, daß er den Vorschriften der §§ 2, 11, 12 und 13 genügt.

(3) Die Vorschriften dieses Gesetzes und die Durchführungsvorschriften über das Verfahren und die Zuständigkeit bei Erteilung, Versagung oder Entziehung der Anerkennung sowie über die Rechtsmittel finden mit der Maßgabe Anwendung, daß an die Stelle der Anerkennungsbehörde der *Reichsarbeitsminister*[1]) tritt[2]).

§ 29

Befreiungen von Steuern und Gebühren und sonstige Vergünstigungen, die den Gemeinden, Gemeindeverbänden und ähnlichen Körperschaften des öffentlichen Rechts in Angelegenheit des Wohnungsbaues nach dem Landesrecht gewährt werden können, stehen diesen nur insoweit zu, als sie den in § 6 dieses Gesetzes angegebenen Zweck verfolgen oder es sich sonstwie um die Förderung des Wohnungsbaues handelt.

VI. Schlußvorschriften

§ 30

Maßnahmen auf Grund dieses Gesetzes begründen keine Entschädigungsansprüche wegen Enteignung[3]).

---

[1]) Nach der Entscheidung der Bundesregierung (Art. 129 Abs. 1 Satz 2 GG) über die sachliche Zuständigkeit zur Anerkennung von Organen der staatlichen Wohnungspolitik v. 11. 11. 1953 (BGBl. I, 1523 = WoG. 1953, 1148) ist die dem Reichsarbeitsminister zustehende Befugnis, Unternehmen und Verbände als Organe der staatlichen Wohnungspolitik anzuerkennen, die Satzung eines Unternehmens zu billigen, die Anerkennung zu versagen oder zu entziehen,
 a) auf die nach den landesrechtlichen Vorschriften zuständige oberste Behörde des Landes, in welchem das Unternehmen oder der Verband seinen Sitz hat, übergegangen, soweit der Geschäftsbetrieb oder das Arbeitsgebiet sich auf dieses Land bzw. auf zwei benachbarte Länder erstreckt,
 b) auf den Bundesminister für Wohnungsbau, soweit sich der Geschäftsbetrieb oder das Arbeitsgebiet auf mehr als zwei benachbarte oder auf nichtbenachbarte Länder erstreckt. Siehe im übrigen Fußnote 4, S. 525 zu § 14 WGG. und Anm. 1 zu § 63 GenG.
Einzelheiten regelt die Verwaltungsanordnung v. 11. 11. 1953 (BuAnz. 1953 Nr. 225, 1 = WoG. 1953, 1145).

[2]) Satz 1 letzter Halbsatz u. Satz 2 sind auf Grund § 195 Abs. 2 VwGO. gegenstandslos. Siehe im übrigen Fn. 3, S. 529 zu § 23.

[3]) Die Vorschrift verstößt gegen Art. 14. Abs. 3 GG. und ist daher unwirksam (Art. 123 Abs. 1 GG.).

Gesetz über die Gemeinnützigkeit im Wohnungswesen

§ 31[1])

Ein Wohnungsunternehmen, das beim Inkrafttreten der Vorschriften dieses Gesetzes auf Grund anderer Gesetze sich als gemeinnützig bezeichnet hat oder von den Behörden als gemeinnützig behandelt worden ist, hat bis zum 31. 3. 41 die Anerkennung auf Grund dieses Gesetzes zu beantragen. Die Anerkennungsbehörde kann über diesen Antrag auch nach dem 31. 3. 41 entscheiden. Bis zu dieser Entscheidung bleiben die Vergünstigungen, insbesondere Befreiungen von Gebühren und Steuern, die dem Wohnungsunternehmen bis zum Inkrafttreten der Vorschriften dieses Gesetzes allgemein bewilligt worden sind, wirksam, und die darüber ausgestellten Bescheinigungen für die Zwecke, für die sie ausgestellt sind, gültig. Ebensolange kann sich das Wohnungsunternehmen als gemeinnützig bezeichnen. Das Wohnungsunternehmen unterliegt der laufenden Aufsicht im Sinne der §§ 23 bis 27.

§ 32

Der *Reichsarbeitsminister*[2]) erläßt im Einvernehmen mit den übrigen beteiligten *Reichsministern* die zur Durchführung und Ergänzung dieses Gesetzes erforderlichen Rechts- und Verwaltungsvorschriften. Er bestimmt, wann die Vorschriften des § 24 Abs. 2 und § 25 Abs. 2 außer Kraft treten[3]).

§ 33

Soweit in Gesetzen und Verordnungen Vorschriften der Gemeinnützigkeitsverordnung vom 1. 12. 30 und des Gesetzes über Beaufsichtigung und Anerkennung gemeinnütziger Wohnungsunternehmen vom 26. 3. 34 angezogen sind, treten an deren Stelle die Vorschriften dieses Gesetzes.

---

[1]) Infolge Fristablaufs gegenstandslos.

[2]) Art. 129 Abs. 1 GG. die zuständige oberste Landesbehörde.

[3]) Die Ergänzungsermächtigung in Satz 1 und 2 ist gem. Art. 129 Abs. 3 GG. erloschen; die Ermächtigung zum Erlaß von Durchführungsvorschriften ist auf die nunmehr sachlich zuständigen Stellen übergegangen (Art. 129 Abs. 1, 2 GG.).

Anhang

L. Verordnung zur Durchführung des Gesetzes über die Gemeinnützigkeit im Wohnungswesen (WGGDV) in der Fassung vom 25. April 57 (BGBl. I S. 406) geändert durch Artikel V der Verordnung zur Änderung der Berechnungsverordnungen vom 19. Dezember 62 (BGBl. I S. 738)[1])

§ 1
(Zu § 2 des WGG)

(1) Das Wohnungsunternehmen muß einen Aufsichtsrat oder ein anderes Organ haben, das im wesentlichen die Rechte und Pflichten eines Aufsichtsrats hat (Aufsichtsorgan).

(2) Ist das Wohnungsunternehmen eine Genossenschaft oder ein Verein, so ist in der Satzung zu bestimmen, innerhalb welchen Bezirks sich der Geschäftsbetrieb halten soll. Überschreitet dieser den Verwaltungsbereich der Gemeinde, in der das Wohnungsunternehmen seinen Sitz hat, so bedarf es hierzu der Zustimmung der Anerkennungsbehörde. Eine solche Beschränkung schließt nicht aus, daß Genossen oder Vereinsmitglieder außerhalb des Bezirks wohnen. Die zuständige oberste Landesbehörde kann anordnen, daß sich auch der Geschäftsbetrieb anderer Wohnungsunternehmen auf einen bestimmten Bezirk zu beschränken hat.

§ 2
(Zu § 3 des WGG)

Bei Festsetzung der Zahl der Genossen und der Höhe des Geschäftsanteils durch die Anerkennungsbehörde ist darauf hinzuwirken, daß nach Maßgabe der örtlichen Verhältnisse eine ausreichende wirtschaftliche Unterlage für die Arbeit des Wohnungsunternehmens geschaffen wird.

---

[1]) Im Saarland gilt die WGGDV. mit Ausnahme des durch § 58 WoBauG. Saar. v. 26. 9. 1961 (ABl. 1961, 591) aufgehobenen §12 i. d. F. v. 23. 6. 1940 (RGBl. I, 1012) weiter (§ 2 Nr. 26 Ges. v. 30. 6. 1959, BGBl. I, 313). Im Zusammenhang mit der Änderung der WGGDV. sind der Erlaß des ehemaligen RAM. betreffend Vollzug des WGG. v. 14. 11. 1940, RABl. Nr. 34 sowie die auf Grund der früheren Regelungen erlassenen allgemeinen Verwaltungsanordnungen, soweit sie gegenstandslos geworden sind, durch im wesentlichen übereinstimmende Erlasse in den Ländern aufgehoben worden (Siehe z. B. Nordrhein-Westfalen Erl. v. 30. 4. 1958, MBl. 1958, 1101 = WoG. 1958, 567; u. Erl. v. 14. 1. 1964, MBl. 1964, 91 = WoG. 1964, 166).

Verordnung zur Durchführung des WGG

§ 3
(Zu § 4 des WGG)

(1) Zu den sonstigen Geschäften für den Wohnungsbau gehört auch der gewerbsmäßige Handel mit Grundstücken, die gewerbsmäßige Vermittlung von Geldgeschäften für Wohnungsbauzwecke und die selbständige Tätigkeit als Architekt im Hauptberuf.

(2) Zu den Angehörigen des Baugewerbes zählen natürliche und juristische Personen, die an einem Unternehmen des Baugewerbes wesentlich beteiligt sind oder zu einem Organ oder zu den leitenden Angestellten eines Unternehmens des Baugewerbes gehören. Als wesentlich beteiligt an einem Unternehmen des Baugewerbes gilt eine Person dann, wenn sie oder ihre Angehörigen im Sinne des § 67 Abs. 1 Nr. 2 und 3 der Reichsabgabenordnung[1]) das Unternehmen selbständig betreiben oder unmittelbar oder durch Vermittlung eines Treuhänders oder einer Erwerbsgesellschaft zusammen an dem Unternehmen zu mehr als einem Viertel beteiligt sind. Gemeinnützige Wohnungsunternehmen und Gebietskörperschaften zählen nicht zu den Angehörigen des Baugewerbes.

(3) Die Mitglieder oder Gesellschafter eines Unternehmens bestehen überwiegend aus Angehörigen des Baugewerbes, wenn diese über mehr als die Hälfte der Stimmen verfügen. Im Vorstand und im Aufsichtsorgan dürfen höchstens je ein Drittel der Stimmen Angehörigen des Baugewerbes zustehen.

(4) Ist das Wohnungsunternehmen eine Aktiengesellschaft oder eine Kommanditgesellschaft auf Aktien, so müssen die Aktien auf Namen lauten. Die Umwandlung dieser Aktien in Inhaberaktien muß im Gesellschaftsvertrag ausgeschlossen sein.

(5) Die Übertragung von Aktien und die Abtretung von Geschäftsanteilen muß im Gesellschaftsvertrag von der Zustimmung des Aufsichtsorgans abhängig gemacht werden.

§ 4
(Zu § 4 Abs. 3 des WGG)

(1) Rechtsgeschäfte, die sich auf die Ausführung, Verwaltung oder Instandhaltung von Wohnungsbauten beziehen, dürfen mit Angehörigen des Baugewerbes, die an dem Wohnungsunternehmen mit Kapitaleinlagen oder als Mitglieder beteiligt sind, nur abgeschlossen werden, wenn das Aufsichtsorgan dem Abschluß zugestimmt hat. Die

---

[1]) I. d. F. Ges. v. 22. 5. 1931 (RGBl. I, 161), geändert durch § 21 Ziff. 8 StAnpGes. v. 16. 10. 1934 (RGBl. I, 925 i. V. m. § 10 StAnpG.).

Anhang

Beschlußfassung des Aufsichtsorgans erfordert eine Mehrheit von mindestens drei Viertel aller stimmberechtigten Mitglieder.

(2) Durch den Beschluß kann der Vorstand oder die Geschäftsführung ermächtigt werden, innerhalb eines bestimmten Zeitraums summenmäßig begrenzte Geschäfte dieser Art mit einer oder mehreren der vorstehend genannten Personen abzuschließen. Der Beschluß ist nur so lange gültig, wie in das Aufsichtsorgan kein neues Mitglied eintritt.

(3) Mit Angehörigen des Baugewerbes, die dem Vorstand oder dem Aufsichtsorgan des Wohnungsunternehmens angehören, darf das Wohnungsunternehmen Rechtsgeschäfte der in Absatz 1 genannten Art nicht abschließen. Die Anerkennungsbehörde kann jedoch nach Anhörung des Prüfungsverbandes Abweichungen zulassen, sofern das Aufsichtsorgan dem Abschluß solcher Rechtsgeschäfte einstimmig zugestimmt hat und die Geschäfte zeitlich und summenmäßig begrenzt sind.

§ 5
(Zu § 5 des WGG)

(1) Unberührt bleiben auf Gesetz oder Verordnung beruhende oder anläßlich einer Finanzierungsbeihilfe eingegangene Verpflichtungen, bestimmte Wohnungen für Angehörige der Gefolgschaft eines Unternehmens oder einer Art von Unternehmen zur Verfügung zu halten, auch soweit solche Verpflichtungen erst künftig begründet werden. Die Finanzierungsbeihilfe muß einen angemessenen Teil der Herstellungskosten betragen.

(2) An den Bund, ein Land, eine Gemeinde oder einen Gemeindeverband kann ein Wohnungsunternehmen in der Rechtsform einer Genossenschaft oder eines Vereins auch vermieten, wenn die Satzung eine Vermietung an Personen, die nicht Mitglieder sind, nicht zuläßt[1]).

§ 6
(Zu § 6 Abs. 1 und 3 des WGG)

(1) Das Wohnungsunternehmen muß den Bau von Kleinwohnungen im eigenen Namen für eigene oder fremde Rechnung wirtschaftlich und technisch vorbehaltlich der Vorschrift in Absatz 3 Satz 1 vorbereiten und durchführen (§ 6 Abs. 1 Satz 1 erster Halbsatz des Gesetzes). Es kann sich dabei ganz oder teilweise betreuen lassen.

(2) Das Wohnungsunternehmen kann neben der in Absatz 1 bezeichneten Betätigung als Betreuer den Bau von Kleinwohnungen im

---

[1]) S. GenG. § 1 Anm. 3 Abs. 5.

fremden Namen und für fremde Rechnung technisch und wirtschaftlich vorbereiten und durchführen (§ 6 Abs. 1 Satz 1 zweiter Halbsatz des Gesetzes). Teilbetreuung ist zulässig.

(3) Eine Betätigung als ausführender Bauunternehmer ist ausgeschlossen. Vorbereitung, Organisation, Überwachung und Abrechnung von Selbsthilfeleistungen sind zulässig.

(4) Die wirtschaftlichen Voraussetzungen der Bautätigkeit (§ 6 Absatz 1 Satz 2 des Gesetzes) können auch infolge anderer Schwierigkeiten fehlen, zum Beispiel wegen Mangels an Arbeitern oder Baustoffen. Die Möglichkeit zur Finanzierung fehlt, wenn diese nicht zu wirtschaftlichen Bedingungen beschafft werden kann. Bei der Beurteilung des Wohnungsbedarfs ist nicht nur der jeweilige Mitgliederbestand maßgebend.

(5) Für die Errichtung anderer Wohnungen, Räume, Anlagen und Einrichtungen (§§ 8, 9, 10 Abs. 1 und § 11 Abs. 6) sowie für die Durchführung von Erschließungsmaßnahmen gelten die Vorschriften der Absätze 1 bis 3 sinngemäß[1]).

§ 7
(Zu § 6 Abs. 2 des WGG)

(1) Geschäfte, die unter die Verwaltung im Sinne des § 6 Abs. 2 des Gesetzes fallen, liegen vor, wenn das Wohnungsunternehmen
  a) im eigenen Namen errichtete oder auf andere Weise verschaffte Wohnungen vermietet,
  b) solche Wohnungen selbst instand hält oder instand halten läßt,
  c) die Benutzung der Wohnungen und die Ausführung von Instandsetzungsarbeiten überwacht,
  d) Instandsetzungswerkstätten betreibt, die nach Art und Umfang dem Bedarf der vorhandenen Bauwerke entsprechen, soweit Arbeiten nur für Wohnungen ausgeführt werden, die das Unternehmen verwaltet.

(2) Die Wohnungen, die ein gemeinnütziges Wohnungsunternehmen gemäß § 6 Abs. 2 des Gesetzes verwalten darf, müssen in dem Zeitpunkt ihrer Verschaffung durch das Wohnungsunternehmen den geltenden Voraussetzungen entsprochen haben, von denen nach Reichs-, Bundes- oder Landesrecht eine Steuerbefreiung oder die Anerkennung als gemeinnütziges Wohnungsunternehmen abhing, oder es muß für die Verschaffung der Wohnungen eine Ausnahme nach § 10 bewilligt worden sein. Als Verschaffung gilt der Erwerb des Eigen-

---

[1]) Im Saarland gilt § 6 i. d. F. der DV. v. 23. 7. 1940.

Anhang

tums und der Erwerb des Besitzes durch Miete, Pacht, Nießbrauch oder als Treuhänder.

(3) Für die Verwaltung anderer Räume, Anlagen und Einrichtungen (§§ 8, 9, 10 Abs. 1 und § 11 Abs. 6) gelten die Vorschriften des Absatzes 1 sinngemäß[1]).

§ 8
(Zu § 6 Abs. 2 und 3 des WGG)

(1) Das Wohnungsunternehmen darf
a) Gemeinschaftsanlagen errichten oder erwerben und betreiben, wenn sie ganz oder überwiegend den Bewohnern der von dem Wohnungsunternehmen errichteten oder verwalteten Wohnungen oder seinen Mitgliedern zugute kommen,
b) Folgeeinrichtungen für die von ihm errichteten oder verwalteten Wohnungen errichten, wenn die Errichtung durch das Wohnungsunternehmen notwendig ist, weil die Bedürfnisse der Bewohner die Einrichtung erfordern,
c) Folgeeinrichtungen betreiben, wenn der Betrieb durch das Wohnungsunternehmen üblich und notwendig ist und überwiegend den Bewohnern der von dem Wohnungsunternehmen errichteten oder verwalteten Wohnungen oder seinen Mitgliedern zugute kommt,
d) Erschließungsmaßnahmen durchführen, wenn sie zur Errichtung von Kleinwohnungen notwendig sind.

(2) Gemeinschaftsanlagen nach Absatz 1 Buchstabe a sind bauliche Anlagen, die im Zusammenhang mit Wohnungsbauten errichtet werden und an Stelle der üblicherweise zur Wohnungsnutzung gehörenden Einzelanlagen den Wohnungsberechtigten zur gemeinsamen Benutzung dienen. Dazu gehören zum Beispiel gemeinsame Heizungsanlagen, Wasch- und Trockenanlagen und Badeeinrichtungen sowie Gemeinschaftsgebäude für Wohnsiedlungen.

(3) Folgeeinrichtungen nach Absatz 1 Buchstaben b und c sind öffentliche und diesen gleichzuachtende bauliche Anlagen, die infolge der Errichtung einer größeren Anzahl von zusammenhängenden neugeschaffenen Wohnungen notwendig sind, um die bildungsmäßige, soziale oder verwaltungsmäßige Betreuung zu gewährleisten. Dazu gehören zum Beispiel Kindertagesstätten, Kindergärten und Lesehallen.

(4) Erschließungsmaßnahmen nach Absatz 1 Buchstabe d sind Maßnahmen, durch die Wohnungsbauten, Gemeinschaftsanlagen und

---
[1]) Im Saarland gilt § 7 i. d. F. der DV. v. 23. 7. 1940.

Verordnung zur Durchführung des WGG

Folgeeinrichtungen an die öffentlichen Verkehrs-, Versorgungs- und Entwässerungsanlagen angeschlossen oder durch die Anlagen dieser Art geschaffen werden. Dazu gehören zum Beispiel die Anlage der notwendigen Verkehrswege einschließlich des Erwerbs der hierzu notwendigen Grundstücke sowie die Erstellung der Abwässerungsanlagen und der öffentlichen Versorgungsleitungen für Strom, Gas und Wasser. Die Erstellung der Entwässerungs- und Versorgungsanlagen vom Hausanschluß bis an das öffentliche Netz gehört nicht zu den Erschließungsmaßnahmen nach Absatz 1 sondern zur Errichtung der Wohnungsbauten[1]).

§ 9
(Zu § 6 Abs. 3 des WGG)

(1) Außer den in den §§ 6 bis 8 dieser Verordnung genannten darf das Wohnungsunternehmen folgende Geschäfte betreiben:
a) alle Rechtsgeschäfte, die mit der Errichtung, Verschaffung und Finanzierung seiner Bauten und Anlagen in dem üblichen Rahmen ordnungsmäßiger Wohnungswirtschaft zusammenhängen, insbesondere den Erwerb, die Belastung und Veräußerung von Grundstücken und Erbbaurechten und die Hereinnahme von Zwischenkrediten und Baudarlehen,
b) die Hereinnahme von Geldern von Mitgliedern, Gesellschaftern und Genossen in Form von Anteilen und Darlehen, Spargeldern, Depositen u. dgl.,
c) die Anlage verfügbarer Mittel auf Konten bei Kreditinstituten, Postscheckkonten und in Wertpapieren,
d) den Erwerb von Baustoffen, die zum Bau von Kleinwohnungen auf den eigenen Grundstücken des Wohnungsunternehmens oder zur Instandhaltung von verwalteten Wohnungen verwendet werden sollen,
e) die Beteiligung an gemeinnützigen Wohnungsunternehmen und die Mitgliedschaft bei Personenvereinigungen, die das Kleinwohnungswesen fördern,
f) die Beteiligung an Kreditunternehmen, soweit sie zur Kreditbeschaffung für das Wohnungsunternehmen ausnahmsweise erforderlich ist, sowie die Beteiligung an Bausparkassen und der Abschluß von Bausparverträgen als Bausparer,
g) die Errichtung und Überlassung von Räumen für Gewerbebetriebe, die zur Befriedigung der Bedürfnisse der Bewohner der

---
[1]) Gilt nicht im Saarland.

Anhang

von dem Wohnungsunternehmen errichteten oder verwalteten Wohnungen erforderlich sind, und für wirtschaftliche Einrichtungen, die nach den örtlichen Verhältnissen zur wirtschaftlichen Ausnutzung des Geländes sich als notwendig erweisen,
h) die Errichtung und Überlassung von Bauten, die den Aufgaben öffentlicher Verwaltungen dienen, wenn die Erfüllung dieser Aufgaben in erster Linie den Bewohnern der von dem Wohnungsunternehmen errichteten oder verwalteten Wohnungen zugute kommt.

(2) Das Wohnungsunternehmen darf für die eigene Geschäftstätigkeit Räume in angemessenem Umfange errichten oder erwerben und benutzen[1]).

§ 10
(Zu § 6 Abs. 3 und 4 des WGG)

(1) Die zuständige oberste Behörde des Landes, in dem das Wohnungsunternehmen seinen Sitz hat, kann ihm im Einvernehmen mit der obersten Finanzbehörde des Landes die Ausnahmebewilligung erteilen,
a) einen gewerblichen Betrieb zu unterhalten, wenn die Unterhaltung durch das Wohnungsunternehmen notwendig ist, um die Bedürfnisse der Bewohner der von dem Wohnungsunternehmen errichteten oder verwalteten Wohnungen oder seiner Mitglieder zu befriedigen,
b) Wohnungen zu errichten oder zu erwerben, die nicht als Kleinwohnungen nach § 11 anzusehen sind,
c) andere als die in den §§ 6 bis 9 bezeichneten Geschäfte zu betreiben, wenn dadurch die Gemeinnützigkeit des Wohnungsunternehmens nicht beeinträchtigt wird; die Geschäfte müssen in ihrem Ausmaß begrenzt werden; die Begrenzung kann nach Objekt, Zeit oder Summe erfolgen.

(2) Die oberste Landesbehörde kann die Befugnis nach Absatz 1 Buchstaben a und b im Einvernehmen mit der obersten Finanzbehörde des Landes auf die Anerkennungsbehörde übertragen. Diese bedarf zur Erteilung der Ausnahmebewilligung des Einvernehmens mit der zuständigen Oberfinanzdirektion.

(3) Die Ausnahmebewilligungen nach den Absätzen 1 und 2 können unter Auflagen, auch abgabenrechtlicher Art, erteilt werden[2]).

---

[1]) § 8 der im Saarland geltenden Fassung entspricht wörtlich dem § 9.
[2]) Im Saarland gilt statt dessen § 9 i. d. F. der DV. v. 23. 7. 1940.

Verordnung zur Durchführung des WGG

§ 11
(Zu § 6 Abs. 1 und 3 des WGG)

(1) Als Kleinwohnungen gelten Wohnungen, deren Wohnfläche höchstens 120 Quadratmeter beträgt. Öffentlich geförderte und steuerbegünstigte Wohnungen nach dem Ersten Wohnungsbaugesetz in der Fassung der Bekanntmachung vom 25. 8. 53 (Bundesgesetzbl. I S. 1047) und in der Fassung des Zweiten Wohnungsbaugesetzes vom 27. 6. 56 (Bundesgesetzbl. I S. 523) oder nach dem Zweiten Wohnungsbaugesetz gelten auch dann als Kleinwohnungen, wenn ihre Wohnflächen diese Grenze überschreiten.

(2) Überschreiten Wohnungen, die weder öffentlich gefördert noch steuerbegünstigt nach dem Ersten oder dem Zweiten Wohnungsbaugesetz sind, die Wohnflächengrenze nach Absatz 1 Satz 1 bis zu einem Fünftel, so sind sie dann als Kleinwohnungen anzusehen, wenn bei größeren Wohnungsbeständen desselben Wohnungsunternehmens innerhalb des Gebiets einer Gemeinde die Durchschnittswohnfläche der Wohnungen das vorgeschriebene Maß nicht überschreitet oder wenn die Mehrfläche durch eine wirtschaftlich notwendige Grundrißgestaltung bedingt ist oder wenn die Wohnungen für kinderreiche Familien bestimmt sind. In Großstädten, deren Gebiet in mehrere Verwaltungsbezirke eingeteilt ist, kann die Stelle des Gemeindegebiets der Verwaltungsbezirk treten.

(3) Die Wohnfläche ist zu berechnen
a) für Wohnungen, die bis zum 20. Juni 48 bezugsfertig geworden sind, nach der Ersten Berechnungsverordnung vom 20. November 50/17. Oktober 57 (Bundesgesetzbl. 50 S. 753; 57 I S. 1719) in der Fassung der Verordnung zur Änderung der Berechnungsverordnung vom 19. Dezember 62 (Bundesgesetzbl. I S. 738).
b) für Wohnungen, die nach dem 20. Juni 48 bezugsfertig geworden sind oder bezugsfertig werden, nach der Zweiten Berechnungsverordnung vom 17. Oktober 57 (Bundesgesetzbl. I S. 1719) in der Fassung der Verordnung zur Änderung der Berechnungsverordnungen vom 19. Dezember 62 (Bundesgesetzblatt I S. 738), soweit nicht auf diesen Wohnraum die Erste Berechnungsverordnung nach ihrem § 1 Abs. 2 und Abs. 3 Nr. 2 anzuwenden ist.

(4) Wohnungen, die nach ihrer Art und Ausstattung als Luxuswohnungen anzusehen sind, gelten nicht als Kleinwohnungen, auch wenn sie die genannten Größen nicht überschreiten.

(5) Wohnheime stehen Kleinwohnungen gleich, sofern sie nach ihrer Art und Ausstattung nicht als Luxuswohnraum anzusehen sind.

Anhang

(6) Andere Räume, Anlagen und Einrichtungen, die mit Kleinwohnungen verbunden sind, dürfen errichtet oder erworben und überlassen werden. Dazu gehören zum Beispiel Zubehörräume, Wirtschaftsräume, Gärten sowie Wirtschaftsteile und Landzulagen von Kleinsiedlungen[1]).

§ 12
(Zu § 7 des WGG)

(1) Das Wohnungsunternehmen darf Miet- und Nutzungsverträge, Betreuungsverträge und Verträge über die Veräußerung von Wohnungsbauten nur nach Mustern abschließen, die von dem Spitzenverband aufgestellt worden sind; wesentliche Abweichungen von diesen Mustern sind unzulässig.

(2) Die in Absatz 1 vorgesehenen Muster bedürfen der Zustimmung der zuständigen obersten Landesbehörde. Sie kann in bestimmten Fällen Abweichungen von den Vorschriften des Absatzes 1 zulassen[2]).

§ 13
(Zu § 7 des WGG)

(1) Der Preis für die Überlassung des Gebrauchs von Wohnungen, Wohnräumen und Wohnheimen (Miete, Pacht, Nutzungsgebühr) ist angemessen, wenn er den Betrag nicht überschreitet, der zur Deckung der laufenden Aufwendungen nach den Grundsätzen einer ordnungsmäßigen Geschäftsführung im Jahre der Bezugsfertigkeit notwendig ist. Erhöhen sich die laufenden Aufwendungen, so erhöht sich der angemessene Mietpreis entsprechend.

(2) Bei der Ermittlung des angemessenen Mietpreises ist von der Miete auszugehen, die sich für die Wohnungen und Wohnräume des Gebäudes oder der Wirtschaftseinheit auf Grund der Wirtschaftlichkeitsberechnung für den Quadratmeter der Wohnfläche durchschnittlich ergibt (Durchschnittsmiete). Auf der Grundlage der Durchschnittsmiete ist die Miete für die einzelnen Wohnungen und Wohnräume unter angemessener Berücksichtigung ihrer Größe, Lage und Ausstattung zu berechnen (Einzelmiete). Der Durchschnitt der Einzelmieten muß der Durchschnittsmiete entsprechen. Der angemessene Mietpreis für Wohnheime ist entsprechend zu berechnen. Die Wirtschaftlichkeitsberechnung für Wohnungen und Wohnräume, die nach dem 20. Juni

---

[1]) Im Saarland gilt statt dessen § 10 i. d. V. der DV. v. 23. 7. 1940. Überleitungsvorschriften s. Art. II der ÄnderungsVO. v. 25. 4. 1957 Abs. 3 Buchst. a); für Berlin gilt anstelle des 20. Juni 1948 der 24. Juni 1948.
[2]) Im Saarland gilt statt dessen § 11 i. d. F. der DV. v. 23. 7. 1940.

48 bezugsfertig geworden sind oder bezugsfertig werden, ist nach den Vorschriften der jeweils anwendbaren ersten Berechnungsverordnung oder zweiten Berechnungsverordnung aufzustellen.

(3) Der Preis für die Benutzung von Gemeinschaftsanlagen oder Folgeeinrichtungen, die das Wohnungsunternehmen betreibt (§ 8 Abs. 1), ist angemessen, wenn er den Betrag nicht überschreitet, der zur Deckung der laufenden Aufwendungen der Anlage oder Einrichtung nach den Grundsätzen einer ordnungsmäßigen Geschäftsführung jeweils notwendig ist.

(4) Der Preis für die Überlassung des Gebrauchs von Wohnungen, Wohnräumen und Wohnheimen (Miete, Pacht, Nutzungsgebühr) ist nur angemessen, soweit er nicht gegen die Vorschriften des Preisrechts verstößt[1]).

§ 14
(Zu § 7 des WGG)

(1) Der Preis für die Veräußerung von Wohnungsbauten, die für Rechnung bereits feststehender Bewerber errichtet werden, ist unbeschadet der Sondervorschrift in Absatz 3 angemessen, wenn er den Betrag nicht überschreitet, der zur Deckung der im Rahmen einer ordnungsmäßigen Geschäftsführung entstehenden Gesamtkosten notwendig ist. Die Gesamtkosten für Wohnungsbauten, die nach dem 20. Juni 48 bezugsfertig geworden sind oder bezugsfertig werden, sind nach der Zweiten Berechnungsverordnung zu berechnen.

(2) Der Preis für die Veräußerung von Wohnungsbauten, die nicht für Rechnung bereits feststehender Bewerber errichtet werden, ist angemessen, wenn er neben den Gesamtkosten nach Absatz 1 auch die im Rahmen einer ordnungsmäßigen Geschäftsführung erforderlichen Rücklagen und Rückstellungen deckt. Werden solche Wohnungsbauten jedoch als Eigenheime, Kleinsiedlungen oder eigengenutzte Eigentumswohnungen und später als drei Jahre nach Bezugsfertigkeit veräußert, so ist abweichend von Satz 1 für die Veräußerung ein Preis bis zur Höhe des Wiederbeschaffungswertes angemessen. Ein Gebäude oder eine Wohnung ist als bezugsfertig anzusehen, wenn der Bau so weit gefördert ist, daß den zukünftigen Bewohnern oder sonstigen Benutzern zugemutet werden kann, das Gebäude oder die Wohnung zu beziehen; wann dieser Zeitpunkt gegeben ist, ist nach der Verkehrsauffassung zu beurteilen; die behördliche Genehmigung zum Beziehen des Gebäudes oder der Wohnung (Gebrauchsabnahme durch die Baugenehmigungsbehörde) ist nicht entscheidend.

---

[1]) Im Saarland gilt statt dessen § 11 i. d. F. der DV. v. 23. 7. 1940.

Anhang

(3) Für die Wiederveräußerung rückerworbener Eigenheime, Kleinsiedlungen und Eigentumswohnungen ist ein Preis bis zur Höhe des Wiederbeschaffungswertes angemessen.

(4) Als Wiederbeschaffungswert gelten die Gesamtkosten nach Absatz 1 Satz 2, die im Veräußerungszeitpunkt für die Errichtung von Wohnungsbauten gleicher Größe, Art, Lage und Ausstattung aufzuwenden wären abzüglich der durch die Abnutzung tatsächlich eingetretenen Wertminderung[1]).

§ 15
(Zu §§ 9 und 10 des WGG)

(1) Als Einzahlungen gelten auch die Gewinnzuschreibungen.

(2) Die Vorschrift, daß die Gesellschafter beim Ausscheiden nicht mehr als die eingezahlten Einlagen zurückerhalten dürfen, findet auf Kapitalgesellschaften keine Anwendung[2]).

§ 16
(Zu § 11 des WGG)

Bei der Bestimmung über die Verwendung des Vermögens hat die Anerkennungsbehörde die Beteiligten und den Prüfungsverband zu hören und Bestimmungen der Satzung zu berücksichtigen, die sie bis zur Auflösung des Unternehmens unbeanstandet gelassen hat.

§ 17
(Zu § 13 des WGG)

Leitende Angestellte sind solche, die zur selbständigen Einstellung oder Entlassung der übrigen im Betriebe oder in ihrer Betriebsabteilung Beschäftigten berechtigt sind oder denen Prokura oder Generalvollmacht erteilt ist.

§ 18
(Zu § 15 des WGG)

Stellt die Anerkennungsbehörde fest, daß für den Fortbestand eines gemeinnützigen Wohnungsunternehmens ein volks- oder wohnungswirtschaftliches Bedürfnis nicht besteht und daß seine Verschmelzung mit einem oder mehreren anderen gemeinnützigen Wohnungsunternehmen zu einer Leistungssteigerung führen würde, so kann sie die beteiligten Unternehmen auffordern, sich miteinander zu verschmel-

---

[1]) Im Saarland gilt statt dessen § 11 i. d. F. der DV. v. 23. 7. 1940.
[2]) Im Saarland gelten anstelle der §§ 15 bis 21 im wesentlichen übereinstimmend die §§ 13 bis 19 der VO. v. 23. 7. 1940 und an Stelle der §§ 22 bis 25 die §§ 21 bis 24 WGGDV. a. F.

zen. Den Unternehmen, die der Aufforderung ohne hinreichenden Grund nicht nachkommen, ist die Anerkennung zu entziehen[1]).

§ 19
(Zu § 17 des WGG)

(1) Wenn die Satzung oder der Gesellschaftsvertrag des Wohnungsunternehmens den vom Spitzenverband mit Zustimmung der zuständigen obersten Landesbehörde aufgestellten Mustern entspricht, so gelten die in dem Gesetz enthaltenen Anforderungen an den Satzungsinhalt als erfüllt.

(2) Die Anerkennungsbehörde hat vor einer Entscheidung außer den Beteiligten auch den Verband zu hören, dem das Wohnungsunternehmen nach § 14 des Gesetzes anzugehören hat.

§ 20

Das Verfahren ist für das Wohnungsunternehmen gebührenfrei, wenn die Entscheidung auf Erteilung oder Aufrechterhaltung der Anerkennung lautet.

§ 21
(Zu § 19 des WGG)

(1) Wird in einem auf Antrag oder von Amts wegen eingeleiteten Anerkennungsverfahren einem Unternehmen, das bereits auf Grund anderer Gesetze als gemeinnützig behandelt worden ist oder sich als gemeinnützig bezeichnet hat, die Anerkennung versagt, so gelten hierfür dieselben Vorschriften wie für die Entziehung der Anerkennung.

(2) Ist einem Wohnungsunternehmen die Anerkennung rechtskräftig versagt oder entzogen worden oder hat ein Wohnungsunternehmen einen von ihm gestellten Antrag zurückgenommen, so kann es einen neuen Antrag auf Anerkennung erst zwei Jahre nach Ablauf des Tages stellen, an dem die Anerkennung rechtskräftig versagt oder entzogen oder an dem der von dem Wohnungsunternehmen gestellte Antrag zurückgenommen worden ist.

(3) Die Entziehung der Anerkennung kann auch mit Wirksamkeit von einem vor der Verkündung der Entscheidung liegenden Zeitpunkt erfolgen.

---

[1]) Die Bestimmung dürfte mit Art. 12 Abs. 1; Art. 2 Abs. 1; Art. 19 Abs. 2 u. 3 GG. nicht vereinbar und daher gem. Art. 123 Abs. 1 unwirksam sein; s. auch GenG. § 1 Anm. 11 II; § 60 Anm. 1 a. E.

Anhang

§ 22
(Zu § 22 des WGG)

(1) Die Anerkennungsbehörden teilen den Registergerichten die auf Grund des Gesetzes ergehenden rechtskräftigen Entscheidungen mit. Die Gerichte teilen den Anerkennungsbehörden und diese den zuständigen Prüfungsverbänden Eintragungen in die Register mit, die eine Änderung des Vorstandes, der Satzung oder des Gesellschaftsvertrags oder die Auflösung oder Löschung eines als gemeinnützig anerkannten Wohnungsunternehmens betreffen.

(2) Das Wohnungsunternehmen hat Veränderungen im Vorstand, in der Geschäftsführung und im Aufsichtsorgan unverzüglich der Anerkennungsbehörde und dem zuständigen Verband mitzuteilen.

§ 23
(Zu § 26 des WGG)

(1) Das Wohnungsunternehmen hat sein Rechnungswesen nach Richtlinien zu führen, die der Spitzenverband mit Zustimmung der zuständigen obersten Landesbehörde aufstellt.

(2) Der Vorstand (Geschäftsführer) des Wohnungsunternehmens hat nach Ablauf jedes Geschäftsjahres zusammen mit dem Jahresabschluß einen Geschäftsbericht über das vergangene Geschäftsjahr vorzulegen und darin den Geschäftsverlauf und die Lage des Wohnungsunternehmens darzulegen. Zu berichten ist auch über Vorgänge von besonderer Bedeutung, die nach dem Schluß des Geschäftsjahres eingetreten sind. Im Geschäftsbericht ist ferner der Jahresabschluß zu erläutern; dabei sind auch wesentliche Abweichungen von dem vorangegangenen Jahresabschluß zu erörtern. Weitergehende Vorschriften des Aktienrechts bleiben unberührt.

(3) Das Wohnungsunternehmen wird durch den Verband, dem es angehört, geprüft. Ist eine Ausnahme nach § 14 des Gesetzes zugelassen, so erfolgt die Prüfung durch die von der zuständigen obersten Landesbehörde bestimmte Stelle unter Beachtung der gleichen Vorschriften.

(4) Bei der Prüfung ist auch die Einhaltung der Durchführungsvorschriften zu überwachen.

(5) Das Wohnungsunternehmen ist verpflichtet, den Beanstandungen in den Prüfungsberichten durch entsprechende Maßnahmen nachzukommen. Geschieht dies nicht innerhalb eines angemessenen Zeitraums, so kann der Träger der Prüfung das Wohnungsunternehmen auffordern, der Beanstandung binnen einer bestimmten Frist nachzukommen. Hat das Wohnungsunternehmen der Aufforderung nach

Fristablauf nicht entsprochen, so hat der Träger der Prüfung der Anerkennungsbehörde Mitteilung zu machen.

§ 24
(Zu § 28 des WGG)

(1) An einem Unternehmen ist der Bund oder ein Land maßgebend beteiligt, wenn ihm allein oder in Gemeinschaft mit einer anderen Gebietskörperschaft mindestens die Hälfte des Grund- oder Stammkapitals zusteht. Der Beteiligung steht es gleich, wenn der Bund oder ein Land auf Grund anderer öffentlich-rechtlicher Bestimmungen als des Gesetzes über die Gemeinnützigkeit im Wohnungswesen oder nach den Bestimmungen der Satzung eine Aufsicht über das Unternehmen ausübt oder wenn das Unternehmen ausschließlich zur Befriedigung eines besonderen Wohnungsbedarfs dient, die im öffentlichen Interesse des Bundes oder eines Landes liegt.

(2) Über Ausnahmebewilligungen nach § 10 an ein Unternehmen, das selbst als Bauherr tätig ist, entscheidet die zuständige oberste Behörde des Landes, in dem das Unternehmen seinen Sitz hat. Das Einvernehmen mit der obersten Finanzbehörde des Landes ist dafür notwendig.

(3) Ist einem Unternehmen eine Ausnahmebewilligung nach § 14 des Gesetzes erteilt worden, so bestimmt die Anerkennungsbehörde den Träger der Prüfung und die Prüfungsrichtlinien[1]).

§ 25

(1) Bestimmungen des Gesellschaftsvertrages oder der Satzung eines Wohnungsunternehmens, die einen Beschluß der Gesellschafter-, General- oder Mitgliederversammlung davon abhängig machen, daß bei der Beschlußfassung mindestens eine bestimmte Zahl oder ein bestimmter Teil der Gesellschafter, Genossen, Vertreter oder Mitglieder anwesend oder ein bestimmter Mindestbetrag des Kapitals des Unternehmens vertreten ist, finden keine Anwendung für die Beschlußfassung über solche Satzungsänderungen, von denen die Anerkennungsbehörde die Anerkennung der Gemeinnützigkeit abhängig gemacht hat. Die Verfügung der Anerkennungsbehörde muß die geforderten Satzungsänderungen ihrem Wortlaut nach genau angeben und den Hinweis enthalten, daß der Anerkennung der Gemeinnützigkeit andere Hindernisse nicht mehr entgegenstehen.

---

[1]) Die Regelung der Absätze 2 und 3 gilt nicht im Saarland.

Anhang

(2) Bleiben Bestimmungen des Gesellschaftsvertrages oder der Satzung auf Grund dieser Verordnung außer Anwendung, so ist darauf bei der Einberufung der Versammlung hinzuweisen.

M. Körperschaftsteuergesetz
in der Fassung vom 13. 10. 69 (BGBl. I S. 1869)
Auszüge, soweit sie für Genossenschaften von Bedeutung sind

§ 19
Steuersätze

(1) Die Körperschaftsteuer beträgt ...
3. bei den übrigen Körperschaften, Personenvereinigungen und Vermögensmassen 49 vom Hundert des Einkommens (hierunter fallen grundsätzlich die Warengenossenschaften) ...

(2 b) Die Körperschaftsteuer beträgt 32 vom Hundert des Einkommens.
1. bei Kreditgenossenschaften, die Kredite ausschließlich an ihre Mitglieder gewähren,
2. bei Zentralkassen, die Kredite ausschließlich an ihre Mitglieder gewähren und sich auf ihre eigentlichen genossenschaftlichen Aufgaben beschränken. Das gilt auch für Zentralkassen, die in Form einer Kapitalgesellschaft betrieben werden.

(2 c) Die Körperschaftsteuer beträgt 19 vom Hundert des Einkommens bei Kreditgenossenschaften im Sinn des Abs. 2 b Ziff. 1, wenn die Kredite ausschließlich an Körperschaften, Personenvereinigungen und Vermögensmassen im Sinn des § 4 Abs. 1 Ziff. 6 Satz 1 zur Förderung ihrer steuerbegünstigten satzungsmäßigen Zwecke gewährt werden ...

§ 23
Genossenschaften, Zentralkassen

Die Bundesregierung wird ermächtigt, durch Rechtsverordnung mit Zustimmung des Bundesrates
1. für land- und forstwirtschaftliche Nutzungs- und Verwertungsgenossenschaften, deren Geschäftsbetrieb sich auf den Kreis der Mitglieder beschränkt, eine Befreiung von der Körperschaftsteuer anzuordnen und die Steuerbefreiung von der Erfüllung bestimmter Voraussetzungen, z. B. davon abhängig zu machen, daß die Nutzung, Bearbeitung oder Verwertung im Bereich der Land- und Forstwirtschaft liegt, und

2. anzuordnen, unter welchen Voraussetzungen Genossenschaften Warenrückvergütungen bei der Ermittlung des Gewinns absetzen dürfen.

Körperschaftsteuer-Durchführungsverordnung
in der Fassung vom 26. 3. 69 (BGBl. I S. 270)
(Auszug)

Genossenschaften

§ 31
Landwirtschaftliche Nutzungs- und Verwertungsgenossenschaften

(1) Genossenschaften sind von der Körperschaftsteuer befreit, wenn sich ihr Geschäftsbetrieb beschränkt
1. auf die gemeinschaftliche Benutzung land- und forstwirtschaftlicher Betriebseinrichtungen oder Betriebsgegenstände (z. B. Dreschgenossenschaften, Pfluggenossenschaften, Zuchtgenossenschaften) oder
2. auf die Bearbeitung oder die Verwertung der von den Mitgliedern selbst gewonnenen land- und forstwirtschaftlichen Erzeugnisse, wenn die Bearbeitung oder die Verwertung im Bereich der Land- und Forstwirtschaft liegt (z. B. Molkereigenossenschaften, Winzergenossenschaften, Brennereigenossenschaften, Viehverwertungsgenossenschaften, Eierverwertungsgenossenschaften).

(2) Absatz 1 ist nicht anzuwenden, wenn die Genossenschaft an einem steuerpflichtigen Unternehmen beteiligt ist. Das gilt nicht bei einer geringfügigen Beteiligung an einer Kapitalgesellschaft oder einer Genossenschaft. Eine Beteiligung an einer Kapitalgesellschaft ist geringfügig, wenn der Nennwert der Beteiligung 4 vom Hundert des Nennkapitals der Kapitalgesellschaft nicht übersteigt. Eine Beteiligung an einer Genossenschaft ist geringfügig, wenn das Stimmrecht 4 vom Hundert aller Stimmrechte und das Geschäftsguthaben 10 vom Hundert der Summe aller Geschäftsguthaben nicht übersteigen.

§ 32
Steuerliche Anfangsbilanz beim Eintritt in die Steuerpflicht

(1) Wird eine Genossenschaft, die bisher nach § 31 körperschaftsteuerfrei war, steuerpflichtig, so kann sie auf den Beginn des Wirtschaftsjahrs, in dem die Steuerpflicht begründet worden ist, eine von den Wertansätzen in der Handelsbilanz abweichende steuerliche

Anfangsbilanz aufstellen. In dieser Anfangsbilanz sind alle Wirtschaftsgüter des Anlagevermögens mit den Teilwerten, höchstens jedoch mit den sich aus den Absätzen 2 bis 4 ergebenden Höchstwerten anzusetzen.

(2) Höchstwerte sind
1. für Wirtschaftsgüter, die am 21. Juni 48 vorhanden waren, die Werte, die nach dem D-Markbilanzgesetz vom 21. August 49 (WiGBl. S. 279) und seinen Ergänzungsgesetzen in eine steuerliche Eröffnungsbilanz in Deutscher Mark für den 21. Juni 48 höchstens hätten eingestellt werden können. Das gilt auch, wenn in der Eröffnungsbilanz in Deutscher Mark für den 21. Juni 48 niedrigere Werte angesetzt worden sind. Wirtschaftsgüter, die unter das Vierte D-Markbilanzergänzungsgesetz vom 7. April 61 (Bundesgesetzbl. I S. 413) fallen, können mit den nach diesem Gesetz zulässigen Höchstwerten auch dann angesetzt werden, wenn in der Handelsbilanz niedrigere Werte angesetzt worden sind,
2. für Wirtschaftsgüter, die nach dem 21. Juni 48 angeschafft oder hergestellt worden sind, die Anschaffungs- oder Herstellungskosten, vermindert um die Absetzungen für Abnutzung oder Substanzverringerung (§ 7 des Einkommensteuergesetzes).

(3) Für Genossenschaften, die unter § 1 Abs. 1 des D-Markbilanzgesetzes vom 12. August 50 (Verordnungsblatt für Groß-Berlin Teil I S. 329) fallen, tritt bei Anwendung des Absatzes 2 an die Stelle des 21. Juni 48 jeweils der 1. April 49.

(4) Für Genossenschaften, die unter § 1 Abs. 1, § 3 des D-Markbilanzgesetzes für das Saarland vom 30. Juni 59 (Bundesgesetzbl. I S. 372) fallen, tritt bei Anwendung des Absatzes 2 an die Stelle des 21. Juni 48 jeweils der 6. Juli 59.

§ 33
Gestrichen

§ 34
Gestrichen

§ 35
Warenrückvergütungen

(1) Warenrückvergütungen sind solche Vergütungen, die unter Bemessung nach der Höhe des Warenbezugs bezahlt sind. Nachzahlungen der Genossenschaft für Lieferungen oder Leistungen und Rück-

Körperschaftssteuer

zahlungen von Unkostenbeiträgen sind wie Warenrückvergütungen zu behandeln. Die Höhe der Warenrückvergütungen kann auch durch Beschluß der Mitgliederversammlung und nach Ablauf des Wirtschaftsjahrs festgesetzt werden.

(2) Warenrückvergütungen an Nichtmitglieder sind Betriebsausgaben. Warenrückvergütungen an Mitglieder gelten nur insoweit als Betriebsausgaben, als die dafür verwendeten Beträge im Mitgliedergeschäft erwirtschaftet sind. Zur Feststellung dieser Beträge ist der Überschuß

1. bei Einkaufs- und Verbrauchergenossenschaften im Verhältnis des Mitgliederumsatzes zum Gesamtumsatz,
2. bei Absatz- und Produktionsgenossenschaften (z. B. Verwertungsgenossenschaften) im Verhältnis des Wareneinkaufs bei Mitgliedern zum gesamten Wareneinkauf

aufzuteilen. Der hiernach sich ergebende Gewinn aus dem Mitgliedergeschäft bildet die obere Grenze für den Abzug der Warenrückvergütungen an Mitglieder. Überschuß im Sinn des Satzes 3 ist das um den Gewinn aus Nebengeschäften geminderte Einkommen vor Abzug aller Warenrückvergütungen und vor Berücksichtigung des Verlustabzugs.

(3) Die Absätze 1 und 2 gelten nicht für Kreditgenossenschaften und Zentralkassen im Sinne des § 19 Abs. 2 b und Abs. 2 c des Gesetzes.

Körperschaftsteuer-Richtlinien 1969
in der Fassung vom 3. 7. 70 (BStBl. I S. 845)
(Auszug)

59. Kreditgenossenschaften

(1) Als Kreditgenossenschaften im Sinne des § 19 Abs. 2 b KStG sind Genossenschaften anzusehen, deren Tätigkeit sich auf das Bankgeschäft beschränkt. Betreibt eine Genossenschaft daneben auch Geschäfte anderer Art, z. B. das Warengeschäft, so verliert sie dadurch nicht die Eigenschaft einer Kreditgenossenschaft im vorbezeichneten Sinne, wenn das bankfremde Geschäft im Verhältnis zum bankmäßigen Geschäft von untergeordneter Bedeutung ist (vgl. BFH-Urteile vom 12. Januar 60, BStBl. III S. 94 und 2. Oktober 63, HFR 64 S. 49). Das bankfremde Geschäft ist als von untergeordneter Bedeutung anzusehen, wenn die aus ihm erzielten Einnahmen nicht mehr als 5 v. H. der Einnahmen aus dem Bankgeschäft betragen und die

ihm dienenden Vermögenswerte 3 v. H. der Bilanzsumme nicht übersteigen. Ist eine Genossenschaft an einer Kapitalgesellschaft beteiligt, die bankfremde Geschäfte betreibt, so steht dies einer eigenen nicht bankmäßigen Betätigung gleich. In diesen Fällen ist eine nicht bankmäßige Betätigung nur dann nicht anzunehmen, wenn die Anteile an der Kapitalgesellschaft nicht dazu bestimmt sind, dauernd dem Betrieb der Genossenschaft zu dienen. Ist die Beteiligung höher als 10 v. H., so sind für die Beurteilung, ob das bankfremde Geschäft der Genossenschaft von untergeordneter Bedeutung ist, die Einnahmen der Kapitalgesellschaft der Genossenschaft mit einem Betrag zuzurechnen, der der Höhe ihrer Beteiligung entspricht. Übersteigt die Beteiligung nicht 10 v. H., so sind nur die Erträge aus der Beteiligung als Einnahmen aus bankfremder Betätigung anzusetzen. Die Sätze 4 bis 7 gelten sinngemäß auch bei einer Beteiligung an einem Unternehmen anderer Rechtsform. Betreibt die Genossenschaft bankfremde Geschäfte von nicht nur untergeordneter Bedeutung, so ist § 19 Abs. 2 b KStG vorbehaltlich der in Abschnitt 60 enthaltenen Anordnung nicht anwendbar.

(2) Der ermäßigte Steuersatz des § 19 Abs. 2 b KStG ist nur bei Kreditgenossenschaften anzuwenden, die Kredite ausschließlich an ihre Mitglieder gewähren. Die Mitgliedschaft entsteht durch die Eintragung in die Liste der Genossen (§ 15 GenG). Es bestehen jedoch keine Bedenken, einen Kredit auch dann als einen Mitgliederkredit anzuerkennen, wenn spätestens bei der Kredithingabe die Beitrittserklärung des Kreditnehmers vorliegt und diese unverzüglich dem Registergericht zur Eintragung eingereicht wird. Der einem Mitglied gewährte Kredit kann ohne Zutun der Kreditgenossenschaft zu einem Nichtmitgliederkredit werden. Hierzu gilt folgendes:

1. Tod des Kreditnehmers
    Stirbt ein Mitglied, dem die Kreditgenossenschaft einen Kredit gewährt hat, so wird die Mitgliedschaft bis zum Schluß des Geschäftsjahres, in dem der Todesfall eingetreten ist, durch den Erben fortgesetzt (§ 77 Abs. 1 GenG). Nach diesem Zeitpunkt wird der bisherige Mitgliederkredit zum Nichtmitgliederkredit, wenn der Erbe bis dahin nicht Mitglied der Kreditgenossenschaft geworden ist. Auf juristische Personen und Personengesellschaften des Handelsrechts (OHG, KG), die Mitglied der Kreditgenossenschaft sind, ist § 77 Abs. 1 GenG mit der Maßgabe anzuwenden, daß die juristischen Personen bzw. Personengesellschaften des Handelsrechts zum Schluß des Geschäftsjahres ausscheiden, in das die Beendigung ihrer Liquidation fällt.

2. **Errichtung einer Personengesellschaft des Handelsrechts**

Tritt ein Gesellschafter als persönlich haftender Gesellschafter oder als Kommanditist in das Geschäft eines Einzelkaufmanns ein, der von einer Kreditgenossenschaft, der er als Mitglied angehört, einen Kredit erhalten hat, so haftet die entstandene offene Handelsgesellschaft oder Kommanditgesellschaft für alle im Geschäftsbetrieb des Einzelkaufmanns entstandenen Verbindlichkeiten (§ 28 Abs. 1 HGB). Diese gesetzliche Haftung der Gesellschaft für den Kredit an den bisherigen Einzelunternehmer ist nicht als Kreditgewährung an die Gesellschaft im Sinne des § 19 Abs. 2 b KStG anzusehen. Eine Kreditgewährung an die Gesellschaft liegt erst vor, wenn nach dem übereinstimmenden Willen aller Beteiligten der dem Einzelunternehmen gewährte Kredit in einen Kredit an die Gesellschaft umgewandelt wird. Es ist gleichgültig, ob der dahin gehende Wille der Beteiligten durch eine Änderung des Kreditvertrags oder durch schlüssiges Verhalten, Umschreibung des debitorischen Kontos auf den Namen der Gesellschaft, geäußert wird.

3. **Übertragung eines Gesellschaftsanteils an einer fortbestehenden Personengesellschaft des Handelsrechts**

Hat eine Kreditgenossenschaft einen Kredit an eine Personengesellschaft des Handelsrechts gewährt, und sind zwar die Gesellschafter, nicht aber die Gesellschaft selbst Mitglieder der Kreditgenossenschaft, so wird durch Übertragung eines Gesellschaftsanteils auf ein Nichtmitglied der Kredit zu einem Nichtmitgliederkredit. Das gilt auch, wenn im Fall des Todes eines Gesellschafters die Gesellschaft mit seinen Erben fortgesetzt wird (§ 139 HGB) und die Erben nicht Mitglieder der Kreditgenossenschaft sind. § 77 Abs. 1 GenG bleibt unberührt.

4. **Eintritt eines Gesellschafters in eine fortbestehende Gesellschaft des Handelsrechts**

Hat eine Kreditgenossenschaft einen Kredit an eine Personengesellschaft des Handelsrechts gewährt, und sind zwar die Gesellschafter, nicht aber die Gesellschaft selbst Mitglieder der Kreditgenossenschaft, so wird durch den Eintritt eines weiteren Gesellschafters der Kredit zu einem Nichtmitgliederkredit. Ist die Personengesellschaft des Handelsrechts selbst Mitglied der Kreditgenossenschaft, so ist der ihr gewährte Kredit als Mitgliederkredit anzusehen, auch wenn ihre Gesellschafter nicht Mitglieder der Kreditgenossenschaft sind.

5. Kreditgewährung an eine Gesellschaft des bürgerlichen Rechts
Die Gesellschaft des bürgerlichen Rechts als solche kann, im Gegensatz zur Personengesellschaft des Handelsrechts, nicht Mitglied einer Kreditgenossenschaft sein. Gewährt die Kreditgenossenschaft einen Kredit an eine Gesellschaft des bürgerlichen Rechts, so liegt ein Mitgliederkredit nur vor, wenn alle Gesellschafter Mitglieder der Kreditgenossenschaft sind. Nimmt ein Einzelunternehmer einen Gesellschafter in das Unternehmen auf, so wird dadurch ein zwischen dem bisherigen Einzelunternehmen und der Kreditgenossenschaft bestehendes Kreditverhältnis nicht berührt. Zwar wird die Kreditsumme mit ihrer Einlage in die entstandene Gesellschaft des bürgerlichen Rechts gemeinschaftliches Vermögen der Gesellschafter (§ 718 BGB), es bestehen aber nur schuldrechtliche Beziehungen zwischen der „Gesamthand der Gesellschafter" und dem einzelnen Gesellschafter. Die Gesamthand der Gesellschafter kann jedoch durch ausdrückliche oder stillschweigende Vereinbarung (Schuldübernahme) oder auf Grund schlüssigen Verhaltens Schuldner des zunächst an einen Gesellschafter gegebenen Kredits werden. In diesem Fall wird der ursprüngliche Mitgliederkredit zu einem Nichtmitgliederkredit, wenn der aufgenommene Gesellschafter nicht Mitglied der Kreditgenossenschaft ist. Hat eine Kreditgenossenschaft an eine Gesellschaft des bürgerlichen Rechts einen Kredit gewährt, der als Mitgliederkredit anzusehen ist, weil alle Gesellschafter Mitglieder der Kreditgenossenschaft sind, so wird der Kredit nicht zum Nichtmitgliederkredit, wenn ein Gesellschafter eintritt, der nicht Mitglied der Kreditgenossenschaft ist. Der Kredit wird zum Nichtmitgliederkredit, wenn der neu eintretende Gesellschafter durch ausdrückliche oder stillschweigende Vereinbarung (Schuldübernahme) für den Kredit persönlich haftet.

Wird ein Kredit an ein Nichtmitglied gewährt, so ist vorbehaltlich der Bestimmungen des Absatzes 4 volle Körperschaftsteuer zu entrichten. Gewährt ein Angestellter einer Kreditgenossenschaft pflichtwidrig einem Nichtmitglied einen Kredit, so steht es der Genossenschaft zur Erhaltung der Inanspruchnahme des ermäßigten Steuersatzes frei, nachzuweisen, daß ihr das Vorliegen dieses Nichtmitgliedergeschäfts trotz Anwendung der ihr obliegenden Sorgfalt nicht bekannt war und nach den Umständen auch nicht bekannt sein mußte (BFH-Urteil vom 5. 2. 69, BStBl. II S. 421).

(3) Kredite im Sinne des § 19 Abs. 2 b KStG sind nicht nur Gelddarlehen im zivilrechtlichen Sinne (§ 607 BGB), sondern z. B. auch

Körperschaftssteuer

übernommene Haftungen, Garantien und Bürgschaften sowie Vorschüsse, Wechsel- und Scheckdiskontierungen und Kontoüberziehungen. Dagegen liegt eine Kreditgewährung nicht vor, wenn die Kreditgenossenschaft Geldbestände in Kapital- und Geldmarktpapieren anlegt, z. B. in Anleihen und Schatzanweisungen des Bundes und der Länder, in Teilschuldverschreibungen und Pfandbriefen. Das gilt auch für die Unterhaltung von Guthaben bei anderen Kreditinstituten (Nostro-Guthaben, Guthaben auf Grund von Bausparverträgen). Ferner sind nicht als Kreditgewährung zu behandeln Vorauszahlungen und Stundungen im Rahmen von Hilfsgeschäften, wenn diese Vorgänge zivilrechtlich nicht als Kreditgewährung beurteilt werden. Eine Kreditgewährung durch die Kreditgenossenschaft liegt auch dann nicht vor, wenn Kredite aus öffentlichen Kreditprogrammen für fremde Rechnung, also nicht aus eigenen Mitteln der Kreditgenossenschaft, zweckgebunden gegeben werden. Diese Kredite müssen in den Büchern besonders gekennzeichnet sein.

(4) Die Gewährung des ermäßigten Steuersatzes des § 19 Abs. 2 b KStG wird nicht dadurch in Frage gestellt,

1. daß ein Nichtmitglied ein Konto für kurze Zeit geringfügig überzieht. Als geringfügig ist ein Betrag bis zu 2000 DM anzusehen. Das überzogene Konto muß innerhalb von 2 Monaten ausgeglichen werden und mindestens für einen Monat ausgeglichen bleiben. Es darf nicht durch Überziehung eines anderen Kontos ausgeglichen werden;

2. daß die Kreditgenossenschaft einem Nichtmitglied die sofortige Verfügung über den Gegenwert eines eingereichten auf eine dritte Bank gezogenen Schecks gestattet. Wird der Scheck nicht eingelöst, so muß die Kreditgenossenschaft das Nichtmitglied unverzüglich zur Abdeckung des durch die Rückbelastung des Schecks entstandenen Sollsaldos veranlassen sowie erforderlichenfalls unverzüglich geeignete Maßnahmen zur Beitreibung ihrer Rückzahlungsforderung ergreifen;

3. daß die Kreditgenossenschaft im Einzugsverkehr einem Nichtmitglied die sofortige Verfügung über den Gegenwert eines eingereichten anderen Einzugspapiers, z. B. Lastschrift, Quittung, Zins- und Dividendenschein, gestattet. Nummer 2 Satz 2 gilt entsprechend;

4. daß ein Mitgliederkredit ohne Zutun der Kreditgenossenschaft zu einem Nichtmitgliederkredit geworden ist und das Kreditverhältnis innerhalb von sechs Monaten nach Eintritt des Ereignisses, z. B. Tod, Beendigung der Liquidation, das zum Ent-

stehen des Nichtmitgliederkredits geführt hat, neu geregelt wird, z. B. Kündigung, Erwerb der Mitgliedschaft durch den Schuldner. In den Fällen, in denen eine Neuordnung des Kreditverhältnisses nicht innerhalb der vorbezeichneten Frist erfolgt, kann zur Vermeidung von unbilligen Härten die Steuerermäßigung des § 19 Abs. 2 b KStG weiter gewährt werden, wenn die Kreditgenossenschaft den Nachweis erbringt, daß ihr das Bestehen des Nichtmitgliederkredits unbekannt war, daß sie alles ihr Zumutbare getan hat, um rechtzeitig Kenntnis von den in den Kreditverhältnissen eingetretenen Veränderungen zu erhalten und daß das Kreditverhältnis nach Bekanntwerden der tatsächlichen Verhältnisse unverzüglich neu geregelt worden ist. Als diesbezügliche Maßnahmen kommen insbesondere in Betracht:

a) die laufende Einsichtnahme in das Handelsregister;
b) die laufende Überwachung der Eintragungen in das Handelsregister an Hand der Veröffentlichungen in den Publikationsorganen;
c) die Verpflichtung der Kreditnehmer seitens der Kreditgenossenschaft, jede Änderung der rechtlichen Verhältnisse, durch die das Kreditverhältnis berührt wird, der Kreditgenossenschaft unverzüglich anzuzeigen. Die Einhaltung dieser Verpflichtung soll dadurch gesichert sein, daß bei Verletzung der Verpflichtung das Kreditverhältnis beendet und die Kreditforderung sofort fällig wird;

5. daß die Kreditgenossenschaft im Zusammenhang mit der Kreditgewährung aus öffentlichen Kreditprogrammen (vgl. Absatz 3 Sätze 5 und 6) die Haftung für ein Nichtmitglied übernimmt und die Haftung 10 v. H. des Kredits nicht übersteigt;
6. daß die Kreditgenossenschaft im Rahmen der sozialen Fürsorge oder zur Förderung des Wohnungsbaus an ihre Arbeitnehmer, die Nichtmitglieder sind, Kredite gewährt. Das gleiche gilt für Darlehen im Sinne des § 7 c EStG, wenn dadurch ausschließlich der Bau von Wohnungen für die Arbeitnehmer der Kreditgenossenschaft, die Nichtmitglieder sind, gefördert wurde.

(5) Versichert eine Kreditgenossenschaft in der Körperschaftsteuererklärung, daß die Voraussetzung für die Steuerbegünstigung vorliegt, so ist in der Regel davon auszugehen, daß diese Versicherung zutrifft. Legt die Genossenschaft innerhalb von 3 Jahren nach Abgabe der Körperschaftsteuererklärung die Bescheinigung eines genossenschaftlichen Prüfungsverbands darüber vor, daß die Kreditgewährung sich auf den Mitgliederkreis beschränkt hat, so gilt das in der Regel

als Nachweis. Das Prüfungsrecht des Finanzamts bleibt unberührt. Die Genossenschaften haben die Prüfung, daß Kredite nur an Mitglieder gewährt werden, zu erleichtern. Die Mitgliedsnummer der Genossen ist auf dem einzelnen Kundenkonto zu vermerken. Hat die Kreditgenossenschaft einen Kredit mehreren Mitgliedern gemeinschaftlich gewährt, so genügt es, wenn das Kundenkonto hierauf einen Hinweis enthält und die Mitgliedsnummern der beteiligten Kreditnehmer übersichtlich in den Kontenunterlagen festgehalten werden.

(6) Für Kreditgenossenschaften, die die Voraussetzungen des § 19 Abs. 2 b KStG erfüllen, ist die Anwendung des ermäßigten Steuersatzes zwingend. Ein Wahlrecht zwischen dem ermäßigten Steuersatz und der Inanspruchnahme der Warenrückvergütungsregelung des § 35 Abs. 1 und 2 KStDV besteht nicht.

60. Spar- und Darlehnskassen

(1) Reine Spar- und Darlehnskassen sind Kreditgenossenschaften im Sinne des § 19 Abs. 2 b Ziff. 1 KStG, wenn sie Kredite ausschließlich an ihre Mitglieder gewähren.

(2) Spar- und Darlehnskassen betreiben neben dem Geld- und Kreditgeschäft oft auch bankfremde Geschäfte, z. B. das Warengeschäft. Die bankfremden Geschäfte lassen sich aus wirtschaftlichen Gründen aus dem Geld- und Kreditgeschäft nicht mehr ausgliedern. Spar- und Darlehnskassen, die neben dem Geld- und Kreditgeschäft bankfremde Geschäfte betreiben, fallen unter die Vorschrift des § 19 Abs. 2 b Ziff. 1 KStG, wenn das Geld- und Kreditgeschäft den Hauptgeschäftszweig darstellt und wenn außerdem die übrigen Voraussetzungen dieser Vorschrift vorliegen. In diesen Fällen unterliegt das Gesamteinkommen dem ermäßigten Körperschaftsteuersatz des § 19 Abs. 2 b Ziff. 1 KStG. § 35 KStDV gilt nicht für die als Kreditgenossenschaften im Sinne des § 19 Abs. 2 b KStG behandelten Spar- und Darlehnskassen (§ 35 Abs. 3 KStDV).

(3) Für die Beurteilung, ob das Geld- und Kreditgeschäft den Hauptgeschäftszweig darstellt, ist der Rohgewinn aus dem Geld- und Kreditgeschäft mit dem Rohgewinn aus den bankfremden Geschäften zu vergleichen. Auf Antrag kann statt des Rohgewinns der Reingewinn zugrunde gelegt werden. Aus den zu vergleichenden Roh- oder Reingewinnnen dürfen die Erträge aus Hilfsgeschäften nicht ausgeschieden werden. Vgl. BFH-Urteil vom 6. 12. 60 (BStBl. 61 III S. 40). Das Geld- und Kreditgeschäft bildet den Hauptgeschäftszweig, wenn der Rohgewinn (Reingewinn) aus dem Geld- und Kreditgeschäft höher ist als der Rohgewinn (Reingewinn) aus den bankfremden

Geschäften. Die Spar- und Darlehnskasse ist dann als Kreditgenossenschaft zu behandeln.

(4) Der Rohgewinn aus dem Geld- und Kreditgeschäft sind die Zinseinnahmen abzüglich der Zinsaufwendungen. Zu den Zinseinnahmen aus dem Geld- und Kreditgeschäft gehören insbesondere die Zinsen für ausgeliehene Gelder, soweit es sich nicht um Zinsen für Warenkredite handelt. Auch die Erträge aus Beteiligungen an anderen Kreditinstituten gehören zu den Zinseinnahmen. Alle Zinsen für hereingenommene Gelder gehören zu den Zinsaufwendungen. Es ist davon auszugehen, daß die in der Verlust- und Gewinnrechnung ausgewiesenen Zinsaufwendungen aus dem Geld- und Kreditgeschäft herrühren. Zinsen, die für Warenkredite gezahlt werden, sind auszuscheiden, wenn nachgewiesen ist, daß sie in den Zinsaufwendungen enthalten sind.

(5) Eine Genossenschaft kann ohne weitere Prüfung zu den Kreditgenossenschaften im Sinne des § 19 Abs. 2 b Ziff. 1 KStG gerechnet werden, wenn ihr die zuständige Bankaufsichtsbehörde oder ein genossenschaftlicher Prüfungsverband bescheinigt hat, daß das Kreditgeschäft überwiegt. Das Nachprüfungsrecht des Finanzamts bleibt unberührt.

61. Post-Spar- und Darlehnsvereine

Post-Spar- und Darlehnsvereine werden den Kreditgenossenschaften bis auf weiteres gleichgestellt. Voraussetzung ist, daß diese Vereine keine Kredite an Nichtmitglieder gewähren. Soweit Mitglieder in einen anderen Oberpostdirektionsbezirk versetzt werden und deshalb aus dem Verein ausscheiden, geht die Begünstigung des Vereins als Kreditgenossenschaft nicht verloren, wenn die den versetzten Mitgliedern gewährten Kredite bei ihm bestehen bleiben. Abschnitt 59 Abs. 5 gilt entsprechend.

62. Warengenossenschaften und Verbrauchergenossenschaften mit Spargeschäft

Warengenossenschaften und Verbrauchergenossenschaften, die neben den üblichen Geschäften auch das Spargeschäft betreiben, gehören nicht zu den Kreditgenossenschaften im Sinne des § 19 Abs. 2 b Ziff. 1 KStG.

63. Zentralkassen

(1) Die Zentralkassen werden nach § 19 Abs. 2 b Ziff. 2 KStG vorbehaltlich der Beschränkung der Gewährung von Krediten an ihre

Mitglieder (Abschnitt 59) steuerlich begünstigt, wenn sie sich auf ihre eigentlichen genossenschaftlichen Aufgaben beschränken. Das ist anzunehmen, wenn von der Gesamtsumme der Ausleihungen mindestens 80 v. H. auf genossenschaftliche Mitglieder der Zentralkasse und auf die Deutsche Genossenschaftskasse entfallen. Es kommt nicht darauf an, ob die genossenschaftlichen Mitglieder der Zentralkasse steuerbegünstigt oder voll körperschaftsteuerpflichtig sind.

(2) Den Ausleihungen sind zuzurechnen: Forderungen aus übernommenen Bürgschaften, aus anderen Haftungen und aus Diskontwechseln ohne Rücksicht darauf, ob die Wechsel zum Bestand gehören oder rediskontiert sind. Guthaben bei anderen Kreditinstituten (Nostro-Guthaben) sind nicht als Ausleihungen anzusehen.

(3) Für die Höhe der Gesamtausleihungen ist der Jahresdurchschnitt nach den Monatsbilanzen oder Zweimonatsbilanzen des Veranlagungszeitraums maßgebend.

(4) Genossenschaftliche Mitglieder sind Genossenschaften, Genossenschaftszentralen und andere juristische Personen, deren Anteile zu mindestens 76 v. H. im Besitz von Genossenschaften oder Genossenschaftszentralen sind. Genossenschaftliche Mitglieder können auch genossenschaftliche Unternehmen in der Rechtsform einer GmbH & Co KG sein. Voraussetzung ist, daß an einer solchen Kommanditgesellschaft ausschließlich Genossenschaften und andere juristische Personen beteiligt sind, deren Anteile zu mindestens 76 v. H. im Besitz von Genossenschaften oder Genossenschaftszentralen sind.

Zu § 21 KStG
64. Besteuerung der kleinen Körperschaften

(1) Der mit der Besteuerung der kleinen und kleinsten Körperschaften verbundene Arbeitsaufwand steht erfahrungsgemäß nicht in angemessenem Verhältnis zu dem hieraus zu erwartenden Steueraufkommen. Das gilt insbesondere für die Besteuerung von Vereinen und Stiftungen, von Betrieben gewerblicher Art, von Körperschaften des öffentlichen Rechts, von gemeinnützigen oder mildtätigen Körperschaften sowie von Berufsverbänden ohne öffentlich-rechtlichen Charakter, die einen wirtschaftlichen Geschäftsbetrieb unterhalten, und von Genossenschaften. Ist in solchen Fällen von vornherein anzunehmen, daß das Einkommen 1000 DM nicht übersteigt, so ist von einer Veranlagung abzusehen. Das gilt nicht in den Fällen des Abschnitts 66 Abs. 4 und des Abschnitts 67 Abs. 3 bis 5. Ist eine Veranlagung durchzuführen, so ist, soweit vertretbar, von der Möglichkeit der Pauschalierung nach § 21 KStG Gebrauch zu machen.

Anhang

(2) Bei kleinen Wasserversorgungsbetrieben mit einer jährlichen Wasserabgabe bis zu 100 000 cbm ist aus Gründen der Verwaltungsvereinfachung von einer Veranlagung zur Körperschaftsteuer abzusehen. Das gilt jedoch nicht, wenn der Wasserversorgungsbetrieb mit anderen Versorgungsbetrieben der Gemeinde zu einem einheitlichen Eigenbetrieb zusammengefaßt und die Zusammenfassung steuerrechtlich anerkannt ist (vgl. BFH-Urteil vom 28. 2. 56, BStBl. III S. 133).

(3) Kleine Versicherungsunternehmen, die nicht schon nach § 12 KStDV von der Körperschaftsteuer befreit sind, sind im Wege der Pauschbesteuerung von der Körperschaftsteuer freizustellen, wenn die Versicherungsentgelte (Beiträge, Prämien, Nachschüsse, Umlagen) im Durchschnitt der letzten drei Wirtschaftsjahre (das im Veranlagungszeitraum endende Wirtschaftsjahr mitgerechnet) die in § 12 Ziff. 1 KStDV bezeichneten Jahresbeträge nicht überstiegen haben.

(4) Abweichend von den Anordnungen in den Absätzen 1 bis 3 ist die Körperschaftsteuerveranlagung durchzuführen, wenn der Steuerpflichtige es beantragt. Das kann für die Erstattung einbehaltener Kapitalertragsteuer von Bedeutung sein.

Zu § 23 KStG
(§§ 31, 32 und 35 KStDV)

65. Allgemeines über Erwerbs- und Wirtschaftsgenossenschaften

(1) Erwerbs- und Wirtschaftsgenossenschaften sind unbeschränkt körperschaftsteuerpflichtig (§ 1 Abs. 1 Ziff. 2 KStG). Die näheren Bestimmungen sind auf Grund der Ermächtigung des § 23 KStG in den §§ 31, 32 und 35 KStDV getroffen. Zur steuerlichen Behandlung der Kreditgenossenschaften und Zentralkassen wird auf § 19 Abs. 2 b und 2 c KStG und die Abschnitte 50 und 50 a bis 50 d hingewiesen. Die Vorschriften des Körperschaftsteuergesetzes und der Körperschaftsteuer-Durchführungsverordnung gelten für Genossenschaften im Sinne des Genossenschaftsgesetzes und für nach früherem Landesrecht errichtete Genossenschaften. Eine Ausnahme ist für die Zentralkassen im Sinne des § 19 Abs. 2 b Ziff. 2 KStG zugelassen.

(2) Für die Besteuerung der Genossenschaften sind die folgenden Arten von Geschäften zu unterscheiden:
1. Zweckgeschäfte
    Zweckgeschäfte sind alle Geschäfte, die der Erfüllung des satzungsmäßigen Gegenstandes des Unternehmens der Genossenschaft dienen und die Förderung des Erwerbs oder der Wirtschaft der Mitglieder bezwecken (§ 1 GenG). Sie können sein

Körperschaftssteuer

a) Mitgliedergeschäfte
Mitgliedergeschäfte sind Zweckgeschäfte, die mit den Mitgliedern der Genossenschaft als Vertragspartnern durchgeführt werden (vgl. § 35 Abs. 2 KStDV). Mitglieder sind die in das Genossenschaftsregister eingetragenen Personen (§ 15 Abs. 3 GenG). Es genügt, wenn zur Zeit des Geschäftsabschlusses dem Gericht die Anmeldung zur Registereintragung vorliegt (vgl. RFH-Urteil vom 8. 12. 36, RStBl. 37 S. 341);
b) Nichtmitgliedergeschäfte
Nichtmitgliedergeschäfte sind Zweckgeschäfte, die mit Nichtmitgliedern als Vertragspartnern der Genossenschaft durchgeführt werden.
2. Gegengeschäfte
Gegengeschäfte sind Geschäfte, die zur Durchführung der Zweckgeschäfte erforderlich sind, z. B. bei Bezugsgenossenschaften der Einkauf der Waren, bei Nutzungsgenossenschaften der Ankauf einer Dreschmaschine, bei Absatzgenossenschaften der Verkauf der Waren.
3. Hilfsgeschäfte
Hilfsgeschäfte sind Geschäfte, die zur Abwicklung der Zweckgeschäfte und Gegengeschäfte notwendig sind und die der Geschäftsbetrieb der Genossenschaft mit sich bringt, z. B. Einkauf von Büromaterial, der Verkauf von überflüssig gewordenem Inventar oder Verpackungsmaterial, die Lieferung von Molkereibedarfsartikeln (z. B. Milchkannen) durch eine Molkereigenossenschaft an ihre Mitglieder, die Vermietung von Wohnräumen an Betriebsangehörige, wenn die Vermietung aus betrieblichen Gründen (im eigenen betrieblichen Interesse der Genossenschaft) veranlaßt ist. Auch die Veräußerung eines Betriebsgrundstücks oder des Teils eines Betriebsgrundstücks kann ein Hilfsgeschäft sein.
4. Nebengeschäfte
Nebengeschäfte sind alle sonstigen Geschäfte.

66. Allgemeines über die Steuerbefreiung bei landwirtschaftlichen Nutzungs- und Verwertungsgenossenschaften

(1) Die in § 31 Abs. 1 KStDV bezeichneten landwirtschaftlichen Nutzungs- und Verwertungsgenossenschaften dürfen nur Zweckgeschäfte mit Mitgliedern und Gegengeschäfte abschließen. Hilfsgeschäfte sind nur dann unschädlich, wenn sie sich in den in Abschnitt 65

Abs. 2 Ziff. 3 gezogenen Grenzen halten. Überschreiten sie diese Grenzen, so daß die Genossenschaft insoweit den zusätzlichen Charakter einer Bezugsgenossenschaft erhält, dann tritt stets die volle Steuerpflicht ein. Sind in der Satzung einer landwirtschaftlichen Nutzungs- oder Verwertungsgenossenschaft als Gegenstand des Unternehmens auch solche Geschäfte aufgeführt, die sonst Hilfsgeschäfte wären, so ist die Genossenschaft nicht mehr eine reine landwirtschaftliche Nutzungs- oder Verwertungsgenossenschaft im Sinne des § 31 KStDV. Zur Abgrenzung der Begriffe „landwirtschaftliche Nutzungsgenossenschaft" und „landwirtschaftliche Verwertungsgenossenschaft" vgl. BFH-Urteil vom 28. 7. 59 (BStBl. III S. 372).

(2) Zweckgeschäfte mit Nichtmitgliedern und Nebengeschäfte führen grundsätzlich zur vollen Steuerpflicht. Sind diese Geschäfte ganz geringfügig, so wird dadurch die volle Körperschaftsteuerpflicht nicht ausgelöst. Die Genossenschaft ist jedoch mit den aus diesen Geschäften erzielten Gewinnen steuerpflichtig. In der Regel werden solche Geschäfte nur dann als ganz geringfügig anzusehen sein, wenn die Einnahmen 500 DM im Jahr nicht übersteigen.

(3) Versichert eine landwirtschaftliche Nutzungs- oder Verwertungsgenossenschaft in der Körperschaftsteuererklärung, daß sich ihr Geschäftsbetrieb auf den Kreis der Mitglieder beschränkt, so ist in der Regel davon auszugehen, daß diese Versicherung zutrifft. Legt die Genossenschaft innerhalb von drei Jahren nach Abgabe der Körperschaftsteuererklärung die Bescheinigung eines genossenschaftlichen Prüfungsverbands darüber vor, daß der Geschäftsbetrieb sich auf den Kreis der Mitglieder beschränkt hat, so gilt das als Nachweis. Das Prüfungsrecht des Finanzamts bleibt in jedem Fall unberührt. Der RdF-Erlaß vom 1. 10. 44 (RStBl. S. 625) ist nicht mehr anzuwenden.

(4) Landwirtschaftliche Nutzungs- oder Verwertungsgenossenschaften werden oft auf Grund gesetzlicher Vorschriften oder behördlicher Anordnungen gezwungen, Zweckgeschäfte mit Nichtmitgliedern abzuschließen. In diesen Fällen würde es unbillig sein, die Genossenschaft zur vollen Körperschaftsteuer heranzuziehen. Die Gewinne aus den Mitgliedergeschäften sind deshalb körperschaftsteuerfrei zu lassen. Die Körperschaftsteuer für Gewinne aus den erzwungenen Nichtmitgliedergeschäften kann in einem Pauschbetrag festgesetzt werden. Das Pauschalierungsverfahren ist nur auf Antrag, in diesem Fall aber auch für die folgenden Veranlagungszeiträume ohne Rücksicht auf das Betriebsergebnis bei der Veranlagung anzuwenden, also auch, wenn sich ein Verlust ergeben hat. Genossenschaften, auf die das Pauschalierungsverfahren angewendet wird, brauchen keine Steuererklärung nach dem amtlichen Vordruck abzugeben. Sie haben die

Angaben zu machen, die zur Durchführung der Pauschbesteuerung erforderlich sind.

(5) Es kommt vor, daß zwischen dem Erzeuger und den Verwertungsgenossenschaften Anschlußgenossenschaften oder Lieferungsgenossenschaften eingeschaltet werden.

Beispiel für Anschlußgenossenschaften:
Landwirtschaftliche Erzeuger, deren finanzielle Leistungsfähigkeit schwach ist, werden oft in einer Anschlußgenossenschaft zusammengefaßt, um ihre Erzeugnisse (z. B. Milch, Eier) zu verwerten. Die Anschlußgenossenschaft tritt einer Molkereigenossenschaft oder einer Eierverwertungsgenossenschaft als Mitglied bei. Der gesamte Geschäftsverkehr spielt sich unmittelbar zwischen der Molkereigenossenschaft oder der Eierverwertungsgenossenschaft und den Mitgliedern der Anschlußgenossenschaft ab.

Beispiel für Lieferungsgenossenschaften:
Genossenschaftliche Sammelstellen (z. B. für Milch und Eier) werden oft gebildet, um landwirtschaftliche Erzeugnisse örtlich zu erfassen. Diese Sammelstellen leiten die Erzeugnisse der Mitglieder an die Verwertungsgenossenschaft (Molkereigenossenschaft, Eierverwertungsgenossenschaft) weiter. Die Sammelstelle tritt in ihrer Eigenschaft als Lieferungsgenossenschaft der Verwertungsgenossenschaft als Mitglied bei. Die Abrechnung wird zwischen der Verwertungsgenossenschaft und der Lieferungsgenossenschaft oder unmittelbar zwischen der Verwertungsgenossenschaft und den Mitgliedern der Lieferungsgenossenschaften vorgenommen.
Die Einschaltung von Anschlußgenossenschaften oder Lieferungsgenossenschaften zwischen die Erzeuger und die Verwertungsgenossenschaft macht die Verwertungsgenossenschaft nicht steuerpflichtig.

(6) Die Tätigkeit einer land- oder forstwirtschaftlichen Nutzungs- und Verwertungsgenossenschaft (§ 31 Abs. 1 KStDV) darf nur im Bereich der Land- und Forstwirtschaft liegen. Wird dieser Bereich überschritten, so wird die volle Steuerpflicht ausgelöst. Ist die Genossenschaft an einem steuerpflichtigen Unternehmen beteiligt, so ist § 31 Abs. 2 KStDV zu beachten.

(7) Der Klammersatz in § 31 Abs. 1 Ziff. 2 KStDV bedeutet nicht, daß die Tätigkeit der dort bezeichneten landwirtschaftlichen Verwertungsgenossenschaften stets im Bereich der Land- und Forstwirtschaft liegt. Es muß vielmehr in jedem Einzelfall geprüft werden, ob diese Voraussetzung zutrifft.

Anhang

(8) Der Begriff „im Bereich der Land- und Forstwirtschaft" ist nach denselben Grundsätzen auszulegen, die für die Abgrenzung der Land- und Forstwirtschaft gegenüber dem Gewerbebetrieb gelten. Die Frage, ob danach ein Betrieb noch im Bereich der Land- und Forstwirtschaft liegt, ist nach den Verhältnissen des einzelnen Falls und nach der Verkehrsauffassung zu beurteilen (vgl. Gutachten des BFH vom 8. 9. 53, BStBl. 54 III S. 38).

67. Molkereigenossenschaften

(1) Bei Molkereigenossenschaften fällt z. B. in den folgenden Fällen die Bearbeitung oder Verwertung in den Bereich der Landwirtschaft, wenn hierbei nur Zutaten (Salz, Kasein usw.) verwendet werden:

a) „Einstellung" der Vollmilch ohne Rücksicht auf die Höhe des Fettgehalts. Die „Einstellung" der Milch ist die behördlich angeordnete Entziehung vom Fett aus der Trinkmilch bis auf einen behördlich festgesetzten Fettgehalt, um aus dem entzogenen Fett Butter herzustellen;

b) Herstellung von Speisemolke durch Erhitzen und Tiefkühlen der Molke und Ausfällen von Molkeneiweiß;

c) Verwertung der Molke zu Futterzwecken;

d) Lieferung von Molke an andere Betriebe;

e) Herstellung von Markenbutter, auch mit „Fritz"- und „Alfa"-Butterungsapparaten und -maschinen sowie von Markenkäse.

f) Herstellung von Schmelzkäse nur, wenn dies ausschließlich geschieht, um den im Eigenbetrieb angefallenen fehlgeratenen Käse zu verwerten;

g) Herstellung und Vitaminieren von Magermilchpulver, von aufgefetteter Magermilch oder aufgefettetem Magermilchpulver und von Sauermilchquarkpulver zu Fütterungszwecken, auch im Werklohnverfahren. Dem von der Molkereigenossenschaft selbst hergestellten Magermilchpulver dürfen mengenmäßig bis zu $33^{1}/_{3}$ v. H. des Fertigerzeugnisses zugekaufte Bestandteile beigemischt werden;

Denaturierung von Magermilch und Magermilchpulver nach den in Artikel 2 der Verordnungen (EWG) Nr. 1105/68 und 1106/68 vom 27. Juli 68 (Amtsblatt der Europäischen Gemeinschaften Nr. L 184 vom 29. Juli 68 S. 24 und 26) festgelegten Verfahren durch Beifügung geringer Mengen von Fremdstoffen, durch Säuerung der Magermilch oder durch Beifügung von 30 v. H.

eingedickter Molke. Der Zukauf der zur Denaturierung vorgeschriebenen Zusatzmittel ist als ein steuerunschädliches Hilfsgeschäft anzusehen;
h) Herstellung von Camembert- und Briekäse;
i) Vitaminieren der Milch (auch der Magermilch);
k) Herstellung von Molkensirup und eingedickter Magermilch mittels Vakuumverdampfer;
l) Herstellung von Joghurt, BIOghurt und von Quark, auch mit Fruchtzusätzen. Wird zugekauftes Milchpulver oder Magermilchpulver zugesetzt, so darf dieser Zusatz 3 v. H. der Joghurtmilch (Gesamtmasse) nicht übersteigen;
m) Sahneeinlagerung bei der Einfuhr- und Vorratsstelle für Fette;
n) Herstellung von Milchmischgetränken, wenn der Anteil aus Milch oder Milcherzeugnissen mindestens 75 v. H. des Fertigerzeugnisses beträgt.

Ein von einer nach § 31 KStDV steuerbefreiten Molkereigenossenschaft erteilter Werklohnauftrag zur Herstellung von Milcherzeugnissen, z. B. Sauermilchkäse, ist nicht steuerschädlich im Sinne des § 31 KStDV, wenn die Bearbeitung bei eigener Durchführung in den Bereich der Landwirtschaft fallen würde und das Zukaufsverbot nicht verletzt wird.

(2) Nicht in den Bereich der Landwirtschaft fallen z. B.:
a) Herstellung von Laktrone, Lakreme, Milone, Germola und ähnlichen Erzeugnissen;
b) Herstellung kondensierter Milch;
c) Gewinnung von Eiweiß mit Zusätzen, Herstellung von Essigaustauschstoffen und Gewinnung von Milch- und Molkepulver (Ausnahme vgl. Absatz 1 Buchstabe g);
d) Verhefung von Molke zu Nährhefe und Kefirpulver;
e) Herstellung von Heilmitteln wie Milchzucker, Albumin- und Vitaminpräparaten, Molkenseren und Mineralpräparaten;
f) Herstellung von Speiseeis;
g) Herstellung von Kunsteis.

(3) Molkereigenossenschaften können durch behördliche Anordnung verpflichtet werden, aus Gründen der Qualitätserhaltung Vorratsbutter von den mit der Einlagerung befaßten Stellen zu übernehmen und im Umtauschverfahren gleiche Mengen aus ihrer Erzeugung zur Verfügung zu stellen. Erfüllen die im Umtausch beteiligten Molkereigenossenschaften im übrigen die Voraussetzungen des § 31 KStDV, so bestehen keine Bedenken, sie unter entsprechender Anwendung des Abschnitts 66 Abs. 4 zur Körperschaftsteuer nur insoweit heran-

zuziehen, als sich aus dem Umtauschverfahren Gewinne ergeben. Erhält eine Molkereigenossenschaft in einem solchen Fall mehr Butter zurück, als sie einlagert, so liegt insoweit ein Zukauf von Butter vor, der die volle Steuerpflicht auslöst (vgl. Absatz 4).

(4) Kaufen Molkereigenossenschaften Butter und Käse zur Rücklieferung an ihre Mitglieder zu, so tritt die volle Steuerpflicht ein. Abschnitt Ba A des RdF-Erlasses vom 11. 12. 39 (RStBl. S. 1198) ist nicht mehr anzuwenden. Sofern in Zeiten der Milchknappheit Magermilch oder Magermilchpulver ausschließlich zur Rücklieferung an die Genossen zugekauft wird, kann in besonders gelagerten Fällen Abschnitt 66 Abs. 4 entsprechend angewendet werden. Das gilt auch für die Rücklieferung an Nichtmitglieder, mit denen Zwangsgeschäfte im Sinne des Abschnitts 66 Abs. 4 abgeschlossen werden.

(5) Sind Geschäfte, die eine Molkereigenossenschaft auf Grund gesetzlicher Vorschriften oder behördlicher Anordnungen mit Nichtmitgliedern abschließen muß (erzwungene Nichtmitgliedergeschäfte im Sinne des Abschnitts 66 Abs. 4), Zweckgeschäfte, so kann die Lieferung von Molkereibedarfsartikeln an diese Nichtmitglieder als Hilfsgeschäft angesehen werden. Gewährt eine Molkereigenossenschaft einem Milchversorgungsbetrieb ein Darlehen zur Finanzierung der Kapazitätserweiterung eines Trockenmilchwerkes und räumt der Milchversorgungsbetrieb der Molkereigenossenschaft dafür ein sog. Milchanlieferungsrecht ein, so kann die Darlehensgewährung als ein Hilfsgeschäft angesehen werden.

68. Winzergenossenschaften

(1) In den Bereich der Landwirtschaft fallen insbesondere die nachstehend bezeichneten Tätigkeiten. Voraussetzung ist, daß die Tätigkeiten Erzeugnisse der Weinbaubetriebe der Genossen betreffen und die Tätigkeiten keine gewerblichen Formen annehmen:

a) Zucht und Unterhaltung der Weinreben;
b) Weinbereitung;
c) Weinbehandlung;
d) Absatz der Trauben, des Traubenmostes und des Weines. Schädlich ist der Zukauf fremder Weine (auch, wenn dies zur Veredelung geschieht) oder von Trauben. Wegen des Zukaufs und Zusatzes von Deckweinen zur Farbverbesserung des Rotweins, der aus von Mitgliedern gelieferten Trauben gewonnen ist, vgl. BFH-Urteil vom 10. 2. 53 (BStBl. III S. 81). Der Verkauf im Wege des Ausschanks liegt nicht im Bereich der Landwirtschaft, wenn er gewerbliche Formen annimmt.

(2) Nicht in den Bereich der Landwirtschaft fallen z. B.:
a) der Mitverkauf fremder Erzeugnisse;
b) die Herstellung von Branntweinerzeugnissen oder Sekt und deren Verkauf;
c) der Betrieb oder die Verpachtung eines Ausschanks oder einer Gastwirtschaft, wenn andere Getränke als Weine, die von der Genossenschaft hergestellt worden sind, kalte oder warme Speisen oder sonstige Genußmittel abgegeben werden (vgl. BFH-Urteil vom 27. 4. 54, BStBl. III S. 191).

69. Pfropfrebengenossenschaften

Die Verpflanzung von Propfreben zur Gewinnung von Rebstecklingen durch Winzergenossenschaften und ihr Absatz an Mitglieder fallen in den Bereich der Landwirtschaft. Es bestehen deshalb keine Bedenken, auch reine Propfrebengenossenschaften als befreite Genossenschaften im Sinne des § 31 KStDV zu behandeln, obwohl es sich nicht um reine Verwertungsgenossenschaften im Sinne dieser Vorschrift handelt.

70. Andere Verwertungsgenossenschaften

In den Bereich der Landwirtschaft fallen z. B. unter der Voraussetzung, daß es sich um die Bearbeitung von Erzeugnissen der land- und forstwirtschaftlichen Betriebe der Genossen handelt:
a) die Herstellung von Kartoffelflocken und Stärkemehl,
b) die Herstellung von Branntwein,
c) die Herstellung von Apfel- und Traubenmost,
d) die Herstellung von Sirup aus Zuckerrüben,
e) die Herstellung von Mehl aus Getreide (nicht dagegen die Herstellung von Backwaren),
f) die Herstellung von Brettern oder anderen Sägewerkserzeugnissen (nicht dagegen die Herstellung von Möbeln).

71. Genossenschaftszentralen

Wegen der steuerlichen Behandlung von Zentralen landwirtschaftlicher Nutzungs- und Verwertungsgenossenschaften wird auf das BFH-Gutachten vom 2. 12. 50 (BStBl. 51 III S. 26) hingewiesen. Danach sind die Genossenschaftszentralen wie folgt zu behandeln:
a) Werden die Zentralen in der Form von Kapitalgesellschaften geführt, so gilt die persönliche Steuerbefreiung des § 31 KStDV für sie nicht.

Anhang

b) Werden die Zentralen in der Form von Genossenschaften betrieben, so ist § 31 KStDV für sie anwendbar. Voraussetzung ist, daß die angeschlossenen Genossenschaften sämtlich die in § 31 KStDV geforderten Voraussetzungen erfüllen und die Zentralen lediglich Erzeugnisse dieser Genossenschaften bearbeiten oder verwerten. Die Steuerfreiheit der Genossenschaftszentralen entfällt mithin, wenn auch nur eine der Mitgliedergenossenschaften die Voraussetzungen des § 31 KStDV nicht erfüllt. Dabei ist jedoch die Heranziehung von Mitgliedergenossenschaften zur Körperschaftsteuer im Rahmen des Abschnitts 66 Abs. 2 Sätze 2 bis 4, Abs. 4 und des Abschnitts 67 Abs. 3 bis 5 nicht zu berücksichtigen.

72. Warenrückvergütungen

(1) Sind im übrigen die Voraussetzungen des § 35 KStDV gegeben, so liegen Warenrückvergütungen im Sinne dieser Vorschrift vor,
 a) wenn in der Satzung der Genossenschaft dem Mitglied ein Anspruch auf die Warenrückvergütung eingeräumt ist oder
 b) wenn die Rückvergütung vertraglich durch Beschluß der Verwaltungsorgane der Genossenschaft festgelegt und der Beschluß den Genossen bekanntgegeben wird oder
 c) wenn die Warenrückvergütung in der Mitgliederversammlung beschlossen wird, die den Jahresüberschuß verteilt.

Zur Abgrenzung von Milchgeldnachzahlungen und Warenrückvergütungen bei einer Molkereigenossenschaft wird auf das BFH-Urteil vom 18. 12. 63 (BStBl. 64 III S. 211) hingewiesen.

(2) Der Rabatt (Preisnachlaß in verschiedenen Formen) gehört nicht zu den Warenrückvergütungen. Der Rabatt ist eine abzugsfähige Betriebsausgabe. Nach dem RFH-Urteil vom 28. 4. 42 (RStBl. S. 674) besteht der Unterschied zwischen Rabatt und Warenrückvergütung darin, daß der Rabatt sich nach dem geforderten Preis, die Warenrückvergütung nach dem getätigten Umsatz richtet.

(3) Voraussetzung für die Abzugsfähigkeit von Warenrückvergütungen ist, daß die Warenrückvergütungen bezahlt sind (§ 35 Abs. 1 KStDV). Für die Annahme einer Warenrückvergütung ist wesentlich, daß der geschuldete Betrag bei der Genossenschaft abfließt und in den Herrschaftsbereich des Empfängers gelangt (vgl. BFH-Urteil vom 1. 2. 66, BStBl. III S. 321). Diese Voraussetzung ist bei Gutschriften auf nicht voll eingezahlte Geschäftsanteile stets, bei sonstigen Gutschriften nur dann als erfüllt anzusehen, wenn das Mitglied über den gutgeschriebenen Betrag jederzeit nach eigenem Ermessen verfügen

kann. Belassen die Mitglieder die zur Ausschüttung gelangenden Warenrückvergütungen der Genossenschaft als Darlehen, so können die Warenrückvergütungen als bezahlt im Sinne des § 35 KStDV angesehen werden, wenn die folgenden Voraussetzungen erfüllt sind: Es muß für jede für ein Wirtschaftsjahr ausgeschüttete Warenrückvergütung ein besonderer Darlehnsvertrag abgeschlossen werden. Der Darlehnsvertrag muß über eine bestimmte Summe lauten. Es genügt nicht, wenn lediglich auf die Warenrückvergütungen des betreffenden Jahrs Bezug genommen wird. Jeder einzelne Genosse muß frei entscheiden können, ob er den Darlehnsvertrag abschließen will oder nicht. Auf das BFH-Urteil vom 28. 2. 68 (BStBl. II S. 458) wird hingewiesen.

(4) Die Warenrückvergütungen sind bei der Ermittlung des Gewinns des Wirtschaftsjahrs, für das sie gewährt werden, auch dann abzuziehen bzw. in der Jahresschlußbilanz durch eine Rückstellung zu berücksichtigen (BFH-Urteil vom 8. 11. 60, BStBl. III S. 523), wenn sie nach Ablauf des Wirtschaftsjahrs — spätestens bei Genehmigung der Bilanz durch die Mitgliederversammlung — dem Grunde nach beschlossen werden. Sie müssen aber, ohne daß es dabei auf den Zeitpunkt der Aufstellung oder Errichtung der Steuerbilanz ankommt, spätestens bis zum Ablauf von 12 Monaten nach dem Ende des Wirtschaftsjahrs gezahlt oder gutgeschrieben worden sein. In besonders begründeten Einzelfällen kann das Finanzamt nach Anhörung des Prüfungsverbands diese Frist verlängern. Werden die Warenrückvergütungen nicht innerhalb dieser Frist gezahlt oder gutgeschrieben, können sie auch im Wirtschaftsjahr der Zahlung nicht abgezogen werden. Die Gewährung von Warenrückvergütungen darf nicht von bestimmten Voraussetzungen abhängig gemacht werden, z. B. davon, daß das Mitglied seine Zahlungsverpflichtungen gegenüber der Genossenschaft stets pünktlich erfüllt und keinen Kredit in Anspruch nimmt. Die Aufrechnung von Warenrückvergütungen mit Schulden der Genossen an die Genossenschaft wird dadurch nicht berührt.

(5) Warenrückvergütungen sind nach § 35 KStDV nur dann abzugsfähige Betriebsausgaben, wenn sie — von der für Geschäftssparten zugelassenen Ausnahme abgesehen — nach der Höhe des Umsatzes (Warenbezugs) bemessen und allen Mitgliedern in gleichen Hundertsätzen des Umsatzes gewährt werden. Eine Abstufung nach der Art der umgesetzten Waren (Warengruppen) oder nach der Höhe des Umsatzes mit den einzelnen Mitgliedern (Umsatzgruppen) ist nicht zulässig. Das gilt nicht für die Umsätze der Konsumgenossenschaften

Anhang

in Tabakwaren, weil nach dem Tabaksteuergesetz auf die Tabakwaren im Einzelhandel weder Rabatte noch Warenrückvergütungen gewährt werden dürfen. Die in der Regelung des Satzes 2 zum Ausdruck kommende Auffassung steht auch einer Bemessung der Warenrückvergütung nach zeitlichen Gesichtspunkten entgegen. Die Abzugsfähigkeit der Warenrückvergütung setzt u. a. auch voraus, daß die Warenrückvergütung nach einem einheitlichen, für das ganze Wirtschaftsjahr geltenden Hundertsatz berechnet wird. Die Warenrückvergütungen dürfen indessen für solche Geschäftssparten nach unterschiedlichen Hundertsätzen des Umsatzes bemessen werden, die als organisatorisch verselbständigte Betriebsabteilungen im Rahmen des Gesamtbetriebs der Genossenschaft eine gewisse Bedeutung haben, z. B. Bezugsgeschäft, Absatzgeschäft, Kreditgeschäft, Produktion, Leistungsgeschäft. Dabei ist in der Weise zu verfahren, daß zunächst der im Gesamtbetrieb erzielte Überschuß im Sinne des § 35 Abs. 2 KStDV im Verhältnis der Mitgliederumsätze zu den Nichtmitgliederumsätzen aufgeteilt wird. Bei der Feststellung dieses Verhältnisses scheiden die Nebengeschäfte, die Hilfsgeschäfte und die Gegengeschäfte aus. Der so errechnete Anteil des Überschusses, der auf Mitgliederumsätze entfällt, bildet die Höchstgrenze für die an Mitglieder ausschüttbaren steuerlich abzugsfähigen Warenrückvergütungen. Die Genossenschaft darf den so errechneten Höchstbetrag der steuerlich abzugsfähigen Warenrückvergütungen nach einem angemessenen Verhältnis auf die einzelnen Geschäftssparten verteilen und in den einzelnen Geschäftssparten verschieden hohe Warenrückvergütungen gewähren. Es ist nicht zulässig, für jede einzelne Geschäftssparte die höchstzulässige abzugsfähige Warenrückvergütung an Mitglieder unter Zugrundelegung der in den einzelnen Geschäftssparten erwirtschafteten Überschüsse zu berechnen, es sei denn, es treffen verschiedenartige Umsätze, z. B. Provisionen und Warenumsätze, zusammen mit der Folge, daß in den einzelnen Geschäftssparten sowohl das Verhältnis des in der Geschäftssparte erwirtschafteten Überschusses zu dem in der Geschäftssparte erzielten Umsatz als auch das Verhältnis des in der Geschäftssparte erzielten Mitgliederumsatzes zu dem in der Geschäftssparte insgesamt erzielten Umsatz große Unterschiede aufweist. In diesen Fällen kann wie folgt verfahren werden: Der im Gesamtbetrieb erzielte Überschuß im Sinne des § 35 Abs. 2 KStDV wird in einem angemessenen Verhältnis auf die einzelnen Geschäftssparten aufgeteilt. Von dem danach auf die einzelne Geschäftssparte entfallenden Betrag (Spartenüberschuß) wird der auf das Mitgliedergeschäft entfallende Anteil so errechnet, wie wenn es sich bei der Geschäftssparte um eine selbständige Genossenschaft handelte. Die

Körperschaftssteuer

Summe der in den Geschäftssparten auf das Mitgliedergeschäft entfallenden Anteile bildet die Höchstgrenze für die an Mitglieder ausschüttbaren steuerlich abzugsfähigen Warenrückvergütungen.

(6) Wird der Gewinn einer Genossenschaft auf Grund einer Betriebsprüfung nachträglich erhöht, so kann die nachträgliche Ausschüttung des Mehrgewinns — soweit sich dieser in den Grenzen des § 35 KStDV hält — als Warenrückvergütung steuerlich als Betriebsausgabe behandelt werden, wenn der Mehrgewinn in einer nach den Vorschriften des Genossenschaftsgesetzes geänderten Handelsbilanz ausgewiesen ist und wenn ein entsprechender Gewinnverteilungsbeschluß der Generalversammlung vorliegt. Gewinnanteile, die schon bisher in der Handelsbilanz ausgewiesen, aber in Reserve gestellt waren, dürfen mit steuerlicher Wirkung nachträglich nicht ausgeschüttet werden. Das Ausschüttungsrecht ist verwirkt. Wird eine bisher nach § 31 KStDV steuerbefreite land- oder forstwirtschaftliche Nutzungs- oder Verwertungsgenossenschaft später, z. B. auf Grund der Feststellungen durch eine Betriebsprüfung, körperschaftsteuerpflichtig, so können die auch bisher von der Genossenschaft in Reserve gestellten Gewinne nachträglich mit gewinnmindernder Wirkung als Warenrückvergütungen ausgeschüttet werden. Das gleiche gilt, wenn einer Kreditgenossenschaft nachträglich die Steuerbegünstigung nach § 33 KStDV entzogen wird. Die nachträglich gewährten Warenrückvergütungen müssen innerhalb von drei Monaten, vom Zeitpunkt des Ausschüttungsbeschlusses an gerechnet, bezahlt werden (BFH-Urteil vom 25. 8. 53, BStBl. 54 III S. 36). Das Finanzamt kann die Frist nach Anhörung des Prüfungsverbands angemessen verlängern.

(7) Die Berechnung des Überschusses im Sinne des § 35 Abs. 2 KStDV ergibt sich aus dem nachstehenden Beispiel:

Beispiel:
Einkommen vor Abzug aller Warenrückvergütungen
an Mitglieder und Nichtmitglieder und vor
Berücksichtigung des Verlustabzugs . . . . .   55 000 DM
Davon ab: Gewinn aus Nebengeschäften . . . — 7 000 DM
Überschuß im Sinne des § 35 Abs. 2 KStDV . . .   48 000 DM.

(8) Der Gewinn aus Nebengeschäften ist, wenn er buchmäßig nachgewiesen wird, mit dem buchmäßig nachgewiesenen Betrag zu berücksichtigen. Kann der Gewinn aus Nebengeschäften buchmäßig nicht nachgewiesen werden, so ist der um die anteiligen Gemeinkosten geminderte Rohgewinn anzusetzen. Welche Kosten den Gemeinkosten und welche Kosten den mit den Nebengeschäften zusammenhängenden

Anhang

Einzelkosten zuzurechnen sind, ist nach den im Einzelfall gegebenen Verhältnissen zu entscheiden. Die anteiligen Gemeinkosten können aus Vereinfachungsgründen mit dem Teilbetrag berücksichtigt werden, der sich bei Aufteilung der gesamten Gemeinkosten nach dem Verhältnis der Roheinnahmen aus Nebengeschäften zu den gesamten Roheinnahmen ergibt. Unter den als Aufteilungsmaßstab für die gesamten Gemeinkosten dienenden Roheinnahmen ist der Umsatz zu verstehen. In Einzelfällen, z. B. bei Warengenossenschaften, können die gesamten Gemeinkosten statt nach den Roheinnahmen (Umsätzen) aus Nebengeschäften nach den entsprechenden Rohgewinnen aufgeteilt werden, wenn dadurch ein genaueres Ergebnis erzielt wird. Soweit Verluste aus einzelnen Nebengeschäften erzielt worden sind, sind sie bei Ermittlung des gesamten Gewinns aus Nebengeschäften mindernd zu berücksichtigen.

(9) Gesamtumsatz bei Einkaufs- und Verbrauchergenossenschaften im Sinne des § 35 Abs. 2 Ziff. 1 KStDV ist die Summe der Umsätze aus Zweckgeschäften mit Mitgliedern und Nichtmitgliedern. Die Umsätze aus Nebengeschäften und aus Hilfsgeschäften bleiben außer Ansatz. Wird Mitgliedern, die der Genossenschaft erst im Laufe des Geschäftsjahrs beigetreten sind, eine Warenrückvergütung auch auf die Umsätze gewährt, die mit ihnen vom Beginn des Geschäftsjahrs ab bis zum Eintritt getätigt worden sind, so sind aus Gründen der Vereinfachung auch diese Umsätze als Mitgliederumsätze anzusehen.

Beispiel:

Umsatz aus Zweckgeschäften mit Mitgliedern . .	600 000 DM
Umsatz aus Zweckgeschäften mit Nichtmitgliedern	400 000 DM
Umsatz aus Nebengeschäften und aus Hilfsgeschäften	50 000 DM
Summe	1 050 000 DM
Der Gesamtumsatz im Sinne des § 35 Abs. 2 Ziff. 1 KStDV beträgt	1 000 000 DM.
Die Warenrückvergütungen an Mitglieder sind in diesem Fall bis zur Höhe von 60 v. H. des Überschusses abzuziehen.	

(10) Im Beispiel des Absatzes 7 könnte als Warenrückvergütung an Mitglieder ein Betrag bis zu 60 v. H. von 48 000 DM = 28 800 DM vom Gewinn abgezogen werden. Wird z. B. in der Mitgliederversammlung, die den Jahresüberschuß verteilt, beschlossen, über eine

bereits im abgelaufenen Wirtschaftsjahr gewährte Warenrückvergütung an Mitglieder von 12 000 DM hinaus den Mitgliedern einen weiteren Betrag von 18 000 DM als Warenrückvergütung zuzuwenden, so ist das Einkommen wie folgt zu berechnen:

Einkommen vor Abzug aller Warenrückvergütungen an Mitglieder und an Nichtmitglieder und vor Berücksichtigung des Verlustabzugs	55 000 DM
Davon ab: Warenrückvergütungen an Nichtmitglieder	3 000 DM
Warenrückvergütungen an Mitglieder (12 000 DM + 18 000 DM = 30 000 DM) nur mit dem nach der obigen Berechnung zulässigen Höchstbetrag von	28 800 DM
Es verbleiben	23 200 DM
Verlustabzug nach § 10 d EStG	10 000 DM
Einkommen	13 200 DM.

(11) Bei Absatz- und Produktionsgenossenschaften ist der Überschuß im Verhältnis des Wareneinkaufs bei Mitgliedern zum gesamten Wareneinkauf aufzuteilen. Beim gesamten Wareneinkauf sind zu berücksichtigen:

Einkäufe bei Mitgliedern
Einkäufe bei Nichtmitgliedern } (Im Rahmen von Zweckgeschäften)

Hilfsgeschäfte und Nebengeschäfte bleiben außer Ansatz.

(12) Bei Bezugs- und Absatzgenossenschaften ist der Überschuß im Verhältnis der Summe aus dem Umsatz mit Mitgliedern im Bezugsgeschäft und dem Wareneinkauf bei Mitgliedern im Absatzgeschäft zur Summe aus dem Gesamtumsatz im Bezugsgeschäft und dem gesamten Wareneinkauf im Absatzgeschäft aufzuteilen.

(13) Übersteigt der Umsatz aus Nebengeschäften weder 2 v. H. des gesamten Umsatzes der Genossenschaft noch 10 000 DM im Jahr, so bestehen aus Vereinfachungsgründen keine Bedenken, wenn bei der Ermittlung der Höchstgrenze für die an Mitglieder ausschüttbaren steuerlich abzugsfähigen Warenrückvergütungen, abweichend von § 35 Abs. 2 Satz 3 KStDV, der Gewinn aus Nebengeschäften nicht abgesetzt wird. Hierbei ist es gleichgültig, ob der Reingewinnsatz bei Nebengeschäften von dem Reingewinnsatz bei den übrigen Geschäften wesentlich abweicht. In diesen Fällen sind die Nebengeschäfte als Zweckgeschäfte mit Nichtmitgliedern zu behandeln.

Anhang

(14) Bei sonstigen Genossenschaften, z. B. Genossenschaften des Beförderungsgewerbes, Nutzungsgenossenschaften und dergleichen, findet gegebenenfalls § 35 Abs. 1 Satz 2 KStDV Anwendung. Auch die Nachzahlungen (Leistungsrückvergütungen) müssen im Mitgliedergeschäft erwirtschaftet sein. Gesamtumsatz bei Genossenschaften des Beförderungsgewerbes ist die Summe der vereinnahmten (vereinbarten) Entgelte, bei Nutzungsgenossenschaften die Summe der für die Benutzung der Maschinen und dergleichen gezahlten Gebühren, und zwar von Mitgliedern und Nichtmitgliedern. Die Grundsätze der Absätze 3 bis 13 gelten entsprechend.

(15) Nachzahlungen, die Arbeitsbeschaffungsgenossenschaften (Flüchtlingsgenossenschaften) und Genossenschaften ähnlicher Art den im Produktionsbetrieb als Arbeitnehmer beschäftigten Mitgliedern nach dem Verhältnis der gezahlten Löhne und Gehälter zum Gesamtbetrag der Löhne und Gehälter einschließlich der an Nichtmitglieder gezahlten Löhne und Gehälter gewähren, sind steuerlich entweder als Arbeitslohn oder als Warenrückvergütung abzugsfähig. Das gilt auch, wenn solche Nachzahlungen durch Beschluß der Mitgliederversammlung oder in anderer Weise nach Art von Warenrückvergütungen (vgl. Abs. 1) nach Ablauf des Wirtschaftsjahrs festgesetzt werden. In diesen Fällen bestehen keine Bedenken, die Nachzahlungen bereits vom Gewinn des Wirtschaftsjahrs abzusetzen, für das sie gewährt werden.

(16) Genossenschaften, bei denen das Geld- und Kreditgeschäft Gegenstand des Unternehmens ist, können § 35 KStDV in Anspruch nehmen, wenn sie nicht nach § 19 Abs. 2 b KStG begünstigt sind. Auf Abschnitt 60 Abs. 2 (Spar- und Darlehnskassen) wird hingewiesen.

(17) Warenrückvergütungen, die nach den vorstehenden Anordnungen nicht abzugsfähig sind, sind verdeckte Gewinnausschüttungen.

N. Erlaß der Verwaltung für Finanzen an die Oberfinanzpräsidenten, Landesfinanzämter und Finanzämter III S. 1171—23/49 v. 2. August 49

Bei der Ausübung der Befugnisse, die sich aus § 175 der Reichsabgabenordnung für die Finanzämter gegenüber den Kreditinstituten ergeben, muß berücksichtigt werden, daß die Erteilung von Auskünften über die Konten der Kunden in das Vertrauensverhältnis eingreift, das zwischen den Kreditinstituten und ihrer Kundschaft

Erlaß der Verwaltung für Finanzen

besteht. Jede Maßnahme, die geeignet ist, dieses Vertrauensverhältnis zu beeinträchtigen, stört den Geldumlauf und den Kapitalmarkt empfindlich. Im Interesse des Wiederaufbaues der deutschen Wirtschaft müssen solche Störungen vermieden werden. Es ist deshalb zur Vermeidung der Störungen erforderlich, daß die Finanzämter sich in der Ausübung ihrer Befugnisse nach § 175 der Reichsabgabenordnung den Kreditinstituten gegenüber beschränken. Die Beschränkungen, die in den Runderlassen des früheren Reichsministers der Finanzen v. 9. Juli 32 — S. 1183 — 44 III R — RStBl. 32 S. 657 —; v. 13. Januar 36 — S. 1443 B — 162 III 5. Ang.; v. 26 Juli 37 — S. 1183 — 222 III R — vorgesehen sind, reichen nicht aus. Gegenüber den Kreditinstituten ist künftig nach folgenden Richtlinien zu verfahren:

1. Die Finanzämter dürfen von den Kreditinstituten im Steueraufsichtsverfahren die einmalige oder periodische Mitteilung von Konten bestimmter Art oder bestimmter Höhe nicht verlangen.

2. Die Guthabenkonten oder Depots der Kunden dürfen anläßlich der Betriebsprüfung bei einem Kreditinstitut nicht zwecks Nachprüfung der ordnungsmäßigen Versteuerung festgestellt oder abgeschrieben werden. Auch die bisher zugelassene stichprobenweise Feststellung von Guthabenkonten oder Depots und die Ausschreibung von Kontrollmitteilungen soll unterbleiben.

3. In Steuererklärungen soll die Angabe der Bankkonten, Sparkassenguthaben usw., die der Steuerpflichtige unterhält, nicht verlangt werden. Es ist auch sonst darauf Bedacht zu nehmen, daß der Sparwille der Bevölkerung nicht durch kleinliche Anfragen der Finanzämter an die Steuerpflichtigen, z. B. über das Zustandekommen von Spareinlagen u. dgl. beeinträchtigt wird.

4. Einzelauskunftsersuchen an Kreditinstitute auf Grund der §§ 175, 201, 209 und 441 der Reichsabgabenordnung bleiben zulässig. Es müssen jedoch, wenn ein Einzelauskunftsersuchen auf Grund des § 175 der Reichsabgabenordnung an ein Kreditinstitut gerichtet werden soll, die Voraussetzungen des § 209 der Reichsabgabenordnung gegeben sein. Demnach ist ein Einzelauskunftsersuchen an ein Kreditinstitut grundsätzlich nur dann gerechtfertigt, wenn auf andere Weise, insbesondere durch Verhandlung mit dem Steuerpflichtigen, die Steueransprüche nicht ermittelt werden können.

Anhang

O. Gesetz zur Ergänzung
der handelsrechtlichen Vorschriften über die Änderung
der Unternehmensform
vom 15. August 69
(Auszug)

§ 385 m
Voraussetzungen

(1) Eine Genossenschaft mit beschränkter Haftpflicht kann in eine Aktiengesellschaft umgewandelt werden. Die Umwandlung ist nur zulässig, wenn auf jeden Genossen mindestens ein Teilrecht im Nennbetrag von fünf Deutschen Mark entfällt.

(2) Zur Umwandlung bedarf es eines Beschlusses der Generalversammlung. Spätestens mit der Einberufung der Generalversammlung hat der Vorstand allen Genossen die Tagesordnung und den Vorschlag für den Umwandlungsbeschluß schriftlich mitzuteilen. In der Mitteilung ist auf die Mehrheiten für die Beschlußfassung nach den Sätzen 4, 5 und 7 sowie auf die Möglichkeit der Erhebung eines Widerspruchs und die sich daraus ergebenden Rechte hinzuweisen. Der Beschluß der Generalversammlung bedarf einer Mehrheit von drei Vierteln der abgegebenen Stimmen. Der Umwandlungsbeschluß kann nur mit einer Mehrheit von neun Zehnteln der abgegebenen Stimmen beschlossen werden, wenn spätestens bis zum Ablauf des dritten Tages vor der Generalversammlung wenigstens hundert Genossen, bei Genossenschaften mit weniger als tausend Genossen ein Zehntel der Genossen, durch eingeschriebenen Brief Widerspruch erhoben haben. Der Beschluß muß gerichtlich oder notariell beurkundet werden. Das Statut kann größere Mehrheiten und weitere Erfordernisse bestimmen.

(3) Vor der Beschlußfassung ist der Prüfungsverband darüber zu hören, ob die Umwandlung mit den Belangen der Genossen und der Gläubiger der Genossenschaft vereinbar ist, insbesondere ob bei der Festsetzung des Grundkapitals Absatz 4 Satz 3 beachtet ist. Das Gutachten des Prüfungsverbandes ist in der Generalversammlung zu verlesen, in der die Umwandlung beschlossen werden soll. Der Prüfungsverband ist berechtigt, an der Generalversammlung beratend teilzunehmen.

(4) Im Beschluß sind die Firma, das Grundkapital, der Nennbetrag der Aktien und die weiteren zur Durchführung der Umwandlung nötigen Änderungen des Statuts festzusetzen. Der Nennbetrag des Grundkapitals darf das nach Abzug der Schulden verbleibende Vermögen der Genossenschaft nicht übersteigen. Er muß mindestens

einhunderttausend Deutsche Mark betragen und ist so zu bemessen, daß auf jeden Genossen möglichst eine volle Aktie oder ein möglichst hohes Teilrecht entfällt.

(5) Soweit sich aus den folgenden Vorschriften nichts anderes ergibt, gelten für die Umwandlung im übrigen §§ 26, 27, 33, 34, 35 Abs. 2, §§ 38, 47 bis 53, 377, 378 Abs. 3 und 4, § 385 d Abs. 5 und 6, § 385 i sinngemäß.

P. Verzeichnis der genossenschaftlichen Prüfungsverbände

I. Gewerbliche Genossenschaften

Deutscher Genossenschaftsverband (Schulze-Delitzsch) e. V., Bonn (Spitzenverband)
Badischer Genossenschaftsverband (Schulze-Delitzsch) e. V., Karlsruhe
Bayerischer Genossenschaftsverband (Schulze-Delitzsch) e. V., München 22
Berliner Genossenschaftsverband (Schulze-Delitzsch) e. V., Berlin 15
Edeka Verband Deutscher Kaufmännischer Genossenschaften e. V., Hamburg 1
Verband südwestdeutscher Volksbanken und Warengenossenschaften e. V., Frankfurt/M.
Niedersächsischer Genossenschaftsverband (Schulze-Delitzsch) e. V., Hannover
Nordwestdeutscher Genossenschaftsverband (Schulze-Delitzsch) e. V., Hamburg 36
Prüfungsverband der Deutschen Verkehrsgenossenschaften, Hamburg-Wandsbek
Prüfverband der Post-Spar- und Darlehnsvereine e. V., Bonn
Rewe-Prüfungsverband Deutscher Lebensmittel-Großhandels-Genossenschaften e. V., Köln
Rheinischer Genossenschaftsverband (Schulze-Delitzsch) e. V., Köln
Saarländischer Genossenschaftsverband e. V., Saarbrücken
Verband der Eisenbahn-Spar- und Darlehnskassen e. V., Frankfurt (Main)
Westfälisch-Lippischer Genossenschaftsverband (Schulze-Delitzsch) e. V., Münster (Westf.)
Württembergischer Genossenschaftsverband — Raiffeisen/Schulze-Delitzsch — e. V., Stuttgart

II. Ländliche Genossenschaften

Deutscher Raiffeisenverband e. V., Bonn (Spitzenverband)
Bayerischer Raiffeisenverband e. V., München 2

Anhang

Raiffeisenverband Württemberg e. V., Stuttgart 1
Raiffeisenverband Baden e. V., Karlsruhe 1
Ländlicher Genossenschaftsverband Frankfurt/Main e. V., Frankfurt/Main 7
Raiffeisenverband Kurhessen e. V., Kassel 2
Raiffeisenverband Hannover e. V., Hannover 1
Raiffeisenverband Schleswig-Holstein und Hamburg e. V., Kiel
Raiffeisen-Genossenschaftsverband Weser-Ems e. V., Oldenburg (Oldb.)
Verband ländlicher Genossenschaften der Provinz Westfalen — Raiffeisen — e. V., Münster (Westf.)
Raiffeisenverband Rheinland e. V., Köln 1
Raiffeisenverband Rhein-Main e. V., Frankfurt/M.
Saarländischer Genossenschaftsverband e. V., Saarbrücken 3

III. Konsumgenossenschaften

Die früheren Regionalverbände im Bereich der Konsumgenossenschaften sind durch geänderten Aufbau der Organisation weggefallen; s. Bund deutscher Konsumgenossenschaften GmbH, Hamburg 1

IV. Wohnungsbaugenossenschaften

Gesamtverband gemeinnütziger Wohnungsunternehmen e. V., Köln (Spitzenverband)
Saarländischer Genossenschaftsverband e. V., Saarbrücken
Verband rheinischer Wohnungsunternehmen (Baugenossenschaften und -gesellschaften) e. V., Düsseldorf
Verband norddeutscher Wohnungsunternehmen e. V., Hamburg-Altona
Verband westfälischer und lippischer Wohnungsunternehmen (Baugenossenschaften und -gesellschaften) e. V., Münster (Westf.)
Verband niedersächsischer Wohnungsunternehmen e. V., Hannover
Verband südwestdeutscher Wohnungsunternehmen e. V., Frankfurt/Main
Verband bayerischer Wohnungsunternehmen (Baugenossenschaften und -gesellschaften) e. V., München 22
Verband württembergischer Wohnungsunternehmen (Baugenossenschaften und -gesellschaften) e. V., Stuttgart-N
Verband badischer Wohnungsunternehmen (Baugenossenschaften und -gesellschaften) e. V., Karlsruhe B
Verband Berliner Wohnungsbaugenossenschaften und -gesellschaften e. V., Berlin 30

Sachverzeichnis

(Die Zahlen bedeuten die Paragraphen des Gesetzes bzw. der AV, die hochgestellten kleinen Zahlen weisen auf die Anmerkungen hin).

A

Abberufung des Vorst. 24, 40; des AR 36; der Liquidatoren 83.
Abgegebene Stimmen in der Generalversammlung 43².
Abhängige Unternehmungen, Forderungen in der Bilanz 33 d.
Absatzgenossenschaften, Begriff 1⁷.
Abschlagsdividende unzulässig 19¹.
Abschlagsverteilung im Konkurse der eG 115 a.
Abschreibung der Geschäftsguthaben 7⁴, 7⁶, 19; Wiederauffüllung abgeschriebener Geschäftsguthaben 19⁵; Abschreibung der Reserven 7⁶, 19¹.
Abschrift von Eintragungen in das Gen.-Reg. 10², 12¹, 156² AV 26 Abs. 2; Einreichung einer einfachen Abschrift des Statuts bei Anmeldung 11, bei Statutenänderung 16; AV 15, 16; Abschrift der Urkunden über die Bestellung des Vorstandes 11, 28; des Ausschließungsbeschlusses 69; der Bestellung der Liquidatoren 84; Einreichung einer beglaubigten Abschrift bei Aufkündigung durch den Gläubiger 66; AV 31; bei Anmeldung der Zweigniederlassung 14; bei Einreichung der Verleihungsurkunde des Prüfungsverbandes 63 d; zuständige Behörde für Beglaubigungen A 8;
Erteilung von Abschriften des Jahresabschlusses und des Geschäftsberichts 48.
Absetzung des Vorst., AR, der Liquidatoren s. Abberufung.
Abstimmung in der GV Stimmenmehrheit 8⁵, 43², ³; in einer zweiten GV 46¹, 78 b, 79 a Abs. 4, 87 a 133 a Abs. 5; qualifizierte (Dreiviertel)mehrheit 8⁵, 16, 36, 78, 78 b, 79 a, 87 a, 93 b, 132, 133 a, 144; Stimmengleichheit 8⁵; Mitstimmen von Nichtmitgliedern in der GV 43¹; mittels Stimmzetteln 43²; durch Bevollmächtigte 43 Abs. 4; 43⁵; Entziehung des Stimmrechts 43 Abs. 3; über den Jahresabschluß 43⁴; Stimmrecht eines verstorbenen Genossen 77; Strafvorschrift bei Annahme eines Vorteils oder Vorteilsversprechens bei Ausübung des Stimmrechts 151.
Abstimmung im Aufsichtsrat: schriftlich 36³, telephonisch 36³, telegrafisch 36³.
Abtretung des Anspruchs der eG auf Einzahlung des Geschäftsanteils 7⁴; auf Nachschüsse 108 a; gegen den Ausscheidenden auf Zahlung des Fehlbetragsanteils 73⁵; des Anspruchs des Genossen auf sein Geschäftsguthaben 7³.
Akademie für Deutsches Recht, Einleitung.
Amtsenthebung von Vorst., AR und Liquidatoren s. Abberufung.
Amtsgericht, Zuständigkeit 109, 112.

Sachverzeichnis

Analphabeten, Beitrittserklärung 15[1].
Anfechtung der GV-Beschlüsse 51, 52, durch den Vorst. 51 Abs. 2, Vertretung der eG durch Vorst. und AR in Anfechtungsprozessen 51; der Eintragung als Mitglied 15[5], AV 24, 36; des Ausschlusses 68[3]; der Eintragung des Ausscheidens 70[3]; der Bilanz 48[1]; 33 h; des Verschmelzungsvertrages 93 p, des Verschmelzungsbeschlusses 93 qu; der Vorschußberechnung im Konkurs der eG 111.
Angestellte der G s. Beamte.
Angestelltenversicherung der Vorstandsmitglieder 24[6].
Anlagevermögen 33 c, 33 d.
Anlegung von Mündelgeld, Konkurs- und Zwangsverwaltergeldern, Krankenkassengeldern, Rücklagemitteln der Gemeinden bei Krediten 1[5].
Anleihen der eG in der Bilanz 33 c, d; Festsetzung der Höchstgrenze durch die GV 49.
Anmeldung zur Eintragung im Register: des Statuts 11 ff., AV 6; von Zweigniederlassungen 14, AV 5, s. Genossenschaftsregister, s. Liste der Genossen.
Anschaffungskosten 33 c.
Anschlußpflicht für eG an einen Prüfungsverband s. Prüfungsverband.
Anwesenheitsliste in der GV 6[5].
Anzahlungen in der Bilanz 33 d.
Arbeitnehmervertreter im Aufsichtsrat 36[3].
Aufbewahrung von Büchern und Schriften 57[2]; nach beendeter Liquidation 93; der Liste der Genossen AV 37.
Aufhebung des Konkursverfahrens 116[2].
Aufkündigung der Mitgliedschaft s. Ausscheiden.

Auflösung der eG durch Zeitablauf 79; wegen Sinkens der Mitgliederzahl unter sieben: 80; einer Kreditgen. 78 a; Gutachten des Revisionsverbandes 78 a u. b; A durch Entscheidung der Behörden 81; wegen Vermögenslosigkeit Anhang B; durch die Bankaufsichtsbehörde: Vorbemerkung vor 78; A durch Beschluß der GV 78, 121 (Sonderbest. für eGmuH); Eintragung der A (ohne Verzug) 82; AV 20, 21; beim Gericht der Zweigniederlassung 82[1]; A durch Verschmelzung mit einer eG 93 a bis r A durch Konkurseröffnung 101; Verfahren s. Liquidation; Wirkung der Auflösung auf das Ausscheiden eines Mitgliedes 75, 76 (bei Übertragung d. Geschäftsguthabens); Statutenänderung nach Auflösung der eG 87[1]; Erhöhung des Geschäftsanteils 87 a, 139 a, der Haftsumme 139 a; A führt nicht zur Beendigung der Verträge 83[1]; mit der Auflösung hört die laufende Einzahlungspflicht der Mitglieder auf 88[1]; unverteilbares Rinvermögen bei Auflösung 92; Fortsetzung der aufgelösten eG 79 a, 65, 75. Auflösung einer juristischen Person oder Handelsgesellschaft beendet nicht die Mitgliedschaft 77[1], 78[1], 83[1], 87[1].
Aufnahme neuer Mitglieder 1[2], 15[2]; Aufnahmevertrag 15[1, 2]; statutarische Beschränkungen in der Aufnahme 15[2].
Aufnahme in den Prüfungsverband 54[1].
Aufrechnung durch Belastung des Genossen mit den Einzahlungen im Kontokorrent 7[4]; keine Aufrechnung gegen geschuldete Einzahlungen auf Geschäftsanteil 22 Abs. 5; Aufrechnung seitens der

Sachverzeichnis

eG zulässig 7⁴; vertragsmäßige Aufrechnung 7⁴; Aufrechnung der eG gegen das Auseinandersetzungsguthaben des Ausgeschiedenen 73³; Aufrechnung der eG gegen das Geschäftsguthaben im Konkurse oder Vergleichsverfahren des Genossen 73³; Aufrechnung des Konkursverwalters im Konkurse eines Genossen mit dem Geschäftsguthaben 73³; Aufrechnung gegen die Nachschüsse im Konkurs der eG 105⁷.

Aufsichtsamt für das Kreditwesen s. Kreditwesengesetz.

Aufsichtsrat, Bestellung und Zusammensetzung: Aufsichtsrat ist obligatorisch 9; Mitglieder müssen Genossen sein 9, 36³; müssen physische Personen sein 36³; Bestellung des ersten Aufsichtsrats 11⁵; Vorst. und AR dürfen nicht ein Organ sein 27³; Bestellung und Zusammensetzung 36; Wahl 36³; Vorsitz 36¹, 36³, 57, 58; Erwerb der Mitgliedschaft bei Antritt des Amtes genügt 36³; Annahme der Wahl 36³; Besoldung (Tantiemeverbot) 36⁵; Bestellung durch das Gericht 36³; Widerruf der Bestellung 36⁶; nicht Stellvertreter oder Mitglieder des Vorst. 37; nicht Beamte der eG 37; nicht Vertreter in der Vertreterversammlung 43 a³; Sorge für Stellvertretung des Vorstandes 40; ausscheidende Vorstandsmitglieder dürfen nicht vor Erteilung der Entlastung in den Aufsichtsrat gewählt werden 37 Abs. 2; Entlastungserteilung an den Aufsichtsrat 48; Aufsichtsrat bei Liquidation der eG unverändert 83²; Beschlußfassung der GV über Enthebung der Aufsichtsratsmitglieder im Konkurse der eG 104, 121 (Sonderbest. für

eGmuH) — *Stellung, Rechte und Pflichten:* Stellung zum Vorst. 36¹; 38; zur eG 38, 39; Kontrollorgan 38, 89; Kontrollbefugnisse 38¹; Überwachung der Geschäftsführung 38, 89; Prüfung der Jahresrechnung und Bilanz 38; Berufung der GV durch den Aufsichtsrat 38; Übertragung weiterer Obliegenheiten 38; Beschlußfähigkeit 36⁴; Beschlußfassung 36⁴; schriftlich, telegraphisch, telephonisch 36⁴; Beschlußfassung in gemeinsamer Sitzung mit Vorstand 38⁵; Hinzuziehung von sachverständigen Hilfskräften 38⁶; Vertretung der eG bei Abschluß von Verträgen mit Vorstandsmitgliedern 39; Prozeßführung gegen Vorstandsmitglieder 39; Genehmigung der Kreditgewähr an Vorstandsmitglieder 39; Prozesse gegen Aufsichtsratsmitglieder 39; Legitimation in Prozessen 39¹; gemeinsame Vertretung mit Vorstand und Aufsichtsrat in Anfechtungsprozessen 39¹ 51⁵; Enthebung von Vorstandsmitgliedern 40; bei Wahl, Amtsenthebung stimmberechtigt 43⁴; Ausschluß als Mitglied weitergehendes Recht als Kündigung 68², — *Verantwortlichkeit und Haftpflicht:* Verantwortlichkeit beim Verkehr mit Nichtmitgliedern 8⁶; Überwachung der Geschäftsführung 38¹, 89; Sorgfalt eines ordentlichen Geschäftsmanns 41; Teilnahme an der Prüfung 57, 58; Erklärung über den Prüfungsbericht 59; Haftpflicht gegenüber der eG aus Verletzung der Obliegenheiten (nicht subsidär) 41; Verjährung der Ersatzansprüche 41; Verantwortlichkeit (Ersatzpflicht) gegenüber den Gläubigern der eG 93 n, 142; Ersatzpflicht wird dadurch,

daß die Handlung auf einem GV-Beschluß beruht, nicht aufgehoben 142. — *Strafen:* bei Untreue 146; bei wissentlich falschen Anmeldungen, Anzeigen, Versicherungen 147; bei Fehlen eines beschlußfähigen Aufsichtsrats 148.
Aufwandsentschädigung 24⁶.
Aufwertung, Strafbarkeit eigenmächtiger Aufwertung von Vorstandsgehältern 146⁵.
Auseinandersetzung, Bilanzberichtigung beseitigt Grundlagen der A 48²; Auseinandersetzung des Ausgeschiedenen mit der eG 73 ff.; Verjährung der Klage auf Auseinandersetzung 74; keine Auseinandersetzung bei Übertragung des Geschäftsguthabens 76.
Ausführungsverordnungen 161.
Auskunft in der GV 43¹; vgl. aber auch 24¹, 59³, ⁵ (Bankgeheimnis).
Auslagen, Erstattung barer — des Aufsichtsrats 36⁵.
Ausländer als Genossen 15¹.
Auslegung des Statuts 5¹, 43¹; von Generalversammlungsbeschlüssen 43¹.
Ausscheiden einzelner Genossen 65 ff.; Erschwernis des Ausscheidens unzulässig 65¹; während des Vergleichsverfahrens nicht möglich 65¹ und Anm. 3 zu § 111 VerglO im Anhang C; Austrittsgeld unzulässig 65¹; Ausscheiden durch Kündigung 65; Recht zur Kündigung 65¹; Kündigung durch Bevollmächtigte 65¹; Rückgängigmachung der Kündigung 65¹; Form und Frist für die Kündigung 65²; Kündigung durch den Gläubiger 66, AV 31; bei Verlegung des Wohnsitzes 67; Wirkung der binnen sechs Monaten erfolgten Auflösung der eG auf das Ausscheiden 75; Ausscheiden durch Übertragung des Geschäftsguthabens 76, 138; Ausscheiden durch Tod 77; Ausscheiden bei Verschmelzung zweier eG 93 k—93 m; Ausscheiden einer Gesellschaft bei Auflösung derselben 77¹; Nachschußpflicht der innerhalb der letzten 18 Monate vor Eröffnung des Konkursverfahrens ausgeschiedenen Genossen 115 b, c, d; Ausscheiden eines auf mehrere Geschäftsanteile beteiligten Genossen mit einzelnen unzulässig 134¹; Wirksamkeit der Umwandlung in eine andere Haftart gegen Ausgeschiedene 145. — *Einreichung zur Eintragung des Ausscheidens:* AV 31; bei Verlegung des Wohnsitzes 69; bei Aufkündigung 69; bei Übertragung des Geschäftsguthabens 76; bei Ausschluß 69; schriftliche Versicherung des Vorstandes, daß die Aufkündigung rechtzeitig erfolgt ist 69; Beifügung des Pfändungs- und Überweisungsbeschlusses bei Aufkündigung durch den Gläubiger 69; verzögerte Einreichung (Schadenersatz durch die Vorstandsmitglieder) 69⁴; unverzügliche Eintragung 70, AV 33, 34; Eintragung einer Vormerkung 71; Benachrichtigung von der Eintragung oder Versagung der Vormerkung durch das Gericht 72; Hinausschiebung durch Eröffnung des Vergleichsverfahrens Anhang C Anm. 3.
Ausschließlichkeitsklausel 8⁷.
Ausschluß 68 ff.; bei Verlegung des Wohnsitzes 67³; gesetzliche und statutarische Ausschließungsgründe 68; Organ für die Ausschliessung 68³; Anfechtung des Ausschlusses 68³; Ausschluß des Rechtsweges unzulässig 68³; Aufhebung des Ausschlusses 68³; Wir-

Sachverzeichnis

kung des Ausschlusses 68^6; sofortige Mitteilung des Beschlusses an den Ausgeschlossenen 68^5; von Vorstands- oder Aufsichtsratsmitgliedern 68^3, 68^6.

Ausschuß für Genossenschaftsrecht der Akademie für deutsches Recht s. Einleitung.

Austrittsgeld unzulässig 65^1.

Auswanderungsunternehmen als eG 1^4.

Auszug des Statuts 12, AV 15; der Vorschußberechnung 109.

B

Bank, Bezeichnung einer Kreditgen. als Bank 1^5, 3^1.

Bankaufsichtsbehörde siehe Kreditwesengesetz.

Bankdepotbuch 33^1.

Bankgeheimnis 24^1, 59^3 u. ^{5}, Anhang J.

Bankgeschäfte 1^5.

Bankguthaben in der Bilanz 33 d.

Baugenossenschaft, Anwartschaft auf ein Eigenheim 1^{11}; Aufsichtsrat 9^1, 36^3, 38^1; Begriff 1 Ziff. 7; Bezirk 6^3, 8^3; Bilanzierung 33 g^{1a}; Erbbaurecht, Anspruch auf Übertragung eines — 1^{11}; Erben verstorbener Mitglieder 15^2; 77^2; Firma 3^1; Formblatt für den Jahresabschluß 33 g^{2a}; Gegenstand des Unternehmens 1^{11}, 6^3, 8^6; Anerkennung als gemeinnützig 1^{11}; Geschäftsanteil 7^4 (Erhöhung 16^3, 132^1); Geschäftsanweisungen 27^1, 38^1; Geschäftsbericht 33 a^1; Gewinnverteilung 19^4; Gesetz über Wettbewerbsbeschränkungen, Auswirkungen setzung 133^1; Kapitaldividende 19^4; 48^3; Kleinere G, Begriff 35^8; Kontenrahmen 33^1; 33 g^{2a}; Kreditwesengesetz 1^5, 49^1; Mieterschutzgemeinschaft 18^1; Mindestzahl der Genossen 4^1; Mustersatzung 18^2, 7^5, 53^1; Nichtmitglieder 8^6; Nutzungsvertrag 1^{11}, 15^2, 45^1, 77^2; Prüfung 53^1, 60^1, 63 b^4; Prüfungsbericht 59^1, 62^5; Prüfungsverband 11^7, 54^1, 54 a^1, 55^1, 57^{3a}, 62^5, 63^1, 63 b^3, 63 c^1, 63 e^1, 64^1, Anhang K IV; Richtlinien für die Prüfung 7^5, 57^{3a}, für das Rechnungswesen 7^5, 33^1; Satzung 18^2; Satzungsänderung 16^3, ^{5}; Spareinrichtung 1^5, 8^7, 16^3, 22^1, 33^9, 49^1, Vorbem. zu §§ 93 a ff., 132^1; Spitzenverband 7^5, 18^2, 54 a^1, 57^{3a}, 62^5; Steueru. Gebührenvergünstigungen bei Gemeinnützigkeit 1^{11}; Steuerprüfung 62^5; Vermögensverteilung bei Auflösung der G 91^2; Vorstand 24^3, 28^1.

Bausparkassen 1, 1^5; Bilanzierung 33 g^{1a}.

Beamte der G 37^1, Beamte im Aufsichtsrat einer G 36^3, im Vorstand 24^2; Aufsichtsratsmitglieder als Beamte der eG 37; Bevollmächtigung von Beamten der eG zur Vertretung des Vorstandes 42.

Beeinflussung der Generalversammlung durch ihren Leiter 43^3.

Beglaubigung, gerichtliche: der Abschrift des Statuts 11; der Abschrift der Verleihungsurkunde 63 d^3; der Anmeldungen zum Genossenschaftsregister 157^2; AV 8.

Behandlung gleichmäßige der Genossen 18^1, 36^3, 51^1, 76^3.

Behörde, keinen Einfluß auf Statutenänderung 16^5; Einsicht in das Protokollbuch 47; Verleihung des Prüfungsrechts 63; keine Pflicht zur Anzeige der Verbandsversammlungen 63 b^7; keine Entsendung eines Vertreters zur Teilnahme 63 b^7; Auflösung der eG durch Behörden 80 (bei Sinken der Mitgliederzahl unter 7); in-

583

folge das Gemeinwohl gefährdender Handlungen 81; Staatsbehörden oder höhere Verwaltungsbehörden 161.
Beirat als weiteres Organ 24^1, 27^3, keine Übertragung von Organfunktionen 38^6.
Beiträge 6^1, s. auch Konkurs.
Beitrittserklärung, Einreichung 15; Eintragung (unverzüglich) 15, AV 29; Versagung der Eintragung 15; Form 15^1, 120, 131 a; Ausstellung durch Bevollmächtigte 15^1, neugewählte Vorstandsmitglieder dürfen eigene Beitrittserklärung einreichen 9^2; Beitritt von Analphabeten, von Minderjährigen 15^1; von juristischen Personen, Gemeinden 15^1; statutarische Beschränkung in der Aufnahme 15^2; Klage auf Eintragung zulässig 15^2; Anfechtung der Eintragung 15^5.
Bekanntmachungen 6^9, gerichtliche, von Eintragungen im GenReg. 156$^{3, 5}$.
Beleidigungsfähigkeit der G 17^1.
Benachrichtigung von der Eintragung in die Liste 15, 72, 159^1.
Bereinigungsgesetz, 14^4, 22^1, 33^6, 43^5, 43 a^3, 53^1, 53^2, 57^2, 64 b^1, 64 c^1, 70^4, 88 a^1, 90^1, 93^2, Vorbemerkung vor 93 a—r, 99^1, 108 a^1, 114^1, 115^2, 133^1, 142^1, 143^1, 148^1, 156^1, 158^1.
Berlin, Gesetz über die Rechtsverhältnisse der Genossenschaften mit Sitz in — Anhang D.
Beschlußfähigkeit des Aufsichtsrats 36 Abs. 1, 36^4; der Generalversammlung 43^2.
Beschränkung der G auf Zeit 8 Ziff. 1; 12 Ziff. 4; der Mitgliedschaft auf Bezirk 8 Ziff. 2; 67; der Befugnisse des Vorstandes 27; auf nur einen Geschäftsanteil 119, s. auch Haftpflicht.

Beschwerde, sofortige 112; FGG 147.
Besoldung des Vorstandes 24^6; des Aufsichtsrats 36^5.
Besserungsschein 33 d^9, § 111 VerglO Anm. 4 (Anhang C).
Bestätigungsvermerk 33^5; 33 g^{2b}; 53^2.
Besteuerung der Genossenschaften 1^{15}; im Fall der Beteiligung 1^{16}; der Aufsichtsratsvergütungen 36^5. Anhang H.
Beteiligung an Gesellschaften und Personenvereinigungen 1, 1^{16}; in der Bilanz 33 d; in der Gewinn- und Verlustrechnung 33 f., auf mehrere Geschäftsanteile 134; Pflichtbeteiligung mit weiteren Geschäftsanteilen 134^1, Pflichtbeteiligung bei Umwandlung der eG 143^2; Beteiligung ausscheidender Mitglieder am Genossenschaftsvermögen 73^4.
Betriebsrat, Bildung bei G 1^{14}.
Betriebsverfassungsgesetz 1^{14}; Arbeitnehmervertreter im Aufsichtsrat 36^3.
Beurkundung der GV Beschlüsse 6^5.
Bevollmächtigung von Vorstandsmitgliedern 42^1; von AR-Mitgliedern 36^3, 42^1; von Angestellten der eG 42; Bevollmächtigte in Prozessen gegen die Mitglieder des Aufsichtsrats 39 Abs. 3; Ausübung des Stimmrechts durch Bevollmächtigte 43 Abs. 4; Stimmrechtsausübung für mehrere Erben durch Bevollmächtigte 77.
Bewertung, Vorschriften über die Bewertung 33 c; Anwendbarkeit der Bewertungsvorschriften des Handelsgesetzbuches (insbes. § 40) auf eG 33 b.
Bilanz, Satzungsbestimmung über Prüfung 7; Bilanzierungsgrundsätze 33 b; Bewertungsvorschrif-

Sachverzeichnis

ten 33 c; Gliederung 33 d; der Gewinn- u. Verlustrechnung 33 f; Formblätter 33 g; rückständige Einzahlungen auf den Geschäftsanteil in der Bilanz 33 e; Giroverbindlichkeiten, Verbindlichkeiten aus Bürgschaften in der Bilanz 33 e; Zeitpunkt der Aufstellung 33^2; Pflicht des Vorstandes zur Aufstellung 33; Eröffnungsbilanz 33^3; Prüfung durch den AR 38; Mitwirkung von Vorst. und AR bei Abstimmung über Bilanz und Entlastung 43^4, 48^4; Beschlußfassung über den Jahresabschluß durch die GV 48, Veröffentlichung des Jahresabschlusses 33, 48, AV 7; Auslegung im Geschäftslokal 48; Erteilung von Abschriften 48; Genehmigung der Bilanz nicht gleichbedeutend mit Entlastung 48^4; Auseinandersetzung mit dem Ausgeschiedenen auf Grund der Bilanz 73 ff.: Liquidationsbilanz 89; deren Veröffentlichung 89^4; Vermögensverteilung auf Grund der Bilanz (Schlußbilanz) 91; Überschuldung 98, 118, 121, 140; Veröffentlichung der Zahl der Genossen, der Geschäftsguthaben und Haftsummen mit der Bilanz 139; Bilanzanfechtung 48^2, 33 h; Nichtigkeit 48^2; Berichtigung 48^2; Fälschung 147; Verschleierung 33 d^{20}, 147^4; Fehlanzeigen bei Bilanzposten 33 d^1.
Bilanzierungsgrundsätze 33 b.
Bilanzklarheit 33 b^2.
Bilanzkontinuität 33 b^2.
Bilanzschema 33 d, 33 f, 33 g.
Bilanzvollständigkeit 33 b^2.
Bilanzwahrheit 33 b^2.
Binnenschiffahrtsunternehmen als eG 1^4.
Blätter, öffentliche 6, 12, 82, 90, 156, 158.

Blinde im Vorstand 24^2; im Aufsichtsrat 36^3.
Börsenpreis 33 c.
Börsentermingeschäfte, Börsentermingeschäftsfähigkeit der eG 17^1; Schadenersatzpflicht des AR-Mitgliedes beim Abschluß unwirksamer Börsentermingeschäfte 41^2.
Buchführung, zur Anwendung kommen die Best. des HGB 17^1; Pflicht des Vorst. zur Buchführung 33; die erforderlichen Bücher 33^1; ordentliche Buchführung 33^1; Strafvorschrift 33^1; Aufsichtsratsmitglieder dürfen nicht die Bücher der eG führen 37^2.
Bücher, die erforderlichen Bücher 33^1; Aufbewahrung 57^2; nach Beendigung der Liquidation 93; Einsicht durch Prüfer 57.
Bürgschaft der Vorstandsmitglieder für Kreditgewähr 39; unter die Höchstkreditgrenze fallend 49^3; Bürgschaft in der Bilanz 33 e; Bürgschaftsgenossenschaft 1^5.
Bundesanzeiger an Stelle des Deutschen Reichsanzeigers 6^8, $156^{3,\ 5}$
Bundesminister für Wirtschaft 54^2; für Ernährung, Landwirtschaft und Forsten 54^2, 64^1.

D

Darlehen an Nichtmitglieder 8^7; an noch nicht eingetragene Genossen 8; an Vorstandsmitglieder 39; Bestimmung der Höchstkreditgrenze durch die GV 49; Strafbestimmungen 160.
Datum des Statuts 12.
Deliktsfähigkeit der eG 17^1.
Delkrederekonto, Heranziehung zur Verlustdeckung 7^6; Behandlung in der Bilanz 33 d^{14}.
Delkrederegeschäfte der Einkaufsgenossenschaften $1^{5,\ 6}$.

585

Sachverzeichnis

Demokratische Struktur der Genossenschaft 1[1].
Depotbuch 33[1].
Depotgesetz 33[1].
Depotprüfung 33[1]; Vorbem. vor 53.
Deutsche Mark an Stelle der Reichsmark 62[3].
Dienstanweisung für Vorstand u. aufsichtsrat 18[1], 16[1], 38[5].
Dingliche Rechte an Grundstücken 17, 33 d.
Dividende, Zuschreibung zum Geschäftsguthaben 7[3], 19[3, 5]; Verteilung 19[1, 2] 21; Beschlußfassung der GV über Verteilung 48; Abschlagsdividende unzulässig 19[1]; vgl. auch Reingewinn.
Dividendenmarken, Abgabe von Marken als Zahlungssurrogat verboten 32.
D-Markbilanzgesetz 17[2], 24[1], Vorbem. vor 65, 73[2, 3]; Vorbem. vor 78, Vorbem. vor 93 a—r, 121[1], 133[1], 140[3].
Doppelsitz der eG 6[2].
Doppelte Buchführung 33[1].
Dreiviertelmehrheit s. Abstimmung.
Duldungspflicht, genossenschaftliche 18[1]; Erhöhung der Leistungen durch Statutenänderung 16[1]; Erhöhung der Haftsumme 132; Umwandlung in eine andere Haftart 145[1].

E

Ehefrau, Beitrittserklärung 15[1]; bedarf nicht der Genehmigung des Ehemannes 15[1]; selbst kündigungsberechtigt 65[1]; Ausübung des Stimmrechts, wenn das Statut die Teilnahme von Frauen ausschließt 43.
Ehrenmitglieder von Vorstand 24[6], von Aufsichtsrat 36[3].
Ehrenrechte, bürgerliche 68, 146, 147.
Einkaufsgenossenschaften 1[6].

Einlagen im Kontokorrent in der Bilanz 33 d.
Einsicht der Liste s. Liste; der Bücher und Schriften 38, 57, 93; des Protokollsbuchs 47; der Vorschußberechnung 107; der Bilanz 48.
Einstellung des Konkursverfahrens 116.
Eintragung, kein Zwang zur Eintragung 1[12]; des Statuts 10 bis 16; der Beitrittserklärung 15; Statutenänderungen 16; Rechtsverhältnisse der G vor der Eintragung 13; Eintragung ist nicht rückgängig zu machen 13[1]; s. auch Genossenschaftsregister.
Eintrittsgeld 6[1].
Einwendungen gegen die Vorschußberechnung 108.
Einzahlung auf Geschäftsanteil 7; durch Belastung im Kontokorrent 7[4].
Einzelangriff der Gläubiger gegen die Genossen 2[2], 141[1].
Einzelhandel 1[9].
Enthebung des Vorstandes vom Amte 24, 40; des Aufsichtsrats 36; der Liquidatoren 83.
Entlastung von Vorstand und Aufsichtsrat 48; eines Genossen 43 Abs. 3.
Entziehung des Prüfungsrechts 64 a.
Erben eines Genossen; Rechte 77; Übertragung des Geschäftsguthabens 76[1]; Haftpflicht der Erben 75, 115 b.
Erbengemeinschaft kann nicht Genosse sein 15[1].
Erhöhung des Geschäftsanteils 134[1].
Erlaß von Einzahlungen auf den Geschäftsanteil 22 Abs. 4.
Eröffnungsbilanz 33[3]; Liquidationseröffnungsbilanz 89.
Eröffnungsinventar 33[3].
Ersatzpflicht des Vorstandes 34, 99,

Sachverzeichnis

142; — des Aufsichtsrats 41, 90, 142; — der Liquidatoren 90, 142.
Erschienene Genossen, Begriff 43².
Erträge in der Gewinn- und Verlustrechnung 33 f.
Erwerb, Förderung des — durch die eG 1³.
Erzeugergenossenschaften 1⁸.

F

Fälschung der Bilanz 147.
Faksimilierte Unterschrift der Vorstandsmitglieder 25².
Fertige Erzeugnisse in der Bilanz 33 d.
Filialen s. Zweigniederlassungen.
Filialkassenvorstände 24¹; 42¹.
Firma 3 ff.; muß Sachfirma sein 3¹; vom Gegenstand des Unternehmens entlehnt 3¹; in fremder Sprache 3²; Löschung einer zu Unrecht eingetragenen Firma 3¹; zusätzliche Bezeichnung (keine Abkürzung) 3²; Unterscheidung von bereits bestehenden Firmen am Ort 3³; Veröffentlichung 12; Liquidationsfirma 3³, 85³; im Vergleichsverfahren der eG 3³.
Firmenwert in der Bilanz 33 c.
Firmenzusatz 3.
Forderungen in der Bilanz 33 d, 33 e.
Formblätter für die Aufstellung des Jahresabschlusses 33 g, 33 h; für gemeinnützige Baugenossenschaften 33 g²ᵃ; der Kreditinstitute 33 g²ᵇ.
Formular für die Liste der Genossen: Anlage zur AV (Anhang A).
Fortsetzung einer durch Beschluß der GV oder durch Zeitablauf aufgelösten eG 79 a; vgl. auch 65 Abs. 3, 75 Satz 2; nach der durch Konkurs erfolgten Auflösung 115 e¹¹.
Frauen, Ausübung des Stimmrechts in der Generalversammlung, wenn das Statut die Teilnahme von Frauen ausschließt 43; s. auch Ehefrau.
Fusion s. Verschmelzung.

G

Garantievertrag in der Bilanz 33 e; Garantiegenossensachft 1⁵.
Gebühren für Benachrichtigung von Eintragungen 159¹; Ersatzpflicht des Gerichts von zu Unrecht bewirkten Insertionskosten 24⁴, 16⁸; Gebührenfreiheit bei Eintragungen 159, AV 11.
Gefährdung des Gemeinwohls 81.
Gegenstand des Unternehmens 1, 3, 6, 12, 16.
Gehälter in der Gewinn- und Verlustrechnung 33 f.
Geldleistungen, zulässige, der Mitglieder: Entgelt für die Leistungen und Lieferungen der Genossenschaft 6¹; Einzahlungen auf den Geschäftsanteil 6¹; Konventionalstrafe 6¹; Eintrittsgeld 6¹; Verlustanteil beim Ausscheiden 6¹, 73 Abs. 2; Nachschüsse im Konkurs der eG 6¹, 105; wegen der Verpflichtung zur Übernahme weiterer Geschäftsanteile vgl. 134¹; unzulässige: Bestreitung der Betriebsunkosten oder Deckung von Verlusten im Wege der Umlage auf die Mitglieder 6¹ und die Einforderung unkündbarer Kapitaleinlagen 6¹.
Gemeinde als Mitglied einer eG 15¹; Anlegung von Rücklagemitteln bei Kreditgen. 1⁵; Anfall des bei der Auflösung der eG verbleibenden unverteilbaren Reinvermögens an eine Gemeinde 92.
Gemeinnützige Zwecke, Verwendung der Zinsen des bei Auflösung der eG unverteilbaren Rein-

587

Sachverzeichnis

gewinnes 92; Verwendung des Gewinnes 48³; Beteiligung an Gesellschaften, die gemeinnützigen Zwecken dienen 1 Abs. 2.

Gemeinnützigkeit einer Baugenossenschaft siehe Baugenossenschaft.

Gemeinschaftlicher Geschäftsbetrieb 1³.

Generalversammlung, *Allgemeines:* 43, 43 a; Berufung durch den Vorst. 44; durch den AR 38; durch die Mitglieder 45; Bestimmung der Form der Berufung im Statut 6; Verstoß gegen die Form der Berufung 46⁴; Frist für die Berufung 46; Berufungsrecht des Prüfungsverbandes 60; Ort der GV (Sitz der G) 6⁴; 43¹; Tagesordnung 46; Protokollführung (statutarische Bestimmung) 6⁵; Protokollbuch 47; Vertreterversammlung 43 a; *Leitung der GV:* Bestimmung im Statut 6; Übertragung des Vorsitzes an ein Nichtmitglied 6⁵; Bekanntgabe 46²; Verhandlungsgegenstand der Tagesordnung muß zu erkennen sein 46²; *Beschlüsse der GV:* Anwendbarkeit des § 139 BGB 51¹; Statutenänderung 16; Ausschließung von Vorstandsmitgliedern als Mitglied 68⁶; Beschränkung der Vertretungsbefugnis des Vorst. durch Beschlüsse der GV 27; Regreßprozesse gegen Vorstandsmitglieder 39; Enthebung von Vorstandsmitgliedern 24, 40, 104 (im Konkurse der G); von Aufsichtsratsmitgliedern 36, 104; Geltung der in der Zwischenzeit gefaßten Beschlüsse der GV bei erfolgreicher Anfechtung des Ausschlusses 43¹; bei Auflösung der eG binnen sechs Monaten 75¹; nur eine ordnungsmäßig berufene GV kann gültige Beschlüsse fassen 46⁴; Genehmigung der Bilanz, Gewinnverteilung 48; Anfechtung von GV-Beschlüssen 51; zwingendes Recht 51¹; Frist 51¹; Befugnis zur Anfechtung 51²; Grenze der Anfechtung 51¹; Anfechtungsklage muß Begründung enthalten 51²; Anfechtungsberechtigung des Vorstandes 51; der Ausgeschlossene hat kein Recht auf Teilnahme 68; unbegründete Anfechtung 52; Kosten 52; Haftpflicht des Klägers bei böswilliger Anfechtung 52; Beschlußfassung über Auflösung der eG 78, 121 (Sonderbestimmungen für eGmuH); über Erhöhung der Haftsumme bei eGmbH 132; deren Herabsetzung 133; Umwandlung der eG in eine andere Haftart 143, 144; *Abstimmung* in der GV vgl. unter Abstimmung; — *Rechte der GV:* Die GV kann nicht Schiedsrichter in Sachen der G sein 43²; Bestimmung der Höchstgrenze für Anleihen und Spareinlagen 49; Bestimmung der Höchstkreditgrenze 49; Beschlußfassung über Betrag und Zeit der Einzahlungen auf Geschäftsanteil 50; Beschlußfassung über den Prüfungsbericht 59.

Genossen s. Mitgliedschaft.

Genossenschaftsrat als weiteres Organ der G 24¹, 27³.

Genossenschaftsregister, *Allgemeines* 10; Vorschriften über Führung 10, Anhang A; die nicht eingetragene G kann zur Eintragung nicht gezwungen werden 1¹²; *Eintragung* des Statuts und der Vorstandsmitglieder 10, AV 11, 17; von Beitrittserklärungen (unverzüglich) 15; neugewählte Vorstandsmitglieder können eigene Beitrittserklärungen einreichen

9^2; Benachrichtigung des Vorst. und der Genossen 15; Klage auf Eintragung von Beitrittserklärungen zulässig 15^2; Anmeldung von Statutenänderungen 16, AV 16; Anmeldung von Vorstandsänderungen 28; Anmeldung des Ausscheidens von Mitgliedern 69, 77 (Tod); AV 31, 32; unverzügliche Eintragung des Ausscheidens 70, 77, AV 33, 34; Beendigung der Mitgliedschaft mit der Eintragung 70; Anmeldung der Übertragung von Geschäftsguthaben 76, AV 32; Einreichungen kleinerer G 33, AV 7, Eintragung der Auflösung der G 82 (ohne Verzug); Veröffentlichung der Eintragung 82; Anmeldung und Eintragung der Liquidatoren 84, 85; Einreichung der Veröffentlichung der Liquidationsbilanz 89; Einreichung der Prüfungsbescheinigung 59; Zweigniederlassungen 14, 158, AV 3, 5, 19; Anmeldung der Verschmelzung zweier G 93 d, AV 27, 29; Eintragung und Veröffentlichung der Konkurseröffnung 102; Anmeldung des Herabsetzungsbeschlusses der Haftsumme 132; Anmeldung der Beteiligung auf mehrere Geschäftsanteile 134, AV 30; Einreichung der Erklärung des Genossen (eGmbH) 137; Anmeldung der Umwandlung in eine andere Haftart AV 17; Anmeldungen sind durch sämtliche Mitglieder des Vorstandes oder sämtliche Liquidatoren zu bewirken 157; in beglaubigter Form 157; Ordnungsstrafen 160; Löschung im GenReg. 16^7; Berichtigung von Schreibfehlern AV 24, 25, 36; *Prüfungsrecht des Registerrichters*, bei Eintragung des Statuts 10^1, 14^2, AV 15; bei Eintragung der Beitrittserklärung 15^4; bei Statutenänderungen 16^6; bei Anmeldung von Vorstandsmitgliedern 28^1; bei Anmeldung von Stellvertretern 37^3; der Ausschließungsgründe 68^3; bei Eintragung des Ausscheidens 70^1; Anfechtung der Eintragung 70^2. *Öffentlichkeit*, Einsicht, Abschriften 156; Mitwirkung der Handelskammern? 17^2. Pflicht des Vorstandes zur Veröffentlichung der Bilanz 33; Veröffentlichung der Eintragungen im Deutschen Reichsanzeiger 156.

Genossenschaftsvermögen siehe Vermögen.

Gerichtskosten 159.

Gerichtsstand, Sitz der eG ist maßgebend 6^2; bei der Liquidation 78.

Geschäftsanteil, Begriff 7; Unterschied von Geschäftsguthaben 7^3; Einzahlungen auf den Geschäftsanteil 7^4; Bestimmung anderer Leistungen durch Statut zulässig 6^1; zu weiteren Geldleistungen dürfen Mitglieder nicht herangezogen werden 6^1; Eintragung AV 30; Erhöhung 16; bewirkt bei egmbH ohne weiteres Erhöhung der Haftsumme 132^1; Erhöhung im Liquidationsstadium 87 a, 139 a; nach Eintritt der Konkursvoraussetzungen des 118 s. 87 a^3; Herabsetzung 22, AV 30; Haftsumme (bei eGmbH) ohne Einfluß 132; Verlängerung der Einzahlungsfrist 22; Behandlung rückständiger Einzahlungen in der Bilanz 33 e; mit der Auflösung der eG hört die laufende Einzahlungspflicht auf 88^1; Gewinnverteilung nach Verhältnis der geleisteten Einzahlungen 19;

Sachverzeichnis

Neubildung nach Abschreibung von Verlusten 7[4]; Beschlußfassung der GV über Betrag und Zeit der Einzahlungen 50; Übertragung des Guthabens bei Besitz mehrerer Geschäftsanteile 76[1]; bei eGmuH nur ein Geschäftsanteil zulässig 119; bei eGmbH darf Haftsumme nicht niedriger als der Geschäftsanteil sein 131; Beteiligung auf mehrere Geschäftsanteile, Festsetzung der Höchstzahl 134; Zustimmung des Vorstandes 134[1]; 136; nach Erreichung des ersten Geschäftsanteils 136; Abgabe einer unbedingten Erklärung der Genossen 137; Versicherung des Vorstandes, daß die übrigen Geschäftsanteile erreicht sind 137; Verpflichtung zum Erwerb mehrerer Geschäftsanteile durch das Statut 134[1]; bei Umwandlung der eG 143[2]; Erwerb weiterer Geschäftsanteile durch Übertragung 138; Zusammenlegung mehrerer Geschäftsanteile 134[1]; Zerlegung in gleiche Teile 133 a; Herabsetzung der Zahl der Geschäftsanteile 134[1]; Austritt eines auf mehrere Geschäftsanteile beteiligten Genossen mit einzelnen unzulässig 134[1]; Erhöhung der Haftung eines mit mehreren Geschäftsanteilen beteiligten Genossen 135; s. auch Geschäftsguthaben.

Geschäftsanweisung für Vorstand und Aufsichtsrat 18[1], 16[1], 38[5].

Geschäftsbericht, Vorlegung an AR und GV 33 Abs. 2; Einreichung an RegGer. 33 Abs. 3; Inhalt 33 a; Auslegung zur Einsicht der Genossen 48 Abs. 2; Erläuterung des Jahresabschlusses 33 a; unwahre Darstellungen 147.

Geschäftsbetrieb, gemeinschaftlicher 1[3].

Geschäftsbücher s. Bücher.

Geschäftsführung durch den Vorstand 24 ff.; Überwachung durch den Aufsichtsrat 38.

Geschäftsguthaben, Begriff, Unterscheidung vom Geschäftsanteil 7[3]; rechtliche Natur 7[3]; Verpfändung und Abtretung (nicht an die eG) 7[3], 22[5]; Guthabenbeleihung (vertragsmäßige Verpfändung verboten) 22[5], gerichtliche Pfändung zulässig 22[5]; Pfändung durch den Gläubiger 66; Aufrechnung 22[4]; Bilanzberichtigung beseitigt die Grundlage der Auseinandersetzung 48[2]; Geschäftsguthaben bei Verlustverteilung 7[4], 19[2], 48[2]; Gewinn- und Verlustverteilung nach Verhältnis der Geschäftsguthaben 19; keine Verzinsung 21; Auszahlung bei Herabsetzung des Geschäftsanteils 22; Geschäftsguthaben ausscheidender Mitglieder (Behandlung in der Bilanz) 33 c; Auszahlung an Ausgeschiedene 73; Übertragung des Geschäftsguthabens 76, 138 (bei Besitz mehrerer Geschäftsanteile); Geschäftsguthaben kann nur in seinem ganzen Betrage übertragen werden 76[1]; Vermögensverteilung nach Verhältnis der Geschäftsguthaben 91; Verjährung des Anspruchs auf Auszahlung des Geschäftsguthabens 74; im Liquidationsstadium keine Verjährung 90[1]; Gesamtbetrag der Geschäftsguthaben ist mit der Bilanz zu veröffentlichen 139; s. auch Geschäftsanteil.

Geschäftsguthabenbuch 73[2].

Geschäftsinventar in der Bilanz 33 d.

Geschäftsjahr, Bestimmung im Statut 8; Veröffentlichung der Bestimmung 12; Verlegung oder Verlängerung 8[4].

Sachverzeichnis

Geschäftslokal, Auslegung der Bilanz 48; Wechselproteste, Postaufträge erfolgen im Konkurse der eG im Geschäftslokal 101[1].
Geschäftsordnung 18[1], 16[1].
Geschäftswert in der Bilanz 33 c.
Gesetzwidrige Handlungen der eG 81, 149.
Gewerbeordnung, Anwendung der Best. auf eG 1[3]; Vorstand für Übertretung verantwortlich 17[1]; Übertretung der Best. kann nicht Auflösung der eG nach § 81 zur Folge haben 81[3].
Gewerbsmäßiger Verkauf von Konsumvereinswaren an Nichtmitglieder 153.
Gewinnverteilung nach Geschäftsguthaben 19; nach dem Umfang des Warenbezugs 19[4]; Festsetzung des auf die Genossen fallenden Betrages des Gewinns durch die GV 48; Nichtigkeit oder Anfechtbarkeit des Verteilungsbeschlusses 48[3]; bei der Auflösung der eG 91.
Gewinn- und Verlustrechnung 33 Abs. 2, 3; Gliederung 33 f; Formblätter 33 g.
Gewinnvortrag s. Vortrag des Gewinns.
Gewinnzuschreibung 7[3], 19[3], 20.
Giroverbindlichkeiten, Berücksichtigung bei Bestimmung der Höchstkreditgrenze 49[2]; Vermerk in der Bilanz 33 e.
Gleichmäßige Behandlung der Genossen 18[1], 36[3], 51[1], 76[3].
Gliederung der Bilanz 33 d, 33 g, 33 h; der Gewinn- und Verlustrechnung 33 f, 33 g, 33 h.
Gläubiger, Aufkündigung der Mitgliedschaft 66, 71, 72; Aufforderung im Falle der Liquidation 82; bei Herabsetzung des Geschäftsanteils 22, der Haftsumme 133;

Verteilung des Vermögens 90; s. auch Konkurs.
Gläubigerausschuß s. Konkurs.
Großgenossenschaften 43 a[3].
Großhandel, Einkaufsgen. als Großhandelsunternehmen 1[6]; Bezeichnung „Großhandel" in der Firma einer Einkaufsgen. 3[1]; — als Gegenstand des Unternehmens einer Einkaufsgen. 6[3].
Gründergesellschaft 13[1].
Grundbesitz, Erwerb von Eigentum und anderen dinglichen Rechten 17; Erwerb von Immobilien während der Liquidation zulässig 88[1], 89[5].
Grundschulden der eG in der Bilanz 33 d.
Grundstücke in der Bilanz 33 d.
Gründungskosten in der Bilanz 33 c.

H

Haftarten 2, 119 ff. (eGmuH), 131 ff. (eGmbH); Umwandlung in eine andere Haftart: 143—145, AV 17.
Haftpflicht der Genossen gegenüber der eG 2, 23; keine Haftpflicht der Genossen gegenüber den Gläubigern der eG mehr 2[2]; Arten der Haftpflicht 2; Haftpflicht neu beitretender Genossen 23; Abtretbarkeit des Anspruchs der eG aus der Haftpflicht der Genossen 108 a.
Haftsumme darf nicht niedriger als Geschäftsanteil sein 131; Bestimmung der Haftsumme durch das Statut 131; Erhöhung der Haftsumme 132; keine Erhöhung nach Auflösung der eG 139 a; Herabsetzung der Haftsumme 133; Herabsetzung im Liquidationsstadium 133[1], 87[1]; Zerlegung von Geschäftsanteil und Haftsumme 133 a; Erhöhung der Haftung der

Genossen beim Erwerb mehrerer Geschäftsanteile 135; Betrag der Haftsumme aller Genossen ist mit der Bilanz zu veröffentlichen 139; Grenze der persönlichen Haftbarkeit 141; Verzicht der Gläubiger auf Inanspruchnahme der Haftsumme 105^3.

Haftsummenzuschlag für Kreditgenossenschaften nach dem KWG 49^2.

Haftung, Vorstand 34, Aufsichtsrat 41.

Haftungsgenossenschaft 1^5.

Halbfertige Erzeugnisse in der Bilanz 33 d.

Handelsbilanz, Verhältnis zur Steuerbilanz 33^3, 33 c^1.

Handelsgesellschaften als Mitglieder Erwerb der Mitgliedschaft 15^2; Ausübung des Stimmrechts 43; Ausscheiden bei Auflösung 77^1.

Handelskammern, Mitwirkung bei Eintragungen ins GenReg. 17^2.

Handelsregister s. Genossenschaftsregister.

Handelsrichter, Vorstandsmitglieder als — 24^2.

Handlungsbevollmächtigte, Bestellung von Prokuristen und Generalhandlungsbevollmächtigten nicht zulässig 42.

Handlungsunfähige Personen beitrittsfähig 15^1; Ausübung des Stimmrechts durch Bevollmächtigte 43.

Handwerksinnung als Mitglied 15^1.

Herabsetzung des Geschäftsanteils 16, 22, 134^1; der Einzahlungen 16, 22; der Höchstzahl der Geschäftsanteile 134^1; der Haftsumme 16, 133.

Herstellungskosten 33 c.

Hinterlegungsstelle für die Nachschüsse 110.

Hypotheken der eG in der Bilanz 33 d.

Hypothekenbanken, Betrieb für eG verboten 1^4.

J

Immobilien s. Grundbesitz und Grundstücke.

Individualrechte der Genossen 43^1.

Industrie- und Handelskammern, Mitwirkung bei Eintragungen ins GenReg. 17^2.

Industrielle G 1^4.

Inkassoübernahme durch Einkaufsgenossenschaften 1^6.

Innung als Mitglied 15^1.

Innungskrankenkasse als Mitglied 15^1.

Insertionskosten, Bestimmungen zur Verbilligung 156, 33, 139, AV 7.

Inventar 33^3; Geschäftsinventar in der Bilanz 33 d; Betriebsinventar in der Bilanz 33 b.

Jahresabschluß, Begriff 33 Abs. 2; Aufstellung und Vorlegung an AR und GV 33 Abs. 2; Prüfung durch den AR 38; Veröffentlichung 33 Abs. 3; Einreichung der Bekanntmachung an das Reg.Ger. 33 Abs. 3; Erläuterung im Geschäftsbericht 33 a; Grundsätze für die Aufstellung 33 b; Bewertungsvorschriften 33 c; Gliederung 33 d, e, f; Formblätter 33 g; beschränkte Anfechtung 33 h; Beschlußfassung der GV 48; Auslegung im Geschäftslokal der eG 48; Prüfung durch den Prüfungsverband 53.

Jahresbilanz s. Bilanz.

Jahresrechnung Prüfung durch den AR 38.

Juristische Personen als Mitglieder der eG: Beitritt 15^1; Ausübung des Stimmrechts in der GV 43;

Sachverzeichnis

Ausscheiden bei Auflösung der Gesellschaft 77[1]; die eG als juristische Person 17[1].

K

Kalenderjahr s. Geschäftsjahr.
Kapitaleinlagen, unkündbare 6[1], 7[3].
Kapitaldividende 19[4], 21[1].
Kapitalgesellschaft: die eG ist keine — 1[1].
Kartellgesetz 1[13].
Kassenbestand in der Bilanz 33 d.
Kaufleute, Genossenschaften als Kaufleute 17.
Kaution eines Vorstandsmitglieds 24[6].
Klagen gegen die eG, eG ist nicht prozeß-, aber parteifähig 17[1]; Anfechtungsklage gegen Beschlüsse der GV 51; Anfechtungsklage gegen Ausschluß als Mitglied 68[3]; Klage wegen Auseinandersetzung 73[1]; Verjährung der Klage 74; Anfechtung der Vorschußberechnung durch Klage 111; Klagen gegen die Genossen bei Einziehung der Nachschüsse 109.
Kleinere Genossenschaft, Begriff 33[8] Veröffentlichung des Jahresabschlusses 33.
Körperschaftsteuer bei Kreditgewährung an Nichtmitglieder 8[7] und Anhang H.
Kollektivvertretung des Vorstandes 24, 25.
Konkurs der eG Abschnitt VII 98 bis 118; keine Anwendung des Vierten Abschnitts auf Konkursgenossenschaften 64 c[1]; Voraussetzung (Zahlungsunfähigkeit oder Überschuldung) 98, Abwendung 98[1]; Besonderheiten des Konkurses einer eG 98[1]; Geschäftsguthaben gehört zur Konkursmasse 100[1]; keine Einforderung der nach Konkurseröffnung fällig werdenden Einzahlungen auf Geschäftsanteil 101[1]; besondere Bestimmungen für eGmbH. 140; Pflicht des Vorst. zur Beantragung der Konkurseröffnung 99, 140; Pflicht der Liquidatoren 118; Antragsberechtigte 100; Eröffnung des Verfahrens trotz Mangels an Masse 100 Abs. 3.
Wirkung des Konkursverfahrens: Auflösung der eG 101; Verwaltung und Vertretung geht auf den Konkursverwalter über 101[1]; Eintragung und Veröffentlichung 102; Bestellung eines Gläubigerausschusses 103; Gläubigerversammlung beschließt über den vom Gericht bestellten Gläubigerausschuß 103; Organisation der eG im Konkurse (Beschluß der GV. über Enthebung von Vorstand und Aufsichtsrat) 104, 121 (Sonderbestimmung für eGmuH).
Nachschußverfahren 105 ff.; Pflicht zur Nachschußleistung 105; Anspruch auf Nachschüsse ist ein Bestandteil des Vermögens 105[3]; Anspruch der eG auf Nachschußpflicht abtretbar 108 a; Leistung nach Köpfen (bei eGmuH) 105[3]; nach Verhältnis der Haftsummen (bei eGmbH) 105[3]; Vergleich über Nachschüsse 112 a; Berechnung der Nachschüsse 114; Zeitpunkt der Aufstellung der Nachschußberechnung 114[2]; Vollstreckbarkeitserklärung 115; Verteilung der Nachschüsse 115; Abschlagsverteilung 115 a; Rückzahlung der zur Befriedigung der Gläubiger nicht erforderlichen Nachschüsse 115[4]; Zwangsvergleich 115 e; Nachschußpflicht der innerhalb der letzten 18 Monate vor Eröffnung des Konkursverfahrens ausgeschiedenen Genossen

115 b, c, d; Grenze der persönlichen Haftbarkeit (bei eGmbH) 141.

Vorschußberechnung 106 ff.; Grundsätze bei der Aufstellung 106; Zeitpunkt der Aufstellung 106; Vollstreckbarkeitserklärung 106; Termin zur Erklärung über die Vorschußberechnung 107; Ladung zum Termin 107; Niederlegung der Vorschußberechnung auf der Geschäftsstelle zur Einsicht 107; Verhandlung über die Vorschußberechnung 108; gerichtliche Entscheidung 108; Berichtigung 108^1; Einziehung der Beiträge auf Grund der Vorschußberechnung 109; Hinterlegung der eingezogenen Beiträge 110; Anfechtung der Vorschußberechnung durch Klage 111; Voraussetzungen, Prüfung durch das Gericht 111^1; Zuständigkeit (Amtsgericht) 112; Überweisung an das Landgericht 112; Berichtigung der Umlageberechnung 113; Aufhebung des Konkurses 116; Zwangsvergleich 115 e; wegen Mangels an Masse 116^2.

Konkursgläubiger 100, 105^1 (Forderungen); Zustimmung zur Einstellung des Verfahrens 116.

Konkursgrund s. Konkurs.

Konkursverwalter, Verwatlung und Vertretung der eG 101^1; Pflicht zur Einziehung der Beiträge auf Grund der Vorschußberechnung 109; Anfechtungsklage ist gegen Konkursverwalter zu richten 111; Aufstellung der Zusatzberechrechnung 113; Nachschußberechnung 114 ff.; Unterstützung durch den Vorstand 117; Kündigung der Mitgliedschaft durch den Konkursverwalter 65^1.

Konsumvereine, Begriff 1; kein Verbot des Verkaufs an Nichtmitglieder 8; Strafbestimmungen 152 bis 154; Abgabe „im großen" 8^9; Legitimation der Mitglieder (nur bei K mit offenem Laden) 31; Unterschied von Einkaufsgen. 1^9, Rabattgewährung 19^4, Abgabe von Marken als Zahlungssurrogat verboten 32.

Kontokorrent, Einzahlungen auf Geschäftsanteil durch Belastung 7^4.

Konventionalstrafen, statutarische Festsetzung zulässig 6^1.

Konzernunternehmungen, Forderungen in der Bilanz 33 d.

Konzession, Beibringung erforderlicher Konzessionsurkunden vor Eintragung der eG 11^2; in der Bilanz 33 d.

Kopfzahl 73, 91, 105.

Korporationen als Mitglieder 15; Ausübung des Stimmrechts 43.

Kosten, Ersatzpflicht des Gerichts für zu Unrecht bewirkte Insertionskosten 12^2; für Eintragung 16^9; Gebühren für Benachrichtigung von Eintragungen 15^6, 159; im Konkursverfahren 100, 112; Kosten für Abschrift der Bilanz trägt der Genosse 48.

Krankenkassen, Anlegung von Krankenkassengeldern bei Kreditgenossen. 1^5.

Krankenversicherung der Vorstandsmitglieder 24^6.

Kredit, Beschränkung der Kreditgen. auf den Mitgliederkreis 8; Kreditgewährung an ein Vorstandsmitglied 39; an Genossen in der Bilanz 33 d; Verwaltungskredite in der Bilanz 33 d; Festsetzung der Höchstgrenze durch die GV 49.

Kreditgenossenschaften 1^5, 3^1, 8^7, 78 a, b.

Sachverzeichnis

Kreditgewähr s. Darlehen.
Kreditinstitut 1^5, 3^1, 8^7, $49^{1, 2}$; Formblätter für die Gliederung des Jahresabschlusses 33 g^{2b}.
Kreditwesengesetz 1^5, 1^{16}, 3^1, 8^7, 14^1, 16^2, 22^1, 24^1, 28^1, 33^8, 39^2, $49^{1, 2, 3}$, 59^1, Vorbemerkung vor 78 ff., Vorbemerkung vor 83 a—r, 143^1, 147^4, 160^1.
Kündigung s. Ausscheiden.
Kündigungsfrist bei Ausscheiden aus der eG 65.
Kündigungsschutzgesetz 24^6.

L

Laden s. offener Laden.
Landesgesetzliche Vorschriften 81.
Landeszentralbanken 33^8.
Landeszentralbehörden 31, 161.
Landgericht, Zuständigkeit 51, 109.
Landwirtschaftliche Genossenschaften $1^{7, 8, 10}$.
Reichsnährstand und Unterstellung unter den Reichsbauernführer 1^{13}.
Landwirtschaftliche Konsumvereine, Ausnahme vom Verkaufsverbot an Nichtmitglieder hinsichtlich solcher Warengattungen, die ausschließlich dem landwirtschaftlichen Betriebe dienen 8^9.
Legitimation des Vorstandes 26; des Aufsichtsrat 39; der Bevollmächtigten 39; der Mitglieder bei Käufen in Konsumvereinen 8, 31, 32; Strafvorschrift bei Mißbrauch 152.
Leistungen der Genossen: andere „Leistungen" 6^1; zu weiteren Geldleistungen dürfen Mitglieder nicht herangezogen werden 6^1; Sonderleistungen müssen während der Liquidation fortgesetzt werden 88^1; Erhöhung der Leistungen durch Statutenänderung (genossenschaftliche Duldungspflicht) 16^1, 18^1.

Leistungsdividende 19^4.
Lieferungsgenossenschaften 1^4.
Liquidation, Abschnitt VI (78 ff.); Erschwerungen für Kreditgen. 78 a und b; Beginn 87; Rechtsverhältnisse der eG während der Liquidation 87; Statutenänderungen 87^1, Geschäftsanteilserhöhung 87 a, 139 a; Erhöhung der Haftsumme 139 a; Fortsetzung der aufgelösten eG, 79 a; Herabsetzung des Geschäftsanteils 87^1; Herabsetzung der Haftsumme 87^1, 133^1; Umwandlung der eG, 87^1, 143^1; Gerichtsstand 87 Abs. 2; Liquidationsbilanz 89; Veröffentlichung der Liquidationsbilanz 89^4; Verteilung des Vereinsvermögens unter die Genossen 90 ff.; Aufforderung der Gläubiger 82, 90, Beendigung der Liquidation 93^1; Schlußrechnung und Entlastung 93^1; Wiederaufnahme der Liquidation 93^1; unverteilbares Vermögen nach der Liquidation 92; AR während der Liquidation (unverändert) 83^2; Pflicht zur Überwachung der Geschäftsführung 89; Vorstand besteht neben Liquidatoren nicht fort 83^2; Aufbewahrung der Bücher und Schriften nach Beendigung der Liquidation 93.
Liquidationsbilanzen 89.
Liquidationseröffnungsbilanz 89.
Liquidatoren 83 ff.; Vorstand als Liquidator 83; Bestellung und Abberufung der Liquidatoren 83; Anmeldung zum GenReg. 78^3; 84; Eintragung 84; Zeichnung ihrer Unterschrift 84; Form der Willenserklärungen 85; Verhältnis zu Dritten 86; Rechte und Pflichten 88 ff.; Geschäftsführung, Umfang ihrer Vertretungsbefugnis 88^1; Erwerb von Immobilien

595

Sachverzeichnis

88¹, 89⁵; Pflicht zur Veröffentlichung der Auflösung der eG 82; Aufstellung und Veröffentlichung der Bilanz 89; Verantwortlichkeit gegenüber der eG und gegenüber den Gläubigern (Schadensersatzpflicht) 90, bei eGmbH 142; Pflichten bei Überschuldung 118; Pflicht zur Untersützung des Konkursverwalters im Konkurse der eG 118; Bestrafung bei Untreue 146; bei wissentlich falschen Anzeigen, Anmeldungen, Versicherungen 147; bei Fehlen eines beschlußfähigen Aufsichtsrats 148; Unterlassung des Antrags auf Konkurseröffnung 148.

Liste der Genossen, Anmeldung zur Eintragung 11, AV 29; Öffentlichkeit AV 26; Erteilung von Abschriften 156²; Einreichung der Beitrittserklärungen 15; Berichtigung der Mitgliederliste 15⁴; Beseitigung unrichtiger Eintragungen 15⁵; Führung der Mitgliederliste durch den Vorst. 30; Veröffentlichung des Mitgliederstandes 33⁶; *Eintragung des Ausscheidens:* 67, 69, 70, 76, (bei Übertragung des Geschäftsguthabens), AV 31—34; Pflicht des Vorst. zur Einreichung 69; verzögerte Einreichung (Schadenersatzpflicht des Vorst.) 69⁴; Eintragung einer Vormerkung 71, 159, AV 35; Benachrichtigung durch das Gericht 72; Ausführungsverordnung betr. Eintragungen AV 26; Einrichtung AV 27; Berichtigung von Schreibfehlern AV 36; Aufbewahrung der Liste AV 37; Muster für Führung der Liste: Anlage zur AV (Anhang A); s. auch Genossenschaftsregister.

Lizenzen in der Bilanz 33 d.

Loseblatt-Buchführung 33¹.
Löschung von Gesellschaften und Genossenschaften wegen Vermögenslosigkeit Anhang B.
Lücken im Genossenschaftsgesetz 63 a¹.

M

Magazingenossenschaft 1⁷.
Marken für Wareneinkauf bei Konsumvereinen verboten 32.
Markenrechte in der Bilanz 33 d.
Marktpreis 33 c.
Maschinen in der Bilanz 33 d.
Massemangel im Konkurse der eG 100, 116²; verhindert die Eröffnung des Vergleichsverfahrens Anhang C Anm. 6.
Mehrheit in der GV (einfache, qualifizierte, relative) 8⁵.
Mehrheitsbeschlüsse s. Stimmenmehrheit.
Milchlieferungsordnung 16⁷.
Minderheitsrechte 43¹.
Minderjährige, Beitritt zur G bedarf nicht der vormundschaftsgerichtlichen Genehmigung 15¹.
Mindestzahl der Genossen 4.
Mißtrauensvotum gegen den Vorstand 24⁷.
Mitgliedschaft kein höchstpersönliches Recht 15¹; Beschränkung der Mitgliederzahl 1²; Entstehung durch Eintragung 15; Unterschied zwischen Erwerb u. Entstehung 15¹; keine mehrfache Mitgliedschaft 134¹; Beendigung der Mitgliedschaft durch Aufkündigung 65, seitens eines Gläubigers 66, bei Verlegung des Wohnsitzes 67, durch Ausschluß 68, Übertragung des Geschäftsguthabens 76, bei Verschmelzung zweier eG 93 k; Anmeldung des Ausscheidens 69, Eintragung des Ausscheidens 70; *Rechte der Genossen:* Begriff 43

Sachverzeichnis

(Unterschied zwischen Sonderrechten und Individualrechten); Anspruch auf Feststellung des Reingewinns kein Sonderrecht 19¹; Stimmrecht in der GV 43; gleiches Stimmrecht für alle Genossen 43³; Stimmrecht durch Bevollmächtigte 43⁵, ⁶, ⁷; Folgen des Mitstimmens von Nichtmitgliedern 43¹; Entziehung des Stimmrechts 43¹; Ausgeschlossene haben kein Recht auf Teilnahme an der GV 68⁶; Anfechtung des Ausschlusses 68³; Geltung der in der Zwischenzeit gefaßten Beschlüsse bei erfolgreicher Anfechtung des Ausschlusses 43¹, 68³; Recht zur Berufung einer GV und Ankündigung von Gegenständen zur Beschlußfassung 45; Einsicht in das Protokollbuch 47; Empfang einer Bilanzabschrift 48; Anfechtung von GV-Beschlüssen (Klage) 51; Haftpflicht der Kläger bei böswilliger Anfechtung 52; Nachschußpflicht ausgeschiedener Genossen 115 b ff.; Wirkung der Umwandlung gegen ausgeschiedene 145. Über Pflichten der Genossen vgl. noch 15⁵.

Molkereigenossenschaften 1⁷.

Monatsausweise

Monatsausweise der Kreditinstitute 33⁸.

Mündelgeld, Anlegung bei Kreditgenossenschaften 1⁵.

Musterstatut, erleichterte Einführung des von einem Prüfungsverbande herausgegebenen 16¹, 16⁵.

N

Nachlaßpfleger, nicht Genosse 15¹.

Nachschußberechnung s. Konkurs.

Nachschußpflicht, Beseitigung der eGmuN 2¹; Nachschußpflicht der Genossen der eGmbH und uH 2², 105; Übergang auf den Erben eines verstorbenen Genossen 105³; keine doppelte Nachschußpflicht 105³; Vergleich über die Nachschußpflicht 112 a; Inanspruchnahme ausgeschiedener Genossen 115 b, c, d; s. auch Haftpflicht.

Nichtigkeit von GV-Beschlüssen 51¹, der eG selbst 94—97.

Nichtigkeitsklage 94—97; Voraussetzungen der Nichtigkeitsklage (wesentliche Mängel des Statuts) 94, 95; Heilung der Mängel 95; Verfahren 96; Löschung durch das Gericht bei Vorliegen der Voraussetzungen der Nichtigkeitsklage 97; Eintragung der Nichtigkeit der eG AV 22.

Nichtmitglieder, Verkehr mit Nichtmitgliedern 8; zulässige Geschäfte mit Nichtmitgliedern 8⁷; Strafvorschriften 154; Abgabe „im großen" unzulässig 8⁹; Mitstimmen in der GV 43¹; Verkehr mit Nichtmitgliedern kann nicht zur Auflösung nach § 81 führen 81⁸.

Nichtrechtsfähiger Verein kann nicht Genosse sein 15¹.

Niederschrift über Beschlüsse der Generalversammlung oder des Aufsichtsrats siehe „Protokoll".

Notare im Vorstand einer eG 24²; im Aufsichtsrat 36³.

Notvorstände 9², 24⁵.

Nutzungsgenossenschaft 1¹⁰.

O

Offene Handelsgesellschaft als Genosse 15¹.

Offener Laden, Begriff 8¹¹; Legitimation für Mitglieder 31.

Öffentliche Behörden s. Behörden.

Öffentliche Blätter s. Blätter.

Ordnungsstrafen 160.

P

Patente in der Bilanz 33 d.

Pfandgelder in der Bilanz 33 d.

Pfändung des Auseinandersetzungsguthabens 66; nicht des Kündigungsrechts 66[1].

Pflichtbeteiligung mit mehreren Geschäftsanteilen 134[1]; bei Umwandlung der eG 143[2].

Polizeibehörde, Beglaubigung von Unterschriften 11[8].

Peisnachlaß 19[4], 53[1].

Produktivgenossenschaften, Begriff 1[8].

Produktionsgenossenschaften 1[8].

Prokuristen, Bestellung unzulässig 42.

Protokoll der Generalversammlung, statutarische Bestimmung über Protokollführung 6[5]; Erklärung des Widerspruchs gegen Beschlüsse zu Protokoll 51; Protokollierung der Aufsichtsratsbeschlüsse 36[4].

Protokollbuch 47; Inhalt, Unterzeichnung, Verlesung 6[5]; keine Vorlage bei Anmeldung einer Satzungsänderung 16[6].

Prozesse der eG: Vertretung durch den Vorstand 24; Vertretung durch den Aufsichtsrat in Prozessen gegen Vorstandsmitglieder 39; gegen Aufsichtsratsmitglieder 39; Vertretung in Anfechtungsprozessen 39[1]; Anfechtung von GV-Beschlüssen 51; Anfechtung des Ausschlusses 68[3]; Anfechtung der Vorschußberechnung 111, 112; der Schlußrechnung 115.

Prüfer, Erfüllungsgehilfe des Prüfungsverbandes 55; Gestattung der Büchereinsicht durch den Vorstand der eG 57; Zuziehung des AR zu der Prüfung auf Verlangen des Prüfers 57; Mitteilung des Prüfers an den Aufsichtsratsvorsitzenden von wichtigen Feststellungen 57; Bericht des Prüfers über das voraussichtliche Ergebnis der Prüfung 57; Berufung des Vorst. und AR durch den Prüfer 57; Teilnahmerecht an der Sitzung des Vorst. und AR 58; Verschwiegenheitspflicht, Verbot der Verwertung von Geschäfts- und Betriebsgeheimnissen, Haftung bei Verletzung der Obliegenheiten 62; Strafbarkeit 150.

Prüfung, Umgestaltung des Prüfungswesens durch Gesetz vom 30. 10. 34 siehe 4. Abschnitt Vorbemerkung; Prüfung des Jahresabschlusses 53; formell und materielle Prüfung 53; Erzwingbarkeit der Prüfung 53[1], 59[2]; keine Prüfung durch Mitglieder und Angestellte der zu prüfenden eG 56 Abs. 1; Prüfung bei Personalunion zwischen Verbands- und Genossenschaftsvorstand 56 Abs. 2; Prüfung von Zentralgenossenschaften 56 Abs. 2; Erklärung des AR in der GV über wesentliche Feststellungen oder Beanstandungen der Prüfung 59 Abs. 2; keine Prüfung von Unternehmungen, die nicht eG sind und anderen Prüfungsvorschriften unterliegen 63 b Abs. 3; Prüfung aufgelöster eG 64 c; Prüfung verbandsfreier eG 64 b.

Prüfungsbericht 58; Unterzeichnung durch den Prüfungsverband 58; Vorlegung an den Vorst. der eG 58; Einsichtsrecht des AR 58; Beratung des Vorst. und AR nach Eingang 58; Ankündigung zur Beschlußfassung der GV 59, Verlesung 59; Mitteilung über den Inhalt an dem Verbande angehörende eG und an Zentralgeschäftsanstalten, Abschrifterteilung an den Spitzenverband 62.

Sachverzeichnis

Prüfungsbescheinigung, Ausstellung durch den Prüfungsverband 59; Einreichung durch den Vorst. zum Gen-Reg. 59.

Prüfungsfrist 53.

Prüfungsgesellschaft 55 Abs. 2, 56 Abs. 2; Verschwiegenheitspflicht, Verbot der Verwertung von Geschäfts- und Betriebsgeheimnissen, Haftung bei Verletzung der Obliegenheiten 62; Strafbarkeit 150.

Prüfungspflicht des Registerrichters s. Genossenschaftsregister.

Prüfungsrecht des Registerrichters s. Genossenschaftsregister.

Prüfungsverband, Anschlußpflicht für eG 54; Anschlußpflicht beim Ausscheiden aus einem Prüfungsverband 54 a; Übertritt zu einem anderen Spitzenverbande angehörenden Prüfungsverbande 54 a; Träger der Prüfung 55; Anzeige des Prüfungsbeginns an den AR-Vorsitzenden der eG 57; Teilnahmerecht an der Sitzung des Vorst. und AR 58; Teilnahmerecht an der über den Prüfungsbericht beschlußfassenden GV 59; Recht zur Berufung einer aoGV 60; Bestimmung des Vorsitzenden 60; Betreibung der Abstellung der bei der Prüfung aufgedeckten Mängel 60^1; Anspruch auf Auslagenerstattung und Vergütung 61; Verschwiegenheitspflicht, Verbot der Verwertung von Geschäfts- und Betriebsgeheimnissen, Haftung bei Verletzung der Obliegenheiten 62; Strafbarkeit 150; Rechtsform 63 b; Mitglieder 63 b; Zweck 63 b; Abhaltung von Mitgliederversammlungen nur innerhalb des Verbandsbezirkes 63 b; Inhalt der Satzung 63 c; Änderung der Satzung 63 c; Einreichung der Satzung, der Verleihungsurkunde und des Mitgliederverzeichnisses an die Gerichte und die Verwaltungsbehörde 63 d; Verschmelzung von Prüfungsverbänden 63 e—i; Beaufsichtigung durch den zuständigen Minister 64; Verzeichnis der Prüfungsverbände Anhang K.

R

Rabattgesetz 1^9, 19^4, 53^1.

Rabattsparverein als eG 1^4; Prüfung 53^1.

Rechner 27^2.

Rechnungsabgrenzungsposten 33 d.

Rechte der Generalversammlung: 43^1.

Rechtsberatungsgesetz (Inkassoabteilung) 1^4.

Rechtsfähiger Verein als Genosse 15^1.

Rechtliches Gehör 68^3.

Rechtsmittel 64 a^1, 108, 111, 112.

Rechtsverhältnisse der eG und der Genossen 17—23.

Reedereigenossenschaft 1^4.

Reichsanzeiger (jetzt Bundesanzeiger) keine Berufung der GV durch den RA 6^8; Veröffentlichung der Eintragungen im Gen-Reg. 156$^{3, 5}$.

Reichsaufsichtsamt für das Kreditwesen s. Kreditwesengesetz.

Reichsgericht 155.

Reichsgesetz über das Kreditwesen s. Kreditwesengesetz.

Reichsmark ersetzt durch die „Deutsche Mark" 62^3.

Reingewinn, Anspruch auf Feststellung 19^1, 48^3; GV hat über Verwendung zu beschließen 19^1, 48^3; Gewinnverteilung 19, 48; Zuführung zum Reservefonds 7^6, 20; in der Bilanz 33 d; in der Gewinn- u. Verlustrechnung 33 f.

Sachverzeichnis

Reinverlust in der Bilanz 33 d, in der Gewinn- und Verlustrechnung 33 f.

Rentenschulden der eG in der Bilanz 33 d.

Reservefonds 7; Bildung obligatorisch 7^6; bei Verlustdeckung 7^6; Spezialreservefonds 7^6; stille Reserven 33 c^1; Delkrederefonds 7^6, 33 d^{14}; Dotierung aus dem Gewinn 19^2; Zuschreibung des Gewinns 20; kein Anspruch des Ausgeschiedenen 73; in der Bilanz 33 d.

Reserven, stille 33 c^1.

Revision s. Prüfung.

Revisionsbericht s. Prüfungsbericht.

Revisionsbescheinigung s. Prüfungsbescheinigung.

Revisionsfrist s. Prüfungsfrist.

Revisionsgesellschaft s. Prüfungsgesellschaft.

Revisionsverband, Anhörung vor Auflösung einer Kreditgen. 78 a; b; Beschwerde gegen die Verweigerung der Löschung der eingetragenen Auflösung einer Kreditgen. 78 b^2; Anhörung vor Fortsetzung aufgelöster eG 79 a; vor Beschlußfassung über Erhöhung des Geschäftsanteils nach Auflösung der eG 87 a; vor Abschluß des Zwangsvergleichs im Konkurse der eG 115 e; vor Zerlegung des Geschäftsanteils 133 a; im Vergleichsverfahren der eG § 111 VerglO Anhang C; s. auch unter Prüfungsverband.

Revisor s. Prüfer.

Richtlinien für die Aufstellung der Jahresbilanzen von Kreditgenossenschaften und Zentralkassen 33 g^{2b}.

Rohbilanz der Kreditinstitute 33^9.

Rohstoffe in der Bilanz 33 d.

Rohstoffgenossenschaften, Begriff 1^6; Verkehr mit Nichtmitgliedern 8^9.

Rückständige Einzahlungen auf den Geschäftsanteil, Bilanzierung 33 e; bei Verlustverteilung 19^2.

Rückstellungen in der Bilanz 33 d.

Rücktritt des Aufsichtsrats 36^3.

Rückvergütung 194.

Ruhegehalt des Vorstands 24^6.

S

Sacheinlagen der Genossen unzulässig 6^1.

Sachfirma 3^1.

Sachleistungen der Genossen 6^1.

Sanierung der eG 7^4, 87 a, 139 a.

Satzung s. Statut.

Scheckbürgschaft in der Bilanz 33 e.

Scheckfähigkeit der eG 17^1.

Schecks in der Bilanz 33.

Schema der Bilanz 33 d, g, h; der Gewinn- und Verlustrechnung 33 f, g, h.

Schenkung durch den Vorstand 26^1.

Schiedsrichter kann nicht die GV sein 43^2.

Schreibgebühren für Benachrichtigung von Eintragungen in die Liste der Genossen 159^1; s. auch Gebühren.

Selbstkontrahieren des Vorstands 24^1.

Sicherungsabtretung des Geschäftsguthabens 22^5.

Sicherungshypothek in der Bilanz 33 d.

Sittenwidrigkeit eines GV-Beschlusses 51^1.

Sitz der eG 6^2; Zulässigkeit eines Doppelsitzes 6^2; Verlegung der Verwaltung nach einem anderen Ort keine Sitzverlegung 6^2; Änderung des Sitzes 6^2, 87^2; Veröffentlichung des Sitzes der eG 12.

Sonderrechte der Genossen: Unterschied zwischen Sonder- und Individualrechten 43^1; Anspruch auf Feststellung des Reingewinns der Genossen 19^1, 48^3; klagbarer Anspruch der Mitglieder auf Benutzung der Einrichtungen bei Sonderrechten 6^1; Eingriff in Sonderrechte durch GV-Beschluß 51^1.

Sorgfaltspflicht des Vorstands 34, des Aufsichtsrats 41, der Liquidatoren 89.

Soziale Abgaben in der Gewinn- und Verlustrechnung 33 f.

Spareinlagen 1^5; in der Bilanz 33 d; Festsetzung der Höchstgrenze durch die GV 49.

Sparkassengeschäfte 1^5.

Sperrjahr 90.

Spitzenverbände des Deutschen Genossenschaftswesens 54 a^2; Spitzenverband 54 a Abs. 1, 56 Abs. 2, 62 Abs. 3.

Staatsbehörde, Begriff 161.

Staffelung der Pflichtbeteiligung mit mehreren Geschäftsanteilen 134^1.

Statut, Form 5; Inhalt 6—8; Eintragung 10, AV 15; Anmeldung zur Eintragung 11; Veröffentlichung 12; Prüfung durch den Registerrichter 10^2; wesentliche Mängel (Nichtigkeitsverfahren) 94 bis 97; Auslegungsfähigkeit 5^1.

Änderung des Statuts von Eintragung 5^1; nach Eintragung 16; Anmeldung und Eintragung der Statutenänderung 16, AV 16; keine Vorlage des Protokollbuchs bei Anmeldung einer Statutenänderung 16^6; Anwendung von 139 BGB 16^9; nach Auflösung der eG 87^1; Abhängigmachung von der Zustimmung Dritter unzulässig 16^5; keine rückwirkende Kraft 16^9; Ausführungsbeschlüsse 16^9; Änderung des Wahlmodus für Vorstandsmitglieder 16^9; Herabsetzung des Geschäftsanteils 22; Umwandlung in eine andere Haftart 143.

Bestimmungen des Statuts über die Gewinnverwendung 19; über Zahl der Vorstandsmitglieder 24; der Willenserklärungen des Vorstandes 25; Beschränkung der Vertretungsbefugnis der Vorstandsmitglieder durch das Statut 27; Form der Berufung der GV 46; Übertragung des Geschäftsguthabens 76^2; Auflösung der eG 78; Vermögensverteilung 91; Bestimmung der Haftsumme bei eGmbH 131; Erhöhung der Haftsumme 132; Beteiligung auf mehrere Geschäftsanteile 134; Feststellung der Höchstzahl derselben 134; über Umwandlung der eG in eine andere Haftart 144.

Stellvertreter des Vorstandes 35; Aufsichtsrat als Stellvertreter von Vorstandsmitgliedern 37; Stellvertreter von Aufsichtsratsmitgliedern 36^3, 38^6.

Sterbegelder an Hinterbliebene von Genossen 1^4, 19^1.

Steuerbilanz, Verhältnis zur Handelsbilanz 33^3, 33 c^1.

Steuerliche Folgen der Kreditgewährung an Nichtmitglieder 8^7, 15^8 und Anhang H.

Steuern der Genossenschaften 1^{45}, Anhang H.

Steuerstrafen der eG 17^1.

Stille Reserven 33 c^1; Stille Gesellschaft 1^{16}.

Stimmengleichheit in der GV 43^2.

Stimmenkauf 151.

Stimmenmehrheit einfache 8^5; qualifizierte Mehrheit 8^5; Dreiviertelmehrheit 8^5.

Stimmenthaltung 43^2.

Stimmrecht der Genossen 43; der Erben 77; s. auch Abstimmung.

Sachverzeichnis

Strafen 68, 146 ff., 152 ff.; s. auch Ordnungsstrafen.
Streckengeschäft der Einkaufsgenossenschaften 1[6].
Stundung der Einzahlungen auf Geschäftsanteil 22[6].

T

Tagesordnung der GV 45, 46.
Tantieme für den Vorstand 24[6]; Verbot für den Aufsichtsrat 36.
Teilzahlungsbanken, genossenschaftliche, Begriff 1[4]; keine Kreditgen. 1[5], 8[7].
Testamentsvollstrecker kann Mitglied sein 15[1].
Tod eines Genossen 77, AV 33, 34.
Tonbandgerät 43[1].
Treuhandliquidationsvergleich § 111 VerglO, Anhang C Anm. 2.
Treupflicht genossenschaftliche 18[1].

U

Übernahme eines Unternehmens in der Bilanz 33 c; des Geschäftsguthabens eines Genossen 76, 138.
Überschuldung 98, 118, 121, 140.
Überschüsse 91 (Verteilung), 115 (Zurückzahlung).
Übertragung des Geschäftsguthabens 76, 138.
Umlagen auf die Genossen zwecks Deckung von Unkosten oder Verlusten unzulässig 6[1].
Umlaufsvermögen 33 c, 33 d.
Umsatz, Verteilung des Gewinns nach dem Umfang des Warenbezugs 19[4].
Umsatzdividende 19[4].
Umstellungsgesetz, Verlängerung von Geschäftsjahren 8[4]; Umstellung der Auseinandersetzungsguthaben 73[3].
Umwandlung von Genossenschaften 143 ff.; Umwandlungsgesetz Anhang O; AV 17; Umwandlung von eGmbH in AG 1[17].

Unbebaute Grundstücke in der Bilanz 33 d.
Unbeschränkte Haftpflicht 2; unbeschränkte Nachschußpflicht 2[1].
Unfallversicherung der Vorstandsmitglieder 24[6]; für Arbeitnehmervertreter im Aufsichtsrat 36[3].
Ungültige Stimmen in der GV 43[2].
Unkündbare Kapitaleinlagen 6[1], 7[3].
Unrichtigkeiten, offenbare, AV 36 Anm.
Unterbrechung der Generalversammlung 43[1].
Unterlassung des Antrags auf Eröffnung des Konkurs- oder Vergleichsverfahrens 148.
Unterschrift s. Zeichnung.
Untreue, genossenschaftliche 146.
Urteil, rechtskräftiges 51, 71, 111.

V

Verantwortlichkeit s. Vorstand und Aufsichtsrat.
Verband s. Prüfungsverband und Spitzenverband.
Verbindlichkeiten in der Bilanz 33 d.
Verbrauchergenossenschaften s. Konsumvereine.
Vergleich des Konkursverwalter über Nachschüsse 112 a; des Vorstands mit einem Genossen über Einzahlungen auf Geschäftsanteil 22[6].
Vergleichsordnung § 111 Anhang C.
Vergleichsverfahren der eG Anhang C; Antragspflicht des Vorst. 99, 140, 148; der Liquidatoren 118, 148; kein Vergleichsverfahren bei Massemangel 100[4]; Austrittssperre VerglO § 111 Ziff. 6 Anhang C; Auslösung der Austrittssperre Anm. 3 d zu § 111 VerglO; Besserungsscheine im Vergleichsverfahren der eG Anm. 4 zu § 111 VerglO Anhang C.

Sachverzeichnis

Vergütung des Vorstands 24 Abs. 3, des Aufsichtsrats 36 Abs. 2, des Konkurs- und Vergleichsverwalters 98[1].

Verjährung der Ansprüche gegen Vorst. 34, 99; gegen AR 41; des Anspruchs auf Einzahlung des Geschäftsanteils 7[4], 22[6]; des Anspruchs des ausgeschiedenen Genossen auf Auszahlung des Geschäftsguthabens 74; des Anspruchs des Genossen auf das Geschäftsguthaben nach Auflösung der eG 90[1].

Verkehrsgenossenschaften 1[4].

Verleihung des Prüfungsrechts 63 ff.

Verlust, Verlustrechnung durch Abschreibung der Geschäftsguthaben 48, 7[4], 19, des Reservefonds 7[6]; Verlustverteilung 19[1-4], 48; Anteil des Ausscheidenden an der Verlustdeckung 73[5-6].

Verlustabschreibung des Geschäftsguthabens 19.

Verlustvortrag 7[6], 19[1]; in der Bilanz 33 d, 33 d[18]; in der Gewinn- und Verlustrechnung 33 f.

Vermittlungsgeschäfte der Einkaufsgenossenschaften 1[6].

Vermögen, Bildung 7 (statutarische Bestimmung); Verteilung 90 ff.; unverteilbares Vermögen nach der Liquidation 92: Vereinigung der Vermögen bei Verschmelzung zweier eG 93 f[1]; s. Geschäftsanteil, Geschäftsguthaben, Reservefonds.

Vermögensbildung, keine Geltung für Vorstandsmitglieder 24[6].

Vermögenslosigkeit, Gesetz über die Auflösung und Löschung von Gesellschaften und Genossenschaften Anhang B.

Vermögensstand der eG im Geschäftsbericht 33 a.

Vermögensvereinigung bei Verschmelzung 93 f[1].

Veröffentlichung des Statuts 12, AV 3—5, 15; der Statutenänderungen 16, AV 16; der Klageerhebung gegen die eG 51; der Bilanz 33; der Geschäftsguthaben und Haftsummen 139; bei kleineren eG 33; der Liquidationseröffnungsbilanz 89; der Zahl der Genossen 33; der Haftsummen 131, 139; der Auflösung der eG 82.

Verrechnung in der Bilanz 33 d.

Verschleierung d. Bilanz 33 d[20], 147[4].

Verschmelzung einer eG mit einer anderen eG 93 a—r, AV 25, 27, 29; von Prüfungsverbänden 63 e bis i; einer eG mit einer AG oder GmbH s. Vorbemerkung zu 93 a bis r; von Genossenschaften verschiedener Haftart 93 a[1]; einer aufgelösten eG 93 a Abs. 2.

Versicherungsunternehmen als eG 1[4].

Vertagung der Generalvers. 43[1].

Vertreter, besondere nach § 30 BGB 27[3], 42[1]; Vertreter der eG für im Währungsgebiet befindliche Zweigniederlassungen 24[1].

Vertreterversammlung 43 a.

Vertretung der eG durch Vorst. 24, durch AR 39, durch Bevollmächtigte oder Beamte 42, durch Vorst. und AR 51, durch Liquidatoren 88.

Vertriebsgenossenschaft 1[7].

Verwahrung s. Aufbewahrung.

Verwahrungsbuch 33[1].

Verwaltungsbehörde, Rechte bezüglich der Legitimation von Konsumvereinen 31; Einreichung der Verbandssatzung und des Verzeichnisses der Genossenschaften 63 d; Begriff der höheren Verwaltungsbehörde 161.

Verwaltungsmitglieder, gesonderter

Ausweis der Forderungen an Verwaltungsmitglieder 33 d.
Verwandte von Vorstands- oder Aufsichtsratsmitgliedern im Vorstand oder Aufsichtsrat 24³, 36³.
Verwertungsgenossenschaft 1⁷.
Verwirkung des Anspruchs der eG auf Einzahlung des Geschäftsanteils 7⁴; der Wirksamkeit einer Beitrittserklärung durch verspätete Einreichung 15³.
Verzeichnis der Genossen 30.
Verzicht der Genossen auf Benachrichtigung 15⁷, 72²; der Gläubiger auf die Haftsummen 105³, Anhang C Anm. 5.
Verzugszinsen s. Zinsen.
Volksbank, Kreditgenossenschaften als Volksbanken 1⁵, 3¹.
Vollmacht, Erteilung durch den Vorst. 42¹; Erteilung an Vorstandsmitglieder 24¹, 25¹, 42¹; an Aufsichtsratsmitglieder 42¹; an Dritte zum Betrieb von Geschäften oder Vertretung der eG 42; Bestellung von Prokuristen und Generalhandlungsbevollmächtigten unzulässig 42; Erwerb der Mitgliedschaft durch Bevollmächtigte 15¹; Kündigung der Mitgliedschaft durch Bevollmächtigte 65¹; Ausübung des Stimmrechts durch Bevollmächtigte 43.
Vorgenossenschaft 13¹.
Vormerkung, Eintragung bei Kündigung der Mitgliedschaft 71, 72, 158 ff.; AV 35.
Vorschußberechnung 106 ff.; s. auch Konkurs.
Vorschuß- und Kreditvereine, Begriff 1; Geschäftsbetrieb 1⁵; Erschwerung bei Auflösung 78 a und b.
Vorsitz im Aufsichtsrat 36¹,³, 57, 58; in der GV 6 Ziff. 3, 6⁵, 60².
Vorstand, *Bestellung und Zusammensetzung:* eG muß einen Vorstand haben 9; Vorstandsmitglieder müssen Genossen sein 9; dürfen eigene Beitrittserklärung einreichen 9²; müssen physische Personen sein 24²; verwandtschaftliche Beziehungen 24³; *Bestellung und Wahl* 24; Begriff: hauptamtlich, nebenamtlich, ehrenamtlich 24⁶; Änderung des Wahlmodus 16⁰; Anmeldung zur Eintragung 11, AV 18; Veröffentlichung der Eintragung 12, von Änderung 29; Vorstand und Aufsichtsrat dürfen nicht zu einem Organ zusammengeschmolzen werden 27³; Anmeldung von Änderungen in der Zusammensetzung 28; Anmeldung der Wiederwahl 28¹; Prüfungsrecht des Registerrichters 28¹; Vorst. als Liquidator 83²; *Enthebung vom Amte* 24 (unbeschadet der Entschädigungsansprüche aus bestehenden Verträgen); Suspension durch den Aufsichtsrat 40; Ausschluß als Mitglied 68; Anmeldung zum Genossenschaftsregister 28; ausscheidende Vorstandsmitglieder sind nicht vor Erteilung der Entlastung in den Aufsichtsrat wählbar 37; Beschlußfassung der GV über Enthebung im Konkurs der eG 104, 121 (Sonderbestimmungen für eGmuH); *Stellung des Vorstandes als gesetzlicher Vertreter und geschäftsführendes Organ* 24; gesetzlicher gerichtlicher Vertreter 24¹, 26; Selbstkontrahieren der Vorstandsmitglieder 24¹, Vollmachtserteilung an Vorstandsmitglieder 24¹, 42¹; Kollektivvertretung 25¹; Mitwirken persönlich beteiligter Vorstandsmitglieder 25¹; Umfang der Vertretungsbefugnis 25¹, 26, 27; Legitimation 26; Rechtsgül-

tigkeit der Handlungen 26[1]; Beschränkungen durch das Statut und Beschlüsse der GV 27; Beschränkungen dritten Personen gegenüber wirkungslos 27; *Stellung zum Aufsichtsrat* (Überwachung der Geschäftsführung) 38; Beschlußfassung in gemeinsamer Sitzung 38[3]; Vertretung der eG bei Abschluß von Verträgen mit Vorstandsmitgliedern durch den Aufsichtsrat 39; Prozesse gegen Vorstandsmitglieder (Vertretung durch den Aufsichtsrat) 39; gemeinsame Vertretung mit Aufsichtsrat in Anfechtungsprozessen 39[1], 51[5]; Mitwirkung bei Beschlußfassung über Bilanz und Entlastung 43[4]; stimmberechtigt bei Wahl, Amtsenthebung, Gehaltsfestsetzung 43[4]; Entlastung 48; Genehmigung der Bilanz nicht gleichbedeutend mit Entlastung 48[4]; Gehalt 24[6]; Tantieme 24[6]; Kreditgewähr, Bürgschaftsübernahme durch Vorstandsmitglieder 39.

Willenserklärungen: statutenmäßige Form 25; Veröffentlichung 12, 29; Form der Zeichnung 25 Abs. 2 Kollektivvertretung 25[1]; Anmeldungen zum GenReg. sind durch sämtliche Vorstandsmitglieder zu bewirken 157.

Pflichten des Vorstandes: Führung der Mitgliederliste 30; Einreichung der Prüfungsbescheinigung zum GenReg. 59; Berichterstattung in der GV 59; Anmeldung zur Eintragung des Ausscheidens von Mitgliedern 69, 76 (durch Übertragung des Geschäftsguthabens), 77 (durch Tod); Anmeldung der Auflösung der eG und der Liquidatoren 78; Unterstützung des Konkursverwalters 117; Pflichten bei Zahlungsunfähigkeit oder Überschuldung 99, 140 (eGmbH), Strafvorschrift 148; Ersatzpflicht 99; Verjährung des Anspruchs 99; die Bemühung, einen außergerichtlichen Vergleich herbeizuführen, schützt nicht vor Verantwortung 99[2];

Verantwortlichkeit der Vorstandsmitglieder: beim Verkehr mit Nichtmitgliedern 8[6]; bei Übertretung der gewerbepolizeilichen Bestimmungen 17[1]; Sorgfalt eines ordentlichen Geschäftsmanns 34, 25[1]; persönliche und solidarische Haftpflicht 34; gegenüber den Gläubigern und Mitgliedern 34[1], 93 n; Verjährung der Ersatzansprüche 34, 93 n, 93 o, 99, 142; an statutenwidrige Beschlüsse der GV nicht gebunden 27[1]; Verantwortlichkeit der eG für Handlungen der Vorstandsmitglieder 17[1], 25[1], 26; *Strafbestimmungen* 146 bis 154; bei Untreue 146; bei wissentlich falschen Anmeldungen, Anzeigen, Versicherungen 147; bei Fehlen eines beschlußfähigen Aufsichtsrats 148; bei Unterlassung des Antrags auf Konkurseröffnung 148; bei Verfolgung anderer als geschäftlicher Zwecke 149; Ordnungsstrafen 160. *Stellvertreter des Vorstandes:* gleiche Rechte und Pflichten wie der Vorstand 35; Aufsichtsratsmitglieder als Stellvertreter des Vorstandes 37; Bevollmächtigung von Beamten zur Vertretung 42; keine Filialkassenvorstände 24[1].

Vortrag des Gewinns auf neue Rechnung: Ausweis des Gewinnvortrags in der Bilanz 33 d Abs. 2; in der Gewinn- und Verlustrechnung 33 f; Vortrag des Verlustes 7[6], 19[1]; Ausweis des Ver-

Sachverzeichnis

lustvortrags in der Bilanz 33 d Abs. 2; in der Gewinn- und Verlustrechnung 33 f.

W

Wahl, bei Stimmengleichheit Entscheidung durch das Los 43[2]; Änderung des Wahlmodus 16[9]; von Vorstandsmitgliedern 24; von AR-Mitgliedern 36.

Waren in der Bilanz 33 c, 33 d.

Warenbezug auf Marken 32; Gewinnverteilung nach Umfang des Warenbezugs 19[4].

Warendividende 19[4].

Warenkreditgenossenschaften s. Teilzahlungsbanken 1[4], 1[5], 8[7].

Warenrückvergütung 19[4].

Wassergenossenschaft 1[4].

Wechsel der eG in der Bilanz 33 d.

Wechselbürgschaft in der Bilanz 33 e.

Wechselfähigkeit der eG 17[1].

Wechselprotest erfolgt im Konkurse der eG in deren Geschäftslokal 101[1].

Werkgenossenschaft 1[10].

Werkzeuge in der Bilanz 33 d.

Wertberichtigungsposten 33 c, 33 c[1]; in der Bilanz 33 d[14].

Wertpapiere in der Bilanz 33 c, 33 d.

Wertverluste in der Bilanz 33 c.

Wertzeichen statt baren Geldes 32.

Wesen der eG 1[1].

Wettbewerbsverbot für den ausscheidenden Genossen unzulässig 65[1].

Wettbewerbsbeschränkungen, Gesetz gegen — (Kartellgesetz) 1[13].

Widerruf der Bestellung als Vorstandsmitglied 24, 40; als Aufsichtsratsmitglied 36; der Liquidatoren 83.

Widerspruch zu Protokoll 51.

Wiederaufleben der aufgelösten eG 79 a, 115 e[11].

Wiederbeitritt eines ausgeschiedenen Genossen 75[1], 105[3].

Winzergenossenschaften 1[7].

Wirtschaft, Förderung der — durch die eG 1[3].

Wirtschaftsprüfer, genossenschaftlicher, Vorbemerkung vor 53; 55, 56, 63 b Abs. 5; Gesetz über Wirtschaftsprüfer im Genossenschaftswesen Anhang E.

Wissentlich falsche Angaben, wissentlich unwahre Darstellungen 146.

Wohnsitz maßgebend für die Mitgliedschaft 8; Ausscheiden bei Verlegung des Wohnsitzes 67, AV 31; Ausschließung wegen Wohnsitzverlegung 67[3].

Wohnungsbaugenossenschaft s. Baugenossenschaft.

Z

Zahlstelle 14[1].

Zahlungseinstellung 98[2].

Zahlungsstockung 98[2].

Zahlungsunfähigkeit, Begriff 98[2]; Konkurs bei Zahlungsunfähigkeit 98, 99, 118.

Zeichnung für die eG durch den Vorstand 11, 12, 14, 25, 28; durch Liquidatoren 84, 85, AV 7, 8.

Zeitdauer der eG Bestimmung im Statut 8; Veröffentlichung der Bestimmung 12; Fortsetzung muß vor Zeitablauf beschlossen und eingetragen sein 8[2], 16[1], 79[1]; Auflösung vor Zeitablauf 78[1]; Fortsetzung *nach* Auflösung 79 a.

Zentralbehörde des Bundesstaates 57, 161.

Zentralgenossenschaft 1[16], 9[3]; Kündigungsfrist für Mitglieder von Zentralgenossenschaften 65; Prüfung von Zentralgen. 56; eine eG als Zweigniederlassung einer Zentralgen. 14[1].

Sachverzeichnis

Zentralregulierung der Einkaufsgenossenschaften 1⁶.
Zerlegung des Geschäftsanteils und der Haftsumme 133 a; AV 30.
Zinsen, für rückständige Einzahlungen auf Geschäftsanteil sind Verzugszinsen zu zahlen 7⁴; auf das Geschäftsguthaben werden keine Zinsen vergütet 21; Verzugszinsen bei verspäteter Auszahlung des Geschäftsguthabens 75³; Verwendung der Zinsen aus unverteilbarem Reinvermögen zu gemeinnützigen Zwecken 92.
Zubuße d. ausgeschiedenen Genossen 73.
Zulassung zur Mitgliedschaft 15²; einer eG zum Beitritt zu einem Prüfungsverband 11 Abs. 2 Ziff. 4, 11⁷.
Zusammenlegung von Geschäftsanteilen 134¹.
Zuständigkeit des Gerichts 10, 12, 14, 51, 87, 109, 112, 155; der Verwaltungsbehörde 81; der Reichsregierung zur Verleihung des Prüfungsrechts 63.
Zuständigkeitsgrenze der Amtsgerichte 112².
Zwangsmittel der Bankaufsichtsbehörde 160¹.
Zwangsvergleich im Konkurse der eG 115 e; im Vergleichsverfahren der eG Anhang C, Anm. 2.
Zwangsversteigerung, Anschaffungskosten bei Grundstückserwerb in der — 33 c².
Zwangsvollstreckung 66, 109, 112.
Zweck der eG 1³; Aufführung im Statut 6³.
Zweigniederlassung, Eintragung 14 ff., AV 3, 5; Begriff 14¹; Firma 14¹; Geschäftsführung 14¹; Anmeldungen haben auch beim Gericht der Zweigniederlassung zu erfolgen 14², 157, AV 19; Prüfungsrecht des Richters 14²; Liste der Genossen 14⁴; Mitgliedschaft der Zweigniederlassung einer Gesellschaft bei der eG 15¹; Anmeldung von Statutenänderungen 16⁶; Filialkassenvorstände 24¹, 29; Eintragung von Vorstandsänderungen 29; Eintragung der Auflösung der eG 82.
Zweigstelle einer Kreditgen. 14¹.

Großkommentare der Praxis

Aktiengesetz
   3. Auflage. 4 Bände.

BGB-Reichsgerichtsrätekommentar
   11. Auflage. 6 Bände.

Freiwillige Gerichtsbarkeit
   (Jansen) 2. Auflage. 3 Bände.

HGB-Reichsgerichtsrätekommentar
   3. Auflage. 5 Bände.

GmbH-Gesetz
   (Hachenburg) 6. Auflage. 2 Bände.

Strafgesetzbuch
   (Leipziger Kommentar) 9. Auflage.

Strafprozeßordnung
   (Löwe-Rosenberg) 22. Auflage. 2 Bände.

Versicherungsvertragsgesetz
   (Bruck-Möller) 8. Auflage. 6 Bände.

Konkursordnung
   (Jäger-Lent-Weber-Jahr-Klug) 8. Auflage. 2 Bände.

Vergleichsordnung
   (Bley-Mohrbutter) 3. Auflage. 2 Bände.

Seerecht
   (Schaps-Abraham) 3. Auflage. 3 Bände, Register- und Ergänzungsband.

Zivilprozeßordnung und Nebengesetze
   (Wieczorek) 7 Bände.

Walter de Gruyter · Berlin · New York